PROMOCIÓN
Conceptos y estrategias

JOHN J. BURNETT
University of Denver

Traducción
CECILIA ÁVILA DE BARÓN
Universidad de los Andes
Universidad la Gran Colombia

Revisión técnica
BASILIO BALLI MORALES
Publicista, Universidad de Bogotá Jorge Tadeo Lozano
Profesor universitario

McGRAW-HILL
Santafé de Bogotá • Buenos Aires • Caracas • Guatemala • Lisboa • Madrid • México • Nueva York
Panamá • San Juan • Santiago de Chile • Sao Paulo
Auckland • Hamburgo • Londres • Milán • Montreal • Nueva Delhi • París • San Francisco • San Luis
Singapur • Sidney • Tokio • Toronto

Avenida de las Américas, 46-41. Santafé de Bogotá D. C., Colombia

Traducido de la primera edición de
PROMOTION MANAGEMENT

ISBN: 0-395-56553-7

Editora: Martha Edna Suárez R.

1234567890 9012345687

ISBN: 958-600-559-3

Impreso en Colombia Printed in Colombia

Se imprimieron 3,500 ejemplares en el mes de noviembre de 1997.
Impresor:
Impreandes Presencia S.A.

Contenido

1 *N. de RT.* Utilizados en nuestro medio en la franja de programación *LATE FRINGE* (22:30 al cierre); también se conocen como comprafácil o televentas.

Prefacio

Objetivo de esta obra

Durante varias décadas, los gerentes de publicidad, promoción de ventas, venta personal y relaciones públicas han actuado de manera separada en cuanto a organización, filosofía y presupuesto. Con todo, la mayoría de ellos están vinculados a la misma actividad: comunicar mensajes de marketing a clientes actuales y posibles.

En la actualidad, estas cuatro actividades de comunicación de marketing (publicidad, promoción de ventas, venta personal y relaciones públicas) se encuentran en revolución. Los anunciantes no están satisfechos con que la promoción de ventas se quede con sus ideas y su dinero. Se están reduciendo los empleados de venta personal y los vendedores restantes esperan recibir cuotas más altas con recursos más bajos. Las relaciones públicas han disminuido, se han eliminado o se les ha integrado a otras áreas. Dentro de este caos han surgido unas pocas voces llamando a la cordura; su mensaje ha sido conciso y bien ideado. Simplemente, un experto deberá dirigir estas cuatro herramientas de comunicación de marketing y producir una estrategia coordinada que ayudará a lograr las metas de todas, crear una sinergia positiva y reducir el desperdicio.

La meta de esta obra es mostrar cómo interactúan estas cuatro herramientas a través del proceso de planeación. Resulta importante analizarlas una tras otra ya que tienen una historia separada. Del mismo modo, con este texto se pretende demostrar cómo varias compañías actuales han acometido esta tarea integral; de hecho, abundan los ejemplos tomados del mundo real, no sólo para ilustrar sino como estudios de caso al final de cada capítulo. A otros dos factores también se les dio un gran énfasis. Primero, el punto de referencia a lo largo del libro es planeación y estrategia. Cada concepto que se estudia se relaciona con una serie de objetivos y una estrategia consecuente para llegar a ellos. Segundo, el uso de ejemplos internacionales, y un capítulo dedicado al aspecto internacional, reconoce que la promoción existe en una comunidad global. Sería desventajoso estudiar la promoción dentro de los confines de la cultura norteamericana y suponer que funciona del mismo modo en las demás naciones.

Características pedagógicas

Varias características pedagógicas hacen de ésta una obra competitiva y actualizada. Lo más notable es que cada capítulo contiene una sección titulada **Un enfoque de promoción** que ilustra un aspecto importante relacionado con el tema base. Cada capítulo concluye con un corto estudio de caso que reúne los conceptos estudiados. Los insertos a cuatro tintas, son ejemplos de campañas publicitarias de gran calidad de la presente década ganadoras de premios. Por último, éste es un libro muy fácil y agradable de leer. Estudiantes y gente de la industria consideran interesantes, claros y asequibles los análisis expuestos.

Organización

La obra está dividida en cinco secciones. Los capítulos 1 y 2 introducen al estudiante en los conceptos básicos de marketing, necesarios para apreciar el rol de la promoción en el área. Se cuenta con un marco de referencia básico. El capítulo 3 se refiere al ambiente en el cual opera la promoción con respecto a la toma de decisiones por parte de los compradores y puntos de vista sobre el manejo de esas situaciones. Los capítulos 4 al 10 presentan un análisis de la teoría de la comunicación junto con las cuatro áreas funcionales de la promoción: publicidad, promoción de ventas, relaciones públicas y venta personal; los capítulos 8 y 9 se refieren específicamente a los medios de comunicación y a los mecanismos utilizados para transmitir mensajes. Los capítulos 11 y 12 cubren el proceso de apropiación de recursos y evaluación del desempeño, respectivamente, los dos factores finales en la gerencia de promoción. Los capítulos 13 y 14 analizan dos temas de aplicación especial: marketing directo y marketing y promoción internacionales. Estudiar la promoción dentro de estos dos contextos concede mucho crédito a la perspectiva de observación directa que se ofrece en este libro.

El texto se escribió para estudiantes principiantes y avanzados en entidades de educación superior de cualquier tamaño. Aunque se ajusta más a un curso sobre el esfuerzo total de promoción, también se puede emplear en un curso de publicidad o de comunicación de marketing. La obra introduce a los estudiantes a las más modernas tecnologías relacionadas con la promoción sin recargarlos con apéndices técnicos. Además, se ha prestado mucho cuidado para su actualización y precisión. Este texto refleja la manera como en verdad se trabaja en la industria. Más importante aún es que este material se ha sometido a prueba en las clases de gerencia de promoción, y funciona.

Agradecimientos

Un libro como éste es una empresa mayor que no se habría alcanzado sin la ayuda de muchas personas importantes. Especial agradecimiento a Houghton Mifflin y Patricia Menard por su fe en esta obra. Gracias a María Morelli, responsable de coordinar la producción. Un homenaje a muchos revisores que soportaron varios bocetos de este manuscrito:

Robert Benson, *St. Cloud State University*
Alan Bush, *Memphis State University*
Carol Calder, *Loyola Marymount University*
Hugh Cannon, *Wayne State University*
Gary Clark, *North Harris County College -South*
Ronald Fullerton, *Southeastern Massachusetts University*
Gail Glenesk, *Western Michigan University*
Karen A. Glynn, *The University of Northern Iowa*
Marc Goldberg, *Portland State University*
Linda Golden, *University of Texas* en *Austin*
Geoffrey Gordon, *University of Kentucky*
Tim Hartman, *Ohio University*
Debbora Heflin-Bullock, *California Polytech University - Pomona*
Joby John, *Bentley College*
Jeff Kasmer, *California State University - Long Beach*
Herbert Katzenstein, *St. John's University*

Patricia Kennedy, *University of Nebraska - Lincoln*
Joanne Klebba, *Portland State University*
John Kuzma, *Mankato State University*
Patricia Laidler, *Massasoit Community College*
J. Daniel Lindley, *Bentley College*
Karen A. Lynn, *University of Northern Iowa*
Patricia Manninen, *North Shore Community College*
Allen S. Marber, *University of Bridgeport*
Darrel Muehling, *Washington State University*
Gary Nelson, *Central Piedmont Community College*
Charles Patti, *University of Hartford*
Stephen Ramocki, *Rhode Island College*
Gary K. Rhoads, *Idaho State University*
Ivan Ross, *University of Minnesota*
Paul Sauer, *Canisius College*
Carolyn Siegel, *Eastern Kentucky University*
Steven Soulos, *Bryant College*
Patricia Voli, *University of North Carolina en Wilmington*
Rita Wheat, *University of Southern California*
William Whitmore, *University of Missouri - Columbia*

Mi agradecimiento final y muy especial a mi familia. A mi madre, Fran, a quien deseo expresar mi amor y aprecio. A ella dedico esta obra. Mis hijos Laura, Michael y David son las razones para que yo escriba. Los amo entrañablemente. Por último, deseo expresar mi profundo amor y gratitud a mi esposa Nancy; si logro algún éxito se lo debo a ella.

Como soy el único autor, asumo la responsabilidad de cualquier error u omisión del manuscrito.

J. J. B.

Parte I

Marketing y promoción

1 Administración de promoción: Una visión general

2 La promoción y la mezcla de marketing

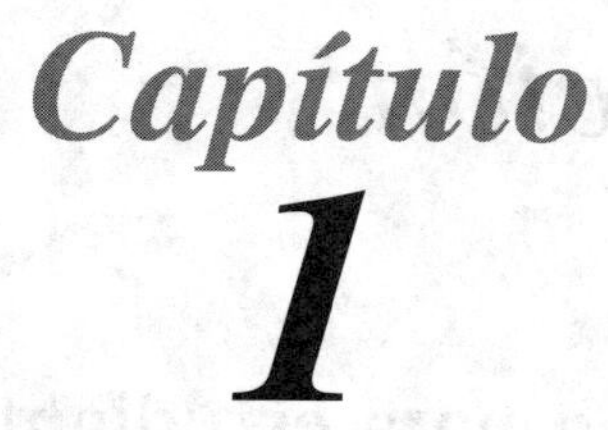

Capítulo 1

Administración de promoción: una visión general

El significado de promoción

¿Qué es promoción?

¿Por qué es necesario hacer una promoción?

Pasos en la planeación de la promoción

Paso 1: Determinar una oportunidad de promoción

Paso 2: Determinar los objetivos promocionales

Paso 3: Organizar (la empresa) para la promoción

Paso 4: Seleccionar la audiencia

Paso 5: Seleccionar el mensaje

Paso 6: Seleccionar la mezcla promocional

Un enfoque de promoción: las decisiones que hicieron de Diet Coke un éxito

Paso 7: Determinar un presupuesto

Paso 8: Implementar la estrategia promocional

Paso 9: Medir los resultados y emprender las acciones correctivas necesarias

Un pensamiento final

Caso uno: publicidad para el ejército

Consideración:

Marketing para estudiantes universitarios

En 1990, alrededor de 20 millones de personas asistieron a instituciones de educación superior en Estados Unidos lo cual convierte a los estudiantes universitarios en un mercado importante para muchas compañías, éstos, además, cuentan con dinero, pues se calcula que el estudiante promedio gasta US$123 al mes, más que una familia promedio de cuatro individuos.

¿Cómo llegan las compañías a este gran mercado? Teniendo en cuenta que los gustos y las tendencias de los adultos jóvenes tienden a cambiar con rapidez, los estudiantes universitarios no son un objetivo tan fácil como los padres jóvenes o el grupo de personas con más de 70 años. Con frecuencia, para captar su atención, los fabricantes de éxito utilizan dos temas con los cuales muchos de los estudiantes se apasionan: el sexo y la música.

Estudios realizados sobre las reacciones de los estudiantes ante avisos impresos, demuestran que el sexo vende. En 1989, tres de los diez mejores anuncios impresos dirigidos a estudiantes, incluido uno de Obsession, fueron creados por la empresa Calvin Klein Industries, conocida por que sus anuncios son tan sensuales, que en ocasiones causan controversia.

También la música está en el corazón del entretenimiento estudiantil. Así, el éxito alcanzado por la cadena MTV ha hecho que otras cadenas busquen nuevas maneras de alcanzar audiencia, mediante combinaciones de música y vídeo. Campus Networks ofrece dos sistemas de programación: National College Television (NCTV) y Video Center Events (VCE); la primera lleva noticias a los estudiantes, programación educativa y entretenimiento en dormitorios, fraternidades y asociaciones estudiantiles femeninas en más de 200 *campus* universitarios en Estados Unidos. VCE alcanza una audiencia menor con conciertos en vivo, espectáculos de Broadway, películas y debates políticos, compartiendo sus costos por estudiante con la universidad.

Incluso, muchos estudiantes atrapados por la música y los vídeos responden bien al correo directo y a las promociones impresas, aunque la publicidad más efectiva es la comunicación informal oral. Atrapar y retener el interés de los estudiantes es difícil, pero una vez que un ítem está "caliente" en los terrenos universitarios, sus ventas se disparan como en cohete con muy poca promoción.

La única constante para que los comercializadores traten de llegar a esta audiencia es la necesidad de mantenerse alerta. Mientras algunos estudios realizados a mediados de la década de los años ochenta mostraron que una mayoría de los estudiantes estaba enfocada hacia el poder, el dinero y un rápido alcance de la cima del éxito, estudios más recientes parecen indicar que los aspectos éticos se han vuelto más importantes y la codicia está de capa caída. Mantenerse al día con los cambiantes deseos del mercado estudiantil es un negocio importante para muchas compañías y también puede ser un excelente entrenamiento para cualquier persona interesada en seguir una carrera en promoción.

Fuente: Marilyn Adles and Geralyn Wiener, "Student Buying Rates High Interest," *Advertising Age* (February 2, 1987): S-1. Anita M. Busch, "Me-First Mode Takes a Beating," *Advertising Age* (February 5, 1990): S-4, S-5. Anita M. Busch, "Sexier the Better, Student Body Says," *Advertising Age* (February 5, 1990): S-1. Christopher Colletti, "Youth Marketing—Special Report," *Advertising Age* (February 2, 1987): S-1, S-16. Martha Farnsworth Riche, "The Boomerang Age," *American Demographics* (May 1990): 25-30, 52.

Ana Ma. Palacio B.

El panorama del marketing para estudiantes universitarios señala el hecho de que alcanzar al consumidor actual es en extremo difícil. Incluso, líderes del mercado como Procter & Gamble, General Motors, IBM y Prudential Insurance ya no están seguros de continuar con su dominio. Dar precios más bajos, producir el mejor producto o simplemente ser casi el mejor, no garantiza la aceptación o la lealtad del consumidor; también es necesario contar con mensajes creativos, informativos e interesantes. Alcanzar el éxito obliga a conocer qué necesitan y qué quieren los consumidores y a hacerles saber cuándo un producto satisface esas necesidades y deseos. Estas tareas dependen de una comunicación efectiva y coordinada.

Al final, la compañía que hace el mejor trabajo para anticiparse y reunir información acerca de las necesidades de los consumidores, tiene la mejor oportunidad de vender su producto. Por ejemplo, un computador personal compatible con los IBM, con precio competitivo, garantizado, disponible en almacenes especializados y con departamentos de alta calidad, apoyado por anuncios informativos y entretenidos, y posibilidades de negociación, tiene mayor probabilidad de llegar al vendedor minorista y ser adquirido por un consumidor. Planear y comunicar las características del producto es trabajo del comercializador.

Los comercializadores actuales deben asumir una actitud positiva antes que reaccionaria; no deben esperar a que lleguen los cambios del mercado y del ambiente para luego batirse intentando salvarse. General Motors, por ejemplo, gastó diez años negando que el éxito de los fabricantes japoneses de automóviles era real y para cuando decidió responder, compañías como Toyota y Mazda habían ganado una participación significativa en el mercado de los automóviles en Estados Unidos. Para evitar pérdidas similares, los comercializadores deben desarrollar un programa de marketing que empiece por entender en profundidad el mercado mismo, y luego se dirija hacia objetivos claros, concisos y realizables. Además, el programa de marketing debe incluir un plan, una estrategia para alcanzar metas, y un mecanismo de evaluación para verificar si se han alcanzado dichas metas.

Una parte clave del programa de marketing es la promoción. En este libro se brinda un entendimiento básico de los conceptos asociados con promoción y se aportan puntos de vista sobre la manera como las perspectivas promocionales se pueden combinar con un marco de trabajo realizable: la estrategia de promoción. En el capítulo 1 se aborda de manera precisa qué es la promoción y se resalta cómo los gerentes de promoción pueden desarrollar dichas estrategias efectivamente. Observe que aunque el término "gerente de promoción" se utiliza a lo largo de toda la obra, en la mayor parte de las compañías títulos como director de marketing, vicepresidente de marketing o director de publicidad podrían representar a la persona responsable de la planeación promocional.

El significado de promoción

En pocas palabras, la promoción se refiere a la comunicación efectiva de los resultados de la estrategia de marketing a las audiencias objetivo. Sin embargo, en un sentido real, todo cuanto haga la compañía tiene un potencial promocional. Por ejemplo, el precio de un producto se puede comunicar a una audiencia objetivo en forma tal, que avance hacia una imagen particular. Una compañía que sólo distribuye sus productos a través de almacenes de descuentos, le dice mucho al consumidor. Dotar un automóvil con un equipo con CD y cojinería de cuero también da un mensaje muy significativo. Estos tres elementos: precio, canal de distribución y producto, en combinación con la promoción, constituyen la **mezcla de marketing**, la cual es el conjunto de todas las herramientas de marketing que la empresa utiliza para alcanzar sus objetivos de marketing en el mercado objetivo.

¿Qué es promoción?

Como producto, precio, canales de distribución y promoción comunican un mensaje a las audiencias, ¿qué hace que la promoción se aparte de los otros elementos de la mezcla de marketing? La promoción es una forma activa y explícita de la comunicación de marketing; ella ilumina los elementos de marketing para aumentar las posibilidades de que los consumidores compren y se comprometan con un producto. De ese modo, **promoción** se define como la función de marketing relacionada con la comunicación persuasiva, hacia audiencias objetivo, de los componentes del programa de marketing para facilitar el intercambio entre el fabricante y el consumidor, y ayudar a satisfacer los objetivos de ambos. Tres términos de esta definición requieren de una explicación adicional.

El primero es la *comunicación persuasiva.* Con lo cual se relaciona primordialmente la promoción. Quiere decir, que incluye un intento de persuadir a la audiencia objetivo para asumir una nueva actitud o para adquirir un nuevo comportamiento frente a un producto. La fábrica de alimentos Kraft quiere que el consumidor crea que el queso que produce es el mejor, en comparación con todas las demás marcas. Tarjetas Hallmark quiere que el comprador piense que sus productos sirven "cuando usted desee más que enviar lo mejor".

Un segundo concepto son las *audiencias objetivo.* Por ejemplo, el mercado objetivo para la gaseosa Diet Coke es el conjunto de los consumidores que siguen una dieta a conciencia. Sin embargo, Diet Coke también dirige sus promociones a otras audiencias (es decir, personas que ven u oyen mensajes de promoción) tanto dentro como fuera del mercado objetivo. El primero de ellos está formado por el segmento de jóvenes de 12 a 24 años de edad, de ambos sexos y a las mujeres entre 25 y 45 años; además, Diet Coke se dirige hacia audiencias fuera del mercado objetivo que podrían influir en la compra del producto, como la firma Food and Drug Administration (FDA) que regula todos los productos alimenticios que se venden al público en Estados Unidos.

Por último, la promoción es una meta dirigida. Para el fabricante y los comercializadores, los objetivos de la promoción son crear conciencia de marca, enviar información, educar y anticipar una imagen positiva. La meta final es vender el producto o servicio.

Existen cuatro tipos de actividades que brindan las herramientas claves para alcanzar las metas de promoción:

- **Publicidad**: Es cualquier forma pagada de comunicación no personal para la promoción de ideas, bienes o servicios realizada por un anunciante o patrocinador identificado. Aunque cierta publicidad (como el correo directo) se dirige hacia individuos específicos, la mayor parte de los mensajes de publicidad se ajustan a un grupo y al uso de los medios de comunicación masivos como la radio, la televisión, los periódicos, las revistas y la publicidad al aire libre (publicidad exterior).
- **Venta personal**: Es la comunicación personal con uno o más clientes potenciales para lograr ventas. Ejemplos son las llamadas de ventas que hace un vendedor a una empresa (venta de campo), la asistencia en el almacén de un dependiente del mismo (venta al por menor) y la llamada de un representante de ventas a los hogares (venta puerta a puerta).
- **Relaciones públicas**: Es un intento coordinado para crear en la mente del público una imagen favorable del producto, mediante ciertas actividades o programas de apoyo, como la publicación de noticias con significado comercial en un medio de amplia circulación, o la obtención de publicidad favorable; es decir, presentaciones en radio, en televisión o en ambientes que no paga el anunciante o patrocinador.
- **Promoción de ventas**: La constituyen las actividades de marketing que se agregan al valor básico del producto o servicio, durante un tiempo limitado, para estimular en forma directa la compra por parte del consumidor, a través de cupones o muestras del producto, y a los distribuidores para llevar y/o promover el producto o servicio (con bonos y ofertas comerciales por ejemplo), o estimular a los vendedores realizando concursos y reuniones.

Las cuatro actividades anteriores, son las formas activas más comunes de comunicación de marketing. Resulta claro que tanto la forma de comunicación proactiva como la reactiva, tienen gran importancia, ya que, en sentido ideal, trabajan juntas. La promoción lleva al consumidor frente a la puerta del almacén con conciencia de marca, información del producto, actitud positiva y un incentivo extra para comprar. Luego, los atributos del producto y los del almacén, así como un buen precio, se encargan de atraparlo. La promoción puede crear asociaciones positivas que pueden aumentar la satisfacción del comprador y sumarse, de ese modo, al valor real de la oferta de la compañía. Sin embargo, una gran promoción no puede salvar un mal producto; de hecho, la forma más rápida de eliminar un producto malo es un buen programa de promoción, el cual expondrá con rapidez las debilidades del producto ante su mercado objetivo constituído por las personas que más cuentan.

¿Por qué es necesario hacer una promoción?

En la actualidad, para la mayoría de las compañías resulta esencial hacer algún tipo de promoción, con el fin de crear conciencia en el consumidor sobre su producto y las características del mismo. Muchos factores han aumentado la importancia de la promoción, aunque se pueden resaltar seis aspectos claves (*véase* figura 1.1).

Primero: los consumidores se enfrentan hoy en día con tal demanda de productos similares, que suelen optar por uno que no sea el óptimo, eligiendo una "marca satisfactoria" en particular y comprándola repetidamente, para evitarse el esfuerzo de escoger otro producto. Si una persona ha comprado Diet Coke por tanto tiempo como puede recordar, no se molestará en pensar dos veces antes de volverla a comprar, a menos que la promoción de otro producto lo lleve a ello. Así, el mercado objetivo incluye, con frecuencia, personas que han establecido lealtad con el producto. El fabricante debe promover su producto, para persuadir a cambiar sus hábitos de compra, a las personas que son leales al producto de la competencia.

Una segunda razón para la creciente importancia de la promoción, es el aumento de la distancia emocional y física entre productores y consumidores. Una vez que se involucran los intermediarios de marketing, para un productor no es suficiente comunicarse únicamente con los consumidores finales o con los usuarios industriales. Los intermediarios de marketing también deben recibir información acerca de los productos; los vendedores mayoristas deben ser promotores entre los minoristas y éstos, a su vez, entre los consumidores. De esa manera, el propósito básico de la promoción es facilitar el movimiento de productos y de información relacionada con el producto, a través de la red de marketing.

Un tercer factor es la intensa competencia que existe dentro de las industrias y entre ellas, aumentando la presión en los programas promocionales de vendedores individuales. La mayor parte de las universidades y colegios de secundaria, por ejemplo, deben tratar directamente con otras entidades de su nivel, al igual que con otras organizaciones que ofrecen alternativas educativas o vocacionales a las personas.

Cuarto, los consumidores van más allá de satisfacer sus necesidades físicas básicas y se encaminan hacia la satisfacción de sus deseos. Cuando distribuyen sus limitados recursos a la compra de deseos antes que a la satisfacción de necesidades, se vuelven más selectivos en sus decisiones. Un buen

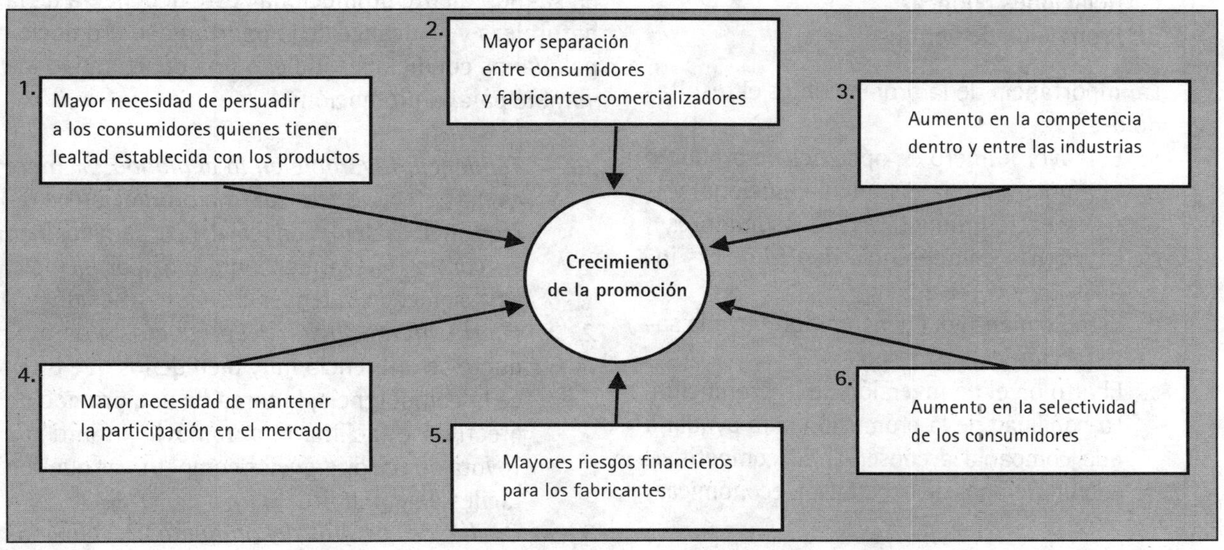

Figura 1.1
Factores que contribuyen a la creciente importancia de la promoción.

programa promocional ayuda a los consumidores a tomar estas decisiones en una mejor forma.

Quinto, por lo general, el esfuerzo promocional constituye la mayor parte de la inversión* total de marketing. Los gerentes deben estar seguros de que el alto nivel de inversión produzca los resultados deseados.

Por último, durante las épocas de recesión económica, la planeación del producto, los canales de distribución y la estructura de precios cambian poco[1]. La promoción se necesita para mantener los niveles de ventas y utilidades necesarios para la supervivencia de la firma. Rediseñar mensajes, hacer publicidad en una forma diferente y más brillante, y mejorar las ofertas de la promoción de ventas son algunas de las formas para estimular la demanda del comprador.

Repaso de conceptos

1. La promoción es la función de marketing relacionada con la comunicación persuasiva, hacia audiencias objetivo, de los diferentes componentes del programa de marketing para facilitar el intercambio entre el fabricante-comercializador y el consumidor, y ayudar a satisfacer los objetivos de ambos. Las herramientas claves de la promoción son:
   a. Publicidad
   b. Venta personal
   c. Relaciones públicas
   d. Promoción de ventas

2. La importancia de la promoción es el resultado de:
   a. El mayor número de opciones de producto
   b. El aumento de la distancia emocional y la física entre productores y consumidores
   c. La intensa competencia dentro de las industrias y entre ellas
   d. El movimiento del consumidor hacia la satisfacción de sus deseos
   e. El alto nivel de inversión de la promoción
   f. La habilidad de la promoción para ayudar a una compañía a conservar su competitividad en tiempos de declinación económica.

* *N. del RT.* El término *expense* se tomará en esta traducción como inversión, puesto que en marketing y publicidad se considera como parte del desarrollo de la marca, aunque contablemente se considera un gasto.

Pasos en la planeación de la promoción

Los gerentes de promoción acostumbran visualizar la promoción en el contexto de una campaña, la cual se define como "una serie coordinada y planeada de esfuerzos promocionales construidos alrededor de un solo tema o idea y diseñados para alcanzar una meta predeterminada"[2]. En este contexto, el término *campaña* se refiere a todo el esfuerzo promocional. Es una herramienta de planeación que coordina el envío del mensaje a las diferentes audiencias; está unificado por una idea central o un punto focal llamado tema o eje de campaña; el tema es el aspecto o la idea central que se lleva en cada uno de los mecanismos de promoción.

En la figura 1.2 se ilustran los pasos para crear un plan de promoción.

El proceso comienza con una evaluación de oportunidades, la cual señala la dirección para determinar objetivos promocionales específicos. La **estrategia promocional** detalla cómo espera la organización lograr estos objetivos. En esta sección se estudiarán brevemente cada una de estas etapas y en los capítulos siguientes se ampliarán los conceptos sobre esta visión general.

Paso 1: Determinar una oportunidad de promoción

Si el programa de marketing se basa principalmente en su ingrediente promocional, éste dependerá de la naturaleza y el alcance de la oportunidad promocional. Varias condiciones indican una oportunidad favorable para la promoción:

1. *Tendencia favorable en la demanda.* Siempre es más efectivo realizar una promoción en dirección de la demanda real del consumidor y no en contra de ella. Con Agra Inc., por ejemplo, está siguiendo la tendencia hacia la salud.
2. *Fuerte diferenciación del producto.* Si un producto se diferencia muy bien de los que ofrece la competencia, la tarea de una promoción efectiva se facilita. El automóvil "Infiniti" de Toyota ofrece diferencias competitivas que son fáciles de comunicar.
3. *Cualidades ocultas del producto.* Las cualidades ocultas del producto, o no muy obvias, como el sabor de los alimentos, la seguridad

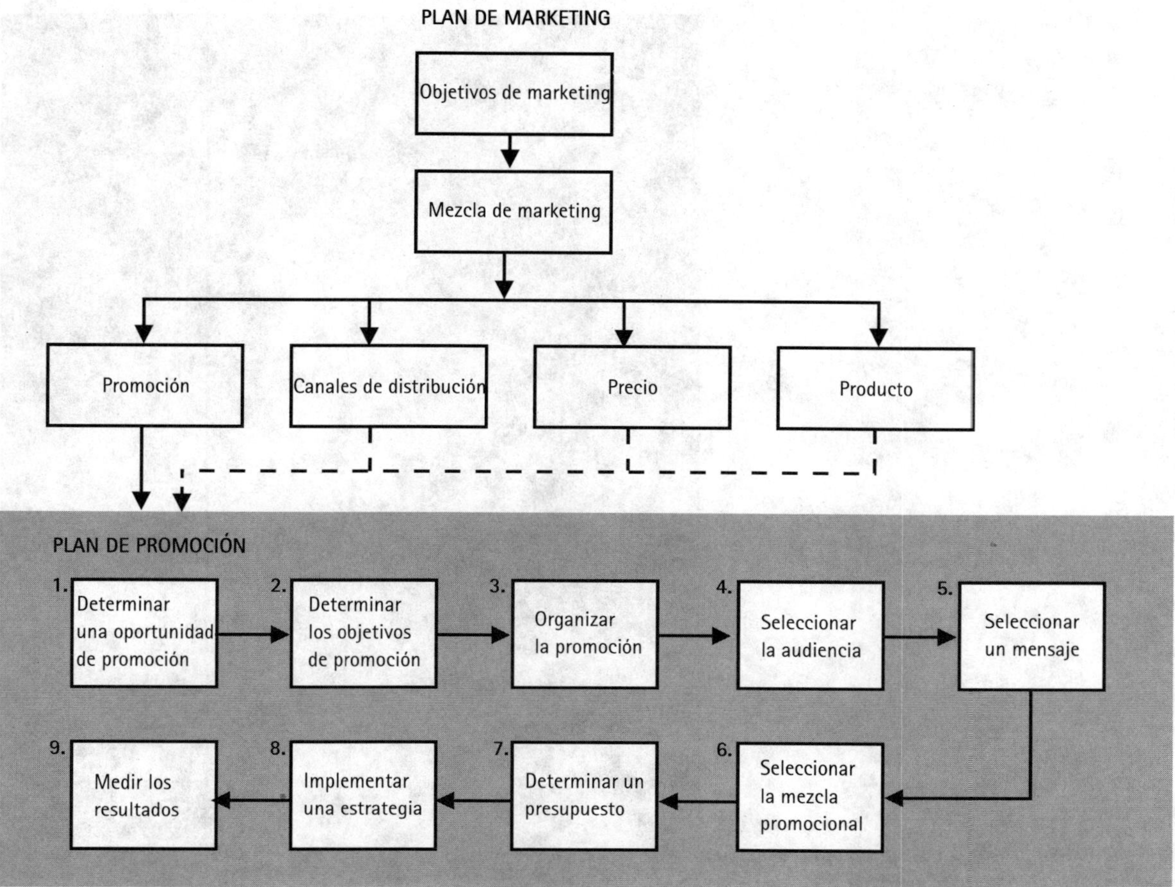

Figura 1.2
La planeación de la promoción se deriva del plan de marketing y va paralela a éste en muchas formas.

de los automóviles y las capacidades de los computadores personales, representan, con frecuencia, la ventaja competitiva y ofrecen excelentes oportunidades promocionales.

4. *Existencia de motivos emocionales de compra.* Algunas compañías telefónicas, la marca Kodak y organizaciones de caridad como UNICEF, han sacado ventaja de la característica emocional implícita en ellas y han logrado la respuesta del público a temas como el amor, la familia y el dolor humano.
5. *Recursos adecuados.* Si una compañía no tiene dinero para la promoción, no existe una oportunidad promocional. Los presupuestos pequeños sugieren un uso predominante de la venta personal. Los presupuestos grandes permiten la utilización adicional de publicidad, promoción de ventas y propaganda.

Para identificar oportunidades promocionales, un gerente de promoción debe observar tres áreas generales. Un área está conformada por los elementos de comunicación: producto, precio y canal de distribución; es decir, aunque estos elementos no son parte de la promoción *per se*, forman la base de buena parte de lo que se dice a través de las promociones. Un nuevo producto, un nuevo empaque, un menor precio y la entrada a un nuevo mercado, conforman una base para realizar esfuerzos promocionales. Por ejemplo, Kimberly-Clark Corp., el fabricante de los pañales desechables Huggies, desarrolló un nuevo producto para bebés caminadores. Este producto impulsó un nuevo esfuerzo promocional que incluyó publicidad

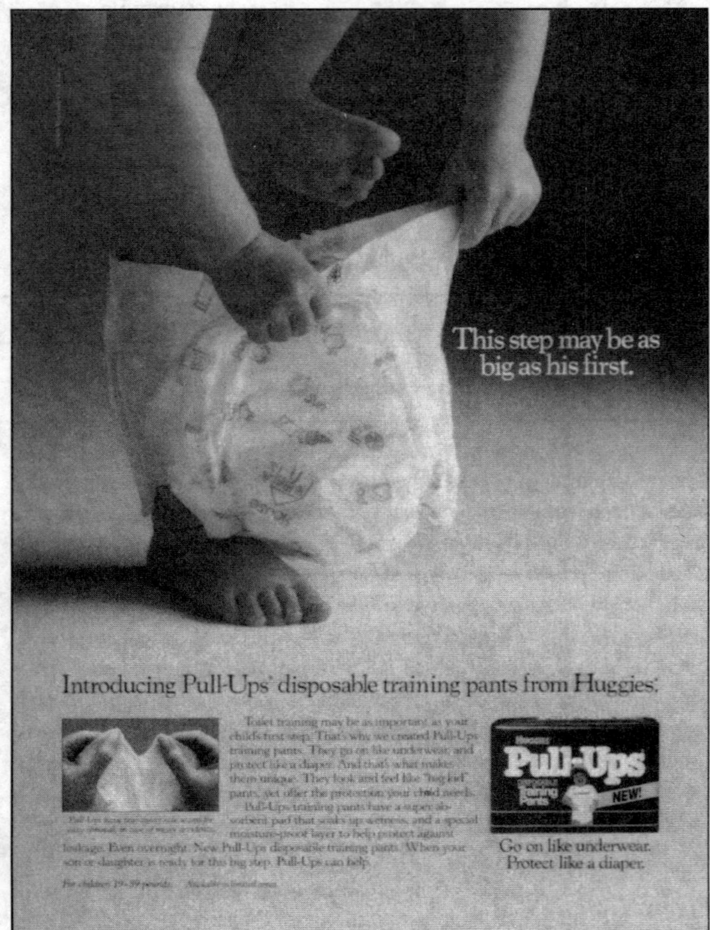

Figura 1.3
Este nuevo producto brinda la base para una estrategia promocional completa. HUGGIES y PULL-UPS son marcas registradas de Kimberly-Clark Corporation. © 1989 KCC. Reimpreso con autorización.

masiva, distribución de cupones, y presentaciones en puntos de ventas (*véase* figura 1.3). En el capítulo 2 se estudiarán las implicaciones promocionales de producto, precio y canales de distribución.

Una segunda área, en la cual se buscan oportunidades de promoción, es el macroambiente, el cual incluye tendencias demográficas, sociales y culturales; el ambiente económico; el ambiente ecológico y el ambiente tecnológico. Por ejemplo, la caída del Muro de Berlín y la apertura de Europa Oriental permitió que cientos de compañías de Estados Unidos ingresaran al mercado y promovieran sus productos en las naciones de esa región.

La tercera área está constituida por el cliente. Las necesidades y los gustos de los consumidores varían de manera constante como resultado de los cambios en las circunstancias individuales y en la cultura local. Las necesidades de consumir alimentos saludables, hacer ejercicio y usar automóviles seguros, se originaron en los consumidores y no en los fabricantes. Además, es necesario conocer cómo determinaron los consumidores que estas necesidades eran importantes. Motivaciones, percepciones, actitudes, personalidad y estilos de vida influyen en la determinación de la necesidad y en la manera como los consumidores toman sus decisiones. En el capítulo 3 se considerarán todos estos factores asociados con el consumidor individual.

Paso 2: Determinar los objetivos promocionales

La mayor parte de los objetivos promocionales se pueden trazar hacia objetivos corporativos de marketing o hacia problemas particulares de marketing.

Por ejemplo, cuando Kodak inventó la cámara de disco, buscó saturar el mercado. A su turno, este objetivo de marketing estableció metas promocionales tales como lograr una amplia presentación de la nueva cámara en medios de comunicación masivos. En este caso, una fuerza interna —el desarrollo de nueva tecnología— influyó en los objetivos promocionales. También es posible que factores externos formen objetivos promocionales. Es el caso del producto Tilenol Extra Fuerte, en el cual algunas personas murieron por hacer mal manejo de sus envases. Defender el producto se convirtió en un objetivo de publicidad de la compañía productora. Así, fuerzas internas y fuerzas externas pueden dictar los objetivos de promoción de una firma.

Existe una tendencia a creer que la función de promoción es hacer publicidad o vender. Sin embargo, los objetivos de promoción deberán ser más específicos y variados. La mayor parte de los objetivos de promoción se agrupan en una de las cinco categorías siguientes:

1. *Crear conciencia*, asegurándose de que el consumidor sabe quién es la compañía. Este objetivo se ilustra en el anuncio de la figura 1.4 para una compañía desconocida para la mayoría de los consumidores.
2. *Crear entendimiento* y *comprensión al suministrar información clave*, útil en la toma de decisiones.
3. *Crear cambios de actitud* al tratar temas o motivos hacia los cuales los consumidores tienen sentimientos fuertes. La firma Chevron Corporation (*véase* figura 1.5) ha tratado de cambiar la actitud negativa del público hacia las empresas petroleras, al mostrar cuánto se interesan éstas por el medio ambiente.
4. *Crear cambios de comportamiento*, comenzando por el principalmente pasivo de llamar a un número gratuito para solicitar información acerca de la compra de un producto. La mayoría de vendedores se asignan para este objetivo.
5. *Crear refuerzos*, al ofrecer premios tangibles e intangibles al consumidor para lograr elecciones favorables. La campaña "Pertenecer tiene sus privilegios" de la tarjeta de crédito American Express, sirvió como un excelente trabajo de refuerzo a los poseedores de la misma (*véase* figura 1.6).

Si se consideran estos cinco tipos de objetivos promocionales junto con las herramientas de promoción, existe una evidencia histórica de que ciertas herramientas son mejores para lograr ciertos tipos

Figura 1.4
Movado intenta crear conciencia sobre su nuevo producto. Cortesía de The Movado Watch Corporation.

Figura 1.5
Las compañías petroleras se han percibido como enemigas del medio ambiente. Chevron trata de cambiar esta actitud negativa. Cortesía de Chevron U.S.A. Inc.

Figura 1.6
American Express refuerza la decisión del consumidor hacia su tarjeta con el respaldo y el humor de John Cleese. Cortesía de American Express Travel Related Services Company, Inc.

de objetivos. Por ejemplo, lo que mejor hace la publicidad es remitir mensajes relativamente simples a una gran audiencia, una y otra vez. De ese modo, la publicidad es efectiva para crear conciencia, crear una actitud de comprensión y entendimiento básico del producto o servicio, cambiar actitudes y brindar refuerzo. Sin embargo, puede necesitarse de mucho tiempo y dinero para lograr estas metas. Las relaciones públicas pueden realizar muchas de estas mismas actividades pero, cuando se comparan con la publicidad, la habilidad para saber cuándo se logra un objetivo con ellas es muy difícil. La conversación, la venta personal y la promoción de ventas pueden entregar información detallada, incluyendo razones para comprar, a una audiencia selecta. Su énfasis es una llamada para actuar. En consecuencia, la venta personal y/o la promoción de ventas son más efectivas cuando el objetivo es motivar o cambiar el comportamiento. En capítulos posteriores se verán más de cerca las capacidades de cada herramienta promocional.

Paso 3: Organizar (la empresa) para la promoción

A menos que la compañía sea nueva o el uso de la promoción sea nuevo para la compañía, ya existe alguna clase de organización que respalde la promoción. No obstante, cada vez que se desarrolla un conjunto nuevo o revisado de objetivos promocionales, debe evaluarse la organización existente para determinar si puede alcanzar estos objetivos. En su forma típica, las modificaciones son menores y la organización existente se considera capaz. Sin embargo, hay excepciones. Por ejemplo, una compañía que desea enviar o transmitir información del producto a una audiencia nacional, podría descubrir que su actual departamento de publicidad interno no está preparado para asumir esta responsabilidad y que debe contratar a una agencia de publicidad. En forma similar, si un objetivo de promoción pretende establecer contacto personal con clientes potenciales, una compañía puede encontrar que necesita vincular varios vendedores a la organización.

Desde este punto, hasta el final del proceso de planeación promocional, continuarán los ajustes de la organización. Un banco local, por ejemplo, que tenga como objetivo el mercado del ciudadano mayor, podría decidir la contratación de un consultor de marketing, conocedor de este grupo. Una estación de radio que desea realizar una carrera de caballos, podría contratar a una agencia de promoción de ventas que se especializa en esta actividad.

Paso 4: Seleccionar la audiencia

Sin lugar a dudas, seleccionar la audiencia apropiada es una de las partes más importantes de la estrategia promocional. Un mensaje promocional que se envía a la audiencia equivocada está condenado al fracaso. Los mensajes promocionales deberán dirigirse hacia un objetivo específico para el cual se diseña todo el programa de marketing; sin embargo, existe una sutil diferencia entre el mercado objetivo y la audiencia objetivo. Por ejemplo, el mercado objetivo de los juguetes para niños es, en primera instancia, los niños, aunque las audiencias objetivo podrían incluir al niño, a sus padres, a las diferentes agencias gubernamentales relacionadas con la seguridad del producto y a los grupos de consumidores interesados con el bienestar de los niños. En este caso, la audiencia objetivo es mucho mayor que el mercado objetivo. El caso opuesto también es posible. El mercado objetivo para el servicio telefónico de larga distancia para empresas pequeñas cubre todas las entidades que gastan entre US$150 y US$1,000 mensuales en este rubro, aunque la empresa MCI puede diseñar una campaña de promoción de ventas tipo *win-back* (dirigida a recobrar y mantener clientes antiguos) enfocada sólo hacia clientes *sprint* (ocasionales y rápidos). El anuncio de American Express en la figura 1.7 ilustra la manera apropiada en que esta empresa ha enfocado una audiencia específica dentro del mercado objetivo mayor.

Para que el gerente de promoción diseñe en forma adecuada la audiencia objetivo apropiada, como punto de partida es necesario familiarizarse con el producto, determinar quién lo utiliza, cómo se utiliza y quién influye en su compra y empleo. La toma de decisión por parte del consumidor se estudiará en el capítulo 3.

Paso 5: Seleccionar el mensaje

Determinar con exactitud qué decir a la audiencia escogida es un proceso importante y difícil. La clave es el tema. Por ejemplo, si se quiere promover una bebida dietética, ¿qué tema se trataría de cubrir? La sección **Un enfoque de promoción** estudia la elec-

Figura 1.7

Este anuncio está dirigido a los padres, justo una sección del mercado objetivo de American Express. Cortesía de American Express Travel Related Services Company, Inc.

ción hecha por Diet Coke. Miller Lite ha conservado el tema "mayor sabor-peso menor" durante cerca de 20 años. Los vendedores que trabajan para John Deere en la venta de implementos agrícolas han pregonado, por más de100 años, el tema de "calidad, servicio, integridad" a todos sus clientes. El tema debe incluir las más importantes necesidades y deseos de las audiencias objetivo. Debe enviarse con claridad y de manera oportuna.

Un ejemplo del uso exitoso de un tema por parte de una compañía en varios grupos de marketing, es la famosa campaña Marlboro que comenzó hace cerca de 40 años (*véase* figura 1.8). El tema del "vaquero rudo" puede funcionar incluso en la actualidad, cuando fumar cigarrillos tiene menor aceptación social. Así, los fumadores pueden verse como independientes y rudos para continuar fumando.

Paso 6: Seleccionar la mezcla promocional

En una sección anterior se describieron cuatro formas comunes de promoción: publicidad, venta personal, relaciones públicas y promoción de ventas. La utilización de estas cuatro herramientas de manera

Figura 1.8

Esta famosa campaña ha permanecido sin modificaciones por más de 35 años. Cortesía de Glasheen Graphics.

Un enfoque de promoción:

Las decisiones que hicieron de Diet Coke un éxito

Diet Coke fue una de las maravillas del marketing de la década de los años ochenta, la bebida gaseosa de la década. El volumen de su producción en Estados Unidos aumentó 26% anual durante los primeros cinco años. La fórmula del éxito de Diet Coke resultó demasiado mundana: una fuerte promoción, un buen y nuevo sabor, y una marca reconocida alrededor del mundo. Sin embargo, esta fórmula en apariencia demasiado simple requirió algunas astutas decisiones por parte de la gerencia de Coca-Cola.

Una parte del éxito de Diet Coke, la fórmula para hacerla, continúa siendo un secreto celosamente guardado y que sólo conocen unas cuantas personas en la casa principal de la empresa en Atlanta. Aunque los investigadores de la compañía recibieron crédito por la fórmula, la gerencia de Coca-Cola tuvo el difícil trabajo de decidir qué tan buena era la nueva fórmula. La decisión de llamar a la nueva bebida Coke fue un riesgo. Si Diet Coke hubiera fracasado, el fracaso habría deteriorado la imagen de Coke. Coca-Cola había evitado esa posibilidad al denominar su principal bebida dietética anterior como TAB; sin embargo, los ejecutivos de la compañía decidieron que esa oportunidad era un riesgo valioso para una reputación construida durante más de un siglo.

No fue una sorpresa que Coca-Cola decidiera promover con fuerza un producto importante; desde el lanzamiento, en 1982, ha invertido alrededor de US$50 millones anuales en esta bebida. No obstante, una decisión mucho más vital y difícil fue *cómo* promoverla. Claramente, Coca-Cola quería sacar partido de la fijación creciente de la nación en el peso y en las dietas, pero quería romper la percepción del público de que una bebida gaseosa tenía que perder su sabor al perder sus calorías. Sin duda, quería expandir su mercado objetivo.

Así, quizás la más importante decisión de marketing de Diet Coke fue venderla no sólo por sus calorías sino por su sabor. "Justo por su sabor", lema empleado por estrellas como el grupo Pointer Sisters y la cantante Whitney Houston, incorpora esta decisión. Coca-Cola le dice a la gente que beba Diet Coke no porque *tenga* que hacerlo sino porque *quiera hacerlo.*

El éxito de este enfoque se demuestra no sólo por las manifiestas ganancias de Diet Coke en su participación en el mercado, sino también por su más reciente lema: "la movida es contigo". Con la campaña del año 1992, Coca-Cola posicionó a Diet Coke como el elemento que desagrada al gigante Pepsi; la compañía proclama que los consumidores de Pepsi están cambiando a Diet Coke; incluso, los ejecutivos de Coca-Cola predicen que superarán a su rival antes de finalizar la presente década. Si es así, la compañía puede agradecer a los químicos que elaboraron la nueva fórmula, pero también a los gerentes que tomaron las decisiones correctas.

Fuente: Patricia Winters, "Diet Coke's Formula: Stress Taste, Not Calories," *Advertising Age* (January 1, 1990): 16.

que ayude a lograr los objetivos promocionales, se denomina **mezcla promocional**. Los diferentes componentes se presentan en la figura 1.9.

Determinar la mezcla promocional más efectiva es difícil. De hecho, para las pequeñas empresas o aquellas que tienen una clara necesidad de realizar sólo la venta personal o la promoción de ventas, el concepto de mezcla es erróneo. La gerencia no sabe el alcance exacto que logrará en las metas del programa de marketing con la ayuda de publicidad, venta personal o cualquier otra herramienta promocional. Cada elemento de la mezcla promocional tiene sus propios aspectos fuertes así como limitaciones particulares; más aún, estas condiciones inherentes pueden aumentar o disminuir de acuerdo con las capacidades de la compañía, la situación competitiva, los otros elementos de marketing, etc. El aspecto fuerte de la compañía NCR Corp. por ejemplo, se basa en su fuerza de ventas; en consecuencia, todas las estrategias de la mezcla promocional de NCR se construyen sobre ella.

A pesar de las ventajas y las desventajas asociadas con todas las herramientas promocionales, hasta cierto punto cada una de ellas puede sustituirse por cualquiera de las otras. Es decir, en una situación particular varias herramientas pueden tener el potencial de lograr el mismo objetivo. El gerente de promoción gana en flexibilidad cuando reconoce un caso en el cual dos o más herramientas poseen la misma fuerza, lo cual tiene especial importancia debido a las limitaciones presupuestales que deben afrontar la mayoría de los ejecutivos de su posición.

El resultado de la etapa de la mezcla promocional es un listado de enunciados sobre la manera como se empleará cada uno de sus componentes. El nivel de detalle variará de una compañía a otra. Como mínimo, a cada componente deberá asignarse la distribución porcentual; por ejemplo, la mezcla promocional inicial de Ralston Purina Puppy Chow podría ser así: 40% en publicidad masiva, 30% en promoción de ventas, 25% en venta personal y 5% en relaciones públicas. Luego, cada categoría se dividiría en

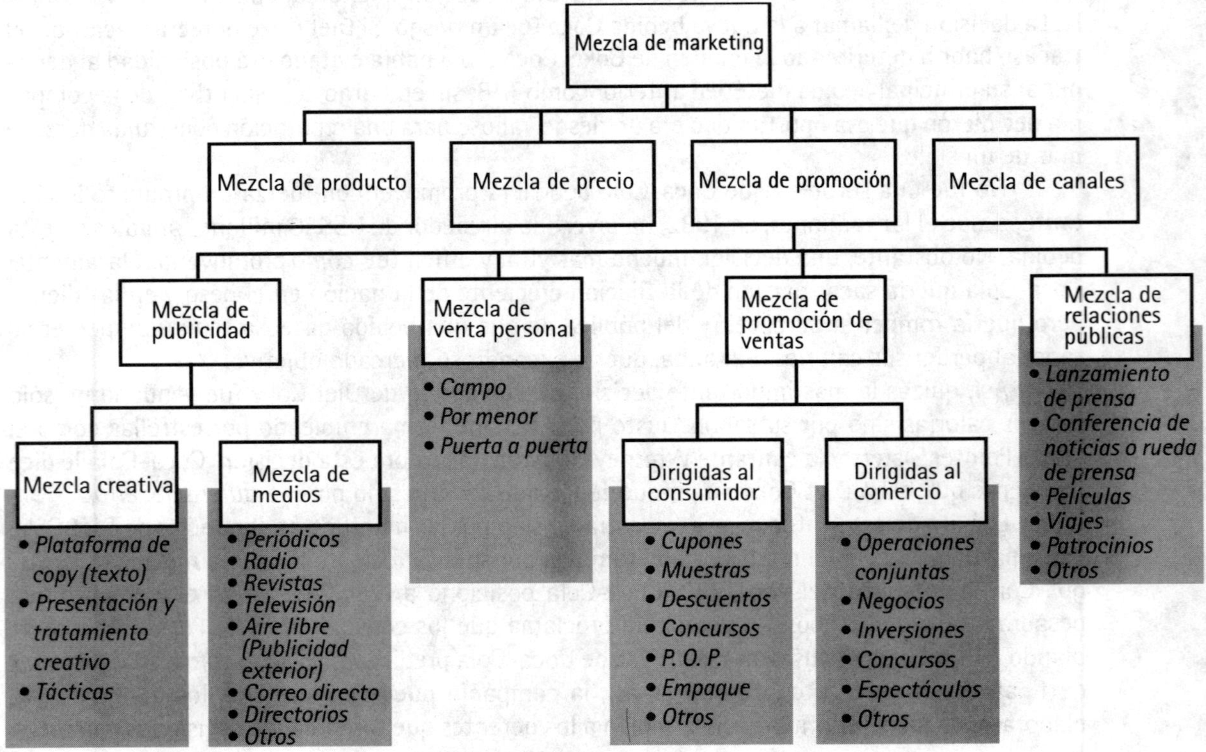

Figura 1.9
Componentes de la mezcla de promoción.

partes más pequeñas, en componentes más específicos. El componente de publicidad masiva podría dividirse después, según el medio de comunicación, como sigue: 30% en red de televisión, 25% en impresión en revistas, 15% en impresión en periódicos, 10% en radio, 10% en correo directo, 5% en publicidad exterior y 5% en especialidad. Después, la distribución para cada uno de estos componentes se describiría de una manera más específica. Este proceso es similar independientemente del tamaño del negocio o la naturaleza del producto, aunque el rango de opciones y el nivel de sofisticación pueden ser menores o mayores.

Paso 7: Determinar un presupuesto

Cada día, el esfuerzo promocional es más costoso y para determinar su presupuesto se utiliza una variada gama de herramientas, ninguna de las cuales es infalible. En el capítulo 11 se describirán las técnicas para elaborar presupuestos.

De manera ideal, el presupuesto no deberá entrar en el proceso de planeación de la promoción hasta después de que se hayan tomado las principales decisiones estratégicas; por esta razón se le ha clasificado en el séptimo lugar del proceso de planeación. En la realidad, sin embargo, el presupuesto suele ser el punto de partida del proceso y todo depende de la cantidad que se fije. Se le dice a una gerente de promoción que tiene US$3 millones para invertir en su área durante el año siguiente; por tanto, ella planea su esfuerzo promocional de acuerdo con ese valor.

Sin importar si el presupuesto se ha predeterminado o no, una parte importante de esta etapa es distribuir las cantidades de dinero que se han de invertir en cada uno de los componentes promocionales que se identificaron en el paso 6. ¿Cuánto cuesta cada programa de la red de televisión? ¿Cuánto de este costo varía a través de mercados, tiempo y extensión del anuncio? ¿Cuál es el costo de producir y distribuir 500,000 muestras del producto? ¿Cuánto cuesta tener el producto en mención en un espectáculo de la red de televisión? ¿Cuánto cuesta una lista de correo? La lista de interrogantes es extensa; responderla exige personal con conocimientos acerca de los costos asociados con todas las facetas de la promoción. Con frecuencia, el presupuesto final será mucho mayor que la cantidad que la compañía pretende invertir. Se hacen reducciones, se establecen acuerdos, se modifican los objetivos. El conjunto final de decisiones dirige al gerente de promoción hacia la siguiente etapa del proceso: la implementación.

Paso 8: Implementar la estrategia promocional

El éxito de cualquier estrategia promocional depende, principalmente, de qué tan bien se implementa. El personal con gran talento y experiencia mejora altamente la probabilidad de una implementación efectiva. La implementación misma incluye tres etapas separadas; en la primera, el gerente de promoción y sus asociados deben tomar decisiones específicas acerca de todos los elementos del plan, entre los cuales se incluye determinar medios, fechas, plazos, tamaños, talento, fotógrafos, artistas y cronogramas de producción. A continuación, el gerente de promoción debe asegurarse de que todas las decisiones puedan implementarse y que haya personal para cada tarea; por último, debe hacer una revisión, para asegurarse de que todas las decisiones se implementen de manera correcta.

Como se mencionó antes, una **campaña** es una herramienta de planeación que coordina la presentación del tema ante las diferentes audiencias. Una compañía puede dirigir muchos tipos de campañas promocionales y realizar varias a la vez. Una firma puede realizar una campaña a nivel local, regional o nacional y una campaña puede tener varias audiencias objetivo: consumidores, intermediarios y accionistas, por ejemplo. Una campaña puede durar una semana, un mes, un año o más, aunque la duración media de una campaña común es de tres a seis meses; en cualquier caso, el tema de la campaña deberá reflejar los objetivos de la misma y expresar los beneficios del producto o los atributos sobresalientes.

Un ejemplo de una campaña muy inusual, y por tanto muy riesgosa, fue "Nature", ideada para "Infiniti", el carro de lujo de Nissan. La firma Hill, Holiday, Connors, Cosmopoulas, Inc. desarrolló la campaña y la lanzó a través de un anuncio en televisión que mostraba poco más que rocas, árboles y campos cubiertos de niebla, pero ningún carro. Este anuncio rompecabezas se apoyó con una nueva red de distribución; el Infiniti no se vendió a través de las redes habituales. Los distribuidores cubrieron el automóvil durante los primeros días y en los puntos de venta mantuvieron a mano material de apoyo para reforzar el anuncio. Cuando finalmente se descubrió el auto, a los compradores se les acompañaba hasta un lugar en donde escuchaban los sonidos de la naturaleza, hasta que el vendedor podía mostrarles en persona el vehículo. A los consumidores se les dieron varios incentivos para hacer la prueba de conducción y premios adicionales para tenerlo en casa durante el fin de semana. Infortunadamente, la campaña se consideró un fracaso pues después de seis meses sólo se había alcanzado el 40% de los objetivos de ventas[3].

Una campaña exitosa combina los esfuerzos de todos los grupos interesados. El programa de publicidad consta de una serie de anuncios relacionados entre sí, oportunos y pautados con especial cuidado. El esfuerzo de la venta personal se ajusta cuando los vendedores explican y demuestran los beneficios del producto que se resaltan en los anuncios. Los vendedores están informados a cabalidad sobre la parte publicitaria de la campaña: tema, medios empleados, cronograma de aparición de los anuncios, presentaciones utilizadas, etc. Los vendedores también informan a los intermediarios de marketing acerca de la campaña y los convencen para incorporarse dentro de su esfuerzo de marketing. Los mecanismos promocionales de ventas están coordinados con los otros aspectos. Para cada campaña se preparan nuevos materiales de exposición que reflejen los anuncios y las presentaciones empleadas, para así maximizar el impacto de la campaña en el punto de venta. El personal responsable de las actividades de distribución física garantiza la disponibilidad de cantidades adecuadas del producto en todos los puntos pertinentes, antes del inicio de la campaña. Por último, la gente que trabaja en relaciones públicas está consciente de los nuevos productos, de sus demostraciones, aplicaciones, etc. De hecho, es importante dar suficiente tiempo para que el esfuerzo de relaciones públicas pueda incorporarse de manera efectiva dentro de la campaña[4].

Paso 9: Medir los resultados y emprender las acciones correctivas necesarias

Por último, el gerente de promoción o los miembros de su *staff* deben determinar si el esfuerzo promocional alcanzó los objetivos establecidos. Con frecuencia, el trabajo pasa a la agencia de publicidad ya que sus integrantes tienen una mayor experiencia con las técnicas de medición. Para medir los resultados de la promoción deben realizarse tres tareas: la primera es establecer los estándares para la efectividad promocional; esto significa que el planificador del mercado debe comprender con claridad y exactitud qué se trata de alcanzar con la promoción. Para los propósitos de la medición, los estándares deben determinarse en términos específicos y, si es posible, cuantitativos. En segundo lugar, debe controlarse el desempeño real de promoción, para lo cual es usual realizar experimentos en los cuales se excluyan o controlen los efectos de otras variables. El tercer paso para medir la eficiencia promocional es comparar el desempeño frente a los estándares. Al hacerlo, teóricamente es posible determinar los métodos de promoción más efectivos. Una vez que se evalúa la estrategia de promoción, esta información entra a hacer parte de la evaluación del plan total de marketing. Entonces, el gerente de marketing puede establecer prioridades en las deficiencias y determinar la acción correctiva para cada caso.

Un pensamiento final

Hace muchos años alguien acuñó la frase: "nada sucede hasta que alguien vende algo". Esta máxima describe el lugar de las actividades promocionales en los negocios de hoy. El marketing requiere además de desarrollar un buen producto, darle un precio justo y hacer que se encuentre disponible. Estas facetas del marketing son insuficientes para generar ventas y utilidades bastante grandes como para que la firma sobreviva. Muchos compradores potenciales nunca tomarían conciencia del producto; muchos otros, no se convencerían de sus méritos. La competencia es tan intensa y el mercado tan dinámico que la compañía debe desarrollar un programa de comunicación y promoción amplio y efectivo. Cada compañía debe actuar en el rol de comunicador. La única opción es qué tan bien se hará.

Repaso de conceptos

1. Para identificar las oportunidades de promoción, los gerentes deberán examinar los otros elementos de la mezcla de marketing, el ambiente y el consumidor.

2. La mayor parte de los objetivos promocionales pueden clasificarse en cinco categorías:
   a. Crear conciencia
   b. Crear entendimiento y comprensión
   c. Cambiar actitudes
   d. Cambiar el comportamiento
   e. Crear refuerzo
3. Después de analizar las oportunidades promocionales y especificar los objetivos de promoción, los gerentes encargados diseñan la estrategia promocional. Esta etapa del plan requiere organizarse para la promoción, seleccionar la audiencia, el tema y la mezcla promocional, y determinar cuánto se ha de invertir.
4. El proceso de planeación de la promoción termina con la implementación de la estrategia y la medición de los resultados.

Caso 1

Publicidad para el ejército

No ha sido fácil reclutar a los jóvenes para el ejército desde que se abolió el servicio militar en 1973. Después de Vietnam, muchos jóvenes desconfiaban de las Fuerzas Armadas porque vieron películas y leyeron libros acerca de la brutalidad de la guerra de Vietnam, el número de inocentes asesinados con las bombas y las balas norteamericanas y la indiferencia del gobierno de Estados Unidos ante la terrible situación de los veteranos que sufrieron los efectos del Agente Naranja. Por otra parte, las universidades y escuelas vocacionales se fueron convirtiendo en mejores comerciantes, compitiendo con más agresividad por los graduados de secundaria. Sabían que la población de graduados de secundaria descendería a 2.3 millones en 1992, disminuyendo 36% desde 1977. Comprendieron su mercado objetivo y comenzaron a utilizar estrategias inteligentes y profesionales para atraer a la gente joven.

Nueva gente

La dificultad para atraer nuevos reclutas llevó a las Fuerzas Armadas a revaluar la clase de personal que intentaban alcanzar y la manera de hacerlo. Los estudios del ejército demostraron que los estereotipos de un buen soldado estaban errados. La inteligencia es más importante que la rudeza al estilo Rambo. Los jóvenes con buenos resultados académicos son mejor aceptados socialmente y si cuentan con una buena formación familiar tienen más posibilidad de adaptarse mejor al trabajo en equipo y son más fáciles de entrenar que sus colegas menos aceptados.

Nueva imagen

Así, a comienzos de 1980, el ejército decidió cambiar su imagen y reclutar los jóvenes mejores. Su campaña "Sé todo lo que puedas ser" resaltaba la autorrealización que se hab'a convertido en un concepto popular en la década de los años setenta. Para respaldar la idea de que unirse al ejército era una forma ideal para que una persona joven creciera y se educara mejor, el ejército creó el Army College Fund el cual permite a los jóvenes reclutados ahorrar hasta US$25,200 mientras cumplen su servicio militar.

Los cambios en el reclutamiento fueron muy marcados. El número de reclutas aumentó 64% entre 1980 y 1986; y más aún, mejoró la calidad. En 1980 sólo 54% de éstos se había graduado en secundaria y únicamente 25% alcanzaba una calificación de "más inteligente" que el promedio de sus colegas; cuatro años después, 91% de los reclutas había terminado la secundaria y 63% se calificaba por encima del promedio en las pruebas de inteligencia.

Sin embargo, los niveles de reclutamiento comenzaron a bajar de nuevo a mediados de la década de los años ochenta, debido al cambio de valores en los jóvenes y a que el *status* de militar volvió a quedar en entredicho luego de los conflictos en el Medio Oriente y América Latina. Sin embargo, la guerra con Iraq le dio nueva vida al reclutamiento en las Fuerzas Armadas. Por un lado, la guerra despertó el fervor patriótico de millones de norteamericanos, alimentado por su odio a Saddam Hussein. Los militares también tomaron un receso de cuatro meses en la publicidad durante la guerra misma, un receso que ahorró dinero y le dio a los reclutadores la oportunidad de crear una neva estrategia.

Nuevos enfoques

Los primeros anuncios después de la guerra capitalizaron los sentimientos patrióticos y las imágenes de la guerra aún frescas en las mentes de las personas. Los comerciales de "Cuenta conmigo" enfatizaron en que los norteamericanos podían contar con soldados "confiables y competentes". Otro anuncio, "Scout de caballería", se filmó en California antes de la guerra pero sus escenas en el desierto podían haber sido un error para el Medio Oriente. Los anuncios subsiguientes hicieron énfasis en la inteligencia del personal de las Fuerzas Armadas y el prestigio que ganaban al formar parte de una unidad élite.

El ejército también ha actualizado su estrategia de venta personal, enfatizando en el entrenamiento y en los beneficios económicos de estar en sus filas. Los reclutadores que viajan a las escuelas de secundaria tratan de llevar a un veterano de la operación militar *Tormenta del desierto* para demostrar las destrezas aprendidas en el ejército. Además, está ampliando sus actividades de promoción para incluir visitas de fin de semana a sus bases, bonos especiales para los reclutas y oportunidades de viaje únicas para que las utilicen cuando están en licencia.

Preguntas sobre el estudio de caso

1. ¿Qué tan acertadamente considera usted que el Ejército ha seguido los procesos descritos en la figura 1.2? ¿En dónde están las brechas de su plan?
2. ¿El ejército está listo para tomar una de las dos estrategias? Si es así, ¿cuál opción sería la mejor? Si el ejército no está preparado, ¿qué deberá hacer antes de tomar una decisión?

Fuente para el estudio de caso: Steven W. Colford, "Military Launches Ads," *Advertising Age* (March 4, 1991): 1, 47. Richard Edel, "Shrinking Population Starts Recruitment War," *Advertising Age* (February 2, 1987): 5-5, 5-6. Janet Meyers, "Art Will Imitate Life in Army's Latest Ad," *Advertising Age* (October 8, 1990): 71. Janet Meyers, "No Victors: Army vs. Ayer, What Really Happened," *Advertising Age* (May 16, 1988): 24.

Síntesis

Este capítulo introductorio aporta perspectivas importantes a la posición de la promoción en la organización de marketing contemporánea. En esencia, los fabricantes y comercializadores deben comunicarse con sus audiencias. La promoción es la función de marketing relacionada con la comunicación persuasiva a audiencias objetivo, de los diferentes componentes del programa de marketing para facilitar el intercambio entre el fabricante y el consumidor, y ayudar a satisfacer los objetivos de ambos.

La base de la promoción es el plan de marketing, el cual consta de nueve pasos que comienzan con la determinación de los objetivos de marketing y concluyen con la acción correctiva. Bajo la guía del plan de marketing, la promoción inicia su propio plan, el cual se enfoca en producir una estrategia de mensaje efectiva utilizando los cuatro elementos de la promoción: publicidad, promoción de ventas, relaciones públicas y venta personal.

Preguntas de análisis

1. Elabore una lista de los objetivos básicos de la promoción. Exponga algunas razones por las

cuales los fabricantes y comercializadores deberán seguir objetivos promocionales.

2. Suponga que usted tiene una pequeña fábrica que produce camisetas de punto para hombre. Para su negocio, desarrolle la siguiente actividad dos objetivos promocionales y una estrategia para cada objetivo.
3. Mencione ejemplos de cómo la publicidad u otra forma de promoción le orientó para comprar un producto que no satisfizo una necesidad. ¿Alguna otra forma de promoción le habría inducido a comprar? Como consumidor, ¿qué espera usted de la promoción?
4. Describa de qué manera afectan el plan de promoción los elementos de la estrategia de marketing.
5. Suponga que la gerencia general de General Equipment, Inc. lo ha contratado para determinar si existe una oportunidad promocional para una pieza desarrollada para equipo de trabajo pesado. ¿Qué criterio utilizaría como base de su investigación?
6. ¿Cuáles son las cuatro herramientas más comunes que se emplean en promoción?
7. Analice la definición de promoción en términos de los tres elementos específicos mencionados.
8. Desarrolle un objetivo promocional para cada herramienta promocional.
9. "Nada sucede hasta que alguien vende algo". Comente cómo deberá responder la promoción a este adagio.
10. ¿Qué es una campaña promocional? Describa en términos generales una campaña promocional bien coordinada.

Proyectos sugeridos

1. Establezca contacto con 10 amigos y entrevístelos acerca de lo siguiente:
   a. Qué entienden y qué opinan de marketing *versus* publicidad
   b. Qué entienden y qué opinan de promoción
   c. Qué entienden y qué opinan acerca de las cuatro herramientas promocionales

   Escriba un informe de dos a tres páginas sobre los resultados de sus entrevistas e indique su reacción ante ellas.
2. Establezca contacto con dos empresas locales y evalúe si utilizan un plan promocional. Evalúe cómo se compara ese plan con el señalado en este capítulo. ¿Es un plan formal en el cual se han escrito todos los componentes? o ¿es un plan informal en el cual la mayor parte de la información está en la cabeza de alguien? ¿Cómo se siente el propietario del negocio con respecto al éxito del plan? Presente un informe de tres páginas.

Referencias

1. William J. Stanton, *Fundamentals of Marketing*, 7th ed. (New York: McGraw-H II Book Co., 1984).
2. Stanton, 1984: 341.
3. Michael Lev, "Assessing Nissan's Zen Effort," *The New York Times* (May 14, 1990): C9.
4. Pradeep K. Korgaonkar and Danny N. Bellenger, "Correlates of Successful Advertising Campaigns: The Manager's Perspective," *Journal of Advertising Research*, 25, no. 4 (aug./sept. 1975): 61-71.

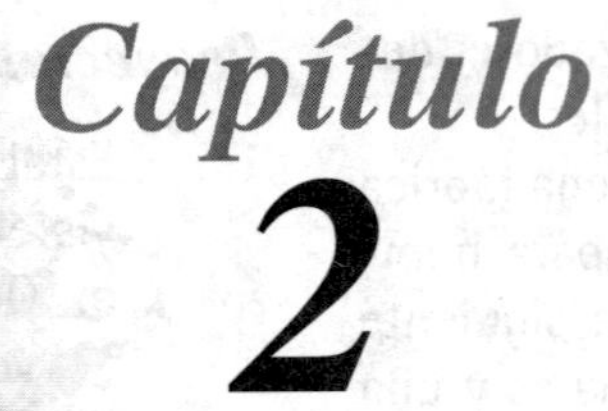

Capítulo 2

La promoción y la mezcla de marketing

Adecuar la promoción a la mezcla

La mezcla de producto
Clasificaciones del producto
Ciclo de vida del producto
Componentes de la estrategia del producto

Un enfoque de promoción: empaques ambientalmente amigables

La mezcla de canales
Estrategias push (impulso) y pull (atracción)
Habilidades promocionales de los mayoristas
Habilidades promocionales de los minoristas
Estrategias de servicio-producto para los canales

La mezcla de precio
Estrategias de precios
Comunicar precios con mensaje

Caso dos: Mazda reinventa el automóvil deportivo

Consideración:

POST-IT —Una nueva categoría de producto

A los jóvenes de hoy puede parecerles increíble, pero los paquetes de hojas autoadhesivas o *post-it* no siempre existieron, aunque hoy son un hecho consumado; están en todas partes como las cosedoras y la cinta adhesiva, otro producto de los mismos inventores: 3M. Sin embargo, los post-it no se hicieron pensando en el público y su historia brinda muchas lecciones sobre la introducción de un nuevo producto al mercado y su adquisición por parte de los consumidores.

Art Fry, un científico de 3M, no tuvo la idea de este producto en su trabajo sino en la iglesia donde pertenecía al coro. Fry utilizaba separadores de papel para indicar la hoja de los himnos, pero se caían con facilidad. Se dio cuenta de que la solución al problema estaba en un adhesivo que no había demostrado suficiente adherencia en su aplicación original.

Aunque en la actualidad a 3M se le conoce por su aporte de ideas novedosas, en 1974 no respondió con ánimo al invento de Fry. Los paquetes de hojas autoadhesivas parecían demasiado costosos para remplazar a los de hojas desprendibles y en un comienzo, los resultados de la prueba de marketing fueron desalentadores.

El problema radicaba en que los paquetes eran tan novedosos que en realidad no remplazaban algo que funcionara mejor que los inútiles separadores de papel de Fry. Sin embargo, una vez que 3M utilizó todos sus recursos de marketing para hacerle publicidad al producto en Idaho, la respuesta de los consumidores fue arrolladora.

Martin Williams, la agencia de publicidad seleccionada para hacer la campaña de los post-it, hizo algunos inicios en falso. Primero, trató de vender los paquetes como un adelanto en la comunicación; luego, hizo intentos con la línea "Ahorra tiempo, ahorra dinero" pero ninguno de estos enfoques tuvo éxito. Por último, convenció a 3M de que el producto necesitaba un presupuesto sustancial en publicidad de manera que pudiera presentarse como una solución a tantos y tan variados problemas como fuera posible.

Este enfoque funcionó; precisamente por el hecho de ser un producto tan versátil, los post-it han ayudado a 3M a convertirse en una de las tres primeras compañías en utilidades de Estados Unidos. La gente los utiliza para hacer análisis en el vestíbulo de la compañía, enviar mensajes por correo, marcar cajas que se han de transportar. Cientos de post-it se utilizaron en la creación de este libro, y en la actualidad se emplean en 45 países y con cerca de 300 variedades sólo en Estados Unidos. Los noruegos utilizan más post-it que los demás ciudadanos del resto del mundo, y los tamaños y formas favoritas del producto varían alrededor del planeta. Como los anuncios publicitarios de post-it que se imprimen en este momento, el éxito de este producto demuestra que las ideas más simples con frecuencia son las mejores.

Fuente: Cathy Madison, "13 Years Later, All the World Is Stuck on Post-its," *Adweek* (February 19, 1990): 49.

El éxito de los post-it es la excepción que confirma la regla. La mayor parte de los nuevos productos fracasan porque la investigación que les precede resulta demasiado deficiente, el precio es inapropiado, no tienen la distribución adecuada o, simplemente, porque no satisfacen las necesidades y deseos de un número representativo de consumidores. En ocasiones, los resultados de investigación, precio, distribución y satisfacción de los deseos y necesidades del consumidor son positivos, pero éste aún carece de información adecuada o no ha recibido una buena impresión del producto. Así que el esfuerzo promocional fracasa. Todos los elementos de marketing deben funcionar en armonía si se quiere que el producto tenga la mejor oportunidad de éxito; para ayudar a esta integración, el gerente de promoción debe entender todas las facetas tangibles e intangibles del producto, al igual que el precio y los métodos de distribución.

El objetivo de este capítulo es estudiar el lugar de la promoción dentro de la mezcla de marketing. Se examina la manera como los aspectos del producto, el precio y el lugar de distribución incluyen mensajes promocionales, cómo afectan el impacto de la promoción estos elementos de marketing y cómo influyen en la selección de una mezcla promocional. Aunque ningún libro puede presentar un análisis completo de todas las interacciones que tienen lugar entre la promoción y otros factores, es importante comenzar por un entendimiento básico de la interacción de la promoción con otros elementos de la mezcla de marketing.

Adecuar la promoción a la mezcla

De todos los componentes de la mezcla de marketing, la promoción es la que tiene mayor posibilidad de salirse de las manos, a menos de que se hayan considerado con sumo cuidado los demás aspectos. La estrategia de promoción involucra muchos aspectos y, por lo general, a varios individuos con talento creativo y especializado, el cual es difícil de dirigir y controlar. Más aún, con frecuencia, los diseñadores de material promocional se hallan demasiado impresionados con la importancia de su función. Estos factores tienden a llevar la estrategia promocional lejos del plan general. Por consiguiente, para integrar la promoción con el resto de la mezcla de marketing se requiere de un individuo fuerte y talentoso que cuente con un sólido entendimiento de la estrategia, así como también de la mezcla de marketing.

La mejor forma de asegurarse de que la estrategia de promoción se adecúa a los otros elementos de la mezcla de marketing es evaluándola con especial cuidado antes de continuar con el proceso. Es necesario considerar los tres aspectos siguientes:

Primero, la estrategia de promoción deberá ser compatible con los objetivos, las políticas, la organización, la infraestructura y las capacidades de la compañía. El gerente de promoción, junto con el gerente de marketing, deben revisar los planes promocionales para asegurarse de que se hayan mantenido dentro de las restricciones establecidas y de que estén en armonía con los objetivos corporativos generales. Debe recordarse que este proceso es interactivo, como se indicó en el capítulo 1 y, por tanto, el gerente de promoción está consciente de las políticas y los objetivos corporativos al comienzo de la planeación de la promoción y permanece bajo su influencia a través del proceso de planeación. A su turno, la gerencia general puede modificar políticas y objetivos como resultado de la retroalimentación que suministra el planificador promocional. En ocasiones, esta congruencia entre objetivos corporativos y planeación promocional se rompe durante la implementación creativa. Por ejemplo, a finales de 1990, la corporación Volvo despidió a su agencia de publicidad Scali, McCabe, Sloves luego de trabajar con ella durante 24 años, porque la agencia incluyó la presentación del vehículo Volvo en una demostración de "monstruos de la tracción". Este desatino de la agencia generó un conflicto evidente con las políticas y objetivos de Volvo[1].

El equilibrio entre marketing y promoción es el segundo aspecto a considerar. Se pueden permitir algunos cambios organizacionales (es decir, personal del *staff* y estructura organizacional) para facilitar ciertas tareas promocionales, aunque no debe incluirse una reorganización drástica de la función de marketing. En todos sus aspectos, los planes de promoción deberán ser consistentes con los objetivos de marketing y con los mercados objetivos que se especifican en el plan de marketing. Si el objetivo es crear una ventaja competitiva o lograr un nicho en el mercado será normal que la promoción reciba un gran énfasis. Los planificadores deben escudriñar en profundidad sus planes promocionales para asegurarse de que están trabajando hacia ese objetivo; además, deben revisarlos en términos del objetivo de marketing: ¿están dirigidos los esfuerzos promocionales hacia el segmento preciso que la compañía espera alcanzar?, ¿se han seleccionado bien los métodos de ventas y los medios publicitarios para lograr estos objetivos particulares? Si, por alguna razón, los planes promocionales se han desviado de sus objetivos de marketing originales, se deberá retroceder sobre ellos antes de incorporarlos dentro del plan general. Land's End, comercializador directo de ropa deportiva, equilibra con claridad su mercado objetivo y su estrategia en los medios de comunicación. El mercado objetivo está integrado por hombres y mujeres, entre 24 y 25 años, con un ingreso de US$40,000 e interesados en las actividades deportivas al aire libre. La compañía promueve sus productos a través de *Sports Afield, Sports Illustrated* y mediante correo directo de su propio catálogo, su vehículo primario.

Tercero, los gerentes deben determinar hasta dónde son compatibles los objetivos promocionales y la estrategia promocional. Resulta frecuente que los planificadores pierdan de vista los objetivos promocionales básicos cuando se involucran demasiado con los detalles de su plan. Para Volvo, perder el control de la agencia de publicidad demostró ser un doloroso error; el objetivo promocional, demostrar la seguridad de su vehículo, se distorsionó durante la ejecución de la idea.

Repaso de conceptos

Es importante comprender cómo deberá integrarse la promoción con los otros elementos de la mezcla de marketing. Existen tres consideraciones básicas:

1. La estrategia promocional deberá ser compatible con los objetivos, las políticas, la infraestructura y las capacidades de la compañía.
2. Debe existir un equilibrio entre el marketing y los objetivos de la promoción.
3. El marketing y los objetivos promocionales deberán ser compatibles.

La mezcla de producto

Un buen producto es el núcleo del marketing. El término **producto** se refiere a un conjunto de atributos, tangibles e intangibles, que la firma ofrece. En ellos se incluyen los elementos que sostienen el producto físico (por ejemplo, marca, empaque, garantía, colores), al igual que los componentes emocionales (por ejemplo, *status*, autoestima, seguridad). Un producto puede ser un solo artículo o servicio, un grupo de productos o de servicios, una combinación servicio-producto o una combinación de varios productos y servicios. Un ejemplo de una combinación producto-servicio es la institución de secundaria o universitaria a donde asiste una persona; la educación que se recibe en el salón de clase y en los laboratorios representan el producto, el cual se apoya en una variedad de servicios tales como dormitorios, librerías, sitios de parqueo, etc.

El propósito del producto es satisfacer las necesidades y los deseos de los mercados objetivos; el propósito de la promoción es informar y comunicar las características del producto a esos mercados objetivo y, por consiguiente, el nexo entre producto y promoción es vital. Sin embargo, la naturaleza de este nexo cambia, es decir, que el rol de la promoción y la mezcla promocional más efectiva varían, dependiendo del tipo de producto, en qué parte de su ciclo de vida está y de los componentes estratégicos del producto mismo. En esta sección se estudian estos tres elementos: clasificación, ciclo y componentes estratégicos, y cómo interactúan con la promoción de diversas maneras.

Clasificaciones del producto

Las dos formas más comunes para categorizar productos son: productos para el consumidor (llamados también de consumo masivo) frente a productos industriales, y bienes frente a servicios.

Consumidor y productos industriales. (llamados también productos organizacionales) La clasificación tradicional de los productos los divide: en productos para el consumidor y productos industriales. Los productos que se adquieren para consumo personal o familiar sin ninguna intención de revenderlos son **productos para el consumidor**. Los **productos industriales** son aquellos que adquiere una organización o un individuo para modificarlos o distribuirlos a un consumidor final con el fin de lograr una utilidad o satisfacer otros objetivos de la empresa.

En ocasiones, esta distinción no es suficientemente clara. Por ejemplo, los fabricantes adquieren suministros para baño, oficina y limpieza, igual que lo hacen los consumidores. De manera similar, los consumidores pueden adquirir, al por mayor, suministros para construcción con destino a un proyecto de remodelación de su casa. No obstante, los dos grupos se distinguen de manera precisa por el volumen de la compra y por la intención de lograr una utilidad.

Esta clasificación tiene implicaciones promocionales. Debido a que la decisión de comprar productos industriales, por lo general, corresponde a agentes o comités de compra profesionales que otorgan gran importancia a los costos, la decisión se considera racional con base en la información que dan los hechos. Más aún, dado que ambas partes en el intercambio industrial buscan una tercera afuera, el proceso de equilibrio es mucho más simple. Así, el esfuerzo promocional para productos industriales, con frecuencia incluye, en orden de importancia: 1) venta personal; 2) promoción de ventas, en especial negocios presentados por intermedio de los vendedores, y 3) publicidad comercial que utiliza medios de comunicación impresa. Por ejemplo, en la figura 2.1. aparece un anuncio dirigido hacia los gerentes de crédito que podrían utilizar un servicio financiero especial ofrecido por The Dun & Bradstreet Corp.

Por el contrario, en la figura 2.2 se muestra un anuncio de un producto para el consumidor, McDonald's McD.L.T., en el cual se suministra poca información pero se logra un gran impacto emocional. The McDonald's Corp. invierte millones de dólares en medios de comunicación impresos y de radiodifusión, además de ser el líder en promoción de ventas (en gran proporción mediante cupones y sorteos), al igual que en actividades de relaciones públicas, en especial en comunidades locales.

Figura 2.1
Este anuncio de Dun & Bradstreet es un buen ejemplo de promoción de un producto industrial. Reimpreso con autorización de Dun & Bradstreet, Inc.

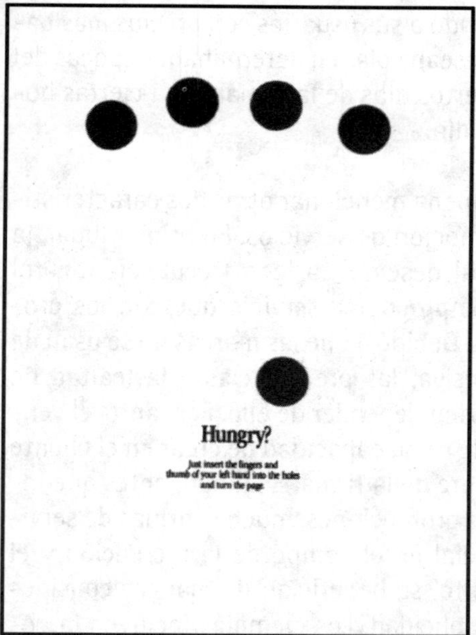

Figura 2.2
Inteligente promoción de McDonald's de un producto para el consumidor. Cortesía de McDonald's Corporation.

En general, como ilustra el programa de promoción de McDonald's, la promoción de productos para el consumidor responde a la dispersión física del mercado y a la tendencia de los consumidores a reaccionar de manera favorable a las presentaciones emocionales que tienen poco contenido de hechos. Por consiguiente, la promoción de productos para el consumidor enfatiza en la venta masiva (mediante publicidad impresa y por televisión), promoción de ventas (en particular en el punto de compra) y relaciones públicas, como una forma de refuerzo. La venta personal cobra importancia cuando el producto para el consumidor es costoso o complejo, desde el punto de vista técnico o de concepto. En la tabla 2.1 se sintetiza el énfasis promocional general de los productos para el consumidor y los productos industriales.

Bienes y servicios. Otra forma de clasificar productos es identificándolos como *productos servicio* o *productos bienes.* Los productos servicio son "actividades intangibles que brindan satisfacción cuando se comercializan para el consumidor y/o usuarios industriales, y las cuales no necesariamente están relacionadas con la venta de un producto u otro servicio"[2]. Según esta definición, los seguros, el servicio de reparación (no repuestos), el entretenimiento, el hogar y la educación se consideran como productos servicio; no así "los servicios de crédito, despacho y empaque que sólo existen cuando se vende un artículo u otro servicio". Los productos servicio se distinguen de los productos bienes por cuatro características, cada una de las cuales influye en la promoción:

1. *Intangibles.* Los productos servicio no se pueden probar, sentir, ver, escuchar ni oler antes de comprarlos. Así, el programa promocional, en especial venta personal y publicidad, debe describir los beneficios derivados de los servicios. Esta es la meta primaria de la promoción del producto servicio. La publicidad masiva puede estimular la demanda a través del uso de testimoniales y otras técnicas que le dan características tangibles al producto servicio; por ejemplo, las compañías hoteleras ilustran representaciones tangibles del producto como el procesamiento de un cheque o la imagen de un cliente satisfecho.
2. *Inseparables.* Muchos servicios se crean y se consumen al mismo tiempo (por ejemplo, cortes de cabello, atención médica, viajes). Como resultado, algunos intermediarios como corredores de seguros y agentes de viajes, suelen promover servicios. Otro ejemplo de este carácter de inseparabilidad es un evento deportivo, como el caso de un partido universitario

Tabla 2.1

Énfasis promocional: productos para el consumidor (llamados también de consumo masivo) frente a productos industriales

Énfasis promocional en	Productos para el consumidor	Productos industriales
Venta personal	√	√√√
Publicidad	√√√	√√
Promoción de ventas	√√√	√√√
Relaciones públicas	√√	√

de fútbol: la excitación y la satisfacción del evento son casuales frente a la interacción entre los jugadores y los espectadores. El entusiasmo de los aficionados locales puede señalarse como una razón primaria para alcanzar una victoria.

3. *Heterogéneos.* Es casi imposible estandarizar el producto servicio. Tampoco es fácil evaluar la calidad que un servicio se propone entregar. Sin embargo, debido a la tendencia de que los productos servicio sean de trabajo intensivo, esta es una función que debe realizarse. El rasgo de intangibilidad y la calidad de labor intensiva de los productos servicio se compensan con los intentos de crear continuidad y estandarización. McDonald's ha tenido mucho éxito en el logro de estos intentos mediante un excelente programa de entrenamiento a su personal, normas fijas para sus locaciones, arcos dorados, lema, etc. American Express Company también ha alcanzado resultados positivos al hacer énfasis en su "tarjetahabiente satisfecho" mediante campañas publicitarias con famosas celebridades como representantes. Así, con frecuencia, esta promoción resalta la evidencia de éxitos pasados como películas de las vacaciones anteriores.
4. *Corta duración.* Los productos servicio no se pueden almacenar y el nivel de demanda es difícil de predecir. Por tanto, la promoción trata de convencer a más consumidores de utilizar el producto y de acuerdo con un patrón más predecible. Las aerolíneas logran esta meta premiando a sus usuarios con precios más bajos si desean volar en determinadas épocas del año, ciertos días de la semana o a ciertas horas del día.

Vale la pena mencionar otras dos características de la promoción de servicios. En primer lugar, la venta personal desempeña, con frecuencia, un rol mayor con los productos servicio que con los productos bienes. Debido a que las marcas no se usan de manera extensiva, las preferencias y la lealtad de marca no pueden depender de ello. Por tanto, el vendedor depende de su capacidad de crear en el cliente un buen nombre de la firma. Segundo, antes que invertir en otras promociones, muchas firmas de servicios, en especial en el campo de la recreación y el entretenimiento, se benefician de manera considerable de la publicidad. Los ejemplos incluyen la cobertura deportiva que hacen los periódicos, la radio y la televisión; las síntesis de películas y de espectáculos en los periódicos y las secciones de viaje en estos últimos. Médicos, abogados, contadores y otros profesionales pueden participar en diversas actividades comunitarias para lograr que su nombre llegue al público. Bancos y entidades financieras promueven una comunidad ante varias compañías para atraerlas hacia ella; suponen que de toda la ayuda a la comunidad se benefician ellos.

Ciclo de vida del producto

Un segundo marco de referencia, que resulta útil para entender la mezcla promocional adecuada para un producto en particular, es el **ciclo de vida del producto** (CVP). Los productos, como las personas, suelen tener un patrón predecible de desarrollo. Desde su nacimiento hasta su muerte, un producto existe en diferentes etapas y diferentes ambientes competitivos, y su ajuste a esos ambientes determina en un gran nivel el grado de éxito que tendrá durante su vida. El ciclo de vida del producto ayuda de dos maneras al planificador o al gerente de promoción: a determinar la mezcla apropiada para cada etapa del ciclo de vida y ofrecer la mezcla de promoción óptima; el CVP también brinda pautas presupuestales. Saber que la publicidad masiva hace énfasis en una etapa particular le indica al planificador o al gerente de promoción que se necesita en cada caso una gran cantidad de dinero.

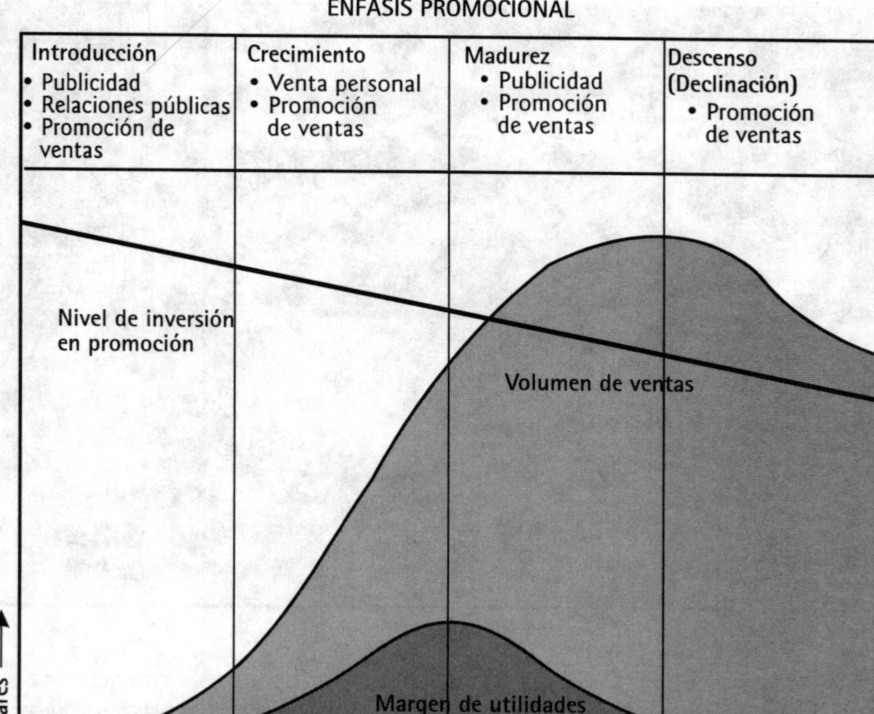

Figura 2.3
El ciclo de vida tradicional de un producto.

En su forma típica, el ciclo de vida del producto se divide en cuatro etapas: introducción, crecimiento, madurez y descenso (declinación) (*véase* figura 2.3). La duración del ciclo de vida varía entre los productos, en periodos que van desde unas semanas hasta varias décadas. Las curvas de ventas y utilidades pueden variar de cierta manera entre los productos, aunque la forma básica y la relación son casi las mismas que aparecen en la figura 2.3. Inclusive, la duración de cada etapa puede ser diferente entre los productos y no necesariamente todos los productos pasan por todas las etapas.

Etapa de introducción. En esta etapa, un producto o servicio recién desarrollado se presenta por primera vez a su mercado. En muchos aspectos, esta etapa es la más costosa y con mayor riesgo pues sus operaciones se caracterizan por tener altos costos, bajo volumen de ventas y distribución limitada. El programa promocional estimula la *demanda primaria* antes que la *secundaria;* es decir que se hace énfasis en el tipo de producto antes que en la marca del vendedor. La necesidad de crear la demanda primaria fue particularmente cierta para los post-it de 3M pues durante la prueba de mercado inicial, los consumidores vieron el producto como un costoso papel para apuntes y sólo hasta la distribución de muestras gratuitas apreciaron su valor.

De la estrategia de producto depende, en parte, cuál mezcla promocional funciona mejor durante la etapa de introducción. Si una compañía lanza al mercado un nuevo producto con un precio alto, para alcanzar tanta utilidad bruta por unidad como sea posible, debe soportar este precio con una promoción extensiva. Puede ser necesaria una gran cantidad de publicidad masiva y de venta personal para convencer al mercado de los méritos del producto en el nivel *premium.* La promoción extensiva sirve para acelerar el índice de penetración en el mercado. Un ejemplo de esta estrategia se presentó cuando el sistema de afeitar Sensor de Gillette salió al mercado en 1990. La espectacular campaña de promoción por US$175 millones incluyó medios masivos, cupones, presentaciones en los puntos de venta, muestras del

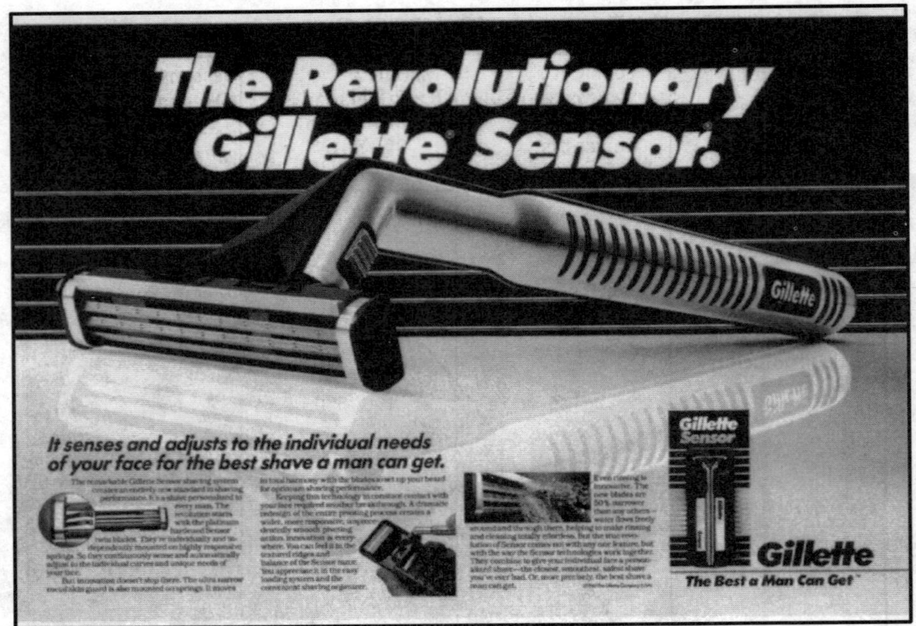

Figura 2.4
Una extensa campaña promocional lanzó al mercado el sistema de afeitar Sensor de Gillette. The Gillette Company.

producto y relaciones públicas (*véase* figura 2.4). El producto alcanzó 3% del mercado en los tres meses siguientes a su introducción[3]. Infortunadamente, este éxito inicial duró poco tiempo, pues los expertos consideraron que el avance tecnológico que sugerían las promociones no era evidente y la comunicación oral informal afectó las ventas.

Si en verdad el producto es una innovación y la gente que lo quiere espera pagar un precio alto, entonces el esfuerzo promocional puede limitarse a la publicidad informativa que le dice al consumidor dónde adquirir el producto, fue el caso de los patines Roller-Blades. Por el contrario, los productos nuevos que se introducen con un precio relativamente bajo requieren de una mezcla promocional completa para lograr una rápida penetración en el mercado. Entenmann's invirtió US$20 millones en promoción durante el primer año, para introducir su línea de pastelería "Good for you".

Etapa de crecimiento. La segunda etapa del ciclo del producto es la etapa de crecimiento. Para la época en que el bien o el servicio ha llegado al comienzo de esta etapa, su aceptación en el mercado está asegurada. El éxito se alimenta de los triunfos iniciales: los primeros compradores continúan adquiriendo el producto y los nuevos compradores aumentan en gran número. El éxito del nuevo producto atrae competidores. Sin embargo, las firmas de la competencia requieren tiempo para introducir sus nuevas versiones del producto y hacer incursiones en la posición del mercado apoyadas en la innovación, mientras que la empresa pionero agrega nuevas cualidades y mejoras al producto para ingresar a otros segmentos del mercado.

Durante esta etapa, las compañías tienden a mantener sus inversiones promocionales al mismo nivel o en uno ligeramente más alto, para enfrentar a la competencia y continuar educando al mercado. Con frecuencia, el objetivo de la publicidad pasa de construir una conciencia del producto a crear una convicción de marca y compra. Por último, a medida que entran más competidores al mercado, cambia el rol de la venta personal: el vendedor debe tratar con los distribuidores de una manera más agresiva. El espacio en los estantes se compra con premios mediante descuentos y una variedad de programas comerciales. Cuando el consumidor final queda saturado de opciones, puede ser importante aplicar herramientas de promoción de ventas como descuentos, cupones, rebajas y muestras gratis. En la actualidad, fabricantes de zapatos deportivos para alta competencia como Nike, Inc. y Reebok se encuentran en esta situación.

Etapa de madurez. En la madurez, la compañía comparte el mercado con competidores vigorosos y de éxito. Esta etapa se caracteriza aún por el aumento continuo de ventas, aunque la tasa de aumento se estabiliza constantemente, y hacia el final del periodo se hace casi insignificante. Las utilidades de fabricantes y distribuidores comienzan a descender. Los productores marginales se ven forzados a salir del mercado y la competencia de precios se hace más dura.

Cuando estos cambios se presentan, el productor adquiere una participación mayor del esfuerzo promocional total en la lucha por conservar distribuidores y espacio en los estantes. Debido a estos cambios, se destina más presupuesto promocional al comercio y a los negocios con el consumidor. Este cambio para satisfacer al minorista antes que al consumidor se presenta porque este último es leal a la marca, en cuyo caso la promoción es innecesaria, o porque considera las diferentes opciones de marca como equivalentes y, por tanto, afectadas por la manera como el minorista promueve la marca en el punto de venta. Otra estrategia es investigar una nueva presentación publicitaria; por ejemplo, la campaña del "hombre Marlboro" se lanzó cuando la marca había llegado a esta etapa. Sin embargo, con el paso del tiempo se hace más difícil identificar características del producto próximo a salir al mercado que se puedan representar de manera efectiva en publicidad. En esencia, todos los competidores tienen la tecnología necesaria para equilibrarse entre sí y, en consecuencia, crear productos que muchos consumidores consideran como mercancía.

Etapa de descenso (Declinación). La industria entra en la etapa de descenso cuando las firmas enfrentan una competencia severa desde muchas direcciones. Para una firma de un solo producto, entrar en la etapa de descenso puede indicar un posible colapso. Para las compañías de múltiples productos o diversificadas, esta etapa ilustra la importancia del desarrollo del producto. Es mejor perder ventas en un viejo producto frente a un producto nuevo, que perderlas con otros competidores. Además, las empresas que permanecen en el mercado se retiran de las ventas en pequeños segmentos y en los canales comerciales marginales, el presupuesto promocional se reduce, la publicidad se suspende y el esfuerzo de ventas es mínimo. Los mecanismos básicos de promoción de ventas son los que permanecen.

En ocasiones, los comercializadores pueden resucitar un producto e incluirlo en una *estrategia de despegue*. Pueden rediseñarlo, mejorar sus cualidades, calidad o valor, o pueden presentarlo en nuevos mercados objetivos. Una compañía que aplicó los dos mecanismos fue Harley Davidson Motorcycle, fabricante de la única moto producida en Estados Unidos. Durante más de 20 años, los fabricantes norteamericanos habían estado perdiendo mercado de manera continua frente a fabricantes japoneses como Honda y Suzuki. La gerencia de Harley decidió permanecer en el negocio, rediseñó su línea de producto para competir con los productores japoneses, diseñó anuncios impresos y comerciales que enfatizaban en los nuevos diseños y tenían un aspecto de "hecho en Estados Unidos". Las relaciones públicas también tuvieron éxito con historias simpáticas en *Fortune* y *Business Week,* y en "60 minutos". La participación en el mercado se duplicó dentro de los 10 meses siguientes, después de que Harley hizo estos cambios[4].

Componentes de la estrategia del producto

En cada producto, sin considerar en qué parte de su ciclo de vida está, se pueden tomar ciertas decisiones estratégicas, las cuales incluyen especificar sus características, diseñar el empaque, determinar la marca y establecer servicios de apoyo. En muchas organizaciones, estas decisiones corresponden al gerente de producto quien hace una investigación extensa para evaluar con cuidado la importancia relativa que tienen estos elementos relacionados con el producto, en la mente del cliente habitual o del cliente potencial. La igualdad que representa el nombre de marca de Texaco Inc., por ejemplo, probablemente es más importante que las características del producto. Estas decisiones también se toman en conjunto con el gerente de promoción, quien puede hacerle ver a un gerente de producto el error de hacer énfasis en una cualidad del producto que no puede presentar de manera efectiva la fuerza de ventas. El resultado de estas decisiones se convierte en parte inherente al producto y al mensaje promocional.

Características del producto. Las características de los productos bienes incluyen forma, color, tamaño, peso, olor, textura y material; para productos servicio son reputación, imagen, experiencia y ambiente físico. Desde el punto de vista del consumidor, las cualidades del producto varían en importancia y competitividad; además, la característica misma incluye cualidades, beneficios y aspectos únicos. Por ejemplo, un nuevo automóvil presenta muchas características, algunas vitales para los consumidores y otras triviales, algunas mejor que las de sus competidores y otras no. Todos los fabricantes de automóviles ofrecen condiciones de seguridad como cinturones, llantas confiables, defensas y vidrios de seguridad. Chrysler Corp. y otros fabricantes han dado un paso más al incluir bolsas de aire y frenos *antilock* como equipo básico. Muchos de los nuevos autos de lujo como el Lexus y el Infiniti amplían la imagen del vehículo con piezas de madera natural en su interior, sistemas de aire y calefacción controlados por computador, y tapetes.

La promoción debe considerar estas características y, en particular, dos preguntas con respecto a ellas: ¿qué comunican las características a la audiencia? Construir un automóvil con características de seguridad, por ejemplo, demuestra al usuario que la compañía en realidad atiende su bienestar. Todos los mensajes promocionales de la compañía deben ser compatibles con esa percepción. De ese modo, los anuncios de Chrysler hacen énfasis en las características de seguridad por encima del estilo y la potencia. Además, como un tipo de promoción de ventas, Chrysler anima a las compañías aseguradoras a reducir las primas para los propietarios de sus vehículos, en tanto que el departamento de relaciones públicas distribuye folletos acerca de la seguridad del conductor.

La segunda pregunta es ¿cómo deberán comunicarse las características a las audiencias objetivo? Cuáles son los métodos de promoción más efectivos depende, en parte, de si el producto es único. Cuando las grabaciones en CD eran algo nuevo, por ejemplo, su promoción exigía presentaciones visuales en televisión y revistas, con gran apoyo de correo directo y una campaña de relaciones públicas. Sin embargo, si un producto no tiene características particulares, la compañía no querrá enfatizar en este hecho a través de una campaña nacional por televisión; en cambio, podría promover el producto mediante la utilización de un reconocido presentador y con descuentos en el precio. Coca-Cola ha seguido esta estrategia con su marca clásica durante más de una década, con Bill Cosby como su presentador. Pepsi emplea una estrategia similar, utilizando su propio grupo de celebridades.

La complejidad del producto también sugiere alternativas promocionales específicas. Cuando los productos son complejos, se hace énfasis en promoverlos mediante venta personal y promoción de ventas con folletos impresos, demostraciones y presentaciones en puntos de venta. Los vendedores y las demostraciones del producto permiten que los consumidores experimenten con él y hagan preguntas. Por el contrario, para concientizar a los consumidores de un producto cuyas características son fáciles de observar, el énfasis suele hacerse en la publicidad, a través de ideas simples para productos familiares a los consumidores.

Empaque. Por tradición, el **empaque** se ve como el recipiente que contiene el producto. Dentro de este contexto, el empaque sólo se aplica a productos bienes.

El empaque sirve a tres tipos de propósitos: funcional, de información y promocional. Las *características funcionales* del empaque incluyen conveniencia, seguridad y preclasificación (es decir, para colocarlo en grupo o en unidades individuales). Empaques fáciles de abrir, cierres sellados, manijas plásticas, paquetes de tamaño familiar y cartón resistente a las temperaturas del horno, son ejemplos sobre ese particular.

Las *características de información* de un empaque incluyen datos básicos como nombre del producto y el fabricante, instrucciones para su utilización, aspectos solicitados por ley (como ingredientes y fecha de expiración) y sellos o emblemas (como una estampilla USDA). Desde hace varios años, Kraft incluye recetas en la etiqueta de su mayonesa.

Las *características promocionales* de un empaque requieren de especial atención, ya que el mismo empaque sirve como un mecanismo promocional de libre ubicación, para atraer la atención del consumidor, y crear conciencia y una imagen favorable. El empaque también sirve como identificación de un producto. De hecho, con frecuencia hay competidores que copian el diseño del empaque de líderes en el mercado para confundir al consumidor. Note la similitud entre las famosas etiquetas de Campbell Soup Company y las de otras marcas que se encuentran en el mercado.

Todos los aspectos del empaque tienen implicaciones promocionales. Las características funcionales pueden formar una parte importante del mensaje promocional. Por ejemplo, los fabricantes de analgésicos se ufanan de ofrecer envases "a prueba de niños pero fáciles de abrir". Hace poco, L'eggs, fabricante de medias para dama, anunció que remplazaría su tradicional empaque plástico en forma de huevo, por una pequeña caja de cartón con un pico ovoide. L'eggs hace este cambio para orientarse hacia el creciente interés de la sociedad por el medio ambiente. Con todo, Sara Lee Corporation corre el riesgo de alejar a sus clientas de muchos años, acostumbradas al empaque plástico en forma de huevo. En una forma más general, el aspecto y la estructura del empaque ayuda a formar la percepción del producto. El color, por ejemplo, puede afectar sentidos como el sabor; así, el rojo, se considera un color muy fuerte que comunica fortaleza. Probablemente nadie cambie el empaque rojo de Coca-Cola y sus décadas de éxito.

Considérese un caso en el cual una compañía con una marca establecida ofreció una nueva galleta en un empaque diferente. Sólo el color tradicional distinguía los empaques; algunos eran rojos y otros amarillos. Entrevistadores hicieron varias preguntas acerca de las galletas a grupos comparativos de personas, pero cada uno vio sólo uno de los empaques. Los grupos no sabían que estaban participando en una prueba de empaque; excepto por el color, todas las variables se mantuvieron constantes y se obtuvieron reacciones antes y después. La evaluación indicó que el rojo era más efectivo que el amarillo como color base; quienes respondieron acerca de las galletas de la caja roja indicaron mejor sabor, aunque las galletas en ambos empaques eran idénticas. Debido a la diferencia de color del empaque, los consumidores percibieron un sabor diferente[5].

El empaque mismo puede persuadir a los clientes a cambiar el patrón de compra sin pagar más por unidad. Los *paquetes múltiples* (varios productos unidos con una cinta o banda) pueden atraer nuevos compradores provenientes de otros tipos de productos o marcas, y contrarrestar los efectos de nueva competencia, o fortalecer nexos de marcas entre los usuarios habituales. El yogur Dairy Bell cambió su empaque de una unidad a otro de dos unidades y aumentó las ventas en 297% durante la primera semana después del rediseño.

Los intermediarios o revendedores también reciben influencia del empaque. Un empaque atractivo lleva a los minoristas a solicitar el producto y presentarlo de manera apropiada. Los empaques que tienen en cuenta las necesidades especiales de almacenamiento, manejo y estantería del minorista también reciben reacciones favorables. Remplazar el recipiente rompible de blanqueador por sólidos envases de plástico benefició a los minoristas tanto como a los consumidores. La rápida reacción de Johnson & Johnson para reempacar su producto Tylenol, después de los envenenamientos presentados en 1982, animó a los intermediarios o revendedores a reabastecerse del producto. En la sección **Un enfoque de promoción**, se estudia otro aspecto del empaque que es importante por igual para intermediarios o revendedores y consumidores: empaques "ambientalmente amigables".

Colores, gráficas y tipo de letra contribuyen al éxito del empaque, que no sólo permanece en los estantes sino que también mantiene ante el consumidor una apariencia funcional, psicológica y estética cuando utiliza el producto. Al señalar qué tan fácil es utilizar el producto, su alto *status* o gran sabor, aroma, sensación, sonido o aspecto, el empaque es el único elemento del programa de marketing que se extiende desde el punto de compra hasta el punto de aplicación. El empaque también desempeña un papel crítico en el posicionamiento del producto. Una posición de calidad debe equilibrarse con un empaque de calidad. Las grandes compañías de dulces como Godiva Chocolates envuelven con especial cuidado cada confite de su producto. A la inversa, los dulces baratos de Hershey Foods Corp. y otros productores se empacan de manera acorde con su precio y sitio de venta. No nivelar el producto con la posición deseada puede derrotar la mejor estrategia.

En síntesis, el empaque es una parte importante de la estrategia promocional, es el comunicador constante. Los empaques coloridos, diseñados con inteligencia, funcionales y que complementan el producto, amplían el esfuerzo promocional, pues facilitan la asociación entre éste y el nombre de la marca. Por último, el empaque es un vehículo eficaz para realizar actividades de promoción de ventas como sorteos, cupones o descuentos en el precio. Para muchas compañías que hacen poca publicidad y promoción de ventas, el empaque es un elemento promocional importante.

Establecimiento de la marca. Una **marca** es el nombre, término, diseño, símbolo o cualquier otra característica que identifica el bien, servicio, institución o idea que vende un comercializador. El **nombre de marca** es la parte de la marca que se puede pronunciar*, como palabras, letras o números. MCI es un nombre de marca. La **marca distintiva,** que también se conoce como **logo**, es la parte de la marca que no se puede pronunciar; puede ser un símbolo, dibujo, diseño, tipo de letra distintiva o combinación de colores. El globo de AT & T se encuentra en todas sus promociones; en la figura 2.5 se presentan algunos otros ejemplos. Cuando un nombre de marca o una marca distintiva tiene protección legal por hallarse registrados en la Oficina de Marcas y Patentes del Departamento de Comercio (o quien haga sus veces), se convierten en **marcas registradas**. El proceso de desarrollar y seleccionar nombres de marcas y marcas distintivas es la **estrategia de marca**.

La importancia de la estrategia de marca es evidente. Si una compañía puede crear un nombre de marca que se recuerde con facilidad, y luego lanza productos de calidad que se asocian con ese nombre, el resultado es en extremo poderoso. Para el vendedor, un nombre de marca significa que un producto puede tener publicidad y distinguirse de sustitutos. Desde la perspectiva del comprador, la marca puede implicar calidad consistente o satisfacción, ampliación de la eficiencia de compra o puede llamar la atención hacia nuevos productos. Los nombres de marca facilitan a los clientes encontrar los productos.

El poder de una marca se demostró hace poco con varias compañías. Eastman Kodak Co. utilizó su nombre para ingresar al negocio de las pilas, aunque no fabrica las que vende. En 1988, Kodak le dio a las pilas el "vestido comercial" tradicional de la compañía con los colores rojo y amarillo, de la mayor parte de sus productos fotográficos. Al final del año, había alcanzado entre 5% y 10% del mercado mundial de US$5,000 millones[6]. De manera similar, el nombre del distribuidor de ropa, Gap, ha logrado un nivel de marca superestrella. Una etiqueta Gap se cose a todas las prendas de vestir para elevar el nombre a la dignidad de una marca en la conciencia de los clientes.

La selección de un nombre de marca deberá hacerse con cuidado y estar respaldada con una sólida investigación. El nombre de marca es la principal fuente de identificación para el producto, puesto que suele ser lo primero que viene a la mente cuando las personas piensan en él. Todos los elementos promocionales incluyen el nombre de marca y es permanente. A continuación se presentan algunas pautas para seleccionar un nombre de marca.

* *N. del RT.* En este caso, 'pronunciar' hace referencia a la acción de emitir y articular sonidos para hablar.

Coca-Cola

HERSHEY'S

Kellogg's

Campbell's

Figura 2.5

Ejemplos de logos que identifican de manera efectiva a sus marcas.

© 1992 The Coca-Cola Company. "Coca-Cola" y el emblema de la cinta dinámica son marcas registradas de The Coca-Cola Company. HERSHEY'S es una marca registrada de Hershey Foods Corporation. Cambell's es una marca registrada de Campbell Soup Company. Kellogg's © es una marca registrada de Kellogg Company. Derechos reservados.

Un enfoque de promoción:

Empaques ambientalmente amigables

El público norteamericano y sus compañías se compenetran en sus actitudes hacia el medio ambiente. Un segmento significativo del público se ha concientizado de cuánta basura utiliza la gente y qué tan saturados se encuentran los rellenos sanitarios. Por eso, han exigido que las compañías dejen de producir tantos empaques y productos desechables. Pueblos, ciudades y estados han rechazado objetos como las tazas de espuma de estireno y los sujetadores plásticos de seis unidades. Para tratar de responder a estos requerimientos, los fabricantes se han dedicado a buscar empaques que produzcan menos basura aunque, con frecuencia, los consumidores los rechazan por ser menos apropiados. Calcular cómo utilizar 'características ambientalmente amigables' se ha convertido en una nueva frontera importante para los gerentes de promoción.

Un estudio de consumidores encontró que muchos de ellos aceptan pagar 5% más por productos presentados en 'empaques ambientalmente amigables'. Sin embargo, es difícil identificar empaques "amigables" y trasladar esos sentimientos a la acción; por ejemplo, la mayoría de la gente piensa que, desde el punto de vista ecológico, el cartón es un material más sólido que el plástico aunque, por lo general, el papel encerado no se puede reciclar mientras que muchos tipos de plástico sí.

El camino para invertir en los deseos de los consumidores y a la vez ayudar al medio ambiente, ya ha conducido a reclamos sin respaldo y a un cierto escepticismo por parte de algunos consumidores. Entre los productos que anuncian ser ambientalmente sólidos, por diversas razones, algunos convencen más que otros, y los consumidores conscientes deben aprender la diferencia entre términos como "fibras recicladas" y hecho de "desechos post-consumidor".

El concepto de 'empaque ambientalmente amigable' está en un difícil periodo de transición aunque su futuro parece brillante. En muchos casos, las compañías han descubierto que utilizar menos empaques o diferentes, les ahorra dinero además de que producen menos basura. Este nuevo enfoque es el de crear trabajo para todas las personas que participan en una organización que trata con el público. Las compañías deben estar mejor dispuestas a escuchar a los consumidores, relacionarse con lo que éstos desean en realidad y lo que están dispuestos a sacrificar en términos de costos y conveniencia. Al mismo tiempo, los comercializadores deben continuar sus programas de educación al público y aportar maneras para promover los aspectos ambientales de sus productos sin errar su orientación. Resulta probable que los especialistas en promoción ambiental tengan gran demanda en las próximas décadas.

Fuente: Cyndee Miller, "Use of Environment-Friendly Packaging May Take Awhile," *Marketing News* (March 19, 1990): 18. Alecia Sevasy, "Ecology and Buyer Wants Don't Jibe," *The Wall Street Journal* (August 23, 1989): B1.

1. El nombre de marca deberá crear una impresión positiva como en el caso de la mantequilla de maní Peter Pan. El nombre de marca Merkur, por ejemplo, es un sonido extraño para muchos norteamericanos y, por consiguiente, crea una imagen negativa.
2. El nombre de marca deberá distinguirse con facilidad de los nombres de la competencia y deberá ser de fácil recordación. Deberá ser breve y sencillo de pronunciar como Head and Shoulders o Tide.
3. El nombre de marca deberá asociarse de manera lógica con el producto. Timex y Chips Ahoy, por ejemplo.
4. El nombre de marca deberá adaptarse físicamente a todas las formas en las cuales aparece, por ejemplo, empaques, publicidad y otros materiales promocionales. La aspiradora portátil Dust Buster de Black & Decker es un nombre de marca que funciona bien en todas las formas de promoción. Las palabras son fáciles de ver y entender y ambas se ajustan a los medios impresos y de radiodifusión.
5. El nombre de marca deberá seleccionarse a la luz de la estrategia promocional, la cual deberá hacer todo lo posible para reforzar el nombre. La campaña del conejito rosa de Eveready Energizer es un excelente ejemplo de cómo se puede apoyar un nombre de marca con una estrategia promocional. Todos los anuncios contienen el nombre y una imagen del producto.

Servicios relacionados. Detrás de cada producto hay una serie de servicios de apoyo. Por ejemplo, si se compra una bicicleta de diez velocidades en Sears, se dispone del servicio de crédito del almacén, servicio de ensamble por un bajo precio, despacho, una garantía explícita, una política de devoluciones, y mantenimiento y reparación. En este mundo de productos "yo también" y altas expectativas del consumidor, la disponibilidad de los servicios de apoyo puede ser la razón primaria para seleccionar una marca en particular. IBM, por ejemplo, es famosa por su política de servicio las 24 horas y el deseo de "cuidar de los consumidores, sin importar a qué costo".

Una función de la promoción es informar a los consumidores acerca de los servicios de apoyo y aportar evidencia de que tales servicios son importantes. En ocasiones, como en el caso de una política de devoluciones compleja o de un precio fijo, un representante de ventas deberá contactar al consumidor y explicar el servicio personalmente. En otros casos, como en el despacho gratuito, el servicio es directo y puede describirse en el texto de publicidad. Los servicios poco comunes pueden servir como base de una campaña de relaciones públicas; por ejemplo, Sears suministra un número telefónico para llamadas gratuitas que pueden utilizar los consumidores de su batería "*crank it*" (gírela). Si la batería falla, una llamada a este número enviará un vehículo de servicio al cliente en cualquier momento del día o la noche. Este servicio se anunció en avisos de prensa y televisión.

Repaso de conceptos

Producto se refiere a un conjunto de atributos, tangibles o intangibles, que ofrece una firma. Los siguientes elementos del producto interactúan con la promoción:

1. Clase de producto, es decir, productos industriales frente a productos para el consumidor y bienes frente a servicios.
2. Ciclo de vida del producto, es decir, etapas de introducción, crecimiento, madurez y descenso o declinación.
3. Componentes estratégicos, es decir, características del producto, empaque, marca y servicios de apoyo.

La mezcla de canales

Todos los productos, sean bienes o servicios, tienen un canal de distribución. Contar simplemente con un **canal de distribución** es el mecanismo de marketing utilizado para presentar, despachar y servir el producto a los clientes. En algunos casos, el canal de distribución puede comenzar con los proveedores de materias primas. Los fabricantes de automóviles, por ejemplo, deben comprar cera, plástico y caucho a sus proveedores. Desde esta perspectiva, el canal de distribución incluye todas las instituciones, procesos y relaciones que facilitan el logro de una meta de comercialización y distribución. Por ejemplo, si un fabricante utiliza el correo directo para distribuir productos, entonces la estrategia del canal se desarrolla alrededor del diseño de un sistema para despachar el producto al consumidor, recibir el pago, prestar servicio o permitir devoluciones. Por el contrario, la estrategia de canal de distribución de un fabricante de partes para maquinaria se enfoca en la identificación de distribuidores mayoristas o minoristas quienes localizarán a los consumidores, les venderán el producto y asegurarán su despacho y la prestación del servicio. Mayoristas y minoristas se conocen en conjunto como **revendedores** o **intermediarios**.

Un fabricante debe considerar la manera como el canal de distribución mismo incluye un mensaje promocional. Por ejemplo, los fabricantes deben evaluar la imagen de una posible sucursal minorista; la imagen del almacén se determina mediante la actitud del consumidor hacia publicidad, servicios, conveniencia, distribución física, aspecto exterior, ubicación y personal del minorista. Los consumidores tienden a idealizar los almacenes que se ajustan a sus propias imágenes y los minoristas de éxito la proyectan para que sus clientes objetivo se identifiquen con ella. Por consiguiente, relojes Rolex no esperaría a que K Mart Corp. pueda implementar su estrategia promocional. Timex comprende que no es posible que Nieman Marcus venda sus relojes porque la estrategia promocional empleada deterioraría la imagen que el almacén trata de proyectar.

Resulta esencial que los canales comercializadores que utilizan revendedores logren el apoyo de éstos para la estrategia promocional. Para lograrlo, el comercializador deberá 1) diseñar actividades específicas de promoción que los revendedores puedan desarrollar de manera efectiva y eficiente, 2) comunicar con exactitud a los revendedores esta información y 3) motivar a los revendedores para emplear estas actividades promocionales en la forma que se les sugiera.

Estrategias push (impulso) y pull (atracción)

Las estrategias promocionales pueden exigir poco o mucho de los revendedores. Una estrategia puede requerir que los revendedores hagan poco más que almacenar el producto; otra estrategia puede depender de la habilidad del revendedor para explicar a los consumidores cómo funciona un producto. Las estrategias promocionales pueden clasificarse ampliamente como estrategias *push* y *pull*, dependiendo de cuánto se necesite del revendedor.

Una **estrategia pull (atracción)** dirige los esfuerzos de marketing hacia el consumidor final y hace énfasis en grandes costos de publicidad; puede incluir incentivos adicionales para comprar a través de cupones, ofrecer rebajas, muestras gratis u organizar concursos. Estos esfuerzos promocionales deberán crear suficiente demanda del consumidor para "atraer" el producto a través de los canales. Así, una estrategia *pull* requiere poco esfuerzo promocional por parte de los revendedores; sus responsabilidades primarias giran alrededor del almacenamiento, la presentación en los estantes y el mantenimiento del producto.

Una estrategia *pull* parece aplicable si la demanda del producto es alta y si es posible diferenciar el producto por sus características reales o emotivas, aunque son diferentes los ejemplos de compañías que hayan implementado con éxito una estrategia de este tipo. Algunos mercados, como el de los niños, responden con frecuencia a una estrategia *pull*; en ocasiones, un producto novedoso, una moda o un suceso de una sola vez pueden crear este comportamiento evidente y agresivo por parte del consumidor. Las comidas congeladas Healthy Choice son un ejemplo de un producto que se implementó con éxito mediante una estrategia *pull*.

En contraste, una **estrategia push (impulso)** dirige los esfuerzos de marketing hacia los intermediarios o revendedores y, así, depende en gran medida de sus habilidades para la venta personal. El fabricante impulsa el producto a través de los canales; a los revendedores se les pide demostrar los productos, distribuir mecanismos de promoción de ventas y vender activamente el producto (*véase* la figura 2.6)

Si el producto es relativamente nuevo y existen muchos sustitutos aceptables, resulta apropiado aplicar una estrategia *push*. Los fabricantes de cervezas importadas suelen emplearla para estimular el apoyo de los intermediarios o revendedores. No tienen presupuestos muy grandes para emplear la publicidad masiva y debido a que se les pide demasiado, se requiere mucho estímulo por parte de los fabricantes.

La mayor parte de compañías utiliza varias combinaciones *push* y *pull*. Los representantes de mrketing de las medias L'eggs atienden supermerca-

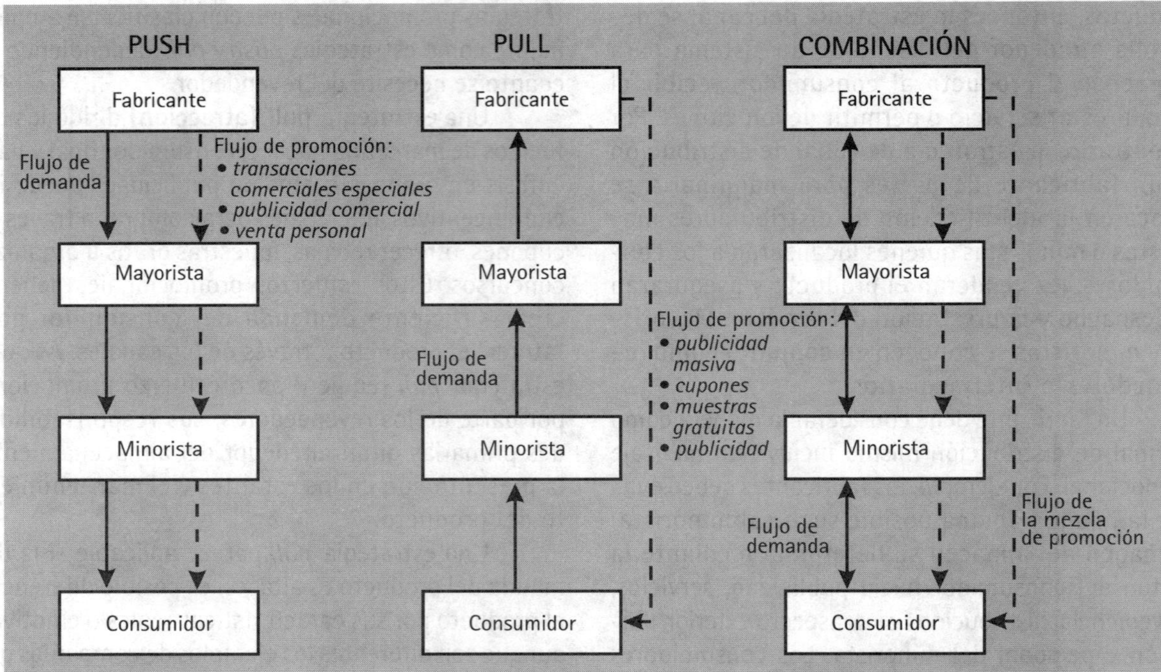

Figura 2.6
Estrategias push, pull *y combinadas.*

dos, almacenes de descuentos y droguerías para surtirlos con el producto, venden promociones, ofrecen transacciones comerciales especiales y luchan por ganar espacio en los estantes. Además, la compañía gasta gran cantidad de dinero en campañas de publicidad en todos los medios de comunicación. 3M sigue un proceso similar para promocionar los post-it; sin embargo, como la empresa vende un gran porcentaje del producto a empresas e instituciones, sus estrategias *push* y *pull* son más complejas que las que emplea L'eggs.

Por fortuna, para los comercializadores que hacen promoción a través de intermediarios o revendedores existe un gran nivel de consistencia respecto al tipo de ellos que pueden desarrollar mejor una clase de actividad promocional. Las capacidades de promoción de mayoristas y minoristas se estudian a continuación.

Habilidades promocionales de los mayoristas

El punto fuerte en promoción de los vendedores mayoristas es la venta personal, pues las actividades que exhiben en este campo indican si distribuirán cantidades suficientes de bienes para alcanzar el éxito. Entre 80% y 90% del presupuesto total de promoción en venta al por mayor se asigna a la venta personal.

Con frecuencia, los mayoristas no hacen publicidad. Sin embargo, existen ocasiones en que se emplean tipos especiales de estrategias publicitarias; por ejemplo, los mayoristas regionales pueden utilizar correo directo, información comercial o catálogos. Los mayoristas locales pueden utilizar los periódicos o la radio local; el texto tiende a ser simple y directo con pocas figuras o ilustraciones.

Casi todos los mayoristas utilizan mecanismos de promoción de ventas. El más común es la distribución de catálogos del producto. Como los mayoristas suelen contar con gran cantidad de líneas de producto, es imperativo que sus vendedores los tengan para ilustrar o distribuir a los clientes. Los mayoristas también pueden participar en exposiciones comerciales organizando exhibiciones y demostraciones[7].

Habilidades promocionales de los minoristas

Las habilidades promocionales de los minoristas cubren un rango más amplio que en el caso de los mayoristas. En un extremo del *continuum* está una compañía como Sears, Roebuck and Co., con la capacidad de equilibrar los esfuerzos promocionales de los fabricantes más grandes; al otro lado está un individuo que opera un almacén para arreglo de calzado quien considera que toda la estrategia promocional consiste en prestar un buen servicio al cliente y tener tres líneas en las páginas amarillas.

El rol del minorista al promover el producto del fabricante depende, por lo menos, de tres consideraciones: la primera, ¿el almacén es general, de fábrica o especializado? Los almacenes de ventas y los especializados ofrecen grandes oportunidades para la actividad promocional, mientras que los almacenes generales se basan, principalmente, en su ubicación y variedad de productos. En estos últimos, la técnica promocional es la publicidad masiva. Un caso preciso es la campaña nacional de publicidad de 7 Eleven Stores.

Segunda, ¿con qué tipos de productos cuenta el minorista? Si el producto no se diferencia de otro, el bajo valor unitario y el precio son atributos de venta importantes y existen pocas esperanzas para un esfuerzo promocional amplio.

Tercera, ¿qué segmento del mercado le interesa al minorista? Por ejemplo, si el mercado objetivo se interesa en la calidad a cualquier precio, los minoristas emplearán publicidad, venta personal y presentaciones muy elaboradas en los puntos de venta. Por el contrario, un mercado objetivo consciente del precio indicará una estrategia promocional de poca importancia. En la tabla 2.2, se presenta una lista de costo apropiado, valor agregado y presentación y condiciones de calidad para diversos tipos de vendedores minoristas. Las presentaciones minoristas podrían nivelarse con las del fabricante o los minoristas podrían emplear sus propias presentaciones. Esto último sería particularmente cierto en el caso de productos servicio como bancos u hospitales psiquiátricos. Por ejemplo, muchas de estas últimas instituciones que se especializan en el tratamiento de drogadictos, utilizan la presentación de calidad. La publicidad se realiza por televisión local, periódicos y anuncios en la radio con la estrategia de mensaje que enfatiza un tratamiento único, rapidez de recuperación e interés por la familia. Además, estos hospitales también promueven médicos y agencias como referencia. Con frecuencia, las casas abiertas son parte de la estrategia promocional junto con el deseo de la administración del hospital de mantener un alto perfil entre la comunidad.

Los intermediarios o revendedores pueden ofrecer a los fabricantes venta personal, publicidad y promoción de ventas; para el minorista tradicional, la venta personal es la clave del éxito pues es el vendedor quien brinda información del producto, maneja objeciones, cierra ventas y toma pedidos.

El minorista típico se muestra renuente a tener publicidad en el medio local. Si el fabricante desea complementar esta publicidad bien sea con dinero o con experiencia técnica, será lo mejor. El principal interés de los minoristas es que la publicidad se dirija hacia sus propios clientes. Los medios empleados, el texto o *copy* utilizado, el tamaño y la frecuencia de los anuncios, etc. variarán de un minorista a otro. Fabricantes como Crayola, que necesitan que su producto se presente en medios como la televisión, no estarán de acuerdo con el enfoque de periódico empleado en supermercados[8].

Los minoristas logran lo mejor cuando llegan a la promoción de ventas, en particular en las actividades de presentación; se han convertido en expertos en el uso de presentaciones y exhibición de vitrina y en los puntos de compra. A través de esos mecanismos es como los clientes comparan precios y seleccionan. Además, estas presentaciones pueden ser el principal motivador de la compra por impulso. Los fabricantes han asignado y distribuido millones de dólares en presentaciones que tratan de colocar en almacenes minoristas. Dada la limitada cantidad de espacio disponible en ventanas, estantes y en áreas dentro del almacén, el costo de convencer a los minoristas para utilizar estas presentaciones puede ser tan grande como el costo de diseñarlos y producirlos. Incluso, si se compra el espacio a un minorista esto no garantiza que conserve el espacio para la presentación.

Además, los minoristas se vinculan a otras actividades de promoción de ventas; desean realizar demostraciones en el almacén, auspiciar actividades de la comunidad y apoyar los esfuerzos cooperativos entre ellos. Este tipo de actividades son variados y para los fabricantes es difícil utilizarlos con efectividad.

Tabla 2.2
Tipo de venta minorista equilibrado con costo, valor agregado y presentación y condiciones de calidad

Categoría	Presentaciones de costos	Presentaciones de valor agregado	Presentación y condiciones de calidad
Banco	Cargos de servicios; tasas de interés	Variedad de servicios; servicios fáciles de entender y comprender	Estabilidad financiera; interés personal en los clientes
Productos de construcción	Bajo costo	Seminarios de entrenamiento; fácil de instalar	Fácil de trabajar; durable
Cafeterías	Precios bajos; especiales	Abierto por horas; productos para llevar	Limpieza; sabor de los alimentos
Almacenes generales	Precios razonables	Productos fáciles de encontrar; variedad	Limpio; interior
Almacenes de descuentos	Ventas/liquidación de saldos; precios bajos	Devolución fácil; revisión de efectivo o chequeo de caja	Selección; marcas reconocidas; atmósfera agradable
Restaurantes de tipo familiar	Precios bajos, cupones	Barra de ensaladas; artículos para niños	Sabor de la carne; atmósfera
Fabricante de muebles (comercio)	Precio bajo; rango de precios	Rápida respuesta a las solicitudes; despacho oportuno	Nombre de marca conocido a nivel nacional; patrones disponibles
Almacén de muebles	Políticas de crédito; precios bajos; rangos de precios	Despacho; método de presentación	Marcas conocidas o bien posicionadas; conocimiento de los vendedores
Estación de gasolina	Precios bajos	Equipo de limpieza para los vidrios; velocidad de las bombas	Gasolina sin alcohol; porcentaje de octanaje
Heladería	Bajo costo; especiales; cupones	Tamaño del contenedor	Sabor; variedad; cantidad de harina; cremosidad
Joyería	Ventas; precios bajos; bajas tasas de interés	Interés personal en los clientes; servicio rápido	Joyas exclusivas; diseños sobre pedido
Pizzería	Especiales; cupones; promociones; precios bajos	Servicio rápido; despacho a la casa; para llevar; variedad	Producto caliente; sabor; producto consistente
Hospital psiquiátrico	Tratamiento a bajo costo	Habitaciones confortables; acomodación para visitantes	Médicos con experiencia; tratamiento novedoso
Taller automotriz especializado	Costos razonables; especiales	Auto listo según lo prometido; servicio rápido	Ajuste correcto a la primera vez; mecánicos calificados
Supermercado	Precios bajos	Buen surtido; revisión de efectivo o chequeo de caja	Limpio; selección; departamentos especializados
Servicios temporales	Costo razonable	Garantía de desempeño; seguimiento	Competencia de temporales; entender qué se necesita

Fuente: *Marketing News* (September 25, 1989): 20. Reimpreso con autorización.

Estrategias de servicio-producto para los canales

Los proveedores de servicio-producto también emplean un canal de distribución. Un hospital, por ejemplo, pasa al consumidor (el paciente) a través del canal, el cual puede incluir una etapa de admisiones, una de evaluación, una de acción (el tratamiento), una de recuperación y una etapa de seguimiento. Cada una de ellas requiere de diferentes instituciones, experiencias, métodos de pago, etc. Los hospitales también utilizan prescriptores como los médicos para remitir a los pacientes, servicios de ambulancia y otras instituciones médicas.

Las estrategias promocionales para los canales servicio-producto tienen tres características distintivas. En la primera, tratan de hacer tangibles los elementos intangibles en el canal. Con frecuencia, los hospitales permiten que los pacientes en potencia hagan un recorrido previo que incluye presentar al personal con quien se verán después. American Express Tours asigna un asesor de viaje a cada pasajero; este asesor se presenta al comienzo del proceso y se mantiene en contacto con la persona a partir de ese momento; además, el viajero recibe una tarjeta personal como miembro. Segundo, como el riesgo asociado que se percibe a través de un canal de servicio-producto es alto, el promotor trata de reducirlo con información adicional e incentivos. Un hospital puede entregar información escrita en donde se describe el procedimiento a desarrollar y la programación, paso a paso, del día en que el paciente pueda hablar con otras personas que hayan recibido el mismo tratamiento. Al entregar una guía de viaje gratuita, folletos y descuento en los tiquetes de admisión, a cambio de estar a tiempo, American Express Tours reduce el riesgo que se percibe al viajar a Europa por primera vez. Por último, para el consumidor, el éxito en negociar un canal de servicio-producto suele depender de las capacidades de los intermediarios o revendedores. Los hospitales deben contar con los servicios de ambulancia, farmacias y laboratorios para atender a sus pacientes. American Express Tours está a merced de aerolíneas, hoteles, conductores de autobus y guías turísticos para cumplir a sus clientes; por consiguiente, el plan promocional incluye incentivos para motivar a los intermediarios o revendedores y, posiblemente, explicaciones a los clientes acerca de qué pueden esperar de los mismos.

Repaso de conceptos

1. El canal de distribución es el mecanismo de marketing que se emplea para presentar, despachar y servir el producto a los clientes.
2. Los siguientes elementos del canal de distribución interactúan con la promoción de muchas maneras:
   a. Las tareas promocionales asignadas a los intermediarios o revendedores, es decir, estrategias *push* y *pull*.
   b. El tipo de intermediarios o revendedores empleado, es decir, mayoristas o minoristas.
   c. Las estrategias promocionales para productos servicio, es decir, volver tangibles los elementos intangibles, reducir el riesgo percibido y ofrecer incentivos extras para motivar a los intermediarios o revendedores.

La mezcla de precio

A primera vista, es fácil definir qué es precio. Los precios distribuyen recursos. Un **precio** es la cantidad que el cliente paga por un bien o servicio. Sin embargo, un precio tiene significados diferentes para vendedores y compradores; para el vendedor, el precio es una fuente de ingresos y el determinante de las utilidades. Para los consumidores finales, el precio representa un esfuerzo o sacrificio en su poder de compra. El dinero que se invierte en un producto no estará disponible para otras opciones. Los intermediarios o revendedores que compran bienes para venderlos ven el precio de la misma manera, como un elemento negativo del producto. Excepto cuando compran bienes y servicios de prestigio, la gente prefiere los precios bajos a los altos.

Para el gerente de promoción, el precio tiene una importancia crucial, pues toda la promoción debe estar coordinada con sumo cuidado con respecto a la estrategia de precios por varias razones. Primero, una firma es competitiva cuando ofrece una satisfacción comparable a bajos precios. La mayor parte de las decisiones de compra se hacen al balancear las satisfacciones esperadas con el esfuerzo o sacrificio, el precio; es decir, los compradores sopesan el precio que deben pagar frente al desempeño que esperan obtener. Si la promoción no comunica con precisión esta relación entre precio y desempeño, entonces la estrategia de precios fracasará. Por otro lado, el precio ayuda a formar actitudes hacia el producto; para que la promoción sea efectiva, el mensaje enviado por el precio y por la promoción debe ser consistente. Por último, las técnicas promocionales son los medios primarios para enviar a los consumidores información sobre los precios.

Estrategias de precios

El precio es, ante todo, un arma competitiva. Con frecuencia, es el único elemento que los consumidores emplean para diferenciar una marca de otra. Los comercializadores inteligentes saben cuándo se da este caso; además, deben saber cómo perciben los consumidores los diferentes precios, cómo ven los precios de los competidores y qué sienten con respecto a los aumentos y las reducciones de precio. Por ejemplo, los comercializadores de juegos de mesa saben que la mayor parte de éstos se compra como regalo, cuando los compradores son menos sensibles a los precios. Parker Brothers, fabricante de estos populares juegos, ha logrado una gran reputación en el mercado y una posición como líder en precios. Por tanto, mientras Parker fija los precios más altos a sus productos, sus competidores se ven obligados a cobrar menos debido a su reputación y su posición más débil en el mercado.

Cuando un comercializador decide utilizar el precio como un arma competitiva, la intención es emplearlo como un aspecto para mostrar la manera como el precio del comercializador equilibra o derrota los precios de los competidores. Se utiliza una estrategia de precios con base en el costo o en la demanda. La estrategia de marketing dicta cuál es el mejor enfoque; el resultado influye en la estrategia de promoción. En general, una estrategia de precios con base en el costo produce un precio bajo en relación con la competencia, mientras que una estrategia de precios con base en la demanda puede conducir a un precio alto, bajo o moderado.

Cuando se utiliza una estrategia de **precios con base en el costo,** la compañía compite por tener precios más bajos. Almacenes de descuentos como K Mart y Wal-Mart tienden a utilizar esta estrategia. Los esfuerzos por lograr ventas y satisfacer todas las necesidades del consumidor se mantienen en un nivel mínimo al igual que los servicios de apoyo como personal de ventas, despacho gratuito y descuentos adicionales. Cuando se utiliza una estrategia de precios con base en el costo, un menor precio o una mejor relación precio-valor son el aspecto promocional primario.

Cuando se utiliza una estrategia de **precios con base en la demanda,** la compañía compite por enfocar las necesidades y los deseos de los consumidores. El control del costo no se desconoce, pero es menos importante. Los comercializadores de los alimentos congelados especiales Le Menu reconocen que algunos consumidores pagarán un precio premium por una comida congelada de alta calidad. Los fabricantes de Polo descubrieron que la imagen de la marca puede dictar precios premium. Cuando una compañía utiliza precios con base en la demanda, podría mantener un producto que no genere utilidades para satisfacer al consumidor. Los ahorros en costos pueden pasar o no al consumidor y los servicios pueden o no cobrarse. En general, cuando una compañía utiliza precios con base en la demanda, las promociones deberán animar a los compradores a pensar en el precio como algo mucho más que la cifra que aparece en el empaque. El precio representa satisfacción, *status*, riesgo reducido, aumento de la autoestima, valor y una serie de otros factores con un significado positivo para el consumidor. Por ejemplo, el comercializador puede transformar los precios altos en una característica positiva como señal de buena calidad, al estilo de Pepperidge Farm. Esta estrategia se basa en el supuesto de que precio y calidad tienen una relación positiva alta en la mente del consumidor típico. En general, este supuesto es válido aunque existe evidencia de que la calidad que se percibe se determina con diversas variables y no sólo por el precio. Los comercializadores que utilizan una estrategia de precios con base en la demanda también saben que el consumidor siempre está complacido de pagar una cantidad significativamente menor a la habitual por un producto en particular. Si un consumidor entra a un almacén por departamentos y espera pagar US$200 por un traje nuevo y encuentra que tiene un descuento de 60%, esta reducción puede ser todo lo que el consumidor necesita para tomar una decisión de compra.

Fijar un precio excepcionalmente bajo es otra estrategia de precios con base en la demanda. Por lo común, no resulta deseable tener un precio inferior al costo pero un comercializador agresivo, en especial en el nivel de venta al por menor, puede fijar con frecuencia precios inferiores al costo por razones promocionales. Un **indicador de pérdida** es un precio bajo en extremo que se ofrece para atraer clientes. Nótese que los indicadores de pérdida se venden en el precio publicitado. Por el contrario, un **precio de gancho** es un intento por captar compradores de manera que puedan cambiarse a otro ítem más costoso o más rentable. Los precios de gancho son claramente contrarios a la ética y, en algunos Estados, son ilegales.

Comunicar precios con mensaje

Es probable que la información acerca de precios sea el mensaje más importante que se puede transmitir a usuarios, compradores y a quienes influyen en las compras. El empaque, las marcas, los materiales en el punto de compra y los cupones se utilizan para enviar información sobre precios. Cuando un precio es un arma promocional clave debe transmitirse más que información sobre precios; también debe comunicarse un mensaje preciso y poderoso sobre la superioridad del precio.

La información de precios suele ser crucial para acelerar la convicción del consumidor; por lo común se utilizan tres tácticas: la primera es con un anuncio o un vendedor que insisten en un suceso próximo a ocurrir y relacionado con el precio. Por ejemplo, en un titular puede leerse "Oferta prenavideña especial -25% de descuento en toda la mercancía- sólo por 3 días", o un vendedor puede sugerir al consumidor que compre de inmediato porque se va a presentar un aumento en el precio.

La segunda es las concesiones especiales en los precios que pueden persuadir al consumidor para comprar ahora. Una rebaja publicitada puede ser todo lo necesario para hacer que el comprador adquiera el producto; también, un vendedor puede utilizar un ajuste de precio negociado para cerrar una venta.

Una tercera técnica es el **precio conjunto**, la cual se refiere a un precio especial (por lo común más bajo) que se cobra en ciertos productos que están unidos. El grupo de artícu os puede incluir ítems cuya venta es difícil por separado. El cirujano del corazón, doctor Denton Cooley, integró un completo procedimiento quirúrgico por US$15,000, cerca de 40% menos que el promedio nacional para el precio de las mismas técnicas por separado[9].

En publicidad, el tema del precio es tan importante que se ha acuñado el término **texto (*copy*) de precio** para señalar el contenido del mensaje dedicado en especial a este aspecto. La mayor parte de la publicidad local implica la transmisión de información de precios. Vendedores minoristas de alimentos, almacenes de descuentos, comerciantes de mobiliarios y elementos para el hogar, y almacenes por departamentos hacen un uso extenso de los medios de promoción para anunciar sus decisiones de precios.

Repaso de conceptos

1. El precio es el valor total asignado al producto por clientes y vendedores.
2. El precio se puede fijar con base en el costo o con base en la demanda.
   a. Con base en el costo significa que la compañía pugna por tener menores precios que los competidores.
   b. Con base en la demanda significa que la compañía enfoca las necesidades y deseos de los consumidores.
3. Con frecuencia, la promoción es el vehículo primario empleado para enviar información sobre el precio.
4. La promoción deberá reflejar con precisión la relación calidad-precio.
5. Para comunicar los precios se utilizan tres técnicas:
   a. Publicidad anticipada
   b. Concesiones de precios especiales
   c. Precio conjunto

Caso 2

Mazda reinventa el automóvil deportivo

Aunque en las carreteras ya no se pueden ver los viejos automóviles deportivos británicos, Triumphs, MG, Austin-Healys, aún sobreviven en garajes y campos de Estados Unidos, en ocasiones acondicionados para dar un paseo de verano. Las compañías que produjeron estos poco prácticos y estrechos vehículos con dos asientos, salieron del negocio en la década de los años setenta debido a que se dio mayor importancia al control de la polución, la seguridad y la mejor utilización de la gasolina para los fabricantes de automóviles. Sin embargo, estos vehículos aún conservan un lugar en el corazón de miles de norteamericanos que aman sentir un automóvil rápido y bajo deslizándose por una carretera amplia y con la capota abajo. Ese era el mercado por largo tiempo adormecido que Mazda quería alcanzar con su Miata.

Antecedentes

Mazda no parecía ser la compañía con posibilidad de remplazar el Triumph en los corazones de los amantes de autos deportivos. Su última innovación importante era el motor rotativo, un motor ruidoso y defectuoso que se lanzó justo en el momento equivocado, a comienzos de los años setenta, cuando el embargo del petróleo árabe estaba concientizando a los norteamericanos de la eficiencia. Mazda se salvó de la quiebra con una refinanciación bancaria, pero a partir de esa experiencia ha utilizado la mayor parte de su dinero y experiencia en crear vehículos orientados hacia la familia que se venden bien pero no despiertan mucha emoción.

Los participantes

Kenichi Yamamoto, gerente de Mazda, fue un paladín del motor rotativo y ayudó a mantenerlo vivo en el costoso automóvil deportivo de Mazda, el RX-7. Su interés en los autos deportivos surgió en 1978, cuando un asociado de la empresa acordó con él conducir un Triumph Spitfire. Fue un día glorioso y Yamamoto vivió un momento estupendo experimentando las sensaciones por las que tantos norteamericanos aún suspiraban. Así, cuando un año después recibió la visita del periodista Robert Hall, experto en prensa automotriz, estaba listo para aceptar su sugerencia en el sentido de que su compañía debería construir una versión actualizada del deportivo de dos asientos. Hall, había hecho la sugerencia original que llevó a Yamamoto a realizarla.

El producto

Dos años después, Mazda contrató a Hall para trabajar en su Irvine, en el estudio de planeación de California, y cuando Yamamoto lo visitó, urgió a Hall para no olvidar el carácter liviano de los autos deportivos. Yamamoto sabía que Mazda nunca sacaría gran cantidad de dinero de un auto deportivo, pero también pensó que la compañía necesitaba un producto para darle "sabor" o picante a su línea, "para hacerles guiños a los clientes" como él lo describe. La compañía no quiso ser complaciente y sólo hasta 1983 se decidió a desarrollar un proyecto para construir un automóvil deportivo de dos puestos.

Mazda estableció dos grupos, en Tokio e Irvine, para realizar el trabajo y, en 1984, aceptó el modelo con motor frontal y transmisión trasera en el que Hall y otros insistieron. Se construyó un prototipo que atrajo de inmediato las miradas y comenzó a aparecer en las portadas de revistas sobre automóviles. Al construir el Miata sobre las líneas de montaje existentes, algo para lo cual los fabricantes norteamericanos sólo ahora se están flexibilizando lo suficiente, y al utilizar computadores para eliminar cualquier exceso de peso, Mazda redujo los costos y puede vender el auto por menos de US$14,000. El presupuesto de capital total para el Miata fue menos de US$ 200 millones, casi que una décima parte del costo de muchos programas de automóviles.

Uno de los comercializadores más jóvenes en Irvine, Rod Bymaster, dio la idea del nombre para el auto que hasta ese momento se denominaba P729. Bymaster tomó el nombre de una antigua palabra alemana que encontró en un diccionario de términos extranjeros, porque le gustó el sonido y porque su definición sintetizaba lo que Mazda esperaba que el automóvil representara para los compradores: "un premio elevado".

La respuesta

Mazda embarcó su primer pedido de 3,000 Miata, en rojo, blanco y azul, en el verano de 1989. Debido a la expectativa generada por los entusiastas informes en los medios, todos querían los autos y la mayoría de vendedores sólo recibieron uno o dos de ellos para vender. Los compradores presionaban a los vendedores y les ofrecían sobornos para que los incluyeran en las listas de espera; la demanda superó con creces a la oferta. Dentro de los seis meses siguientes ya se había vendido la producción de 23,000 vehículos, correspondientes al primer año.

Este vehículo tiene muchos de los rasgos de sus antecesores: baúl estrecho, sin asiento trasero y altura libre limitada, pero con su capota convertible y línea deportiva ofrece lo que los amantes del MG estaban buscando, mientras que la publicidad que le trajo a Mazda puede ser justo lo que la compañía necesita.

Preguntas sobre el estudio de caso

1. Emplee varios de los elementos descritos en la sección **La mezcla de producto** para describir el Miata. ¿Cuáles son las implicaciones estratégicas, es decir, cuáles son los aspectos fuertes que sirven como base y cuáles los puntos débiles que es necesario proteger?

2. Dadas las estrategias de producto, distribución y precio del Miata, ¿cuál sería la mejor manera para promover el producto?, ¿sería apropiada la promoción de ventas?, ¿cuál sería el rol de la venta personal?

Fuente para el estudio de caso: Doron P. Levin, "Hot Wheels," *New York Times Magazine* (September 30, 1990): 32-33, 72, 78.

Síntesis

La promoción interactúa con los otros tres componentes de la mezcla de marketing: producto, canales de distribución y precio.

El producto representa el punto de partida para todos los esfuerzos de marketing. El fabricante, el intermediario o revendedor y el cliente deben entender el producto para que el esfuerzo tenga éxito. La manera en la cual se combinan promoción y producto depende de la clasificación de éste, en qué parte de su ciclo de vida está y los componentes de la estrategia que soporta el producto.

En la relación entre promoción y la mezcla de canal, se hace un énfasis particular en tener un entendimiento básico de las necesidades y capacidades promocionales de los dos tipos primarios de intermediarios o revendedores: mayoristas y minoristas. Las estrategias promocionales *push* y *pull* establecen demandas diferentes entre los intermediarios o revendedores y la elección de la estrategia deberá considerar las habilidades de éstos, pues ellos realizan su labor, en primera instancia, mediante la venta personal y la promoción de ventas, en especial las transacciones comerciales especiales. Los minoristas utilizan la promoción para comunicar a los usuarios finales las características del producto y los servicios del almacén, y emplean, de manera especial, publicidad y promoción de ventas en descuentos y en el punto de compra.

El precio tiene un significado diferente para vendedores y compradores; para los primeros es una fuente de ingresos esperados y una herramienta competitiva. Para los segundos refleja el valor y la imagen de la compañía, y determina la manera de realizar una compra en particular. El precio, cuando se considera como una herramienta competitiva, puede determinarse por el costo o por la demanda; en el primer caso se da mayor importancia al ahorro y el valor, dos beneficios que se resaltan en los diferentes mensajes promocionales. El precio con base en la demanda trata de satisfacer las necesidades del consumidor, y en las promociones se presenta una interpretación mucho más amplia del precio. El texto (*copy*) se refiere a las promociones en las cuales éste es el punto primario de énfasis.

Preguntas de análisis

1. Describa marketing y promoción según sus propias palabras. ¿Cómo se relaciona su definición de promoción con su definición de marketing?
2. Analice la importancia de que la estrategia promocional, los objetivos y las opciones de la compañía, y los objetivos promocionales estén en armonía.
3. ¿Qué es un precio conjunto? Identifique tres ejemplos de precio conjunto.
4. Cree dos mensajes para un anuncio correspondiente a un limpiador de ventanas. Determine las principales diferencias entre sus dos enfoques.
5. El marketing de servicios recibe más atención desde que los consumidores gastan mayor cantidad de dinero en comprar servicios, ¿cómo difiere la promoción de servicios de la promoción de bienes?
6. Señale cuál es el rol de la publicidad y la venta personal en las diferentes etapas del ciclo de vida del producto.
7. ¿Qué se entiende por apoyo del intermediario o revendedor? ¿Cómo pueden emplearse publicidad, promoción de ventas y venta personal para aumentar el apoyo del intermediario o revendedor?
8. ¿Cuáles son las diferencias esenciales entre las estrategias de precio con base en el costo y con base en la demanda? Cite dos ejemplos de promociones que ilustren cada caso.
9. Establezca las diferencias entre estrategias *push* y *pull*. ¿En qué se diferencia el rol de promoción de cada una?
10. Analice las facetas de precio que podrían facilitar la promoción y aquéllas que la dificultarían.

Proyectos sugeridos

1. Seleccione dos productos de un supermercado con extremos opuestos en cuanto a sus ciclos de vida y reúna todo el material promocional de apoyo posible para cada uno. Determine los diferentes elementos que se encuentran en estas promociones con respecto al producto, los canales y los factores de precio que se analizaron en este capítulo.
2. Entreviste a gerentes de tres tipos de almacenes minoristas. Determine qué tipo de promociones utilizan y pídales que evalúen el éxito relativo de cada uno. ¿Cómo se pueden comparar sus evaluaciones con el análisis de los minoristas en este capítulo?

Referencias

1. Jane Weaver, "Volvo Probing Ad Fiasco to Determine if Scali's at fault," *Adweek* (November 12, 1990): 6, 59.
2. William J. Stanton, *Fundamentals of Marketing*, 4 ed. (New York: McGraw-Hill, 1975): 545-546.
3. Alison Fahey, "Sensor Sales Sharp," *Advertising Age* (May, 7, 1990): 56.
4. Sue Woodman, "From Hats to Harley-Davidsons, Marketers Find New Uses for Old Products , *"Adweek Special Report* (November 7, 1988): H.P. 42.
5. Howard Schlossberg, "Effective Packaging 'Talks' to Consumers," *Marketing News* (August 6, 1990): 6-7.
6. Brian Bagot, "Focus Pocus," *Marketing and Media Decisions* (September, 1989): 73-84.
7. Martin R. Warshaw, *Effective Selling Through Wholesalers* (Ann Arbor, MI: University of Michigan Press, 1961): 48-54.
8. Dean Foust, "One Word for One Price: Success," *Business Week* (May 23, 1988): 123.
9. Mark Ivey, "Will Denton Cooley Make Medical History Again?" *Business Week* (March 27, 1989): 56-57.

Parte II

Determinar las oportunidades de promoción

Capítulo 3

Toma de decisiones por parte de los compradores

El ambiente y la preparación psicológica
Motivación
Aprendizaje
Actitudes

Diferentes decisiones de los consumidores

Reconocer necesidades y problemas
Motivar a los consumidores
Tratar con motivaciones en conflicto

Buscar y procesar información
Pasos en el procesamiento de la información
Modelo de elaboración de probabilidad

Identificar y evaluar alternativas
El modelo de actitud de multiatributos
La teoría de la acción razonada
Influir en las actitudes

Comportamiento de compra y postcompra

Comportamiento del mercado organizacional
Características de la compra organizacional

Un enfoque de promoción: la meta es la satisfacción del cliente

Etapas en la compra organizacional

Caso tres: Gillette se encamina hacia la alta tecnología

Consideración:

¿Ciencia o curiosidad?

Saber qué compran los consumidores y por qué es la base del marketing y, de hecho, un elemento importante en la mayor parte de los negocios. Por tradición, los investigadores de mercado se han contentado con reunir información cuantitativa y estudiar a los compradores en almacenes o por correo. Sin embargo, desde hace un tiempo algunos profesionales en marketing han tomado prestadas las herramientas de la antropología y han hecho sus estudios en las cocinas de los consumidores.

Estos "etnógrafos" pueden pasar hasta dos horas seccionando y analizando con mucho cuidado las compras del "sujeto" de su investigación. Si tienen suerte, son brillantes o están en la cocina correcta, pueden concluir que influirán en el enfoque promocional de un cliente.

Allison Cohen, vicepresidenta senior en Ally & Gargano, es una experta en este análisis al consumidor y su investigación ha orientado varias campañas recientes. Las incursiones de Cohen en los hogares llevó a entender que un gran número de personas son chocoadictas "a escondidas"; es decir, guardan chocolates en lugares secretos. El resultado de este trabajo fue una nueva campaña de un fabricante suizo: "Las verdaderas confesiones de los chocoadictos".

Quizá, la tentativa más ambiciosa para llegar al interior de las mentes de los consumidores al estudiar sus cocinas, la emprendió una firma consultora que buscaba relaciones entre los patrones de compra y la autoestima. Después de clasificar la autoestima de un individuo en una entrevista, los asesores anotaron qué clases de alimentos compraba el sujeto. Concluyeron que los compradores con alta autoestima tienen mayor probabilidad de comprar comidas de pollo congeladas, mientras que los compradores con baja autoestima, quienes presumiblemente carecen de auto-control, compran pasabocas en porciones. Esta correlación llevó a Sara Lee a desarrollar una nueva línea de tortas como pasabocas.

Muchas agencias de publicidad evitan esta clase de curiosidad pues encuentran detestable la invasión de la privacidad. Incluso, quienes apoyan la práctica, por lo general admitirán que ingresar a la cocina de un comprador para realizar un nuevo enfoque promocional exige gran visión e intuición. Sin embargo, debido a que un número creciente de compañías se inclinan para agradar a sus clientes parece seguro que utilizarán todos los métodos posibles para encontrar lo que ellos quieren.

Fuente: "You Are What You Buy," *Newsweek* (June 4, 1990): 59.

Debe tenerse en cuenta que las diferencias socioculturales no explican, por sí solas, las variaciones en el comportamiento del consumidor como en el caso de un ama de casa a quien le gusta cocinar y otra a quien no le gusta, o porqué la gente prefiere diferentes marcas de gaseosas aunque no puedan distinguir una de otra en las pruebas a ciegas. No basta entender cómo influyen en los consumidores la cultura, la clase social y el grupo de referencia; para desarrollar una campaña promocional exitosa, los gerentes de promoción también necesitan tener algún conocimiento sobre las características psicológicas de los consumidores — sus motivaciones, actitudes y personalidades— y sobre cómo toman sus decisiones de compra. Éstos son los temas de este capítulo.

Las dificultades para entender el comportamiento del comprador son desalentadoras. El surgimiento de la etnografía como una técnica de investigación de mercado sugiere qué tan difícil es comprender en realidad los anhelos más profundos del consumidor. A menudo, las personas no entienden por qué compran unos productos en lugar de otros, o por qué le mienten a los investigadores o a sí mismos.

Las variaciones en el comportamiento del consumidor son innumerables porque cada persona es un individuo con una personalidad única. Sin embargo, los vendedores deben encontrar algunos rasgos comunes que permitan presentar un programa promocional a un mayor número de personas.

Los investigadores han producido algunas generalizaciones útiles sobre el comportamiento de compra, las cuales se analizan en este capítulo, en particular aquellas que se refieren a la promoción. Este análisis se centra en el mercado del consumidor, pero también le da un vistazo al comportamiento del *mercado organizacional*, específicamente a los mercados del productor, el intermediario y a los mercados del gobierno.

En este capítulo se amplía el modelo que ilustra la figura 3.1. No se intenta examinar el proceso completo de la toma de decisiones del consumidor; además, se presume que los lectores han tomado un curso sobre comportamiento del consumidor, psicología básica, o ambos. Se hace énfasis en responder a la siguiente pregunta: ¿qué estrategias promocionales se requieren para conocer el comportamiento del consumidor y facilitar la creación de mensajes efectivos? El análisis comienza con las variables llamadas características psicológicas en la figura 3.1.

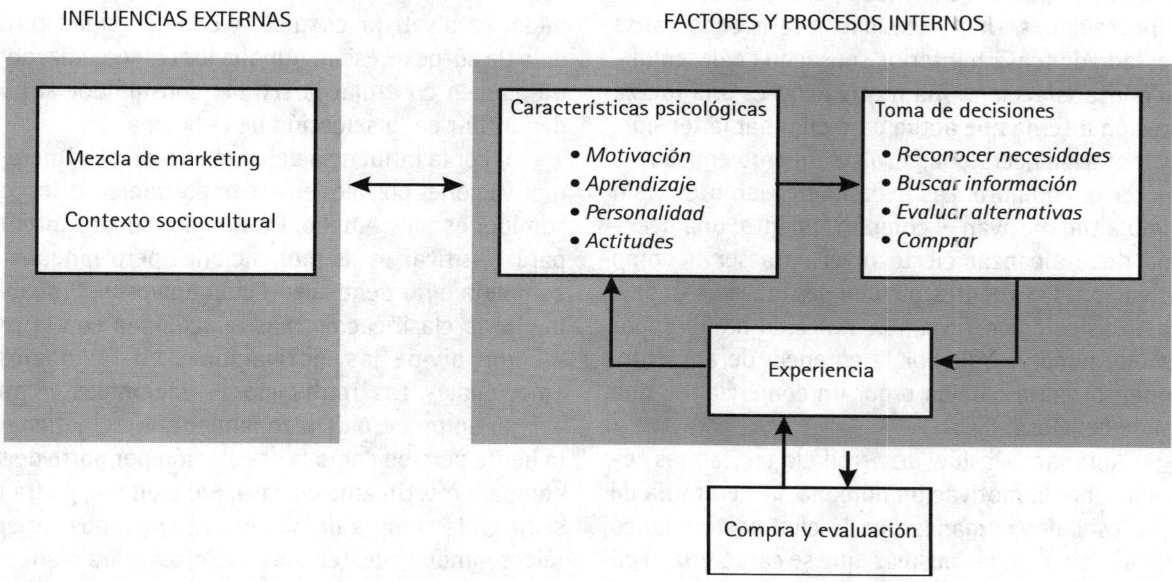

Figura 3.1
Esta figura se basa en los elementos específicos que influyen en la toma de decisiones para comprar y evaluar productos y servicios.

El ambiente y la preparación psicológica

Es probable que intentar vender luces decorativas exteriores a un comprador en una planta industrial quien sólo desea luces con fines de seguridad, no llevará al vendedor a ninguna parte. Si los vendedores no determinan la motivación adecuada, es probable que pierdan la venta. De manera similar, si una compañía desconoce las creencias, intereses, actitudes, autovaloración u otras características psicológicas de sus consumidores, corre el riesgo de cometer graves errores. Una empresa deberá aprender tanto como sea posible sobre las características de sus consumidores y así saber *por qué* compran un determinado producto en un determinado almacén. Más adelante, como ya se dijo en el capítulo 1, el aprendizaje de estas características permite descubrir oportunidades promocionales. Aquí se presenta una breve introducción a tres aspectos claves del ambiente y la preparación psicológica en el comportamiento del consumidor: motivación, aprendizaje y actitudes. Cada uno de ellos desempeña un rol importante en el estudio posterior de la toma de decisiones por parte del consumidor.

Motivación

Mucho de lo que la gente hace puede ser indicio de sus necesidades. Una necesidad insatisfecha causa un estado de tensión interior, sensacón de desequilibrio o insatisfacción. Una **motivación** es una fuerza o presión interna que actúa para eliminar la tensión, satisfacer una necesidad, resolver un problema o restablecer el equilibrio. Las necesidades latentes y sin estimular no motivan el comportamiento; una necesidad debe alcanzar cierto nivel para servir como motivación. Las fuentes pueden ser internas (biológicas o psicológicas) o ambientales. El hambre, por ejemplo, puede surgir por la carencia de alimento, por pensar en la comida o por un comercial de una comida deliciosa.

Abraham Maslow desarrolló la teoría más conocida sobre la motivación humana, la "jerarquía de las necesidades humanas", en la cual postula cinco niveles básicos de las mismas, que se caracterizan en orden de importancia desde las de nivel bajo (biogenéticas) hasta las de nivel más alto o superior (psicogenéticas). La teoría sugiere que los individuos buscan satisfacer las necesidades del nivel bajo antes que las del nivel más alto. Cuando se satisface una necesidad del nivel inferior, surge una nueva en un nivel más alto y así, sucesivamente. Si una necesidad del nivel inferior presenta una atenuación renovada, temporalmente puede volver a ser dominante.

Los gerentes de promoción necesitan entender cuáles motivaciones estimulan las clases de comportamientos y cómo estas motivaciones y comportamientos están influenciados por situaciones específicas. Identificar las motivaciones potenciales parece ser el primer paso en esta tarea. Por otro lado, la sabiduría popular sostiene que todas las motivaciones tienen origen biológico y son innatas al igual que el hambre y la sed. Sin embargo, muchas motivaciones se aprenden, básicamente, por medio del proceso de socialización en la niñez. Las motivaciones para lograr metas, ser fuertes y experimentar un sentido de pertenencia reflejan los efectos del aprendizaje. Como el desarrollo personal de cada individuo es único, así mismo lo son las motivaciones[1]. Además, aunque el comportamiento esté motivado por las necesidades biológicas, por lo general las motivaciones aprendidas guían la expresión de ese comportamiento. Por ejemplo, la compra de una determinada marca de gaseosa en un caluroso día de verano puede reflejar la necesidad innata del consumidor para satisfacer su sed y una necesidad aprendida de autoexpresión. Aunque los comercializadores no pueden controlar la sed del consumidor, sí pueden influir en la selección de la bebida.

Por la influencia del aprendizaje, el número de motivaciones posibles en el comportamiento del consumidor es muy amplio. Ha habido muchos intentos para clasificar estas motivaciones pero ninguna es completa o no tiene aceptación universal. Probablemente la clasificación más relacionada con la promoción divide las motivaciones en racionales y emocionales. Las **motivaciones racionales** se apoyan en un proceso de razonamiento sistemático que la gente percibe como la aceptación por parte de sus compañeros. Un ama de casa, por ejemplo, podrá insistir en la compra de alimentos cultivados sin químicos aunque cuesten más que otros, para mantener la salud de su familia. Si los argumentos son válidos o no, es irrelevante; lo que pasa es que el individuo cree que la motivación es racional. Las motivaciones racionales para comprar un producto incluyen precio más bajo, mayor duración, alta calidad, conveniencia y mejor desempeño.

Las **motivaciones emocionales** se caracterizan por sentimientos que surgen sin ideas o consideraciones preconcebidas de las consecuencias sociales[2]. A menudo, la gente no quiere admitir abiertamente las motivaciones emocionales, conocidas como *latentes*, pues en ocasiones yacen en el inconsciente. Sería imprudente enfatizar sobre estas motivaciones en los mensajes promocionales. Las motivaciones que la gente está dispuesta a conocer son las motivaciones *manifiestas*: "Sea igual a Mike, tome Gatorade" fue el *copy* de un reciente anuncio de Gatorade dirigido a los niños con el héroe deportivo Michael Jordan. Este anuncio actúa sobre un motivo manifiesto. Existen muchas motivaciones emocionales pero las de mayor importancia en marketing son *status*, prestigio, conformidad, sexo, soledad, autoestima y el deseo de ser diferente. Estas motivaciones se estimulan con técnicas como temor, ansiedad, humor y *sexappeal*.

Aprendizaje

Las motivaciones aprendidas sólo son un ejemplo de la influencia persuasiva del aprendizaje en el comportamiento humano. Algunas formas de aprendizaje, el *aprendizaje cognoscitivo*, incluyen pensamiento y conciencia; resolver un problema es un ejemplo. El comportamiento cambia mediante el **aprendizaje conductual**, el cual no requiere de un esfuerzo consciente sino que depende de una asociación de eventos.

Aunque muchas teorías intentan explicar cómo se lleva a cabo el aprendizaje, existen principios y conceptos comunes que se aplican a todas. El aprendizaje comienza con la *motivación*, la cual se basa en necesidades y metas que sirven de estímulo. Suponga que un consumidor está motivado para empezar un programa de ejercicios porque aumentó de peso y se siente soñoliento. Una *señal*, en este caso, y un anuncio de un nuevo gimnasio sugiere la dirección que el individuo seguirá para alcanzar su meta de perder peso. Sin embargo, el mensaje en este anuncio sólo servirá como señal si es consistente con las expectativas de la persona; si ya ha fallado en perder peso en otros gimnasios, el anuncio no será una señal útil. Cómo reacciona un individuo a una señal constituye su *respuesta*. El aprendizaje puede darse incluso si la respuesta no es evidente; muchas señales se pueden procesar o evaluar antes de que el individuo reaccione abiertamente a una de ellas. La respuesta es una función relacionada con las respuestas pasadas de una persona ante determinadas señales. Una respuesta positiva a una experiencia benéfica se denomina *refuerzo positivo*; es probable que una señal produzca de nuevo una reacción similar. Si la experiencia no fue placentera, se presenta el *refuerzo negativo* y no se repetirá el mismo error.

Los psicólogos distinguen dos tipos básicos de aprendizaje conductual: condicionamiento clásico y condicionamiento instrumental. En el **condicionamiento clásico** una respuesta se aprende como resultado de un par de estímulos. Suponga que Bill Cosby evoca sentimientos positivos entre los miembros de su audiencia; si éstos lo ven repetidas veces en un comercial de Coca-Cola entonces, con el tiempo, la sola señal de la bebida despertará esos sentimientos positivos. En el lenguaje del condicionamiento clásico, Cosby y la Coca-Cola son estímulos asociados; la reacción positiva a la Coca-Cola es una *respuesta condicionada* que se ha aprendido como resultado del par de estímulos. En el **condicionamiento instrumental**, una respuesta se aprende o se refuerza porque se le ha asociado con ciertas consecuencias. Si comprar Coca-Cola conlleva el premio de una bebida de buen sabor, entonces el acto de comprarla se *refuerza* y es probable que ocurra en el futuro.

Actitudes

Tanto la motivación como el aprendizaje ayudan a determinar un tercer componente clave de la motivación psicológica en la conducta del consumidor: las actitudes. Una **actitud** es una disposición permanente, favorable o desfavorable, hacia algún objeto, una idea, una persona, una cosa o una situación. Así, las actitudes hacia las marcas son tendencias para evaluarlas de manera consistente favorable o desfavorablemente. Cada actitud tiene tres componentes: cognoscitivo, afectivo y conductual. Los tres deben ser consistentes para lograr una actitud real.

El *componente cognoscitivo* incluye creencias y conocimientos sobre la actitud del objeto; por ejemplo, un individuo podría creer que la compañía Shell es un fabricante importante, un comercializador agresivo y con grandes utilidades. Cada una de estas creencias refleja el conocimiento sobre un atributo de la compañía. Todas ellas representan el componente cognoscitivo de una actitud hacia la compañía.

Si alguien dice "Odio a la petrolera Shell" o "Me gusta la gasolina de Shell más que ninguna otra", la persona está expresando el aspecto afectivo de una actitud. Los sentimientos sobre el objeto conforman el *componente afectivo.* La gente acostumbra evaluar por separado cada atributo del objeto de la actitud; la combinación de estas reacciones determina la reacción final. Por ejemplo, un consumidor tendrá sentimientos separados acerca de los productos de una compañía, su honestidad, la imparcialidad con sus empleados, etc.

Las acciones hacia el objeto de una actitud constituyen el *componente conductual* de la misma. Comprar un producto, recomendar una compañía a los amigos o pedir información son algunos ejemplos de componentes conductuales. El comportamiento casi siempre se dirige a un objeto en su totalidad y no es probable que sea a un atributo específico. Sin embargo, en el caso de los distribuidores minoristas, los consumidores pueden reaccionar en forma conductual ante atributos específicos; por ejemplo, un ama de casa puede comprar un artículo en un supermercado y la carne en otro.

¿Qué tan fácilmente se pueden cambiar las actitudes? La respuesta depende del alcance de dos características de la actitud: su centralidad y su intensidad.

La **centralidad** depende del grado en el cual una actitud se une a valores. Nótese que aunque los valores personales influyen en las actitudes, los dos son diferentes pues no están unidos a una situación u objeto específico; son patrones que guían el comportamiento e influyen en las creencias y actitudes. La gente tiene muchas creencias, una menor cantidad de actitudes e incluso un número menor de valores. A mayor relación entre la actitud y los valores de una persona, mayor será la centralidad de la actitud. Por ejemplo, en una persona que le da gran valor al ahorro, la responsabilidad social y la ecología, es probable que su actitud favorable hacia los recipientes reciclables tenga una alta centralidad. Si la centralidad de la actitud es alta, entonces cambiarla podría producir inconsistencia entre la actitud y los valores de una persona. No sorprende que la investigación sugiera que entre más directa sea la relación valor-actitud, más difícil es cambiarla[3].

La **intensidad** depende del componente efectivo de una actitud. La intensidad del sentimiento hacia el objeto de una actitud constituye la intensidad de la misma. Las actitudes intensas son difíciles de cambiar; en consecuencia, la mayor parte de los esfuerzos de marketing se dirigen a crear cambios menores en las actitudes, de negativo a neutro, de neutro a positivo, de positivo a más positivo. Para estudios futuros de marketing sería mejor no tener en cuenta a un individuo que mantenga una actitud intensamente negativa hacia un producto o una idea.

Repaso de conceptos

1. Los siguientes componentes forman el perfil psicológico de una persona.
   a. La motivación es la fuerza interior que actúa para eliminar la tensión, satisfacer una necesidad o un problema, o restaurar el sentido de equilibrio.
   b. Aprendizaje
      - El aprendizaje cognoscitivo involucra pensamiento y conciencia.
      - El aprendizaje conductual no requiere conciencia o esfuerzo consciente; depende de una asociación de eventos.
   c. La actitud es una disposición permanente, favorable o desfavorable, hacia un objeto, una idea, una persona, una cosa o una situación.

Diferentes decisiones de los consumidores

Hasta el momento, se ha dado un vistazo breve a las características psicológicas que tienen una influencia decisiva en la toma de decisiones del consumidor. La siguiente pregunta es ¿cómo toma el consumidor las decisiones? ¿Qué pasos se dan?

La respuesta depende de si el consumidor se compromete con una toma de decisión simple o compleja. La figura 3.2 muestra la diferencia entre estos dos procesos; obsérvese que mientras la **toma de decisión compleja** requiere de una búsqueda de información y de una evaluación de alternativas, la toma de decisión simple no. En la **toma de decisión simple** puede darse alguna búsqueda de

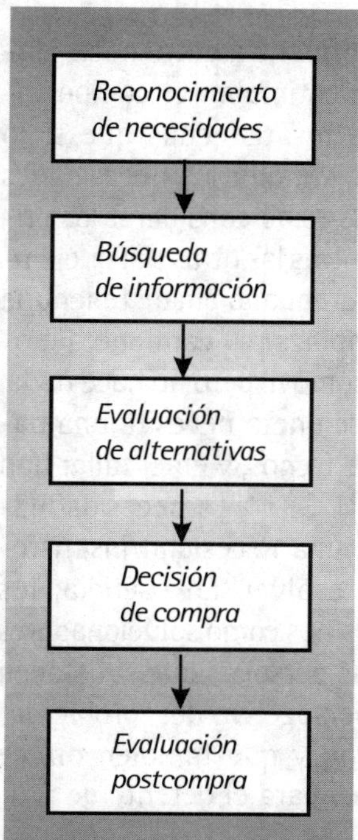

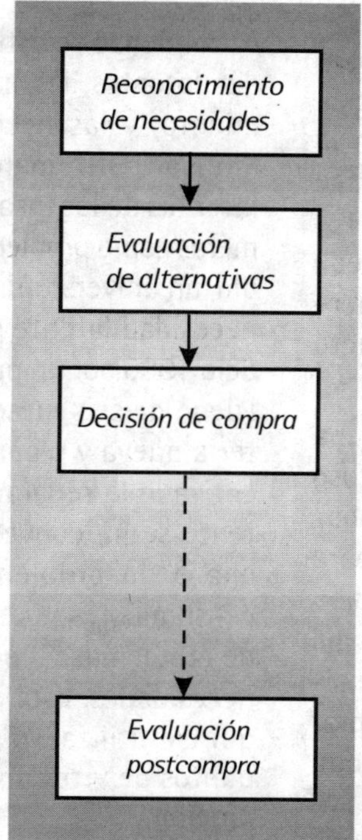

Figura 3.2
Modelos de toma de decisiones simples y complejas.

información y una evaluación alternativa, aunque estas actividades son mínimas. La evaluación postcompra puede darse o no en la toma de decisión simple.

El tipo de decisión que se puede dar depende de: 1) si la decisión es novedosa o rutinaria y 2) el alcance del compromiso del comprador con la decisión.

Las **decisiones con alto grado de compromiso son importantes** para el consumidor y están estrechamente relacionadas con el ego y la autoestima del mismo. Además, representan algunos riesgos para el consumidor: financieros (ítems con precios altos), sociales (productos importantes para las personas de su núcleo) o psicológicos (la decisión equivocada podría producir angustia y ansiedad en el consumidor). Al tomar estas decisiones es necesario tener en cuenta el tiempo y las energías del consumidor para considerar con cuidado las alternativas del producto. Por consiguiente, es más probable que se presente un proceso complejo de toma de decisiones en las compras con alto compromiso. Las **decisiones con bajo compromiso** son aquellas que no tienen importancia para el consumidor; los riesgos financieros, sociales y psicológicos no son tan grandes. En tales casos, puede no tener valor e tiempo y el esfuerzo del consumidor para buscar información sobre marcas o para considerar un amplio rango de alternativas; por tanto, la compra con bajo compromiso involucra, en general, un proceso limitado de toma de decisiones[4]. La compra de un nuevo computador es un ejemplo de alto compromiso, mientras que la compra de una pizza es una decisión con bajo compromiso.

Cuando un consumidor ha comprado un producto muchas veces, es probable que la toma de decisiones sea simple sin considerar que sea una decisión con alto o con bajo compromiso. Suponga que, inicialmente, un consumidor compró un producto después de mucho cuidado y compromiso, quedó satisfecho y continuó comprándolo. El cuidadoso estudio del cliente acerca del producto ha generado **lealtad de marca**, la cual es el resultado del compromiso con la decisión del producto. Una vez que un consumidor es leal a una marca, todo lo que se requiere es un proceso de toma de decisiones simple para las compras posteriores. Ahora, el consumidor compra el producto por **hábito**, lo cual significa que toma una decisión sin el uso de información adicional o de la evaluación de alternativas. Es una decisión simple pero con alto compromiso.

La compra habitual puede reflejar también un bajo compromiso en la toma de decisiones simple. Si un consumidor no está muy comprometido con la decisión inicial para comprar un producto y no hace comentarios al mismo, sino que sólo responde al refuerzo positivo que el producto da, la persona puede desarrollar un tipo de lealtad de marca llamado **inercia.** De ese modo el consumidor compra el producto de manera pasiva.

Incluso cuando un consumidor compra una marca por primera vez, si no es un producto costoso y emotivo que se compra con regularidad, es probable que piense poco y no haga mucho esfuerzo para escoger el producto; éste es un proceso de decisión simple con bajo compromiso. La compra de una caja de esferos se halla en esta categoría. Ahora, considere el caso de un consumidor que decide comprar por primera vez un producto costoso, personal y con alto contenido emocional, como un carro o un seguro médico. Es muy probable suponer que el consumidor invertirá un gran esfuerzo en el proceso; éste es un caso complejo de decisiones con alto compromiso.

En el resto de este capítulo, se examinarán las decisiones complejas para comprar un nuevo producto y se estudiará cada uno de los pasos señalados en la figura 3.2. De esa manera, se volverá a considerar cómo los consumidores reconocen sus necesidades.

Repaso de conceptos

1. El proceso de toma de decisiones que involucra la compra de un producto puede caracterizarse por su complejidad, novedad y compromiso del consumidor.
2. A diferencia de la toma de decisiones compleja, la toma de decisiones simple no requiere de búsqueda de información, evaluación de alternativas ni de evaluación postcompra.
3. Las decisiones con alto compromiso se dan cuando un producto es muy importante o despierta interés emocional o riesgo.
4. Las compras habituales pueden reflejar la toma de decisiones simples con alto o con bajo compromiso.

Reconocer necesidades y problemas

Al comienzo se estudió la diferencia entre necesidades latentes, las cuales no estimulan el comportamiento, y las necesidades insatisfechas que sí lo motivan. Otra manera de distinguir las necesidades latentes de las insatisfechas es no considerar las primeras como problemas mientras las otras sí. Por ejemplo, un universitario recién graduado puede tener una necesidad latente para remplazar su camioneta modelo 1986 por un nuevo automóvil pero no hace nada. Luego de seis meses, la camioneta necesita una batería nueva y reparación de frenos, y en el taller han cotizado la reparación en US$374. La necesidad latente se ha convertido en una necesidad insatisfecha o un problema por resolver. En esencia, los consumidores se ven a sí mismos como solucionadores de problemas y no como las personas que satisfacen necesidades. Esta es una perspectiva del "problema" que se utiliza en marketing y que también ofrece puntos de vista importantes para el gerente de promoción.

A diario las personas se enfrentan con problemas de consumo; algunos son rutinarios como llenar el tanque de gasolina o comprar leche; otros, no se presentan con frecuencia como en el caso de buscar una buena póliza de seguro de vida o un regalo para las bodas de oro. Sea el problema rutinario o poco frecuente, el proceso de compra empieza cuando una necesidad insatisfecha crea tensión y, por tanto, motivación. Así como se estudió antes, la motivación puede aumentar por acción de fuentes internas o externas como en el caso de un anuncio. Que la persona reconozca una necesidad, con frecuencia, depende del tipo de información que recibe y de la forma como la percibe.

Incluso si las personas reconocen una necesidad, el hecho de que actúen para resolver el problema, depende de dos factores: 1) la magnitud de la disputa entre lo que se tiene y lo que se necesita y 2) la importancia del problema. Cada persona tiene su propia jerarquía de necesidades, la cual varía de un individuo a otro, a través del tiempo y de la situación. Lo primero que hacen algunas personas cada mañana es tomar una taza de café, lo cual es una necesidad con una muy alta prioridad. Un consumidor quiere un Mercedes nuevo y tiene un BMW de hace 10 años; a pesar de la gran discrepancia entre el vehículo que posee en el momento y la necesidad, no es probable que se sienta motivado a comprar el Mercedes si ese problema no es muy importante en comparación con otros. Para comprar, la gente debe estar motivada tanto por el conocimiento de la necesidad como por hacer algo al respecto.

Además, el problema se debe definir de manera que el consumidor pueda dar paso a una solución. En muchos casos, el reconocimiento y la solución del problema ocurren de manera simultánea como sucede cuando a una persona se le acaba la crema dental. Sin embargo, considere un problema más complicado que involucra *status* e imagen (cómo desea una persona que lo vean los demás). Una consumidora puede saber que no está satisfecha con su apariencia pero como no es capaz de definir el problema con más precisión, no puede hacer nada en esa situación. Por lo general, los consumidores no empiezan a resolver el problema hasta que lo definen en forma adecuada. Como se estudiará en las siguientes secciones, la promoción puede ayudar a los consumidores a reconocer una necesidad de manera que les sea posible hacer una compra en particular.

Motivar a los consumidores

Los comercializadores se involucran en la etapa de reconocimiento de la necesidad en dos formas: primera, si ellos saben qué problema enfrentan los consumidores, pueden desarrollar una mezcla de marketing para resolverlos. Los comercializadores comienzan por medir el reconocimiento del problema utilizando una variedad de técnicas de investigación de mercados que incluyen estudios, grupos de enfoque, observación y recopilación de sugerencias o quejas del consumidor. Los gerentes de promoción, en particular, encuentran útil esta fuente como una base para seleccionar los anuncios en primera instancia o para decidir si emplean cupones, sorteos, etc.

Segunda, los mismos comercializadores pueden activar el reconocimiento del problema. El anuncio de la figura 3.3, por ejemplo, señala un problema que a muchas personas les gustaría resolver.

Los comercializadores también pueden dar forma a la definición de la necesidad; si un consumidor necesita un abrigo nuevo, ¿define el problema como una necesidad de protección a bajo costo?, ¿como una forma de mantenerse abrigado en los días más fríos?, ¿como una prenda que durará varios años y lo mantendrá abrigado sin llamar la atención de sus compañeros? o ¿como una prenda de vestir que expresa su estilo personal? Un vendedor o un anuncio pueden moldear sus respuestas.

La influencia potencial de la promoción en la definición de la necesidad es grande, en parte, porque las personas experimentan muchas motivaciones al mismo tiempo y actúan como consecuencia de una mezcla de motivaciones racionales y emocionales. Es decir, cuando un consumidor compra un producto, es probable que esté influenciado por motivaciones racionales, como precio y duración, al igual que por algunas emociones, como deseo de prestigio. Los comerciales, las presentaciones en los puntos de compra y las presentaciones de ventas suelen incluir ambas motivaciones. De hecho, cuando un tipo de motivación es inherente a un producto, los promotores pueden considerar que éste puede ser efectivo para presionar el otro tipo de motivación. Por ejemplo, como los automóviles y la ropa implican sentimientos como la autoestima, resulta adecuado incluir motivaciones racionales para promover dichos productos. Sin embargo, debido a que la imagen obvia de una cortadora de césped es racional, es posible que la promoción efectiva incluya motivaciones emocionales.

Tratar con motivaciones en conflicto

Con frecuencia, la gente no sólo experimenta múltiples motivaciones sino motivaciones en conflicto. Supóngase que Bill Jones ha decidido que su actual casa de tres habitaciones es demasiado pequeña, ahora que su esposa está esperando un tercer hijo. Al mismo tiempo, Bill ha decidido que su insatisfacción con su actual trabajo está llevándolo a considerar cambiar de carrera. Bill afronta un conflicto entre su deseo de una nueva casa y su necesidad de cambiar de carrera.

Hasta que las personas resuelven sus conflictos motivacionales, como el de Bill, el proceso de compra de un producto se detiene. La promoción puede ayudar a los consumidores a resolver sus conflictos de una manera que los lleve a comprar un producto en particular. En promoción son importantes tres tipos de conflictos motivacionales[5]:

1. *Conflicto motivacional atracción-atracción.* Cuando los consumidores encaran la elección entre dos opciones atractivas, tienen un con-

Figura 3.3
Así como en el caso de este anuncio de cirugía estética, los comercializadores deben reconocer un problema. © North Memorial Medical Center.

flicto de *atracción-atracción*. A mayor igualdad en las opciones, mayor será el conflicto. Por ejemplo, un consumidor que hace poco recibió una gran herencia puede estar indeciso entre tomar unas vacaciones en Europa o comprar un nuevo auto deportivo. Las fuentes personales y comerciales (amigos y vendedores) pueden influir en las personas que se hallan en este tipo de conflicto. Un anuncio bien diseñado y pautado en el medio apropiado, puede ser todo lo que se necesita para impulsar la respuesta hacia una alternativa en particular.

2. *Conflicto motivacional atracción-repulsión**. Este tipo de conflicto se presenta cuando una opción tiene consecuencias negativas y positivas, a la vez. Si a un consumidor le encantan las donas pero está preocupado por su aumento de peso, enfrenta un conflicto de atracción-repulsión cuando trata de decidir si comprarlas o no. Las variedades de postres con bajas calorías, las bebidas dietéticas y la cerveza tipo

* *N. del RT.* Otros autores en el campo de la psicología lo denominan ACEPTACIÓN-NEGACIÓN.

light son tentativas para ofrecer a los consumidores una solución a esta clase de conflicto. Debido a que los conflictos *atracción-repulsión* son difíciles de resolver, es frecuente que la ansiedad persista después de haber tomado la decisión de comprar.

3. *Conflicto motivacional repulsión-repulsión.* En ocasiones, los consumidores enfrentan dos opciones indeseables. Si el refrigerador de la familia se daña, es posible que el consumidor no quiera gastar dinero en uno nuevo pero ningún hogar podría funcionar sin un refrigerador. Los programas de arrendamiento con opción de compra, el crédito y los planes de pago a plazos ayudan a los consumidores a resolver esta clase de conflictos. La decisión de comprar un seguro de vida es otro ejemplo de un conflicto de *repulsión-repulsión.* Puede ser que la gente quiera brindar seguridad económica a su familia pero pueden sentirse infelices por gastar dinero en algo que no les proporcionará un beneficio inmediato. Las compañías de seguros de vida tratan de aliviar este conflicto haciendo énfasis en los aspectos de inversión del seguro.

Repaso de conceptos

1. El proceso de compra comienza cuando se reconoce una necesidad insatisfecha.
2. Para que el proceso de compra funcione, a los consumidores se les debe motivar en cuanto a conocimiento y forma de resolver una necesidad.
3. En cualquier situación, es probable que la gente esté motivada por una mezcla de motivaciones racionales y emocionales y por motivaciones en conflicto.
4. El marketing puede influir en los consumidores en la etapa de reconocimiento de la necesidad al estimular la identificación de la necesidad, ayudarlos a definir problemas y a tratar con motivaciones en conflicto de manera que los lleve a comprar el producto, o mediante el desarrollo de una mezcla de marketing que satisfaga las necesidades de los consumidores.

Buscar y procesar información

Cuando se reconoce un problema, se presenta un estado de tensión que hace que el consumidor busque información que le ayude a tomar una decisión. La búsqueda de información es el segundo paso en la toma de decisiones compleja e incluye actividad mental y física. La búsqueda requiere de tiempo, energía, dinero y, con frecuencia, dejar de realizar actividades más deseables[6]. Sin embargo, es frecuente que los beneficios de la búsqueda de información excedan los costos. En definitiva, realizar una búsqueda de información puede representar ahorro de dinero, recibir mejor calidad y reducir riesgos.

El consumidor se involucra en dos tipos de búsqueda de información: interna y externa. En la primera, trata de resolver problemas consultando de nuevo la información almacenada con anterioridad. Por ejemplo, las personas que sufren de alergias pueden consultar con facilidad lo que hicieron el año anterior para recuperarse. Incluso, pueden recordar la ubicación de la droguería en donde compraron el último medicamento para la alergia. Cuando los problemas no se pueden resolver mediante una búsqueda interna, la persona busca afuera información adicional. Las fuentes externas pueden incluir familia, amigos, profesionales, entidades gubernamentales o corporativas, anuncios, personal de ventas o exhibiciones.

Las fuentes que una persona utiliza pueden depender de la importancia de la decisión, las experiencias anteriores, la confianza en fuentes determinadas y sus características psicológicas. Algunos consumidores encuentran demasiado complicada la búsqueda de información y prefieren confiar en la que le suministra el vendedor de una compra menor. Sin embargo, cuando estas mismas personas compran un auto nuevo, pueden hacer una búsqueda muy minuciosa que incluya escribir solicitando información, comparar informes del gobierno, ir de un distribuidor a otro y hablar con personas que se consideren conocedoras del producto.

Cuando la búsqueda ocurre en realidad, ¿qué hacen las personas con la información? ¿Cómo descubren, entienden y vuelven a consultar esa información? En otras palabras, ¿cómo la procesan? Este amplio tema ha sido objeto de bastante estudio y es importante para comprender la comunicación en general, al igual que el comportamiento de compra en particular. Comprender el proceso que la gente sigue cuando recibe información, incluyendo los mensajes promocionales, tiene beneficios directos para el gerente de promoción.

Pasos en el procesamiento de la información

Evaluar cómo una persona procesa la información no es una tarea fácil. Con frecuencia, la observación ha servido como base. Con todo, existen muchas teorías sobre la manera como tiene lugar este proceso. En la figura 3.4 se muestra un concepto de amplia aceptación sobre la secuencia del procesamiento de la información.

Exposición. El procesamiento de la información comienza con la **exposición** de los consumidores a alguna fuente de estímulos como ver televisión, ir al supermercado o manejar frente a una valla publicitaria. Para comenzar el proceso, los comercializadores deben atraer a los consumidores hacia el estímulo o colocar este último en el camino de las personas del mercado objetivo. Así, los mensajes de promoción contienen frases célebres o cupones para atraer consumidores y aparecen en una mezcla de medios de comunicación en donde los comercializadores consideran que se ha de exponer a los consumidores. Como un ejemplo específico, Nike, Inc. utiliza a Michael Jordan en comerciales para hacer publicidad a sus zapatillas Air Jordans, con el fin de atraer consumidores; luego, la compañía pasa el comercial 20 veces durante el Juego de la Semana de la NBA para asegurarse de que los compradores escuchen el mensaje.

Atención. La exposición por sí sola no puede funcionar a menos que las personas presten atención al estímulo. En cualquier momento, se ven bombardeadas por toda clase de estímulos pero cuentan con una capacidad limitada para procesarlos; deben dedicar recursos mentales para hacerlo. En otras palabras, deben prestar **atención**; si no es así, el proceso de información no continúa y el mensaje se perderá.

La atención es selectiva pues los seres humanos no tienen la capacidad cognoscitiva ni el interés necesario para atender a todos los mensajes a los cuales están expuestos. Algunos estímulos requieren más atención que otros; por ejemplo, los colores brillantes y el movimiento llaman la atención, al igual que el contraste (es decir, el tamaño del estímulo en relación con el fondo) e intensidad (por ejemplo, altura del sonido, brillo)[7]. Lo mismo ocurre con los atributos personales que influyen en cuál estímulo captará la atención. Es probable que las personas presten atención a un mensaje cuando suministra información importante para problemas que evocan un alto compromiso y se sientan motivadas a resolverlos[8]. Las personas tienden a prestar atención a mensajes que consideren consistentes con sus actitudes y a desconocer aquellos que crean en desacuerdo[9]. Se han identificado varios métodos de publicidad que amplían la atención; por ejemplo, es más probable que los primeros anuncios que se publican de una serie capten mayor atención, como en el caso de los humorísticos o los que utilizan un aspecto sexual[10]. La ubicación de un anuncio impreso en la página de un periódico es el centro del campo óptico del lector. Al comprar un anuncio de página entera se elimina ese problema. El anuncio de la figura 3.5 es un excelente trabajo que brinda estímulos para atraer un segmento de la audiencia objetivo del anunciante.

Percepción. El paso tres en la secuencia del procesamiento de la información es la percepción, la cual implica clasificar las señales que entran en categorías significativas, formar patrones y asignarles nombres o imágenes. La **percepción** es la asignación de significado a los estímulos que se reciben a través de los sentidos.

Las percepciones se forman por: 1) las características físicas del estímulo, 2) el contexto y 3) la percepción que el individuo tiene del estímulo. Los sentidos transmiten señales de la forma, el color, el sonido y la sensación de los estímulos, pero cada individuo los percibe dentro de un contexto particular formado por su propio marco de referencia. Así, el

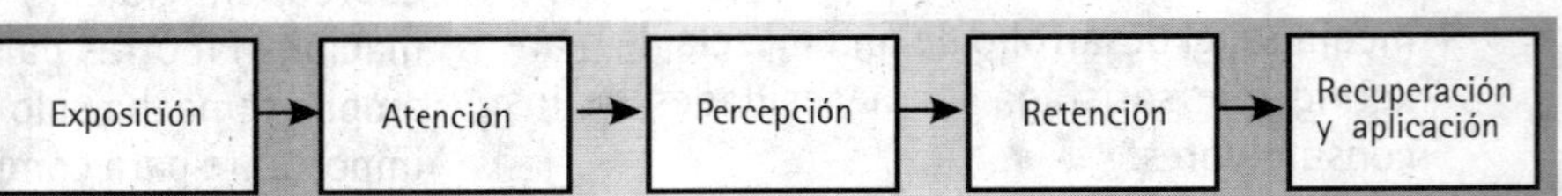

Figura 3.4
Pasos en el procesamiento de la información.

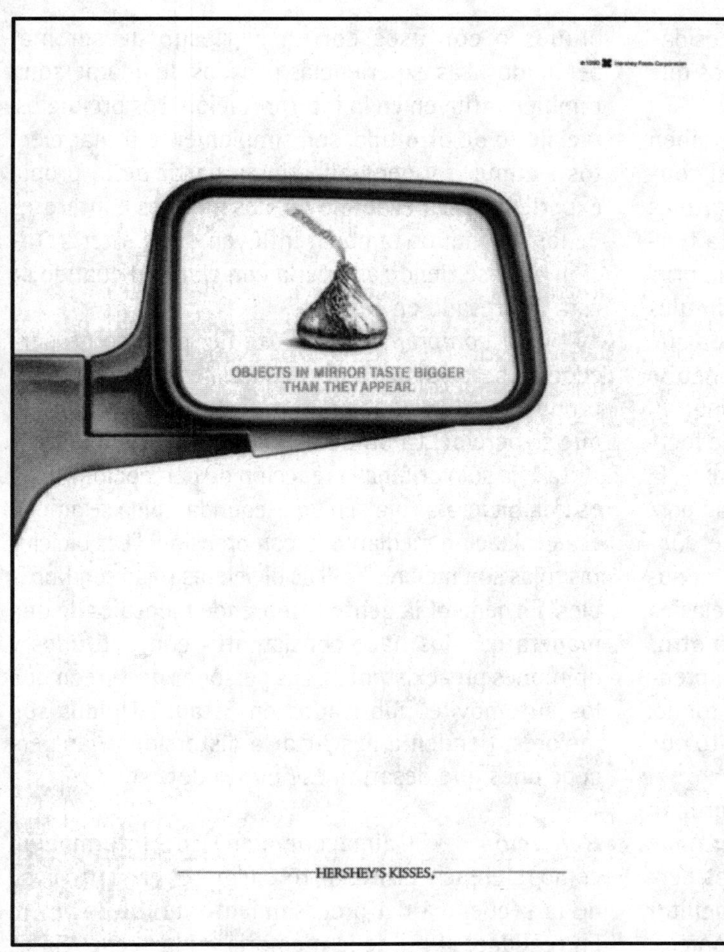

Figura 3.5
Este anuncio utiliza el humor para captar la atención del lector. Cortesía de Hershey Food Corporation. La forma cónica, la figura en forma de pluma y las palabras HERSHEY'S y HERSHEY'S KISSES son marcas registradas de Hershey Food Corporation y se publican con autorización.

aprendizaje, las actitudes, la personalidad, la autoestima y las motivaciones y emociones del momento conforman lo que se percibe. Algunos estímulos se perciben en su totalidad, otros en forma parcial; unos con precisión, otros no. En cualquier caso, el resultado del proceso de percepción es una representación mental altamente personalizada de los estímulos sensoriales, una representación que difiere de persona a persona.

El proceso real de la percepción humana se ha investigado suficientemente. En general, la percepción se considera como un proceso de tres etapas: selección, organización e interpretación de los estímulos, aunque no siempre los seres humanos cuentan con una gran capacidad de selección, de manera consciente para determinar cuál estímulo percibirán. Por ejemplo, sería imposible percibir todos los estímulos que se reciben en un supermercado. Cuáles estímulos se seleccionen depende de las experiencias pasadas con los mismos y los motivos en el momento. A mayor experiencia o familiaridad con una circunstancia o situación, más selectiva será la persona. Un estudiante entra a clase con una serie de expectativas acerca de lo que verá, oirá y olerá al entrar al salón. Como espera cualquier cosa, el estudiante percibirá sólo aquellas cosas que seleccione como relevantes (por ejemplo, una silla disponible cerca de la puerta). Si las expectativas se pueden cambiar de manera significativa, es posible influir en el proceso de selección. Esto se conoce como crear *contraste*, que fue lo que ocurrió con el Infiniti cuando la compañía produjo un comercial de televisión en donde no aparecía el vehículo. La motivación, como se indicó antes, es un fenómeno similar. La persona tiende a percibir cosas que necesita o quiere; entre mayor sea la necesidad, mayor será la motivación para percibir estímulos que satisfagan sus necesidades o deseos y para pasar por alto los estímulos que no lo hagan.

Los estímulos del ambiente no se perciben como sensaciones separadas y aisladas; por el contrario, el ser humano tiende a organizarlas en grupos y a percibirlas como entidades unificadas. Esta tendencia a organizar e integrar los estímulos en un grupo simplifica en gran medida la vida. Los estímulos se organizan de acuerdo con la figura y el fondo que la acompaña, el grupo y el fin. La figura y el fondo se refieren a la idea de contraste que se mencionó; un color más oscuro sobre otro más claro y un sonido fuerte sobre otro más suave, son ejemplos de contraste. El elemento *en la figura* se percibe con más claridad porque aparece como dominante; por el contrario, el *fondo* parece subordinado y, por consiguiente, menos importante. Para algunas personas, la música clásica siempre estará en el fondo, mientras que para otros estará en la figura. Este ejemplo sugiere que se aprende que los estímulos se perciben en figura y fondo. Los anunciantes se aseguran de que el elemento que quieren se vea como figura y no como fondo.

Existe evidencia de que las personas agrupan los estímulos en forma automática, de manera que forman una imagen o impresión unificada. Las personas tienden a *agrupar* los estímulos para facilitar la memorización y el recuerdo. Números telefónicos, números de seguridad social y direcciones son ejemplos comunes de agrupamiento. Las compañías de bebidas gaseosas son famosas por sus intentos de asociar sus productos con una experiencia positiva.

Toda persona desea saber cómo termina una historia, una película e incluso, un chiste. Este deseo refleja la necesidad del *fin*; organizar las percepciones de manera que constituyan una imagen completa. Inclusive, cuando un mensaje está incompleto, las personas tienden a concluirlo en forma consciente o inconsciente. Coca-Cola les dijo a los consumidores que era "ESO", con la esperanza de que la gente interpretara "ESO" en una forma positiva. De manera similar, Pepsi utiliza el "¡ahhh!"

Por último, un individuo interpreta los estímulos de acuerdo con un conjunto de criterios prescritos. Aunque esta interpretación puede afectarse por muchos factores, existen unos cuantos factores generales que parecen funcionar siempre. La claridad del estímulo es indispensable pues aquéllos ambiguos o confusos corren el riesgo de ser mal percibidos. Las experiencias pasadas de una persona también influyen en la interpretación. Los prejuicios, raciales o de otro tipo, son simplemente tomar ciertos estímulos y generalizarlos a partir de la propia experiencia, sea exacta o no. Los motivos e intereses de los individuos también influyen en la interpretación pues se tiende a hacerla con claridad cuando se está interesado en el tema.

La *comprensión* es parte del proceso de percepción pero va más allá de marcar e identificar para producir una evaluación más profunda del estímulo que se percibe. La primera exposición ante una bicicleta roja sólo origina la reacción de percepción: "Esta es una bicicleta roja". En una segunda salida se amplía esa evaluación mediante la comprensión: "Las bicicletas rojas son mejores" o "Las bicicletas rojas son horribles". En general, la gente comprende mensajes de una manera que los hace consistentes con actitudes y opiniones pre-existentes. Las personas que creen que los automóviles fabricados en Estados Unidos son mejores, tienden a descartar o distorsionar las percepciones que desafían ese punto de vista.

Retención. El almacenamiento de información como referencia posterior, **retención**, es el cuarto paso de la secuencia del procesamiento de información. En realidad, el rol de la memoria en la secuencia es doble; primero, la memoria conserva información mientras la procesa a través de la secuencia. Por ejemplo, para que un estímulo se perciba completo, primero se debe mantener durante un tiempo muy breve al que los psicólogos llaman *memoria sensorial*. Segundo, la memoria almacena información para su uso futuro inmediato y a largo plazo.

La memoria misma es un proceso que involucra varias etapas. La primera es *codificación:* antes de que una persona pueda recordar algo, debe ponerlo en una forma que el sistema de memoria pueda usar. Si una persona lee un párrafo, por ejemplo, podría codificar el significado general del pasaje, la imagen de las palabras impresas o el sonido de las mismas. Una vez codificada, la información se puede almacenar en la memoria.

La información se puede codificar y almacenar de manera automática, sin esfuerzo consciente. Sin embargo, con frecuencia es necesario el *repaso,* la repetición mental del material, para garantizar que estos procesos ocurran. En ocasiones es suficiente la repetición mecánica aunque no es tan efectiva como la *repetición elaborada*, la cual implica pensar en la información y relacionarla con otra ya almacenada. Una persona podría recordar un nombre sólo con repetírselo a sí mismo pero es más probable que lo recuerde si piensa en el nombre y lo asocia con algo más.

Siempre que sea posible, los mensajes promocionales están dirigidos de manera que fortalecen la repetición elaborada[11]. Muchos anuncios de Kodak, por ejemplo, pretenden activar una corriente de pensamientos placenteros acerca de puntos importantes en la vida de las personas. En la primera parte de uno de sus anuncios, Black & Decker muestra a un hombre que pasa momentos difíciles para ensamblar un escritorio y luego presenta cómo un destornillador portátil puede facilitar la tarea. Así, este anuncio anima al carpintero neófito a pensar en experiencias negativas del pasado y luego, le ofrece el producto Black & Decker como solución a esas dificultades.

Recuperación y aplicación. El proceso mediante el cual se trae información de la memoria se llama **recuperación**. Combinada con la **aplicación**, la recuperación representa la etapa final en el procesamiento de la información. Si el consumidor puede recuperar información importante acerca de un producto, marca o almacén, la aplicará para resolver un problema o satisfacer una necesidad.

Los resultados de investigaciones sugieren que la forma más eficaz para que los comercializadores faciliten la recuperación de información sobre el producto es informar acerca de los beneficios y atributos de éste y luego, asegurarse de que exista una fuerte conexión entre ellos. Esta asociación entre atributos y beneficios se ilustra con claridad en la industria de los cereales, la cual presenta el atributo clave de alto contenido de fibra como un medio para lograr el beneficio de prevenir el cáncer. Las compañías de automóviles que incluyen bolsas de aire como parte del equipo estándar de seguridad, presentan una conexión similar entre el atributo y el beneficio; en este caso, prevenir una lesión grave durante un choque automovilístico.

Modelo de elaboración de probabilidad

También pueden presentarse variaciones en cada paso de la secuencia del procesamiento de la información, y en ello tiene especial influencia el grado de elaboración. El **proceso elaborado** que también se conoce como **proceso central**, incluye la manipulación activa de la información. Una persona vinculada al procesamiento elaborado presta especial atención a un mensaje, piensa en él y desarrolla conceptos para apoyar o refutar la información recibida. Por el contrario, el **procesamiento no elaborado** o **periférico**, implica la manipulación pasiva de la información. Esto se demuestra en la mayoría de pasajeros de aerolíneas mientras un auxiliar de vuelo lee los procedimientos de seguridad previos al vuelo. Esta descripción del grado de compromiso se halla muy paralela a la teoría de bajo compromiso y alto compromiso expuesta antes, y se aplica la misma lógica.

Se ha desarrollado una forma muy útil para entender por qué se presentan variaciones en la elaboración y cómo influyen en la comunicación[12]; esa forma se conoce como **modelo de probabilidad de elaboración (en inglés, ELM)**. Según este modelo, la elaboración varía con el nivel de compromiso; además, sugiere un *continuum* desde el procesamiento elaborado (central) bajo condiciones con alto compromiso hasta el procesamiento no elaborado (periférico) cuando el compromiso es bajo. A mayor relevancia del mensaje para las necesidades de un cliente, mayor será la probabilidad de que el consumidor elaborará el mensaje. Así, es más probable que un hombre que ve un comercial de televisión en donde se analiza el peligro de una enfermedad cardiaca elabore el mensaje si sabe de alguien que haya sufrido un ataque al corazón. Hay mayor posibilidad de que incluya sus propios pensamientos, como "En verdad debo hacerme un chequeo" o "En verdad debo vigilar mi dieta".

Por otro lado, de acuerdo con el ELM, cuando la elaboración es alta, la calidad del mensaje central tiene un mayor impacto. De ese modo, cuando los consumidores están altamente comprometidos, es probable que la persuasión dependa del contenido cognoscitivo de un mensaje. Por ejemplo, se encontró que los consumidores comprometidos tienen mayor posibilidad de retener y organizar mensajes publicitarios si esos mensajes les ayudan a elegir una marca[13]. Como resultado, los gerentes de promoción deben conocer las palabras precisas y el marco válido del problema cuando diseñen mensajes para situaciones de alto compromiso.

Por el contrario, cuando el compromiso es bajo, los consumidores tan sólo son receptores pasivos de información; en otras palabras, la elaboración es mínima, le dedican poca atención al mensaje y no piensan en él. Según el ELM, la mejor manera de influir en los consumidores pasivos con un anuncio es a través de estímulos periféricos al mensaje, por ejemplo mediante el uso de color, música de fondo o una celebridad como presentador de un anuncio. Los consumidores que no se comprometen ven la publicidad más por la forma que por el contenido. Es probable que observen elementos de los anuncios como música, personajes o escenario, sin relacionar estos elementos con la marca. El humor se utiliza en el mensaje muy serio de la figura 3.6, que ilustra un intento de utilización de elementos periféricos para influir en los consumidores.

Un supuesto general del ELM es que existe un intercambio entre el procesamiento central y el periférico. Cuando la presentación de un argumento aumenta, las claves centrales se convierten en determinantes de persuasión más importantes y las claves periféricas lo son menos. En general, la investigación apoya esta idea[14]. Sin embargo, se necesitan otras pruebas de este supuesto intercambio. Hay críticas válidas para el modelo ELM; por ejemplo, la investigación[15] ha demostrado que una "clave periférica" en ocasiones puede influir en actitudes de temas con alto compromiso. En respuesta, se ha sugerido[16] que, bajo ciertas condiciones, las características asociadas con la fuente pueden ser importantes ante el mensaje publicitario y, por tanto, sirven como una clave central. Algunos investigadores advierten que la diferencia entre procesamiento central y procesamiento periférico depende de si se presenta el pensamiento apropiado para el mensaje y no de si los consumidores enfocan claves verbales o no *per se.* Este enfoque contradice el supuesto de muchos in-

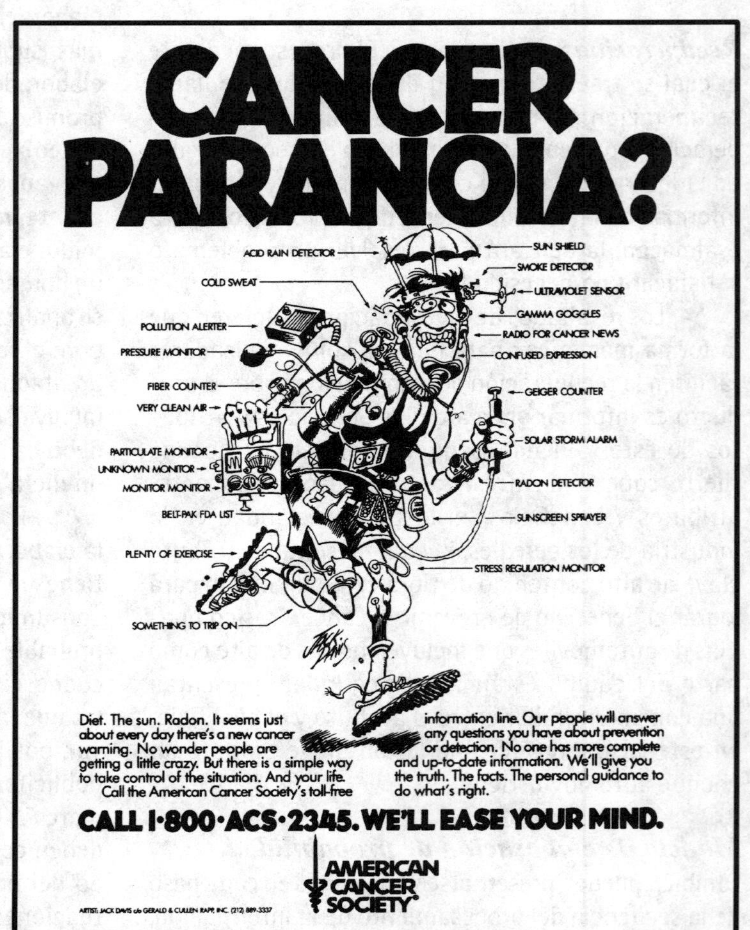

Figura 3.6

Este anuncio demuestra un elemento clave del enfoque ELM para el procesamiento de la información. Los elementos periféricos de un mensaje serio se presentan en forma humorística. Cortesía de American Cancer Society.

vestigadores en el sentido de que las claves "centrales" son verbales y las claves "periféricas" no. En cambio, muchos aspectos no verbales de un mensaje publicitario (por ejemplo, lo atractivo de una fuente en un anuncio para un producto de belleza) pueden ser un mensaje muy pertinente y, de ese modo, sirven como claves centrales.

En síntesis, existen varias excepciones al modelo ELM que aún no tienen explicación o no se han tenido en cuenta. Con todo, el modelo ofrece a los gerentes de promoción algunas guías prácticas para el desarrollo de estrategias. Lo más notable es que la motivación y la conexión más relevante entre los sistemas central y periférico en el mensaje promocional probablemente son los factores más importantes en la comunicación efectiva.

Repaso de conceptos

1. La búsqueda de información puede incluir fuentes internas y fuentes externas.
2. La búsqueda es sólo parte del procesamiento de la información, la cual comprende:
   a. Exposición
   b. Atención
   c. Percepción
   d. Comprensión
   e. Retención
   f. Recuperación y aplicación
3. El modelo de probabilidad de elaboración (en inglés, ELM) sugiere que un alto compromiso aumenta la probabilidad del procesamiento elaborado y que la calidad del mensaje central es el elemento clave para persuadir al consumidor con alto compromiso. Por el contrario, cuando el compromiso es bajo, los elementos periféricos pueden ser los más persuasivos.

Identificar y evaluar alternativas

Una vez que se reconoce y define una necesidad y se completa la búsqueda de información, se evalúan e identifican las alternativas. La manera como las personas buscan las alternativas depende, en parte, de factores como: 1) el costo en tiempo y dinero, 2) cuánta información tienen, 3) el riesgo que se asocia con una decisión equivocada y 4) la predisposición de la gente hacia las opciones del mercado. Es decir, algunas personas encuentran que el proceso de buscar alternativas es difícil e incómodo. Como resultado, tienden a mantener el número de alternativas al mínimo, inclusive si no cuentan con suficiente información, para determinar si están mirando las mejores opciones. Otros, se sienten impulsados a reunir una larga lista de alternativas, una tendencia que puede detener la toma de decisiones.

Una vez que la gente conoce sus alternativas, ¿cómo las evalúan y deciden entre ellas? En particular, ¿cómo escogen las personas entre las marcas de un producto? Las descripciones actuales de este proceso hacen énfasis en el rol de las actitudes.

El modelo de actitud de multiatributos

Una gran parte de la estrategia de marketing se basa en la idea de que los componentes cognoscitivo, afectivo y de comportamiento de una actitud tienden a ser consistentes. Así, si es posible cambiar lo que la gente cree acerca de Shell Oil, sus sentimientos y sus acciones también pueden cambiar[17]. Esta relación entre los tres componentes de una actitud parece ser una situación o, inclusive, un producto específico[18]. Por ejemplo, las actitudes tienden a predecir mejor el comportamiento en las decisiones con alto compromiso. De ese modo, si alguien tiene una fuerte actitud hacia vestir con elegancia, entonces es posible predecir que la persona restringirá las compras a un grupo particular de marcas. En un estudio inicial se entrevistó a consumidores en tres épocas diferentes, en relación con sus actitudes hacia el consumo de 19 marcas en 7 categorías de productos. Existió una clara relación entre actitudes y comportamiento: 58% de quienes calificaron una marca como excelente, en realidad a utilizaban[19]. En un estudio más reciente sobre transporte público masivo, las creencias acerca del viaje en autobús se correlacionaron de manera positiva con el comportamiento[20].

Por otro lado, no se reacciona ante los productos por aislamiento. La situación, o la actitud hacia la situación, juega un rol importante sobre la manera como las actitudes predicen la conducta. Por ejemplo, suponga que un consumidor quiere cerveza pero no le gusta la marca Budweiser; en un acto social en donde sólo se ofrece de esa cerveza, esta persona deberá beberla en lugar de pasar sin tomar nada. Un factor situacional importante para los gerentes de promoción es la actitud del consumidor hacia el tipo de promoción o de estrategia de promoción. Por ejemplo, muchos consumidores manifiestan actitudes extremadamente negativas hacia los médicos o los abogados que se hacen publicidad. Los publicistas que utilizan insinuaciones sexuales arriesgan despertar la ira de los consumidores que tienen fuertes actitudes negativas hacia tales presentaciones.

A pesar de las limitaciones en el poder de predicción de las actitudes, éstas pueden ayudar a entender cómo elige el consumidor. Sin embargo, se necesita evaluar con especial cuidado la validez de la relación actitud-comportamiento para cada situación y producto, y es necesario entender cómo medir las actitudes.

Las actitudes hacia la mayor parte de objetos se basan en evaluaciones y reacciones hacia varias características o atributos asociados con el objeto. Se han desarrollado varios métodos para predecir las actitudes generales de los individuos hacia un objeto, a partir del conocimiento de sus reacciones ante atributos específicos del mismo. La mayor parte de las aplicaciones de marketing utilizan una versión de este enfoque, conocida como modelo de multiatributos[21].

De acuerdo con el **modelo de actitud de multiatributos,** la actitud general de una persona hacia una marca puede medirse al determinar 1) la evaluación del consumidor de los atributos individuales de la marca, 2) el ideal del consumidor para esos atributos y 3) la importancia que el consumidor asigna a esos atributos. En términos más específicos, la mayor parte de las versiones de este modelo sostienen que la actitud del individuo hacia una marca en particular se basa en la suma de cuánto del desempeño de la marca en cada atributo del producto difiere del ideal de desempeño que el consumidor otorga a ese atributo, multiplicado por la importancia de ese atributo para el consumidor. Esta definición se puede formular en la siguiente manera:

$$A_b = \sum_{1=i}^{n} W_i [I_i - X_{ib}]$$

en la cual

A_b = la actitud del consumidor hacia un objeto en particular

W_i = la importancia de que el consumidor se relacione con el atributo *i*

I_i = el comportamiento ideal del consumidor en el atributo *i*

X_{ib} = la creencia del consumidor acerca del desempeño del objeto *b* en el atributo *i*

n = cantidad de atributos considerados

Como ejemplo, suponga que un consumidor percibe que la crema dental Crest tiene los siguientes niveles de desempeño en cuatro atributos:

	1	2	3	4	5	6	7	
Precio bajo	_	I	_	_	X	_	_	Precio alto
Buen sabor	_	_	I	X	_	_	_	Mal sabor
Alta prevención de la caries	I	X	_	_	_	_	_	Baja prevención de la caries
Sensación de aliento más fresco	_	I	_	_	_	X	_	No sensación de aliento fresco

En este ejemplo, el consumidor cree que Crest (es decir, las X) tiene un precio bastante alto, un buen sabor, es mejor que el promedio para la prevención de la caries y no es buena para refrescar el aliento. La crema dental ideal (es decir, las I) sería de bajo precio, buen sabor, con buena protección anticaries y buena para refrescar el aliento. Para cada atributo, el consumidor asigna un nivel de importancia.

Atributo	Importancia
Precio	10
Sabor	20
Prevención anticaries	50
Aliento fresco	20
	100 puntos

Resulta claro que la prevención anticaries es el atributo más importante, seguido por sabor, aliento fresco y precio. Al multiplicar en cada atributo la diferencia entre los puntajes ideal y real por el nivel de importancia, el puntaje de la actitud para este consumidor hacia la crema dental Crest sería el siguiente:

A_{Crest} = (10)(2-5) + (20)(3-4) + (50)(1-3) + (20)(2-6)
= (10)(3) + (20)(1) + 50(2) +(20)(4)
= 30 +20 +100 + 80
= 230

Para determinar si este puntaje de actitud de 230 es bueno o malo, es necesario calcular un índice de actitud con 0 en la actitud más favorable (es decir, los puntajes ideal y percibido son idénticos) y en el otro extremo del índice reflejar la máxima diferencia posible entre las creencias deseada y percibida. En este ejemplo, la máxima diferencia posible es 530. Por consiguiente, un puntaje de actitud de 230 sugiere una actitud algo favorable hacia Crest, ya que está en la mitad favorable del índice; además, es importante comparar este puntaje de actitud con los puntajes para las marcas en competencia. La comparación podría mostrar a Crest en un ángulo más favorable, o podría presentar este puntaje como relativamente malo.

La teoría de la acción razonada

El modelo de multiatributos presenta una forma para medir las actitudes, la cual resulta insuficiente para explicar la manera como los consumidores evalúan y seleccionan las marcas. En la figura 3.7 se presenta una explicación más completa de esta teoría.

Como en el modelo básico de multiatributos, la teoría de la acción razonada incorpora un componente cognoscitivo, un componente afectivo y uno conativo o de comportamiento. Sin embargo, de acuerdo con la **teoría de la acción razonada**, el mejor indicador del comportamiento es la intención de actuar. Una intención, a su vez, depende de 1) la actitud hacia el comportamiento y 2) la norma subjetiva. *La actitud hacia el comportamiento* es una evaluación general favorable o desfavorable hacia el acto de comprar un producto o servicio; se puede medir de manera directa cuando se afecta. La *norma subjetiva* refleja las creencias del consumidor acerca de lo que las demás personas que le son importantes (familia, amigos, compañeros de trabajo) pensarían de la acción contemplada y la motivación del consumidor para acatar la opinión de esas personas. Por ejemplo, en la figura 3.8 se presenta un intento de Southwestern Bell para activar una norma subjetiva mediante la presentación del valor que una madre típica da al hecho de complacer a sus hijos. Al aplicar la lógica de la acción razonada a otro escenario,

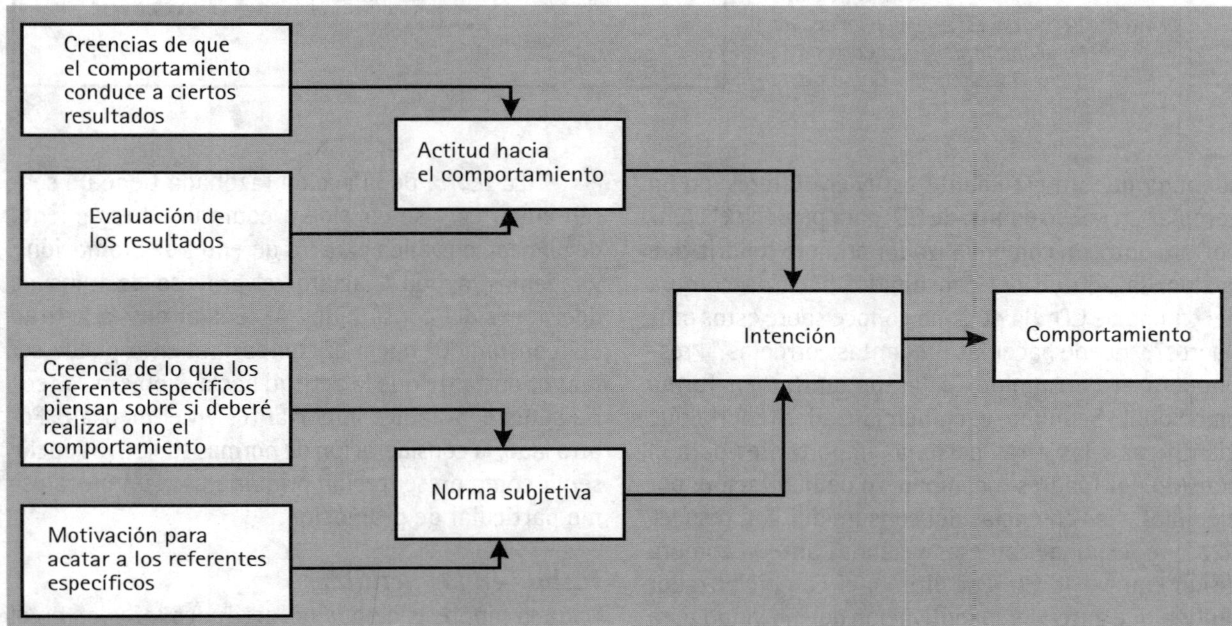

Figura 3.7
La teoría de la acción razonada
Icek Ajzen/Martin Fishbein, Understanding Attitudes and Predicting Social Behavior, © 1980, p. 84. Adaptado con autorización de Prentice-Hall, New Jersey.

Figura 3.8
El intento de Southwestern Bell para activar una norma subjetiva. Cortesía de Southwestern Bell Corporation.

suponga que un estudiante estuviera interesado en comprar un nuevo equipo de CD; para predecir el comportamiento, un comercializador primero tendría que evaluar la actitud del consumidor hacia la compra del equipo de CD: ¿la persona conoce sobre estos productos?, ¿puede hacer las preguntas correctas?, ¿responderá el consumidor a las preguntas en forma emocional? Segundo, el comercializador tendría que identificar a las otras personas importantes para el consumidor (padres o compañero de habitación, por ejemplo) y las creencias del consumidor con respecto a qué responderían esas personas ante la compra de un equipo de CD. Por último, el comercializador tendría que entender la motivación del individuo para acatar a sus padres o su compañero de cuarto. Al utilizar esta información, el comercializador podría comprender la intención de la persona y, de ese modo, predecir su comportamiento.

La teoría de la acción razonada tiene un sostén empírico y se considera como una herramienta de planeación válida para los gerentes de promoción[22] y, además, ayuda a aclarar el proceso de toma de decisiones del consumidor. Al señalar que la actitud del consumidor hacia el comportamiento puede ser más importante que la actitud hacia el objeto, la teoría sugiere variables importantes en el mensaje. Por otro lado, la consideración de normas subjetivas puede servir como presentación primaria para un mecanismo particular de promoción.

Influir en las actitudes

Dada la hipótesis de que las actitudes influyen en el comportamiento de compra, ¿cómo puede una compañía llevar sus productos y las actitudes del consumidor hacia un estado consistente, es decir, hacia una situación en donde los consumidores evalúan un

Figura 3.9
Este anuncio trata de cambiar las actitudes del mercado hacia el producto, brindándole nueva información al consumidor. Reimpreso con autorización de The Quaker Oats Company.

producto o marca determinados cuando satisfacen su necesidad? Los comercializadores tienen dos opciones: pueden cambiar las actitudes de los consumidores para que sean consistentes con el producto, o pueden cambiar el producto para equilibrarlo con las actitudes. Es más fácil cambiar el producto que las actitudes de los compradores. No obstante, en ocasiones, las actitudes se pueden modificar cuando ello puede ser la única opción razonable, como en el caso de que una firma vaya a introducir un producto totalmente nuevo o a darle un uso inusual a un producto existente.

Los comercializadores deben enfrentar el hecho de que es extremadamente difícil cambiar las actitudes de los consumidores. Si se debe dar un cambio, es más probable que ocurra cuando las personas son de mentalidad abierta en sus creencias o cuando existe una actitud débil; es decir, cuando se cuenta con poca información para apoyar la actitud o hay muy poca implicación del ego por parte del individuo. Por ejemplo, cuanto mayor sea la lealtad de marca de un individuo hacia un producto dado, más difícil será cambiar esa actitud.

Por lo general, se necesita la comunicación altamente persuasiva si un vendedor tiene alguna esperanza de cambiar la actitud de un comprador. La comunicación deberá tratar de cambiar una o más de las tres dimensiones relacionadas con una actitud. Por ejemplo, el uso de cupones, muestras gratuitas o descuentos podría inducir a los compradores a cambiar sus patrones de acción para probar una nueva marca. Incluso, entonces, los compradores deben tener una mentalidad abierta y el deseo de permitir el desafío a sus marcas preferidas del momento. La figura 3.9 muestra un intento de cambiar actitudes mediante el suministro de nueva información.

Repaso de conceptos

1. La identificación y evaluación de alternativas tiene lugar una vez que se reconoce y define una necesidad.
   a. La gente emplea actitudes como base para evaluar alternativas.
   De acuerdo con el modelo de actitud de multiatributos, la actitud general de una persona hacia una marca se puede medir al determinar:
   - la evaluación del consumidor de los atributos individuales
   - el ideal del consumidor para estos atributos
   - la importancia que el consumidor asigna a estos atributos
   b. La teoría de la acción razonada lleva las actitudes un paso adelante al sugerir que el menor indicador del comportamiento es la intención de actuar.

Comportamiento de compra y postcompra

Después de investigar y evaluar, en algún momento los consumidores tienen que decidir si van a comprar o no. Todo lo que los comercializadores puedan hacer para simplificar la toma de decisión será atractivo para los compradores porque la mayoría de personas considera que es algo difícil de hacer. Quizá, los comercializadores puedan sugerir en su publicidad el mejor tamaño de un producto para una aplicación particular o el vino correcto para acompañar una comida determinada. En ocasiones, varias situaciones de decisión se pueden combinar y comercializar un solo paquete; por ejemplo, los agentes de viajes suelen ofrecer giras turísticas en combinación con pasajes aéreos, transporte terrestre y hoteles.

Para hacer mejor el trabajo de marketing en esta etapa del proceso de compra, un vendedor necesita conocer las respuestas a muchas preguntas acerca del comportamiento de compra de los clientes. Por ejemplo, ¿cuánto esfuerzo quiere hacer el consumidor para adquirir el producto? ¿Qué factores influyen para determinar el sitio donde comprará un consumidor? ¿Cada almacén tiene una imagen? En caso afirmativo, ¿para un comprador es importante la imagen cuando selecciona un almacén? ¿Cuáles son las características, si las hay, que diferencian a los compradores por impulso? Los gerentes de promoción pueden desempeñar un papel muy importante en la etapa de compra. Un punto de partida obvio es suministrar información básica sobre producto, precio y ubicación mediante publicidad, venta personal y relaciones públicas; la promoción de ventas, en particular, resulta esencial en esta etapa. Muestras del producto, cupones, rebajas y premios son algunos de los mecanismos de promoción de ventas empleados para animar al cliente a comprar. En muchas decisiones de compra, el vendedor es la clave; esto resulta particularmente cierto para los productos industriales y las ventas al por menor. En años recientes, los comercializadores directos han desempeñado un rol prominente en la reconfiguración del proceso de compra de millones de consumidores. Debido a las limitaciones de tiempo y a los riesgos asociados con los mecanismos de compra tradicionales, los comercializadores directos han respondido con mejores productos, mejor servicio y menos riesgos mediante condiciones de calidad y garantías. Estos beneficios se ilustran muy bien en los mensajes promocionales que producen los comercializadores directos. Los sentimientos y las evaluaciones de un consumidor después de la venta también son significativos para un comercializador porque pueden influir en nuevas ventas y en lo que los consumidores digan a otras personas acerca del producto o de la marca. Mantener al cliente satisfecho lo es todo en marketing. Como se anota en la sección **Un enfoque de promoción**, es más fácil decir que hacer.

Es típico que los consumidores experimenten cierta ansiedad postcompra después de todo, a pesar de la rutina y las compras poco costosas. Esta ansiedad refleja un fenómeno llamado **disonancia cognoscitiva**; de acuerdo con esta teoría, las personas buscan consistencia entre sus percepciones (conocimiento, actitudes, creencias, valores)[23]. Cuando existen inconsistencias, existe una disonancia que la gente tratará de eliminar. En algunos casos, el consumidor toma la decisión siendo consciente de los elementos disonantes; en otros, la disonancia surge al recibir información distorsionada después de la compra.

Para evitar o eliminar la disonancia, los consumidores pueden evitar la información negativa, pueden cambiar su comportamiento, sus opiniones o sus actitudes, o buscar información u opiniones que apoyen su compra. En ocasiones, el intento del consumidor por reducir la disonancia puede producir consecuencias fatales para el comercializador. Por ejemplo, en el proceso de convencerse a sí misma de que la compra de un nuevo horno microondas GE fue una buena decisión, la consumidora busca información adicional entre sus amigas. Infortunadamente, la mejor amiga le dice que tuvo una terrible experiencia con su horno microondas de esa marca.

El comercializador puede emprender acciones específicas para reducir la disonancia postcompra; puede ser de utilidad emplear publicidad que resalte los muchos atributos positivos o confirme la popularidad del producto. Brindar refuerzo personal ha demostrado ser efectivo con artículos grandes como automóviles y electrodomésticos mayores. Los vendedores en estas áreas pueden enviar tarjetas, material publicitario o, inclusive, hacer llamadas personales para reafirmar a los clientes en su compra.

Repaso de conceptos

1. El comportamiento de compra y postcompra representan las dos últimas etapas en el proceso de toma de decisiones por parte del consumidor.
2. El comercializador necesita conocer las respuestas a muchas preguntas acerca de por qué y cómo tiene lugar el proceso de compra.
3. Por otro lado, reducir la insatisfacción del consumidor después de la compra (disonancia cognoscitiva) es una meta importante de marketing.

Comportamiento del mercado organizacional

Quienes suministran bienes y servicios a los mercados para el consumidor también necesitan bienes y servicios para hacer funcionar sus negocios. Estas organizaciones —productores, intermediarios y gobiernos—, cuentan con vastos mercados organizacionales que compran una gran variedad de productos, incluyendo equipo, materias primas, mano de obra y otros servicios. Algunas organizaciones se dedican a atender de manera exclusiva a otras y nunca entran en contacto con los consumidores.

A pesar de la importancia de los mercados organizacionales, se ha investigado menos sobre los factores que influyen en su comportamiento que en los que influyen en los clientes. Sin embargo, se pueden identificar características que distinguen la compra organizacional de la compra del consumidor, y los pasos típicos en el proceso de compra organizacional.

Características de la compra organizacional

Además de los elementos socioculturales que influyen en las compras organizacional y del consumidor, existen fuerzas adicionales que inciden sólo en la estructura organizacional. En particular, cada organización tiene su propia filosofía de negocios que guía sus acciones para resolver conflictos, manejar incertidumbre y riesgo, buscar soluciones y adaptarse al cambio. Por ejemplo, Peabody Coal, que forma parte de una industria en decadencia, se basa en una estrategia conservadora de compra en un intento por mantener el *statu quo*.

Cinco características determinan el proceso de compra organizacional[24]:

1. En la toma de decisiones de compra de las organizaciones están involucrados muchos individuos.

2. El comprador organizacional está motivado por factores emocionales y racionales para la selección de productos y servicios. Aunque el uso de criterios cuantitativos y racionales domina la mayor parte de las decisiones organizacionales, quienes deciden son personas sujetas a muchos de los mismos criterios emocionales que se utilizan en las compras personales.

3. Con frecuencia, las decisiones de compras organizacionales incluyen un rango de dimensiones técnicas complejas. Un agente de compras de Volvo Automobiles, por ejemplo, debe considerar varios factores técnicos antes de ordenar que un radio vaya en el modelo 240 DL. El sistema electrónico, la acústica interior y la forma del tablero son algunas de estas consideraciones.

Un enfoque de promoción:

La meta es la satisfacción del cliente

Al preguntar al norteamericano de negocios promedio cuál es su meta, es probable escuchar "la satisfacción del cliente". Aunque existen muchos consumidores satisfechos, un gran número de compañías ha abrazado la idea de que satisfacer a los clientes es su principal objetivo. ¿Cómo ganó tal importancia esta idea en las organizaciones norteamericanas y qué significa en realidad?

Muchos expertos dicen que la satisfacción del cliente siempre ha sido parte de los cimientos empresariales en Estados Unidos; ahora parece una nueva idea sólo porque compañías satisfechas con sus resultados la perdieron de vista. La satisfacción del cliente se convirtió en una palabra popular en la década de los años ochenta debido a que los cambios en el mundo de los negocios le han dado más opciones a los clientes. Una compañía que tiene poca competencia no tiene que preocuparse mucho por la satisfacción del cliente. Sin embargo, en el mercado global, con compañías de todas partes del mundo en competencia por atraer clientes, pocas empresas pueden darse el lujo de sentirse satisfechas. El cambio en la legislación de varias industrias se sumó a la competencia y los norteamericanos aprendieron a sentirse satisfechos con productos hechos en Europa o Japón. Ahora, quizá más que en cualquier otra época de la historia, en algún lugar ha surgido un cliente insatisfecho.

Ahora que la satisfacción del cliente ha logrado tanta importancia en las empresas norteamericanas, los investigadores están diseñando mecanismos para medir esa satisfacción y todos parecen tener una idea diferente de cómo definirla y mejorarla. Las gentes de negocios están aprendiendo a escuchar mejor a sus clientes, a comunicarse con ellos en su propio lenguaje y a comprender cuáles son sus percepciones acerca de la calidad . La mayoría de asesores están de acuerdo en que buscar la satisfacción del cliente debe ser un proceso continuo y no algo que se logra una vez y luego se olvida. Además, debe involucrar a toda la organización y no sólo a la parte de marketing.

Algunos asesores advierten que la satisfacción del cliente es costosa, requiere tiempo y es difícil.

Así como la "calidad" ha llegado a aplicarse en cada aspecto de las operaciones de una organización y no sólo en el producto terminado, es probable que la "satisfacción del cliente" tome nuevos significados. Las compañías se están dando cuenta de que cambiar sus operaciones y distribución puede agradar a los clientes tanto como cambiar el producto. En muchas organizaciones, el compromiso real para la satisfacción del cliente requiere cambios profundos en la cultura organizacional. De ese modo, se puede atestiguar el comienzo de una revolución en la satisfacción del cliente.

Fuente: Howard Schlossberg, "Customer Satisfaction Serves and Preserve," *Marketing News* (May 20, 1990): 8.

4. El proceso de decisiones organizacionales cubre, con frecuencia, un tiempo considerable y crea un intervalo entre el contacto inicial del comercializador con el cliente y la decisión de compra. Como muchos factores pueden entrar en escena durante este lapso, resulta vital la habilidad del comercializador para controlar y ajustar estos cambios.
5. Las organizaciones no pueden agruparse en categorías precisas. Cada organización tiene una forma característica de funcionamiento y su propia personalidad.

El primer aspecto en esta lista de características tiene implicaciones importantes. A diferencia del proceso de compra del consumidor, la compra organizacional incluye la toma de decisiones por parte de grupos y el cumplimiento de reglas para tomarlas. Estas dos características complican en gran medida la tarea de entender el proceso de compra. Por ejemplo, para predecir con certeza el comportamiento de compra de una organización es importante saber quién tomará parte en el proceso de compra, qué criterios utiliza cada miembro para evaluar a los proveedores potenciales y qué influencia tiene cada uno de ellos. Además, es necesario comprender algo no sólo acerca de la psicología de los individuos involucrados sino también saber cómo es su trabajo en grupo.

Quién tome la decisión de comprar depende en parte de la situación. Se han distinguido tres tipos de situaciones de compra[25]: la recompra directa, la recompra modificada y la nueva tarea. La *recompra directa* es la situación más simple: la compañía reordena un bien o servicio sin modificaciones; la transacción tiende a ser rutinaria y la puede manejar en su totalidad el departamento de compras. Con la *recompra modificada*, el comprador busca modificar especificaciones del producto, precios, etc.; el comprador está interesado en la negociación y varias personas toman parte en la decisión de compra. Una compañía enfrenta una *nueva tarea* cuando considera comprar un producto por primera vez; el número de participantes y la cantidad de información que se busca tienden a aumentar con el costo y los riesgos asociados con la transacción. Esta situación representa la mejor oportunidad para el comercializador.

Etapas en la compra organizacional

El proceso de compra organizacional consta de ocho etapas, o fases clave, que se indican a continuación[26]:

1. Reconocimiento del problema
2. Descripción de la necesidad general
3. Especificación del producto
4. Búsqueda de proveedores
5. Solicitud de propuestas
6. Selección del proveedor
7. Especificación pedido-rutina
8. Revisión del desempeño

Aunque estas etapas son paralelas a las del proceso de compra del consumidor, existen diferencias importantes que tienen una relación directa sobre la estrategia promocional. El proceso completo sólo se presenta en el caso de una nueva tarea. Sin embargo, incluso en esta situación, el proceso es más formal para el proceso de compra organizacional que para el proceso de compra del consumidor. La mayor parte de la información que recibe un comprador industrial se envía mediante contactos directos como representantes de ventas o paquetes de información. No es probable que un comprador industrial utilice la información que aparece en un anuncio comercial como única base para tomar una decisión. En la recompra modificada y en la recompra directa, el rol de la promoción, incluso, es más limitado debido al énfasis en las especificaciones y el desempeño del producto.

Reconocimiento del problema. El proceso comienza cuando alguien de la organización reconoce un problema o una necesidad que se puede satisfacer mediante la adquisición de un bien o servicio. El reconocimiento del problema puede presentarse como resultado de un estímulo interno o externo; este último puede ser la presentación de un vendedor, un anuncio o la información reunida durante una exhibición comercial.

Descripción de una necesidad general. Al haber reconocido que existe una necesidad, el comprador debe perfeccionar su descripción. Al trabajar con ingenieros, usuarios, agentes de compras y otros, el comprador identifica y establece prioridades con respecto a las características importantes del producto. En la tabla 3.1 se presenta una lista de varias fuentes de información empleadas por las personas que tienen a su cargo la compra en las organizaciones. Note cómo muchas son parte de la promoción. Resulta claro que el vendedor sirve como fuente primaria de información para muchos clientes industriales; armado con amplio conocimiento del producto, este individuo virtualmente es capaz de dirigir todas las inquietudes de un consumidor típico relacionadas con el producto. Con menor alcance, la publicidad comercial suministra información valiosa para clientes más pequeños o aislados. Digno de atención es el uso extensivo de las técnicas de marketing directo (por ejemplo, números para llamadas gratuitas y tarjetas de información) junto con muchos anuncios comerciales. Por último, las relaciones públicas desempeñan un rol significativo a través de la publicación de artículos en diferentes diarios comerciales.

Especificación del producto. A continuación siguen las especificaciones técnicas, las cuales suelen ser responsabilidad del departamento de ingeniería. Los ingenieros diseñan varias alternativas, dependiendo de la prioridad establecida en la lista inicial.

Búsqueda del proveedor. Luego, el comprador trata de identificar el proveedor más apropiado. El comprador puede examinar los

Tabla 3.1
Fuentes de información para el comprador industrial

Fuente de información	Descripción
Vendedores	El personal de ventas que representa a los fabricantes o distribuidores del producto en cuestión.
Fuentes técnicas	Tipos de personal de ingeniería externos o internos a la firma del asunto.
Personal en la firma del comprador	Referencias del grupo de colegas (por ejemplo, otros agentes de compras en la firma del área).
Agentes de compras en otras compañías	Referencias de colegas de grupo externos a la firma del comprador.
Asociación comercial	Cooperativas integradas voluntariamente por los competidores empresariales y diseñadas para ayudar a sus miembros y a la industria a manejar problemas comunes (por ejemplo, la National Association of Purchasing Management).
Publicidad en periódicos comerciales	Mensajes comerciales pautados por el fabricante o distribuidor del producto en cuestión.
Artículos en periódicos comerciales	Mensajes relacionados con el producto en cuestión pero no bajo control del fabricante o el distribuidor.
Archivos del proveedor	Información pertinente a los valores de varias fuentes de proveedores cuando las desarrolla y mantiene la firma del comprador.
Registros comerciales	Guías para compradores que presentan listas de proveedores y otra información de marketing (por ejemplo, *Thomas' Register*).
Literatura sobre el producto	Información específica del producto y del proveedor que suministra la firma fabricante o distribuidora.

Fuente: H. Lee Matthews, James Robeson and Peter J. Banbic, "Achieving Seller Acceptability in Industrial Markets: Development of the Communication Mix," in *Consumer and Industrial Buying Behavior*, eds. Arch Woodside, Jagdish N. Sheth and Peter D. Bennett (New York: Elsevier-North Holland, 1977): 223. Reimpreso con autorización.

directorios comerciales, hacer una búsqueda por computador o llamar a otras compañías para solicitar recomendaciones. Los comercializadores pueden participar en esta etapa estableciendo contactos con posibles líderes de opinión y solicitando apoyo o contacto con el comprador en forma directa. La venta personal desempeña un rol importante en esta etapa.

Solicitud de propuestas. Los proveedores calificados son los invitados a presentar propuestas. Algunos de ellos sólo enviarán un catálogo o a un representante de ventas. El desarrollo de la propuesta es una tarea compleja que requiere una investigación extensiva y habilidades para escribir y hacer una presentación. En casos extremos, esas propuestas son comparables a las estrategias promocionales completas que se hallan en el sector del consumidor.

Selección del proveedor. En esta etapa se analizan las diferentes propuestas y se hace una elección. Una parte significativa de esta evaluación es calificar al proveedor. Un estudio indicó que los gerentes de compras sintieron que el vendedor era más importante que la propuesta. Los gerentes de compras hacen una lista de las tres características más importantes del proveedor, como son: capacidad de entrega, calidad consistente y precio justo[27]. Otro estudio encontró que la importancia relativa de diferentes atributos varía con el tipo de situación de compra[28]. Por ejemplo, para los productos de pedido rutinario, la confiabilidad en las entregas, el precio y la reputación del proveedor tienen mucha importancia. Estos factores pueden servir como puntos de atracción en las presentaciones de ventas y en los anuncios comerciales.

Especificación pedido-rutina. El comprador hace el pedido final con el proveedor elegido, la lista de especificaciones técnicas, la cantidad necesaria, la garantía, etc.

Revisión del desempeño. En esta etapa final, el comprador revisa el desempeño del proveedor. Este proceso puede ser muy simple o muy complejo.

Repaso de conceptos

1. Características de la compra organizacional.
   a. Toma de decisión múltiple
   b. Factores racionales y emocionales en la decisión
   c. Complejidad
   d. Marco de tiempo
   e. Diferente clasificación de tipos de organizaciones
2. Los siguientes pasos son típicos en la compra organizacional:
   a. Reconocimiento del problema
   b. Descripción de la necesidad general
   c. Especificación del producto
   d. Búsqueda de proveedores
   e. Solicitud de propuestas
   f. Selección del proveedor
   g. Especificación pedido-rutina
   h. Revisión del desempeño

Caso 3

Gillette se encamina hacia la alta tecnología

Antecedentes

En 1977, John Francis fue uno de los casi 40 ingenieros, metalúrgicos y físicos que emplearon la mayor parte de su tiempo pensando sólo en afeitadas en las instalaciones de investigación de Gillette Co. en Reading, Inglaterra. Francis construyó el prototipo de una nueva máquina de afeitar que en realidad era la combinación de dos buenas ideas. Una era una cuchilla más delgada, algo en que la compañía había trabajado, de manera que pudiera facilitar la limpieza de sus cartuchos. La otra era hacer cuchillas de afeitar que "flotaran" sobre la cara, cortando el pelo pero no la piel. Primero, Francis quiso montar las cuchillas en tubos de caucho quizá llenos de un líquido que se pudiera comprimir. Sin embargo, por casualidad, puso las cuchillas sobre resortes; pensó que la nueva máquina funcionaba muy bien y le pasó el prototipo a su jefe. Así comenzó el más costoso programa de desarrollo de producto en la historia de Gillette que terminó en la máquina de afeitar que ahora se conoce como Sensor.

Entender el mercado

Gran parte del dinero que Gillette invirtió en la máquina Sensor fue en investigación del consumidor. Gillette aprendió que las suposiciones acerca de la afeitada, válidas hasta la década de 1960, ya no servían. La afeitada era como un ritual masculino de transición para ser hombre; muchos chicos, una vez que vieron a sus padres afeitarse, soñaron con el día en que ellos también lo harían, lo más probable, con el mismo equipo de afeitar de papá.

La investigación conducida por Gillette en 1973 demostró que la afeitada ya no se veía con respeto. En cambio, los hombres jóvenes la consideraban una molestia, una actividad que debía realizarse rápido y con el menor dolor posible. Los productos para afeitar no despertaban mucha lealtad de marca y, cuando se pidió evaluar el equipo para afeitarse, los jóvenes hablaron más de la eficiencia y del precio de la afeitada.

Durante la mayor parte de su historia, Gillette se ha enfocado en la eficiencia. A la cuchilla con doble borde de seguridad de los años cincuenta siguieron varias mejoras que incluyeron cuchillas cubiertas con teflón conocidas como Trac I, Atra y Trac II. Competidores como Bic y Schick, siguieron una estrategia mixta. Bic introdujo una máquina desechable, una idea que pronto copiaron las demás compañías. Sin embargo, las desechables eran menos rentables que los otros sistemas de afeitar, de manera que Gillette continuó tratando de crear la máquina más efectiva.

Una de las dificultades para desarrollar una máquina de afeitar de alta tecnología es que el mercado tiende a cambiar con rapidez y, por tanto, la ventana de la oportunidad para un nuevo producto está limitada. Crear un producto radicalmente nuevo requiere de una extensa investigación, pero lo usual es que ésta se realice con rapidez y en secreto.

Las pruebas iniciales de los prototipos de Sensor demostraron que las cuchillas no se ajustaban suficiente a la barba como para dar una afeitada perfecta. Los ingenieros desarrollaron resortes firmes que se sostenían en una base plástica. Nuevas pruebas demostraron que los resortes perdían su elasticidad con el tiempo, de manera que los ingenieros trabajaron una resina diferente, el Noryl, que mantenía su elasticidad. En 1983, 500 hombres probaron los prototipos de Sensor y la prefirieron frente a las máquinas existentes de Gillette.

En 1985, Gillette introdujo la Sensor en 25 ciudades de prueba a lo largo y ancho de Estados Unidos; debido a la necesidad de seguridad cuando se prueban nuevos productos de afeitar, las ciudades seleccionadas fueron bastante pequeñas y aisladas. Además de probar los componentes técnicos, la compañía trató de fijar varios precios y nombres, y utilizó grupos de enfoque y estudio. Después de seis meses de pruebas, la división de seguridad de la empresa convenció a las directivas de Gillette de invertir US$10 millones para desarrollar el equipo necesario para fabricar la máquina Sensor.

¿Valió la pena la investigación del consumidor? Los analistas pensaron que la compañía había invertido demasiado en desarrollar la máquina. Estimaron que la nueva máquina necesitaba disparar la participación de Gillette en el mercado en 4 puntos porcentuales en Estados Unidos y Europa, para pagar su presupuesto de publicidad.

En 1990, la empresa introdujo la máquina de afeitar Sensor con comerciales durante la final del Super Bowl. Aunque la compañía planeó un ataque masivo a través de los medios de comunicación por US$50 millones, canceló algunos de sus anuncios debido a que no podía sostener la demanda del producto. Sin embargo, superó sus problemas de suministro y en el tercer trimestre de 1990, Sensor había alcanzado una participación del 9% en el mercado de la afeitada húmeda. Los minoristas se deleitaron. No sólo había personas comprando todas las Sensor que podían tener en sus estantes, sino que también solicitaban cuchillas de repuesto, demostrando que les gustaba el producto. Luego de 13 años y millones de dólares invertidos por Gillette, las ideas de John Francis habían dado resultado.

Preguntas sobre el estudio de caso

1. ¿Qué tipos de motivaciones del consumidor trata de enfocar Gillette con su máquina Sensor?
2. Analice el proceso de compra de un hombre adulto para comprar una máquina de afeitar.
3. Identifique lugares en donde la promoción podría ajustarse dentro de este proceso de decisión.

Fuente para el estudio de caso: "At Gillette, Disposable Is a Dirty Word," *Business Week* (May 29, 1989): 54-55. Keith Hammonds, "It's One Sharp Ad Campaign, But Where's the Blade?, *Business Week* (March 5, 1990): 30. "How a $4 Razor Ends Up Costing 100 Million," *Business Week* (January 29, 1990): 62-63. Alison Fahey, "Sensor Sales Sharp," *Advertising Age* (May 7, 1990): 56.

Síntesis

Este capítulo estudia la manera como individuos y organizaciones toman decisiones, y las implicaciones promocionales del proceso. La toma de decisión del consumidor tiene la influencia del ambiente sociocultural, la mezcla de marketing y características individuales como motivación y actitudes. La novedad de la compra y la vinculación del consumidor influyen en que el proceso de toma de decisiones sea complejo o simple. La toma de decisiones compleja incluye cinco pasos: reconocer la necesidad, buscar información, evaluar alternativas, compra y postcompra. La toma de decisiones simple no requiere búsqueda de información ni evaluación. El comportamiento se basa en el hábito.

La mayor parte del capítulo se refiere a la toma de decisiones compleja. Tres conceptos psicológicos son inherentes a la toma de decisiones. La motivación es un impulsor interno o de presión para emprender la acción y eliminar la tensión. El aprendizaje es un proceso de buscar información, procesarla junto con la existente y producir nuevos conocimientos. Una actitud es una disposición permanente, favorable o desfavorable, hacia algún objeto. Estos tres conceptos psicológicos influyen en las diferentes etapas de la toma de decisiones compleja. El proceso comienza por el reconocimiento de la necesidad; ésta se convierte en un problema que requiere solución sólo después de que las personas se sienten motivadas a hacerlo. La búsqueda y el procesamiento de información son actividades físicas y mentales. De nuevo, es necesaria la motivación interna para que estas actividades se realicen. Existe un modelo de procesamiento de información que ha demostrado ser útil para los comercializadores e incluye los siguientes pasos: exposición, atención, percepción, retención, y recuperación y aplicación. El modelo de probabilidad de elaboración (en inglés, ELM) trata de explicar cómo tiene lugar este proceso. Sugiere que las personas se vinculan al procesamiento central cuando el tema es de alto compromiso y al procesamiento periférico cuando el tema es de menor compromiso. Identificar y evaluar alternativas es el tercer paso en la toma de decisiones compleja. Las actitudes desempeñan un rol central para tomar opciones. El modelo de actitud de multiatributos sugiere que la forma en que se evalúan los atributos del producto o de la marca refleja la actitud de los individuos. La teoría de la acción razonada extiende el modelo de multiatributos al sugerir que la "intención de actuar" es un mejor indicador del comportamiento que los atributos. El comportamiento de compra y postcompra son las últimas etapas en el proceso de toma de decisiones.

El capítulo concluye con un estudio del comportamiento del mercado organizacional. En general, este tipo de decisión tiende a ser menos emocional y emplea más información. Se estudiaron otras características que distinguen la toma de decisión del consumidor de la toma de decisión organizacional. Los ocho pasos del proceso de compra organizacional finalizan el capítulo.

Preguntas de análisis

1. Con base en lo que usted ha entendido sobre motivaciones, desarrolle algunas pautas o directrices generales para practicar la promoción.

2. ¿Cómo pueden influir los promotores en la motivación para que una persona actúe? ¿Cómo pueden facilitar el aprendizaje?
3. Defina una actitud. Analice los componentes de una actitud. ¿cuáles son las implicaciones para la promoción? Utilice la perspectiva de multiatributos para medir su actitud hacia dos marcas diferentes de jeans.
4. Presente un diagrama del proceso de decisión del consumidor. ¿Cuál es el rol de cada forma de promoción en cada etapa del proceso?
5. Establezca las diferencias entre toma de decisiones con alto compromiso y toma de decisiones con bajo compromiso.
6. ¿Cómo puede ser de utilidad para el gerente de promoción el modelo de probabilidad de elaboración?
7. Analice los supuestos claves de la teoría de la acción razonada. Dé un ejemplo de su propia vida que ilustre cómo funciona.
8. ¿Cuáles son las diferencias entre el proceso de toma de decisiones del consumidor y el proceso de toma de decisiones en una organización?
9. Suponga que usted está entrenando a una vendedora para manejar productos industriales. Aunque esta vendedora tiene una sólida experiencia, ha vendido productos al consumidor. ¿En qué haría énfasis durante el entrenamiento?
10. Analice varias razones de por qué los comercializadores aún tienen dificultades para comprender, predecir y explicar el comportamiento del consumidor.

Proyectos sugeridos

1. Localice a un individuo que haya adquirido un automóvil nuevo el año pasado. Con el proceso de toma de decisiones, pídale a esta persona que indique cómo logró cada etapa.
2. Contacte a 10 estudiantes. Pídales que hagan una lista con los tres motivos primarios que consideraron cuando seleccionaron la universidad a la cual asisten. Pregúnteles si aún utilizarían los mismos motivos. Haga que indiquen cualquier cambio y que escriban en un papel la orientación del valor de las motivaciones para comprender la toma de decisiones.

Referencias

1. C. N. Coffer and M. H. Appley, *Motivation: Theory Research* (New York: John Wiley & Sons, 1964).
2. K. Levien, *A Dynamic Theory of Personality* (New York: McGraw-Hill, 1935): 88-91.
3. Robert B. Zojonic and Hazel Markus, "Affective and Cognitive Factors in Preferences," *Journal of Consumer Research 9* (September 1982): 123-131.
4. Henry Assael, *Consumer Behavior and Marketing Action,* 3 ed. (Boston: Kent Publishing, 1987): 84
5. W. J. McGuire, "Psychological Motives and Communication Gratification," in *The Uses of Mass Communication: Current Perspectives on Gratification Research*, eds. J. G. Blumler and C. Katz (Beverly Hills, CA: Sage Publications, 1974): 167-196.
6. R. Kelly, "The Search Component of the Consumer Decision Process -A Theoretic Examination" in *Marketing and the New Science of Planning*, ed. C. King (Chicago: American Marketing Association, 1968): 273.
7. James Bettman, *An Information Processing Theory of "Consumer Choice* "(Reading, MA: Addison-Wesley, 1979).
8. Richard E. Petty. John T. Cacioppo and David Schumann, "Central and Peripheral Routes to Advertising Effectiveness: The Moderating Role of Involvement," *Journal of Consumer Research* 10 (September 1983): 135-146.
9. F. H. Nothman, "The Influence of Response Conditions on Recognition Thresholds for Taboo Words," *Journal of Abnormal and Social Psychology* 65 (1962): 154-161.
10. Peter H. Webb and Michael L. Ray, "Effects of TV Clutter," *Journal of Advertising Research* 19 (June 1979): 7-12. Thomas J. Madden and Marc G., Weinberger, "The Effects of Humor on Attention in Magazine Advertising," *Journal of Advertising* 11, No. 3 (1982): 8-14.
Michael A. Belch, Barbara E. Holgerson, George E. Belch and Jerry Koppman, "Psychophysiological and Cognitive Responses to Sex in Advertising," in *Advances in Consumer Research*, vol. 9, ed. Andrew Mitchell (Pittsburgh: Association for Consumer Research, 1982): 424-27.
11. A. A. Mitchell. "An Information Processing View of Consumer Behavior," in *Research Frontiers in Marketing: Dialogues and Directions*, ed. S. C. Jain (American Marketing Association, 1978): 188-197.
12. Richard E. Petty and John T. Cacioppo, "Issue Involvement Can Increase or Decrease Persuasion

by Enhancing Message Relevant Cognitive Responses," *Journal of Personality and Social Psychology* 37 (October 1979): 1915-1926.

13. Meryl Gardner, Andrew Mitchell and J. Edward Russo, "Strategy-Induced Low Involvement with Advertising," documento presentado en la primera conferencia sobre *Consumer Involvement Conference*, New York University, June 1982.

14. Richard Petty and John T. Cacioppo, "Issue Involvement as a Moderator of the Effects on Attitude Advertising Content and Context," in *Advances in Consumer Research*, ed. K. B. Monroe, vol. 8 (Ann Harbor, MI: Association for Consumer Research, 1981): 20-24. Richard E. Petty and John T. Cacioppo, *Attitudes and Persuasion: Classic and Contemporary Approaches* (Dubuque, IA: William Brown Co., 1983).

15. Lynn R. Kahle and Pamela M. Homer, "Physical Attractiveness of the Celebrity Endorser: A Social Adaptation Perspective," *Journal of Consumer Research* 11 (March 1985): 954-961. Richard E. Petty and John T. Cacioppo, *Communication and Persuasion: Central and Peripheral Routes to Attitude Change* (New York: Springer-Verlag, 1986).

16. *Ibid.*

17. Zajonic and Markus.

18. D. G. Regan and R. H. Fazio, "On the Consistency Between Attitudes and Behavior: Look to the Method of Attitude Formation," *Journal of Experimental Psychology*, vol. 13 (1977): 28-45.

19. Alvin A. Achenbaum, "Knowledge Is a Thing Called Measurement," *Attitude Research at Sea,* Lee Adler and Irving Crespi, eds., (New York: American Marketing Association, 1966): 111-126.

20. David J. Reibstein, Christopher H. Lovelock and Ricardo de P. Dobson, "The Direction of Causality Between Perceptions, Affect and Behavior: An Application to Travel Behavior," *Journal of Consumer Research* 6 (March, 1980): 370-376.

21. William L. Wilkie and Edgar A. Pessemeir, "Issues in Marketing Use of Multiattribute Attitude Models," *Journal of Marketing* (November 1973): 428-441.

22. Terence A. Shimp and Alican Kavas, "The Theory of Reasoned Action Applied to Coupon Usage," *Journal of Consumer Research* 11 (December 1984): 795-809. Barbara Loken, "The Theory of Reasoned Action: Examination of the Sufficiency Assumption for a Television Viewing Behavior," *Advances in Consumer Research*, Richard P. Bagazzi and Alice M. Tybout, (Ann Arbor, MI: Association for Consumer Research, 1983): 100-105.

23. L. Festinger, *A Theory of Cognitive Dissonance* (Stanford, CA: Stanford University Press, 1957).

24. Michael D. Hutt and Thomas W. Speh, *Industrial Marketing Management* (Chicago: Dryden Press, 1981): 15-16.

25. Patrick J. Robinson, Charles W. Fares and Yoram Wind, *Industrial Buying and Creative Marketing* (Boston: Allyn & Bacon, 1967): 7.

26. *Ibid.*, 14.

27. William A. Dempsey, "Vendor Selection and the Buying Process," *Industrial Marketing Management* 7 (1978): 257-267.

28. Donald R. Lehmann and John O'Shaughnessy, "Difference in Attribute Importance for Different Industrial Products," *Journal of Marketing* (April 1974): 36-42.

Parte III

La mezcla promocional

Capítulo 4

Comunicación de marketing

Características básicas de la comunicación de marketing

El sistema de la comunicación humana

El proceso de la comunicación

Tipos de sistemas de comunicación

Comunicación persuasiva

Características de la fuente

Credibilidad

Atractivo

Poder

Comunicación oral informal: una fuente indirecta

Variables de los mensajes

Estructura del mensaje

Contenido del mensaje

Un enfoque de promoción: no se ría ante sus clientes

Factores de audiencia

Caso cuatro: Doneghel habla fuerte

Consideración:

Vender desde el más allá

En una era en donde muchas personas se quejan de que Estados Unidos ya no tiene héroes, con frecuencia los comercializadores construyen campañas publicitarias alrededor de gente famosa del pasado. IBM utilizó un personaje parecido a Charles Chaplin para vender computadores personales. Nike utilizó segmentos de música escrita por John Lennon, el último héroe de finales de la década de 1960, para vender zapatos. Con la nueva tecnología que permite a los realizadores de cine tomar una imagen del pasado y sobreponerla en una escena del presente, los publicistas han podido traer personajes como Humphrey Bogart y Louis Armstrong de "regreso a la vida" uniéndolos con celebridades vivas para lanzar diferentes productos.

El desaparecido Elvis Presley es el personaje que ha logrado "sobrevivir" con mayor éxito en la memoria de los norteamericanos. Historias sobre los triunfos de Presley y sus "apariciones" siguen dominando los tabloides. En Graceland, en su natal Memphis, aparecen constantemente libros y canciones que invocan la memoria del cantante. Por tanto, no deberá sorprender que la imagen de Presley aparezca en anuncios para el perfume de su esposa Priscilla.

El perfume se llamó Moments y el nada sutil enfoque del anuncio busca que quien lo vea se identifique bastante con la clase de momentos que Priscilla, presumiblemente, vivió con Elvis. Priscilla habla acerca de sus momentos con hombres sin identificar, preguntándose si debía besar a un hombre al tiempo que decía frases como: "Un instante puede cambiar su vida". El fantasma de Elvis parece flotar en el fondo de los cuatro anuncios de la fragancia, quizá para animar a que quienes los vean piensen que si utilizan Moments, Elvis aparecerá en el umbral de la puerta.

Los críticos se quejan de este anuncio y afirman que la memoria de Elvis se ha evocado con "disimulo". Quienes apoyan a Priscilla Presley esperarían que ella pudiera vender un producto propio sin tener que recurrir al espectro de su esposo. Sin embargo, como han señalado muchos observadores, Elvis ha sido una fuerza mucho más poderosa y menos ambigua de lo que fue durante la última década de su vida. Para los anunciadores, el mito de Elvis es más fácil de controlar que lo que fue él mismo en vida; ese puede ser el porqué de la tendencia a utilizar personajes fallecidos en los anuncios, pues mañana ellos no van a hacer nada que socave el anuncio que protagonizaron ayer.

Fuente: Barbara Lippert, "Priscilla Sells an Elvis Souvenir Disguised as Perfume," *Adweek* (July 2, 1990): 13.

¿Son necesarios los rebuscados esfuerzos que se realizaron detrás de los anuncios con Presley? La respuesta parece ser afirmativa. La premisa de este libro es que hasta un intermediario con el mejor producto y el precio más bajo no tiene posibilidad de triunfar, a menos que logre una comunicación efectiva con sus audiencias objetivo. Con miles de intermediarios que envían sus historias al mismo tiempo, los mensajes se combinan para producir un ruido ensordecedor que puede irritar y confundir a los oyentes. La promoción es la forma como un intermediario mezcla todos los esfuerzos de comunicación para crear una imagen armoniosa que la audiencia entienda y en la cual crea, de manera que pueda orientar sus necesidades y deseos. Si todo funciona bien, la promoción lleva a los oyentes a preferir la marca, la idea o el servicio del anunciante entre las alternativas existentes.

La promoción comienza con un entendimiento básico de la comunicación humana y, más específicamente, de la comunicación que busca persuadir. En este capítulo se describe cómo se realiza la comunicación y cuáles componentes del proceso se pueden manipular para ampliar su poder de persuasión, con base en el análisis efectuado en el capítulo 3. Comprender a las personas es un prerrequisito para lograr una comunicación persuasiva efectiva. Sin embargo, se inicia con una visión general del contexto en el cual se presenta la promoción. Ese contexto se conoce como comunicación de marketing.

Características básicas de la comunicación de marketing

El rol de la comunicación de marketing es apoyar el plan de marketing y ayudar para que las audiencias claves comprendan y crean en la(s) ventaja(s) del comercializador frente a la competencia. Como ilustra la figura 4.1, la comunicación de marketing tiene un flujo interno y uno externo.

El *flujo externo* está dirigido hacia los clientes antiguos, actuales y potenciales; a los intermediarios, sean mayoristas o minoristas; a otras compañías y a diversas audiencias como agencias del

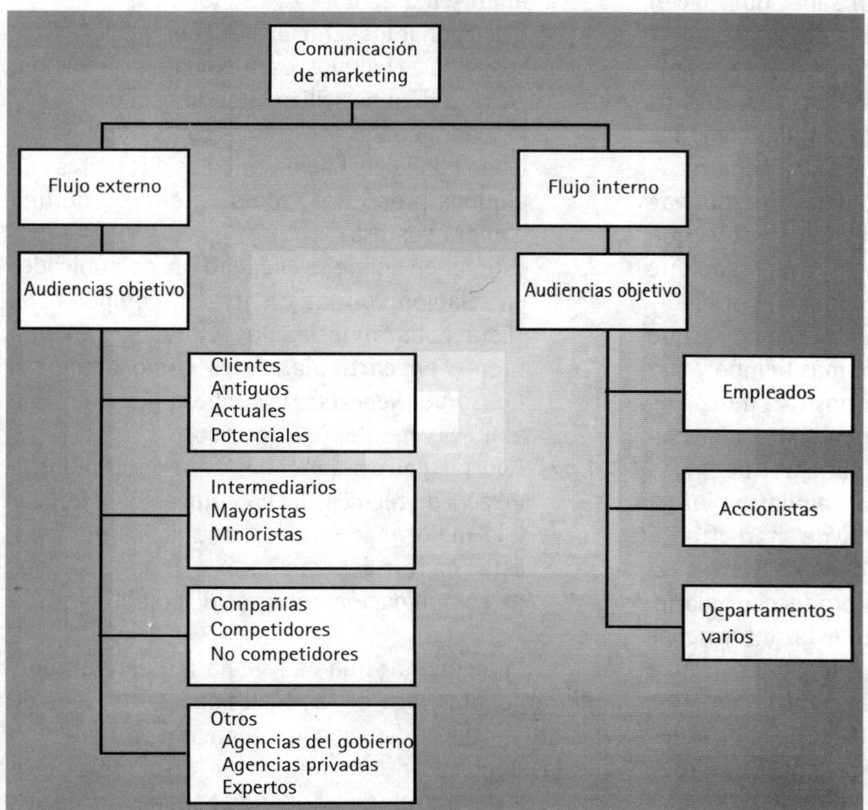

Figura 4.1
El flujo de la comunicación de marketing.

gobierno, agencias privadas y expertos en el área. Una gran compañía multinacional como Polaroid, por ejemplo, mantiene una compleja red de comunicaciones externas. La empresa se comunica con sus clientes antiguos mediante publicidad y correo directo, con los clientes actuales mediante publicidad, garantías, actualización del producto y material sobre cómo emplear sus productos, y con los clientes potenciales mediante publicidad, presentaciones en puntos de compra, vendedores, etc. A través del correo directo y su fuerza de ventas, Polaroid también comunica información acerca de sus productos, precios y promoción para los intermediarios. Intercambia información similar con sus competidores y con compañías que venden productos complementarios como álbumes para fotografías. Por último, Polaroid mantiene informados sobre sus esfuerzos a las agencias del gobierno (como la Federal Trade Commission) y los grupos de interés de los consumidores (por ejemplo, clubes de fotografías).

El *flujo interno* de la comunicación de marketing incluye empleados en general, departamentos específicos de la organización y accionistas. Con frecuencia, los empleados necesitan saber qué hacen en marketing, en especial cuando la organización va a introducir productos nuevos o retirar otros, cambiar de precios o distribuir el producto en nuevos puntos o mercados. Al influir en la manera como los empleados perciben su organización, la comunicación de marketing puede ayudar a definir su motivación y desempeño. Si los empleados sienten que trabajan para un líder innovador en el mercado que produce anuncios de mucha recordación, por ejemplo, es probable que trabajen con más empeño, que permanezcan con la compañía por más tiempo y que en público expresen una opinión positiva de sus líderes. El marketing también se debe comunicr con otras áreas de la firma. Los departamentos de investigación e ingeniería, por ejemplo, comparten información sobre el producto con el de marketing y viceversa; mediante los pronósticos de ventas, el marketing determina el nivel de producción diario. Los accionistas también necesitan estar informados acerca de las actividades de marketing, pues si van a adquirir acciones y recomiendan la compañía a otros compradores, deben estar convencidos de que las decisiones de marketing son las mejores para sus intereses.

El marketing también debe comunicarse con los miembros de la firma ubicados en sitios diferentes; asegurarse de que los empleados en otras ciudades y regiones reciban los mismos mensajes y los comprendan de modo similar resulta esencial para la cohesión de la organización al igual que para la implementación coordinada de la estrategia de negocios. De hecho, esta tarea se hace aún más difícil cuando una compañía debe establecer una comunicación con sus sucursales en otros países la cual, se puede distorsionar con facilidad por factores como diferencias culturales y distancia física.

Sea el flujo interno o externo, comunicación efectiva significa alcanzar a la gente correcta con la información correcta mediante los recursos correctos en el momento correcto. Se requiere una estrategia integrada, la cual deberá[1]:

1. Evaluar la importancia relativa que los miembros de la audiencia dan a las categorías específicas de información. ¿Desean información objetiva, plena de hechos y comparaciones? o ¿desean presentaciones emocionales que los impulsen a actuar? ¿Qué saben ya?
2. Seleccionar los vehículos de comunicación que sean más efectivos para enviar información. ¿Qué vehículos utiliza la audiencia con regularidad? ¿Cuáles son los más confiables? ¿Cambia la audiencia hacia vehículos diferentes con algunos propósitos, como en el caso de una compra costosa?
3. Estimar en dónde se encuentra el comunicador en relación con las fuentes en competencia. ¿Está comprometida la audiencia con una fuente en particular, tales como amigos o *Consumer Reports*? ¿Está abierta la audiencia a nuevas fuentes? ¿Cuáles son?
4. Aportar pautas generales para determinar la mezcla de técnicas de comunicación a utilizar y la mejor manera de distribuir los recursos. Estas pautas deberán basarse en los objetivos de comunicación, recursos disponibles, etc.

Implementar una estrategia requiere un amplio entendimiento de las necesidades y deseos de las diferentes audiencias, un conocimiento práctico de las técnicas de comunicación disponibles y la manera de mezclarlas, y tener conciencia de los comunicadores que están en competencia incluyendo a otras compañías, amigos, el gobierno, los medios de comunicación, etc. En síntesis, el comercializador debe reunir una gran cantidad de datos antes de que pueda implementar una estrategia de comunicación.

La estrategia de promoción es parte de este esfuerzo general de comunicación realizado por el marketing. La promoción se relaciona con la comunicación que busca persuadir; de ese modo, en su forma básica, la actividad promocional es un ejercicio de comunicación. Si los ejecutivos entienden la comunicación, deberán ser capaces de dirigir mejor un programa promocional. En el resto del capítulo se estudian ideas básicas acerca de cómo se realiza la comunicación entre las personas y se presentan algunas claves para que ésta sea eficaz.

Repaso de conceptos

1. El rol de la comunicación de marketing es apoyar el plan de marketing para que las audiencias claves entiendan y crean en la ventaja del comercializador sobre la competencia.
2. Una estrategia de comunicación integrada deberá evaluar la importancia relativa de la información que se entrega a los consumidores; seleccionar los vehículos en los cuales se puede enviar mejor esa información; estimar el grado de competencia de la comunicación y brindar pautas generales para su mezcla.

El sistema de la comunicación humana

El estudio de la comunicación tiene una larga y variada tradición en la cultura occidental. Los eruditos de Grecia y Roma clásicas estudiaron la comunicación (o retórica) en forma intensiva; desde entonces, el proceso de cómo se comunica una persona con otras ha sido un tema fascinante.

¿Qué significa comunicación? La palabra *comunicación* se deriva del latín *communis* que significa "común". Comunicarse es utilizar símbolos para compartir alguna idea, actitud o información, de manera que ese significado sea común. A través del tiempo, los estudiosos han tratado de formular definiciones más precisas. Dance y Larson estudiaron 126 definiciones de comunicación y concluyeron que "Aunque existen varios puntos de diferencia en muchas definiciones de comunicación, al menos en un aspecto parece estar de acuerdo una gran parte de los eruditos. La mayoría de estudiosos del tema considera la comunicación como un proceso"[2]. En otras palabras, la comunicación tiene un comienzo, un medio y un final, y está orientada por los objetivos de comunicación de los participantes. Más allá de este punto de acuerdo, en la actualidad se reconocen dos perspectivas de definición.

La primera perspectiva supone que para comunicar algo, la persona que produce el mensaje debe intentar influir en el comportamiento de otra mediante un mensaje simbólico. Los críticos de esta perspectiva argumentan que en ella se desconocen los intentos, aparentemente inconscientes, de comunicar sentimientos o temores. Quienes están a favor del **enfoque intencional** responden que el intento puede ser consciente o inconsciente. Así, un anuncio de agua Perrier comunica directamente con las palabras y la música que hay en él. El anuncio también llega al nivel inconsciente a través del uso de ciertos tipos de actores, su vestuario y el sitio en donde se realice.

De acuerdo con la segunda perspectiva, la comunicación no requiere de un intento de influir en el comportamiento. Por el contrario, ésta sostiene que todo cuanto las personas hacen o dicen en cada circunstancia es comunicación, si en ello alguien percibe un significado. Esto quiere decir que si alguien asigna un significado a un comportamiento o un hecho, entonces se ha dado la comunicación esté o no esté alguien vinculado a un acto intencional. De ese modo, percibir el significado en un estímulo para otra persona simplemente es la comunicación de un comportamiento.

Las dos perspectivas tienen un fondo de verdad. En este texto se relacionan ambos puntos de vista para definir la **comunicación** humana como un proceso en el cual dos o más personas intentan influir en otra mediante el uso de símbolos.

El proceso de la comunicación

En la figura 4.2 se ilustran los elementos básicos del proceso de la comunicación humana. Sin embargo, nótese que estos elementos están estrechamente relacionados. De hecho, incluso algo tan complejo como la comunicación dentro de una gran fábrica puede

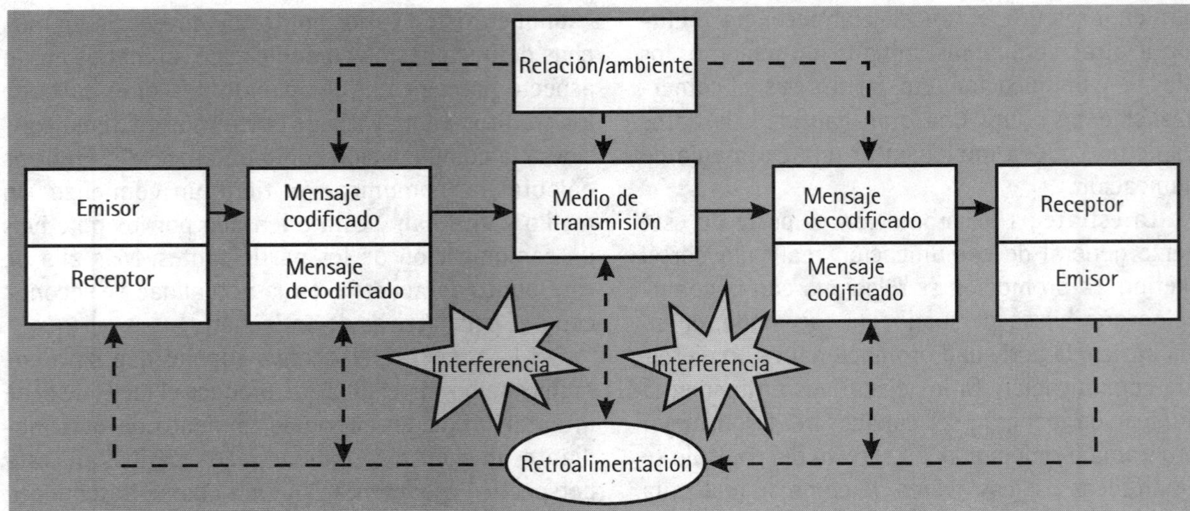

Figura 4.2
Un modelo de la comunicación humana.

verse como una entidad única, con componentes e interrelaciones dentro de ella. Si un elemento se cambia, cada uno de los demás se altera. En otras palabras, hablantes, mensajes y oyentes juntos pueden forman un *sistema*[3]. Aún más, para comprender el sistema es necesario estudiar cada componente por separado.

Primero, consideren a los **comunicadores**, un componente de todo sistema de comunicación. En el modelo tradicional de la comunicación, los dos comunicadores se denominan emisor (codificador) y receptor (decodificador). La **fuente** o **iniciador** del proceso de comunicación puede ser un individuo, un grupo o una institución que desea transmitir un mensaje al **receptor**, el cual puede ser otro individuo, grupo o institución. El emisor realiza la transmisión del mensaje mediante la selección y combinación de símbolos para enviar algún significado al receptor. A mayor similitud o superposición entre el emisor y el receptor, mayor probabilidad existe de que la comunicación sea efectiva y menos de que se presente una comunicación errada. Por consiguiente, si la superposición no es natural, corresponde al emisor aprender tanto como sea posible del receptor. Los vendedores de éxito, por ejemplo, son expertos en calificar al cliente potencial.

Este proceso de transformar pensamientos en una secuencia de símbolos se llama *codificación.* Cuando se codifica, la fuente debe considerar las características del receptor, pues los símbolos que se utilicen deben ser familiares para este último y verse de manera positiva. Igual importancia tiene que el mensaje sea enviado a través de un medio que el receptor utilice y en el momento oportuno. Enviar el mismo mensaje a través de dos medios diferentes puede producir resultados diversos. Los medios de comunicación pueden clasificarse como personales o no personales.

Aunque el receptor no inicia el proceso de comunicación, es un comunicador del mismo modo que el emisor, ya que se comunica con este último mediante la **retroalimentación**. El mismo conjunto de símbolos disponibles para el emisor está disponible para la retroalimentación. Cuando el receptor retroalimenta al emisor, invierten sus roles: ahora el receptor es emisor. En ocasiones, la retroalimentación es explícita e incluye palabras, imágenes, signos o gestos evidentes; en otras ocasiones, es implícita y podría incluir miradas sutiles o inclusive, "ninguna respuesta". Esto último se aplica a la comunicación de masas, en especial a la publicidad, en donde la retroalimentación es implícita y retrasada, situación en la cual es difícil valorar si el emisor se ha comunicado en forma efectiva. La naturaleza de la retroalimentación se determina por qué tan bien el receptor **decodifica**, o interpreta, el mensaje enviado por el emisor.

Varios factores afectan la decodificación. La naturaleza de la relación entre el emisor y el receptor es uno de ellos. Una nota a un miembro de la familia, por ejemplo, será menos formal que una carta a un cliente potencial. Del mismo modo, el ambiente en el cual tiene lugar la comunicación puede influir en ella. El ambiente puede ser *interno* o *externo*; en el primero se incluyen las características inherentes a los comunicadores, tales como sus experiencias, actitudes, valores e inclinaciones. El segundo consta de factores externos a los comunicadores: clima, hora del día, mensajes en competencia, etc. Donde quiera que la relación entre los comunicadores o los factores del ambiente distorsionen el proceso de comunicación, a esa distorsión se le conoce como **interferencia** (ruido)[4].

Tipos de sistemas de comunicación

Existen varios tipos de sistemas de comunicación, los cuales varían en complejidad, nivel de contacto entre los comunicadores, tiempo necesario para la retroalimentación y capacidad de los comunicadores para ajustarse a esta última (*véase* figura 4.3).

Sistemas de comunicación interpersonal. El nivel básico de los sistemas de comunicación se conoce como interpersonal. Éste puede estar integrado únicamente por dos personas o dos subsistemas principales; el nivel más alto de complejidad en la comunicación interpersonal se limita sólo por la habilidad de todos los participantes para interactuar entre sí, cara a cara, y tener la oportunidad de afectarse mutuamente. Cuando el sistema consta sólo de dos personas o subsistemas principales, se llama *par*. A medida que el sistema se complica y se le añaden más subsistemas, surge el *grupo pequeño*. Por lo general, el límite más alto del grupo pequeño está entre 15 y 20 personas; en caso de que haya un número mayor, el grupo debe imponerse reglas artificiales, tales como el procedimiento parlamentario.

La comunicación interpersonal también se afecta con el envío de la información. Es decir, que un vendedor que habla frente a frente con un cliente está vinculado con la comunicación directa. Cuando ese mismo vendedor envía el mismo mensaje vía telefónica, carta o fax, está transmitiendo el proceso de comunicación mediante el uso de la tecnología. Hasta cierto punto, utilizar la tecnología limita la ventajas de las comunicación interpersonal.

La venta personal se presenta dentro del marco interpersonal. Este contacto de cierre entre comunicadores permite algunas ventajas importantes. El vendedor puede adaptar el mensaje de ventas para llegar a la audiencia, recibir retroalimentación inmediata y ajustar el mensaje de acuerdo con ella. El mensaje mismo puede ser complejo, dado que la explicación es posible. Infortunadamente, comunicarse a nivel interpersonal también tiene sus desventajas: requiere mucho tiempo y se perderán algunos miembros de la audiencia objetivo. Es decir, que el vendedor no alcanza a algunos consumidores interesados porque son inaccesibles o, simplemente, porque no tiene suficiente tiempo para llamar a todos los clientes. Los vendedores que trabajan para Eli Lily and Company, por ejemplo, tratan de llamar al 50% de sus clientes una vez al mes, 25% cada seis meses y tienen contacto con el 25% restante por carta o teléfono, dos o tres veces al año.

Sistemas de comunicación organizacional. En un banco, una fábrica, un almacén minorista o en el gobierno, la comunicación es mucho más compleja que en el sistema interpersonal. Cada uno tiene un *sistema de comunicación organizacional*, el cual está com-

	Características			
Tipos	Complejidad	Contacto	Tiempo	Ajuste
Interpersonal	Bajo	Alto	Corto	Alto
Organizacional	Moderado	Moderado	Moderado	Moderado
Público	Alto	Bajo	Largo	Moderado
Masivo	Alto	Bajo	Largo	Bajo

Figura 4.3
Tipos de sistemas de comunicación y sus características.

puesto por una gran colección de subsistemas organizados alrededor de metas comunes. Los subsistemas existen como entidades separadas aunque interrelacionadas entre sí. En consecuencia, a menudo es necesario contar con una red formal y una informal de comunicación. Por ejemplo, miembros de un canal de distribución de marketing emplean un sistema de comunicación organizacional; el comercializador debe comunicar a los intermediarios precios especiales, paquetes cooperativos o complementarios, rebajas de precio u otras ofertas a los intermediarios.

Resulta difícil comunicarse en un sistema organizacional debido a que, con frecuencia, la retroalimentación se retrasa y es parcial. Los miembros del canal, por ejemplo, reciben en forma simultánea mensajes de diferentes comercializadores y pueden no tener deseos de comunicar sus verdaderas evaluaciones. Más aún, los mensajes tienden a ser estándar, con lo cual pierden la personalización que obtienen con la comunicación interpersonal.

Para comunicarse de manera efectiva en un sistema organizacional, los gerentes deben aprender tanto como les sea posible acerca de las organizaciones con las cuales se comunican. De otro lado, sus mensajes deberán incluir beneficios comunes que deseen la mayoría de éstas.

Sistemas de comunicación pública. Por lo general, un *sistema de comunicación pública* implica la comunicación de una persona a un grupo, como ocurre cuando alguien dicta una conferencia a una audiencia. Aunque en todos los sistemas de comunicación todos se afectan mutuamente en algún grado, en la comunicación pública el hablante hace la mayor parte del discurso y tiene el efecto primario sobre las personas que lo escuchan. La retroalimentación disponible para el hablante es menos obvia, más sutil, que la retroalimentación que se obtiene en los sistemas interpersonal y organizacional. El hablante necesita una gran sensibilidad para detectar esta retroalimentación la cual, con frecuencia, no es verbal e incluye expresiones faciales o posturas corporales por parte de los escuchas.

Ciertos tipos de venta personal utilizan la comunicación pública. La "venta feliz" como en Amway, es un ejemplo.

Sistemas de comunicación masiva. En comparación con la comunicación pública, la *comunicación masiva* ofrece, incluso, menos oportunidad para que las personas interactúen con libertad entre sí o para afectarse mutuamente. Aunque en ésta existe retroalimentación (con medios como cartas, llamadas telefónicas y cupones), la característica que la distingue es que toda la retroalimentación se retrasa. En un sistema de esta clase, quien origina el mensaje posiblemente no puede recibir retroalimentación de todas las personas que lo reciben. Por tanto, los gerentes de promoción deben establecer un sistema formal de retroalimentación que controle de manera constante los sentimientos, actitudes y comportamientos de los miembros de la audiencia. Nunca deberán suponer que debido a que no escuchan nada de la audiencia, todo está bien. La necesidad de una retroalimentación formal puede cambiar con el surgimiento de tecnologías como las de televideo o cámara escondida.

Comunicación persuasiva

La gente se comunica de variadas formas, casi de manera constante. Sin embargo, en promoción un tipo específico de comunicación es básica: la persuasión. Incluso, si con un anuncio individual o una pieza de promoción de ventas se trata de alcanzar un objetivo intermedio, tal como el de enviar información, recordar o crear conciencia, la meta explícita de toda la estrategia promocional es persuadir. En el caso de la publicidad y las relaciones públicas, la persuasión puede requerir de mucho tiempo y de varios pasos intermedios. Con la venta personal y la promoción de ventas, el camino hacia la persuasión es mucho más corto. Cuando para alguien se bloquea el logro de una meta, debido al comportamiento de los demás en la búsqueda de metas, se puede emplear la persuasión para convencer a esos otros de que las redefinan o cambien los medios para lograrlas. Así, la persuasión intenta reducir las desavenencias entre las partes mientras cambian de comportamiento; esto busca alcanzar resultados que los satisfagan mutuamente[5].

En promoción, los objetivos de la comunicación persuasiva se derivan de los objetivos de marketing los cuales, a su vez, se basan en los objetivos de la compañía. Para garantizar que todos los componentes de la mezcla de promoción funcionen hacia estos objetivos generales, cada componente se guía por un conjunto de objetivos de comunicación. Algunos de ellos pueden ser muy sutiles pero, juntos, deberán funcionar para crear un cambio en el comportamiento. Así, los objetivos de promoción tienden a ser secuenciales, comienzan por crear conciencia de nombre o de marca, aportan luego información significativa, después cambian actitudes y percepciones y, por último, crean convicción y cambio en el comportamiento, indicador primario de que se ha logrado la persuasión.

La persuasión efectiva requiere sensibilidad ante la lógica de los demás. Quien persuade debe ubicar alguna base común entre la audiencia de manera que comprenda el proceso de pensamiento de los otros. ¿Cómo procesan las personas la información? En capítulos anteriores se ha tratado de estudiar teorías que tratan de responder a esta pregunta. En el resto de este capítulo, se verán las variables que pueden alterar el resultado de un esfuerzo persuasivo en particular. Estas variables se pueden ubicar en una de tres categorías: factores de fuente, factores de mensaje y factores de audiencia.

Repaso de conceptos

1. En un sistema de comunicación humana, dos o más partes se estimulan de manera simultánea: emisor y receptor. Además de éstos, el proceso incluye la codificación y decodificación de mensajes, un medio de transmisión, relaciones, retroalimentación, ambiente e interferencia.
2. Existen cuatro tipos de sistemas de comunicación: interpersonal, organizacional, público y masivo, los cuales difieren en el tipo de contacto y en la habilidad para ajustarse a la retroalimentación.
3. La efectividad de las comunicaciones persuasivas depende de las características de la fuente, el mensaje y la audiencia.

Características de la fuente

La fuente de un mensaje es el hablante, comunicador o emisor, la persona cuyo mensaje se dirige a la audiencia. Para mayor precisión, se pueden distinguir tres tipos de fuentes. La *fuente anunciante* es el fabricante que paga por el mensaje y suele identificarse en algún lugar del mismo. La *fuente del intermediario* es el mayorista o el minorista que asocia su nombre con el mensaje. Así, un anuncio en un periódico que promueve el equipo telefónico de AT&T contiene el nombre de AT&T (la fuente anunciante), el nombre de un almacén local de descuentos que lleva el producto (la fuente intermediaria) y una imagen de Cliff Robertson (el presentador del mensaje). Sin embargo, la investigación sobre comunicaciones persuasivas no distingue entre estos tipos de fuentes, de manera que en el texto se aludirá a ellos como la fuente.

¿Qué hace que una fuente sea más efectiva que otra en la comunicación persuasiva? En 1983, Chrysler lanzó una serie de anuncios utilizando una fuente que en el pasado había empleado en muy contadas ocasiones. Los anuncios incluían al CEO de la compañía, Lee Iacocca, quien demostró ser una fuente en extremo efectiva. Chrysler Corp., plagada con malos productos y una administración deficiente, estaba en el camino hacia la bancarrota y algunos expertos de la industria consideraban que sería su último año. Gracias al trabajo personal de Iacocca, la situación mejoró y el público norteamericano comenzó a simpatizar con Chrysler. ¿Por qué? En apariencia, Iacocca tenía altos niveles de tres características que contribuyen a la persuasión: credibilidad, atracción y poder.

Credibilidad

El alcance hasta el cual el receptor percibe que la fuente es confiable o creíble se llama **credibilidad** de la fuente. Las fuentes con alta credibilidad tienden a producir un cambio inmediato en la actitud; inclusive, grupos con alta credibilidad (como la American Medical Association) son fuentes más efectivas que individuos con alta credibilidad[6].

La credibilidad depende de dos factores relacionados entre sí. El primero es la experiencia que se atribuye a la fuente; características como inteligencia, conocimiento, madurez y *status* profesional o social le conceden un aire de experiencia a un individuo o grupo. El segundo factor que determina la credibilidad es la objetividad que se atribuye a la fuente; en otras palabras, la valoración por parte del receptor de cuánta voluntad tiene la fuente para estudiar el tema con honestidad. Por ejemplo, Michael Jordan y Bo Jackson son fuentes de gran credibilidad para los zapatos deportivos, mientras que el cirujano general C. Everett Koop lo era para un anuncio del servicio público en donde aconsejaba a la gente dejar de fumar. La objetividad parece ser menos importante que el conocimiento o la experiencia; debido, quizá, a que la mayoría de las personas no espera que el anunciante de un mensaje sea objetivo. Resulta obvio que a Michael Jordan se le pida promover los zapatos Air Jordan.

A pesar de la importancia de la experiencia para determinar la credibilidad, la fuente no deberá ser demasiado perfecta y sí presentar debilidades humanas. ¿Por qué? Quizá la fuente perfecta resulte demasiado obvia, como fabricada, o quizá la perfección disminuya una segunda determinante de la persuasión: el atractivo.

Atractivo

A mayor atractivo se perciba en la fuente, mayor será la capacidad de persuasión del mensaje[7]. Ed McMahon, quien actúa como presentador para la cerveza Budweiser, Publishers Clearing House y diversos productos que auspician el programa "The Tonight Show", por ejemplo, es una fuente atractiva para muchas audiencias. Sin embargo, no es sólo porque sea un hombre bien parecido o vista trajes costosos, aunque estas características en verdad pueden ser parte de la sumatoria del atractivo. La atracción de la fuente es el alcance hasta donde el receptor se identifica con ella; y es el resultado de la similitud, familiaridad o simpatía. Para las personas que han visto a Ed durante 25 años, él representa todos estos componentes.

La investigación sugiere que entre más receptores sientan que una fuente es similar a sí mismos, o cómo les gustaría pensar de sí mismos, hay mayor posibilidad de que se les persuada. Esta similitud puede presentarse a través de ideologías, actitudes y comportamientos. Los candidatos políticos son expertos en decir las cosas correctas ante diversas audiencias para tratar de parecer similares a cada una.

La segunda fuente de atracción, la familiaridad, normalmente se crea a través de asociaciones pasadas. La gente ha visto a Bill Cosby durante muchos años, pues aparece en conciertos, grabaciones, televisión y en obras de caridad. Los niños, en especial, se relacionan con él porque es divertido y uno de los padres más pacientes, amorosos y poco comunes que aparecen en televisión. Para Jell-O y sus pudines y postres de gelatina, Bill Cosby es el presentador ideal; por asociación, Jell-O también es divertida. No sorprende que esta bien establecida familiaridad con Cosby lo haya convertido en una de las fuentes de promoción más atractivas de la historia.

De hecho, el público norteamericano ha mantenido un romance con toda la familia Huxtable. En la figura 4.4 aparece un personaje cuya simpatía la ha convertido en una fuente atractiva. Sin embargo, la simpatía es difícil de medir y tiende a ser un sentimiento transitorio que cambia con rapidez.

Poder

Además de la credibilidad y el atractivo, el poder puede ser una fuente llamativa. El **poder** depende de la percepción del receptor de que la fuente tiene la capacidad de otorgar premios o sanciones. Tiene tres componentes: control percibido, interés percibido y escrutinio percibido[8]. Por ejemplo, los vendedores logran control percibido sobre clientes potenciales mediante su conocimiento del producto o el acceso a beneficios importantes que no están al alcance del cliente en forma directa. Muchos esfuerzos de relaciones públicas tratan de crear la idea de que la compañía anunciante se interesa en los miembros de la audiencia. IBM hace que las personas tengan una actitud positiva hacia la compañía porque está interesada en preservar las artes en Estados Unidos. Oficinas del gobierno, bancos, agencias de empleo y otras organizaciones alcanzan poder por medio de su habilidad para escrutar las vidas de la gente. Una carta del Internal Revenue Service se abre con rapidez y se lee con mucho cuidado.

Comunicación oral informal: una fuente indirecta

La mayoría de los individuos busca información en diversas fuentes externas a la compañía anunciante. Estas fuentes externas se pueden establecer de manera formal para distribuir información (por ejemplo, Small Business Administration), pueden brindar información junto con su experiencia (por ejemplo, médicos, analistas en inversiones y expertos en mecánica automotriz) o pueden ser individuos cuya opinión sobre un tema en particular es confiable (como familia, amigos, vecinos o compañeros de trabajo). Las últimas dos fuentes brindan lo que comúnmente

Figura 4.4
Como la matriarca de la familia Huxtable, Phylicia Rashad se considera una fuente de mensajes muy atractiva. Reimpreso con autorización de la American Library Association.

se conoce como comunicación oral informal[9]. A diferencia del productor, el intermediario o el presentador, las fuentes de la **comunicación oral informal** no se benefician de la aceptación del mensaje y no están bajo control del anunciante.

Gordon Weaver, vicepresidente ejecutivo de Paramount Pictures, señala: "La comunicación oral informal es el elemento de marketing más importante que existe"[10]. Su importancia está bien documentada; por consiguiente, los promotores deben tratar de influir en quienes puedan crear ese tipo de información.

Mazda siguió esta prescripción cuando lanzó el Miata en 1989. No dejó información de esta clase al azar. En cambio, el departamento de relaciones públicas de la empresa se aseguró de propagar historias positivas acerca del auto que aparecía en publicaciones claves como *Business Week, Motor World* y *The New York Times.* Antes de que el vehículo saliera al mercado, los distribuidores de Mazda tenían a mano folletos para los clientes. ¿El resultado? Los pedidos se hicieron antes de que el automóvil saliera y las personas ofrecían hasta US$45,000 por este carro deportivo de US$16,000.

El impacto negativo de la comunicación oral informal también se ha documentado bien. El escándalo asociado con Shearson Lehman Brothers y el arresto del máximo estratega, Ivan Boesky, por negociaciones ilegales, tuvo un efecto devastador sobre esa organización. La comunicación informal negativa, en forma de rumores, fue particularmente dañina para una firma como Shearson, donde la confianza es ley. Durante los días del arresto de Boesky, se cerró la mayor parte de las oficinas regionales y cientos de empleados quedaron cesantes.

No todos los problemas surgen por la comunicación oral informal. ¿Cuándo puede ocurrir? Albert Hirschman[11] propuso un modelo que sugiere algunas respuestas. De acuerdo con él, un cliente insatisfecho puede dar una de tres respuestas: 1) *salir*: terminación voluntaria de la relación, 2) *hablar*: cualquier intento para cambiar antes que para salir de un estado de situaciones objetables, dirigiendo la insatisfacción a la gerencia o a cualquiera que desee escuchar, y 3) *ser leal:* el cliente continúa con el producto o vendedor que no le satisfacen y sufre en silencio, confiando en que todo mejorará pronto.

La respuesta que seleccione un cliente depende de las características del individuo y de la industria. Las características individuales claves son: 1) la probabilidad que se percibe de que el reclamo ayudará, 2) la utilidad (costos beneficios) de reclamar, y 3) la sofisticación del consumidor, tal como su conocimiento de un mecanismo para presentar un reclamo. Las características de la industria son esencialmente estructurales. ¿La industria está concentrada, es altamente competitiva o es un monopolio suelto? La comunicación oral negativa tiene mayor posibilidad de concentrarse en las industrias y menos en los monopolios[12]. Por ejemplo, existe una gran cantidad de comunicación oral negativa en la industria del automóvil pero muy poco en la industria de plantas de semillero, en donde tres o cuatro cultivadores controlan toda la producción de plantas de interior que se vende en Estados Unidos. El modelo de Hirschman se ha probado a nivel empírico y parece demostrar con precisión la veracidad de la comunicación oral negativa.

Repaso de conceptos

1. La fuente de un mensaje es el hablante, comunicador o emisor.
   a. La credibilidad —alcance en el cual el receptor percibe que la fuente del mensaje es confiable o creíble— depende de la experiencia y de la objetividad que se percibe en la fuente.
   b. El atractivo —alcance en el cual el receptor se identifica con la fuente— se determina mediante similitud, familiaridad y simpatía.
   c. El poder de la fuente se determina mediante el control, el interés y el escrutinio que se perciben.
2. La comunicación oral informal, mensajes distribuidos por individuos que no se hallan bajo el control del anunciante, es una poderosa fuente de información indirecta.

Variables de los mensajes

Los elementos específicos que se utilizan para comunicar una idea y la manera como se organizan éstos constituyen las **variables del mensaje**. El papel del gerente de promoción es tomar la información que suministra el marketing y convertirla en un formato de mensaje que sea más efectivo. Las variables del mensaje se dividen en dos categorías: estructura y contenido.

Estructura del mensaje

El contexto general y la legibilidad del mensaje constituyen su estructura. Los aspectos de la estructura del mensaje incluyen si es verbal o no, su legibilidad, el orden de las ideas, la repetición y la presencia o ausencia de argumentos en contra.

Verbales frente a no verbales. Cuando se quiere enviar un mensaje, se piensa en emplear palabras o elementos verbales, los cuales pueden ser poderosos, causar risa, llanto o terror. Con frecuencia, los anuncios clásicos se recuerdan en términos de elementos verbales específicos. Clara Peller preguntaba: "*Where's the beef*" * ("¿Dónde está la fuerza?"). Ray Charles le dice a los consumidores potenciales de Pepsi *"You got the right one, baby! Uh huh"* ("¡Tú conseguiste la que es, nena! ¡Ahh!"). Incluso, los elementos no verbales también desempeñan un rol importante en la comunicación efectiva. ¿Una imagen vale más que mil palabras? De acuerdo con un estudio dirigido por Ogilvy and Mather, en un mensaje dado, las palabras crean el 15% del impacto, el tono crea un 25% y los elementos no verbales, 60%. En su excelente libro, *Nonverbal Communication*, Stephen Weitz desarrolla cinco categorías de comunicaciones no verbales[13]: 1) expresión facial e interacción visual (por ejemplo, contacto ocular), 2) movimientos y gestos corporales (como rigidez muscular y aproximación o alejamiento, 3) paralenguaje (por ejemplo, volumen, tono o temblor de la voz), 4) proximidad de comportamientos (por ejemplo, distancia apropiada entre la gente para ciertas actividades), y 5) comunicación multicanales (como

* *N de T.* De cada uno de los lemas que aparecen en el texto se dará una traducción que acerque al lector a la idea original expuesta en inglés. En algunos casos ésta resulta difícil de entender por tratarse de juegos de palabras y hallarse en un contexto específico.

interacción simultánea entre varios factores que actúan en una comunicación particular).

Para presentaciones persuasivas, las claves no verbales más efectivas son el comportamiento facial y la vocalización, la oportunidad de las frases, elementos que el creador del mensaje controla con claridad. De manera más específica, un estudio de varios elementos no verbales que se empleaban en un comercial de televisión encontró que los que se comunicaban con sencillez eran asociados de manera positiva con la persuasión. Por ejemplo, los elementos no verbales que se correlacionan con la persuasión incluían las manos a los lados de los personajes, la satisfacción, el presentador principal, un estilo humorístico, un sitio ocupado y un guiño[14].

Hay mensajes que deberán enfatizar en palabras y otros que deberán limitarlas y presentar imágenes. Elizabeth Hirschman concluye que "para categorías de producto [por ejemplo, instituciones financieras, servicios legales, organizaciones médicas] las cuales, por lo general, desean crear una impresión de gran racionalismo y objetividad, el uso de sólo texto o su predominio, parecería mejor. Por el contrario, cuando se lanzan nuevos productos, en particular verdaderas innovaciones, las imágenes visuales brindarán al consumidor la percepción de una mayor familiaridad[15]". "Nuevo y mejorado" de Cheer y su campaña asociada (*véase* la figura 4.5) utiliza una estrategia de mensaje totalmente visual. Un hombre silencioso que lava a mano y en agua fría con Cheer un paño limpiador para cocina, que está sucio, y muestra los excelentes resultados, dice todos los beneficios que se necesitan saber.

Legibilidad. Si las personas se concentran en los elementos verbales de un mensaje, resulta importante que éste sea legible. Los mensajes legibles son comprensibles ante la audiencia y tienen muy buena oportunidad de ser persuasivos. ¿Qué hace legible un mensaje? Factores importantes incluyen la distribución de las palabras en el centro del mensaje, la frecuencia de éstas y la longitud de las oraciones. Además, la cantidad de ideas empleadas para construir el núcleo del mensaje deberá mantenerse en el mínimo y las mismas deberán conservarse en todo el mensaje[16]. Los anuncios para la cerveza Miller Lite se utilizan para seguir esta indicación; presentan dos ideas: gran sabor, menor peso, y las repiten por lo menos cuatro veces en cada anuncio. Miller Lite ha retirado la línea de efecto* "gran sabor, menor peso" y la remplazó con "*It's it and that's that*" (La cosa es así, nada más); aunque el ritmo es el mismo, la nueva frase es más fácil de leer. Algunas indicaciones adicionales para redactar mensajes legibles y persuasivos son las siguientes[17]:

Expresiones metafóricas
Baja intensidad del lenguaje
Palabras concretas
Palabras de categoría subordinada
Rima
Palabras de uso común
Sin construcciones de sinonimia, homonimia ni negación

* *N. del RT.* El efecto es lo que desea lograr la comunicación con la intencionalidad del mensaje. La denominada "*línea de efecto*", equivale a la *promesa básica de venta* o *eje de campaña*, el cual contribuye a despertar los efectos en el consumidor, por evocación.

Figura 4.5
Este anuncio sin palabras demuestra una estrategia de mensaje totalmente visual. Cortesía de Procter & Gamble Company.

> La longitud máxima de la línea debe ser de cinco a ocho palabras

Un titular para el esmalte de uñas de Revlon utiliza una metáfora efectiva: "*Drop-Dead Nails*" (Para detener las uñas muertas), Spray'n Wash demuestra un lenguaje de baja intensidad en la siguiente línea: "*Spray'n Wash Gets Out What America Gets Into*" (Spray'n Wash saca lo que América se pone). Durante varios años, AT&T utilizó palabras concretas en su línea de efecto, "*AT&T, the right choice*". (AT&T, la opción correcta). Utilizar palabras de categoría subordinada significa emplear una palabra más simple en lugar de una más difícil; en lugar de caer en explicaciones complicadas, Pioneer Stereo dice: "*For a great sound in a space you can live with* (Para lograr un gran sonido en un espacio, usted puede vivir con él). Por su rima, quién puede olvidar al pequeño de la canción, de las salchichas de Oscar Mayer. Seldane demuestra el uso de palabras comunes en un encabezado reciente: "*You've tried just about everything for your hay fever ...now try your doctor*" (Usted ha intentado todo lo que sabe para bajar la fiebre... ahora, intente con su médico). Este encabezado infringe, además, la regla de no emplear más de cinco a ocho palabras en un titular. Por último, un uso clásico de una palabra homófona se ilustró en un anuncio de cigarrillos Bucks. El encabezado preguntaba: *¿Herd* of these?*

Efecto de orden. ¿Deberán presentarse las ideas esenciales al comienzo, al medio o al final del mensaje? La investigación indica que[18]:

1. Cuando una sola fuente presenta información contradictoria en un mensaje sencillo, por lo general, las expresiones de rechazo al final del mensaje no serán efectivas.
2. Si la gente ya siente una fuerte necesidad de un producto o servicio, la información de apoyo deberá presentarse primero.
3. Los puntos que tienen más valor para el receptor deberán enumerarse primero.
4. La información desfavorable deberá colocarse al final.

En síntesis, entre más pronto se presenten los puntos claves del mensaje, mejor se les recordará.

Repetición. La repetición puede tener cabida dentro de un mensaje (repetir una palabra o frase clave) o el mensaje completo. La investigación sugiere que repetir un mensaje aumenta su credibilidad, independientemente de su contenido[19]. El número óptimo de repeticiones aún se debate pero existe un acuerdo general en el sentido de que una exposición no tiene efecto y que tres pueden representar el máximo número pues la efectividad decae con rapidez al pasar de este número. Sin embargo, esta generalización puede ser verdad sólo con una audiencia cautiva, debido a que la simple exposición a un mensaje no garantiza atención ni comprensión. Por consiguiente, el número de veces que un anunciante deberá presentar un comercial nacional en televisión durante un lapso en particular aún es incierto.

De hecho, la repetición puede ser peligrosa. Los resultados de un estudio sugirieron que la repetición en realidad reduce la comprensión[20]. La repetición excesiva puede crear *desgaste*. En el caso de los mensajes humorísticos, el desgaste tiende a presentarse mucho más rápido que con los mensajes serios[21]. Quizá ésta es una de las razones por las cuales los mensajes humorísticos de Miller Lite se cambian con tanta frecuencia. Cambiar a las personas y el contexto hace que el ingenio de un chiste se desgaste menos.

Repetir un punto dentro de un mensaje sencillo también parece tener un efecto positivo en la persuasión. Varios estudios han demostrado que repetir el mismo punto en un mensaje facilita el recuerdo y aumenta la credibilidad, independientemente de la presencia o ausencia de evidencia contraria[22]. De nuevo, el número ideal de repeticiones es incierto, y es posible crear desgaste dentro del mensaje mismo.

Argumentos a favor y en contra. Un *mensaje de-un-lado o directo** presenta un argumento para el anunciante sin mencionar argumentos en contra. Utilizar este enfoque es benéfico cuando la audiencia en general es amigable, cuando la posición del

* *N. de T.* *herd*: rebaño, agrupar y *heard*, forma en pasado del verbo *to hear* (oír, escuchar), tienen una pronunciación similar. En este caso, la frase puede interpretarse como ¿Escuchó sobre éstos? o ¿Se une a éstos?

* *N. del RT.* Presentar un mensaje "*de-un-lado*" implica el manejo de una argumentación contundente, directa y clara, cuyo propósito es mostrar características y beneficios del producto.

anunciante es la única que se presenta o cuando el resultado deseado es inmediato, aunque la opinión temporal cambie. Los argumentos de-un-lado (directos) tienden a reforzar la decisión de la audiencia y no la confunden con alternativas. McDonald's, por ejemplo, en su publicidad sólo habla de sus productos y beneficios.

Por el contrario, un *mensaje de-dos-lados* o *comparativo** incluye argumentos en contra. En general, un argumento de-dos-lados resulta útil con audiencias mejor educadas, quienes ven los argumentos como más objetivos y, por tanto, más honestos. Las audiencias educadas están conscientes de los puntos de vista opuestos y esperan que los comunicadores los conozcan y refuten. Además, si los miembros de la audiencia tienen probabilidad de sostener múltiples opiniones que traten sobre temas importantes para ellos, los argumentos en contra aumentan la persuasión[23]. Durante años, Coca-Cola y Pepsi han presentado argumentos a favor y en contra en sus campañas.

Contenido del mensaje

Palabras, imágenes y otros mecanismos empleados en un mensaje, junto con la presentación general, reflejan su contenido. Una forma muy general de analizar el contenido, divide los mismos en dos categorías: presentaciones racionales y presentaciones emocionales. La **presentación racional** tiende a ser de hechos y sigue una lógica prescrita. Por el contrario, la **presentación emocional** se dirige hacia los sentimientos de los individuos y trata de crear un estado emocional determinado como culpa, alegría, ansiedad y orgullo. Sin embargo, de algún modo esta distinción entre racional y emocional es errada porque emociones y pensamientos no son cosas que se puedan guardar en cajas. Cuando alguien presenta sus emociones, los procesos cognoscitivos afectan las reacciones; incluso, en algunas personas las presentaciones no emocionales pueden originar sentimientos fuertes.

Para hacer presentaciones emocionales, los promotores pueden emplear muchos tipos específicos de contenidos: música espectral para crear un estado de ánimo, como en los anuncios que se describen al comienzo del capítulo, historias divertidas e imágenes *sexys*. La opción de presentaciones no tiene límites. Ningún tipo de contenido es siempre persuasivo; cada opción lleva riesgos y beneficios potenciales. En las secciones siguientes se estudiarán las presentaciones básicas.

Presentaciones atemorizantes. En forma intuitiva, se podría esperar que a mayor temor haya en un mensaje, mayor será su persuasión. Sin embargo, la investigación no apoya este supuesto.

Otra sugerencia es que el miedo es efectivo hasta cierto nivel; más allá del mismo, produce resultados negativos. En la figura 4.6 aparece una presentación atemorizante que tuvo bastante éxito. Note que el mensaje no sólo produce miedo sino también respeto e interés por la vida humana. En general, el tema específico que se presenta y su relevancia ante la audiencia ayudan a determinar el impacto de un mensaje atemorizante. Su efecto puede depender, en parte, de si alude a un daño físico (como enfermedad o muerte) o a una ansiedad social (como los zapatos sucios u olor del sudor).

La eficacia de una presentación atemorizante también depende de la audiencia. Características demográficas como edad, sexo, raza y educación influyen en el efecto[24]. Las diferencias de personalidad también son significativas. Por ejemplo, las personas con una elevada autoestima reaccionan de manera más favorable ante altos niveles de temor que quienes la tienen más baja pues se persuaden más con bajos niveles de miedo. En forma similar, entre más vulnerable sea el receptor, menos efectiva será una presentación atemorizante, en particular si emplea altos niveles de temor. En conclusión, el efecto de estas presentaciones depende de muchas variables y no sólo del nivel de miedo que genera.

Humor. El humor se puede expresar de manera visual o verbal, mediante juegos de palabras, chistes, adivinanzas, etc. Investigaciones sobre la naturaleza del humor como un mecanismo de comunicación han producido resultados mixtos[25]. En un estudio inicial de este tema, la investigación concluye que las presentaciones humorísticas crean cuatro efectos positivos[26]: aumentan la credibilidad de la fuente, atraen la atención, evocan un estado de ánimo positivo y aumentan la persuasión. En epocas más recientes,

* *N. del RT.* Presentar un mensaje "*de-dos-lados*" implica el manejo de una argumentación comparativa para dramatizar y visualizar los pros y los contras, el antes y el después, el ayer y el hoy. Es una argumentación más compleja, la cual muestra características opuestas.

Figura 4.6
Este anuncio utiliza de manera exitosa una presentación atemorizante. Cortesía de Geico/Earle Palmer Brown.

otra investigación estudió el uso del humor en mensajes de radio y encontró que aumenta la atención que se presta al comercial, reduce la irritación ante éste, mejora su simpatía y aumenta el afecto hacia el producto[27].

No obstante, el uso del humor conlleva riesgos, como se ilustra en la sección **Un enfoque de promoción.** No todas las personas consideran divertidas las mismas cosas; el humor también puede distraer pues mientras las audiencias disfrutan un mensaje humorístico, pueden perder los puntos principales del mismo, incluyendo el nombre del anunciante. El humor ayuda a crear conciencia y atraer la atención, pero puede obstruir el recuerdo y la comprensión, no ayuda a la persuasión y no aumenta la credibilidad de la fuente[28]. Por último, el humor se desgasta. Una vez que la audiencia se cansa del humor, puede volverse indiferente al mensaje e incluso molestarse con él[29]. Nadie sabe con seguridad por cuánto tiempo la gente considerará divertido al conejito de Energizer; sin duda, los promotores controlan de manera constante los anuncios en busca de las primeras señales de desgaste.

A pesar de los riesgos e incertidumbres de utilizar el humor, es probable que se mantenga como la estrategia favorita de muchos publicistas. Por un lado, crea una fuerte recordación, una medida de éxito que las agencias de publicidad consideran vital. En 1989 una encuesta indicó que el 88% de quienes lo vieron aún recordaban la campaña de Wendy de *"Where's the beef?"*, que se había dejado de presentar en 1984. Cliff Freeman, ejecutivo de publicidad, explica el tema del amor de la publicidad por el humor como sigue: "Existe algo físico y real que sucede en el cuerpo cuando uno se ríe. Usted produce ciertas sustancias químicas; es algo muy positivo. Por consiguiente, la asociación con un producto es en extremo positiva... y si su producto es bueno y su publicidad es de esa naturaleza, en realidad comenzará a desarrollar un nexo emocional entre el consumidor y el producto"[30].

Presentaciones agradables. La mayoría de la gente preferiría sentirse bien a sentirse mal. Tomar ventajas de este deseo es el soporte racional de las *presentaciones agradables*, las cuales crean una experiencia positiva y un alto nivel de relación.

Una presentación positiva puede tomar varias formas. Puede emplear expresiones de diversión y entretenimiento, quizá presentar personas que bailan, cantan o simplemente están pasando un buen rato. La cordialidad es una emoción que se considera sinónima de la simpatía. Llegadas a casa, situaciones

Un enfoque de promoción:

No se ría ante sus clientes

Aunque parece fácil hacer reir a amigos, compañeros de clase, colegas e incluso a una buena parte del público, la indignación de unos pocos ofendidos puede dar al traste con las risas de la mayoría.

En años recientes, varias agencias de publicidad han ganado premios con anuncios comerciales humorísticos. El conejo tamborilero de Eveready sigue siendo un gran logro porque se burla de algo que casi todos quieren odiar: los comerciales mismos. Los anuncios comerciales de las páginas amarillas del directorio telefónico, como aquel en donde un grupo de cadetes novatos sufren las faenas imposibles que les asignan compañeros más antiguos, aparece bajo la sección *Rock Drills* (taladros* para rocas) y construye su humor sin emplear juegos de palabras, de manera que éstas no ofenden a nadie.

No obstante, hace poco FMC Corp. descubrió que la espada del humor tiene doble filo. La empresa publicó una serie de anuncios para promover su nuevo herbicida, Commence, pero debido a que los cultivadores de soya, a quienes iba dirigido, ya podrían haber elegido entre muchos herbicidas distintos, FMC quiso asegurarse de que los anuncios fijaran su producto en un sitio aparte. Así fue, pero no exactamente en la forma como la compañía pretendía.

La premisa de los anuncios fue que un granjero apostaba con varios amigos sobre la capacidad de Commence para eliminar varios tipos de malezas. Cuando el herbicida tenía éxito, los granjeros perdedores debían realizar varias tareas embarazosas. Unc se comía el sombrero, otro se cortaba el cabello al estilo mohawk y un tercero pintaba su tractor John Deere de US$80,000 de color rosa brillante.

Estas fuertes pruebas pusieron a FMC en aprietos con los granjeros. En una era de crisis periódicas en las fincas de Estados Unidos, los cultivadores tratan de derribar la percepción que el público tiene de que son campesinos tontos y estúpidos, exactamente la imagen que algunos granjeros consideraron que los anuncios creaban. El error de FMC fue hacer blanco de las burlas del humor del anuncio a personas con quienes la audiencia objetivo probablemente se identificaba. La compañía comprendió su error con rapidez y a los pocos meses dejó de presentar los avisos.

Fuente: Cyndee Miller, "Humor in Herbicide Ad Campaign Is Not a Big Joke to Some Farmers," *Marketing News* (February 29, 1988): 6.

* *N. de T.* *Drills* significa taladros, al igual que ejercicios de entrenamiento militar.

nostálgicas y relaciones amorosas implican un sentimiento de afecto, y bebés, mascotas y gatitos parecen ser garantía para crearlo. La gente no puede resistir los anuncios de Kodak que presentan escenas emotivas de la niñez, la vejez y la vida en común de una familia. Estas imágenes se enlazan para hacer derramar un par de lágrimas. "Son muy personales y reales" dice una mujer. "Lo acercan a la vida. Yo siempre lloro". A la gente le gusta que le recuerden el lado de la alegre tristeza de la vida.

La evidencia que apoya la eficacia de las presentaciones agradables es fuerte[31]. Los mensajes afectuosos y entretenidos se observan más, se recuerdan más, aumentan la credibilidad de la fuente, mejoran las actitudes y crean sentimientos que se transfieren al anunciante. El Ogilvy Center for Research and Development informó de una relación directa entre las presentaciones agradables y la persuasión. Después de presentar 73 anuncios comerciales en tiempo de primera ante 895 consumidores, el centro descubrió que la gente que disfrutaba un comercial tenía el doble de posibilidad de convencerse de que la marca anunciada era mejor. "Ahora podemos decir que disfrutar de un anuncio aumenta la persuasión y que, por lo menos, usted no paga ninguna sanción si la gente disfruta de su anuncio".

Presentaciones subliminales. En septiembre de 1957 un ejecutivo de relaciones públicas anunció ante la prensa que había descubierto una técnica con la cual se podía enviar mensajes publicitarios irresistibles a los consumidores, sin que éstos se dieran cuenta. Las frases "tome Coca-Cola" y "coma palomitas de maíz" se fijaron sobrepuestas en la cinta de una película a un nivel tan bajo que la audiencia no estaba consciente de su presencia. Las ventas de Coca-Cola y maíz se dispararon aunque no hubo evidencia que respaldara este anuncio. La reacción fue inmediata y negativa pues se expresó el temor de que el control de la mente se extendería. Grupos de protección al consumidor y la Federal Trade Comission intervinieron en el asunto[32].

La *persuasión subliminal* es el término que se utiliza para describir este supuesto fenómeno. *Subliminal* significa "debajo del umbral". En otras palabras, quienes señalan que la persuasión subliminal existe argumentan que signos y sonidos demasiado débiles o demasiado rápidos para ser percibidos a nivel consciente pueden permanecer y alterar los pensamientos o el comportamiento. ¿Están en lo cierto?

Hasta la fecha, no existe documentación convincente acerca de la persuasión subliminal ni evidencia de que los promotores utilicen estas técnicas. Si se consideran los problemas éticos asociados con las técnicas subliminales, sería seguro concluir que los anunciantes y sus agencias serían imprudentes al emplear esta técnica, incluso si funcionara. Las presentaciones subliminales no son parte del arsenal de la comunicación que emplea el promotor y deben descartarse como una alternativa válida[33].

Debido a que la existencia de verdaderos estímulos subliminales ha sido difícil de verificar, algunos investigadores han virado hacia la investigación de la técnica cuasisubliminal llamada "incorporación". La **incorporación** oculta un mensaje, palabra o imagen dentro de un anuncio, aunque visible. El ejemplo que se cita con más frecuencia proviene de un estudio de Kilbourne, Painton and Ridley[34], quienes inventaron las imágenes incorporadas para dos anuncios. En un anuncio para Chivas Regal, la imagen de una mujer desnuda aparecía como un reflejo dentro de una botella del whisky escocés, en un nivel demasiado bajo para detectarlo con facilidad. El anuncio de Marlboro Lights presentaba a dos hombres cabalgando por un campo agreste en el cual se había incorporado, en las rocas, la imagen de unos genitales masculinos. Un tercer grupo vio los anuncios sin las imágenes sexuales. Luego, miembros de cada grupo evaluaron los anuncios en cuanto a credibilidad, atractivo, sensualidad y la probabilidad de que podrían comprar el producto. Quienes vieron el anuncio del whisky con la imagen oculta tuvieron un índice más alto en las cuatro escalas que quienes vieron el anuncio sin la imagen. Sin embargo, la imagen sexual en el anuncio de Marlboro no condujo a evaluaciones más favorables. Note que aquí no existe evidencia de que los promotores utilicen la incorporación.

Presentaciones que incluyen motivos sexuales. El sexo en el área de la promoción va desde la inclusión descarada de desnudos y el obvio doble sentido hasta mecanismos tan sutiles que se necesita un observador entrenado para reconocerlos. K Mart Corp. utiliza una presentación muy sutil del sexo cuando emplea la actriz Jacklyn Smith en publicidad, en la apertura de almacenes y como encargada de las relaciones públicas.

La efectividad del sexo como un elemento de persuasión resulta cuestionable. Hay pocas dudas de que el sexo es un mecanismo efectivo para captar la atención de hombres y mujeres. No obstante, muchas personas creen que el uso de presentaciones sexuales en el área de la promoción simplemente, no es buen marketing. Por ejemplo, varios estudios han examinado la habilidad de los desnudos para ampliar el recuerdo de marca; en cada caso, las escenas neutrales o sin sexo produjeron un resultado mayor. Otros investigadores concluyen que las presentaciones sexuales en el contexto correcto producen mayor recuerdo y atención. Es decir, existen situaciones en las cuales el uso de una imagen sexual es apropiado mientras que en otras instancias, el uso de las mismas está incluido por su valor de impacto y no tiene nada que ver con el contexto. Ejemplos de contexto correcto son los mensajes que presentan la realización de una fantasía (un viaje), una realización funcional (por ejemplo, moda) o una realización simbólica (por ejemplo, una cita romántica). En suma, en el contexto correcto, las presentaciones sexuales pueden producir resultados poderosos; el sexo fuera de contexto puede ser un desastre.

Música. Cantantes y músicos reconocidos, instrumentalistas de fondo y *jingles* se han empleado para enviar mensajes persuasivos. El consenso general es que la música apropiada puede establecer una diferencia significativa en la eficacia de un mensaje en particular, aunque la cantidad de evidencia empírica que sustenta este supuesto es limitada. Trabajos recientes sugieren, al menos, tres efectos potenciales de la música.

El primero es que la música puede influir en el surgimiento de la atención; es decir, que la música, en especial la música "distintiva" puede atraer la atención de los consumidores. Ciertas canciones e intérpretes llaman la atención de inmediato a diferentes audiencias objetivo. Muchos jóvenes creen que la canción *I heard it through the grapevine* se escribió especialmente para el anuncio de California Raisin y la han reclamado como propia. Segundo, la música puede influir en el procesamiento que los consumidores hacen de los mensajes. La música puede afectar el aprendizaje y la persuasión al crear excitación, relajación, empatía, recuerdos e imágenes, y puede ampliar los beneficios que se perciben en el mensaje[35]. Por último, la música puede complementar otros elementos del anuncio, tales como palabras, color, imágenes, fondo, etc; además puede crear un estado de ánimo que fortalece ciertos tipos de actitudes y comportamiento.

Repaso de conceptos

A. Los aspectos de la estructura del mensaje que influyen en su poder de persuasión incluyen los siguientes:
   1. Elementos verbales frente a elementos no verbales.
      a. Los elementos verbales deberán enfatizarse cuando se pueden enviar mensajes únicos y significativos con respecto al producto
      b. Algunos productos y situaciones se presentan mejor mediante elementos no verbales, como expresiones faciales, movimiento corporal y comunicación multicanal
   2. Legibilidad.
      a. Las técnicas escritas deberán ser claras para la audiencia
   3. Ordenar el efecto.
      a. Las ideas clave deben presentarse tan pronto como sea posible
   4. Repetición.
      a. El mensaje completo o los componentes del mismo deberán repetirse
      b. Ningún número determinado de repeticiones es mejor
      c. El publicista debe fijarse en el desgaste
   5. Argumentos a favor y en contra (mensajes de-un-lado o directos frente a mensajes de-dos-lados o comparativos).
      a. Cuál haya de ser la mejor estrategia dependerá de la audiencia y la fuerza del argumento

B. Los aspectos del contenido del mensaje incluyen los siguientes:
   1. Los mensajes pueden ser presentaciones racionales o emocionales
   2. Ningún nivel particular de miedo produce los mismos resultados generales

3. El humor atrae la atención y crea un estado de ánimo positivo. Sin embargo, conlleva riesgos de ofensa, desgaste y alejamiento de la atención que espera el anunciante.
4. Las presentaciones agradables producen atención y un estado de ánimo positivo
5. Las presentaciones subliminales no se entienden con claridad y los promotores no las utilizan
6. Las presentaciones que incluyen elementos sexuales producen resultados positivos si se utilizan de una manera apropiada
7. La música tiene el potencial de influir en el interés y el procesamiento del mensaje. Puede complementar otros componentes del anuncio.

Factores de audiencia

¿Algunas personas son más fáciles de persuadir que otras? Aunque existen individuos que creen cualquier cosa hay poca evidencia sólida para apoyar el concepto de que es un rasgo general de la personalidad en cuanto a la persuasión.

Sin embargo, varias características personales influyen en el nivel al cual se puede persuadir a una persona. William McGuire sugiere que factores de la personalidad influyen en este aspecto al afectar la *comprensión* que de un mensaje tenga el receptor y la *voluntad* para acatar el mensaje[36]. La autoestima es un ejemplo. Por razones aún por explicar, las personas con alta o con baja autoestima difieren en su capacidad para recibir información simple y compleja; es decir, personas con baja autoestima pueden manejar mejor información simple mientras que quienes tienen una elevada autoestima pueden manejar mejor información compleja.

El género es el único rasgo demográfico asociado con la persuasión[37]. Aunque, de algún modo, los resultados son mixtos, la mayoría de los investigadores encuentran que las mujeres parecen ser más fáciles de persuadir que los hombres, en especial cuando la fuente es femenina. Además, existe evidencia creciente de que hombres y mujeres difieren en sus estrategias para el procesamiento de información. Por ejemplo, se ha concluido que "las mujeres son más sensibles ante todas las modalidades en el umbral de los sentidos, con la posible excepción del olfato"[38]. Más aún, parecen existir diferencias de género en los umbrales para el procesamiento elaborado. En comparación con los hombres, las mujeres parecen tener más posibilidad de elaborar claves de mensaje que dirigen, en cierto modo, una cantidad de atención limitada.

Como se indicó en capítulos anteriores, existen evidencias de que los niños y las personas mayores, por lo general, son más fáciles de persuadir. Se considera que los niños, en particular, son muy vulnerables a los efectos de la comunicación persuasiva; esa vulnerabilidad es un área de investigación muy amplia, en la cual se consideran muchas preguntas importantes. ¿Los niños prestan atención a la publicidad? ¿Entienden su propósito y contenido? ¿Cómo procesan los niños los mensajes de publicidad? ¿Cuál es el impacto de factores como edad, raza o educación de los padres sobre estos efectos del proceso? ¿Cuál es el impacto de la publicidad en las actitudes y comportamientos de los niños? ¿Qué efecto tiene en el proceso de socialización de los niños, es decir, en el aprendizaje de sus roles como consumidores?[39]. Aunque las respuestas a la mayor parte de estas preguntas permanecen sin resolver, la evidencia sugiere que los niños de todas las edades pueden distinguir los comerciales de los programas, aunque los más pequeños (en edad preescolar) no pueden discernir cuál es la intención de los comerciales[40], ni comprender las imágenes de renuncia o de abandono de otro producto que se emplean en muchos anuncios. Además, la publicidad tiene un impacto moderado en las actitudes de los niños hacia el producto anunciado, y el contenido de los comerciales incide en las preferencias y decisiones, según revelan estudios realizados en el área de la publicidad para alimentos infantiles[41]. Por último, la publicidad anima a los niños a solicitarles a sus padres determinados productos, una situación que, con frecuencia, lleva a conflictos padre-hijo; sin embargo, debe observarse que todas estas influencias pueden moderarse con la educación en el hogar, la interacción de la familia y la integración con los compañeros[42].

El estereotipo acerca de la persona de edad que cree todo cuanto se le dice, parte del supuesto de que los ancianos son fáciles de persuadir. Además, existe una tendencia a considerar a las personas mayores como un grupo homogéneo y a desconocer la diferencia que existe entre los "viejos jóvenes", es decir menores de 75 años que aún se mantienen activos y saludables, y los "ancianos" mayores de 75 con las debilidades propias de su edad[43]. La mayoría de las personas de edad no están inscritas en instituciones o viven al cuidado de otros. Dada la capacidad de persuadir a los mayores, la evidencia hasta la fecha no es concluyente. No se han establecido nexos claros entre la pertenencia a los segmentos de mercado de estas personas y el grado en el cual los individuos responden al contenido persuasivo de un mensaje[44].

En conclusión, la persuasión refleja las interacciones entre la personalidad y la cultura de los miembros de la audiencia, la situación y las características de la fuente y el mensaje. Para ser persuasivo, un comercializador siempre deberá tener en cuenta los intereses, las actitudes y los valores de la audiencia.

Repaso de conceptos

1. Los factores de audiencia que tienen impacto sobre la comunicación son:
   a. Comprensión del mensaje
   b. Voluntad para acatarlo
   c. Autoestima
   d. Género
   e. Niñez
   f. Vejez

Caso 4

Doneghel habla fuerte

Antecedentes

La empresa Doneghel Furniture Company es un pequeño fabricante regional de muebles, ubicado ocho millas al oeste de Greensboro, Carolina del Norte. Durante los últimos 32 años, la compañía ha producido muebles bajo pedido para consumidores que viven dentro de un radio de 200 millas de la planta. Sin embargo, sus principales clientes son grandes fabricantes de muebles que contratan a Doneghel para manufacturar componentes en madera dura, de las piezas más grandes que venden compañías como Ethan Allen y Thomasville. Hasta comienzos de la década, la gerencia de Doneghel había estado muy satisfecha con este arreglo; sin embargo, ocurrieron dos cosas como para cambiar el futuro de la empresa. Primero, debido al descenso general de la industria del mueble, varios de los clientes fabricantes de Doneghel redujeron sus pedidos, algunos en más del 50%. Segundo, la reputación de la línea de muebles sobre pedido de Doneghel se había extendido más allá del mercado inmediato, pues se recibieron cartas de lugares tan distantes como California, por parte de consumidores interesados en catálogos e información general del producto. La mayor parte de este interés pareció surgir de una comunicación oral positiva de clientes satisfechos que se habían desplazado de la región. Doneghel no tiene publicidad.

John Doneghel, presidente de la compañía, junto con Carol Doneghel, vicepresidente, y sus dos hijos, Jamie y Frank, se enfrentaron a la posibilidad de cambiar la forma de negociar. John, Jamie, Frank y otros 20 trabajadores representan la fuerza total de trabajo; Carol se encarga de la contabilidad y de pagar las cuentas. La familia ama trabajar con la madera y crear muebles hermosos. Desafortunadamente, los Doneghel tienen poca experiencia o interés en hacer mucho más. En 1992, las ventas de la compañía fueron de US$1.2 millones, de los cuales US$200,000 fueron el resultado del negocio de muebles bajo pedido. El único elemento con algo de marketing fue un catálogo de diez páginas que describía las clases de piezas generales que Doneghel fabrica y el valor aproximado. Este catálogo se envió por correo sólo a quienes lo solicitaron.

El dilema que encaró la familia era obvio. ¿Mantenían los Doneghel el *statu quo* y esperaban a que el mercado para grandes fabricantes mejorara? o ¿ampliaban su negocio de muebles bajo pedido y aprendían sobre marketing todo cuanto pudieran y tan rápido como les fuera posible? Después de atormentarse con este problema durante varios días, la decisión fue contratar a un asesor.

El mercado

Tony Wingler es un profesor de marketing de una universidad cercana. Ha dirigido investigaciones para varios fabricantes de muebles y se halla muy familiarizado con la industria. Recomendó que Doneghel continuara en el negocio de muebles sobre pedido. Como para la compañía sería menos rentable ofrecer una fabricación total sobre pedido, debería desarrollar una línea de producto, en cierto modo estándar, y ofrecer dos o tres modificaciones para cada pieza. Además, Wingler indicó que deberían tomarse como objetivo a consumidores de la escala superior (es decir, aquellos cuyos ingresos fueran superiores a US$75,000). Por último, Wingler consideró que la distribución representaba el problema más difícil para la fábrica; como era poco probable que Doneghel pudiera colocar sus muebles en almacenes a lo largo del país, el marketing directo se ofreció como una mejor alternativa. El correo directo en combinación con anuncios impresos en revistas como *Southern Living* y *Town and Country* representaría vehículos de comunicación primaria; al igual que serviría como un mecanismo para ordenar y recibir el mobiliario.

Se fijó una reunión con Wilkes Advertising para estudiar la estrategia de promoción apropiada para Doneghel. Se determinó que los beneficios primarios que ofrecía la compañía eran una excelente mano de obra y el empleo de maderas duras. Las limitaciones primarias se presentaron en dos aspectos: primero, el público no podría conocer el producto de primera mano, ¿compraría la gente muebles que no pudieran tocar? Segundo, la selección estaba limitada a entre 70 y 75 piezas diferentes. El señor Wilkes consideró que combinar estas limitaciones sería difícil y que muchos clientes potenciales podrían perderse por esa causa.

Preguntas sobre el estudio de caso:

1. ¿Cuáles eran los problemas de comunicación que enfrentaría Doneghel al utilizar un enfoque de marketing directo?
2. Sugiera una estrategia de comunicación inicial para Doneghel que incluya estructura específica y las recomendaciones de contenido.

Síntesis

Este capítulo ha explorado los fundamentos de la comunicación de marketing, la cual es, básicamente, la comunicación persuasiva.

Existe alguna pregunta sobre si la comunicación verdadera debe ser intencional o no. La comunicación humana se define como un proceso en el cual dos o más personas tratan de influir entre sí, de manera consciente o inconsciente mediante el uso de símbolos. Los pasos del proceso ocurren de manera simultánea. Los elementos básicos del proceso incluyen a los comunicadores, la codificación y decodificación de mensajes, un medio de transmisión, las relaciones entre los comunicadores, un mecanismo de retroalimentación, un ambiente externo e interno y factores que interfieren con la comunicación efectiva. Cuatro tipos de comunicación: interpersonal, organizacional, pública y de masas, difieren en complejidad, forma de contacto y habilidad para ajustar la retroalimentación.

Las variables que influyen en la efectividad de los intentos por persuadir se clasifican en tres grupos: 1) factores de fuente, 2) factores de mensaje y 3) factores de audiencia. El manejo de credibilidad, atractivo y poder de la fuente puede afectar la capacidad de persuasión. Las variables del mensaje (es decir, estructura y contenido) muestran poca consistencia en su efecto sobre la persuasión; cada factor relacionado con el mensaje puede verse en contexto. El efecto de los factores de audiencia son menos predecibles.

Preguntas de análisis

1. Analice la manera como el comunicador puede ser emisor y receptor.
2. Ecriba un ensayo de cinco páginas en donde exprese por qué usted considera que la comunicación debe ser intencional o no.
3. Establezca el contraste entre las ventajas y las desventajas relativas de la comunicación verbal frente a la comunicación no verbal. ¿Cuándo es más apropiada cada una de ellas?
4. Describa las características de una fuente de comunicación que presentaría ante 1) sus compañeros estudiantes y 2) sus padres.
5. "En realidad disfruto los anuncios. Quiero que todos los anuncios sean como ése". Comente estos conceptos.
6. ¿Cuál es el resultado de la interferencia en las comunicaciones humanas? Elabore una lista de formas para reducir la interferencia.
7. Establezca el contraste entre la comunicación general y la comunicación persuasiva. ¿Cuál sería el resultado si la comunicación persuasiva tuviera éxito?
8. ¿Cuáles son las ventajas y cuáles las desventajas de emplear música en la publicidad?
9. Las fuentes pueden considerarse atractivas en términos de similitud, familiaridad y simpatía. Dé un ejemplo de cada caso.
10. Defina las fuentes de comunicación oral informal. ¿Por qué es importante esta fuente en marketing?

Proyectos sugeridos

1. Reúna anuncios de revistas para ubicar ejemplos de los siguientes aspectos: alta credibilidad de la fuente, alto atractivo de la fuente, presentación no verbal, presentación con un alto nivel atemorizante y presentación con mucho humor. Explique los criterios que utilizó en cada caso.
2. Pídales a dos de sus amigos que le permitan observar una conversación entre ellos. Observe la clase de claves verbales y no verbales que utiliza cada persona. Pregúnteles después si estaban conscientes del uso de esas claves.

Referencias

1. "Communicating Differential Advantage is Essential", *Marketing News* 25 (October 1985): 26.
2. Frank X. Dance and Carl E. Larson, *The Functions of Human Communications: A Theoretical Approach* (New York: Holt, Rinehart and Winston, 1976).
3. Werner J. Severin and James W. Tankard, Sr. *Communication Theories. Origins, Methods, Uses* (New York: Hastings House, 1979).
4. C. David Mortensen, *Communications: The Study of Human Interaction* (New York: McGraw-Hill, 1972).
5. C. Hovland, I. Janis and H. Kelly, *Communication and Persuasion* (New Haven, CT: Yale University Press, 1953).
6. B. S. Greenberg and G. R. Miller, "The Effects of Low-Credible Sources on Message Acceptance", *Speech Monographs 33* (1966): 127-136.
7. Jon B. Frieden, "Advertising Spokesperson Effects: An Examination of Endorser Type and Gender in Two Audiences", *Journal of Advertising Research 24* (1984): 33-41. Denis McQuail, *Mass Communication Theory* (Beverly Hills, CA: Sage, 1984).
8. Frieden.
9. Barry L. Bayers, "Word-of-Mouth: The Indirect Effects of Marketing Efforts", *Journal of Advertising Research 25,* n° 3 (June/July 1985): 31-39. Blaine Goss, *The Psychology of Human Communication* (Prospect Heights, IL: Waveland Press, 1989).
10. Bayers.
11. Albert Hirschman, *Exit, Voice and Loyalty: Response to Decline in Firms, Organizations and States* (Cambridge, MA: Harvard University Press, 1970). Roobina Ohanian, "The Impact of Celebrity Spokespersons' Perceived Image on Consumers' Intention to Purchase", *Journal of Advertising Research* (February/March 1991): 46-54
12. Jagdip Singh, "Voice, Exit and Negative Word-of-Mouth Behaviors: An Investigation Across Three Service Categories", *Journal of the Academy of Marketing/Science* (Winter 1990): 1-15.
13. Stephen Weitz: *Nonverbal Communication* 2 ed., (New York: Oxford University Press, 1979).
14. R. Buck, "Nonverbal Behavior and the Theory of Emotion: The Facial Feedback Hypothesis", *Journal of Personality and Social Psychology 38* (1980): 811-824. Christy Fisher, "Wal-Marts's Way: No. 1 Retailer Relies on Word-of-Mouth, Not Ads", *Advertising Age* (February 16, 1991):3, 48.

15. Elizabeth C. Hirshman, "The Effect of Verbal and Pictorial Advertising Stimuli on Aesthetic, Utilitarian, and Familiarity Perceptions", *Journal of Advertising 15,* No. 2 (1986): 27-34.
16. James MacLachlan, "Making a Message Memorable and Persuasive", *Journal of Advertising Research 23,* nº 6 (December 1983/January 1984): 58-59. Paul M. Herr, Frank R. Kardes and John Kim, "Effects of Word-of-Mouth and Product-Attribute Information on Persuasion: An Accesibility-Diagnosticity Perspective", *Journal of Consumer Research* 17 (March 1991): 454-462.
17. Larry Percy, "A Review of the Effect of Specific Advertising Elements Upon Overall Communication Response", in *Current Issues and Research in Advertising*, eds. James H. Leigh and Claude R. Martin, Jr. (Ann Arbor, MI: University of Michigan, 1983): 77-118.
18. C. Hovland, *The Order of Presentation in Persuasion* (New Haven, CT: Yale University Press, 1957).
19. Michael Ray and Alan Sawyer, "Repetition in Media Models: A Laboratory Technique", *Journal of Marketing Research* 8 (1971): 20-29.
20. Betsy D. Gelb, Joe W. Hong and George M. Zinkhan, "Communications Effects of Specific Advertising Elements: An Update", in *Current Issues and Research in Advertising*, eds. James H. Leigh and Claude R. Martin, Jr. (Ann Arbor, MI: University of Michigan, 1985) 75-98.
21. George W. Booker, "A Comparison of the Persuasive Effects of Mild Humor and Mild Fear Appeals", *Journal of Advertising* 10 (1981): 29-40.
22. Gelb, Hong and Zenkhan. Cornelia Pechmann and David W. Stewart, "Advertising Repetition: A Critical Review of Wearin and Wearout", in *Current Issues and Research in Advertising* vol. 11, eds. James H. Leigh and Claude R. Martin, Jr. (Ann Arbor, MI: University of Michigan Business School, Division of Research (1988): 285-329.
23. Gelb, Hong and Zenkhan, 75-98.
24. I. L. Janis and S. Feshback, "Effects of Fear-Arousing Communications", *Journal of Abnormal and Social Psychology 48* (1953): 1, 78-92. B. Sternthal and C. S. Craig, "Fear Appeals: Revisited and Revised", *Journal of Consumer Research 1* (1974): 22-34. J. J. Burnett and R. E. Wilkes, "Fear Appeals to Segments Only", *Journal of Advertising Research 20* (1980): 21-24.
25. Booker, 29-40.
26. B. Sternthal and C. S. Craig, "Humor in Advertising", *Journal of Marketing 37* (1973): 12-18.
27. Donald L. Duncan and James Nelson, "Humorous Advertising in Radio", *Journal of Marketing 25* Nº 4 (October/November 1985): 84-87.
28. Thomas J. Madden and Marc G. Weinberger, "The Effects of Humor on Attention in Magazine Advertising", *Journal of Advertising 11,* No. 3 (1982): 8-14.
29. William B. Beggs, Jr., "Humor in Advertising" *Link* (November/December 1989): 12-15.
30. *Ibid.*
31. Gelb, Hong and Zenkhan, 75-98. Herbert Fried, "Humor Is Our Best Tool", *Advertising Age* (April 8, 1991): 26
32. Timothy E. Moore, "Subliminal Delusions", *Psychology Today* (July, 1985): 10-11. David M. Zeitlin and Richard A. Westwood, "Measuring Emotion Response to Advertising", *Journal of Advertising Research 26* (October/November 1986): 34-44.
33. Joel Salgert, "Why Marketing Should Quit Giving Subliminal Advertising the Benefit of the Doubt", *Psychology and Marketing 4* (Summer 1987): 107-120. Nicholas E. Synodinos, "Subliminal Stimulation: What Does the Public Think About It?", *Current Issues and Research in Advertising*, vol 11, eds. James H. Leigh and Claude R. Martin, Jr. (Ann Arbor, MI: University of Michigan Business School, Division of Research, 1988): 157-88.
34. William E. Kilbourne, Scott Painton and Danny Ridley, "The Effect of Sexual Embedding on Responses to Magazine Advertisements", *Journal of Advertising 14,* No. 2 (1985): 48-56.
35. W. J. McGuire, "Resistance to Persuasion Confirmed by Active and Passive Prior to Refutation of the Same and Alternative Counter Arguments", *Journal of Abnormal and Social Psychology 63* (1961): 326-332.
36. J. Nunally and H. Bolerex, "Variables Concerning the Willingness to Receive Communications on Mental Health", *Journal of Personality* 27 (1959): 38-46.
37. Joan Meyers-Levy and Brian Sternthal, "Gender Differences in the Use of Message Cues and Judgments", *Journal of Marketing Research 28* (February 1991): 84-96.
38. Diane McGuinness and Karl H. Pribram, "The Origins of Sensory Bias in the Development of Gender Differences in Perception and Cognition", in *Cognitive Growth and Development*, ed. Morton Bortner (New York: Bruner/Mazel Publishers): 3-56.

39. P. S. Raje and Subbash C. Lonial, "Advertising to Children: Findings and Implications", in *Current Issues and Research in Advertising,* eds. James H. Leigh and Claude R. Martin, Jr. vol. 12 (Ann Arbor, MI: University of Michigan Business School, Division of Research, 1990): 231-274.
40. Mary Ann Stutts and Garland G. Hunnicutt, "Can Young Children Understand Disclaimers in Television Commercials?", *Journal of Advertising* 16 (1) (1987): 41-46.
41. Leslie Isler, Edward T. Popper and Scott Ward, "Children's Purchase Requests and Parental Responses: Results from a Diary Study", *Journal of Advertising Research* (4) (October/November 1987): 28-39.
42. *Ibid.*
43. Betsy Gelb, "Discovering the 65+ Consumer", *Business Horizons* (May-June 1982): 42-46.
44. Jessica M. Bailey, "The Persuadability of Elderly Consumers: A Study of Locus on Control and Responsiveness to Fear Appeals", *Current Issues and Research in Advertising*, eds. James H. Leigh and Claude R. Martin, Jr., vol. 10 (Ann Arbor, MI: University of Michigan Business School, Division of Research, 1987): 213-247.

Capítulo 5

Promoción de ventas para los consumidores

Consideración:

El nuevo lanzamiento de Miller

Comenzar la promoción de una nueva cerveza debe ser difícil, en especial si el cliente es un gigante como Miller Brewing Company. La empresa sacó al mercado productos nuevos como las cervezas Miller Lite y Genuine Draft, patrocina conciertos y eventos deportivos, y en sus comerciales presenta mujeres bellas y hombres guapos que se divierten. ¿Qué le puede ofrecer a Miller una agencia como William A. Robinson, Inc. para animar sus ventas y, quizá, posicionarla más cerca de su rival, Anheuser-Busch?

¿La respuesta de Robinson? ¡Hacer el saque! Miller quiere lanzar sus productos, en especial su cerveza dietética, como parte de un estilo de vida activo y amante de la diversión. Puede suponerse que la gente de Miller juega mucho sóftbol en verano y, después del juego, junto con unas cuantas cervezas Miller consumen una buena cantidad de pizza. De manera que Robinson unió los tres intereses y, con la ayuda de Pizza Hut, lanzó la promoción "Pizza Hut 3rd Base Club".

Mediante ofertas en los almacenes y correo directo, pagado por Pizza Hut, Miller distribuyó 120,000 "pases de temporada" para los jugadores de sóftbol del área de Chicago. Con el pase y la compra de media pizza, los jugadores podían obtener hasta cuatro pizzas más, a mitad de precio. Además, los equipos tenían un lanzador con los logos de Miller Lite y 3rd Base Club.

Según William A. Robinson, la promoción funcionó para ambos socios. A Pizza Hut le agradó la idea tanto como para absorber el costo de los descuentos por pizzas, al igual que el costo del correo. La promoción aumentaba su negocio al finalizar la tarde, cuando los juegos terminaban, en un horario tradicionalmente lento para la venta de pizzas. Por su parte, Miller alcanzó una ventaja con una gran cuenta, Pizza Hut, una victoria importante en la intensa competencia entre los productores de cerveza. Un efecto de la promoción fue que Miller superó a Bud Lite, la marca de su rival, con un buen número de pizzas. La mayor parte de los locales de Pizza Hut venden cervezas de ambas compañías, pero no marcas competitivas de cada fabricante, de manera que ganar la batalla de las dietéticas es crucial. Miller quedó tan satisfecha que está pensando en incursionar en otras ligas.

Fuente: Scott Hume, "Miller Gets on Base," *Advertising Age* (July 2, 1990): 23.

El estudiante universitario típico es un gran usuario de la promoción de ventas: compra ropa en realizaciones, utiliza cupones para comidas rápidas y lavado de ropa y, como se ha visto, en ocasiones los integrantes de un equipo de sóftbol pueden ir a comer una pizza en Pizza Hut y beber una cerveza Miller. El estudiante sólo es un número distante del ganador del último juego de McDonald's y pequeñas muestras de varios productos que se distribuyen alrededor del baño y la cocina.

La meta de este capítulo es presentar el segundo elemento de la mezcla de promoción: la promoción de ventas. En el capítulo se establece un marco de referencia para planear las promociones de ventas y se estudian sus técnicas específicas dirigidas a los consumidores. En el capítulo 6 se estudiará la promoción de ventas dirigida hacia vendedores e intermediarios o revendedores.

Promoción de ventas: una visión general

Hace 30 años, la promoción de ventas se veía como algo que sobraba después de publicidad, venta personal y relaciones públicas. En los años siguientes, se formularon definiciones al observar lo que hacían las agencias de promoción de ventas (una institución reciente). Por ejemplo, una definición sostenía que "la promoción de ventas incluye aquellas actividades que amplían y apoyan la venta masiva y la venta personal, las cuales ayudan a competir y/o coordinar toda la mezcla promocional y hacen más efectiva la mezcla de marketing"[1]. Esta definición ubica la promoción de ventas como un elemento auxiliar de la mezcla promocional, menos importante que la publicidad y la venta personal. Esta perspectiva ya no es válida pues, hoy en día, promoción de ventas y publicidad son estrategias promocionales equivalentes y complementarias en las cuales, aunque existen diferencias, se mantienen similitudes importantes.

Existe una mejor definición de ventas formulada por la American Marketing Association: "La promoción de ventas es presión de marketing que se ejerce a través de los medios de comunicación o no, que se aplica por un tiempo limitado y predeterminado para estimular la prueba de un producto, aumentar la demanda del consumidor o mejorar la calidad del producto"[2]. Infortunadamente, esta definición no abarca todos los elementos de la promoción de ventas moderna. En el capítulo 1 se incluye una definición útil de la promoción de ventas: es una actividad de marketing que se agrega al valor básico del producto por un tiempo limitado y estimula en forma directa la compra por parte del consumidor, la eficacia del vendedor o el trabajo de la fuerza de ventas.

Tres puntos brindan la clave para entender la promoción de ventas; primero, es tan importante como la publicidad y requiere la misma planeación cuidadosa y el desarrollo de estrategia como otras áreas de marketing. Segundo, la promoción de ventas se puede dirigir a tres audiencias: consumidores, intermediarios o revendedores y fuerza de ventas. Por último, la promoción de ventas es un arma competitiva que provee un incentivo extra para que la audiencia objetivo compre o apoye una marca y no otra. Esta motivación extra para comprar o continuar el apoyo distingue a la promoción de ventas de las otras tres tácticas de la mezcla promocional. Las compras no planificadas, por ejemplo, se pueden orientar de manera directa hacia una o más ofertas de promoción de ventas. La promoción de ventas se basa en la premisa de que toda marca o servicio tiene un precio o valor establecido y percibido, y que la promoción de ventas cambia esta relación aceptada de precio-valor cuando incrementa el valor, disminuye el precio, o ambos.

Promoción de ventas y mezcla promocional

Las diferencias entre la promoción de ventas y otros componentes de la promoción o de la mezcla de marketing son importantes para entender la función básica de aquélla y cómo emplearla en forma efectiva. En la tabla 5.1 se presenta una lista de las diferencias claves entre promoción de ventas y publicidad, relaciones públicas y venta personal. En síntesis, la promoción de ventas tiende a funcionar durante un corto lapso, emplea una presentación más racional y aporta un valor real o tangible, con lo que se pretende alcanzar una venta inmediata y hacer una gran contribución a la rentabilidad. La tabla 5.1 refleja una síntesis actualizada de la investigación y las opciones de la promoción de ventas[3]. De hecho, existen excepciones a muchas de estas clasificaciones; se podría argumentar, por ejemplo, que una técnica de promoción de ventas, como los sorteos, puede ser una presentación emocional, mientras que un anuncio negocio a negocio podría ser racional. Sin em-

Tabla 5.1
Comparación de la promoción de ventas con otros elementos de la mezcla promocional

	Publicidad	Promoción de ventas	Relaciones públicas	Venta personal
Marco temporal	largo plazo	corto plazo	largo plazo	largo/corto plazo
Presentación primaria	emocional	racional	emocional	racional
Objetivo primario	posición imagen/marca	venta	buen nombre	venta/relación
Contribución a la rentabilidad	moderado	alta	baja	alta

bargo, en general, las marcas indicadas han demostrado ser precisas. "Contribución a la rentabilidad" puede suscitar alguna confusión, pero simplemente es la relación entre qué se envía a través de una mezcla promocional en comparación con la utilidad directa que se genera mediante esa inversión. De nuevo, hay excepciones.

Estas distinciones entre los elementos de la mezcla promocional se confunden, de algún modo, porque la promoción de ventas se utiliza con frecuencia junto con otras técnicas promocionales. Por ejemplo, las ofertas de promoción de ventas (cupones, descuentos, concursos), con frecuencia se envían a través de un anuncio de acción directa. Miembros de la fuerza de ventas pueden presentar los descuentos de precio, y un departamento de relaciones públicas puede ser parcialmente responsable de dirigir un concurso. La sinergia que se da cuando la promoción de ventas se combina con estos otros elementos de la promoción es su fuerza real.

El crecimiento de la promoción de ventas

La promoción de ventas ha crecido sustancialmente en años recientes. Donnelley Marketing estima que los gastos en promoción de ventas alcanzaron US$135.000 millones en 1989[4]. Esta cifra es mucho mayor que la cantidad facturada por publicidad. Se está invirtiendo más dinero en promoción que en publicidad (alrededor de 65% frente al 35%). La promoción de ventas está creciendo a una tasa del 9% anual mientras que la tasa de crecimiento para publicidad es cercana al 6%. Buena parte de este crecimiento en promoción de ventas refleja la popularidad continuada de los cupones, los cuales utiliza más del 93% de todas las compañías estudiadas.

Existen varias razones para este dramático crecimiento en promoción de ventas. El estímulo ha surgido tanto en los consumidores como en los negocios.

Aceptación por parte del consumidor de la promoción de ventas. Existen razones implícitas de por qué los consumidores deberán estar dispuestos a aceptar las razones de la promoción de ventas. La promoción de ventas ofrece a los consumidores la oportunidad de conseguir más de lo que consideran posible; desde la perspectiva del consumidor, la promoción de ventas también reduce el riesgo asociado con comprar. Las muestras de producto, por ejemplo, permiten a los consumidores ensayar el producto sin comprarlo. Además, muchas personas que se muestran renuentes para tomar una decisión necesitan algún incentivo para hacerlo. La promoción de ventas les da el pequeño impulso extra que necesitan para convertirse en clientes activos. Un descuento extra o una rebaja puede significar que el consumidor esté listo para comprar ese nuevo Miata.

Por último, las ofertas de promoción de ventas se han convertido en parte integral del proceso de compra, y los consumidores han aprendido a esperarlas. De acuerdo con un reciente estudio de 500 compradores, auspiciados por la Promotion Marketing Association of America, se determinó:

- 98% empleó, por lo menos, un cupón en una compra durante los seis meses anteriores; 54% utilizó descuentos, 26% empleó concursos y 17% utilizó premios;
- Ocho de cada 10 personas investigadas dijeron que revisaban con regularidad los anun-

cios de los periódicos en busca de cupones, y cerca de la mitad dijeron que también buscaban los otros tres tipos de ofertas promocionales;

- 70% dijo que compraban un producto nuevo con la oferta de un cupón; 40% por la oferta de un premio, 20% por la oferta de un concurso y 38% por una rebaja;
- 75% dijo que cambió a otra marca por la oferta de un cupón, 50% por una rebaja, 40% por un premio y 20% por la oferta de concursos. (Productos muy susceptibles al cambio de marca fueron pilas, café, elementos de uso personal, champú y crema dental)[5].

Aceptación de la promoción de ventas por parte de las empresas. En su mayor parte, ha sido la empresa el estímulo para la evolución de la promoción de ventas, en especial la gran empresa. Las necesidades y deseos del gerente de producto sirven como punto de partida, pues él encuentra en extremo difícil diferenciar su producto en una forma real de los de su competencia, porque los compradores tienen opción entre muchas marcas y muchos tipos de producto que brindan la misma satisfacción. Un gerente de producto que encara el reto de diferenciar su marca, por lo general, desarrolla técnicas de promoción de ventas. Cuando estas técnicas demuestran ser efectivas, atraen la atención y el apoyo de la gerencia general.

Los gerentes generales también tienen un rol más directo para explicar el crecimiento reciente de la promoción de ventas. En la actualidad, los líderes de las empresas enfocan más y más los resultados a corto plazo; desean conseguir ventas mañana y no el siguiente trimestre o el año próximo. Los fabricantes han aprendido a inyectar vida nueva, aunque corta, a marcas debilitadas mediante el envío de cupones por correo. Esta técnica puede minar la lealtad de marca ya que los competidores también ofrecen cupones, aunque acelera el movimiento hacia economías de escala en la producción. Enunciado en forma simple, el concepto de economías de escala significa que a mayor número de unidades se produzcan, más bajo será el precio por unidad. La promoción de ventas tiene el potencial de dirigir el costo de un producto hacia abajo hasta un punto en donde los ahorros, más que cubrir los márgenes de utilidad, se pierden a través de los costos de promoción de ventas. Más importante es que la promoción de ventas puede eliminar a los competidores incapaces de lograr estos mismos ahorros.

La nueva tecnología, en especial los computadores, también ha creado una mayor aceptación de la promoción de ventas por parte de los gerentes que quieren medir resultados. Por ejemplo, el equipo de escáner en los almacenes minoristas permite a los fabricantes recibir la retroalimentación sobre los resultados de las promociones. Las tasas de reembolso por cupones o cifras en volumen de ventas se pueden obtener en el término de días, y también se pueden hacer los cambios necesarios en la promoción de ventas.

El empleo de la promoción de ventas también puede estimularse mediante varios factores que han hecho más difícil la publicidad. Por ejemplo, los grupos y los reguladores de la industria han creado dificultades a los publicistas para colocar con claridad y aparte sus productos, al exigir que sus quejas se verifiquen con un mayor detalle. Otro problema es el alto costo de la publicidad en los medios masivos de comunicación. Los índices de las redes de televisión están ascendiendo mientras que la participación de audiencias en tiempo máximo en las redes ha descendido hasta por debajo del 70%. Como resultado, los publicistas están explorando nuevas formas de los medios de comunicación, en especial en la promoción de ventas.

El poder de crecimiento de los minoristas también ha acelerado el uso de la promoción de ventas. Desde el punto de vista histórico, el fabricante era el miembro más poderoso del canal de distribución. Los comercializadores masivos empleaban la publicidad nacional para hablar en forma directa a los consumidores, creando "presión" sobre el consumidor, lo cual dejaba a los almacenes con opción de adquirir sólo las marcas más anunciadas. Sin embargo, como los minoristas se han consolidado y logrado acceso a información sofisticada mediante el uso de computadores y códigos de barras en los paquetes, la balanza del poder se está inclinando a su favor. Ahora, los minoristas corren programas diseñados de acuerdo con sus necesidades para que les ayuden a competir y aumentar las ventas en su área de mercado. La promoción de ventas es una respuesta efectiva y satisfactoria a esta demanda de programas de marketing para contabilidad.

Los minoristas, quienes en general trabajan con márgenes de ganancia muy estrechos, necesitan el aumento en el volumen de ventas que se obtiene mediante la promoción de ventas. Además, se benefician de la retroalimentación inmediata de la promoción de ventas que limita la tendencia a permanecer con un programa sin éxito demasiado tiempo. Por ejemplo, Pepsi Co, Inc., desarrolló un programa de promoción de ventas para un almacén Winn-Dixie en Nashville: un producto, una categoría, en una ciudad, para una cadena minorista.

La promoción de ventas ya no es propiedad exclusiva de las comidas rápidas y de los fabricantes de bienes empacados. Ahora no conoce fronteras. En servicios financieros, Frankel & Co. entregan a sus clientes tarjetas "Visa Card con nuestros cumplidos"; en la industria de los computadores, la campaña para pequeñas empresas de Apple incluyó un video y un CD gratuitos; entre las líneas aéreas, el servicio de consejería de Trump Shuttle fue bastante exitoso. Sin embargo, la promoción de ventas está lejos de ser perfecta.

Fracasos en la promoción de ventas

Aunque la promoción de ventas es una estrategia efectiva para crear resultados inmediatos, a corto plazo y positivos, no es una cura para un mal producto, una mala publicidad o una fuerza de ventas deficiente. Aunque un consumidor puede emplear un cupón para la primera compra de un producto, por ejemplo, el producto mismo debe mantenerse después de eso.

Infortunadamente, las actividades de promoción de ventas pueden tener consecuencias negativas, en primer lugar como resultado de promociones cada vez más competitivas. Debido a que los competidores copian los nuevos enfoques con rapidez, las promociones tratan de ser más creativas, "gritar más alto" o enviar descuentos cada vez mayores para llamar la atención de los consumidores y del comercio.

Por otro lado, consumidores e intermediarios o revendedores han aprendido cómo tomar ventajas del juego de la promoción de ventas. Lo más notable es que los consumidores ahora esperan para comprar ciertos ítems, al saber que eventualmente se reducirán de precio. Los intermediarios o revendedores aprendieron esta estrategia hace bastante y se han vuelto expertos en negociaciones y en saber cómo manipular a los competidores entre sí.

Cuando se estudien las técnicas específicas de promoción de ventas, se analizarán otros problemas relacionados con su aplicación. Sin embargo, la crítica más severa que surge de la promoción de ventas es que disminuye el valor de la marca. Se necesitan años para construir una igualdad positiva en una marca. La igualdad de marca es la confianza, la fe y la credibilidad asociada con una marca en particular. Es la reputación de la marca y la faceta más preciosa de un producto. Los críticos dicen que el movimiento desde las estrategias de producto hasta las estrategias de precio, y desde la publicidad para la cimentación de marca hasta las promociones comerciales y los cupones han producido un consumidor que ve todos los productos como mercancías. "Ahorrar un dólar se ha vuelto algo mucho más importante para los consumidores que los ingredientes grado A", anota Herber Baum, presidente de Campbell USA[6].

A pesar de sus limitaciones, la promoción de ventas es una estrategia de promoción viable. Tiene la habilidad de estimular al consumidor a la acción, un resultado que es difícil de lograr para la publicidad o las relaciones públicas. Cuando se combina en forma apropiada con las otras estrategias de marketing, produce resultados importantes. Su éxito, sin embargo, está condicionado a qué tan bien se planee la promoción de ventas.

Repaso de conceptos

1. La promoción de ventas es una estrategia de marketing que se agrega al valor básico del prodcto, por un tiempo limitado y que estimula en forma directa al consumidor para comprar, la eficacia del vendedor o los trabajos de la fuerza de ventas.
2. A diferencia de los otros elementos de la mezcla promocional, la promoción de ventas tiende a operar dentro de un corto lapso, emplea una presentación más racional, brinda valor tangible, busca crear una venta inmediata y hace una gran contribución a la rentabilidad.
3. Los consumidores han aceptado la promoción de ventas porque
   a. Desean alcanzar más valor
   b. Las promociones de ventas reducen el riesgo
   c. Las promociones estimulan la decisión de compra

d. Las promociones se han convertido en una parte esperada del proceso de compra.

4. Las empresas han aceptado la promoción de ventas porque
   a. Brindan una diferenciación adicional al producto mediante los componentes de valor agregado que no ofrecen los competidores
   b. Ofrece resultados a corto plazo, en los cuales la gerencia general hace énfasis
   c. La tecnología mejorada permite seguir el curso de la promoción de ventas
   d. La efectividad de la publicidad en relación con la promoción de ventas ha disminuido
   e. Los minoristas han ganado poder.

Planear una promoción de ventas

La promoción de ventas deberá incluirse en la planeación promocional estratégica de una compañía, junto con publicidad, venta personal y relaciones públicas. Sin embargo, muchas herramientas de promoción de ventas son mecanismos tácticos de corta duración. Cupones, premios y concursos, por ejemplo, se diseñan para producir respuestas inmediatas; así, dirigir la promoción de ventas a largo plazo tiene especial dificultad.

El proceso de planear las técnicas de promoción de ventas deberá comenzar con una evaluación del ambiente, seguida del establecimiento de metas y la selección de estrategias; además, se fijará un presupuesto separado para la promoción de ventas, y la gerencia deberá evaluar el desempeño de aquélla. La promoción de ventas cuenta con la tecnología del escáner, la cual hace un excelente trabajo de evaluación de resultados. Presupuestos y evaluación se estudiarán en los capítulos 11 y 12, mientras que en esta sección se verán los otros pasos en la planeación de la promoción de ventas.

Evaluar el ambiente

Muchos factores que inciden en el interior y en el exterior de la organización determinan si la promoción de ventas está garantizada y, si es así, cuáles técnicas serían efectivas. Algunas compañías, como Mercedes-Benz, tienen una política interna que prohíbe utilizar mecanismos de promoción de ventas. Profesiones enteras como la del cuidado de la salud consideran denigrante emplear la promoción de ventas. A la inversa, J. M. Smucker Co., fabricante de mermeladas y gelatinas, se encontró en un mercado de crecimiento horizontal en el cual el consumidor estaba inundado con los descuentos de precio y los cupones de los competidores. La investigación indicó que existían dos segmentos distintos en el mercado: el "segmento sabor" (el cual incluía todas las edades y todos los tamaños de familias, en especial de ingresos altos) y el "segmento volumen" (el cual incluía familias más grandes con todo tipo de ingresos, con hijos en edad escolar). Smucker desarrolló dos campañas de promoción de ventas por separado. Para presentarse ante el segmento sabor, la compañía ofreció un libro de cocina para fiestas, y recetas unidas a la parte posterior del paquete, empleando variedad de sabores Smucker. El libro de cocina se distribuyó a través de formularios de pedido tome-uno ("*take one*"), en el punto de venta. Para el segmento volumen, Smucker decidió emplear un enlace con una película de Disney, *The Fox and the Hound.* El enlace incluía una presentación en el punto de venta, en donde se anunciaba la película y se ofrecía gratis un *mug* para bebidas, con la figura de uno de los personajes de la película, por la compra de un producto Smucker; ambos programas fueron resultado de una cuidadosa evaluación de su ambiente y alcanzaron gran éxito.

Desarrollar objetivos

Luego de la evaluación del ambiente sigue el desarrollo de objetivos específicos. La enunciación de los objetivos de promoción de ventas requiere un formato de tres niveles.

Primero, a cada mercado objetivo se le aplican objetivos únicos. La promoción de ventas busca *motivar* a la fuerza de ventas, *estimular* al consumidor y *lograr la cooperación* de los intermediarios o revendedores. Es decir, en la promoción de ventas existen objetivos separados para la fuerza de ventas, los cuales deben motivarse para vender más, enfatizar en una marca o utilizar un cierto grupo de herramientas de ventas. Además, los intermediarios o revendedores deben tener la voluntad de comprar la estrategia de marketing de la compañía, que empieza por adquirir el producto, organizar las presentaciones, aceptar cupones, etc.

Segundo, la promoción de ventas tiene una serie de objetivos estratégicos que tienden a ser proactivos o reactivos. En el primer caso, los objetivos a largo plazo más comunes son cuatro: 1) crear ingresos adicionales o participación en el mercado, 2) ampliar el mercado objetivo, 3) crear una experiencia positiva con el producto y 4) ampliar el valor del producto y la igualdad de marca. American Express realizó un excelente trabajo para alcanzar el último objetivo. En su trigésimo aniversario, la compañía envió un libro muy hermoso, especialmente elaborado e impreso, titulado *Theater in America* a un grupo de sus mejores clientes. La carta que acompañaba el libro simplemente decía: "Gracias por ser uno de nuestros mejores clientes a través de los años". No hubo un lanzamiento de ventas, no se ofreció ningún descuento, y ni siquiera se hizo sugerencia alguna para salir y emplear la tarjeta o los servicios. El número de compañías que emplea objetivos de largo alcance es escaso. Como resultado, muchos planificadores o gerentes de promoción no han entendido el verdadero potencial de la promoción de ventas.

Los objetivos reactivos (acción-reacción) son respuestas a una situación negativa o de corto plazo. Ejemplos de este tipo de objetivos son 1) equilibrar la competencia, 2) mover inventarios, 3) generar efectivo y 4) salirse del negocio. Debido a que las situaciones negativas pueden surgir sin avisar, resulta frecuente que la gerencia no pueda anticiparse a las situaciones y hacer la planeación apropiada. Los objetivos resultantes pueden producir nocivos choques posteriores. Como las compañías tratan de sacar el mejor partido ante una mala situación, la promoción de ventas se ve como una técnica para hacer el último esfuerzo.

Un tercer grupo de objetivos de promoción de ventas está relacionado directamente con la técnica empleada. Su rango varía desde resultados muy sutiles, difíciles de medir, como el aumento del valor del producto, hasta resultados directos, fáciles de medir, como la compra del producto. Por ejemplo, es muy difícil determinar cuánto de la distribución de premios contribuye al valor del producto que el cliente percibe. Varias técnicas tienen objetivos múltiples u objetivos que deben lograrse en forma secuencial. Cuando se estudien las técnicas específicas de promoción en este capítulo y el siguiente, se describirán sus objetivos.

Seleccionar estrategias apropiadas

El paso más difícil en la dirección de una estrategia de promoción de ventas es decidir cuáles herramientas deben utilizarse, cómo combinarlas y cómo enviarlas a las tres audiencias objetivo. Las opciones son amplias y las combinaciones parecen interminables. Cada herramienta tiene sus propias ventajas y desventajas, las cuales pueden cambiar cuando se utilizan con otras técnicas o se envían a través de medios diferentes. Tener una buena comprensión de las diferentes técnicas de promoción de ventas es un punto de partida necesario. Algunos de los factores que pueden influir en la elección de las herramientas de promoción de ventas son los siguientes:

1. *Los objetivos promocionales de la organización.* Si una compañía desea crear un cambio positivo y representativo en las actitudes del consumidor, resultan apropiadas técnicas de promoción de ventas como premios y muestras, que brindan beneficios implícitos y a largo plazo.
2. *El mercado objetivo para la promoción de ventas.* El mercado objetivo para la cadena Radisson Hotel es el viajero de negocios frecuente. Servicios extras, descuentos por uso frecuente y muestras son técnicas de promoción de ventas que han funcionado en este mercado.
3. *La naturaleza del producto, su posición competitiva y su etapa en el ciclo de vida.* El pollo estilo *gourmet* por presas de Gold'n Pump, es un nuevo producto con un gran número de competidores grandes. Los cupones y las muestras gratis pueden ser la única forma para lograr que los consumidores prueben este nuevo producto.
4. *El costo de la herramienta.* La muestra de productos es una técnica de promoción de ventas en extremo costosa, en especial si se requiere empacar o marcar. El descuento en el precio sólo requiere de colocar un nuevo signo, casi sin costo, y remarcar el producto.
5. *Las condiciones económicas del momento.* Cuando la economía se debilita, los consumidores tienden a estar motivados por ahorros tangibles como descuentos, rebajas y cupones. Las compensaciones como premios funcionan mejor en una economía fuerte.

Combinar varias herramientas de promoción también es parte de la estrategia. Los planificadores o gerentes deberán considerar tres preguntas en particular, cuando mezclen promociones de ventas.

Primera, ¿cómo percibirán las tres audiencias objetivo estas herramientas? Por ejemplo, los minoristas de abarrotes esperan que los fabricantes ofrezcan al consumidor cupones, presentaciones y reducciones de precio; los comercializadores que no lo hagan no lograrán espacio en los estantes. Sin embargo, un vendedor que hace énfasis en una presentación de "un alto precio, una gran calidad" quedará desacreditado si la compañía comienza una estrategia de descuentos. Los consumidores esperan encontrar productos de alta promoción con descuentos y cupones en ciertos tipos de almacenes, por ejemplo, supermercados, antes que en almacenes para *gourmets*.

Segunda, ¿cómo deberán combinarse en forma física las diferentes herramientas de promoción de ventas? ¿Se diseñarán como mecanismos promocionales separados? o ¿se les diseñará como una **cubierta**, es decir, en combinación con otras herramientas y enviadas a través del mismo vehículo (*véase* la figura 5.1)? ¿Se combinará la herramienta con un producto de otro comercializador no competitivo? Este es un **enlace** y permite al comercializador tomar ventaja de la fuerza de marca de otra compañía. Kingsford Charcoal ha establecido un enlace con Armour Hot Dogs durante varios años: comprar una bolsa de carbón y un paquete de salchichas para perros calientes y ahorrarse un dólar.

Tercera, ¿la promoción de ventas puede o debe integrarse con otros elementos de la estrategia promocional? Un cupón suele ser parte de una campaña de publicidad existente y tiene la capacidad de re-

Figura 5.1
Un ejemplo de un anuncio cubierta que incluye un concurso y cupones. Anuncio cortesía de Nestlé Beverage Company.

cordar una anterior. El anuncio de Titralac Antacid demuestra cómo se combina un anuncio con un certificado gratuito por correo.

Una decisión final al seleccionar la estrategia, además de elegir las herramientas y las formas de combinarlas, es elegir el medio de comunicación a emplear para la transmisión de la promoción. Los cupones se envían por medios impresos como periódicos, revistas y correo directo o a través de separatas gratuitas (en inglés, FSI). Una separata es un grupo de páginas por separado que se puede enviar a través de algunas revistas, aunque muchas no están equipadas para llevar muestras. En los capítulos 8 y 9 se hablará más acerca de los medios de comunicación.

Repaso de conceptos

El proceso de planeación de la promoción de ventas incluye los siguientes pasos:

1. Evaluar el ambiente
2. Desarrollar objetivos
3. Seleccionar estrategias apropiadas
    a. Seleccionar las herramientas de promoción de ventas
    b. Decidir cómo combinar las herramientas
    c. Decidir cómo transmitir las promociones de ventas

Técnicas promocionales para el consumidor

Las **promociones de ventas para el consumidor** están dirigidas a los usuarios finales del producto. En su forma general, los sujetos de estas promociones son productos empleados por las personas, en especial los productos del supermercado local. Las mismas técnicas también se utilizan para promover productos que vende un negocio a otro, como sistemas de computadores, redes de comunicación, flotas de automóviles, suministros de limpieza y maquinaria. Por el contrario, las **promociones de ventas para el comercio** (canales de distribución) están dirigidas a los intermediarios o revendedores, es decir a los vendedores mayoristas y minoristas que llevan los productos hasta el consumidor. En este capítulo se estudiarán las promociones de ventas dirigidas hacia los consumidores. En el capítulo 6 se estudiarán las promociones de ventas dirigidas hacia la fuerza de ventas y al comercio (canales de distribución).

Los aspectos fuertes primarios en las promociones de ventas para el consumidor son variedad, flexibilidad y motivación para actuar. Muchas técnicas pueden combinarse para satisfacer casi que cualquier objetivo del planificador de la promoción de ventas. Cualquier mercado objetivo se puede alcanzar mediante algún tipo de promoción de ventas. Esta flexibilidad significa que la promoción de ventas se puede emplear en todo tipo de negocios, grandes y pequeños, que vendan bienes o servicios, que produzcan utilidades o no. Por último, la promoción de ventas hace que la gente actúe en forma predecible. En las siguientes secciones se describen algunas de las técnicas claves en el arsenal de las promociones de ventas variadas y orientadas hacia el consumidor.

Precios de promoción (rebaja de precio)

Un **precio de promoción** para el consumidor le ahorra dinero al cliente cuando adquiere el producto. La rebaja en el precio se diseña para animar al consumidor a ensayar un nuevo producto o una extensión de la línea de producto, para inducir a nuevos usuarios a ensayar con un producto maduro o para persuadir a los clientes existentes de continuar comprando, aumentar sus compras, acelerar su uso o comprar múltiples unidades de una marca existente. Los precios de promoción funcionan bien cuando el precio es el criterio primario que el consumidor ha de considerar y cuando la lealtad de marca es baja. Cuando la lealtad de marca es alta, no es probable que los precios de promoción superen la percepción del consumidor de que su marca preferida ofrece ventajas. Existen cuatro tipos principales de precios de promoción: descuentos, negociación conjunta (o paquete), reembolsos (rebajas) y cupones.

Descuentos en el precio. Los clientes aprenden sobre **descuentos en el precio**, o **transacciones sin centavos**, en el punto de venta o mediante la publicidad. En el punto de venta, la reducción del precio puede aparecer en el empaque o con signos al respaldo del producto o en las ventanas del frente del almacén. La publicidad que informa a los consumidores de descuentos próximos incluye volantes, anuncios en prensa y televisión, etc. Los descuentos en el precio se presentan, en particular, en la industria alimenticia, donde los supermercados locales hacen semanalmente promociones especiales.

El fabricante, el minorista o el distribuidor pueden iniciar el descuento del precio. El fabricante puede "prevalorar" el producto y luego convencer al minorista de cooperar en este descuento temporal. Se pueden ofrecer incentivos extras para lograr la cooperación del minorista. Para ser efectiva, una estrategia nacional de reducción de precios debe contar con el respaldo de todos los distribuidores. La cantidad de paquetes que se ven en los supermercados en los cuales el precio del fabricante está cubierto por el del minorista sirve como testigo del poder de los minoristas. Éstos pueden iniciar los descuentos de precio por varias razones. Por ejemplo, pueden reducir el precio de un ítem muy popular para aumentar el tráfico del almacén; pueden haberse excedido en las compras de un artículo determinado y necesitan eliminarlo de sus inventarios; puede ser que sólo un descuento drástico sea la manera de vender el producto como resultado de un gran descuento por parte de la competencia o, simplemente, porque el producto no se vende y debe salir de los estantes.

Determinar un descuento es difícil. Los expertos recomiendan por los menos entre 15% y 20% del precio regular, pero la cantidad exacta puede diferir según las categorías de producto. Se necesita realizar varias pruebas previas.

Para los clientes habituales, los descuentos son como un premio y pueden llevarlos a comprar en grandes cantidades. Sin embargo, los descuentos por sí solos no inducen a la gente a comprar un producto por primera vez. Debe suministrarse más información a través de medios de comunicación masivos o muestras del producto.

Las ventajas primarias de los descuentos de precio son la facilidad de su implementación y su flexibilidad. Estos cambios se hacen con rapidez, unos cuantos trazos con un marcador y el minorista puede responder a los descuentos de precio frente a sus competidores. En los almacenes por departamentos, en donde las etiquetas de escáner son la norma, quitar las etiquetas viejas y remplazarlas por otras es algo rápido. Además, el aumento en el volumen de ventas que produce un descuento puede generar más rentabilidad que el precio original más alto, debido a las economías de escala; en otras palabras, el costo marginal es más bajo para cada unidad adicional que se venda[7]. Otra ventaja en los descuentos de precio es la atención que suscitan y su efecto en las decisiones en el punto de compra. Los expertos estiman que entre 30% y 60 % de las decisiones de compra no son planeadas. Un descuento de precio puede ser importante para llevar a la persona a comprar cuando no esperaba hacerlo.

Las desventajas de los descuentos de precio son sustanciales, como se indica en la sección **Un enfoque de promoción**. Primero, los competidores pueden combatir con facilidad los descuentos de manera que resulta fácil caer en una guerra de precios que no beneficia a nadie. Segundo, los descuentos ocasionan cambios de marca de corto plazo, lo cual dificulta en gran medida los pronósticos de ventas, la planeación del producto y la medición de los objetivos. Tercero, la efectividad de los descuentos de precio depende de la visibilidad de la oferta. Si el consumidor no puede ver el nuevo precio, el programa fracasará. Por último, muchos consumidores perciben una fuerte relación entre precio y calidad; por tanto, una reducción en el precio puede hacerlos suspicaces acerca de la calidad del artículo y llevarlos a rechazar el producto[8]. Como se indicó antes, los descuentos en el precio se han identificado como una razón primaria para el deterioro de la igualdad de marca. Una vez que los consumidores dudan de la relación precio-calidad de una marca en particular, la confianza en ella disminuye.

Negociación conjunta. Una negociación conjunta puede tomar la forma de un paquete de bonificación o de un paquete en banda. Cuando se ofrece un paquete de bonificación, se entrega gratis una cantidad adicional del producto, del cual se ofrece el estándar a precio regular. Esta técnica es muy común en productos de limpieza, alimentos y productos para salud y belleza. Entre los ejemplos se incluye la oferta de tres onzas extras de un líquido limpiador, los chicles que ofrecen dos gomas adicionales y los champús con 30% más de cantidad, por el mismo precio del tamaño regular. Un paquete de bonificación premia a los usuarios del momento pero tiene poco atractivo para los usuarios de marcas competitivas. Con frecuencia, esta técnica se utiliza como una forma de introducción para un nuevo tamaño. Además, es una manera de "cargar" a los clientes con el producto.

Un enfoque de promoción:

Las lecciones de las guerras de precios de las bebidas gaseosas

La "guerra de las colas" fue una de las historias de negocios más extensas en la década de los años ochenta. Coca-Cola sacó al mercado nuevos productos, Pepsi contrató por millones de dólares a estrellas como Michael Jackson para promover los suyos y ambas empresas elaboraron anuncios en donde atacaban los productos de la otra, a la vez que promovían los propios.

Mientras se daba el combate en las pantallas de televisión, los dos gigantes de las bebidas gaseosas también estaban compitiendo en la línea de los descuentos. Tenían tantos y tantas ofertas especiales de sus productos que algunos clientes comenzaron a creer que las botellas de dos litros siempre se venderían a US$0.99. Las guerras de precios continuaron y los consumidores las adoraron.

Sin embargo, hacia el final de la década, la competencia por los precios comenzó a disminuir y los analistas empezaron a sentir sus efectos. Las embotelladoras disfrutaron cuando los precios comenzaron a subir de nuevo. Además de darles unos cuantos centavos más de ganancia por botella, los precios más altos pueden indicar que los clientes prefieren las bebidas gaseosas con base en su gusto real antes que en el precio. Las embotelladoras se quejaron de que durante la guerra de los precios, muchos consumidores perdieron la lealtad de marca y sólo compraban lo que era más barato.

Como era de esperarse, los precios altos llevaron a los consumidores a hacer menos compras. Mientras que el consumo de bebidas gaseosas creció a una tasa de 5% anual hacia mediados de los años ochentas, ese crecimiento se detuvo en 1989 cuando los precios comenzaron a subir. Para tratar de atraer más clientes sin reducir de nuevo los precios, los fabricantes cambiaron a promociones diferentes como las campañas de Coca-Cola, Magican en 1990 y premios musicales en 1991.

El efecto del final de las "guerras" en las compañías de bebidas gaseosas más pequeñas no quedó claro de inmediato. Una disminución del mercado general de las bebidas gaseosas no ayuda a nadie, pero un aumento general de precios les da a todos los embotelladores más posibilidades para maniobrar. Algunos fabricantes pequeños esperaron que las embotelladoras comenzaran a producir más alternativas para los dos grandes como una manera de incrementar su volumen, inclusive si la demanda de Coca-Cola y Pepsi era poca.

No sorprende que aún pueda verse descuentos en las bebidas gaseosas en algún supermercado, pues los precios varían según la región y Coca-Cola y Pepsi controlan cerca de la mitad de sus embotelladoras, de manera que ninguna puede ordenar simplemente un aumento de precio para toda la nación. Existe la posibilidad de que, en el futuro, continúen las guerras de las bebidas gaseosas para dar a los observadores la oportunidad de ver cómo funcionan la mezcla promocional y las leyes de la oferta y la demanda.

Fuente: Direct Excerpts from Patricia Winters "Soft-Drink Price Wars Lose Fizz," *Advertising Age* (October 16, 1989): 38. "Coke Targets Youth Market with CD, Tape Promotion," *Marketing News* (April 29, 1991): 5.

Aunque los paquetes de bonificación pueden servir como base para una nueva campaña promocional, tienen sus problemas. El gasto de diseñar y fabricar los nuevos empaques puede ser alto; transportar el producto, manejarlo y colocarlo en los estantes puede ser difícil para el minorista. El fabricante debe tener una buena relación con el distribuidor minorista ya que estos empaques requieren de un manejo superior y espacio en los estantes, que los tamaños regulares.

Cuando se venden dos o más unidades de un producto a un precio reducido en comparación con el precio de una unidad regular, se está haciendo una oferta de **paquete en banda**. En ocasiones, los paquetes están unidos físicamente con una banda, como en el caso de las ofertas de cepillo de dientes y crema dental. En la mayor parte de los casos, los productos, simplemente, se ofrecen en formatos de dos-por, tres-por o diez-por, o mediante la inclusión de un tamaño más pequeño del producto con el empaque de tamaño regular.

Los paquetes en banda ofrecen, en esencia, las mismas ventajas y desventajas como el paquete de bonificación. Existe alguna evidencia de que si la oferta es bastante atractiva, puede llevar a personas diferentes a los usuarios regulares a comprar el producto en promoción. Sin embargo, la oferta de un paquete en banda debe cumplir con las normas de la FTC sobre precios engañosos; de acuerdo con estas normas, cuando la oferta se refiere a un "precio sugerido con antelación" la reducción de éste se debe basar en el precio promedio asignado al producto durante los seis meses anteriores para evitar que las empresas eleven el precio justo antes de la venta.

Reembolsos y devoluciones. Una promoción de **reembolso** es una oferta hecha por un comercializador para devolver una cierta cantidad de dinero cuando un producto se compra sólo o en combinación con otros. Los reembolsos se utilizan para aumentar la cantidad o frecuencia de compra, para animar a los clientes a llevar más, para desanimar a la competencia sacando temporalmente a los consumidores del mercado, para estimular la compra de bienes cuya adquisición se puede postergar (por ejemplo, artículos grandes) y para crear ánimo o desarrollar presentaciones especiales. **Devolución**, un término popular en la industria del automóvil, significa lo mismo que reembolso. A diferencia de los descuentos de precio, existe evidencia de que los consumidores buscan los reembolsos y las devoluciones como un premio por comprar. Esta experiencia después-de-la-compra parece acrecentar la lealtad de marca en lugar de disminuirla[9].

La clave para un reembolso exitoso es hacerlo tan descomplicado y sin restricciones como sea posible. Los formatos probables incluyen una devolución en efectivo más un cupón de bajo valor para el mismo producto u otro de la compañía; un cupón único de precio alto o un cupón para la marca adquirida junto con otras marcas de la línea del fabricante. Maxell Corp. desarrolló una interesante combinación al ofrecer a los clientes que compraran dos o más videocasetes una rebaja de US$5 en su cuenta de cable o una suscripción gratuita por 13 semanas a *TV Guide*.

Un aspecto interesante de los reembolsos es la falta de reclamación de los mismos: o la indiferencia por hacer efectivo su cobro. La tasa de esta falta de reclamación varía con el valor del reembolso, la cantidad de pruebas de compra requeridas y el método de publicidad. A mayor falta de reclamación, menor será el costo para el comercializador. En 1987, un estudio dirigido por Jolson, Wiener and Rosecky encontró que la tasa de falta de reclamación era de 30%, clasificado entre 26% para los usuarios de reembolso "pesados" y 33% para los "livianos". Entre las razones que las personas citaron para no solicitar el reembolso estaban: olvido, pérdida de los formularios, demasiado costo en tiempo y correo, y demasiado tiempo para recibirlo[10].

Aunque los reembolsos tienden a ampliar la lealtad de marca, en el sentido de que premian la compra continua y tienen un costo relativamente bajo, en particular a la luz de una falta de reclamación elevada, conllevan diferentes inconvenientes. Lo más notable, un reembolso es un descuento directo sobre el producto. Si no hay bastante de dónde lograr ventas significativas, puede ser un golpe grave para el margen de utilidades; además, con frecuencia, los reembolsos los utilizan clientes que habrían adquirido la marca de todas maneras. Por último, las ventas que se generan con los reembolsos pueden no demostrar un aumento durante bastante tiempo porque se requiere de un periodo mínimo para que los consumidores adquieran el producto y envíen la carta de reembolso. Para superar esta demora, algunas compañías remiten por correo, certificados de reembolso, al estilo de un cheque, directamente a los consumidores antes de comprar, de manera que éstos puedan hacer efectivo el "cheque" al momento de adquirir el producto.

Una compañía que representa a diversos comercializadores y favorece mucho los reembolsos es Donnelley Marketing, propietaria del programa de cupones Carol Wright. A través del correo directo (*véase* figura 5.2), invita a los consumidores a marcar el número 900 para ordenar reembolsos que van desde US$10 hasta US$50 en categorías de producto que cubren accesorios para automóviles, artículos electrónicos para el consumidor, equipo de oficina para el hogar y accesorios de cocina. Cada llamada cuesta US$3. Quien llama, selecciona una categoría de mercancía y escucha ofertas de reembolso por marcas; de acuerdo con su decisión, recibe por correo certificados de reembolso personalizados, los cuales puede enviar de la misma manera junto con una prueba de compra, al comercializador[11].

Cupones. En 1859, el cereal Grape-Nuts creó una nueva técnica promocional al ofrecer un cupón de un centavo. Los **cupones** son certificados legales que ofrecen los fabricantes y los distribuidores minoristas, para otorgar ahorros específicos en productos seleccionados, al presentarlos para su redención en el punto de compra. Los comerciantes asumen el costo de publicidad y distribución en sus cupones al redimir su valor nominal y pagan a los minoristas una

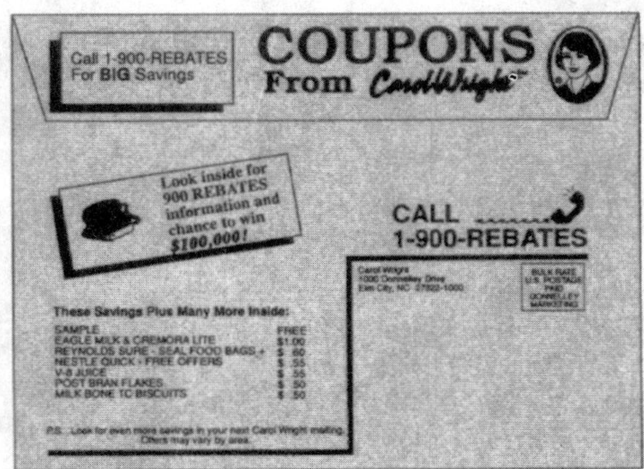

Figura 5.2
Carol Wright permite que los clientes ordenen reembolsos por teléfono. Cortesía de Donnelley Marketing, Inc.

cantidad por manejo. Los minoristas que ofrecen el doble o el triple del cupón asumen el costo extra; quienes ofrecen sus propios cupones cubren el costo total, incluido el pago del valor establecido en el cupón. Los cupones del minorista equivalen a una transacción sin centavos.

Los cupones tienen un atractivo obvio para los consumidores sensibles al precio. Además, pueden tener beneficios menos tangibles: de acuerdo con un estudio dirigido por D'Arcy Masius Benton & Bowles, el comprador típico de cupones es una mujer casada, blanca, de mediana edad, trabajadora, con un ingreso de US$29,000, que deduce US$6 de su cuenta semanal de US$74 por concepto de abarrotes, mediante cupones. Entre las satisfacciones más grandes de los recortadores o coleccionistas de cupones está la creencia de que, de alguna manera, golpean al sistema. Otros dicen que utilizar cupones alivia el fastidio de comprar, al crear una situación similar a un juego[12].

En investigaciones se ha demostrado que la tendencia a utilizar cupones surge si los consumidores 1) necesitan ajustar sus presupuestos, 2) quieren experimentar con nuevos productos o 3) con frecuencia utilizan productos que adquieren a intervalos regulares durante el año, como cereales para el desayuno, café y bolsas plásticas para la basura[13]. Según Donnelley Marketing, los norteamericanos hispanohablantes forman el segmento de mercado que corresponde a los mayores usuarios de cupones[14]. Los clientes con menor probabilidad de utilizar cupones son compradores con una gran lealtad de marca o aquellos que sienten que el costo de recortar o coleccionar cupones es mayor que la economía que otorgan[15].

Distribución de cupones. Los fabricantes distribuyen sus cupones de diferentes maneras. Pueden enviarlos directamente por correo, puerta a puerta o a un punto central, como un almacén. Pueden distribuirlos a través de revistas o periódicos, en suplementos dominicales o en separatas gratuitas en los periódicos; pueden insertar un cupón en un paquete, adherirlo a él o imprimir uno en el empaque. Un vendedor minorista también puede distribuir cupones como medio para generar movimiento en el almacén o unidos a una táctica promocional del fabricante. Por lo común, los cupones respaldados por el minorista se distribuyen como publicidad impresa o en el punto de venta. En ocasiones, los minoristas especializados (por ejemplo, heladerías, almacenes de artículos electrónicos, restaurantes) o quienes recién se inician en el negocio, distribuyen los cupones puerta a puerta o mediante correo directo.

Desde hace un tiempo, la distribución de cupones se ha visto afectada por dos tendencias. La primera es un cambio en los medios para hacerlo en los almacenes; ese cambio es el resultado del creciente aumento de los costos en los medios de comunicación, incluido el costo de las separatas y la proliferación de cupones. Los periódicos cobran una suma al publicista por publicar la separata, la cual depende del valor que los periódicos recibirían por el espacio si el anuncio se colocara en el periódico mismo. Una segunda tendencia es el crecimiento de los cupones electrónicos. El escáner UPC de códigos de barras registra de manera automática una compra y entrega cupones redimibles en la siguiente compra. En un programa auspiciado por Catalina Marketing, por ejemplo, los consumidores ahorran cupones al instante y los compradores frecuentes acumulan puntos para lograr premios como televisores a color y maletas. En una *joint venture* de P&G, Donnelley Marketing y Checkrobot Inc. se está probando un sistema llamado VISSON, el cual incluye un monitor a color en el contador y presenta un video que elogia los ahorros del cliente[16].

Costo de los cupones. En 1990, la cantidad de cupones distribuida creció a 280,000 millones, un aumento de 5% desde 1989. El aumento entre 1985 y 1986 había sido del 18%. Entre tanto, los valores nominales subieron; entre 1984 y 1985, el porcentaje de cupones con un valor nominal de US$0.30 o más, se duplicó. El valor nominal promedio de los cupones redimidos en 1989 fue de US$0.44[17]. Así, aunque el crecimiento del número de cupones distribuidos se ha detenido, el aumento de los valores nominales ha incrementado el costo del patrocinio de cupones.

De hecho, el valor nominal de un cupón es sólo parte de su costo. Por tradición, los minoristas reciben un valor de manejo de US$0.08 por cupón, cantidad que puede variar de acuerdo con los distribuidores o sus organizaciones comerciales. Además, el centro de distribución u otra organización que reúna los cupones, hace el reembolso para el minorista y las cuentas del fabricante, además, incluyen un cargo. Las grandes compañías, como Donnelley Marketing, al igual que las pequeñas compañías regionales, cumplen esta función de recolectar o distribuir cupones. Aunque los costos varían en grandes proporciones, la práctica es incluir cerca de US$0,04 por cupón, para este servicio.

La distribución de cupones también tiene un costo. Por ejemplo, el espacio del anuncio del periódico puede costar US$1,000 más US$300 por su producción. Por el contrario, el costo que cobra el periódico por insertar una separata es cerca de US$7 por millar. En realidad, producir cupones distribuidos por separatas puede costar alrededor de US$150 por millar.

El siguiente paso en el pronóstico de los costos de cupones es estimar la tasa de redención para el anuncio en el periódico. Si la circulación de este último es de 200.000 ejemplares y se supone una tasa de redención típica del 3%, entonces se redimirán 6,000 cupones, aproximadamente (200,000 x 0.03). El costo de los cupones es como sigue:

6,000 cupones al valor nominal de US$0.50	US$3,000
US$0.08 por cupón para el distribuidor por manejo	480
US$0.04 por cupón para los costos de la casa de distribución	240
Espacio en el periódico	1,000
Costo de producción	300
	US$5,020

En este caso, el costo por cupón redimido no es el valor nominal de US$0,50 sino más de un dólar cada uno.

Error en la redención. Debemos añadir un costo más: el error en la redención consiste en pagar al tenedor del cupón el valor nominal aunque no haya comprado el producto. Si el error en la redención es cerca de 10%, en realidad sólo se redimirán 5,400 cupones para el producto (100% - 10% = 90% x 6,000 = 5,400). El error en la redención aumenta el costo por cupón a US$1.11.

Con frecuencia, el error en la redención se presenta cuando un cupón se redime mal aunque no se haya comprado el producto indicado, por lo general porque quien hace la liquidación no es cuidadoso; entrenarlo mejor es un remedio efectivo. El Food Marketing Institute, en *Guidelines of Hard-to-Handle Coupons*, hace algunas sugerencias específicas de qué hacer y qué no incluyendo una recomendación del tamaño de los cupones: 6" de largo, con un margen de tolerancia hasta de 3", por 2 1/2" de ancho, con una tolerancia hasta 2 1/16"[18].

El error en la redención puede ser sin intención. Un empleado del almacén puede redimir correctamente un cupón para un producto que no se ha comprado o puede redimir un cupón olvidado para un producto que no se encuentra en el programa. Muchos fabricantes tratan de evitar los errores en la redención revisando el inventario de productos y las facturas contra los cupones ofrecidos. Se estima que del 10% al 15% de todos los cupones redimidos están errados[19].

¿Los cupones son efectivos? ¿Los cupones justifican su alto costo? Para el fabricante, los cupones le ayudan a lograr varios objetivos. Un excelente estudio sobre el trabajo con cupones encontró que éstos tienen la capacidad de atraer nuevos clientes que prueben el producto, personas interesadas en cambiar de marca, aumentar el consumo de la categoría, mantener o aumentar el índice de compras repetidas, defender la participación en el mercado, ganar apoyo promocional en el almacén, motivar a la fuerza de ventas, reforzar o ampliar la publicidad en medios impresos y lograr que los consumidores prueben otro producto[20]. Al considerar tanto el apoyo conceptual como el empírico, los roles mejor establecidos para el sistema de cupones son atraer a nuevos clientes y a quienes desean cambiar de marca.

Cuando los fabricantes utilizan los cupones, pueden controlarlos si la oferta funciona; así, el sistema permite una coordinación óptima con otras actividades promocionales. Por otro lado, los consumidores que no son sensibles al precio continúan pagando el valor total del producto.

Sin embargo, cualquier gerente que contemple el uso de cupones debe sopesar sus ventajas frente al costo, incluido el de error en la redención y el fraude, un problema muy costoso y difícil de controlar. Un segundo problema es la mezcla de cupones, la cual puede incidir en parte para el descenso de las tasas de redención. Aunque 98% de las amas de casa ahorran cupones, un seguimiento reciente encontró que sólo habían redimido 3.5% de ellos.

Para reducir esta mezcla, los fabricantes han diseñado diversas formas para diferenciar sus cupones. Uno es combinarlos con otras ofertas como concursos. En ocasiones, la oferta de "compre uno y lleve otro gratis" se utiliza como parte de un cupón. Otras innovaciones incluyen el *cupón en cruz*, el cual es un cupón de un producto que se encuentra unido con otro o incluido en el empaque de otro que suele ser un producto complementario. Durante una promoción, los envases de Diet Coke incluían cupones de uno y de tres dólares para visitar parques de diversión regionales. Una variación de los cupones en cruz era imprimirlos al respaldo de un recibo de ventas, con frecuencia para empresas cercanas. Los *cupones autodestruibles* están impresos en una cubierta de manera que al utilizarlos ésta se destruye. El hecho de que la tasa de redención no haya aumentado sugiere que estas técnicas no son muy efectivas. La falta de aumento resulta muy desalentadora a la luz de los altos costos asociados con el uso de cupones.

Concursos y sorteos

Desde el punto de vista histórico, siempre ha existido mucha confusión acerca de los términos concurso y sorteo. En su forma simple, un *concurso* requiere que el participante, para poder determinar un ganador, realice una actividad (por ejemplo pintar un dibujo o escribir un poema) que luego se ha de calificar. También se conoce como concurso de destreza. Un *sorteo* tiene un esquema aleatorio, en el cual se puede exigir o no una condición como comprar un tiquete o comprar un producto. En ocasiones, los sorteos se conocen como concursos de oportunidad. Un concrso requiere un proceso de calificación de los resultados, mientras que un sorteo no. El uso de sorteos ha crecido en grandes proporciones durante las últimas décadas, principalmente gracias a cambios en las condiciones legales que determinan si es o no una lotería. Antes de esos cambios, estar asociado con una lotería equivalía a cargar con estereotipos negativos de estafadores o gente del crimen organizado. Una *lotería* es una promoción que incluye la entrega de un premio sobre la base de la suerte con una condición establecida para poder participar. En una promoción de ventas, la condición es entregar la tapa del empaque u otra prueba, solicitada por el anunciante. Durante muchos años, los publicistas emplearon los concursos, de manera que eliminaban el elemento de oportunidad y retiraban el estigma de lotería. El familiar concurso "veinticinco palabras o menos" y muchos otros sistemas similares fueron muy comunes. Sin embargo, la liberación de las interpretaciones legales, incluida la habilidad para pedir un recibo de venta como prueba de la compra, facilitaron los sorteos.

Además de los cambios legales, la preocupación por los costos animó al cambio hacia los concursos. Calificar y procesar concursos son procedimientos costosos, pues administrarlos cuesta alrededor de US$350 por cada mil entradas, mientras que el costo de procesar un sorteo se ubicó, hace poco, entre US$2.75 y US$3.75 por millar. De otra parte, el nivel de participación en los concursos es muy bajo. Como resultado, los concursos han cedido bastante terreno ante los sorteos.

En la actualidad, los concursos exigen que los participantes compitan por un premio o premios con base en alguna clase de habilidad o destreza. Los sorteos sólo requieren que los participantes suministren sus nombres para un dibujo u otro tipo de selección. Aunque las cifras son incompletas, se estima que se gastaron US$87 millones en concursos y sorteos en 1977 y US$175 millones en 1989. Menos del 20% de todos los hogares han participado en un concurso o en un sorteo.

Existen muchas críticas en relación con el uso de concursos y sorteos. Entre las más notables está que diseñar un concurso o un sorteo efectivo resulta costoso y seleccionar los premios adecuados es bastante difícil. El premio debe ser atractivo para el consumidor, aunque no debe opacar al producto mismo. La relativa atracción del dinero, la mercancía o un viaje como premio depende, con frecuencia, del segmento particular del mercado objetivo. La estrategia empleada en los medios para informar sobre el concurso también puede ser compleja y costosa. Los distribuidores minoristas pueden resentirse por su participación. Además, los críticos sugieren que los concursos generan más complicaciones que buen nombre, debido a que los perdedores pueden convertirse en líderes de opinión en contra de la compañía. Otro aspecto de cuidado en cuanto a las normas legales, es el diseño del concurso; por ejemplo, todos los premios se deben entregar. También existe la posibilidad de que un sorteo pueda emplearse de manera engañosa para vender bienes raíces, suavizantes de agua y láminas de aluminio. Quienes planean la repartición del tiempo exigen que los ganadores hagan un viaje y una venta difícil por parte de un vendedor, para reunir premios.

Un aspecto final de la crítica se refiere a la eficacia de los concursos. Resulta difícil saber qué nivel de aumento se genera en las ventas mediante el concurso o el sorteo. Lo que es más importante, determinar si estos clientes son nuevos o compradores habituales y si seguirán como clientes son preguntas importantes aunque sin respuesta. Concursos y sorteos no son muy eficaces para atraer consumidores que prueben el producto o clientes nuevos. Este hecho se demostró en una promoción de enlace entre McDonald's Corp., Holiday Inns, Inc., Coca-Cola Enterprises, Inc., Disneyland y Sears, Roebuck and Co. utilizando un formato del juego de *scrabble*. Un ejecutivo anotó: "Desde un punto de partida consciente, fue en extremo exitoso. Sin embargo, esperábamos que generara un tráfico más intenso del que produjo. Se presentó una gran desilusión entre los comercializadores"[21].

Los argumentos a favor de los concursos también son convincentes. El argumento primario es que los concursos y los sorteos generan interés y emoción masivos, las partidas pueden alcanzar millones, al igual que un entusiasmo real entre clientes y empleados. Los sorteos Bud Bowl se realizan durante los partidos por el título de la NFL y el Super Bowl, y han dado resultados positivos desde su iniciación en 1988. Los concursos también brindan algo nuevo para la publicidad de la compañía; el *copy* (texto) suele ser fácil de escribir porque se apoya en el gran entusiasmo e interés de la audiencia. Los concursos buscan despertar en el consumidor el deseo de jugar, competir, ganar y obtener un premio. El impacto tiende a ser positivo.

Un buen concurso tiene la capacidad de lograr un alto grado de compromiso por parte del consumidor, reactivar ventas estancadas, ayudar a obtener presentaciones directas, brindar un *merchandising* atractivo para comercializadores y vendedores, dar vitalidad a un tema para publicidad, agregar interés a un anuncio y crear entusiasmo para un producto de bajo interés.

Patrocinio o auspicio de eventos

De acuerdo con International Events Group (IEG), firma experta en la consultoría de eventos, las compañías invirtieron más de US$2,000 millones anuales en asociar sus productos con actividades que iban desde festivales de jazz hasta torneos de golf y carreras de autos. De hecho, compañías como RJR Nabisco, Inc. y Anheuser-Busch tienen divisiones o departamentos separados que se encargan sólo del manejo de estas actividades. Una de las agencias más grandes, Saatchi & Saatchi DFS Compton, tiene un grupo llamado HMG Sports que maneja presentaciones deportivas que incluyen los Juegos Olímpicos, un paseo en ski de Sanka, y Post Cereals, un concurso de pesca de Hardee's y una regata de yates alrededor del mundo de Beefeater's Gin[22]. Con frecuencia, la dirección es parte de la responsabilidad de relaciones públicas y se estudiará en el capítulo 7.

Existen varias razones por las cuales muchos comercializadores han decidido pasarse al grupo de los ganadores de eventos especiales. Primera, estas actividades tienden a atraer una audiencia homogénea muy apreciada por los anunciantes o patrocinadores del evento; por tanto, si un producto se ajusta a la actividad planeada, el impacto del dinero que se invierte en la promoción de ventas será muy alto. Lalique Crystal no patrocinaría un concurso de tractores, pero Marlboro sí. Segunda, el patrocinio de actividades puede hacerse con el apoyo del comercio y los empleados, y quienes lo dirigen pueden recibir reconocimiento, e incluso, premios. Pocas cosas son más atrayentes que el presidente de Kemper Insurance entregando un cheque por US$300,000 al ganador del Kemper Open por la televisión nacional. Por último, en comparación con la producción de series de anuncios, la dirección de estas actividades es sencilla. Muchos elementos de los eventos ahora vienen planeados. Una organización como MCI Communications Corp. puede utilizar el mismo grupo de personas para dirigir muchos eventos, utilizar cabinas telefónicas, vallas, premios y anuncios en forma repetida cambiando sólo nombres, lugares y fechas.

El patrocinio de esta clase de actividades tiene dos grandes fisuras: la primera es el desequilibrio entre el evento mismo y la compañía. Por ejemplo, mediante el proceso de ensayo y error, los fabricantes de cigarrillos Philip Morris Tobacco y RJR Nabisco, Inc. aprendieron a patrocinar eventos deportivos que no requieren grandes niveles de destreza física. Ellos no patrocinan carreras en pista y campo o competencias de gimnasia. Segunda, muchos factores fuera de control pueden influ r: baja planeación, problemas del clima, un ganador impopular o malos perdedores, pueden destruir lo realizado. Desde 1970, Philip Morris ha patrocinado el torneo de tenis femenino de Virginia Slims. En 1990, hubo protestas fuera del sitio de competencia por el patrocinio de la compañía de cigarrillos, y se intentó remplazarla.

Ofertas de premios

Un **premio** es una recompensa tangible que se recibe por realizar una actividad en particular; por lo general, la compra de un producto. El premio puede ser gratuito; en caso contrario, la cantidad que el consumidor paga puede estar muy por debajo del precio en el mercado. Recibir una cantidad extra de producto es un premio, al igual que una caja de Cracker Jack, un vaso gratis por la compra de un detergente o un atlas gratuito con la compra de un seguro de Allstate Insurance. La industria de los premios generó más de US$15,000 millones de ingresos en 1989, con una tasa de crecimiento anual cercana a 83%. Los premios al consumidor representan cerca de 45% de este total y los premios al comercio, 55%[23].

Las compañías acostumbran elegir premios que se relacionan con su producto o que atraen a sus clientes más obvios. Hace pocc, Quaker Oats Co. sacó un empaque con *foil* de aluminio con la mezcla para su panqueque Aunt Jemima. Liggett & Myers ofreció medias para dama a los compradores de los cigarrillos Eve. Las muchas variedades de premios se dividen en dos categorías generales: premios directos y premios por correo.

Premios directos o de recompensa inmediata. Los incentivos que se dan gratuitos con la compra, en el momento de hacerla, se llaman **premios directos.** No hay complicación con dinero, correo, producto adicional, oportunidad, empaque, elementos para ahorrar, o el tener que rasgar las tapas de las cajas. Lo mejor de todo es que no hay que esperar.

Cuatro variaciones básicas se califican como premios directos; la primera es que el premio directo propiamente dicho representa otro incentivo al momento de la compra. Por ejemplo, cuando un hombre va a la caja a pagar su traje nuevo, lo encuentra con un premio directo, una bolsa especial de empaque. Segunda, los objetos en el *interior del empaque* se incluyen desde la fábrica; Planters Nuts, por ejemplo, incluyó un plato para nueces dentro de su presentación de lujo de ese producto. Tercera, los artículos *con* o *sobre el empaque* son otra forma de empaque en fábrica que va al exterior de la caja, firmemente adherido con una banda plástica, una cinta u otro mecanismo. Un cepillo de dientes gratuito unido a la crema dental Gleem es un ejemplo. Cuarta, los *premios contenedor* invierten la idea de "en el interior del empaque", al colocar el producto dentro del premio. Maker's Mark, un fabricante de **bourbon** de gran calidad, vende garrafas de lujo de su licor para la Navidad.

Otras versiones de premios directos son los indicadores de tráfico, los abrepuertas y los premios de referencia. El premio *indicador de tráfico* es un incentivo (por ejemplo, regalar un pequeño utensilio de cocina) para llevar al cliente potencial a un lugar del negocio. Un premio *abrepuertas* está dirigido a los consumidores en sus hogares o a la gente de negocios en sus oficinas; en el campo de la venta directa es un mecanismo importante y su aplicación es un pie sutil en la puerta durante los recorridos casa por casa y, en ocasiones, un argumento decisivo cuando se llama para concertar una cita. Los abrepuertas sirven con fines similares en muchas otras industrias; por ejemplo, un fabricante de máquinas copiadoras le ofrece un dólar de plata a un ejecutivo que acepta recibir una demostración en su oficina. La categoría final de los premios se basa en las *referencias* que da el comprador. Los vendedores realizan reuniones de ventas con clientes satisfechos y los recompensan con un premio por su asistencia. Por ejemplo, la compañía Massachusetts Mutual Life Insurance entrega directorios con tapa de cuero en esas reuniones.

Premios por correo. A diferencia de los premios directos, los **premios por correo** exigen que el cliente realice alguna acción para recibir el premio a través del correo. El *autoliquidador* es el tipo básico de estos premios y surgió durante la Gran Depresión de la década de los años treinta, una época de economía forzosa[24]. Los ahorros se contaban en peniques y eran importantes para el consumidor promedio. Como los presupuestos de promoción con frecuencia eran estrechos, la idea de dar un premio que no le costara nada al publicista era la más atractiva. El autoliquidador era la respuesta. Se le llama de ese modo porque el precio que el consumidor pagaba por el premio era idéntico al costo en que incurría el publicista (es decir, el premio liquidado por sí mismo).

Un premio de autoliquidación se ofrece a cambio de una o más pruebas de compra y el pago de un cargo que cubre el costo del artículo, su manejo, envío, empaque e impuestos (si los hay). El premio representa una ganga ya que el consumidor no puede comprar ese artículo en el mercado por la misma cantidad. En la figura 5.3 aparece un ejemplo. Dos compañías pueden ofrecer premios conjuntos por autoliquidación; para el consumidor, la mayor desventaja de este tipo de premio es la demora en recibirlo.

La industria de alimentos es uno de los usuarios más grande del autoliquidador; otros usuarios importantes son las promociones por correo de detergentes y limpiadores, artículos de aseo personal, cerveza corriente y especial, y bebidas gaseosas. El autoliquidador emplea grandes imágenes en los supermercados. Star-Kist Foods ofrecía al consumidor tres alternativas para obtener una camiseta de Morris, el gato. El consumidor podía conseguirla con 30 etiquetas de la comida para gatos, pagar US$2.75 más 10 etiquetas o pagar US$5 sin etiquetas.

Existen otros dos tipos de premios por correo. El primero es el premio *cupón-plan* o *continuidad-cupón.* El cliente reúne cupones o etiquetas especiales adheridas al producto. Es usual que un catálogo describa los premios y el proceso para reclamarlos. Los *premios gratuitos por correo* exigen que el consumidor envíe por correo al anunciante una solicitud con una prueba de la compra. La mercancía no necesita estar relacionada con el producto anunciado. Un ejemplo es el programa U.S. Sprint's Caller's Plus, en el cual los premios están relacionados con la cuenta de llamadas de larga distancia.

Utilizar premios. Los premios se pueden emplear para atraer clientes a un almacén en particular, comprar un producto específico o estimular la compra de grandes cantidades de un producto. ¿Los premios funcionan? El objetivo de un premio es sacar su costo mediante el aumento de las ventas. En el otoño de

Figura 5.3
Un anuncio con un premio de autoliquidación. Cortesía de Kellogg Company.

1989, la compañía Kal, Inc., fabricante de vitaminas con sede en Los Ángeles, puso cabecitas para lápiz, en forma de dinosaurio, a los envases de vitaminas Dinosaurs para niños. "Vendimos el valor de un año en el término de dos meses y medio", dice el director de marketing, Gary Nelson[25]. Los críticos sostienen que los premios animan a los compradores a cambiar de marca y que los que tienen diseño deficiente pueden causar problemas. Taco Bell retiró con premura 300 cantimploras plásticas para deporte, autografiadas por el ciclista Greg Lemond después de que se informó que un niño había desarmado la punta del envase y había intentado tragarse la boquilla.

En síntesis, los comercializadores ven los premios como una forma de recompensar a los clientes sin reducir el precio; los premios se consideran un verdadero artículo de valor agregado que remplaza los reembolsos y el sistema de cupones; además, desempeñan un rol importante para los compradores frecuentes o en los programas de continuidad que premian a los clientes por compras repetidas.

Continuidad de los programas promocionales

El intento de un **programa de continuidad** es mantener al usuario de una marca durante mucho tiempo mediante la oferta de incentivos continuos. Los premios de autoliquidación no se repiten, mientras que los programas de continuidad exigen que los consumidores ahorren algo antes de alcanzar el premio. Las estampillas promocionales, populares en las décadas de 1950 y 1960, de compañías como S&H and Gold Bond son un ejeplo. Por lo común, el cliente recibe una estampilla por cada diez centavos pagados en un almacén participante; la compañía, por su parte, asigna un almacén para cambiar las estampillas por mercancía y un catálogo con la lista del número de cuadernillos de estampillas que se necesitan para cada artículo.

En la actualidad, los clubes de pasajeros frecuentes de las aerolíneas y los planes para viajeros frecuentes en los hoteles, al igual que el programa de crédito Sears Discover, son ejemplos de programas de continuidad modernos. Lo más común, cuando firmas en competencia han alcanzado paridad, es que los programas de continuidad marquen la diferencia. Además, son efectivos para combatir a un competidor nuevo y amenazante al ofrecer a los clientes antiguos un premio por su lealtad. El objetivo de un programa de esta clase es mantener la lealtad de marca mediante un programa de premios. Los planes de los compradores frecuentes orientados al por menor, se concentran en los clientes principales para construir la lealtad hacia el almacén; por lo general, los programas auspiciados por el fabricante animan la adquisición del producto y la compra repetida en cualquier almacén.

El éxito de un programa de continuidad depende de entender a cabalidad a los clientes leales y su motivación. ¿Qué tiene valor para el consumidor? ¿Cómo hace sus compras el consumidor? Es necesario evaluar los beneficios de mantener la lealtad frente a los costos. Hay una gran diferencia entre tratar de motivar la compra de un plan de viaje de US$600 frente a la compra de una lata de sopa por US$0.49. El premio por ser un viajero constante de Air West, por ejemplo, es uno o más vuelos gratis. Sin embargo, los costos también pueden ser altos: horarios de vuelo inadecuados, conexión de vuelos, etc. Por su lado, comprar una lata de sopa Campbell para recibir otra lata gratis necesita poco esfuerzo por parte del consumidor y premios mínimos.

Muestras para el consumidor

Una de las claves del éxito de muchos comercializadores es llevar el producto a las manos del consumidor. En algunos casos, en particular si el producto es nuevo o no procede de un líder del mercado, una estrategia efectiva es la entrega de **muestras al consumidor**, es decir entregar el producto bien sea gratuito o por una pequeña cantidad. Hace poco tiempo, R.J. Reynolds Tobacco Co. hizo una muestra extensa de sus 100 cigarrillos más suaves. Al respaldo de cada empaque iba un cupón que decía: "Si usted tiene 21 años de edad, o más, desprenda este cupón de este inserto de dos lados y cuatro colores, y cámbielo por un paquete gratuito de cigarrillos More Lights 100s". Debido a los altos costos de esta técnica, se debe tener gran cuidado al emplearla.

Algunas indicaciones básicas. La primera regla de las muestras es utilizar esta técnica sólo cuando el producto se vende virtualmente por sí mismo. Es decir, el producto debe poseer beneficios o características que sean claras para el consumidor. Segundo, es importante darle al consumidor bastante producto para tener una apreciación justa de su calidad. El uso de tamaños de prueba del producto indica cuánto deberán recibir.

¿El producto deberá ser gratuito o deberá tener un valor nominal? Entregar el producto garantiza que el mercado objetivo cuente con la muestra pero no que el producto se utilice en realidad. El consumidor descarta con facilidad muchas muestras pequeñas o las deja de lado para emplearlas en el futuro. Además, los consumidores ven los productos que no cuestan nada como si no tuvieran valor. El cargo nominal ayuda a amortiguar los costos de esta técnica promocional; sin embargo, un valor, sin importar que tan pequeño sea, funciona en contra de la idea de muestra y puede dar al traste con la operación misma. Las alternativas de entregar muestras como prueba previa, ayudarán a resolver este dilema.

Los productos de los cuales se entregan muestras tienen un precio bajo y una alta rotación (por ejemplo, goma de mascar, detergentes, desodorantes). Sin embargo, de productos más costosos como perfumes, vinos y alimentos tipo **gourmet** también pueden entregarse muestras en forma selectiva y a ciertos mercados objetivos. Por ejemplo, el yogur Stonyfield Farms se entregó en tamaño de prueba en el almacén de abarrotes y también se le dio un cupón al consumidor para comprar el producto. Incluso, de los productos-servicios se pueden entregar muestras de manera efectiva; por ejemplo, los gimnasios han atraido miembros ofreciendo visitas gratis a un grupo selecto de personas.

Técnicas de distribución. Existen varias formas para distribuir muestras entre los consumidores; la más popular es por medio del correo. Sin embargo, el enorme aumento de los costos del correo, junto con las exigencias de empaque y manejo hace cada vez menos atractivo este método. Una alternativa es emplear organizaciones especializadas en la distribución puerta a puerta. Por ejemplo, la firma comercial Welcome Wagon proporciona una promotora contratada para visitar a los recién llegados a la comunidad. Después de darles la bienvenida y responder sus preguntas, deja muestras de productos o cupones para muestras de fabricantes que no son de la competencia, o de distribuidores minoristas.

La distribución puerta a puerta tiene particular atractivo cuando los ítems son pesados o existen organizaciones de distribución de reconocida reputación. Esto permite la entrega selectiva de muestras: a ciertos vecindarios, ciertas residencias o, incluso, determinadas personas. Además, el producto se puede dejar simplemente en la chapa de la puerta o entregarse frente a frente.

Las muestras también se pueden entregar junto con publicidad. Un anuncio puede incluir un cupón que el consumidor puede enviar por correo para solicitar el producto o una dirección que puede estar en el cuerpo de un anuncio. De un producto se puede entregar una muestra directamente a través de mecanismos impresos que utilizan tarjetas de rasgar y oler, y pequeñas bolsitas con *foil*. No obstante, también aquí existen riesgos. Hace poco, Ken L. Ration quedó bajo la vigilancia de *Consumer Reports* cuando la revista informó que una tarjeta de rasgar y oler, que promocionaba un nuevo alimento para perros con sabor a tocino, no debían olerla los perros sino los dueños. Utilizar medios de comunicación para distribuir muestras es un mecanismo costoso debido al valor del espacio de la publicidad y el bajo índice de respuesta.

Las muestras del producto también se pueden enviar directamente al distribuidor minorista, quien simplemente dispone una unidad de exhibición cerca del producto o contrata a alguien para que lo entregue a los consumidores a medida que pasan. Esta técnica ayuda a formar el buen nombre del distribuidor y es efectiva para llegar a los consumidores objetivos. Por otro lado, los minoristas con frecuencia se resienten por el inconveniente que les puede causar y exigen grandes sumas para cooperar. Esta técnica también puede crear conflictos con otras marcas que venda el mismo distribuidor.

La última forma de distribución tiene que ver con tipos de muestras por especialidad. Por ejemplo, varias compañías se especializan en empacar varias muestras juntas y despachar el paquete a un grupo homogéneo de consumidores como recién casados, nuevos padres, estudiantes o turistas. Estos paquetes se pueden enviar a hospitales, hoteles o centros estudiantiles. Debido a que muchas decisiones de producto de largo plazo se toman cuando las personas tienen entre 17 y 19 años de edad, a los recién llegados a la universidad, con frecuencia, se les envían paquetes de productos o cupones. Seleccionar los productos apropiados es vital.

Una evaluación. Numerosos argumentos apoyan el punto de vista de que las muestras son un mecanismo de promoción viable. Lo más importante es que las muestras parecen ayudar a los comercializadores a resolver el creciente problema de lograr que los consumidores aprecien sus nuevos productos, en particular uno de ellos, cuando la "velocidad de prueba", con frecuencia, es el ingrediente más importante para el éxito de la marca. Este concepto tuvo particular validez cuando se lanzó al mercado el Nintendo. Más de 3,000 jugueterías en Estados Unidos contaron con áreas de exhibición suministradas por la compañía, en donde los niños podían apreciar el producto. Sin embargo, la entrega de muestras también es efectiva cuando una marca superior o mejorada ingresa a una categoría establecida (si la marca no es mejor, los compradores simplemente regresarán a la anterior). La entrega de muestras también es benéfica cuando la publicidad masiva no puede demostrar los beneficios del producto. En ocasiones, es necesario experimentar un producto para apreciarlo (*véase* la figura 5.4), como es el caso de los productos demasiado técnicos, los servicios y los productos con alto contenido emocional. Las muestras también pueden distribuirse con otros elementos de la mezcla promocional, mejorando en gran medida el impacto de toda la estrategia. Los representantes de ventas de los laboratorios farmacéuticos, por ejemplo, utilizan las muestras con los médicos como una estrategia continua. El trabajo del vendedor se facilita cuando el producto verdaderamente está en las manos del consumidor. Como un hecho, la muestra puede ser la razón primaria del porqué un minorista selecciona el producto de un fabricante y

Figura 5.4
La muestra de producto es una de las formas más efectivas para que los productos puedan penetrar en el mercado. Cortesía de Green Mountain Coffee, Inc.

no el de otro. Por último, a los consumidores les gustan las muestras, en especial cuando no conllevan ningún riesgo.

Las críticas a esta técnica también son reales. Sus costos pueden ser excesivos cuando se consideran los resultados generales. Medir la efectividad de las muestras es difícil. Quizá la crítica más seria es que los comercializadores no pueden determinar con precisión si el producto es apropiado para distribuir muestras de él. Una muestra convencerá al consumidor de ir y adquirir el producto sólo si éste es único o tiene una calidad excepcional. Por último, las muestras pueden crear una imagen negativa; para muchas personas, las muestras de un producto son sinónimo de correo basura y se lamentan de ello.

En síntesis, cuando se utilizan muestras como parte de una campaña promocional coordinada para introducir un nuevo producto o para ampliar la prueba de uno vigente, el efecto de la prueba inicial y la recompra subsiguiente puede ser lo bastante fuerte como para costear la inversión.

Repaso de conceptos

Las promociones de ventas al consumidor se dirigen a los usuarios finales del producto.

1. Un precio en promoción es una reducción temporal del precio. Se puede ofrecer a través de los siguientes mecanismos:
   a. Descuentos en el precio o transacciones sin centavos
   b. Compras en paquete, bien sea como paquetes de bonificación o paquetes en banda
   c. Reembolsos y devoluciones
   d. Cupones, certificados legales que ofrecen fabricantes y distribuidores minoristas para conceder ahorros sobre la compra
2. Concursos, sorteos y loterías pueden exigir destreza, oportunidad aleatoria o una condición para crear emoción.
3. El patrocinio de eventos permite a los comercializadores crear apoyo entre un segmento homogéneo del mercado.
4. Las ofertas de premios brindan una recompensa tangible para comprar el producto.
5. Los programas de continuidad unen al consumidor con la compañía, mediante la oferta de incentivos continuos.
6. Las ofertas de muestras para el consumidor ponen a prueba tamaños del producto, bien sean gratuitas o por un precio bajo.

Dirigir las promociones de ventas hacia el consumidor

En la parte sobre técnicas específicas de promoción de ventas, se han encontrado muchos peligros latentes. El desorden en la promoción y la tendencia de las promociones a disminuir el valor de la marca son dos desventajas generalizadas. El uso repetido de técnicas relacionadas con el precio pueden reducir el valor percibido del producto. De manera más específica, los cupones para el consumidor son ahora tan persuasivos que algunos no comprarán el producto a menos que cuente con éstos. El uso continuo de promociones de ventas relacionadas con el precio, como los cupones, puede afectar la percepción del precio que los consumidores considerarán. Los usuarios sensibles al precio pueden cambiar a otra marca más barata cuando no hay descuento. Por otro lado, algunas técnicas de promoción de ventas simplemente pueden hacer que los consumidores "compren por anticipado", de manera que los productores tan sólo "toman prestadas" las compras futuras. Por último, algunas técnicas de promoción de ventas conducen al abuso; una de cuyas formas posibles es el error en la redención. El robo de los premios puede ser un problema si se pueden sacar con facilidad de un paquete. En ocasiones, los consumidores ganan en forma prematura concursos y sorteos al hallar una solución a los juegos.

En la figura 5.5 se aprecia que el uso de algunas de estas técnicas de promoción de ventas está en descenso. Con todo, un estudio reciente señaló que 74% de compañías utilizan ofertas de devolución de dinero y 73% utilizan premios. En 1990, los consumidores ahorraron cerca de US$4,600 millones mediante la redención de cupones[26].

Las promociones de ventas orientadas hacia el consumidor cumplen con varios propósitos:

- promover la prueba del producto entre nuevos usuarios
- introducir productos nuevos o mejorados
- estimular el uso repetido del producto

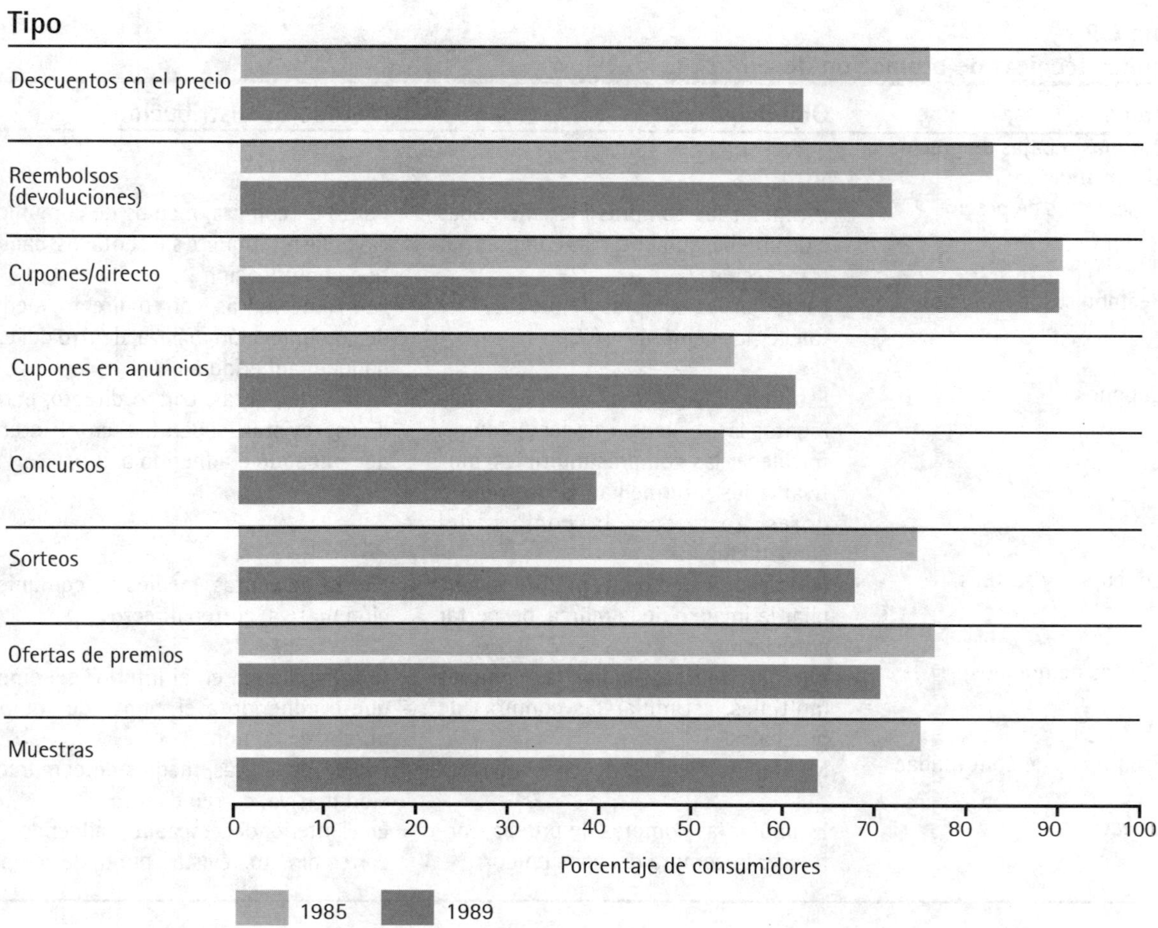

Figura 5.5
Comparativo de la respuesta de los consumidores a las técnicas de promoción de ventas en 1985 y 1989. Publicado con autorización de Donnelley Marketing Twelfth Annual Survey of Promotional Practices for 1985, 1987, 1988, 1989.

- animar compras más frecuentes y compras múltiples
- controlar las actividades de los competidores
- fortalecer la comercialización por tamaño o costo
- conservar a los clientes mediante un premio incluido
- reforzar la publicidad o la venta personal
- estimular el apoyo del comercio

Como se ha visto, algunas técnicas se ajustan mejor para lograr varios de estos objetivos y no otros. En la tabla 5.2 se sintetizan los objetivos apropiados para técnicas específicas.

Planear las promociones para los consumidores, de manera que las técnicas se equilibren con los objetivos, es responsabilidad del planificador de la campaña de publicidad, el departamento de publicidad y la agencia de publicidad o de promoción de ventas, o de los expertos en promoción de ventas.

Repaso de conceptos

1. Las promociones de ventas para los clientes se dirigen a los usuarios finales del producto.
2. Los objetivos de las promociones de ventas para el consumidor incluyen lo siguiente:
   a. Propiciar pruebas de producto para nuevos usuarios

Tabla 5.2
Algunas técnicas de promoción de ventas

Técnica	Objetivos	Método de distribución
A. Algunas rebajas de precio al consumidor		
Descuentos de precio	Estimular las compras incrementadas o de prueba, aumentar las compras por transacción	Punto de compra, medios de comunicación masiva, tiquete sin centavos, paquete de bonificación
Reembolsos (devoluciones)	Estimular las compras de prueba, fortalecer las compras múltiples	Fuerza de ventas, correo directo, medios de comunicación masiva, dentro del empaque o adherido a él
Cupones	Estimular las compras de prueba, aumentar la frecuencia de las compras, fortalecer las compras múltiples, motivar a los intermediarios o revendedores, fortalecer la compra del consumidor	Fuerza de ventas, correo directo, periódicos, revistas, separatas, en el interior del empaque o adherido a él
B. Concursos y sorteos	Fortalecer las compras múltiples, ampliar la imagen de la marca, despertar entusiasmo	Fuerza de ventas, medios de comunicación masiva, correo directo
C. Ofertas de premios	Agregar valor, estimular las compras múltiples, estimular las compras de prueba	Autoliquidador, en el interior del empaque o adherido a él, punto de compra, prueba de compra
D. Programas de continuidad	Mantener la lealtad del consumidor	Fuerza de ventas, medios de comunicación masiva, correo directo
E. Muestras	Estimular las compras de prueba, fortalecer la compra del consumidor	En el interior del empaque o adherido a él, correo directo, revistas, punto de compra.

b. Introducir productos nuevos o mejorados
c. Estimular el uso repetido del producto
d. Fortalecer compras más frecuentes o múltiples
e. Controlar las actividades del competidor
f. Animar la compra
g. Mantener a los clientes actuales mediante un premio incluido
h. Reforzar la publicidad o la venta personal

Caso 5

Las promociones de Wendy´s para niños

En 1989, Wendy´s tenía un 10% de participación en el mercado de restaurantes de comidas rápidas. Una investigación indicó que los consumidores percibían a Wendy´s como el líder en calidad del producto, variedad del menú y atmósfera o ambiente. Sin embargo, el crecimiento por unidad en esta categoría de comidas rápidas se había estancado durante los dos años anteriores. Como resultado, Wendy´s había ampliado su audiencia objetivo para incluir familias con niños y orientarse más hacia la promoción para ganar participación a sus competidores.

Para conservar su imagen, hace poco la compañía instauró el programa de comidas para niños Kids'Meal, para incluir premios de mejor calidad con valor de juego y comenzó a utilizar enlaces de "interés prestado" mediante licencias para estimular la demanda. Ahora, la mayor parte de los restaurantes se promueven hacia niños de un año con un mayor esfuerzo durante la época de vacaciones. Los objetivos promocionales específicos relacionados con este programa son:

1. Aumento de ventas y tráfico frente a las cifras durante el mismo periodo del año anterior.
2. Aumento de las ventas de certificados de regalo los cuales, por lo general, se redimen en enero y febrero.
3. Ampliar la imagen de Wendy entre las familias con niños menores de 12 años.
4. Contrarrestar los efectos de promociones competitivas dirigidas a los niños.

La oferta de promoción de ventas

En la práctica, Wendy's ha utilizado casi todos los tipos de promoción de ventas, concentrándose en cupones, concursos y descuentos en el precio. Aunque estas técnicas parecieron exitosas entre los adultos, no había probabilidad de que funcionaran con los niños. Wendy's observó el éxito de McDonald's con sus relaciones con las películas de Disney. Después de una amplia evaluación de los puntos a favor y en contra de un acuerdo de esta naturaleza, la gerencia de Wendy's decidió establecer una relación con la película de Don Bluth *Todos los perros van al cielo*, uno de los dos éxitos de películas animadas en la época de vacaciones, dirigida a familias con hijos menores de 12 años.

El paquete promocional total fue costoso. El ingrediente primario era una oferta exclusiva a los clientes de Wendy's de seis figuras en PVC de alta calidad, de los personajes principales de la película. Se hizo un intento por estructurar la promoción, para maximizar la participación del consumidor y las utilidades del almacén mediante tres ofertas para alcanzar los premios:

1. Incluida con la compra de una comida Kids' Meal
2. Autoliquidado a 99 centavos con la compra de tres platos de tamaño regular
3. En oferta gratis con la compra de certificados de regalo por valor de US$5.

La promoción se apoyó con una fuerte campaña de tres semanas de anuncios por televisión que comenzó el 20 de noviembre con el lanzamiento de la película, más una adecuación total del material promocional en el punto de compra dentro del almacén.

Las franquicias también animaron la participación en actividades promocionales adicionales, como en el caso de concursos de colorear, presentaciones de disfraces, imágenes de la película y entradas para el lugar en donde se proyectaba la cinta.

Wendy's considera que la promoción tuvo mucho éxito. Los resultados indicaron que:

- las ventas por almacén aumentaron con respecto al mismo periodo de 1988
- las ventas de la oferta Kids' Meal aumentaron 100% durante las primeras tres semanas de la promoción
- todos los premios se vendieron a través del sistema, sin dejar ningún inventario costoso.

Preguntas sobre el estudio de caso

1. ¿Las técnicas de promoción de ventas que empleó Wendy's fueron ofensivas o defensivas?
2. ¿Cuáles fueron los riesgos primarios asociados con una conexión como la que empleó Wendy's?
3. Sugiera otros tres tipos de técnicas de promoción de ventas que Wendy's podría considerar.

Síntesis

La promoción de ventas se ha convertido en parte esencial de la estrategia promocional; ya no es más un elemento secundario que se consideraba después de diseñar y pagar la publicidad. La promoción de ventas es ese "algo extra" que se ofrece al consumidor; puede brindar incentivos adicionales para facilitar la compra.

La parte central del capítulo cubre las promociones de ventas dirigidas hacia el consumidor. Las técnicas específicas incluyen promociones de precios (transacciones sin centavos, paquetes de precios, reembolsos y devoluciones, y cupones); concursos y sorteos, patrocinio de eventos, premios directos y autoliquidados); programas de continuidad y muestras para el consumidor.

Finalmente, las promociones de ventas al consumidor son estrategias a corto plazo que no son muy efectivas para crear lealtad de marca. Estas tácticas deberán emplearse con precaución e integrarse dentro de la mezcla de marketing total.

Preguntas de análisis

1. Defina el término *promoción de ventas.* Cite algunos ejemplos de cómo puede la promoción de ventas complementar la publicidad y las relaciones públicas.
2. ¿Qué razones puede exponer para la existencia de la promoción de ventas? ¿Cuál es el principal objetivo de la promoción de ventas?
3. ¿Qué tienen en común la promoción de ventas y la publicidad?
4. Describa las diferentes rebajas de precios y el rol que desempeñan en la promoción. ¿Cuándo deberá enfatizarse en ellas?
5. Muchos comercializadores utilizan ahora sorteos en lugar de concursos. ¿Por qué? Brinde un ejemplo de cada una de las técnicas de promoción de ventas.
6. Analice las diferentes clases de ofertas de premios, ¿bajo qué circunstancias preferiría usted los premios a las rebajas de precio?
7. Justifique el siguiente enunciado: "Para muchos comercializadores, una de las claves del éxito es llevar el producto a las manos del consumidor".
8. ¿Cuál es el atractivo de los eventos especiales? Explique.
9. Analice qué pueden y qué no pueden hacer las promociones de ventas.
10. ¿Cuáles son los aspectos a favor y cuáles en contra de los reembolsos y las devoluciones?

Proyectos sugeridos

1. Entreviste a diez consumidores para conocer sus puntos de vista sobre las rebajas de precio y los cupones. Evalúe si esas opiniones afectan la elección de marca y la recordación.
2. Reúna ejemplos de revistas y periódicos de todos los tipos de promociones de ventas estudiados en este capítulo. Determine los objetivos. Evalúe qué probabilidad existe para alcanzar estos objetivos.

Referencias

1. John F. Luick and William L. Ziegler, *Sales Promotion and Modern Merchandising* (New York: McGraw-Hill, 1968): 11.
2. Committee on Definitions, *Marketing Definitions: A Glossary of Marketing Terms* (Chicago: American Marketing Association, 1988):16.
3. Robert C. Blattberg and Scott A. Neslin, *Sales Promotion: Concepts, Methods and Strategies* (Englewood Cliffs, NJ: Prentice-Hall, Inc., 1990). John A. Quelch, *Sales Promotion Management* (Englewood Cliffs, NJ: Prentice-Hall, Inc., 1989). Stan Rapp and Tom Collins, *Maxi Marketing* (New York: McGraw-Hill Book Co., 1987).
4. Russ Bowman, "Sales Promotion, Annual Report 1989: Growing Up and Out," *Marketing and Media Decisions* (July 1990): 20-21.
5. Russ Bowman, "Coupons Come of Age," *Marketing and Media Decisions* (February 1990): 74.
6. Laurie Freeman and Jennifer Lawrence, "Brand Building Gets New Life," *Advertising Age* (September 4, 1989): 3, 34.
7. Charles L. Hinkle, "The Strategy of Price Deals," *Harvard Business Review* 43 (July-August 1965): 71-79.
8. Don Schultz, "It's Time to Come Up with Strategies, Not Just Tactics," *Marketing News* (August 20, 1990): 11.

9. Louis J. Haugh, "Cash Refunds Multiply," *Advertising Age* (May 5, 1980): 48.
10. Haugh, 49.
11. Alison Fahey, "Rebate Program Rings Wright Bell," *Advertising Age* (May 21, 1990): 44.
12. Christine Stephenson, "SMU Professor Studies Psychology of Coupons," *Bryan-College Station Eagle* (April 25, 1990): 11. "Recession Feeds the Coupon Habit," *The Wall Street Journal* (February 20, 1991): B1.
13. Ira Teinowitz, "Coupons Gain Favor with U. S. Shoppers," *Advertising Age* 24 (November 14, 1988): 64.
14. "Hispanics Rank High on Coupon Redemption Scale," *Direct Marketing* (September 1980): 20-21.
15. Robert Schindler, "How Cents-Off Coupons Motivate the Consumer," tomado de K. E. Jocz, ed., *Research on Sales Promotion: Collected Papers* (Cambridge, MA: Marketing Science Institute, 1984).
16. Jan Larson, "Farewell to Coupons," *American Demographics* (February 1990): 14-15.
17. Russ Bowman, "Coupons Come of Age".
18. *Ibid.*
19. Alison Fahey, "Coupon War Fallout," *Advertising Age* (September 4, 1989)" 2.
20. Blattberg and Nelsin, 268-79.
21. Scott Hume, "Big Mac Lines Up Scrabble Players," *Advertising Age* 1 (March 13, 1989): 74.
22. Russ Bowman, "Sales Promotion: Strategic Sizzle," *Marketing and Media Decisions* (October 1989): 108.
23. *Incentive Marketing* (New York: Bell Communications, 1990).
24. Eileen Norris, "Everyone Will Grab a Chance to Win," *Advertising Age* (August 22, 1983): M10, 11.
25. Bradley Johnson, "Promo Recalls Mean New Sensitivity," *Advertising Age* (June 18, 1990): 76.
26. Russ Bowman, "Sales Promotion," *Marketing and Media Decisions* (July 1990): 20.

Capítulo 6

Promoción de ventas para vendedores y el comercio

Promociones de ventas para la fuerza de ventas

Programas de apoyo

Programas motivacionales

Promociones para el comercio

Metas de las promociones de ventas para el comercio

Tipos de promociones de ventas para el comercio

Un enfoque de promoción: ganar espacio en los estantes con información

El futuro de la promoción de ventas

Caso seis: motivación en Mary Kay

Consideración:

El dilema de las promociones comerciales

El poder de los distribuidores minoristas crece cada vez más y los fabricantes están preocupados. Los artículos que describen la relación actual entre fabricantes de bienes empacados y los minoristas utilizan palabras como "rehén", "prisionero" y "adicto". Hasta ahora, nadie tiene una solución rápida y fácil.

El cambio en las relaciones de poder ha sido el resultado de cambios demográficos y tecnológicos, al igual que de la consolidación del negocio de las pequeñas tiendas de abarrotes. Los escáner indican que los supermercados tienen información de su lado. El desarrollo de la televisión por cable y el descenso del dominio que mantenían las tres grandes redes significan que los fabricantes ya no se orientan tanto hacia campañas con cobertura nacional para vender sus productos. Deben tratar con un mercado mucho más segmentado. Como cada vez hay mayor posibilidad de que las personas tomen sus decisiones de compra en el almacén, la importancia de las promociones dentro de éste continúa en aumento mientras que la lealtad de marca disminuye. La continua consolidación del negocio de alimentos minorista indica que los almacenes que sobreviven ejercen más influencia. En la actualidad, sólo subsisten cerca de la mitad de los almacenes de alimentos que existían hace 25 años; los que se mantienen son grandes pero el espacio general en los estantes crece con más lentitud, mientras que cada mes salen miles de nuevos productos de abarrotes y farmacéuticos.

Todos estos factores indican que si el fabricante quiere vender sus productos, necesita un buen espacio en los estantes. Esto significa que, cada vez más, los fabricantes pagan a los minoristas "promociones para el comercio", las cuales alcanzan hasta US$100,000 millones por año. Como poco de esta cantidad llega al consumidor en forma de descuentos en el precio, muchas de estas promociones parecen sobornos. A los fabricantes les gustaría eliminar estas deducciones y utilizar el dinero para otra clase de promociones pero, por ahora, están atrapados. Un fabricante simplemente podría dejar de pagar a los minoristas pero, a la larga, otros continuarían con la práctica y él terminaría perdiendo espacio y ventas.

Al final, los fabricantes tendrán que encontrar una forma de regresar al marketing de atracción en el cual la demanda o "atracción" de los clientes indica qué deben adquirir los almacenes, y remplazar el sistema actual de marketing de "impulso" (*push*), en el cual la mayor parte de los clientes compra lo que los minoristas les presentan. El regreso al marketing de atracción (*pull*) requerirá un resurgimiento de la lealtad de marca y la creación de formas inteligentes para asegurarse de que el minorista y el fabricante se beneficien de la preferencia del cliente por una marca. Sin embargo, hasta ahora, los minoristas controlan el juego y la mayoría de los fabricantes lo siguen.

Fuente: William C. Johnson, "Sales Promotion: It's Come Down to 'Push Marketing'," *Marketing News* (February 29, 1988): 8. Keith M. Jones, "Held Hostage by the Trade?" *Advertising Age* (April 27, 1987): 18. Alvin A. Achenbaum and F. Kent Mitchel, "Pulling Away from Push Marketing," *Harvard Business Review* (May/June 1987): 38-40. Richard Edel, "Trade Price Discounts Holding Hostages," *Advertising Age* (February 6, 1986): 18, 20, 22.

Aunque la promoción de ventas dirigida a los consumidores es relativamente reciente, la dirigida a la fuerza de ventas y a los intermediarios o revendedores (canales de distribución) tiene un largo historial. Es un arma competitiva muy importante para colocar nuevos productos en los almacenes, ganar espacio en los estantes y motivar a los intermediarios y al personal de ventas. De hecho, como se indicó en la sección anterior, entre algunos minoristas el uso de la promoción de ventas se ha convertido en algo tan obligatorio, que los fabricantes deben contar con ella para poder sobrevivir. Además, muchos vendedores esperan que se les ofrezcan incentivos con regularidad.

Las personas que se hallan fuera de una industria en particular no entienden bien las promociones de ventas dirigidas a la fuerza de ventas y a los intermediarios o revendedores, debido en parte, a la naturaleza de propiedad de estas actividades. Las compañías no están listas para compartir información acerca de estos programas con el mundo exterior, ni hay un mecanismo para reunirla. Debido a que el margen de tiempo para diseñar e implementar estos programas de promoción de ventas es bastante corto, con frecuencia no son tan pulidos ni completos como las promociones de ventas para el consumidor. Con todo, el mismo proceso de planeación que se indicó en el capítulo 5 no sólo se aplica a las promociones de ventas al consumidor sino también a las de la fuerza de ventas y de los intermediarios o revendedores.

En los capítulos correspondientes se estudiarán las decisiones sobre elaboración de presupuestos, uso de los medios de comunicación y medición de la efectividad de estos programas. En este capítulo se presentará una visión general de las técnicas empleadas en las promociones de ventas dirigidas a los vendedores y a los intermediarios o revendedores.

Promociones de ventas para la fuerza de ventas

Las actividades de promoción de ventas dirigidas a la fuerza de ventas buscan motivar a los vendedores para aumentar el total de ventas. Las metas a corto plazo incluyen conseguir nuevos comercializadores, promover las ventas de artículos nuevos o de temporada, comunicar ofertas especiales para los minoristas, aumentar el tamaño de los pedidos y disminuir los gastos de ventas. En general, estas actividades crean entusiasmo para la tarea que se va a realizar. Con frecuencia, se dirigen tanto a aumentar el entusiasmo del trabajo de la fuerza de ventas como a crearlo. Los vendedores entusiastas suelen trabajar más duro para apoyar el esfuerzo de marketing.

La diversidad de la organización de la fuerza de ventas complica la tarea de diseñar una promoción de ventas. La fuerza de ventas puede estar integrada por empleados de la firma, un vendedor por comisión o un representante de ventas independiente. Crear entusiasmo con todas estas posibilidades, es un gran reto.

Las actividades de promoción de ventas dirigidas a la fuerza de ventas se clasifican en dos categorías: la primera consta de programas que preparan a los vendedores para hacer su trabajo. Estos programas de apoyo incluyen manuales de ventas, programas de entrenamiento y presentaciones de ventas al igual que películas, diapositivas y otras ayudas visuales. El segundo conjunto de actividades consta de los esfuerzos promocionales que motivan a los vendedores para trabajar más fuerte.

Programas de apoyo

Entrenar la fuerza de ventas suele ser el trabajo del gerente de ventas. Sin embargo, en algunas firmas, el personal de promoción de ventas entrena y equipa a los vendedores, y diseña sus presentaciones de ventas. Esto se debe, en primer lugar, a la experiencia especial que se requiere para diseñar esos programas. De ese modo, dependiendo de la compañía, el personal de promoción de ventas se vincula en diferentes niveles a la preparación de las reuniones de ventas y los materiales de apoyo. Tales actividades tienden a ser una parte menor de la responsabilidad de un gerente de promoción de ventas.

La reunión de ventas. Una de las formas más comunes y populares de capacitar la fuerza de ventas es la *reunión de ventas.* Puede reunir a una fuerza local o internacional pero, las reuniones nacionales son la norma. Las reuniones mezclan negocios y placer en diversas proporciones. Con frecuencia, las reuniones locales y regionales hacen énfasis en los negocios y las nacionales enfocan eventos educativos y sociales. Aunque los elementos sociales son importantes y pueden ser motivadores eficaces, el entrenamiento y la educación tienden a contar con mayor significación.

Las reuniones de ventas deberán diseñarse para satisfacer los objetivos de los participantes. En el caso de vendedores que apenas se inician en su profesión, las reuniones deben hacer énfasis en el entrenamiento de producto y las habilidades de ventas. En el caso de vendedores más experimentados, el tema podría ser la motivación. En cualquier caso, la reunión debe ajustarse a la audiencia. Cada detalle debe fijarse antes de que la reunión comience. Es importante que los participantes comprendan el alcance que tiene la reunión en cuanto a negocios antes que a placer. La cantidad y calidad de las reuniones de ventas se afecta en gran medida por factores económicos.

Materiales de apoyo. El entrenamiento de una fuerza de ventas requiere, además, de *materiales de apoyo* que brinden información al vendedor o que puedan emplearse en la presentación de ventas. Estos materiales incluyen manuales de ventas, portafolios y modelos.

El material más útil para el vendedor suele ser el manual de ventas porque contiene información sobre el producto y elementos de una presentación de ventas. Con frecuencia, el personal de promoción de ventas cumple un gran rol en el diseño del manual; en el caso de las compañías técnicas que cuentan con líneas de producto extensas, el manual de ventas puede constar de varios volúmenes grandes. Es usual que contenga descripciones del producto, precios, procesos de fabricación, tiempos de despacho, aplicaciones y sugerencias en cuanto a técnicas de ventas. El manual de ventas es tan importante para el vendedor como el reglamento para un jugador profesional de fútbol. Debido a que la mayor parte de la información es confidencial y el vendedor puede tener notas extensas en su manual, éste debe guardarse con extremo cuidado.

Los *portafolios de ventas* y los *modelos de producto* son mecanismos que se utilizan en conjunto con las presentaciones de ventas para ilustrar y aclarar puntos claves. De nuevo, la experiencia en promoción de ventas se emplea para desarrollar y diseñar estos materiales. El portafolio puede tomar muchas formas: por ejemplo, un papelógrafo, un cuaderno argollado, diapositivas, fotografías o transparencias. Si un producto no se puede presentar de manera efectiva con un modelo, éste podría sustituirse con diapositivas o una película. Un prototipo o un modelo a escala podría funcionar bien para un equipo pequeño pero dar la impresión de un juguete ridículo para una grúa aérea de tres niveles.

También existen materiales que la fuerza de ventas recibe regularmente. Un ejemplo es el *órgano informativo de la empresa*, que también se conoce como boletín, periódico o revista de la compañía, y en el cual se informa al personal sobre programas, políticas, nuevos productos, reuniones, premios y retiros. Las grandes compañías pueden sacar boletines especiales para la fuerza de ventas, los cuales pueden ilustrar sobre ciertos productos, reuniones o personas. En un ejemplo de una publicación interna de una compañía aparece en la figura 6.1. Estos tipos de comunicaciones pueden ser de utilidad para mantener informado al vendedor y para motivar a toda la fuerza de ventas.

Figura 6.1
Un ejemplo de una publicación interna. Cortesía de General Mills, Inc.

Programas motivacionales

Los premios o las compensaciones a los vendedores forman el núcleo de los programas de incentivos. No es difícil entender por qué estos programas son una herramienta popular para mejorar el desempeño en ventas. La fuerza de ventas de cualquier compañía representa una audiencia más o menos cautiva: se puede llegar al vendedor y medir sus respuestas con mucha facilidad. De esa manera, el vendedor ofrece un objetivo ideal para agregar un estímulo a las ventas rentables.

El desarrollo de programas de incentivos para la fuerza de ventas se halla bajo el dominio del departamento de promoción de ventas. Affiliated Paper Company of Tuscaloosa, Alabama, por ejemplo, ofrece como su incentivo primario un viaje en clase mundial que va desde un paseo a Disney World hasta un safari en África o un viaje alrededor del mundo. Aunque el diseño actual de los programas de incentivos de ventas puede ser el trabajo de expertos en promoción de ventas, la dirección estratégica corresponde, por norma general, al director de marketing. Esta persona determina el rol de la venta personal en la estrategia de marketing, la cual incluye la manera como se motivará a los vendedores. La motivación de la fuerza de ventas *per se* se convierte, entonces, en responsabilidad de los gerentes de ventas nacional y regionales. Diseñar un buen programa de incentivos requiere varias etapas.

Seleccionar objetivos. El primer paso es determinar los objetivos del programa de incentivos. Los objetivos específicos son tan individuales como el nombre del gerente de ventas, mientras que los objetivos comunes incluyen lo siguiente:

- Introducir un producto a una nueva área de distribución
- Reducir los costos de ventas
- Mejorar los hábitos de trabajo
- Nivelar promociones competitivas
- Aumentar el volumen total de ventas

Un gran fabricante de casas rodantes con sede en Kentucky, combina dos de estos objetivos: reducción de precios y aumento del total de ventas. The Kingston Mobile Home Company tiene una fuerza nacional de ventas integrada por 16 personas, entre hombres y mujeres, quienes se comunican con distribuidores de casas rodantes a lo largo y ancho de Estados Unidos. Con el fin de alcanzar su meta de reducir los costos de ventas en 25%, a los vendedores se les ofreció una bonificación en efectivo de US$15,000. Quienes redujeron los costos de ventas en 30% recibieron la bonificación y un viaje a Hawaii para dos personas. Se ofrecieron incentivos y premios similares para alcanzar las metas de ventas establecidas.

El objetivo general de cualquier programa de incentivos es lograr que todos los miembros de la organización realicen un poco más de esfuerzo de ventas. Para lograrlo, los incentivos deben estar relacionados con el desempeño anterior del participante y el potencial actual. Esta personalización sugiere el uso de cuotas como una base para conceder incentivos y, de hecho, buena parte de las campañas de incentivos de ventas se basan en premios sobre cuotas. En verdad, la sabiduría y la equidad en las cuotas puede determinar el éxito de todo el programa. Cuotas demasiado altas, demasiado bajas o injustas pueden decepcionar antes que motivar. La gerencia debe tener especial cuidado al diseñar, explicar e implementar programas de cuotas para que en realidad produzcan una motivación real.

Elegir a los participantes. El segundo paso en el diseño de un programa de incentivos es decidir cuáles miembros de la fuerza de ventas deberán participar. En algunos casos, todos los vendedores puede ser la respuesta obvia. Sin embargo, si existen varias categorías de vendedores divididos por línea de producto, tipo de cuenta o de alguna otra forma, puede ser apropiado limitar la campaña a uno o dos grupos o establecer metas y reglas diferentes para las distintas clases de personal. La American Hospital Supply, por ejemplo, clasifica todos los territorios de ventas y sólo los vendedores que trabajan en territorios con la misma clasificación compiten entre sí. Los vendedores también se nivelan de acuerdo con su experiencia.

Establecer las reglas. El tercer paso es comunicar con precisión a la fuerza de ventas qué se espera de sus integrantes y cómo deben lograrlo. Este paso comienza con especificar la base de los premios. Para ello se utilizan tres métodos generales:

1. Se otorga un número fijo de premios a quienes alcancen los máximos resultados en términos de volumen total (un concurso todos contra todos).
2. Los premios se relacionan con las ventas de unidades sobre una base absoluta, sin considerar el potencial del territorio ni los registros previos. Se establecen las mismas metas y premios para todos los vendedores.
3. Se otorga un número fijo de premios a quien obtenga el mejor resultado en relación con su cuota individual.

Un ejemplo de una compañía que combina estos tres tipos de programas es American Hardware Insurance Group, un corredor comercial de seguros con sede en Minnesota. Cada año realiza una competencia de todos contra todos y los primeros 25 vendedores reciben un viaje anual: Londres y Hong Kong fueron dos destinos recientes. Además, los vendedores que alcanzan una cifra general del objetivo de ventas reciben trofeos y anillos de diamante, mientras que quienes alcanzan su cuota personal reciben premios en dinero[1].

Elaboración de cronogramas. El cuarto paso incluye varias decisiones que tienen que ver con el tiempo. Son importantes tres opciones: el tiempo específico para la promoción, la duración de la campaña y el tiempo que se concede como preparación para el lanzamiento.

El tiempo específico para la promoción se establece por decisiones de marketing. Por ejemplo, si el programa de incentivos de ventas respalda una promoción para el comercio o para el consumidor, o si se va a introducir un nuevo producto, estas situaciones determinarán cuándo comienza la campaña. El programa correspondiente al producto Basic 4 Cereal de General Mills, por ejemplo, se lanzó al mercado en febrero de 1991 pero a los supermercados se les contactó inicialmente en diciembre de 1990. El programa de incentivos de ventas comenzó el primero de enero de 1991 y la fase uno continuó hasta abril 15 de ese año. La duración del programa se afecta por la distribución del producto, el tipo de vendedor, el objetivo del programa y la experiencia de los ejecutivos o su opinión acerca de qué funciona mejor para su organización. La duración promedio es ligeramente mayor a 18 semanas.

El otro aspecto del cronograma de incentivos es cuánto tiempo se requiere para la planeación anticipada. En estudios recientes, el tiempo promedio ha fluctuado entre 12 y 20 semanas. Durante periodos de inestabilidad económica, este marco de referencia se reduce en forma sustancial debido a la posible reacción de la competencia.

Escoger los premios con cuidado. El quinto paso en la planeación de un programa de incentivos es determinar la estructura de los premios . Esta decisión se halla muy relacionada con factores como presupuesto, duración de la campaña, tema, y naturaleza de los vendedores, quienes responden de maneras diferentes al mismo estímulo. Para seleccionar premios efectivos, es importante considerar a los vendedores como individuos, conocer características como su nivel de ingresos, *status* económico y social e intereses y gustos personales.

Por tradición, los programas de incentivos ofrecen como premios viajes de vacaciones, mercancías o una combinación de ambos. Viajar se ha convertido en el premio especial desde hace unos años. Los planificadores, por lo general, consideran que los viajes son necesarios para desarrollar un programa de promoción relativamente a largo plazo con un presupuesto que les permita ofrecer viajes a un amplio número de ganadores y premios en mercancías a quienes alcancen niveles más bajos[2]. En general, los vendedores estrella tienden a sentirse motivados interiormente y los incentivos son la cima de su labor. Leo B. Kelly, por ejemplo, es un ejecutivo de ventas de nivel senior para el grupo de sistemas empresariales de Xerox Corp. y quien termina cada año, por lo menos, 200% por encima de su cuota. Durante sus 20 años con Xerox, Kelly ha sido miembro 17 veces del President's Club, el máximo incentivo de la compañía: un viaje en primera clase, de cuatro días, para el vendedor y su esposa a un centro de descanso establecido. "El premio del President's Club es algo por lo que todos luchamos", dice Kelly, "porque es la manera como se mide nuestro éxito en el interior de Xerox. Yo lo utilizo como una cinta de medir para un logro mínimo"[3]. Al escoger artículos para programas de incentivos, las únicas reglas son las que resultan obvias para el tipo de productos que se ajustan a los vendedores y a las asignaciones presupuestales. Al elegir estos artículos para ciertos grupos de vendedores o, incluso, vendedores individuales, puede ser útil ver qué eligen ellos cuando se les da libertad de escoger en un catálogo de varios artículos[4].

Además de artículos y viajes, se utilizan otras dos formas de incentivos: dinero y premios honoríficos. El dinero sigue siendo el incentivo más popular, pues la gente recibe algo tangible y tiene completa libertad para disfrutarlo. Sin embargo, el dinero también tiene algunos inconvenientes; primero, tiene el mismo poder de motivación que el ingreso por salarios o comisión del vendedor pero ningún valor especial como estímulo o reconocimiento. Segundo, el premio es mucho más valioso, hasta el doble, si el dinero se entrega en forma de mercancía. Además, los premios que no son en dinero efectivo suelen ser objetos de lujo, es decir artículos que los vendedores no comprarían por su propia cuenta. Así, estos premios son especiales mientras que el dinero no. Sin embargo, durante las épocas de restricción económica, los premios en efectivo pueden ganar en atractivo.

Los premios honoríficos parecen ser una forma más positiva de refuerzo ya que brindan reconocimiento en su forma más pura. Sin embargo, si se utilizan solos deben ser pocos para que tengan un significado real. Como resultado, con frecuencia estos premios son un elemento adicional ideal para un programa que ofrece mercancías o viajes, pues amplían el efecto psicológico de ganar con un pequeño costo extra para la compañía.

Crear un tema. El paso sexto y último en el desarrollo de un programa de incentivos es seleccionar un tema, el cual es como cualquier otro, sólo que un poco más llamativo. Un tema permite contar con un marco de referencia para el cuadro general del programa, unifica los materiales promocionales y agrega un poco de diversión. Se han relacionado temas populares con juegos o deportes (por ejemplo, el Derby de Kentucky o las Series Mundiales), viajes (por ejemplo, Parada en París, Jamboree en Jamaica), el club de honor de la compañía (como el Hundred Point Club de NCR Corp.) y enlaces con objetivos de ventas (por ejemplo, buscar y atrapar ventas, subir la escalera).

Con un objetivo importante, una cuota realista, reglas aplicables y premios atractivos, se podría pensar que el vendedor promedio estaría listo para trabajar duro. Sin embargo, no siempre funciona de ese modo. Los vendedores pueden saber qué deberán hacer y cómo, tener una visión clara de su propio interés en el programa y estar en el lugar; a los vendedores se les debe vender, y vender con fuerza, cada uno de los pasos a través de la campaña, de lo contrario, sus expectativas pueden difuminarse y su entusiasmo perderse.

Repaso de conceptos

Las promociones para la fuerza de ventas se dividen en dos tipos de programas.

1. Programas de apoyo que buscan preparar mejor a los vendedores para hacer su trabajo. Esos programas incluyen lo siguiente:
   a. Realizar reuniones de ventas
   b. Suministrar materiales de apoyo como manuales y portafolios de ventas, y modelos del producto
   c. Distribuir comunicaciones internas
2. Programas motivacionales que buscan estimular a los vendedores para trabajar con más ahínco. Los pasos para desarrollar estos programas son los siguientes:
   a. Determinar los objetivos
   b. Decidir cuáles miembros de la fuerza de ventas participarán
   c. Comunicar la base de los premios
   d. Determinar el momento de lanzamiento para la campaña, su duración y el tiempo de preparación
   e. Decidir el tipo de premios y reconocimientos
   f. Seleccionar un tema

Promociones para el comercio

Una **promoción de ventas para el comercio** está dirigida a los intermediarios o revendedores que distribuyen productos a consumidores finales. Por tradición, el término **comercio** se utiliza para referirse a los distribuidores mayoristas y minoristas que manejan o distribuyen el producto del fabricante (en el texto se ha empleado como sinónimo de *intermediarios* o *revendedores*). Para crear más confusión, el término *comercializadores* también se utiliza para referirse a los dos grupos. Con el fin de lograr claridad, en esta sección se empleará la palabra *comercio.*

Es usual que el funcionario con mayor experiencia en marketing o el gerente de producto sean los responsables de planear la promoción para el comercio. Estos dos funcionarios, junto con el gerente de la campaña, deciden acerca de la cantidad de la promoción y el momento de realizarla. Como estos aspectos tienen relación directa con la estrategia de precios y la rentabilidad respectiva, también deben ser claros para la gerencia general.

Metas de las promociones de ventas para el comercio

Los objetivos de las promociones de ventas para el comercio son diferentes de los que se dirigen al consumidor. Las promociones de ventas para el comercio esperan alcanzar cuatro metas generales:

1. Lograr apoyo de *merchandising* dentro del almacén u otro apoyo comercial. Un fuerte apoyo minorista a nivel del almacén es la clave para cerrar el ciclo entre el consumidor y la venta. El apoyo minorista puede tomar la forma de fijar precios característicos (el precio especial aparece en anuncios o por señalizadores), materiales en el punto de venta (la construcción y ubicación apropiada de los materiales dentro del almacén) o ubicación del producto en sitios altos del almacén (por lo común, en los estantes).
2. Controlar inventarios. Las promociones de ventas se utilizan para aumentar o disminuir los niveles de inventarios y para eliminar los picos y descensos entre artículos de temporada o estación. Los aumentos son deseables cuando se introduce un producto o en el momento de iniciar una promoción especial; los descensos lo son al final de la promoción, al final de una temporada o estación, o cuando el producto se va a sacar del mercado.
3. Extender o mejorar la distribución. Las promociones de ventas pueden abrir nuevas áreas o clases y también se utilizan para distribuir un nuevo tamaño del producto; si se saca al mercado el nuevo tamaño y se mantiene el anterior, la promoción de ventas ha demostrado ser más efectiva. Mantener y ganar espacio en los estantes tiene una gran importancia.
4. Motivar a los miembros del canal. Las promociones de ventas pueden generar gran interés con respecto al producto entre quienes son responsables de venderlo.

La última conexión de una promoción exitosa para el comercio es si los usuarios finales compran más producto como resultado de un mejor esfuerzo del intermediario o revendedor, o de una presentación superior del producto.

Tipos de promociones de ventas para el comercio

Muchos mecanismos motivacionales pueden servir para interesar a los revendedores o intermediarios para apoyar un producto. Los mecanismos apropiados dependen de factores como tipo de revendedor o intermediario, servicios ofrecidos, producto distribuido, estructura de precios, márgenes y competencia. En esta sección se estudiarán ocho recursos importantes: presentaciones en el punto de compra, concursos, exhibiciones comerciales, reuniones de ventas, dinero de impulso, cupones comerciales, aprovechamientos para el distribuidor y ofertas especiales.

Presentaciones en el punto de compra. Los fabricantes proveen de manera gratuita al minorista con **presentaciones en el punto de compra** (en inglés, POP) para promover una marca en particular o un grupo de productos. Las diversas formas de POP incluyen rejillas especiales para colgar el producto, armazones en cartón, pancartas, señalizadores, tarjetas de precios y dispensadores mecánicos del producto. La figura 6.2 muestra la variedad disponible. La industria de estos puntos de compra movió US$18,000 millones en 1989 y su crecimiento es, aproximadamente, del 10% anual.

La visibilidad del producto es el objetivo básico de los POP. En una industria como la de abarrotes, en donde el consumidor emplea cerca de 3 décimas de segundo para ver un producto, todo lo que permita su mayor visibilidad tiene mucho valor. Un punto de compra que llamó mucho la atención fue el de los *Jigglers* de Jell-O. La campaña incluyó televisión, anuncios de prensa, cupones y la entrega, en un punto de compra, de letras recortables del alfabeto por la compra de Jell-O. El comprador recibía las piezas recortables directamente en el punto de venta. La

Figura 6.2
Diversas presentaciones de puntos de compra. Cortesía de E and E Specialties, Inc.

visibilidad es, incluso, mucho más importante cuando los consumidores cuentan con un gran porcentaje de sus opciones en el almacén. En dos estudios recientes, el porcentaje de decisiones del consumidor que se tomaron en el supermercado varió entre 39% y 66%. La variación refleja las diferencias en la manera como los consumidores compran diferentes productos. Por ejemplo, casi todas las compras de leche son planeadas, mientras que el 60% de los productos refrigerados se compra por impulso[5]. Las presentaciones en el punto de compra (POP) pueden ser el impulso para comprar.

Además de atraer la atención hacia el producto, los puntos de compra también brindan información importante para tomar una decisión. Los consumidores ya tienen algo de esta información como nombre del producto, aspecto y tamaños disponibles; antes de ingresar al almacén, los clientes ya la han escuchado o visto en anuncios. Los anuncios también pueden incluir información adicional, como ofertas de precios especiales y premios. Sin embargo, otra información será nueva para los consumidores y podría originar una compra no planeada. Ejemplos de estos motivadores son una reducción en el precio, un nuevo modelo o muestras gratis. Como la mayor parte de la venta minorista es total o parcialmente por autoservicio, las presentaciones desempeñan un papel muy importante en la toma de decisiones[6].

Una cosa es que los fabricantes sepan que los puntos de compra son buenos para ellos y otra cosa es convencer a los minoristas de utilizarlos. Según un estimativo reciente, los distribuidores minoristas nunca utilizan más de 50% del material gratuito del punto de compra; muchos consideran estas locaciones más problemáticas que valiosas, pues es necesario armarlas y desmontarlas (con frecuencia, por ellos mismos), entorpecen áreas del almacén, se caen y crean malestar general.

Resulta probable que la manera más efectiva para garantizar que un revendedor utilice un punto de compra es planearlo y diseñarlo con gran cuidado, de manera que genere ventas para el distribuidor. El tema del punto de compra deberá coordinarse con el empleado en los anuncios y con los vendedores. Por ejemplo, Crayola Crayons utilizó el tema "De regreso al colegio en color" que aparecía en varios anuncios impresos, se convirtió en parte de las presentaciones utilizadas por los vendedores y era el tema central de una pancarta que iba de lado a lado en la parte superior del punto de compra. La presentación también deberá estar bien diseñada, y construida con materiales de buena calidad de manera que su estructura sea sólida y pueda montarse y desmontarse con facilidad. Desde el punto de vista estético, la presentación deberá ser atractiva y armonizar dentro del almacén. Además, deberá diseñarse de acuerdo con las necesidades que el distribuidor tenga en mente. Como el espacio en los estantes es un premio, no deberá desperdiciarse. Muchos de los supermercados de mayor éxito tienen puntos de compra con estructuras al final de los pasillos que no ocupan ningún espacio en los estantes.

Por último, una de las formas más exitosas para promover productos en un punto de compra es mediante una presentación profesional bien planeada, la cual podría estar a cargo de los gerentes regionales e, incluso, del gerente del mismo almacén. El vendedor de la división de productos horneados de Procter & Gamble invierte varias semanas para preparar una presentación. En ella se podrían incluir resultados de prueba de la efectividad del punto, pronósticos de ventas y concesión de descuentos especiales que van con la presentación.

Concursos. Tanto para los revendedores o intermediarios como para los vendedores, los concursos pueden ser motivadores efectivos. Los premios tienden a ser los mismos. En su forma típica, un premio se concede a la organización o persona que excede una cuota en el mayor porcentaje[7]. Por ejemplo, Cepacol Mouthwash ofreció a los gerentes de supermercados premios en efectivo proporcionales a los porcentajes en los cuales excedieran su cuota de ventas y unas vacaciones en Bermudas para el gerente que lograra el porcentaje más alto. Con frecuencia, el programa debe ajustarse al grupo particular del revendedor o intermediario.

Se necesita tener gran cuidado para diseñar concursos. Los premios pueden ser tan atractivos que los participantes se vinculan en actividades que van en detrimento de sus propias compañías. Los vendedores de mostrador pueden impulsar el producto de la compañía que auspicia el concurso y excluir por completo las marcas competidoras y crear, en consecuencia, serios conflictos entre los miembros del canal. Además, la duración y calidad de los concursos necesitan una dirección rigurosa. Los concursos sólo son efectivos si se realizan en forma periódica. Todo cuanto se refiera a un concurso: promoción, organización y entrega de premios, deberá incluir el concepto de que es algo especial. Si se dirigen de manera adecuada, los concursos pueden brindar beneficios a corto plazo y mejorar la relación con los distribuidores.

Exhibiciones comerciales. Miles de fabricantes presentan sus artículos en exhibiciones comerciales, eventos planeados con regularidad y en los cuales los fabricantes presentan sus productos y toman pedidos.

Las compañías invierten más de US$9,000 millones al año en estas exhibiciones. Para muchas empresas todos sus esfuerzos de planeación, buena parte de su presupuesto y su marketing se dirigen a la exhibición comercial. El éxito de todo el año puede depender de qué tan bien se desempeñe allí la compañía.

Para muchos negocios, las exhibiciones comerciales constituyen la principal oportunidad para tomar pedidos de sus productos, para otros, es una oportunidad para mostrarlos, brindar información, responder preguntas y compararse de manera directa con sus competidores. Como todas las compañías tratan de presentar una imagen clara de sus productos ante consumidores potenciales, la información sobre los mismos se halla a disposición de todos los competidores. En consecuencia, calidad, características, precios y tecnología se pueden comparar con facilidad. La oficina *Trade Show Bureau* (TSB) investigó a más de 9,000 vicepresidentes y encontró que asistían a las exhibiciones comerciales por cinco razones importantes: reunir datos para las compras siguientes, ampliar su educación profesional, ver presentaciones específicas, visitar a otros profesionales de la industria o mantenerse al tanto del lanzamiento de nuevos productos[8].

Los aspectos motivacionales de las exhibiciones comerciales no pueden subestimarse. Por lo general, los mejores vendedores del fabricante están en una exhibición y mantienen contacto directo con los ejecutivos de primera línea que representan a diferentes agentes intermedios. El vendedor puede conocer a estos ejecutivos, presentarles el producto, demostrarlo, plantear preguntas, reunir información y establecer futuros contactos.

Más importante aún es que los costos de ventas relativos a una exhibición comercial son bajos. Un estudio de McGraw-Hill indica que se requieren más de cinco llamadas para cerrar una venta industrial promedio, a un costo de US$1,384 por venta. Sin embargo, cerrar una venta en una exhibición comercial calificada sólo requiere de 0.8 llamadas, para un costo total de US$334[9]. Claro está que las exhibiciones comerciales no son importantes para todos los negocios.

El aspecto social de las exhibiciones comerciales también es importante. La atmósfera tiende a ser relajada. Se distribuyen productos gratuitos. La mayoría de los fabricantes auspician las fiestas. Este elemento social de las exhibiciones comerciales puede salirse de las manos. La compañía que invierte más en la fiesta más notoria, puede ganar las ventas.

El Wells Fargo Bank de Oakland realizó una muy buena campaña en la Feria Internacional del Automóvil en San Francisco (*véase* la figura 6.3). Los objetivos del programa fueron crear tráfico hacia los sitios que ocupaba la entidad y despertar interés en el servicio de préstamos para automóviles que ofrecía la firma, tanto para los comercializadores como para los consumidores. En la noche de apertura se atendieron 1.200 distribuidores quienes asistieron a una fiesta preliminar para personas muy importantes en donde recibieron botellas de farmacia llenas de caramelo en agua salada y tazas para café impresas con el logo de Wells Fargo. Para dirigir el tráfico hacia la exhibición, los visitantes de las locaciones recibieron un parasol con una fotografía a cuatro colores, para automóvil, con la imagen de una diligencia de Wells Fargo. Se consiguieron más de 400 solicitudes de préstamos para automóviles[10].

***Reuniones de ventas*.** De alguna manera se relacionan con las reuniones comerciales, pero no son tan elaboradas; son reuniones auspiciadas por los fabricantes o mayoristas. Como las reuniones comerciales están abiertas a clientes potenciales, las reuniones de ventas están orientadas hacia la fuerza de ventas de la compañía y/o agentes de ventas independientes que venden los productos o los servicios de la empresa. Estas reuniones suelen tener carácter regional y están bajo el control de los gerentes de ventas y su fuerza de campo. En ocasiones, el funcionario de marketing de mayor rango de la sede central dirige las sesiones. Los propósitos de estas reuniones son variados. En algunas oportunidades, se realizan justo antes de la temporada de compras y se emplean para motivar a los agentes de ventas, para

Figura 6.3
Para orientar el tráfico hacia su punto de exhibición en la Feria Internacional del Automóvil en San Francisco, Wells Fargo entregó parasoles con una fotografía para automóviles a los visitantes de su locación. Cortesía de Wells Fargo.

explicar en qué consiste el producto o la campaña promocional o, simplemente, para responder preguntas.

Además de las reuniones anuales o semestrales, se deben hacer reuniones periódicas por otras razones que incluyen la necesidad de estimular las ventas por medio de concursos o de resultados y cifras, para analizar problemas y para anunciar nuevos productos. El entrenamiento en ventas también es una parte importante de estas reuniones. Sin embargo, una compañía debe tener cuidado cuando necesite a sus empleados de sus puestos de trabajo. En muchos casos, se deben ofrecer incentivos especiales para garantizar la asistencia.

Dinero de impulso. El pago extra que se da a los vendedores por alcanzar una meta específica de ventas se conoce como **dinero de impulso**; también se denomina bonificaciones o PM. Por ejemplo, entre el 1° de mayo y el 1° de septiembre, un fabricante de neveras debe pagar una bonificación de US$30 por ventas del modelo A, una de US$25 por el modelo B y una de US$20 por el modelo C. Al final de ese periodo, el vendedor deberá enviar evidencia de las ventas al fabricante y recibir un cheque a cambio. Aunque el dinero de impulso tiene una imagen negativa debido a sus insinuaciones de soborno, muchos fabricantes lo ofrecen.

Como la mayor parte de técnicas de marketing, el dinero de impulso es más efectivo en algunas situaciones que en otras. Sin duda, funciona mucho mejor cuando el vendedor de mostrador es responsable de la venta del producto; resulta más efectivo para productos que necesitan demostración, que se deben explicar o que tienen un costo unitario alto. El dinero de impulso también exige la cooperación plena del minorista. Por lo general, si los minoristas consideran que el dinero de impulso será malo para la moral o que ocasionará un énfasis desproporcionado en una marca en particular, vetarán su utilización.

El dinero de impulso puede crear gran entusiasmo y motivación entre los mayoristas y los minoristas, pero su utilización hace surgir aspectos éticos. Por ejemplo, ¿deberán los vendedores impulsar una marca inferior o una que no solucionará el problema del consumidor, simplemente porque están recibiendo dinero de impulso? ¿El dinero de impulso coloca otras marcas que distribuye el minorista en una posición de desventaja? A pesar de estas preguntas, se continúa la utilización del dinero de impulso bajo las normas establecidas por la Federal Trade Commission.

Cupones comerciales. En el capítulo 5, se estudiaron los cupones de los fabricantes que redime el minorista, quien debe esperar por el reembolso. Los cupones comerciales difieren de los cupones auspiciados por el fabricante, en varios aspectos. Los **cupones comerciales** se ofrecen al minorista local, en varios aspectos, como un enlace que ha de ir en los anuncios del minorista o volantes. El fabricante paga la publicidad y le da al minorista un descuento que, con frecuencia, cubre el límite máximo de la redención. Los cupones comerciales redimidos no siempre se tienen que devolver al fabricante. Otra diferencia es el tiempo límite de la redención. En su forma típica, los cupones comerciales deben redimirse en un término de días, siendo siete el más común, y con ello se busca impulsar la prueba rápida de un nuevo producto. Los distribuidores minoristas pueden aumentar el valor de los cupones por su propia cuenta. El consumidor no es consciente de que estos cupones son diferentes a los que distribuye directamente el fabricante.

Los cupones comerciales son muy efectivos si un fabricante tiene dificultades para colocar un producto en un mercado en particular. Ofrecen al minorista una forma poco costosa de promover el almacén, sin la dificultad de procesar cupones y, en ocasiones, pueden ser la única forma para que algunos comercializadores puedan tener acceso a ciertos minoristas.

Aprovechamientos para el distribuidor. Un **aprovechamiento para el distribuidor** es un premio que da el fabricante al minorista por comprar determinada cantidad de producto. Los dos tipos más comunes son: el primero, un *aprovechamiento por comprar*, es decir, un regalo por hacer un pedido determinado. El segundo es un *aprovechamiento de presentación* el cual es, en esencia, entregar al minorista todos los artículos de una presentación después de haber finalizado ésta. Por ejemplo, General Electric Co., puede tener una presentación con repuestos como parte de un programa especial. Cuando el programa concluye, el minorista recibe todas las piezas de la presentación si ha hecho un pedido específico.

Los aprovechamientos por comprar y los de presentación pueden tener éxito en la situación adecuada. Los primeros se utilizan más para lograr espacio en los estantes en un nuevo punto de venta al por menor o para vender cantidades particularmente grandes de producto. Los aprovechamientos de presentación se utilizan junto con promociones especiales cuando es importante tener la presentación del punto de compra en el almacén. En ambos casos, la motivación subyacente es mover grandes cantidades de producto en un corto periodo.

Ofertas especiales. Son descuentos especiales iguales o por encima de los descuentos normales por compras que se otorgan al comercio por un tiempo limitado. Las concesiones de descuentos especiales incluyen una serie de estrategias que tienen un tema en común: animar a los revendedores o intermediarios para dar a un producto una atención especial de promoción. La atención puede tomar la forma de presentaciones especiales, compra de cantidades superiores a las acostumbradas, ubicación en partes más altas del almacén o un mayor esfuerzo promocional. A cambio, en ocasiones los minoristas reciben ofertas especiales, descuentos, artículos o dinero.

El dinero que se invierte en las ofertas especiales es representativo. En muchas industrias se esperan estas ofertas y puede proporcionar el incentivo primario para el apoyo del sector minorista. Existen dos tipos generales de ofertas especiales: descuentos por compras y descuentos por publicidad y presentación.

Descuentos por compras. Un **descuento por compras** es un pago que hace el fabricante a un revendedor o intermediario si adquiere una cierta cantidad de producto en un tiempo determinado. Todo lo que el intermediario debe hacer es cumplir con las especificaciones del negocio. El pago puede darse en forma de un cheque o como una reducción del valor nominal de una factura. Por ejemplo, un intermediario que compra de 10 a 15 cajas recibe un descuento por compra de US$6 por caja; por adquirir de 16 a 20 cajas obtendría un descuento de US$6,75 por caja, etc. Con el fin de tomar ventaja de un descuento por compras, algunos minoristas realizan **compras anticipadas.** Esta práctica es muy común en la venta minorista de abarrotes. En esencia, durante el periodo de la oferta, el distribuidor compra más mercancía de la que necesita, almacena la cantidad extra y la saca después para venderla a precios regulares. Las ganancias que se obtienen mediante la compra anticipada son mayores que el costo de almacenar y transportar la mercancía extra.

La técnica de *inventario inicial* e *inventario final* es un enfoque que se utiliza como parte del descuento por compras. Es la oferta de una cierta cantidad de dinero por cada unidad que salga de la bodega del mayorista o del minorista durante un periodo específico. El nombre se deriva del hecho de que el representante de ventas local cuenta la mercancía que tiene a mano al comienzo del periodo y la vuelve a contar al final del mismo. Gracias a los computadores, este proceso se ha simplificado en gran medida. Un conteo inicial, por ejemplo, mostró 1,891 unidades en la bodega del minorista, el segundo conteo indicó 420 unidades. El distribuidor recibe un descuento de US$1.60 por cada unidad vendida después de 800, o sea sobre 671.

Un *descuento por una recompra* es otro tipo de descuento por compras. Sigue inmediatamente a otro tipo de oferta especial y ofrece una cantidad específica de dinero por nuevas compras del producto, con base en la cantidad de compras hechas en la primera oferta. Su propósito es motivar la recompra inmediatamente después de que otra oferta especial del producto ha disminuido los inventarios. Por ejemplo, Procter & Gamble Co. podría ofrecer US$1.50 de descuento en el precio de una caja de champú Head and Shoulders en una oferta de inventario inicial e inventario final, entre el 1° y el 31 de julio, y luego una oferta de US$1.00 por caja como descuento por una recompra entre el 1° y el 31 de agosto. El dinero que se otorga en la recompra no puede exceder la cantidad que se compró en la oferta de inventario inicial e inventario final.

El *descuento por espacios* se ha convertido en la forma que causa más controversia en los descuentos por compras. Es el valor que los minoristas cobran a los fabricantes por cada espacio en el estante o en la bodega que habrán de ocupar los nuevos productos. Por ejemplo, si un fabricante saca una nueva marca de yogur con 14 ítems (sabores y tamaños) en la línea, tendrá que pagar al minorista por catorce espacios. Un minorista importante en Los Ángeles cobra un valor de US$400 por espacio para una cadena de supermercados. Catorce espacios por US$400 equivalen a US$56,000 por la distribución de los nuevos yogures en esa sola cadena. La distribución en el mercado de las cinco principales cadenas de Los Ángeles costaría US$280,000.

Los minoristas sostienen que la creciente competencia, la proliferación de nuevos productos y los reducidos márgenes de ganancias les obligan a fijar estas cantidades. Argumentan que ese dinero se empleará para promover los productos, rediseñar los estantes y reprogramar los computadores. Sin embargo, los comercializadores de abarrotes acusan a los minoristas de vender como buhoneros los espacios en sus almacenes para cobrar estas cantidades. "El asunto no es qué tan bueno es o no es su producto. Ya no basta con que una marca les sirva o no a los consumidores. Ahora, esa decisión la toma el comprador [del almacén de abarrotes]", afirma un ejecutivo de una industria de alimentos.

¿Cómo se emplea el dinero por concepto de espacio en los estantes? Una fuente de la industria de alimentos estima que "70% del total de estas cuentas va directamente a las líneas de fondo de los minoristas, y 55% de todos los gastos de promoción del fabricante va a las cuentas por espacio en los estantes", dice Richard Furash, analista de Deloitte & Touche[11].

¿Se están aprovechando los minoristas de los comercializadores? La respuesta no es exacta. La verificación por escáner, los sistemas de ganancia directa, la administración de espacio en los estantes y la regionalización han causado revolución en la manera como negocian los supermercados. Con la información de rentabilidad en la punta de sus dedos, los minoristas se han vuelto menos confiados y más astutos en sus decisiones de compra; se quejan de que los comercializadores ya no actúan según su propio interés y tratan de vender productos que no necesariamente los benefician. También sostienen que la publicidad nacional (la cual los minoristas pagan, en parte, mediante concesiones de cooperación) no es benéfica para vender productos en su región, en donde las necesidades y deseos de sus clientes difieren de la norma.

Al reconocer que algunas críticas de los minoristas pueden ser válidas, los comercializadores están buscando con lentitud formas para equilibrar el poder en una forma más equitativa. Los comercializadores están uniendo un programa promocional para cada almacén y trabajando con esmero para compradores y gerentes de cada establecimiento. Hace poco, Procter & Gamble Co. reorganizó su gerencia de marca al agregar gerentes de categoría para coordinar programas y evitar que marcas similares como los detergentes Dash and Tide participen en promociones competitivas al mismo tiempo. Muchas compañías, incluyendo a P&G, Quaker Oats Co. y RJR Nabisco, Inc. están trabajando en la administración de espacio en los estantes y en programas de utilidad-producto-directo, para minoristas. Miles, Inc. evitó los descuentos por espacios mediante una estrategia que se basó en la búsqueda de información que se describe en la sección **Un enfoque de promoción.**

La etapa final de los descuentos por compra es la *concesión gratuita de bienes.* Esta es la oferta de una cierta cantidad de producto para mayoristas o minoristas sin ningún costo, si adquieren una cantidad establecida del mismo producto o de otro del fabricante. El revendedor recibe mercancía gratuita en lugar de dinero. Un fabricante puede ofrecer gratis a un minorista una caja de mercancía por cada 20 que compre.

Descuentos por publicidad y presentaciones. Un **descuento por publicidad** es una técnica de uso común que se emplea, en primer lugar, en productos para el consumidor. El fabricante paga al mayorista o al minorista una cierta cantidad por hacerle publicidad a su producto. El dinero sólo puede emplearse para adquirir publicidad. Debido a las políticas establecidas, este proceso puede dificultarse pues muchos fabricantes exigen alguna evidencia del desempeño. No obstante, los revendedores pueden ver el descuento por publicidad como un tipo de bonificación personal y desviarse en su comportamiento al facturar al fabricante a la tasa nacional, que es mucho mayor, en lugar de la tasa local más baja. (Como se estudiará en los capitulos sobre medios de comunicación, los periódicos facturan a los anunciantes nacionales a una tasa más alta que a los anunciantes locales). Se pueden emplear varios tipos de criterios para determinar el valor del descuento, desde una cantidad fija hasta un porcentaje de las compras brutas, durante un periodo específico.

En estrecha relación con el descuento por publicidad está la *publicidad cooperativa.* Este es un acuerdo contractual entre los fabricantes y los re-

Un enfoque de promoción:

Ganar espacio en los estantes con información

Ahora, quizá más que en otra época de la historia de las ventas al por menor, los minoristas saben para dónde van. Los códigos de barras, los escáner y la casi infinita cantidad de información de que disponen los minoristas ha cambiado el equilibrio del poder en el mundo de la distribución al por menor. Los representantes de ventas ya no convencen a los distribuidores minoristas para conseguir más espacio a sus productos con argumentos vagos como "Nuestro producto le dará más utilidades que el producto B".

¿Qué hace una compañía como Miles, Inc., fabricante de Alka-Seltzer, cuando quiere espacio en los estantes para un nuevo producto como Alka-Seltzer Plus Night-Time? Si el fabricante no negocia con los minoristas, es probable que los almacenes quiten parte del espacio asignado a uno de los productos existentes del fabricante para dárselo a otro nuevo. Sin embargo, es obvio que Miles no quería que el lanzamiento del Night-Time redujera las ventas de su anterior producto, Alka-Seltzer Plus. Otra opción era utilizar el presupuesto de marketing del nuevo producto para pagar a los minoristas la "concesión de espacios" en los estantes.

Después de un profundo análisis de la información disponible, Miles decidió seguir un enfoque de dos pasos; primero, trató de persuadir a los minoristas de que deberían dar más espacio a toda la categoría de medicinas para el resfriado. Presentaron estadísticas para demostrar cómo las ventas de estas medicinas se habían duplicado durante los cinco años anteriores, un crecimiento desequilibrado para las otras categorías de producto. Demostraron que las medicinas para el resfriado permitían más ventas y utilidades por pie lineal de espacio en los estantes que otros elementos como jarabes para la tos y desodorantes. Como los minoristas no estaban convencidos de que debían ampliar sus espacios para toda esta categoría de medicinas, Miles utilizó información acerca de las tasas del movimiento total de ventas para convencer a los propietarios de los almacenes de que debían descartar otras marcas u otros tamaños para darle paso a su nuevo y potencialmente más rentable producto.

Miles disfrutó el éxito de su estrategia, no sólo logró que el Night-Time se vendiera mejor de lo esperado sino que las ventas de Alka Seltzer Plus también se incrementaron; la compañía no actuó como caníbal con sus propios productos. Cuando las otras compañías se dieron cuenta del éxito de estos enfoques, buscaron información para convertirla en herramienta primaria de los comercializadores en futuras negociaciones con los minoristas.

Fuente: Scott Hume, "Miles Combats Slotting Beast with Information," *Advertising Age*, (February 22, 1988): 12.

vendedores o intermediarios en donde el fabricante acepta pagar parte del total de gastos de publicidad por el producto. El fabricante suele tener bastante control sobre el contenido y la forma del anuncio, especificar la información de compra, si otros comercializadores pueden estar en el anuncio y el cronograma del mismo. En este punto, de nuevo, se presenta que los comercializadores no pagan por la publicidad hasta que han recibido alguna confirmación de los medios o una copia del anuncio[12].

Otra forma de cooperación en publicidad es una *lista de distribuidores*. Como parte de una campaña regional o nacional, el fabricante permite espacio en el anuncio para presentar la lista de todos los almacenes minoristas en los cuales se puede adquirir el producto. Se puede emplear una lista de distribuidores cuando un fabricante anuncia un nuevo producto para realizar una promoción especial. Esto no sólo genera tráfico para el almacén sino que también hace que el minorista sienta que recibe un beneficio directo del fabricante. El minorista también puede ganar cierto prestigio al estar asociado con una campaña nacional.

Un **descuento por presentación** es la última forma de los descuentos promocionales. Cada semana, los fabricantes llevan a los distribuidores minoristas muchas presentaciones. Algunos fabricantes le pagan al distribuidor por seleccionarlas. Este pago puede ser en efectivo o en bienes. Los minoristas deben diligenciar una certificación escrita del cumplimiento de los términos del contrato antes de que se les pague. Debido a que muchos fabricantes ofrecen este tipo de descuentos, los distribuidores tienden a seleccionar presentaciones que permitan un alto volumen y mayores ganancias, y que sean fáciles de armar.

Una evaluación. Las ofertas especiales para el comercio tienen varias características atrayentes, son flexibles y pueden cambiarse a diario o, incluso, con más frecuencia si es necesario. Se pueden combinar con otras estrategias promocionales para brindar un paquete irresistible para un revendedor o intermediario en particular.

Sus aspectos negativos también son reales. Un problema es asegurarse de que todos en la organización estén conscientes de los frecuentes cambios en las ofertas especiales. Muchas compañías han creado una mala imagen o han perdido clientes porque no todos los que procesaban el pedido estaban conscientes de los cambios. Otros problemas con las ofertas especiales para el comercio son fundamentales. En muchas industrias, se espera que haya ofertas de este tipo y un fabricante que no las incluya en sus programas está condenado al fracaso. Resulta obvio que estos negocios pueden salirse de las manos con facilidad. Si el minorista domina el canal, los fabricantes pueden competir entre sí hasta reducir sus niveles de utilidades a un punto insostenible. Los minoristas pueden impedir que el descuento llegue al consumidor o no cumplir el acuerdo hasta el final. Es muy difícil controlar los muchos puntos de venta al por menor que se encuentran en una promoción. Incluso, si se sospecha que los minoristas se guardan el dinero de la oferta, hay un gran riesgo al enfrentarse a ellos. En definitiva, los inconvenientes de las ofertas especiales para el comercio tienen que anticiparse y acomodarse ya que no contar con ellas podría eliminar el ingreso del comercializador a un mercado.

El futuro de la promoción de ventas

La pérdida de posicionamiento de la marca y la reducción de las utilidades siguen siendo críticas básicas para la promoción de ventas. La gravedad de estas consecuencias se ha disminuido en alguna medida al aplicar principios de administración a la promoción de ventas. Muchos usuarios ya no ven esta actividad como una posición rápida; en cambio, la promoción de ventas estratégica, relacionada con proyecciones a largo plazo, se está convirtiendo en la norma.

Se espera que continúe la tendencia hacia la promoción de ventas estratégica. Se facilitará por el hecho de que las agencias de promoción de ventas y los correspondientes departamentos, dentro de las agencias de publicidad, están recibiendo presupuesto y reconocimiento por hacer este trabajo. Este cambio deberá conducir a una mayor coordinación e integración del esfuerzo de comunicación de marketing.

En la promoción de ventas también son importantes otras cuatro tendencias. La primera es el intento de crear una estrategia definida y una imagen o un concepto común para una marca, que llevará la publicidad masiva de regreso a la línea del frente. Mientras la promoción de ventas mueve productos, la publicidad mueve personas y crea conciencia de marca en la mente de los consumidores.

Segunda, la promoción de ventas será más dirigida. La necesidad de establecer segmentos para los usuarios y ofrecer a los revendedores o intermediarios programas adaptados a sus expectativas, reduce la posibilidad de los programas nacionales de promoción de ventas. Como resultado, las promociones orientadas al consumidor se caracterizarán por el aumento en la utilización del correo directo para enviar cupones y premios. Las promociones de ventas orientadas para el comercio harán énfasis en enlaces específicos con las cuentas y en programas cooperativos.

Tercera, es probable que las tentativas para conservar el camino con los cambiantes estilos de vida de los consumidores aumentará el empleo de alta tecnología en las presentaciones en puntos de compra y en promociones para eventos o deportes. Habrá un gran énfasis en los programas de continuidad. Será mucho más económico mantener un cliente existente que atraer uno nuevo.

Por último, los gerentes de promoción de ventas buscarán formas para ahorrar dinero. Las promociones en grupo o los enlaces con otros productores que no pertenezcan a la competencia son dos estrategias posibles.

Repaso de conceptos

1. Las promociones de ventas para el comercio se dirigen a los revendedores o intermediarios que distribuyen los productos a los consumidores finales.
2. Las metas específicas de las promociones de ventas para el comercio incluyen los siguientes aspectos:
   a. Brindar un fuerte apoyo en el punto de venta
   b. Controlar inventarios
   c. Extender o mejorar la distribución
   d. Motivar a los miembros del canal
3. Los tipos más comunes de promociones de ventas para el comercio son como sigue:
   a. Presentaciones en los puntos de compra (POP) que incluyen rejillas especiales para colgar artículos, armazones de cartón, pancartas, señalizadores, tarjetas de precios y dispensadores mecánicos del producto.
   b. Dinero de impulso *(bonificaciones)*: pagos extras a los revendedores o a los vendedores por alcanzar metas de ventas específicas.
   c. Descuentos especiales para el comercio: premios que se otorgan por comprar grandes cantidades del producto.
   d. Ofertas especiales: descuentos de precio que se conceden por cumplir ciertas condiciones de compra.
4. El futuro de la promoción de ventas depende de qué tan bien responda a dos críticas importantes: pérdida de posicionamiento de la marca y reducción de las utilidades.

Caso 6

Motivación en Mary Kay

Mary Kay Cosmetics es una de las compañías de marketing directo con mayor éxito en el mundo. Cuenta con más de 150,000 mujeres como representantes de ventas, denominadas consultoras de belleza, en Norte América, Australia y Argentina. Mary Kay Ash comenzó el sueño de su compañía en 1963 con US$5,000 y llena de determinación y perseverancia. De acuerdo con el presidente de la junta de directores, Richard Rogers, hay dos razones básicas para el éxito de Mary Kay Cosmetics: "Nosotros llenamos un vacío en el mercado cuando comenzamos a enseñar el cuidado de la piel y técnicas de glamour, y aún lo estamos haciendo. En segundo lugar está nuestro sistema de marketing, mediante el cual expertas consultoras de belleza tienen éxito para reclutar y construir sus propias organizaciones de ventas, el cual fue un golpe de ingenio porque el producto resultante ha sido administración. En otras palabras, no compramos un equipo de administración; a sus miembros se les ha entrenado uno a uno".

A través de los años, Mary Kay Cosmetics ha mejorado y ampliado la línea de productos para incluir cerca de 150 artículos para el cuidado personal. La clase para el cuidado de la piel en casa sigue siendo un punto focal para el éxito de la consultora de belleza.

El plan de distribución

Marketing y distribución han desempeñado un rol importante en el éxito de Mary Kay Cosmetics. La consultora de belleza suele comenzar su asociación con Mary Kay como cliente; se le dan a conocer los productos y aprende acerca de las posibilidades de la carrera en la clase de cuidado para la piel.

Cuando ella investiga acerca de la oportunidad de la carrera, se encuentra con que en realidad está en el negocio por su cuenta, como una consultora de belleza independiente. Sólo existe un distribuidor mayorista entre la compañía y el consumidor; cada consultora de belleza dirige su propio negocio. De acuerdo con el presidente de la compañía, Dick Bartlett, "Cada consultora de Mary Kay es una contratista independiente. No es una empleada de la compañía. La consultora compra directamente a la empresa sobre una base de mayorista y vende al detal. La diferencia entre las dos es su rentabilidad, en cualquier caso entre 40% y 50%, en algunos otros hasta el 60% durante las promociones especiales". En 1990, 26% de todos los directores de ventas ganaron US$30,000 o más. Más impresionante aún resulta el hecho de que más de un tercio de los directores nacionales de ventas de Mary Kay alcanzaron el nivel de millonarios en 1988, al haber obtenido entre uno y tres millones de dólares durante toda su carrera en la compañía.

Motivación extra

Como constructores del *momentum*, Mary Kay ha estructurado un programa de ventas pleno de concursos y premios además de los ingresos regulares. Siempre se reconoce el desempeño sobresaliente en cada nivel de la fuerza de ventas independiente. Existen varias formas de reconocimiento: desde la publicación de la foto de la consultora y su desempeño en la revista mensual, *Applause*, y regalos como incentivos, hasta lujos mayores como viajes de vacaciones, joyas con diamantes y Buicks y Cadillacs de color rosa.

La Escalera del Éxito es un programa de reconocimiento que premia a las consultoras de belleza con base en sus logros de ventas en el trimestre. Las consultoras estrella reciben un prendedor con un zafiro, un rubí o un diamante. Cada trimestre, Mary Kay ofrece una promoción diferente con variados premios; al seleccionar uno específico y lograr los niveles de ventas y reclutamiento correspondientes, cada trimestre se mantiene un nivel de motivación consistente.

Los premios más conocidos son los automóviles lujosos. Hoy en día ruedan en la calle más de 4,000 automóviles de Mary Kay. Como parte del programa de premios de la empresa, las directoras nacionales de ventas reciben el Cadillac de su preferencia cada dos años. Los directores de mayor rango disponen de un Cadillac De Ville por dos años y quienes siguen en la línea reciben un Buick Century. En el primer programa de vehículos a disposición de las consultoras de belleza, Mary Kay VIP (*Very Important Performers* o consultoras con muy alto desempeño), éstas reciben como premio un Pontiac Grand Am. La compañía ha entregado más de 16,000 vehículos desde que otorgó el primer Cadillac en 1969.

Además de los premios, Mary Kay también es una entidad seria en cuanto al desarrollo profesional. El seminario anual es la clave. Mary Kay y Richard Rogers, como anfitriones, durante cuatro reuniones consecutivas de tres días, dan la bienvenida a 25,000 consultoras de belleza y directores de ventas de todo el país. El seminario brinda la oportunidad de aprender acerca de nuevos productos, técnicas de ventas e ideas sobre administración de negocios. Durante los cuatro seminarios se dictan más de 450 clases por separado. El reclutamiento regular se programa a lo largo del año en diferentes sitios.

Conservación de una consultora

A pesar de los muchos incentivos y el entrenamiento extra que se ofrece a las consultoras de belleza, la fuerza de ventas de Mary Kay cambia, aproximadamente, en un 80%. Esta cifra es relativamente baja para una industria de venta directa (el cambio anual de personal en Avon se estima en 150% y en Tupperware en 100%), pero aún así se considera un serio problema. El enlace vital de comunicación entre Mary Kay y sus clientes es la consultora de belleza. Cuando las consultoras se retiran, el negocio se pierde. Mary Kay estimó que la compañía pierde tres millones de clientes cada año debido al retiro de las consultoras.

La gerencia también se muestra recelosa de que la tasa de aumento en el número de consultoras podría no ser sostenible. Por consiguiente, la gerencia se interesa cada vez más con el aumento de la productividad de la consultora de belleza individual. En la actualidad, 30% de las consultoras de Mary Kay generan 70% del negocio; este 30% realiza un promedio de tres exhibiciones de belleza por mes mientras que el porcentaje restante realiza, por lo menos, una durante el mismo tiempo. La gerencia no conoce la frecuencia promedio del contacto de la consultora con una cliente pero estima que la mitad de todas las recompras proceden de la llamada de una consultora; en 75% de los casos, la consultora envía el pedido a la consumidora. A las consultoras se les recomienda tener contacto con sus clientes cada dos meses.

Preguntas sobre el estudio de caso

1. ¿Qué recomendaciones haría usted para aumentar el nivel de motivación de las consultoras de belleza?

2. Considerando cuanto ha aprendido usted en los capítulos anteriores, ¿es probable que otros posibles cambios afecten de manera negativa el éxito de este tipo de venta directa?

Síntesis

Este capítulo se refiere a la promoción de ventas dirigida hacia el trabajo de la fuerza de ventas y a los distribuidores y revendedores o intermediarios (canales de distribución). La promoción de ventas busca aumentar la productividad del vendedor al despertar entusiasmo en su trabajo. El vendedor puede ser un empleado de tiempo completo de la compañía o un representante de ventas independiente. Las actividades de promoción de ventas dirigidas hacia la fuerza de ventas se clasifican como de apoyo o motivacionales. Los programas de apoyo incluyen entrenamiento, reuniones de ventas, materiales de apoyo como manuales de ventas, portafolios de ventas y modelos del producto, y materiales de comunicación como informaciones internas y boletines especiales. Los programas motivacionales, o incentivos de ventas, se ajustan a un programa paso a paso que busca estimular a los vendedores para realizar mayores esfuerzos de ventas.

Las promociones de ventas dirigidas al comercio tienen objetivos específicos: 1) desarrollar *merchandising* dentro del almacén u otro apoyo comercial, 2) controlar inventarios, 3) ampliar o mejorar la distribución, y 4) motivar a los miembros del canal para emprender alguna acción. Las técnicas incluyen materiales en el punto de compra, concursos, exhibiciones comerciales, reuniones de ventas, dinero de impulso, aprovechamientos para el distribuidor y ofertas especiales de varios tipos.

Preguntas de análisis

1. Usted es el gerente de marketing de una nueva galleta tipo pasabocas que intenta competir con Frito Lay y Lay's. ¿Qué promociones deberá ofrecer usted a los comerciantes para lograr que su producto llegue a los puntos de venta al detal? Comente sus posibilidades de éxito.
2. ¿Cómo desarrollaría usted un programa de incentivos para la fuerza de ventas de una compañía?
3. Suponga que usted es el gerente de ventas de una compañía de tamaño mediano que fabrica componentes eléctricos para computadores. Usted desea ampliar su mercado a los estados de Nueva Inglaterra por toda la costa oriental. Cuenta con una fuerza de ventas de

seis personas y la ampliará a 15. Señale un programa de incentivos que motive a estos nuevos vendedores.

4. ¿Qué tipo de promociones de ventas están disponibles para un fabricante que debe desarrollar un canal de distribución deseable?
5. Explique los problemas asociados con los descuentos por espacio. ¿Cómo pueden las empresas evitar el pago de estas tarifas?
6. ¿Cuál es el *mejor* tipo de incentivos de ventas? Analícelo.
7. ¿Cuáles son los objetivos de las promociones de ventas para el comercio? ¿De qué manera difieren de los objetivos de las promociones de ventas para el consumidor?
8. Analice los factores que se consideran en el diseño y ubicación de una presentación en un punto de compra.
9. "Las exhibiciones comerciales son un componente menor de un programa de promoción de ventas". Analice este enunciado.
10. ¿Qué es dinero de impulso y cuándo resulta apropiado?

Proyectos sugeridos

1. Entreviste a varios distribuidores mayoristas locales o a varios minoristas acerca de las diferentes ofertas especiales que emplean. Pídales que indiquen cómo evalúan los beneficios de estas ofertas. Escriba un informe de dos a tres páginas sobre sus hallazgos.
2. Reúna varios artículos acerca de los puntos a favor y los puntos en contra de las ofertas especiales. Escriba un artículo de tres a cinco páginas sobre el tema, cesde una perspectiva de apoyo.

Referencias

1. Leslie Breenan, "Sales Secrets of the Incentive Stars," *Sales and Marketing Management* (April 1990): 88-100.
2. *Incentive Marketing* (November 1986): 70.
3. Leslie Brennan, 88.
4. *Incentive Marketing* (November 1985): 19.
5. Don E. Schultz and William Robinson, *Sales Promotion Management* (Chicago: Crain Books, 1982).
6. Cyndee Miller, "P-O-P Gains Followers as 'Era of Retailing Dawns'," *Marketing News* (May 4, 1990): 2.
7. Howard M. Turner, Jr., "The People Motivators" (New York: McGraw-Hill, 1973): 88.
8. Edward Chapman, "Plan Your Exhibit Around the Motives of Attendees," *Marketing News* (July 11, 1990): 10.
9. "Trade Shows Still Fighting a Rodney Dangerfield Image," *Marketing News* (May 14, 1990): 9.
10. H. Ted. Olson, "Trade Show Techniques," *Direct Marketing* (March 1989): 82-83.
11. Judann Dagnoli and Lauri Freeman, "Marketers Seek Slotting-Fee Truce," *Advertising Age* (February 22, 1988): 12.
12. Robert D, Wilcox, "Is It 'Co-op' or 'Stick-up' for Suppliers?" *Advertising Age* (October 6, 1986): 76.

Capítulo 7

Relaciones públicas

Una visión general de las relaciones públicas

Una breve reseña

El rol actual de las relaciones públicas

Dirección de las relaciones públicas

La investigación en las relaciones públicas

La planeación en las relaciones públicas

Comprender al público de las relaciones públicas

Público interno

Público externo

Herramientas de las relaciones públicas

Actividades de propaganda[1]

Un enfoque de promoción: *plugs* gratuitos por televisión

Publicidad institucional

Patrocinio

Publicaciones de la compañía

Películas animadas

Otros métodos de relaciones públicas

El futuro de las relaciones públicas

Caso siete: tratar de cambiar la imagen de un estado

1 *N. de T.* Esta expresión corresponde al término *publicity* de la edición en inglés.

Consideración:

Fabricantes de pañales desechables a la defensiva

Resulta fácil ver por qué los pañales desechables se han convertido en el objetivo más visible del debate acerca del problema de manejo de basuras en Estados Unidos. No es necesario ser un experto en basuras para saber que los pañales desechables ocupan mucho espacio, en ocasiones toda una góndola en un supermercado y que eso es cuando están nuevos y comprimidos. Debido a que cerca de 9% de hogares en Estados Unidos tiene un bebé de pañales en cualquier momento, prohibir los pañales desechables es una forma fácil de hacer que la mayoría considere que hace algo por el ambiente, sin sacrificios.

Por estas y otras razones, por lo menos 20 estados han comenzado a considerar impuestos para los pañales desechables o establecer restricciones para el futuro, mientras que líderes fabricantes como Procter & Gamble y Kimberly-Clark han comenzado a luchar en sentido contrario. Las dos compañías tienen mucho que perder pues les corresponde una buena parte de los US$3,500 millones en las cuentas de este mercado en Estados Unidos. Ambas empresas han iniciado una campaña para detener las restricciones legislativas sobre los pañales desechables y para informar al público su punto de vista sobre el tema. Por separado y en unión con el American Paper Institute y el Diaper Manufacturers Group, han publicado información de diferentes maneras y utilizado el correo directo y actividades de *lobbying* para hacer llegar su mensaje a todas partes.

Parece muy lógico que los pequeños atados de papel y plástico pudieran ser más peligrosos para el medio ambiente que los antiguos pañales de algodón que se usaron durante tanto tiempo pero, como señaló un estudio de Arthur D. Little Inc., existen muchas formas diferentes de ver el peligro ambiental. Los desechables ocupan algo más de 2% del espacio en los rellenos sanitarios y consumen cerca de siete veces tanta materia prima como los pañales reutilizables. Sin embargo, éstos generan 50% más de desperdicios sólidos, utilizan seis veces más de agua y arrojan casi diez veces más contaminantes al agua, según el estudio. Un estudio separado encontró que al lavar los pañales en casa se utilizan 9,620 galones de agua por año, por niño.

Como es natural, la National Association of Diaper Services discrepa de estos resultados; además, para esta entidad los intereses involucrados son altos. Desde el inicio de la controversia, los contratos por servicio de pañales reutilizables han crecido a una tasa elevada y las ventas han aumentado entre 35% y 40%.

Allen Hershkowitz, un científico experto para un grupo líder en a defensa del medio ambiente, puede haber hecho la mejor síntesis de la situación con los pañales al decir: "El debate de los pañales está sin resolver". Sin embargo, si ambos bandos emplean la información en lugar de utilizarla para insultar a su rival y defender su propio caso, quizá el debate conducirá a un entendimiento mucho mayor de las complejidades del ambiente.

Fuente: Jaclyn Fierman, "The Big Muddle in Green Marketing," *Fortune* (June 3, 1991): 91-101. Laurie Freeman, "Diaper Image Damaged: Poll", *Advertising Age* (June 11, 1990): 1, 57. Laurie Freeman, "P&G Seeks to Defend Its Diapers," *Advertising Age* (June 11, 1990): 1, 57.

La mayor parte de compañías no tienen intención de dejar al azar el futuro de su reputación y buen nombre. En cambio, buscan controlar y dirigir su imagen a través de las relaciones públicas. En ocasiones, como se describió en la sección anterior, las compañías deben tratar de corregir una imagen negativa mediante las relaciones públicas. Sin embargo, los gerentes inteligentes comprenden que estas relaciones tienen un rol más importante que desempeñar. Como indicó Walter W. Seifert, expresidente de Public Relations Society of America, "El experto en relaciones públicas es tan necesario como cualquier bombero. No obstante, mucho antes de que comience el fuego, necesita hacer una reserva de la buena reputación de la firma para minimizar las situaciones desafortunadas"[1].

En síntesis, las relaciones públicas se han convertido en elemento vital del programa total de marketing. El aspecto crítico es si se hace bien o no. A continuación se verá de cerca qué son las relaciones públicas y cómo se han desarrollado; luego, se estudiará cómo los gerentes pueden utilizar muchas herramientas de relaciones públicas como parte de un programa de marketing efectivo.

Una visión general de las relaciones públicas

El aspecto básico de las relaciones públicas es la comunicación; por su intermedio se cuenta la "historia" de una organización ante diferentes audiencias. Los **públicos** son las diferentes audiencias objetivo que han de recibir los mensajes de las relaciones públicas. Quienes están encargados de estas funciones ayudan a formar sus organizaciones porque determinan los intereses y expectativas de los públicos de la organización y los explican a la gerencia. Así, la primera asamblea de las asociaciones de relaciones públicas de Estados Unidos, celebrada en 1978, definió las relaciones públicas como "el arte y la ciencia social de analizar tendencias, predecir sus consecuencias, asesorar a líderes de las organizaciones e implementar programas planeados de acción, los cuales sirven tanto a los intereses de la organización como a los del público"[2]. Una definición mucho más simple es que las **relaciones públicas** son el uso de la información y la comunicación de ésta mediante diversos medios de comunicación para influir en la opinión pública. En 1990, los retos que encararon las relaciones públicas de Perrier fueron graves cuando a nivel mundial se retiró el producto porque se hallaron en él vestigios o restos de benceno, una sustancia cancerígena. "Nosotros retiramos, reciclamos y públicamente reconocimos que era un error", dijo Ronald Davis, presidente y director ejecutivo de Perrier Group[3]. Para empeorar la situación, la oficina Food and Drug Administration exigió que Perrier quitara de su etiqueta las palabras "naturalmente refrescante", justo antes del relanzamiento. Durante el retiro se reveló que Perrier carbonaba su agua al mezclarla con dióxido de carbono natural, después de extraerla de la tierra.

Una breve reseña

La experimentación con diferentes formas de comunicación, incluyendo las relaciones públicas, puede rastrearse hasta la antigüedad. César y Alejandro tuvieron sus relacionistas. Reyes y emperadores realizaron eventos especiales para engrandecer sus imágenes. En ocasiones, consejeros, heraldos, poetas e incluso artistas cortesanos desempeñaron funciones que después se describieron como de relaciones públicas.

Así, las relaciones públicas son un arte muy antiguo. Las primeras formas fueron escuetas, pero la sofisticación y eficacia en su ejercicio pronto las mejoraron en gran medida. El primer registro serio de las relaciones públicas en medios impresos fue en el campo de la religión que interesó a la gente culta de los siglos XV y XVI. Como estos libros y panfletos tuvieron amplia difusión y se leyeron con voracidad, sus ideas propiciaron la exaltación de los ánimos y pronto Europa se vio asolada por las guerras religiosas. Sin embargo, no toda la literatura persuasiva que se imprimió fue de carácter religioso. Muchos de estos libros y panfletos trataron temas geográficos, científicos o económicos. Además, aparecieron libros sobre el Nuevo Mundo, textos sobre la propiedad en Brasil y las Indias Orientales, diarios de viajes e informes comerciales. A su debido tiempo, los escritos de carácter político culminaron en las obras de Voltaire, Rousseau y Thomas Paine. Durante la revolución de Estados Unidos, los líderes coloniales captaron la atención con protestas como el *Boston Tea Party*. Más tarde, Amos Kendall, miembro del llamado gabinete de cocina de Andrew Jackson, escribió los discursos del presidente, redactó documentos de Estado y creó ciertas imágenes de Jackson que se transmitieron a la prensa de una manera positiva. Durante la Guerra Civil, Abraham Lincoln pudo presentar la causa de los estados del Norte en palabras e imágenes con la colaboración de Mathew Brady. Mediante el lanzamiento y la ubicación oportunos, Lincoln podía presentar una imagen de esperanza o de desesperanza, de acuerdo con sus necesidades. P. T. Barnum (1810-1891) fue el primer agente de prensa, un empresario del espectáculo que inventó un lenguaje estrafalario y enardecido para describir a quienes se desempeñaban en su terreno.

No obstante, es probable que los historiadores ubiquen los verdaderos comienzos de las relaciones públicas en la primera década de este siglo cuando Hamilton Wright, George Parker e Ivy Lee comenzaron a trabajar en equipo para atender a varios clientes. Ivy Lee, en especial, incluyó nuevos mecanismos para crear ambientes favorables para sus cuentas industriales. Algunos afirman que él fue quien cambió la imagen de un frío financista como John D. Rockefeller casi a la de un santo a través de la programación de obras de caridad, desde darles peniques a los niños hasta hacer grandes regalos a diversas organizaciones (*véase* figura 7.1).

Edward L. Berhays, a quien se considera el padre de las relaciones públicas, fue el primero en llamarse a sí mismo consejero de relaciones públicas. En 1923, escribió el primer libro sobre el tema, *Crystalizing Public Opinion*, y dictó el primer curso a nivel universitario sobre relaciones públicas en New York University. Fue Bernays quien asesoró a Procter & Gamble para responder a un boicoteo de sus productos por parte de los negros de Estados Unidos, mediante la eliminación de publicidad racista, la contratación de personal de esa raza para trabajos de oficina e invitando a las gentes de esa comunidad a participar en visitas a sus instalaciones.

Figura 7.1
John D. Rockefeller cambió su imagen como un frío financista con la ayuda de Ivy Lee, un hombre de relaciones públicas. Bettmann.

El rol actual de las relaciones públicas

El crecimiento de las relaciones públicas durante las últimas cinco décadas ha sido enorme. Entre las primeras 300 compañías de Estados Unidos en 1936, sólo una de cada 50 tenía un departamento de relaciones públicas totalmente constituido; en la actualidad, la relación es de tres por cada cuatro. Se estima que los empleados de relaciones públicas llegan a 145,000 y que el número de cargos en todos los niveles ha crecido más rápido que en cualquier otra área administrativa[4]. El Departamento de Comercio de Estados Unidos predijo una tasa de crecimiento de 18% a 20% para esta industria entre 1988 y 1990, en comparación con el 7% para publicidad.

Sin embargo, las relaciones públicas es uno de los elementos peor entendidos y que generan mayor desconfianza en marketing debido, principalmente, al deficiente trabajo que la industria de relaciones públicas ha hecho para explicar su naturaleza ante la comunidad empresarial y ante el público en general. Parece ser que muchas compañías reconocen que deben contar con un departamento de relaciones públicas, pero no saben por qué. En consecuencia, es frecuente que la gerencia no establezca el rol que debe cumplir. Las relaciones públicas pueden entrar dentro del proceso de marketing sólo en forma tardía como un elemento periférico sin ningún propósito real.

Al menos, una de las razones para este disminuido rol de las relaciones públicas puede ser ciertas concepciones erradas acerca de su naturaleza. Las relaciones públicas incluyen más que promover una relación favorable con el público; con frecuencia, se pasan por alto cuatro características principales de las relaciones públicas. La primera es que el objetivo final es *conservar* al igual que crear una buena reputación. Segunda, el éxito en las relaciones públicas implica hacer primero algo bueno y después buscar el crédito por ello. Como indicó Seifert, "Las noticias negativas llegan por sí solas. Lo que los hombres 'buenos' hacen, como señaló Shakespeare, 'con frecuencia se entierra con sus huesos'. El trabajo de la gente de relaciones públicas es ver que eso no suceda. Ellos son quienes descubren las noticias 'buenas', las imprimen y difunden"[5]. Tercera, quienes practican las relaciones públicas deben investigar y describir sus audiencias objetivo por completo y con precisión. Los programas de relaciones públicas suelen estar dirigidos hacia públicos múltiples que tienen puntos de vista y necesidades diferentes. Por último, las relaciones públicas son una actividad planeada que comienza por idear programas, sopesarlos, ejecutarlos y evaluarlos. Es un sistema organizado de hechos[6].

En organizaciones diferentes, las relaciones públicas toman formas variadas que incluyen la información pública, las relaciones con el inversionista, las comunicaciones corporativas, las relaciones con el empleado, la publicidad de marketing y los servicios al consumidor. El logro más importante de las relaciones públicas está en qué tan bien se integra con los otros tres elementos de la mezcla promocional. En la mayor parte de los casos, las compañías han fracasado en esta tarea. Desde el punto de vista histórico, las relaciones públicas se han separado físicamente del resto de la organización.

Este aislamiento histórico se debe, en parte, a la naturaleza del trabajo realizado por relaciones públicas y, en parte, debido a la gente que trabaja en ellas pues, con frecuencia, se han visto las relaciones públicas como un lujo que recibe poco respeto por parte del resto de la organización. Como a este departamento no se le considera generador de utilidades y es difícil verificar sus logros, los individuos que trabajan en publicidad y venta personal se muestran renuentes a incorporarla dentro de su planeación. Del mismo modo, quienes laboran en relaciones públicas no desean trabajar con otros fuera de su campo de acción. En su forma típica, a los miembros del personal de relaciones públicas se les entrena como escritores con poca formación en negocios o marketing[7]. William Novelli, un experto en el área, considera que esta situación debe cambiar: "Todas las comunicaciones pueden y deben partir de estrategias comunes, y el programa total deberá comunicarse con una voz"[8]. Otro experto, Yustin Wallrapp, sugiere: "Debe existir un compromiso real para legitimar a las relaciones públicas como parte de la mezcla de comunicación"[9]. No es posible que las relaciones públicas produzcan resultados óptimos a menos que: 1) se les incorpore dentro del plan de promoción general y las estrategias resultantes, y 2) se coloque bajo el liderazgo del gerente de promoción o del gerente de producto. En la medida que se considere que relaciones públicas cumple una función de personal o asesoría, y sólo se le llame cuando exista un crisis o una necesidad especial, no es probable que alguna vez llegue a ser parte legítima de la estrategia promocional.

Dirección de las relaciones públicas

Como cualquier esfuerzo comercial, el éxito de las relaciones públicas requiere un plan; sin embargo, la investigación es un prerrequisito para la planeación formal porque sin la investigación apropiada, se vuelve un proceso subjetivo y no arbitrario. Por consiguiente, antes de estudiar los pasos específicos en un plan de relaciones públicas, se examinarán las metas y técnicas de investigación de apoyo.

La investigación en las relaciones públicas

Al enfocar un tema de relaciones públicas, cualquier organización podría formularse algunas preguntas fundamentales: ¿Quiénes somos y por qué existimos? ¿Qué piensan los demás de nosotros? ¿Quiénes son esas otras personas? Antes de que una organización pueda comunicar una imagen a los demás, deberá identificarla correctamente. La investigación del departamento de relaciones públicas le permite hacer esa identificación.

La investigación de relaciones públicas no es nada más que el hallazgo de hechos planeados, organizado con especial cuidado, sofisticado, y escuchando las opiniones de los demás. Al charlar con otra persona o con un grupo pequeño, un hablante puede captar alguna idea de la imagen que proyecta al observar y escuchar a los otros. Sin embargo, quienes trabajan en relaciones públicas suelen dirigir grandes audiencias a distancia; como resultado, para saber qué impresión tienen, deben tener algún mecanismo planeado para escuchar y algunas formas en las cuales se pueda lograr una comunicación bidireccional. De otro modo, es probable que sus esfuerzos para comunicarse estén mal dirigidos y sean ineficaces[10].

Una gran cantidad de información podría ser de utilidad para desarrollar la estrategia de relaciones públicas. Los objetivos generales de la investigación incluyen probar actitudes básicas, medir opiniones reales, identificar líderes de opinión y mercados objetivos, probar temas y medios de comunicación, seleccionar el momento oportuno y revelar problemas potenciales antes de que se presenten. Para la mayoría de las organizaciones, la información de respaldo básica incluye lo siguiente:

- Estado legal de la compañía
- Las funciones desarrolladas o los productos de cada división
- Penetración en el mercado y rentabilidad relativa de cada producto
- Descripción completa de cada producto, competencia, metas de la compañía y tendencias del mercado para cada producto
- Reputación de la compañía entre competidores, vendedores, clientes y accionistas
- Instalaciones para fabricación e investigación, plantas y sucursales
- Logros significativos de la compañía y sus ejecutivos
- Clientes importantes
- Patentes existentes
- Asociaciones a las cuales pertenece
- Áreas de posibles crisis

Sin embargo, obtener información para el uso de la investigación es sólo el primer paso de un gerente de relaciones públicas. En la figura 7.2, por ejemplo, se muestran los resultados de un estudio formal sobre la impresión de los negocios en el público. Los resultados de este estudio nacional de consumidores brindan algunos puntos de vista importantes para el gerente de relaciones públicas; por ejemplo que los consumidores, por lo general, aprueban lo que una empresa hace con respecto al desarrollo de nuevos productos, pagar lo justo, cobrar lo justo y ser buenos ciudadanos en la comunidad. Una gran cantidad de consumidores también parece tener opiniones muy firmes que son todo lo contrario. El negocio, creen ellos, es hacer productos de baja calidad, cobrar demasiado, pagar muy poco y contaminar el ambiente. Estos resultados contradictorios señalan la diversidad de opiniones e indican que los gerentes de relaciones públicas enfrentan un serio problema. Los resultados de la investigación nacional suministrados por compañías como The Roper Organization y A. C. Nielsen reflejan un amplio espectro de actitudes y creencias que, en promedio, se anulan entre sí. Además, muchos de los temas 'candentes' que enfrentan las relaciones públicas tienden a ser regionales o locales. Es posible que la gente que vive en Honolulú esté lejos de un despido de 3,800 empleados en una compañía en el área de Detroit. Por tanto, el rol del gerente de relaciones públicas es evaluar con inteligencia los resultados nacionales con posible importancia para su situación y complementar esta investigación con in-

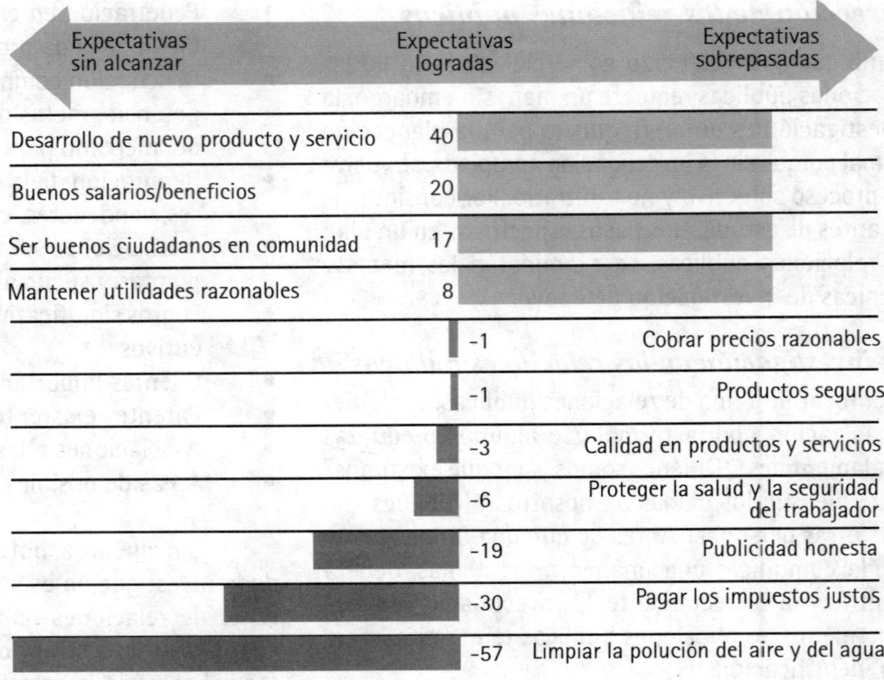

Figura 7.2
Estudio de la imagen que tienen los negocios en el público. Impreso con autorización de The Roper Group

Nota: los valores son el punto de diferencia entre las percepciones de la responsabilidad y su realización.

formación local que refleje con precisión las opiniones e intereses de la gente en ese mercado. Por ejemplo, Hill & Knowlton, una firma de relaciones públicas que asesora a importantes compañías petroleras, ha descubierto que las actitudes del público y la imagen de las compañías petroleras varía de manera dramática en diferentes lugares de Estados Unidos, los estados cerca a los océanos u otras fuentes de agua tienden a contar con una imagen más negativa y requieren de una estrategia de relaciones públicas diferente[11].

La planeación en las relaciones públicas

Aunque los pasos pueden variar, la mayor parte de planes de relaciones públicas deberán incluir los seis pasos siguientes:

1. Evaluar la situación actual
2. Establecer objetivos
3. Seleccionar audiencias objetivo
4. Seleccionar métodos de implementación
5. Determinar costos
6. Evaluar resultados

Evaluar la situación actual. Un beneficio importante del proceso de investigación es que ayuda a que la organización sea consciente de lo que está sucediendo en su ambiente y cómo afectan los cambios a la organización. En algunos casos, la necesidad de relaciones públicas es mínima o no existe. Sin embargo, un accidente tiene, para una aerolínea, inmediatas y dramáticas implicaciones de relaciones públicas. Además, se necesitaba de una rápida y costosa respuesta por parte de relaciones públicas para acallar los rumores y la comunicación informal negativa alrededor de la posibilidad de que, por ejemplo, el logo de Procter & Gamble tuvo su origen en cultos satánicos. Por consiguiente, una organización debe controlar y evaluar su ambiente de manera constante, mediante la observación de cuándo se necesita una respuesta de relaciones públicas. En la tabla 7.1 aparece una lista de las diversas situaciones que se pedirían en un programa de relaciones públicas.

Establecer objetivos. Una vez que se ha descrito la situación del momento, se pueden presentar los objetivos del programa. Con frecuencia, es mejor subdividir los objetivos en las categorías inmediata y a largo plazo. Esta subdivisión obliga a la gerencia a ver las relaciones públicas como un proceso y no como una solución rápida ante un problema urgente. Mientras que el objetivo a largo plazo para la división de tabaco de RJR Nabisco, Inc. puede ser crear una imagen "positiva, a favor de la salud"; por ejemplo, primero se deben lograr varios objetivos inmediatos. Éstos buscan tratar el problema que está a mano mientras conservan el aspecto de largo plazo en mente.

Por ejemplo, un objetivo inmediato para RJR era convencer al público, en especial a los padres, de que la compañía estaba haciendo un esfuerzo sincero para mantener lejos de los niños la tentación de los cigarrillos. Como el grupo de los padres es uno de los más antiguos en contra del consumo de tabaco, tratar con este público parecía más urgente. ¿Cómo podría RJR cambiar de inmediato la actitud fuertemente negativa de los padres hacia la empresa por una, por lo menos, neutral? La compañía intentó lograr este objetivo patrocinando diferentes actividades infantiles; no utilizando el nombre de marca en productos para niños como dulces, juegos de video y juguetes; mediante la donación de equipo médico a hospitales; y con la publicación de avisos de una página en los periódicos de todo el país en donde indicaba: "No hacemos publicidad para niños".

Debido a que, con frecuencia, los resultados que se obtienen con las relaciones públicas son difíciles de integrar y puede pasar mucho tiempo antes de que se aprecien, se aprecia mucha dificultad para establecer objetivos significativos en esta área. En la mayor parte de los casos, los intentos de relaciones públicas buscan cambiar algún componente de opinión pública. Sin embargo, esta última es evasiva, difícil de medir y cambia de manera constante. Aunque a los gerentes de relaciones públicas les gustaría recibir el crédito por los cambios de comportamiento o por las ventas, rara vez es así. Una excepción se presenta cuando la compañía auspicia alguna actividad o una visita a sus instalaciones, en donde la atención es un esfuerzo de relaciones públicas. La mayor parte de los objetivos de relaciones públicas se relacionan con la medición de actitudes, opiniones, información y sentimientos, aunque los geren-

Tabla 7.1
Condiciones que señalan la necesidad de emplear las relaciones públicas

Situación	Ejemplo
Oportunidad promocional	Se forma una nueva organización para vender un nuevo producto; el Infiniti de Toyota, por ejemplo.
Desafío competitivo	Una distribuidora se mueve en un área donde la competencia no ha sido intensa y existen empresas que deben orientarse hacia la comunidad.
Controversia	Una antigua escuela privada para niñas decide encaminarse hacia la coeducación, en contra de los deseos de los alumnos y de la comunidad del lugar.
Publicidad adversa	Un reportero descubre que un grupo local de caridad emplea a criminales en libertad bajo palabra.
Nueva imagen	Se remplaza a un tranquilo y anciano presidente de una universidad con una persona joven de espíritu gregario, reconocida por aumentar los fondos.
Catástrofe	Un avión de una aerolínea se estrella y todos los pasajeros mueren.
Comunicación no efectiva	Los resultados del estudio demuestran que 21% cree que Lee Iacocca está diciendo la verdad.
Conflicto de intereses	El sitio escogido para una nueva planta de Xerox Corp. es una reserva forestal protegida por una comunidad suburbana de casas costosas.
Causas	Una compañía de drogas toma la epidemia del SIDA como un reto personal.
Servicio público	PPG suministra folletos y tiquetes autoadhesivos de seguridad sobre los peligros del vidrio en el hogar.

tes reconocen que estos indicadores pueden estar muy equivocados. Las personas tienden a expresar sus sentimientos y actitudes como positivos o negativos y no como ubicados entre niveles. Así, obligar a alguien a tomar una posición, a favor o en contra, de un tema que suscita controversia, como el aborto, puede llevar a un comportamiento que no necesariamente corresponde con las clasificaciones propias de la persona.

Seleccionar las audiencias objetivo. ¿Quiénes son las personas, instituciones u organizaciones que se deben alcanzar con el esfuerzo de relaciones públicas? ¿En dónde se localizan y cuál es la forma más efectiva y eficiente para alcanzarlas? ¿Cuándo se presenta el momento más oportuno para hacer contacto? Los planificadores o gerentes cuidadosos elaboran una lista de todas las posibles audiencias objetivo, quizá dividiéndolas en públicos primarios y públicos secundarios. No deberá omitirse ningún grupo de importancia. Para realizar una campaña publicitaria se deberán estudiar todas las audiencias con tanto cuidado como la audiencia objetivo. Entre mayor conocimiento tenga el encargado de relaciones públicas de cada grupo, mejor será el mensaje que diseñe.

En 1991, Maytag Corporation tuvo que vincularse en esta clase de investigación por primera vez en su historia. Pocas compañías de Estados Unidos habían disfrutado de una sólida reputación de calidad como esta empresa que se conocía literalmente como *One Dependability Square* (Un sólido carácter de responsabilidad). Sin embargo, la situación cambió para Maytag después de adquirir Magic Chef, Inc., fabricante de los productos Magic Chef, Admiral y Norge, cuando la compañía comenzó a escuchar quejas de distribuidores y clientes, la mayor parte en relación con la deficiente mano de obra. La revista *Consumer Reports* calificó algunos de los equipos que vendía la compañía como las peores del sector. El problema fue que todos estos aparatos con la etiqueta Maytag no se fabricaron en las plantas de la empresa con la calidad Maytag. La respuesta ante las quejas de los clientes fue mejorar primero el producto y, luego, informar sobre los cambios. Más adelante, *Consumer Reports* sentenció: "Un poco de la magia de Maytag parece haberse extendido a las marcas recién llegadas a la familia Maytag"[12].

Implementar. Una vez que los planificadores han decidido qué quieren hacer y con cuáles audiencias, deben buscar con esmero la manera de hacerlo. La implementación incluye la opción de técnicas específicas de relaciones públicas, el método de despacho y el momento de éste. Más adelante, en este capítulo, se estudiará en detalle este tema.

Determinar los costos. Cuando se revisa el plan que se ha aceptado, en busca de puntos débiles, es importante considerar las exigencias presupuestales. Quizá la forma más efectiva de comunicarse con una audiencia específica es durante la franja de mayor audiencia en televisión pero ...¿el presupuesto lo permite? Aunque la cantidad de dinero puede ser importante por sí misma, puede ser más importante la efectividad de ese dinero. La televisión, por ejemplo, puede ser la mejor solución, aunque costosa, porque alcanza a más personas a un costo menor por unidad que las otras alternativas. Los planificadores deben saber, y no adivinar, cuál es el costo de sus propuestas. Además, deben ser realistas y no permitir que su deseo de una solución oscurezca su entendimiento. Resulta difícil determinar la asignación apropiada de dinero para relaciones públicas, debido a su carácter intangible. Por ejemplo, **las actividades de propaganda** buscan ubicar nuevos informes en los medios sin que se cobre por ello, pero es muy difícil. Se puede emplear una gran cantidad de recursos para lograr publicidad "gratuita", pero determinar el valor exacto resulta prácticamente imposible. De manera similar, ¿cómo puede el gerente de promoción relacionar con precisión el costo de actividades voluntarias, como en el caso de dictar una conferencia ante un grupo universitario? En definitiva, el costo de las relaciones públicas debe relacionarse con el valor del espacio de noticias y el buen nombre que se genera con el programa. Para equilibrar el presupuesto con la necesidad, el gerente de promoción necesita preguntarse: ¿Qué hará que el trabajo quede de manera apropiada? En los capítulos 8 y 9 se estudiarán los puntos a favor y en contra de las diferentes alternativas de los medios de comunicación.

Evaluar resultados. La medición de los resultados de relaciones públicas es una actividad evasiva. En muchas instancias, un programa de relaciones públicas busca cambiar las actitudes y percepciones antes que el comportamiento. Las relaciones públicas se evalúan mediante técnicas formales de investigación y métodos informales.

Las técnicas formales incluyen grupos de enfoque, análisis de contenido y control. Los investigadores de la opinión pública suelen emplear la videofilmación de grupos de enfoque o referencia para medir los efectos cualitativos del material o de los mensajes sobre los miembros de una audiencia objetivo, antes de emplear un material. El **análisis de contenido** es una técnica que incluye la publicación de historias en radio, televisión, periódicos y revistas, como si los medios fueran personas que respondieran a un estudio de opinión pública. Se desarrolla un cuestionario que cubre los temas y un análisis de computador (simulación) presenta el tema que se investiga, dónde, a cuántas personas, durante qué periodo, en cuál medio de comunicación y cómo cambia la cobertura a través del tiempo. El **control** es un sistema continuo que permite rastrear todas las principales actividades de relaciones públicas, y que puede incluir encuestas semanales de opinión (como en el caso de los políticos) o un conteo del número de comunicados de prensa que aparecen durante un tiempo dado. En el capítulo 12 se verán más de cerca éstos y otros mecanismos formales para medir la efectividad de una campaña de relaciones públicas.

Las técnicas informales para evaluar las relaciones públicas son mucho más variadas. Anotar el número de personas que asisten a un evento, mantener conversaciones informales con la gente o registrar el número de solicitudes de los hablantes, pueden ser medidas informales de la efectividad de un programa de relaciones públicas.

Repaso de conceptos

1. Las relaciones públicas son el uso de información y su comunicación a través de diversos medios para influir en la opinión pública.
   a. Las relaciones públicas tienen una larga e interesante historia con individuos como Edward Bernap e Ivy Lee, quienes iniciaron el camino.
   b. Las relaciones públicas siguen siendo una disciplina mal entendida.
   c. Con frecuencia, tienen muchos nombres y están separadas desde el punto de vista organizacional.
2. Un plan de relaciones públicas se basa en investigación e incluye lo siguiente:
   a. Evaluar la situación
   b. Establecer objetivos
   c. Seleccionar audiencias objetivo
   d. Seleccionar métodos de implementación
   e. Determinar costos
   f. Evaluar resultados

Comprender al público de las relaciones públicas

Un público existe donde quiera que se reúna un grupo de personas por intereses definidos en ciertas áreas y con opiniones definidas sobre asuntos dentro de esas áreas. Con frecuencia, las personas pertenecen a varios públicos, los cuales, en ocasiones tienen conflictos de intereses. Por ejemplo, una persona que va a votar por la aprobación de un bono escolar podría debatirse entre sus sentimientos como padre y como miembro de un grupo conservador opuesto a impuestos más elevados. Los norteamericanos tienden a sentirse mejor que la mayoría de la gente por pertenecer a varios públicos a la vez[13]. En Japón, sin embargo, domina el espíritu *wa* (nosotros). Los japoneses sienten que todos forman parte de **un** público[14].

Las relaciones públicas deben ser sensibles a dos tipos de públicos: interno y externo. El **público interno** comprende las personas con quienes una organización se comunica normalmente en su rutina diaria de trabajo. La pregunta no es "¿Debemos comunicarnos con ellos?" sino "¿Cómo debemos comunicarnos y hasta qué punto?" El **público externo** comprende las personas con quienes se comunica una organización pero con quienes no tiene nexos estrechos ni regulares.

Público interno

El público interno típico en una industria incluye empleados, accionistas, proveedores, distribuidores, clientes y vecinos de la planta. Los dos públicos internos que quizá tienen más significación para el director de relaciones públicas son empleados y clientes.

Se acostumbra dividir a los empleados en varias secciones que difieren en gran medida una de otra y que deben enfocarse del mejor modo posible, de acuerdo con sus intereses y patrones de reacción. Por ejemplo, entre los empleados hay trabajadores a quienes se paga por horas, asalariados y personal administrativo; cada grupo tiene sus propias características, perspectivas e intereses especiales.

¿Qué quieren los empleados en la mayor parte de sus compañías? He aquí algunos de los deseos más usuales:

1. Seguridad. ¿Qué tan segura es la compañía y mi trabajo dentro de ella?
2. Respeto. ¿Se me reconoce como una persona con conocimiento valiosos?
3. Participación. ¿Sé más acerca del proceso del cual formo parte o sólo lo que me sucede a mí?
4. Consideración. ¿Tengo la oportunidad para expresar mis ideas?
5. Reconocimiento. ¿Qué premios se conceden por un servicio bueno y confiable?
6. Oportunidad ¿Hay posibilidad de ascender?[15].

Ninguna compañía puede satisfacer todas estas necesidades de sus empleados pues el conflicto y la insatisfacción son inevitables. Sin embargo, una buena organización y comunicación de relaciones públicas puede modificar gran parte de este desacuerdo y dirigir las energías naturales para alcanzar un mayor desarrollo. Las comunicaciones, tanto ascendentes como descendentes, son necesarias. La comunicación descendente parte de la gerencia hacia los empleados y se da por medio de revistas y periódicos, circulares, carteleras con boletines, carteles, películas, lecturas dirigidas, cartas y ceremonias. La comunicación descendente ayuda a los empleados a mantenerse informados acerca de los factores y decisiones que afectan sus vidas. Con frecuencia, esta comunicación se desarrolla bien, aunque no siempre se concibe del mismo modo. A pesar de las tentativas para comunicarse con claridad hacia un amplio espectro de empleados con diferentes niveles de educación, experiencia e intereses, resulta inevitable que haya malos entendidos o distorsiones en la información. Las circulares que buscan elogiar a los trabajadores pueden convertirse en una fuente de resentimiento.

La comunicación ascendente va de los empleados a la gerencia y es mucho más débil y, por lo general, está integrada por estudios, programas de sugerencias, reuniones de grupo y una política confusa de puertas abiertas. Debido a la negligencia de la gerencia, es frecuente que buena parte de la comunicación ascendente de una compañía se convierta en prerrogativas sindicales.

El público consumidor también es un público interno significativo y del cual son responsables, en mayor proporción, los departamentos de ventas y publicidad. En ocasiones, en especial cuando los consumidores son numerosos, los métodos de comunicación de relaciones públicas se cobran mayor importancia, más allá de las ventas directas o de la publicidad convencional. El marketing que se relaciona con una causa noble, por ejemplo, es una estrategia popular de relaciones públicas que se aplica a ciertos consumidores. Al contribuir con 50 centavos a los Juegos Olímpicos Especiales, el Cereal Kellogg's ha cultivado muchos consumidores.

Las compañías deben responder muchas preguntas acerca de los consumidores. ¿Qué genera la actitud prevalente del público hacia una compañía? Si el sentimiento del público es favorable, ¿cómo adquieren las personas esas impresiones? ¿Cuánto sabe el público acerca de la compañía? Las respuestas a preguntas como éstas describen la opinión de la gente, punto de partida para cualquier mensaje de relaciones públicas dirigido a los consumidores. Para compañías como Procter & Gamble y Kimberly-Clark, entender los sentimientos del público acerca de los efectos negativos de los pañales desechables es vital. El público ha recibido enormes cantidades de información sobre este tema, mucha de ella contradictoria y, por tanto, está confundido. Ambas compañías desean resolver estas contradicciones a su favor. Infortunadamente, la gente que dirige la investigación sobre el tema de los pañales desechables también se halla confundida. De acuerdo con un reciente estudio, los norteamericanos creen que la protección del ambiente es más importante que el crecimiento económico y desean, a la vez, sacrificar trabajos en sus comunidades eliminando a las firmas inescrupulosas desde el punto de vista ecológico y pagar más por productos ambientalmente amigables. Según Alan Caruba, investigador de las actitudes y acciones de los norteamericanos con respecto al ambiente, "Esto no tiene sentido. No es verdad". Caruba señala que la Environmental Protection Agency puede demostrar que los mecánicos de automóviles hágalo-usted-mismo que cambian el aceite del vehículo por su propia cuenta, arrojaron 120 millones de galones en 1990, más que la cantidad que se regó en el accidente del Exxon *Valdez.* Además, indica, todas las proposiciones ambientalmente amigables que se incluyeron en las votaciones estatales de noviembre de 1990 fueron derrotadas[16].

La publicidad institucional y las actividades de propaganda son dos tipos primarios de relaciones públicas que se emplean para enviar mensajes a los consumidores. La **publicidad institucional** de las relaciones públicas no trata de vender una marca en particular pero se dirige a ampliar la imagen de la organización patrocinadora o anunciante. En la figura 7.3 aparece un ejemplo del intento de un nuevo fabricante extranjero para combatir posibles prejuicios en contra de un competidor japonés. El patrocinador paga estos anuncios. Las actividades de propaganda significan colocar información en un medio nuevo sin ningún costo para el anunciante.

Público externo

El público externo está compuesto por personas y organizaciones que no tienen una relación directa y continua con una organización en particular. Por ejemplo, miembros de la prensa, educadores o funcionarios del gobierno pueden tener o no interés en una industria. Hasta cierto punto, una organización puede elegir si se comunica con estos grupos o no. Aunque la lista del público externo es extensa, cuatro elementos tienen mayor importancia.

El primero es la *prensa* que incluye periódicos, televisión y estaciones de radio, revistas en general y publicaciones comerciales. Todos estos medios sirven como elementos abrepuertas para alcanzar un mayor contacto con un público más amplio. En general, la prensa ejerce una tremenda influencia sobre la opinión pública y las palabras de un periodista pueden afectar la vida de un proyecto o de una organización. Como un grupo, los periodistas aprecian

Figura 7.3
Un intento por contrarrestar posibles prejuicios en contra de la compañía japonesa Komatsu. Cortesía de Komatsu.

explicaciones claras y directas pues ellos mismos son expertos en hacer exposiciones concisas y, por lo común, se ven presionados por el tiempo. El individuo responsable de relaciones públicas encuentra a los periodistas en extremo útiles no sólo para publicar diversos artículos en los medios sino, lo más importante, para interpretar los sentimientos del público.

El segundo público externo es el *gobierno.* Este público tiene efectos directos y concretos en muchas empresas y otras organizaciones. Como en Estados Unidos las funciones del gobierno se han expandido durante décadas, su poder ha aumentado en grandes proporciones. La persona encargada de las relaciones públicas con el gobierno se conoce como **funcionario de asuntos oficiales** y la actividad primaria que emplea para alcanzar al público gobierno se conoce como ***lobbying***, término amplio que abarca las actividades que buscan influir en las decisiones políticas de los funcionarios del gobierno.

El *mundo financiero* representa un tercer público externo. Se dice que la gente de relaciones públicas que se especializa en comunicarse con la comunidad financiera cubre las **relaciones financieras.** Los individuos relacionados con esta área deben tener un conocimiento básico de la ley comercial, de economía y finanzas corporativas. Estas personas manejan una amplia variedad de información financiera, como adquisiciones de compañías, cambios en las políticas de la empresa, y cómo afectan estos cambios los precios de las acciones, los cambios en el índice de bonos y el informe anual. Las relaciones públicas financieras son un campo de elevadas destrezas y en el cual los neófitos pueden verse con rapidez, junto con sus compañías, en serios problemas. Quienes escriben sobre relaciones financieras deben cumplir con condiciones estrictas de precisión y tiempo.

El cuarto público externo es la *asociación comercial.* Todo negocio u ocupación tienen una asociación comercial o profesional. Con frecuencia, las metas de una asociación incluyen auto-regulación, *lobbying*, relaciones públicas o ventas. Los fabricantes de alfombras, por ejemplo, no sólo compiten entre sí sino también con fabricantes de otros tipos de cubiertas para pisos, como cubiertas de vinilo, madera o linóleo. Cuando hay cooperación entre todos los miembros de la asociación de fabricantes de alfombras, se puede realizar un esfuerzo común para utilizar la alfombra en lugar de un sustituto. Al ayudar a aumentar la participación total de las alfombras en el mercado de cubiertas para pisos, cada fabricante del sector puede lograr más negocios.

De hecho, existe una interacción entre los públicos interno y externo, aunque los mismos factores que crean buena reputación con el público interno no necesariamente la crean entre el público externo. Con los empleados y otros públicos internos, existe una buena oportunidad para hacer coincidir todos los intereses porque todos están conectados con la misma organización; con una audiencia externa, la posibilidad de coincidencia accidental de intereses es escasa.

Repaso de conceptos

Las relaciones públicas dirigen sus mensajes a públicos internos y públicos externos.

1. El público interno se comunica con la organización en la rutina diaria de trabajo (por ejemplo, empleados, accionistas, proveedores, distribuidores, clientes y vecinos de la planta).
2. El público externo no tiene nexos estrechos con una organización en particular (por ejemplo, la prensa, el gobierno, el mundo financiero y las asociaciones comerciales).

Herramientas de las relaciones públicas

Por ahora, es evidente que el proceso de las relaciones públicas es muy complejo; en esta sección se estudiarán sus herramientas básicas.

Actividades de propaganda

Los **relacionistas públicos** son escritores que necesitan experiencia, astucia y gran talento para convencer a los editores y reporteros de publicar sus notas. El resultado de los esfuerzos de los relacionistas se conoce como actividades de propaganda. La credibilidad de las mismas es mucho más elevada que la de la publicidad, pues el medio tiene la oportunidad de publicar o no el artículo y de cambiarlo como lo desee. Las actividades de propaganda pueden ser un esfuerzo masivo, como en el caso de un artículo principal de 12 páginas en la revista *Fortune* sobre el éxito de Sam Walton y la cadena Wal-Mart o la mención en una línea, de una compañía de Dan Rather en las noticias de la tarde. En ocasiones, las actividades de propaganda pueden ser ilegales. Por ejemplo, en 1991, cuando el multimillonario Donald Trump estaba vinculado públicamente con Marla Maples, la firma New Retail Concepts la contrató como vocera para *No Excuses Jeans.* En el anuncio inicial, Maples aparecía tirando copias de tabloides de supermercado en una caneca de basura. Como se esperaba, las tres grandes redes de televisión rechazaron el anuncio y los medios continuaron mencionando el hecho por más de tres semanas. La actividad de propaganda resultante logró más por No Excuses Jeans de lo que su presupuesto para anuncios habría podido hacer; de este modo, se ilustra la tendencia de crear anuncios, con premeditación, que son más valiosos como herramientas de relaciones públicas para captar la atención que como publicidad tradicional. "Mi trabajo es hacer que un millón de dólares parezcan como US$10 o US$20 millones y trataré de hacerlo en la forma que me plazca, en la medida que no sea ilegal o deshonesta" afirma George Lois, presidente, director ejecutivo y director creativo de la agencia de No Excuses, Lois/GGK[17].

La relación entre los medios de comunicación de noticias y el director de relaciones públicas puede indicar el éxito o el fracaso de cualquier esfuerzo de publicidad. En muchos casos, es una relación tanto cooperativa como publicitaria. El reportero se siente motivado por el derecho del público a conocer los hechos y la lealtad del funcionario de relaciones públicas está ligada al cliente o a la compañía; además, la gente de los medios espera que el personal de relaciones públicas sea experto en el negocio de las noticias y es probable que no preste mucha atención a quienes no lo sean. El éxito de las relaciones públicas se cimenta en la reputación; una vez que ésta se pierde, el personal del área no puede funcionar. Así, el camino hacia el respeto de los medios es honestidad, precisión y profesionalismo. Quien trabaje en relaciones públicas debe conocer los requerimientos de cada medio y hacer todos los esfuerzos correspondientes para seguirlos.

Una forma poderosa de actividad de propaganda es un *plug**o aviso encubierto, el cual se presenta cuando las celebridades acuerdan mencionar un producto en particular, por lo general, a cambio de alguna forma de compensación. Esta técnica se estudia en la sección **Un enfoque de promoción**. Formas más convencionales de publicidad incluyen comunicados de prensa y conferencias o ruedas de prensa.

Los comunicados de prensa. La mayor parte de la actividad de propaganda se envía en forma de *comunicado de prensa*, el cual incluye una información en forma de noticia en el estilo propio del medio por el cual se va a transmitir. Algunas de estas noticias se escriben para los periódicos y otras para los medios electrónicos. El comunicado puede ser un texto simple para una presentación en particular o reproducirse por cientos para tener una distribución más amplia. Una sola copia podría enviarse para el editor de noticias, el editor de la sección o a un periodista específico. Las copias múltiples podrían enviarse a cientos de editores o transmitirse por un medio como la Associated Press (AP) de manera que los abonados puedan tomar los informes que sean de su interés. Aunque los comunicados de prensa se dirijen a una gran audiencia, se deberán escribir con cuidado como si fueran a producirse para cada medio en particular. Aunque un comunicado se puede reescribir, entre mejor sea el trabajo del personal de relaciones públicas, mayor será la oportunidad de que sea aceptada su publicación. Si un comunicado se transmite con errores y equivocaciones obvias, ni siquiera podrá reescribirse; simplemente se descartará.

Existen varias pautas generales para presentar un comunicado de prensa:

1. Aprender tanto como sea posible acerca del medio particular que se va a emplear. En especial sobre lo que el medio considere noticia.
2. Asegurarse de que la información sea precisa.
3. Asegurarse de que la información sea oportuna. Si una entrevista o un reportaje están listos antes de tiempo, debe verificarse si en realidad se enviaron como estaba programado.
4. Mantener la nota tan breve como sea posible, dada la naturaleza del medio, la importancia de la información y las limitaciones mecánicas.
5. Como los lectores de periódicos son superficiales, presentar los hechos en las primeras oraciones cuando se transmita por este medio.

* *N. del RT.* Anuncio incidental. Anuncio de una marca de manera encubierta. Su efecto es de conexión o puente con la publicidad tradicional.

Un enfoque de promoción:

Plugs gratuitos por televisión

Los padres que no quieren que sus hijos se aferren a los productos de una marca específica, sólo tienen que reducir el volumen del televisor o cambiar los canales cuando sea el momento de los anuncios comerciales, ¿correcto? Según un estudio dirigido por *Advertising Age* y Medill School of Journalism en Northwestern University, eso no es fácil. El estudio concluyó que la única forma de evitar el bombardeo de anuncios repetidos de marcas en televisión es apagando el aparato.

Noticias, comedias y hasta los dramas incluyen condiciones específicas. No se desea escuchar cuando un avión se estrella al despegar, sino saber cuáles son las aerolíneas y el vuelo. De manera similar, un comediante hace reír con más facilidad con bromas acerca de McDonald's o Burger King que al mencionar un restaurante de comidas rápidas menos conocido. Quizá la manera más rápida para que un drama de televisión pueda mostrar que un personaje en particular simboliza riqueza sea haciendo una toma cercana del reloj Rolex que utiliza o de la insignia del Mercedes Benz que conduce.

Por éstas y otras razones, los productos de marca aparecen de manera constante en programas habituales de televisión, casi que una vez cada cinco minutos, según el estudio. Al observar las tres cadenas durante un periodo de 24 horas, los investigadores vieron los logos de Nike y Adidas durante la sección de deportes de un programa de noticias; observaron que los personajes de las novelas de televisión comían helados Drumsticks y leían la revista *Elle*; contabilizaron más de una docena de marcas en la rutina de Jay Leno. En los programas de noticias se contabilizaron 44% de las menciones del nombre de marca encabezando todos los demás tipos de programas.

La mayor parte del tiempo, las compañías disfrutan de que sus productos aparezcan o se mencionen en televisión. Ver a un personaje con una marca particular de jeans puede influir más en la decisión de compra de quien lo ve que mirar una serie interminable de anuncios comerciales. La decisión de los productores de películas de presentar ciertos productos ha generado controversias en Hollywood y aumentado el espectro de los filmes que se convierten en 90 minutos de avisos comerciales.

De hecho, las compañías no siempre se alegran de que sus nombres aparezcan en las noticias o en los espectáculos de variedades. Sin duda, la Exxon deseó poder cambiar su nombre cuando el Exxon Valdez contaminó la costa de Alaska; un presentador de noticias que menciona una compañía bajo investigación o cerca de la quiebra puede enviar el valor de las acciones al piso, como una plomada. Algunos anunciantes lamentan que el elevado número de nombres de marca en televisión debilita el valor de sus anuncios comerciales.

Sin embargo, en general, cuando un ejecutivo de McDonald's escucha que alguien como Gene Siskel menciona *Little Mermaid Happy Meals* (Las comidas felices de La Sirenita), se sentirá complacido; en ocasiones se *puede* lograr algo a cambio de nada.

Fuente: Scott Hume, "Free 'Plugs' Supply Ad Power," *Advertising Age* (January 29, 1990): 6.

La conferencia de prensa. En varias ocasiones, una organización puede invitar a la prensa a enviar representantes a escuchar un anuncio importante o para entrevistar a una persona importante. The Polaroid Corporation ha empleado con éxito la técnica de conferencia de prensa para anunciar nuevos inventos.

Una buena norma para una conferencia de prensa es no hacerla si las noticias se pueden manejar en otra manera o a menos de que en verdad se pueda agregar algo. Si las noticias de una conferencia de prensa también se pueden obtener en un comunicado preparado, es probable que aquélla no deba llevarse a cabo.

Existe una pregunta importante al considerar la oportunidad de una conferencia de prensa: ¿la organización en verdad quiere responder a todas las preguntas que podrían surgir en una reunión de esa naturaleza? Siempre existe el riesgo de que un periodista haga una pregunta comprometedora que poco tenga que ver con el tema de la conferencia de prensa. La gente que asiste a una reunión de este tipo ofrece decir toda la verdad; si tiene algo que ocultar, la conferencia podría convertirse en un elemento peligroso.

Manejo de malas noticias. Casi todas las corporaciones experimentan algún hecho que el público puede percibir de manera negativa. Las aerolíneas, las compañías de servicios públicos, las plantas químicas y las refinerías de petróleo, por ejemplo, se han preocupado mucho por la imagen negativa que crea un accidente o una calamidad.

Una de las crisis más dramáticas que encaró una empresa fue el desastre creado por el derrame del buque petrolero *Valdez*, perteneciente a la compañía Exxon, considerado el más grande desastre comercial de la historia como consecuencia de un derrame de petróleo. A la Exxon nunca se le perdonará la destrucción del medio ambiente y de la vida salvaje de la costa de Alaska. Para empeorar las cosas, el director ejecutivo de la firma, Lawrence Rawl, recibió gran cantidad de críticas por la forma como manejó la crisis junto con su *staff*. En primer lugar, Exxon negó la magnitud de la catástrofe al igual que su responsabilidad por las labores de limpieza. La respuesta del público ante esa actitud fue inmediata y dramática. Clientes de la firma cancelaron más de 40,000 tarjetas de crédito y las enviaron por correo a la casa principal de Exxon. Resultará sorprendente si la compañía alguna vez vuelve a recuperar la buena reputación entre los consumidores.

El *staff* de relaciones públicas deberá anticipar la posibilidad de un desastre y establecer un mecanismo para manejar las noticias negativas. En el caso de un corte de energía debido a un desastre natural, por ejemplo, una compañía de servicios públicos debe tener a mano los hechos básicos para responder ante los periodistas. Además, debe designar un vocero para describir con precisión el daño, los peligros, el tiempo necesario para efectuar las reparaciones y otros detalles. La compañía debe suministrar números telefónicos, espacio para que los periodistas trabajen, transporte y, quizá, alimentación. Estas disposiciones para afrontar emergencias deben definirse muy bien por anticipado ya que no habrá tiempo para improvisar el cubrimiento de un desastre cuando éste se presente. Cada vez más compañías (en especial aquellas con una alta probabilidad de crisis) formalizan disposiciones para situaciones de emergencia, integrando equipos para el manejo de las mismas. Estos equipos asignan tareas específicas a sus miembros cuando se presenta una crisis y definen el rol de las relaciones públicas.

La prudencia y una actitud de servicio ante la prensa le dará a la compañía la oportunidad de exponer su versión de la situación, es decir, hacer énfasis en lo pequeño de la pérdida, la solvencia de la compañía, la breve interrupción del servicio o dar los agradecimientos correspondientes. Quienes ayudan a la prensa a cubrir las noticias durante un periodo de crisis tienen la posibilidad de recibir alguna consideración de su parte.

En algunos casos, las malas noticias pueden ser una ignominia. Si el presidente de la compañía oculta que el jefe de personal o de nómina acosa sexualmente a los empleados, el departamento de relaciones públicas puede no desear que la prensa se entere de estos asuntos. Con todo, noticias negativas como éstas pueden llegar a la prensa por dos razones: primera, los funcionarios oficiales o alguien más pueden hacer pública la información, por lo cual puede ser mejor que la compañía informe primero sobre la situación. Segunda, una actitud por completo honesta con la prensa merece gran respeto por parte de ella.

En cualquier caso, no hay utilidad alguna en tratar de negar los hechos o de encubrir las malas noticias. En efecto, el personal de relaciones públicas trabaja tanto para la prensa como para la organización que lo emplea. No pueden esperar mentir ante la prensa y seguir protegiendo su utilidad como una fuente de noticias.

Fotografías publicitarias. El público presta atención a las fotografías de los periódicos y las recuerda, pero puede ser difícil conseguir espacio para éstas en este medio. La competencia por el espacio es grande; aunque un documento importante puede ocupar tanto como 40 fotografías relacionadas con un artículo, hay poco espacio disponible para fotografías publicitarias. Sin embargo, puede ser más fácil conseguir fotos que artículos en un periódico, debido a que muchas imágenes son tan corrientes que no se aprecia nada inusual o interesante en ellas.

Las impresiones fotográficas para los periódicos deberán tener un buen contraste blanco-negro, aunque no exagerado, delinear con claridad el objeto, sin llegar a extremos, dado que la calidad de la impresión debe ser limpia y se puede reducir el tamaño de las imágenes. Los fondos complicados y el desperdicio de espacio se deberán evitar al planear la composición de la imagen. La mayor parte de los grandes periódicos quieren fotografías de 8" x 10" o de 5" x 7" en papel satinado de manera que, si es necesario, sea más fácil hacer los retoques. Las buenas imágenes que se suministran en la forma apropiada, suelen ser más útiles para ampliar un artículo.

Todo el personal de relaciones públicas debe estar en capacidad de juzgar las noticias, elegir fotografías y, quizá, escoger las más adecuadas de estas últimas. Sin embargo, tomar imágenes personales es una especialidad que se halla fuera del ámbito del fotógrafo aficionado de relaciones públicas. Moda, alimentos, arquitectura y grandes grupos de personas son otros temas que necesitan métodos fotográficos especiales y el aficionado no deberá tratar de fotografiarlos.

Publicidad institucional

Como se indicó antes, la publicidad institucional es la comunicación de una organización sobre su trabajo, puntos de vista y problemas con miras a lograr buena reputación entre el público y el apoyo de éste[18]. El énfasis se hace sobre la imagen de la compañía más que en la venta de un producto específico. En ocasiones se le llama **publicidad corporativa** o **publicidad de relaciones públicas**. A diferencia de las actividades de propaganda, el anunciante o patrocinador paga la publicidad institucional, con lo cual puede transmitir su información cuando lo decida y a la audiencia que seleccione. Las artes finales, los encabezados y el mensaje van en la forma exacta como el anunciante quiere que aparezcan, impresos o al aire. Por otra parte, la audiencia reconoce que un anuncio institucional es una petición pagada de manera que la resistencia de la audiencia puede aumentar. Las actividades de propaganda no llevan la indicación de ser pagadas por el anunciante o patrocinador, ni incurren en los elevados costos asociados con el uso de los medios masivos de comunicación.

Además de los altos costos y la baja credibilidad, muchos críticos se quejan de que la publicidad institucional tiene un tercer punto débil: su ineficacia. Los distribuidores minoristas sostienen que esta clase de publicidad es un lujo con poco efecto sobre las actitudes o la conciencia. Sin embargo, un estudio dirigido por Opinion Research Corp, reveló que una gran mayoría (89%) de consumidores son influenciados por la reputación de las compañías que compiten por conseguir su dinero. De otro lado, el impacto de la imagen corporativa sobre las decisiones de los consumidores aumentó entre 1986 y 1989. El estudio encontró que los consumidores creen que las compañías que demuestran interés en la sociedad en general, tienen la posibilidad de preocuparse con sinceridad por las necesidades de sus clientes. Cuatro de cada cinco están de acuerdo con este enunciado: "Las compañías que contribuyen con sus comunidades u otras obras de caridad tienen más probabilidad de interesarse en satisfacer a sus clientes que aquellas que no hacen contribuciones de esa índole"[19].

En la publicidad de producto tradicional, el objetivo tiende a ser muy claro. En la publicidad institucional, los objetivos no son tan claros y, con frecuencia, son muy sutiles. Sin embargo, por lo común, los objetivos se clasifican en una de tres categorías.

Primera, una compañía puede desear la publicidad para crear confianza en sí misma, lo cual la ayudará a vender sus productos y a hacer atractivas sus acciones para los inversionistas. Segunda, una compañía puede emplear la publicidad institucional para explicar la posición de la gerencia acerca de temas como un desacuerdo laboral, un mal producto o un drástico aumento de precio. Anuncios como esos tienen un sabor de relaciones públicas y con mucha frecuencia son simultáneos con comunicados de prensa. En ocasiones, los anuncios están firmados por los funcionarios de mayor rango en la compañía. En uno de sus anuncios, Burger King dirigió su iniciativa hacia el manejo de la contaminación con empaques, antes que lo hiciera McDonald's Corp. Esta pizca de sarcasmo intenta colocar a Burger King y a McDonald's en su propia perspectiva. Un objetivo final es expresar la filosofía de la compañía acerca del gobierno, la política u otros aspectos de la sociedad. Algunos ejecutivos sienten la necesidad de hablar sobre temas importantes del día. Texaco Inc. lo hace con su anuncio Q y A que se presenta en la figura 7.4.

Patrocinio

La popularidad del patrocinio corporativo ha crecido de manera sobresaliente durante la última década (*véase* figura 7.5). Compañías como Procter & Gamble Co., AT&T, American Express Company, Coca-Cola Enterprises, Inc. y Gillette Co., patrocinan diferentes espectáculos en Estados Unidos, Europa y el Lejano Oriente. Puede decirse que, en la actualidad, casi todas las competencias deportivas importantes cuentan con un patrocinador corporativo.

¿Por qué ha crecido este tipo de patrocinio con tanta rapidez como una alternativa superior de relaciones públicas? Primero, la cobertura secundaria de los medios es alta en extremo. Volvo International sostiene que su inversión de US$3 millones en el tenis equivale a US$25 millones en publicidad debido al valor extra derivado. U.S. Tobacco, Kendall Oil y Chevrolet auspician concursos regionales de tractores a un costo que varía entre US$50,000 y US$150,000 cada uno y cerca de 3 millones de ávidos fanáticos asisten a estos eventos cada año. El crecimiento en el patrocinio de estas competencias tiene, además, una segunda causa: reconocer su capacidad para levantar el ánimo de los empleados. El First Interstate Bank sostiene que contribuye con cerca de US$250,000 en efectivo y servicios de apoyo en la triatlón del Orange County Performing Arts Center para elevar el ánimo de sus empleados mediante la asociación con un espectáculo dinámico[20].

Publicaciones de la compañía

Aunque nadie ha llevado un registro oficial, se estima que en Estados Unidos existen cerca de 8,000 revistas y periódicos de organizaciones con un número de lectores cercano a 20 millones de personas. Estas publicaciones les cuestan a las compañías cer-

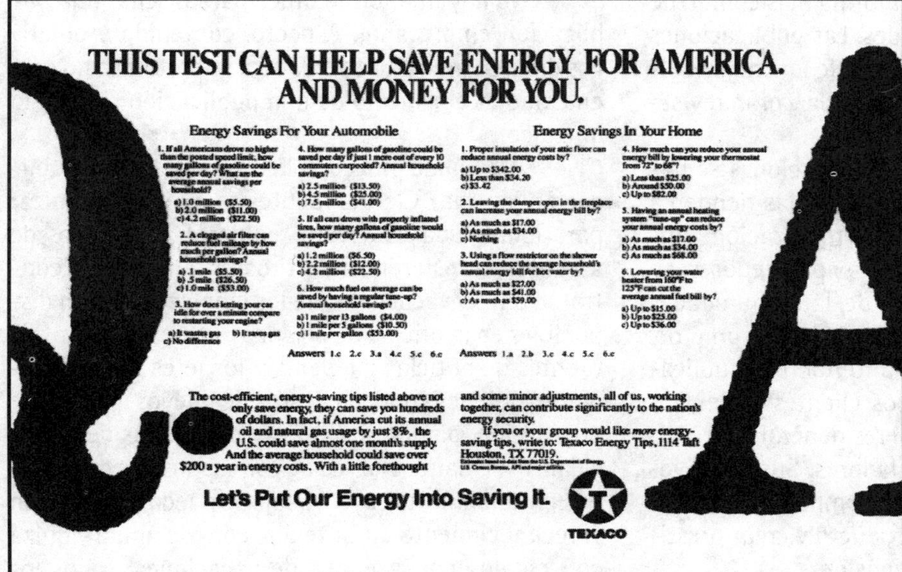

Figura 7.4
Texaco muestra su interés en ahorrar energía, por medio de este anuncio institucional.
© 1991 Texaco Inc.

Figura 7.5
El patrocinio corporativo ha crecido en popularidad debido, principalmente, a que la exposición a los medios de comunicación secundarios hacen que se valorice la inversión del patrocinador. Cortesía de Fuji. Photo Film Co., Ltd.

ca de US$150 millones y son la forma más común de comunicación de estas entidades. Las publicaciones empresariales van desde el tamaño de una hoja suelta mimeografiada hasta una elaborada y gran revista a cuatro tintas.

La mayor parte de estas publicaciones se llaman *internas* debido a que sus audiencias tienden a estar en estrecha relación con la organización: empleados, accionistas, distribuidores y proveedores; en la parte externa, quizá líderes de la comunidad y amigos. Estas publicaciones se conocieron como *órganos internos* en el capítulo anterior. Las publicaciones *externas* se dirigen a los clientes reales, los clientes potenciales o a los líderes generales de opinión como educadores y legisladores. Sus objetivos incluyen vender productos de la compañía, informar a los lectores sobre usos del producto y crear prestigio, buena reputación y comprensión.

No hay una forma única para diseñar una publicación empresarial. Aspecto, contenido y objetivos difieren mucho. La verdadera importancia no está en cómo es el aspecto de una publicación sino en lo que dice.

¿De dónde proceden las noticias de una publicación interna? Ciertas fuentes se pueden organizar para lograr una cobertura regular. Los registros de ascensos, transferencias, retiros, enfermedades, contrataciones y vacaciones de los empleados están disponibles en la oficina de personal. En ocasiones, otras fuentes de noticias pueden ser los jefes de departamento quienes conocen acerca de nuevos equipos de producción, planes de ventas y programas de publicidad, o mediante una red de corresponsales de planta o departamentales cuyo trabajo se pueda premiar con el reconocimiento durante una comida anual y quizá con regalos por la época de vacaciones. Todos los nuevos ítems deben revisarse con sumo cuidado en cuanto a precisión y gusto.

Una publicación interna de una compañía que en verdad tenga éxito no deben leerla sólo los empleados sino sus familias y amigos. Debe ser amistosa, fácil de leer y franca en su objetivo, y editarse desde el punto de vista de quien la lee.

Películas animadas

Aunque las películas animadas son uno de los medios de comunicación más complejos y costosos, ofrecen la oportunidad de influir en quienes las ven de una manera que ningún otro medio puede lograr. Las películas difieren de las cintas de ventas porque no tratan de vender un producto sino que buscan narrar la historia de la compañía a un público en particular. Las películas animadas pueden cubrir ideas con rapidez y de modo duradero, con tintes emocionales sutiles. En la era de la televisión, las personas están acostumbradas a recibir la información a través de este medio.

De hecho, las personas están tan acostumbradas a estas películas que los gerentes de relaciones públicas pueden perder de vista sus aspectos débiles: se limitan, en primer lugar, a los aspectos externos de un tema y, con frecuencia, no parecen sinceros cuando tratan de presentar ideas. No de todos los temas se puede hacer una buena historia visual o un espectáculo. Además, las películas animadas siguen un proceso establecido y brindan poca oportunidad para que el espectador reflexione o se cuestione con respecto a lo que ve en la cinta. Resulta frecuente que, al final de la película, el espectador quiera una conversación aclaratoria, pero ese deseo casi nunca se satisface.

Por otro lado, las películas de relaciones públicas son un recurso costoso para las organizaciones pequeñas. El costo promedio de producción puede ir, quizá, de US$1,000 a US$2,000 por minuto de tiempo de producción, o de US$30,000 a US$50,000 por la película no comercial promedio de 26 minutos. Además, conviene incluir en el presupuesto gastos extras como costos de impresión y distribución, además del valor original del filme. Como la vida útil de una cinta debe ser por lo menos de cinco años para amortizar sus costos, por lo común el tema se limita a actividades que no tendrán fecha. Muchas compañías utilizan videocasetes en lugar de películas en razón de los menores costos y mayor facilidad de producción y distribución.

Después de hacer una película, ¿quién la verá? El manejo de la distribución puede hacerlo la misma compañía, pero la mayor parte de éstas utiliza los servicios de distribuidores comerciales de películas. Por una tarifa, estas empresas publican los filmes, reciben pedidos para demostraciones, envían las películas por correo e informan mensualmente sobre las audiencias.

El punto más importante a recordar acerca de las películas de relaciones públicas es que se deben hacer bien. Como pocas personas del *staff* de relaciones públicas son expertas en producción de películas, parte de una buena planeación es obtener la ayuda de alguien que sepa. En lugar de contar con toda una compañía de producción de películas, es posible tener un producto o una compañía caracterizados en una película comercial animada. Los publicistas de la empresa, al igual que los de la productora, están en la búsqueda constante de oportunidades para compartir el proyecto. La historia clásica narra cómo M & M's rehusó que se les caracterizara en la película *E.T.*, de manera que George Lucas hizo contacto con Reese's para utilizar a cambio el Reese's Pieces. Las ventas de este caramelo aumentaron en 170% después del lanzamiento de la película. Tras aprender de este incidente, las compañías se interesaron por aparecer en las películas. La clave está en asegurarse de que el producto quede caracterizado en forma positiva. Por ejemplo, en *Duro de Matar II*, Bruce Willis aparece utilizando un teléfono de la Pacific Bell; sin embargo, se supone que en ese momento está en Washington D.C.; Pacific Bell se convirtió en parte de un error divertido en la película.

Otros métodos de relaciones públicas

Se han encontrado otros tipos de actividades de relaciones públicas de gran éxito. Concursos, programas de premios y visitas a las plantas o laboratorios pueden atraer clientes. Los programas y concursos para estudiantes pueden despertar interés. Con frecuencia, los empleados pueden influir en las ventas mediante sus propias actividades de relaciones públicas. Además, el interés común de los departamentos de ventas, publicidad y relaciones públicas es escuchar con atención a los clientes mediante estudios, paneles y métodos menos formales. En las secciones siguientes se describirán varias herramientas importantes de relaciones públicas.

Visitas a las instalaciones de la empresa. El valor de una visita a las instalaciones de la empresa puede ser interminable. Saber algo acerca de las personas que trabajan y lo que producen, conduce a un interés personal en el ambiente de trabajo y a su comprensión. Entre los grupos de visita más comunes están los empleados y sus familias; la gente del sitio donde está localizada la planta, y grupos de estudiantes, científicos, vendedores, distribuidores y proveedores. En una compañía, un nuevo empleado de relaciones públicas descubrió que los vendedores iban a la casa matriz a recibir entrenamiento pero nunca pasaban a la planta para ver la fabricación del producto que se proponían vender. De hecho, muchos vendedores veteranos nunca habían entrado a la planta.

Organizar bien una visita a las oficinas o a la planta no es sencillo. Algunas fábricas son demasiado ruidosas, sucias o peligrosas para ser visitadas. Otros lugares ofrecen poco para ver porque la maquinaria está oculta o porque el trabajo en esencia es mental y de oficina. En ocasiones, puede ser necesario instalar carteleras e imágenes para mostrar lo que no se puede ver.

Dado que las personas dedican su tiempo y atención a la visita a una fábrica, ésta deberá ser perfecta. Los guías deben ser corteses, estar bien preparados; las rutas deben estar delimitadas con cuidado, las señales indicadoras se deben instalar en donde sea apropiado y deberá contarse con un sitio de descanso y refrescos.

Exhibiciones o presentaciones. Las exhibiciones como las que se encuentran en ferias y reuniones profesionales presentan problemas especiales para el planificador de relaciones públicas. ¿Qué se deberá presentar? ¿el flujo de visitantes adecuado justificará la inversión? ¿Cómo se puede atraer a los espectadores? ¿Qué hace inolvidable una exhibición? En muchos casos, el costo de ésta por espectador es demasiado alto, inclusive si el espacio se vende sin ánimo de lucro. La competencia por captar la atención es intensa y los costos de construir y trasladar un stand, con frecuencia son altos, más allá de los beneficios probables. La exhibición ideal es colorida, con imágenes y original. Si es posible, incluye la participación de los espectadores: si pueden presionar botones, ver imágenes y responder preguntas, todo será mejor.

Otros tipos de estas exhibiciones incluyen vehículos con vallas publicitarias, muestras en museos, muestras históricas y señales en los sitios de construcción. Los vehículos portavallas deberán ser atractivos y limitarse a una sola idea; sin embargo, el valor de estos mecanismos resulta cuestionable porque la competencia financiera entre los participantes puede salirse de las manos. Las señales informativas en los sitios de construcción son otro asunto y, por lo común, atraen bastante el interés del público. Señales, planos y fotografías pueden capitalizar este interés. En definitiva, señales y esquemas deberán decir al transeúnte en dónde va y cuándo se espera terminar.

Reuniones. Reunir a un grupo de personas para hablarles sobre algo es una de las técnicas de comunicación más antiguas, aunque en la actualidad se le rechaza con bastante frecuencia porque parece demasiado simple. Debido a que la reunión es más una experiencia personal que una sensación de segunda mano, tiene gran capacidad para bien o para mal.

Otra opción es una conferencia, quizá complementada con diapositivas. Una reunión anual para informar a los accionistas, una reunión para todos los empleados con el fin de anunciar nuevas políticas o una conferencia semipública por la visita de un científico a una planta química, son algunos ejemplos. No puede darse por hecho que la audiencia sienta interés, a menos que la asistencia sea por completo voluntaria. El talón de Aquiles de una conferencia es ser una comunicación unidireccional; lograr que sea en dos sentidos no es fácil porque es probable que las preguntas sean largas, triviales o inexactas; no obstante, evitar que se hagan tampoco es una buena política. Una posible alternativa es realizar varias reuniones con grupos pequeños como para que la comunicación sea bidireccional. Una hora social informal también puede combinarse con algunas conferencias.

Actividades sociales organizadas. Salidas de fin de semana organizadas por la compañía, fiestas, equipos de bolos y torneos de golf son tipos de relaciones públicas. Cuánta fraternidad conviene, depende del tamaño de la organización, dónde se localiza y las expectativas existentes. Por lo general, en las grandes ciudades la separación entre el trabajo y la vida social es casi completa. Si éste es el caso, unos cuantos encuentros formales bien organizados con una atmósfera agradable brindan la impresión de que la gerencia es inteligente y se interesa por el personal. En comunidades más pequeñas, el trabajo y la vida privada tienden a relacionarse más y puede esperarse que una organización brinde una mayor cantidad de actividad social planeada. La gerencia debe tener cuidado de no parecer que juega a los favoritos o que es demasiado paternalista. A menudo, es mejor dejar los acuerdos sociales a los mismos empleados y que la gerencia sólo aporte el respaldo económico y el estímulo.

Lobbying. Es un área de gran sensibilidad que exige una estrategia de baja presión, contacto personal y un amplio conocimiento de la industria. Muchos expertos en este campo no son especialistas en relaciones públicas sino antiguos funcionarios del gobierno. Otros empleados de relaciones públicas desempeñan actividades de *lobbying* a través de su trabajo con corporaciones o compañías. Algunos relacionistas se convierten en expertos en *lobbying*, representando por lo general, a una industria en particular como la de combustibles o de interés especial como los ciudadanos de edad o las organizaciones de cuidado de la salud. Los expertos en *lobbying* trabajan en estrecha relación con el personal de los representantes y senadores federales y/o estatales, quienes dependen de ellos para explicar las complicaciones e implicaciones de la legislación propuesta. Las personas conocedoras de las actividades de *lobbying* transmiten información importante para influir y persuadir.

Quizá el grupo de *lobbying* más grande de la actualidad es el de la industria tabacalera. Enfrentados con la posibilidad de que se sancione a los cigarrillos, los fabricantes de este sector contribuyen cada año con millones de dólares para apoyar sus intereses a nivel federal, estatal y local. De manera similar, Procter & Gamble, Co. mantiene un esfuerzo de *lobbying* constante con los legisladores con respecto a las leyes que se proponen para el medio ambiente.

Programas de acción. Los programas de acción pueden comunicar mensajes fuertes acerca de una organización. Entregar premios para el mejoramiento de la ciudad o logros relacionados con el trabajo, transmite el mensaje de que el donante está interesado o preocupado por estos aspectos. Conceder becas o ayudas escolares para desarrollar un currículo comunica una actitud hacia la educación. Realizar seminarios en los cuales los científicos puedan analizar sus problemas es un acto de liderazgo.

Repaso de conceptos

1. Utilizar la publicidad como una herramienta de relaciones públicas exige habilidad para manejar las relaciones con los medios de comunicación, los comunicados y las conferencias de prensa, manejar las malas noticias y las fotografías publicitar as.
2. Los anuncios institucionales no buscan vender un producto sino ampliar la imagen de la empresa.
3. Los patrocinios corporativos pueden incluir una gran variedad de eventos, incluyendo competencias deportivas, desfiles y entretenimiento. El patrocinio brinda una alta cobertura secundaria de los medios y mejora el ánimo del empleado.
4. Las revistas y los periódicos de la compañía pueden ser internos o externos. Los internos están dirigidos a los empleados, accionistas, distribuidores o proveedores para informarles sobre actividades relacionadas con la empresa. Los externos van a clientes, clientes potenciales o líderes de opinión, informan a los lectores sobre usos del producto y crean prestigio, buena reputación y entendimiento.
5. Las películas están disponibles para diversas audiencias y presentan una descripción gráfica positiva de la organización.
6. Otros métodos empleados en relaciones públicas incluyen visitas a las instalaciones, exhibiciones, reuniones, actividades sociales organizadas, *lobbying* y programas de acción.

El futuro de las relaciones públicas

Newsom, Scott y Turk, expertos en relaciones públicas, sintetizan el futuro de las relaciones públicas en tres palabras: credibilidad, contabilidad y responsabilidad. Es decir, las relaciones públicas ganarán el respeto de sus colegas, se les tendrá en cuenta para todo y entregarán algo valioso a cambio de los dólares que se inviertan. Más aún, las relaciones públicas se convertirán en parte importante de la estructura de marketing junto con la publicidad y la promoción de ventas, como socios verdaderos y no como elementos de una relación deficiente[21]. Si ese es el futuro de las relaciones públicas, hay retos importantes para los planificadores y los ejecutores de esta área. Para tener éxito, tendrán que establecer objetivos claros e incluir mecanismos para medir en qué proporción se han alcanzado. Por último, quienes trabajen con relaciones públicas deben ser honestos en todo lo que hagan. La reputación negativa que desde el punto de vista histórico se ha asociado con las relaciones públicas debe remplazarse por integridad y confianza. Entre tanto, es probable que las compañías aumenten la importancia de las relaciones públicas. Con los problemas económicos que encaran los fabricantes, las exigencias de los consumidores por mejores productos e información y siendo más conservadores, las compañías tendrán que ser conscientes de las imágenes que proyecten a todos sus públicos y aprender a modificarlas siempre que sea posible[22].

Caso 7

Tratar de cambiar la imagen de un estado

Contratar a una firma de relaciones públicas para tratar de mejorar la imagen de un estado no es un concepto nuevo. Alaska quiere que el mundo sepa de sus grandes condiciones para la pesca y la exploración. Washington atrae a los visitantes con sus manzanas y New Hampshire quiere dar a conocer todo acerca de sus posibilidades para esquiar y su estructura de impuestos. Cada estado está ansioso de atraer turistas, nuevas industrias o ambos, y parece natural contratar profesionales que lleven la palabra. Sin embargo, cuando el Arizona Economic Council contrató a Hill & Knowlton en 1990, le encomendó a esa compañía una difícil e inusual tarea: invertir la creciente imagen de Arizona como un estado racista y detener el aislamiento nacional que ésta le estaba creando.

El gobernador

Los problemas de Arizona surgieron de sus disputas internas con respecto a la declaración de un día festivo en el estado en memoria de Martin Luther King. Arizona no es el único estado en resistirse a declarar esa fecha como un festivo pero había atraído la mayor atención, principalmente por su gobernador Evan Mecham.

Mecham, un firme conservador, se opuso abiertamente al reverendo King y en 1986 retiró la fiesta del estado que se había creado en honor del pastor. Muchos observadores consideraron su actitud, sus acciones y sus comentarios como racistas. Por toda la nación y el mundo, la gente condenó a Mecham y,con frecuencia, esa hostilidad se extendió a los ciudadanos de Arizona, muchos de los cuales se mostraban partidarios de Mecham y opuestos a la fiesta. Lo que podría haber sido un debate legítimo acerca del valor de la fiesta en otro estado, pronto se convirtió en un argumento de si el estado debería mostrar respeto hacia los afroamericanos.

La respuesta empresarial

A Mecham se le impugnó en 1987. Los cargos no estaban directamente relacionados con el debate sobre el día festivo pero la controversia en verdad suministró la energía necesaria para presentarlos. Con la salida de Mecham, la comunidad empresarial de Arizona comenzó a trabajar para restablecer el día festivo. Los líderes de negocios dijeron que apoyaban la fiesta porque querían honrar a King pero, en realidad, tenían suficiente temor de que la imagen de estado racista ahuyentara las convenciones y las compañías que planeaban reinstalarse, representando millones de dólares en pérdidas. Phoenix y otras ciudades comenzaron a celebrar el día de King, y las corporaciones de Arizona trabajaron para salvar la imagen del estado. El MLK Better America Committee reunió US$750,000 para proponer la creación oficial de la festividad de King. Sin embargo, los votantes rechazaron la propuesta y las empresas del estado volvieron a Hill & Knowlton por ayuda.

El tema NFL

La gran amenaza que se cernía sobre Arizona era la posibilidad de perder la final del Super Bowl de 1993, programada para la ciudad de Phoenix, si no aprobaban la fiesta. De acuerdo con las encuestas, alrededor de 60,000 ciudadanos del estado cambiaron sus votos de Sí a No después de escuchar las amenazas de la NFL. Como la medida perdió sólo por 17,000 votos, esa respuesta a lo que la gente vio como la intimidación de la NFL pudo haber sido crucial.

Resultó claro que Hill & Knowlton tuvieron un difícil trabajo por hacer. ¿Debían dirigirse a la imagen de Mecham y proclamar que él nunca representó a la gente de Arizona? o ¿debían apelar a la firme convicción individualista de los ciudadanos? ¿Debían trabajar para lograr la aprobación de otra iniciativa o para atraer empresas hacia Arizona a pesar de la falta de una fiesta para King? El futuro de Arizona estaba en la balanza.

Preguntas sobre el estudio de caso

1. ¿Quienes son los públicos interno y externo para el Arizona Economic Council?

2. Con el marco de referencia de planeación que se presenta en este capítulo, señale un plan de relaciones públicas para el Arizona Economic Council.

Fuente para el estudio de caso: Melanie Johnson, "Arizona Hires PR Agency," *Advertising Age* (November 19, 1990): 6.

Síntesis

En este capítulo, se buscó plantear las relaciones públicas desde una perspectiva apropiada como una actividad profesional que existe como parte importante de una estrategia promocional. Se vio que las relaciones públicas tienen dos públicos: interno y externo. El público interno está integrado por las personas que están conectadas con la organización y con quienes ésta se comunica normalmente dentro de sus actividades diarias: empleados, accionistas, proveedores, distribuidores, clientes y vecinos de las instalaciones. El público externo está compuesto por personas quienes no necesariamente están en estrecha relación con una organización en particular, por ejemplo, miembros de la prensa, educadores, funcionarios del gobierno, el mundo financiero y las asociaciones comerciales.

Las relaciones públicas deben emplear el mismo formato de planeación empleado por otros elementos promocionales. Este proceso de planeación comienza con una búsqueda sólida y continúa con los seis pasos siguientes: 1) evaluación de la situación actual, 2) formulación de objetivos, 3) selección de las audiencias objetivo, 4) selección de los métodos de implementación, 5) determinación de costos y 6) evaluación de resultados.

La última parte del capítulo se refiere a las actividades con que cuenta el gerente de relaciones públicas. En ellas se incluyen herramientas relacionadas con publicidad, anuncios institucionales, patrocinios corporativos, publicaciones de la compañía, películas animadas y otras herramientas diversas.

Preguntas de análisis

1. Existe una gran confusión entre los términos *relaciones públicas* y *actividades de propaganda*. Establezca la diferencia entre los dos conceptos.
2. El St. Ignatius Hospital, al norte de California, ha experimentado un fuerte descenso en el número de pacientes admitidos. Se sospecha que una de las razones es la política de aceptación de pacientes con SIDA. ¿Qué clase de investigación utilizaría usted para evaluar la imagen del St. Ignatius?
3. Defina un público. Describa los públicos interno y externo. Nombre diferentes públicos que

sean de interés para el personal de relaciones públicas.

4. Con respecto al problema de los pañales desechables que encaran Procter & Gamble Co. y otros fabricantes, ¿qué más se puede hacer para manejar la publicidad negativa?
5. Suponga que usted es el director de relaciones públicas del programa atlético de su universidad. La NCAA anunció que están investigando su programa de fútbol (o basquetbol). Indique una estrategia de relaciones públicas que responda con efectividad ante las malas noticias.
6. ¿Qué pasos deberá tomar el funcionario de relaciones públicas para evitar que una firma adquiera una imagen pública negativa?
7. ¿Cuáles son los puntos a favor y cuáles en contra de emplear publicidad institucional? ¿Bajo qué condiciones sería apropiado?
8. ¿Existen normas para facilitar una relación saludable entre los medios de noticias y el departamento de relaciones públicas de la firma?
9. Suponga que usted es el director de relaciones públicas de un banco y que dos personas fueron asaltadas mientras retiraban dinero de un cajero automático. ¿Cuál sería su respuesta?
10. Suponga que usted es el director de relaciones públicas de una aerolínea; uno de sus aviones se estrella, ¿cómo respondería usted?

Proyectos sugeridos

1. Consiga material que informe sobre dos crisis organizacionales; una cuyo resultado haya sido positivo y otra, negativo. Evalúe el porqué de estos resultados.
2. Busque en diferentes periódicos y revistas, y tome cinco artículos que usted considere comunicados de prensa. Determine los objetivos percibidos de estos comunicados. ¿Qué tan bien se lograron estos objetivos?

Referencias

1. Walter W. Seifert, "The Outlook for Public Relations: Brighter Than Ever," *Public Relations Quarterly* (Summer, 1973): 18-30.
2. Robert L. Dilenschneider and Dan J. Forrestal, *The Dartnell Public Relations Handbook* (Chicago: The Darnell Corp. 1987): 78.
3. Patricia Winters. "Perrier's Back," *Advertising Age* (August 23, 1990): 1-84.
4. "Careers in Public Relations," *Public Relations Society of America* (New York, 1989): 2.
5. Seifert, 19.
6. Dan J. Forrestal, "Placing Public Relations in Perspective," *Public Relations Journal* (March 1974): 41-46.
7. John Hebert, "Strong Ad, PR Programs Don't Happen Overnight," *Marketing News* (July 22, 1991): 18.
8. William D. Novelli, "Stir Some PR into Your Communications Mix," *Marketing News* (December 5, 1988): 19.
9. Yustin Wallrapp, "How Advertising-PR Partnership Can Succeed," *Advertising Age* (September 18, 1989): 40.
10. James J. Mullen and Michael E. Bishop, "Clinical Interviewing in Public Relations Research," *Public Relations Quarterly* (Spring, 1975): 7-12.
11. Amanda Bennett, "Oil Firms Fret as Tempers Boil, Prices Jump," *Wall Street Journal* (August 8, 1990): B1.
12. Robert L. Rose, "Maytag's Acquisitions Don't Wear as Well as Washers and Dryers," *Wall Street Journal* (January 31, 1991): A1.
13. George Hammond, "Public Opinion: Do We Understand Its Function?" *Public Relations Journal* (July 1976): 8-13.
14. "'Foreign Companies' Global Awareness Cited in Study," *Marketing News* (August 1, 1988): 14.
15. Robert T. Reilly, *Public Relations in Action* (Englewood Cliffs, NJ: Prentice-Hall. Inc. 1981): 114.
16. Howard Schlossberg, "Americans Passionate About the Environment? Critic Says That's 'Nonsense,'" *Marketing News* (September 16, 1991): 8.
17. Barry Levin, "PR Gives New Life to Rejected TV Ads," *Advertising Age* (October 8, 1991): 76.
18. J. Thomas Russell and W. Ronald Lane, *Kleppner's Advertising Procedure,* 11 ed. (Englewood Cliffs, NJ: Prentice-Hall, Inc., 1990): 596.
19. "Study Shows Importance of Corporate Image," *Quirk's Marketing Research Review* (May 1989): 14-15, 39.
20. Monica de Hellerman, "What's the Bottom Line?" *Adweek Special Report* (September 19, 1988) S.E. 31.
21. Doug Newsom, Alan Scott and Judy Van Slyke Turk, *This is PR: The Realities of Public Relations,* 4 ed. (Belmont, CA: Wadsworth Publishing Co., 1989): 61.
22. Newsom, Scott and Turk, 7.

Capítulo 8

Los medios de promoción

El crecimiento de los medios masivos de comunicación

Periódicos
La industria y su audiencia
Adquisición de espacios en los periódicos
Periódicos: aspectos fuertes y limitaciones

Revistas
Las revistas y sus audiencias
Adquisición de espacios en las revistas
Revistas: aspectos fuertes y limitaciones

Televisión
Una industria cambiante
Comprender y conocer las audiencias de televisión
Adquisición de tiempo en televisión
Televisión: aspectos fuertes y limitaciones

Radio
Estaciones y redes o cadenas radiales

Un enfoque de promoción: ¿qué hace que un anuncio comercial sea efectivo?

Adquisición de tiempo en la radio
La investigación en la radio
Radio: aspectos fuertes y limitaciones

Promociones exteriores
Publicidad exterior
Promoción móvil

Otros medios de comunicación

Caso ocho: publicidad en los medios de comunicación del futuro

Consideración:

Presentaciones fragantes

¿Cómo vender las fragancias para hombres? Vender perfumes para mujer es una cosa: se pueden emplear estrellas de cine, imágenes románticas o lograr la combinación correcta de nombre y precio elevado para animar a la gente, al menos, a olerlo. Sin embargo, las fragancias para hombre son diferentes, no tienen tanta aceptación social (a menos, quizá, encubiertas como "para después de afeitarse"), y no se venden con un enfoque tradicional de vaqueros machos y tipos rudos.

Un primer paso, al menos de acuerdo con Aramis Inc., la división de fragancias para hombre de Estee Lauder, es contratar a alguien como el mercado objetivo, en este caso, Josef Schreick. Schreick dice que su objetivo es "el empleado de traje gris de los noventas que no teme llorar o abrazarse con su familia".

Para preparar una campaña, Schreick se dedica a mirar a gran cantidad de personas en centros comerciales, en el subterráneo y en restaurantes. Observa qué leen, visten y compran; quiere saber qué tendencias existen antes de que en verdad comience la campaña.

Con la información que recopila a partir de esta investigación, Schreick utiliza el presupuesto para anuncios de Aramis en varias formas poco comunes. Para promover una fragancia de seis años, la compañía puso nueve millones de bandas con la esencia en *Esquire, GQ, Vanity Fair* e incluso, *Vogue*. Emplear el presupuesto de anuncios para una fragancia masculina en revistas femeninas no es un error: las mujeres compran alrededor de las dos terceras partes de las fragancias para hombre.

Para vender la línea New West de la compañía, Schreick eligió revistas más pequeñas, con públicos más reducidos y de las que se espera lean personas a quienes los demás miran: *Details, Egg, Interview* y revistas vanguardistas de Los Ángeles como *Buzz, Beach Culture* y *Exposure*. New West también apareció en anuncios comerciales de canales de televisión por cable como MTV y ESPN, y se programó como patrocinador de un torneo de voleibol.

Para completar el círculo, la promoción de la oferta de New West, 'Skinscent for Her', se hizo con vallas tridimensionales e insertos en bolsas de compras que aparecieron un domingo en *Los Angeles Times* y se podían cambiar por una muestra gratuita. Quizá la próxima vez sea una esencia unisexo.

Fuente: Michael Garry, "Tapping the Other Pink-Collar Crowd," *Marketing and Media Decisions* (September 1990): 12-13.

A pesar del buen diseño y la elección apropiada del objetivo en un anuncio para una promoción de ventas o un mensaje de relaciones públicas, al final, su éxito depende de que se transmita por el medio más apropiado. El éxito exige que el mensaje se envíe a través de un medio que complemente la presentación, que utilicen en forma consistente los miembros de la audiencia objetivo y que se tenga la posibilidad de presentar el mensaje cuando esa audiencia sea más receptiva a él. Aramis, por ejemplo, se promueve en medios que leen o ven una gran cantidad de consumidores quienes, dice la investigación, utilizan una fragancia masculina de mayor categoría. Esa misma investigación indica que los hombres no son compradores ávidos, por consiguiente, la fragancia debe llegar a ellos de manera directa, en forma de insertos de bandas con la esencia.

Seleccionar y combinar los medios apropiados en forma efectiva es un proceso complejo en extremo el cual requiere el desarrollo de un plan de medios muy amplio que cree la mezcla apropiada de éstos para la promoción y para el consumidor objetivo. Si la mezcla no se ajusta a la promoción y al consumidor, la oportunidad de que el esfuerzo creativo funcione es muy pequeña.

La planeación de los medios de comunicación sigue siendo una parte complicada de la promoción. Pocos estudiantes comienzan sus carreras universitarias con la planeación de los medios en mente. El trabajo requiere una inclinación hacia los números, los detalles y la organización, al igual que la habilidad para ver el contexto global y generar soluciones creativas. La planeación de los medios de comunicación también exige dos tipos de conocimiento: el primero, que los planificadores de los medios (quienes desarrollan e implementan los planes) tengan un conocimiento amplio de los mismos, de sus capacidades, limitaciones, tendencias y tecnología. Segundo, que los planificadores entiendan los componentes de un plan de medios de comunicación para seleccionar los objetivos, evaluar los medios en términos de los mercados objetivos y establecer a programación adecuada.

Tabla 8.1
Total de la inversión nacional por medio

	100 líderes nacionales en publicidad				
	Inversión en publicidad			Porcentaje del total	
Categoría	1990	1989	%	1990	1989
Revista	US$2,882.1	US$2,887.7	(0.2)	8.1	8.6
Revista dominical	247.3	235.5	5.0	0.7	0.7
Periódico	2,009.5	1,975.2	1.7	5.6	5.9
Publicidad exterior o al aire libre	267.0	242.7	10.0	0.7	0.7
Red de televisión	7,846.8	7,286.0	7.7	22.0	21.6
Comerciales en televisión	3,938.7	3,575.2	10.2	11.1	10.6
Derechos de televisión sobre los programas	1,258.5	973.5	29.3	3.5	2.9
Redes de televisión por cable	633.9	527.1	20.3	1.8	1.6
Cadena radial	417.4	422.1	(1.1)	1.2	1.3
Cuñas en radio	391.5	687.3	(43.0)	1.1	2.0
Subtotal de los medios investigados	19,892.8	18,812.3	5.7	55.9	55.8
Publicidad restante	15,720.9	14,907.7	5.5	44.1	44.2
Inversión total en anuncios en Estados Unidos	35,613.7	33,720.0	5.6	100.0	100.0

Fuente: *Advertising Age* (September 25, 1991): 69. Impreso con autorización: *Copyright*, Crain Communications Inc. 1991.

El plan de medios es el tema del capítulo 9, mientras que el propósito de éste es brindar información acerca de los medios de comunicación.

El crecimiento de los medios masivos de comunicación

Se califica a un medio como *masivo* si cumple con dos condiciones: 1) que alcance a muchas personas de manera simultánea y 2) que requiera mecanismos de tecnología para conectar al promotor con la audiencia. Los estrategas promocionales se interesan en los medios masivos que son efectivos para enviar mensajes de marketing. Puede decirse que todos estos medios transmiten mensajes promocionales.

Desde la perspectiva tradicional, los medios masivos se dividen en cuatro categorías: impresos, por radiodifusión, publicidad exterior y otros. La categoría otros incluye medios especializados, las páginas amarillas del directorio telefónico, el telemarketing y el correo directo, un medio que ha crecido con gran rapidez durante la última década y se estudiará por separado en el capítulo 13.

En la tabla 8.1 se presenta la cantidad de dinero invertida en los medios masivos de comunicación durante 1989 y 1990. Observe que la tabla contiene tres grupos diferentes de estimados. En el del extremo izquierdo están las cifras de medios para cien líderes nacionales de publicidad; en el medio están las cifras totales, como un estimado de LNA/ Arbitron and Radio Expenditure Reports, y al lado derecho los estimados del analista de medios Robert J. Coen de McCann-Erickson Advertising. Por ese motivo se aprecian algunas diferencias en las cifras reportadas. Por ejemplo, los estimados de Coen para el valor de la publicidad en los periódicos son más

Tabla 8.1
Total de la inversión nacional por medio (*cont.*)

	Inversión en publicidad en Estados Unidos						
	Inversión en publicidad			Porcentaje del total		Estimados de Coen en Estados Unidos*	
Categoría	1990	1989	%	1990	1989	1990	1989
Revista	US$6,737.7	US$6,595.0	2.2	16.4	16.8	US$6,803.0	US$6,716.0
Revista dominical	777.1	737.0	5.4	1.9	1.9	NA	NA
Periódico	8,901.9	8,777.4	1.4	21.6	22.4	32,281.0	32,368.0
Publicidad exterior o al aire libre	688.8	705.8	(2.4)	1.7	1.8	1,084.0	1,111.0
Red de televisión	10,132.3	9,559.0	6.0	24.6	24.4	9,383.0	9110.0
Comercial en televisión	9,293.3	9,029.4	2.9	22.6	23.0	15,664.0	14,966.0
Derechos de televisión sobre los programas	1,587.6	1,286.7	23.4	3.9	3.3	1,589.0	1,288.0
Redes de televisión por cable	1,110.2	952.5	16.6	2.7	2.4	1,393.0	1,197.0
Cadena radial	766.4	696.2	10.1	1.9	1.8	482.0	476.0
Cuñas en radio	1,143.3	898.7	27.2	2.8	2.3	8,244.0	7,847.0
Subtotal de los medios investigados	41,138.6	39,237.7	4.8	32.0	31.7	76,903.0	75,079.0
Publicidad restante	87,501.4	84,692.3	3.3	68.0	68.3	51,737.0	48,851.0
Inversión total en anuncios en Estados Unidos	128,640.0	123,930.0	4.8	100.0	100.0	128,640.0	123,930.0

* El volumen total de publicidad en Estados Unidos es un estimado de Robert J. Coen de McCann-Erickson (*Advertising Age*, May 6, 1991). Impreso con autorización. *Copyright*, Crain Communications Inc. 1991.

altos que los otros estimados para el mismo medio. Resulta obvio que estas cifras sólo deberán emplearse como guías generales.

Otra dificultad con estas cantidades es que no están desglosadas por tipo de promoción, es decir, publicidad, promoción de ventas, relaciones públicas y no incluyen todos los costos relacionados con los medios en los cuales se incurrió al transmitir los mensajes promocionales. No se conoce cuánto del incremento en la inversión en revistas puede atribuirse a la popularidad de la promoción de ventas, al envío de cupones y muestras mediante este medio, o al uso de revistas para enviar mensajes institucionales, una estrategia de relaciones públicas. De otro lado, no se conoce cuánto dinero se invierte en medios específicos que se encuentra bajo la categoría de "Publicidad restante". Resulta desafortunado que todas las cifras de los medios estén asociadas con publicidad cuando, de hecho, la promoción de ventas y los mensajes de relaciones públicas contabilizan un gran porcentaje de este total.

Sin embargo, se sabe que el costo de los medios masivos, en combinación con el excesivo despilfarro asociado con los medios masivos tradicionales, ha impulsado a muchos anunciantes hacia medios menos costosos, mejor dirigidos y más fáciles de seguir. Más aún, los anunciantes tratan de tomar una mayor iniciativa cuando manejan los medios al imponer índices o tarifas, exigir un mayor servicio y pedir resultados garantizados. Los medios que no pueden cumplir con estas garantías, con base en los resultados, no conservan al cliente o deben devolverle a éste parte o la totalidad del dinero que haya pagado. El resultado ha causado alboroto en el mundo de los medios masivos. La televisión por red está negociando con la televisión por cable. Por ejemplo, ABC tiene 80% de participación en ESPN. A diario, nacen y mueren revistas especializadas dirigidas hacia mercados pequeños y homogéneos. Ejemplos de este tipo de fracasos son *Emerge*, dirigida a los negros liberales, e *Hippocrates*, una revista de salud. Globalización significa que el trabajo de planear y comprar en los medios de comunicación se hará cada vez más complejo.

Repaso de conceptos

1. El éxito de una estrategia promocional se basa en la eficacia del plan de los medios de comunicación. La planeación de los medios requiere dos tipos de información:
   A. Entender las limitaciones y los puntos fuertes de los medios
   B. Entender todos los componentes de un plan de medios
2. Un medio se considera masivo si cumple con dos condiciones:
   A. Alcanza a muchas personas al mismo tiempo
   B. Requiere algún dispositivo tecnológico para conectar al anunciante con la audiencia.

Periódicos

La tabla 8.2 compara las capacidades de los principales medios. Mike Walsh, director de medios de Ketchum Advertising, sintetiza la ventaja primaria que ofrecen los periódicos a los anunciantes: "en realidad, los lectores utilizan los avisos de los periódicos para hallar bienes y servicios. Incluso saben dónde buscar el anuncio por sección. No creo que usted pueda decir lo mismo acerca de la publicidad en ningún otro medio, en donde los anuncios suelen ser algo más que una intromisión". Aunque los anunciantes que producen infocomerciales de 30 minutos sobre el cuidado de la piel y quienes producen los diferentes programas de ventas se muestran en desacuerdo con la evaluación de Walsh, los periódicos, en verdad, ofrecen algunas ventajas especiales para el gerente de promoción. Además, son los medios masivos más antiguos.

Los historiadores de los medios de comunicación sugieren que, en Estados Unidos, el primer periódico como tal fue el *New England Courant* iniciado por James y Benjamin Franklin en 1721. Desde ese tiempo hasta la aparición de la televisión, los periódicos fueron la fuente primaria de noticias para los norteamericanos. En la actualidad, el rol y el aspecto de los periódicos han cambiado. Legiones de periódicos están tomando su clave desde *USA Today*, que utiliza impresiones a cuatro tintas y produce hermosas cartas y mapas del estado del tiempo. Los periódicos también hacen énfasis en las "noticias suaves" como entretenimiento, deportes y viajes sobre las tradicionales "noticias duras", es decir, política, temas sociales y hechos mundiales. Con la disminución de ingresos y el aumento de los costos, los periódicos también han cambiado la forma de reunir sus noti-

Tabla 8.2

Capacidades estratégicas de los medios masivos

Tipos de medios	Cobertura del mercado	Costo	Costo por millar	Flexibilidad	Impacto emocional	Precisión con el objetivo	Reputacion	Confusión	Duración del mensaje	Frecuencia	Inmediatez	Creatividad	Apoyo de los intermediarios o revendedores	Calidad de la producción
Periódicos nacionales	-	-	+	-	0	+	+	-	+	+	+	+	-	+
Periódicos locales	+	+	+	+	0	+	+	-	+	+	+	-	+	-
Revistas	-	0	-	-	+	+	+	-	+	0	+	+	+	+
Red de televisión	+	-	+	-	+	0	+	+	0	0	+	+	+	+
Televisión por cable	0	+	+	+	0	+	0	+	+	+	+	+	+	+
Cadena radial	0	-	+	0	-	-	+	+	-	+	+	0	+	+
Estaciones locales de radio	+	+	+	+	0	+	0	-	-	+	+	0	+	0
Publicidad exterior	-	+	+	-	-	-	-	-	-	0	-	0	-	0
Páginas amarillas	0	+	+	-	-	+	+	-	-	-	-	0	-	0

- poca capacidad
0 capacidad moderada
\+ gran capacidad

cias. Los grandes periódicos de circulación nacional como *Los Angeles Times*, el *Washington Post* y *The New York Times*, al igual que las cadenas de diarios como Gannett y Knight-Ridder operan sus propios servicios de noticias. Sin embargo, antes que apoyarse en una muchedumbre de reporteros, muchos periódicos locales se basan en dos grandes redes de servicio: United Press y Associated Press, para las noticias internacionales, nacionales e incluso, locales. Este cambio en la forma como los periódicos reúnen información puede ser una razón importante para que su credibilidad y popularidad hayan disminuido. De acuerdo con un estudio realizado en 1990, 44% de norteamericanos consideran que los reportajes de la prensa son inexactos en comparación con 34% que opinaban del mismo modo en 1985. Hace tres décadas, muchos hogares recibían más de un periódico, creando un índice de penetración de más de 100%; en la actualidad, este índice, en los hogares, ha descendido a 70%[1].

A pesar de esta imagen sombría, los periódicos aún se mantienen como una fuente importante de noticias locales y son el medio número uno en compras. En esta sección, se hará una aproximación a los periódicos norteamericanos y lo que ofrecen a los planificadores de medios.

La industria y su audiencia

Para los periódicos de Estados Unidos resulta crítica la forma como los planificadores de medios ven su potencial promocional. La mayor parte de los periódicos obtienen de la publicidad cerca de 75% a 80% de sus ingresos. De hecho, la producción del periódico del día comienza en el departamento de publicidad; los anuncios se colocan primero y las noticias se ajustan alrededor de ellos en el espacio restante. Sin embargo, en la década pasada la publicidad nacional, como un porcentaje de los ingresos totales de los periódicos por publicidad, descendió de manera constante; buena parte de esta pérdida se relaciona con la prohibición de publicidad del tabaco. La publicidad local menor es el pan de cada día de un periódico y contabiliza un promedio de 50% de los ingresos. Esto se evidencia en la tabla 8.3 en donde aparece un listado de los primeros 25 anunciantes de los periódicos, de los cuales más de la mitad son minoristas.

Hoy en día, en Estados Unidos se publican más de 9,000 periódicos, los cuales se pueden clasificar de varias maneras: por su tamaño físico (estándar o tabloide), la audiencia buscada (por ejemplo, financiera, de habla hispana) y tipo de circulación (por ejemplo, pagada o controlada). La mayor parte de los periódicos son "pagados", es decir, los suscriptores pagan por ellos. Una separata de compras como *Thrifty Nickel* o *Real Estate Guide* suele distribuirse en forma gratuita en ciertos hogares de ciertos vecindarios. Sin embargo, la forma primaria de clasificar los periódicos se basa en su frecuencia de publicación, sea diaria o semanal.

De acuerdo con la revista *Editor & Publisher*, en Estados Unidos se publican más de 1,650 periódicos diarios y más de 8,000 semanales; la mayor parte de los diarios tienen ediciones dominicales y son pocos los que únicamente aparecen los domingos. Aunque desde 1946 el número de periódicos vespertinos ha disminuido en 279, hasta llegar a 1,150 (debido a la popularidad de las noticias por televisión) la cantidad de los matutinos ha aumentado en 191, hasta llegar a 525. Más aún, las ediciones dominicales se han duplicado hasta llegar a 847[2].

El periódico del domingo se considera como la historia del éxito en la década de 1980. Engrandecido con noticias, condiciones especiales y anuncios, el periódico dominical ofrece el mayor paquete de la semana en el día que la gente dispone de más tiempo. El lector promedio gasta 62 minutos en esta publicación, 17 minutos más que en la edición diaria.

¿Quién es el lector? Una fuente clave de información acerca de las audiencias de los periódicos es el Audit Bureau of Circulations (ABC) que organizaron en 1914 anunciantes, sus agencias y editores de periódicos y revistas. Su objetivo es establecer métodos estandarizados y aceptables para medir la circulación de las publicaciones miembros. Los auditores que emplea ABC revisan con regularidad las cifras de circulación; además, la asociación suministra análisis detallados de la circulación de un periódico por estados, pueblos y condados.

Algunos periódicos no suministran ni permiten certificar la información acerca de la circulación por una entidad como ABC; como los potenciales anunciantes pueden proceder con suspicacia ante los periódicos que no entregan cifras de circulación, éstos tienen la opción de entregar un comunicado del

Tabla 8.3
Los primeros 25 anunciantes en los periódicos

		Inversión en periódicos		
Puesto	Anunciante	1990	1989	%
1	May Department Stores Co.	US$218.2	US$208.2	4.8
2	R. H. Macy & Co.	160.1	183.6	(12.8)
3	Sears, Roebuck & Co.	136.8	154.9	(11.7)
4	Federated Department Stores	134.5	144.0	(6.6)
5	Dayton Hudson Corp.	106.2	107.5	(1.2)
6	Montgomery Ward & Co.	82.1	67.2	22.1
7	K Mart Corp.	80.1	58.6	36.7
8	Carter Hawley Hale Stores	72.8	66.9	8.9
9	J. C. Penney co.	70.6	81.4	(13.2)
10	American Store Co.	69.6	81.9	(15.1)
11	AMR Corp.	60.7	41.0	48.1
12	Highland Superstores	49.0	36.2	35.3
13	General Motors Corp.	46.6	55.7	(16.3)
14	Time Warner	46.2	43.1	7.2
15	AT&T Co.	43.8	39.7	10.2
16	Tengleman Group	42.8	20.9	104.3
17	Circuit City Stores	41.3	37.6	9.7
18	Tandy Corp.	40.5	37.6	7.7
19	Woodward & Lathrop	38.1	39.8	(4.2)
20	Walt Disney Co.	36.7	24.6	49.1
21	Sony Corp.	36.1	30.3	19.3
22	Matsushita Electric Industrial Co.	33.0	28.9	14.2
23	Delta Air Lines	32.9	28.5	15.5
24	Dillard Department Stores	32.9	30.3	8.6
25	Ahold International	31.0	27.6	12.2

Nota: Las cifras son en millones de dólares.
Fuente: *Advertising Age* (September 25, 1991): 72. Impreso con autorización.

editor, apoyado en una declaración juramentada o en una certificación de la oficina de correos, la cual se da una vez al año, sobre las cifras de circulación que el periódico reclama para sí. Estas declaraciones se consideran equivalentes a las cifras de ABC.

Aunque organizaciones como ABC suministran información básica del aspecto demográfico de los suscriptores de un periódico en particular, se puede obtener información adicional de organizaciones comerciales como Newspaper Advertising Bureau (NAB), cuyos informes indican que los periódicos cumplen tres funciones básicas: la primera es "servicio" pues los lectores utilizan los periódicos para encontrar información que los ayude a "orientarse" en el mundo a su alrededor. Segunda, los periódicos suministran "herramientas para la vida diaria" que van desde crónicas de servicio, informes sobre la televisión hasta listados de sugerencias sobre el menú escolar. Tercera, los periódicos incluyen una mezcla de características que divierten, entretienen y alegran, bien sea con artículos o anuncios personales[3]. Esta información es muy útil para el estratega de promoción, quien puede determinar si un producto se ajustará o no al periódico.

En los próximos años, el perfil de la audiencia de los periódicos puede cambiar. Enfrentados a la

Tabla 8.4
Síntesis de las características de los periódicos

Periódico	Circulación	Características demográficas	Tasas de avisos	Principales anunciantes
USA Today	1,750,000	35% mujeres, edad promedio 41 años, ingresos US$40,000, 56% con educación superior	Tasa por página $65,916	Miller Brewing Co., AT&T, Lincoln-Mercury
New York Post	507,000	50.4% hombres, edad promedio 42 años, ingresos US$39,500, 45% con educación superior	Tasa por página $20,230	Sin revelar
Chicago Sun-times	535,844	49.6% mujeres, edad promedio 40.5 años, ingresos US$32,300, 38% con educación superior	Tasa por página $11,000	Firestone Tire & Rubber Co., Honda Dealer Assn., K Mart Corp., World Wrestling Foundation
San Francisco Chronicle/Examiner	698,609	52% hombres, edad promedio 40 años, ingresos US$42,300, 60% con educación superior	Tasa por página $30,057	Herman´s Sporting Goods, Inc., Goodyear, Sears, Roebuck and Co., Montgomery Ward

Fuente: *Adweek* (April 3, 1990): 5. Reimpreso con autorización de *Adweek.*

competencia con otros medios de comunicación y al descenso en la credibilidad, los periódicos de Estados Unidos han buscado otros nichos en el mercado. El Socio-Economic Research Institute of America predice que durante la próxima década, la audiencia de los periódicos estará integrada por personas con un alto nivel de educación. "Ellos quieren información de alta calidad con respecto a los hechos actuales... Los periódicos que brinden esta condición tendrán la mejor oportunidad de crecimiento"[4]. Entre tanto, las técnicas de publicación editorial producirán grandes economías de escala y harán que grandes audiencias especializadas sean el objetivo posible para periódicos grandes y pequeños.

Adquisición de espacios en los periódicos

La tabla 8.4 ilustra algunas de las formas importantes en las cuales varían los periódicos. El tamaño de su audiencia, las características demográficas de sus lectores y las tasas que cobran por los espacios publicitarios son algunas de las características que los planificadores de los medios deben considerar.

La mayor parte de los periódicos que circulan a diario ofrecen publicidad clasificada que incluye anuncios en tamaños regular y grande, y publicidad especial. Los **avisos clasificados** incluyen todo tipo de mensajes, organizados de acuerdo con áreas de interés como "Se busca", "Venta de vehículos", etc. Los avisos clasificados* grandes son más flexibles que los avisos clasificados regulares porque en ellos se pueden emplear bordes, letra de mayor tamaño, espacio en blanco, fotografías y, en ocasiones, color.

Los **avisos grandes**** se encuentran por todo el periódico y, por lo general, utilizan ilustraciones, encabezados, espacios en blanco y otros recursos visuales, además de texto, y pueden tener cualquier tamaño. Para los avisos especiales, el anunciante ocasional paga una tasa estándar por columna, por pul-

* *N. del RT.* En nuestro medio los *Avisos clasificados* se utilizan como *Clasificados por palabras,* usados en blanco y negro o resaltados en negrilla. Los *clasificados por centímetro* permiten utilizar color, bicolor o B/N y ser intercalados, inclusive con pata.
** Llamados *corrientes* o *especiales.*

gada. Un anunciante que utiliza cantidades significativas de espacio paga un descuento global o contrata una tarifa menor con base en el volumen total o en el número de avisos durante un tiempo dado. Con frecuencia, anunciantes y periódicos firman contratos anuales por espacio para publicidad. Si el anunciante utiliza menos espacio o publica menos avisos de lo establecido en el contrato durante el periodo que se fije, paga una "tarifa reducida" por línea usada o espacio utilizado. Si se utiliza más espacio del establecido en el contrato, el anunciante recibe un descuento que se ajusta a la cuenta total, al nivel de la tasa o tarifa aplicable más baja.

Determinar costos. Un boletín con las tarifas de los periódicos, el *Editor and Publisher Yearbook* y el *Standard Rate and Data Service Newspaper*, presenta la lista de las tarifas por línea o espacio, las cuales varían de acuerdo con la circulación, los costos de operación y de mano de obra, factores cualitativos y tipo de periódico.

Los compradores de medios de comunicación utilizan la tasa milineal para comparar el costo de promover en los diferentes periódicos. Una **tasa milineal** es el costo por línea al alcanzar un periódico una circulación de un millón de ejemplares. La fórmula es

$$\text{Tasa milineal} = \frac{1{,}000{,}000 \times \text{tasa por línea}}{\text{Circulación real}}$$

Si el periódico A tiene una tasa por línea de US$0.90 y una circulación de 180,000 ejemplares, y el periódico B tiene una tasa por línea de US$0.37 y una circulación de 75,000 ejemplares, las figuras comparativas serían las siguientes:

$$\text{MR (A)} = \frac{1{,}000{,}000 \times 0.90}{180{,}000} = \text{US\$5.00}$$

$$\text{MR (B)} = \frac{1{,}000{,}000 \times 0.37}{75{,}000} = \text{US\$4.92}$$

La mayor parte de los periódicos ofrece una tarifa más baja para los anunciantes locales que para los nacionales. La tarifa nacional es de 30% a 40% más alta que la tasa o tarifa local. Los editores señalan que esta diferencia se justifica porque los minoristas, en particular unos pocos líderes, utilizan mucho más espacio que los anunciantes nacionales en los periódicos locales; la publicidad local al por menor es noticia con un interés implícito. Otra razón para esa diferencia es que, por lo común, el minorista prepara y coloca directamente la publicidad local sin la intermediación de una agencia de publicidad. Para combatir esta tasa más alta, los anunciantes nacionales han desarrollado planes de publicidad cooperativa: cooperan con los distribuidores locales para financiar la publicidad que en realidad éstos contratan a la tasa local. Algunos grandes anunciantes como Continental Airlines han aprovechado estas tarifas "híbrido"; es decir, tasas ajustadas para ciertos clientes, que crearon los periódicos para atraer publicidad de las aerolíneas, las compañías de alquiler de automóviles, los hoteles y los sitios de descanso.

Opciones promocionales. Los anunciantes suelen ordenar páginas específicas o posiciones con un costo extra. Por ejemplo, si un anunciante que utiliza el *Chicago Sun-Times* quiere asegurar que el sitio de su anuncio sea en la parte superior de la página y cerca a un artículo a lo largo de uno de sus lados verticales (llamada *full position* o emplazamiento aislado)*, es posible que deba pagar un 33.3% más. Sin embargo, ciertos anunciantes pueden estar en capacidad de negociar la misma posición sin un pago extra.

Los periódicos también pueden ofrecer condiciones especiales de producción con costo adicional. Por ejemplo, una página bicolor, es decir, negro más otro color, cuesta más que en blanco y negro. La sobretasa por color puede variar entre 17% y 35% más para un anuncio de página completa si se usan negro y otro color. Si es a todo color (policromía), o sea negro más tres colores, el sobrecosto promedio va de 29% a 62% extra[5].

La preimpresión a color o en *roto-offset* es un servicio que ofrece cerca de 96% de todos los periódicos con circulación diaria. En este proceso, los anuncios en color se preimprimen sobre un rollo de papel que alimenta las prensas. Las preimpresiones a color brindan al anunciante nacional y al local las ventajas de "calidad" de una revista en color, a la vez que permiten al minorista colocar el texto impreso a con-

* *N. del RT.* Llamada Posición Especial.

tinuación del aviso a cuatro tintas del anunciante nacional, en la misma página.

Una opción final que ofrecen los periódicos es el suplemento. Cada uno de los suplementos que se publican es compilado, editado e impreso por una organización central que lo vende a los periódicos a un costo fijo por millar. *Parade*, por ejemplo, se distribuye con ediciones dominicales por todo Estados Unidos; ofrece tarifas de tasa-grupo para publicidad. Impresos en papel más pesado y mejor terminado que el de las noticias, los suplementos ofrecen tarifas tan bajas que sorprenden.

Periódicos: aspectos fuertes y limitaciones

Como se indicó antes, un punto fuerte de los periódicos es que sirven como una fuente confiable de información para muchos consumidores. La información de promoción de ventas, como descuentos y cupones, al igual que la de relaciones públicas, como los anuncios de visitas a las fábricas y eventos especiales, pueden enviarse por medio de los periódicos y lo que es más importante, los consumidores buscan esa información.

La flexibilidad del mercado es otra ventaja de los periódicos; ya pasaron los días en que un periódico servía para un mercado particular. En la actualidad, los periódicos tienen la capacidad de alcanzar grupos de interés especial, grupos étnicos o raciales específicos e incluso la gente que vive en lugares aislados del mundo; por ejemplo, *The Stars and Stripes* se envía al personal militar de Estados Unidos. El *Diario Las Américas* de Miami es un periódico para el público de habla hispana con una circulación superior a 70,000 ejemplares.

La flexibilidad del plazo para entregar anuncios publicitarios es una tercera ventaja de los periódicos. Este plazo es el tiempo entre el momento en que un anuncio se debe enviar a los medios y el momento en que en realidad se produce. Por ejemplo, el plazo para un anuncio en un periódico es muy corto, con frecuencia de 48 a 72 horas; por consiguiente, los avisos pueden cambiarse en el último minuto o se pueden insertar otros nuevos para atender una circunstancia imprevista, como el caso de un cambio dramático en el clima.

Los periódicos también brindan la ventaja de una gran audiencia rotativa; no sólo los miembros de una familia comparten el mismo periódico, sino que los periódicos también los leen personas en las cadenas de comida rápida, en los restaurantes, en las estaciones del metro y en las oficinas de profesionales.

Por otro lado, los periódicos facilitan la combinación efectiva de anuncios locales o de las promociones de ventas con promociones nacionales. Un distribuidor minorista local puede unirse con facilidad a una campaña nacional mediante la utilización de un aviso similar. Por ejemplo, los almacenes Computerland tienden a emplear anuncios que parecen similares a los que producen IBM y Compaq; los periódicos también permiten los anuncios preimpresos y los insertos de libre colocación para acomodarse a las promociones nacionales.

La limitación más seria asociada con los periódicos es la confusión. Con 59% o más de los periódicos llenos de anuncios, es difícil crear conciencia. La confusión también es un problema con los insertos de libre colocación que ahora representan más de 50% de los cupones para el consumidor. Las separatas son tan gruesas y voluminosas que ojearlas es una tarea que muchos lectores rechazan y optan por coger todo el paquete y dejarlo de lado.

Otras limitaciones de los periódicos también son significativas; aunque un aspecto fuerte es su actualidad, la vida de un día de un periódico significa que una promoción tiene muy poco tiempo para funcionar. La calidad técnica de los periódicos es otro problema pues el papel poroso y la reproducción deficiente de textos y fotografías, hacen, con frecuencia, que un anuncio sea poco legible. Una limitación final es la estructura de las tarifas diferenciales que se señaló antes. Hasta que se reduzca esa diferencia, los periódicos seguirán siendo una alternativa sin atractivo para los anunciantes nacionales.

Repaso de conceptos

1. El Audit Bureau of Circulation (ABC) es la fuente primaria de información sobre la circulación de los periódicos y sus tarifas.
2. La publicidad con avisos clasificados regulares y grandes se vende sobre la base de la tasa por línea, de una tasa por volumen o por contrato. Los periódicos cobran una tasa más alta a los anunciantes nacionales que a los locales.
3. El aspecto fuerte básico de los periódicos es que son una fuente confiable de información: la gente busca y lee los anuncios.

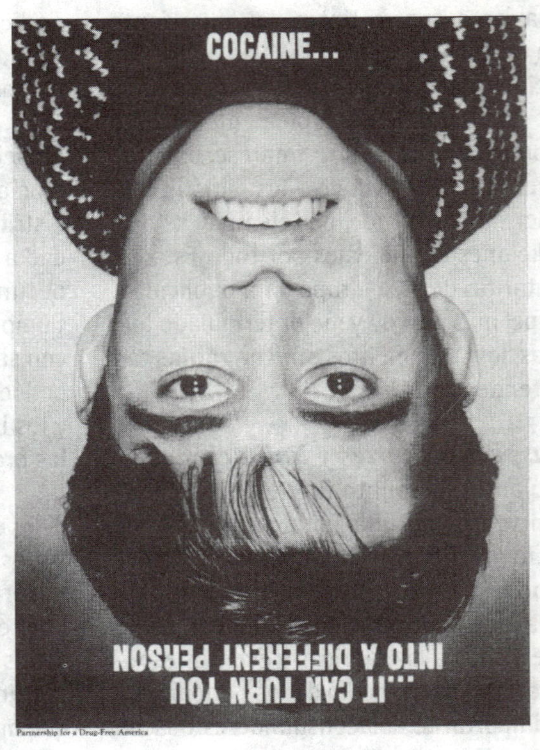

La campaña antidrogas ha elaborado una serie efectiva de anuncios mediante la utilización de fotografías en blanco y negro, y encabezados enfrentados; es decir, que el anuncio se voltea para terminar de leerlo y lograr un efecto total.
Cortesía de Partnership for a Drug-Free America.

El cupón premio de Quaker Oats, "Compra una y lleva otra gratis", no sólo es un incentivo para que los consumidores de Gatorade prueben el nuevo sabor, sino que el atractivo color púrpura lo hace ver como si estuviera listo para sacarlo de la página.
Reimpreso con autorización de The Quaker Oats Company.

El humor del conejito de Energizer, de Eveready Battery Company®, de tanto éxito como una serie de anuncios por televisión, queda plasmado en este inteligente anuncio impreso.
Cortesía de Eveready Battery Company, Inc.

A diferencia de la mayor parte de anuncios de automóviles, este ingenioso y creativo anuncio no caracteriza una toma de primer plano de un brillante automóvil montado a través de dos páginas.
Cortesía de American Honda Motor Co., Inc.

Aunque la televisión suele ser el medio ideal para demostrar un producto, el Regina Dirt Magnet parece llegar al punto de su éxito en este divertido anuncio impreso.
Utilizado con autorización de The Regina Company.

Una de las campañas de anuncios más fuertes en los años noventa es la serie de avisos "Las mujeres más inolvidables del mundo" de Revlon. Al caracterizar un tema único y utilizar modelos exclusivas, aunque diferentes, esta firma de cosméticos anima a la consumidora a ampliar su individualidad.
Cortesía de Revlon, Inc.

Los premios, como el paquete de semillas de plantas florales en este anuncio de Absolut, son una atractiva herramienta de promoción.
© V & S Carillon Importers LTD.

Con frecuencia, la evidencia demuestra que la compra de productos como los dulces se realiza sin planear; es muy probable que las presentaciones en los puntos de compra conduzcan a tales compras.
Cortesía de Hersheys Foods Corporation. HERSHEY'S es una marca registrada de Hershey Foods Corporation y se utiliza con autorización. Fotografía: Rick Rappaport.

4. La limitación básica de los periódicos es su confusión, debido a la saturación de avisos.

Revistas

Las revistas forman una colección desordenada, colorida, competitiva, emocionante e impredecible de publicaciones. Desde 1900 hasta 1950, el número de suscripciones a una o más de estas publicaciones ascendió de 200,000 a más de 32 millones. Este boom en las revistas se presentó a pesar de la llegada del cine, la radio, la televisión y el libro de bolsillo. Durante la década de los años setenta, se hizo más énfasis en alcanzar audiencias especiales que no recibían un servicio adecuado por parte de otros medios de comunicación masivos. Así, una revista como *Psychology Today* alcanzó una circulación superior al millón de ejemplares en muy pocos años; infortunadamente, la revista salió del mercado y ahora busca regresar.

En la actualidad, las revistas son el elemento más especializado de los medios masivos, lo cual se demuestra por el hecho de que su audiencia se ha vuelto cada vez más segmentada. Por ejemplo, la lista de *Writer's Market* incluye más de 100 revistas que tratan sobre agricultura, administración de suelos, cría de pollos, actividades diarias de la granja y vida rural. Las revistas de agricultura son un ejemplo de las publicaciones de **interés especial** que contabilizan más de 90% del total de revistas que se publican hoy en día.

Las revistas y sus audiencias

Las revistas de interés especial han florecido, en parte, como resultado de las altas tasas de publicidad que cobran por circulación masiva las revistas de **interés general** como *Reader's Digest, TV Guide* y *People.* Esta división en revistas de interés general y especializadas es sólo una de las diversas formas de clasificarlas.

El Standard Rate and Data Service clasifica las revistas por frecuencia de publicación y la audiencia a la cual están dirigidas. Las revistas de circulación mensual son la categoría más grande, seguidas por las semanales, quincenales, bimensuales y trimestrales. Sobre la base de la audiencia a la cual se dirigen, existen tres tipos:

1. Revistas para el consumidor, las cuales se editan para personas que compran productos para su propio consumo; en 1990 generaron utilidades por publicidad de US$7,300 millones. Standard Rate and Data Service divide este grupo en 57 subclasificaciones; igualmente las categoriza con base en la distribución, así: en entrega directa al suscriptor o ventas mediante puntos al por menor, como en almacenes.
2. Las revistas de agricultura, las cuales circulan entre los granjeros y sus familias, tuvieron en 1990 utilidades de US$800 millones. Estas revistas pueden ser generales como *Successful Farming* o especializadas como *Beef.*
3. Las revistas de negocios, las cuales se dirigen a lectores empresariales se dividen en comerciales (dirigidas a minoristas, mayoristas y otros distribuidores), industriales (para los fabricantes) y revistas profesionales (dirigidas a grupos como médicos o abogados). En 1990, generaron utilidades por anuncios de US$3,100 millones. Con frecuencia, las publicaciones de negocios se caracterizan por ser verticales u horizontales. Una publicación *vertical* cubre todos los aspectos de una industria. Una publicación *horizontal* cubre un área a través de varias industrias. *Computerworld,* es un ejemplo de la primera mientras que *Engineer Digest* lo es de la segunda.

La industria de las revistas aplica otras tres posibles clasificaciones a cada uno de los tres tipos indicados. Las revistas al consumidor, de agricultura y de negocios pueden clasificarse por su contenido geográfico, demográfico y editorial.

1. Ediciones geográficas. Las ediciones seccionales o regionales de publicaciones nacionales, por ejemplo, *Time* y *Southern Living,* pueden circular en un área de varios estados o limitarse a una ciudad.
2. Ediciones demográficas. Muchas revistas ofrecen ediciones especiales para suscriptores de cierta edad, ingreso, ocupación, etc.; por ejemplo *Time* y *Newsweek* tienen ediciones especiales para estudiantes.

Tabla 8.5
Revistas clasificadas por su circulación

	Circulación total 1989
1. *Modern Maturity**	20,326,933
2. *NRTA/AARP News Bulletin**	20,001,538
3. *Reader's Digest*	16,434,254
4. *TV Guide*	16,330,051
5. *National Geographic*	10,829,328
6. *Better Homes and Gardens*	8,027,010
7. *Family Circle*	5,212,555
8. *McCall's*	5,150,814
9. *Ladies' Home Journal*	5,117,712
10. *Good Housekeeping*	5,140,774
11. *Woman's Day*	4,401,746
12 *Time*	4,393,237
13. *Guideposts*	4,239,396
14. *National Enquirer*	4,222,755
15. *Redbook*	3,906,453

* Revista de asociación
Fuente: Audit Bureau of Circulations 1990. Utilizado con autorización. *Copyright* © 1989 Audit Bureau of Circulations. Derechos reservados.

3. Contenido editorial. Las revistas se definen por categoría de interés como editorial general, servicios de mujeres y negocios.

Como aparece en la tabla 8.5, las revistas con mayor circulación alcanzan un amplio espectro de la sociedad. *Modern Maturity*, por ejemplo, es la revista oficial de la American Association of Retired Persons (AARP) y llega a todos sus miembros, los cuales incluyen personas de 55 años de edad y más. Sin embargo, se debe observar que las primeras dos revistas que aparecen en la lista se envían por correo a todos sus miembros y, por consiguiente, difieren de las revistas que les siguen a continuación.

La información que aparece en la figura 8.1 se tomó de la Audit Bureau of Circulation, entidad que reúne y evalúa datos que obtiene de revistas y periódicos, como se señaló antes. La circulación total de una revista es sólo una de las partes significativas; por ejemplo, algunos compradores de medios se refieren a las ventas en puestos de revistas como un buen criterio de la calidad de la circulación de una revista porque las compras en un kiosco son, por completo, voluntarias. Al pagar más por texto y tomar la iniciativa, los compradores en puestos de revistas se consideran como lectores más serios. Muchos analistas de medios de comunicación observan con mucho cuidado las tendencias en las ventas de suscripciones de diferentes revistas, en especial la proporción en la cual los suscriptores las renuevan.

Para ayudar a conseguir esta información, la Audit Bureau of Circulation reúne y evalúa los datos acerca de revistas. En pocas palabras, esta oficina revisa cuántas copias se imprimieron, cuántas se vendieron en puestos de revistas o se devolvieron, cuántas se vendieron por suscripción y determina cómo se obtuvo ésta, en términos de ventas reales y de suscriptores piratas,(ordenadas pero no pagadas). La oficina también determina el porcentaje de renovación.

Los perfiles de la audiencia también son algo invaluable para los compradores de medios. En general, los lectores de revistas tienen un mayor nivel de educación, leen mejor y tienen mayores ingresos[6]. Por ejemplo, *Capell's Circulation Report*, una compañía de investigaciones independiente que informa sobre circulación de revistas, indica que el objetivo de la revista *Now* es las mujeres de 28 a 38 años de edad con ingresos promedio para el hogar de US$34,000 a US$40,000; más de la mitad son casadas y más de tres cuartos tienen preparación superior o universitaria y trabajan fuera de casa. Muchas revistas suministran perfiles de sus lectores a sus anunciantes para influir en la compra de espacios. Un comprador de medios puede encontrar que el perfil de la audiencia de una revista es lo bastante atractivo como para obviar el hecho de que su circulación sea menor que la de un competidor.

En síntesis, aunque la circulación total es una pieza de información importante, la evaluación de una revista exige una descripción más completa de su audiencia. Entre las características que los compradores de medios consideran están las siguientes:

- El porcentaje de la publicación que se lee por completo
- Lealtad del lector
- Características demográficas del lector
- La habilidad anterior de la revista para generar una alta respuesta en los anuncios de pedidos por correo

AUDIT REPORT: Magazine

PROTOTYPE
Anytown, USA

CLASS, INDUSTRY OR FIELD SERVED: Edited for the home-owner and providing guidance, repair maintenance and improvements of his house and property. All articles presented in "Do-It-Yourself" step-by-step format and profusely illustrated.

1. AVERAGE PAID CIRCULATION FOR 12 MONTHS ENDED JUNE 30, (YEAR):

Subscriptions:		1,039,644	
Single Copy Sales:		44,062	
AVERAGE TOTAL PAID CIRCULATION			1,083,706
Advertising Rate Base during Audit Period	to 2-1-YR	1,050,000	
	since 2-1-YR	1,100,000	
Average Total Non-Paid Distribution		48,168	

1a. AVERAGE PAID CIRCULATION of Regional, Metro and Demographic Editions:

None of record

2. PAID CIRCULATION BY ISSUES:

ISSUE YEAR		ISSUE YEAR	
July/Aug.	1,088,661	Jan./Feb.	1,049,058
Sept.	1,091,200	Mar.	1,090,974
Oct.	1,081,861	Apr.	1,116,976
Nov.	1,067,123	May	1,087,705
Dec.	1,073,876	June	1,089,625

AVERAGE PAID CIRCULATION BY QUARTERS for the previous three years and period covered by this report:

Calendar Quarter Ended	YEAR	YEAR	YEAR	YEAR	YEAR
March 31		877,049	1,088,249	1,019,802	1,085,669
June 30		944,113	1,078,221	1,035,606	1,088,665
September 30	891,806	966,265	1,022,494	1,809,931	
December 31	868,607	936,603	1,000,614	1,074,287	

AUDIT STATEMENT

The difference shown in average total paid circulation in comparing this report with the Publisher's Statements for the period audited, amounting to an average of 2,635 copies per issue is accounted for by deductions made for additional newsdealer returns, publisher having underestimated returns in filing statements to the Bureau, 2,000 copies per issue; less an addition made for publisher's overestimation of duplications on the mail lists, 365 copies per issue.

To Members of the Audit Bureau of Circulations:

We have examined the circulation records and other data presented by this publication for the period covered by this report. Our examinations were made in accordance with the Bureau's Bylaws and Rules, and included such tests and other audit procedures as we considered necessary under the circumstances.

In our opinion, the total average paid circulation for the period shown is fairly stated in this report, and the other data contained in this report are fairly stated in all respects material to average paid circulation.

November, Year **Audit Bureau of Circulations**

(04-0000-0 - #000000 - 11 - XX)

Figura 8.1
Una muestra de un informe de auditoría presentado por Audit Bureau of Circulations.
Audit Bureau of Circulations. Utilizado con autorización.

- Secciones especiales
- Número de lectores rotativos

Adquisición de espacios en las revistas

Además de considerar las características de los lectores, los compradores de medios también deben considerar el costo del espacio en la revista. Sólo un puñado de comercializadores pueden pagar de US$30,0000 a US$85,000 por un aviso de página completa en una revista de circulación masiva. Como resultado, muchas compañías pequeñas han cambiado a revistas de interés especial en donde sus avisos los ven menos pero más receptivos lectores.

Tarifas de publicidad. El espacio de la revista se vende en primer lugar sobre la base de páginas o de una parte de página. Por ejemplo, la tabla de tarifas para las ediciones *Time* Demographic Editions aparece en la figura 8.2, en donde se incluyen las tarifas para blanco y negro, bicolor y policromía.

Mientras que las tarifas de los periódicos se basan en la tasa milineal, las de revistas y otros medios se comparan por costo por página por circulación en miles, o CPM:

$$\text{CPM} = \frac{\text{Costo por página}}{\text{Circulación (en miles de ejemplares)}}$$

Sin embargo, incluso con esta guía, las tarifas de revistas pueden ajustarse de tantas formas que hacen difícil establecer comparaciones.

Con frecuencia, las revistas ofrecen descuentos que terminan en un costo más bajo por unidad para los anunciantes que regularmente publican anuncios dentro de un contrato anual. Por ejemplo:

13 páginas o más	7%
26 páginas o más	12%
39 páginas o más	16%
52 páginas o más	20%

Aunque los editores ofrecen descuentos a los anunciantes que contratan un cierto número de insertos por año, existen ocasiones en que el anunciante no puede mantener la pauta convenida. Entonces, debe pagar la *tarifa reducida;* por consiguiente, si la tarifa para 12 veces es US$2,500 por página, pero el anunciante sólo puede hacer 6 inserciones (US$2,800 por página), la revista le cobrará únicamente la diferencia al final del año:

US$2,800 – US$2,500 = US$300 x 6 = US$1,800

En ocasiones, varios editores, en especial aquellos con ediciones demográficas o geográficas, se encuentran con espacio extra en algunas ediciones cuando ya están listas para entrar en prensa. En lugar de sacar un espacio vacío, con frecuencia, el editor ofrece a los anunciantes este *espacio restante* con un gran descuento. De hecho, el material del anuncio debe estar listo para la inserción.

Opciones promocionales. En casi todos los casos, los anuncios de doble página son la mayor unidad de espacio que venden las revistas. Por lo común las dos páginas van una frente a la otra. Las revistas permiten anuncios de una página o de doble página fraccionados en varias unidades que se conocen como *espacio de página fraccional*: media página vertical, media página horizontal, dos medias páginas horizontales, en posición de isla (rodeada por temas editoriales), media página en página doble y en tablero de damas.

En ocasiones, la cubierta de una revista o una página interior se abren para presentar una página extra que se dobla hacia adentro y da al anuncio una presentación mayor. Los anunciantes utilizan estas *solapas* o tapas en ocasiones especiales para hacer más espectacular la presentación en las revistas, por lo general para introducir un producto colorido como el modelo de un automóvil o un piso hermoso. Son espacios adicionales que requieren de una planeación anticipada.

El formato físico de las revistas también varía. El tamaño de la página de una revista es su área tipográfica y no el tamaño de la página real. El tamaño de la mayor parte de revistas se caracteriza por ser *estándar* (8 pulg x 10 pulg, por ejemplo, *Newsweek*) o *reducido* (4 3/8 pulg x 6 1/2 pulg, por ejemplo *Reader's Digest*). Estas medidas son aproximadas; cuando se ordenan las placas, los anunciantes deben pagar el tamaño exacto de la página del editor. La cubierta de una revista se llama *tapa 1.* El interior de la cubierta se llama *tapa 2*; el interior de la cubierta posterior se llama *tapa 3* y la parte externa de la cubierta posterior se llama *tapa 4.* Los anun-

TIME BUSINESS

Presenta la mayor circulación entre las revistas de todo tipo de negocios en Estados Unidos. Todos los suscriptores de TIME Business se califican de acuerdo con su cargo, verificado por la ABC. Llega a un gran número de gerentes y profesionales de nivel ejecutivo, medio y técnico en los 50 estados de la Unión. Disponibilidad quincenal.

Tarifas con base sólo en la circulación por suscripción.

Tarifa base: 1,635,000	Negro y blanco	Bicolor	Policromía
Página	US$56,900	US$71,100	US$84,100
2 columnas	42,700	53,300	67,300
1/2 página horizontal*	79,700	99,500	117,700
1 columna	22,800	28,400	37,800
1/2 columna	20,700	24,900	NA

*Disponibilidad limitada

Véase página 17 para el TIME Business Plan Discount

TIME TOP MANAGEMENT

Circulación exclusiva para propietarios, socios, directores, miembros de juntas directivas, presidentes de compañías y otros funcionarios de alto rango y jefes de departamento. Los suscriptores se califican al 100% por su cargo, verificado por la ABC. Su alcance es muy depurado y está dirigido hacia la gerencia de mayor nivel en todo el país. Disponibilidad quincenal.

Tarifas con base sólo en la circulación por suscripción.

Tarifa base: 600,000	Negro y blanco	Bicolor	Policromía
Página	US$31,300	US$38,700	US$46,200
2 columnas	23,500	29,000	37,000
1 columna	12,500	15,500	20,900
1/2 columna	7,800	9,700	NA

TIME CAMPUS

Circula entre los futuros líderes del pensamiento en Estados Unidos y los educadores. Ofrece una cobertura de costa a costa para el mercado universitario (US$2,000 millones de ingresos discrecionales), convirtiéndose en la revista más leída por los estudiantes. Circuló siete veces en 1992.

Tarifas con base sólo en la circulación por suscripción.

Tarifa base: 400,000	Negro y blanco	Bicolor	Policromía
Página	US$15,300	US$19,100	US$22,600

EDICIONES DE TIME INTERNATIONAL

Se dispone de otras ediciones. Para una información más detallada de todas las ediciones internacionales que incluyan tarifas, estructura de descuentos, disponibilidad de espacio e información de producción, *véase* la tabla de tarifas TIME International 1992 o comuníquese con el representante local de TIME.

Todas las cifras se presentan en dólares norteamericanos, a excepción de los casos establecidos.

	Tarifa base (000)	Página bicolor	Página policromía
Atlántico	645	*Ecu 26,000	*Ecu 40,000
Europa	560	Ecu 24,375	Ecu 37,500
Continente	460	Ecu 23,360	Ecu 34,400
Mercado Común (12 países)	434	Ecu22,100	Ecu34,000
Canadá	350	$13,700	$17,500
Asia	270	22,463	35,380
Sureste de Asia	135	11,603	18,275
Pacífico del Sur	150	5,510	8,540
América Latina	95	12,585	18,790
TIME International	1,509	$ 85,641	$ 128,493
TIME U.S.	4,000	91,000	134,400
TIME World	5,509	176,641	262,893

* Unidad monetaria europea

Véase página 19 para descuentos internacionales

Figura 8.2
Una tabla de tarifas para las ediciones Time Demographic Editions. Reimpreso con autorización de Time Demographic Editions.

ciantes que utilizan las últimas tres posiciones pagan un excedente e incluso pueden quedar en lista de espera. Una "posición premio" es un lugar especialmente favorable en la revista; por ejemplo, la mitad de la revista o las páginas que siguen a la parte interior de la cubierta o frente a un artículo o una sección específica de la revista. Las posiciones premio cuestan de 10% a 25% más, y las posiciones en la cubierta superan este porcentaje.

Los anunciantes que desean reducir el costo de su publicidad en la revista pueden comprar espacio para *avisos de libre ubicación* (en inglés, ROB) o anuncios sin posición especial, lo cual significa que el aviso se puede colocar en cualquier lugar de la revista. Debido a que estos anuncios permiten a los propietarios de los medios una mayor flexibilidad en su programación, por lo general son los puntos disponibles más baratos.

Cuando un anuncio ocupa hasta el borde de la página, sin dejar ningún margen, se llama *anuncio sangrado.* Este anuncio se diseña para conseguir atención adicional y, además, permite que los directores creativos tengan más espacio para expresar sus ideas. La opción puede tener un costo extra de 15% a 20%.

Muchas revistas también hacen una provisión para los insertos. Los ejemplos son las tarjetas para devolver, los cupones, los desprendibles de recibido y otros tipos de materiales externos unidos a las revistas con un anuncio adjunto. Los insertos nunca se venden por separado; negociarlos y crearlos es el trabajo del gerente de promoción de ventas. Algunos publicistas imprimen sus anuncios en *foil*, acetato o papel de mayor gramaje. Esta clase de *inserto pesado* dificulta que el lector pierda el anuncio. Las quejas de los lectores han restringido el uso de los insertos pesados aunque su eficacia nunca se ha cuestionado. Un último tipo especial de inserto consiste en colocar páginas consecutivas de publicidad, una después de otra, para crear una imagen en el lector. Sears, Roebuck and Co. acostumbra colocar entre 8 y 12 páginas juntas para anunciar un producto en particular como sábanas y toallas.

En las revistas de circulación masiva se ofrecen otras opciones en un esfuerzo por enfrentar la competencia de las revistas de interés especial. Por ejemplo, revistas como *Time* ofrecen a las compañías locales tarifas reducidas para *anuncios regionalizados*, mensajes que aparecerán sólo en los ejemplares que se envían a una región geográfica específica. Las tasas o tarifas regionales reducidas brindan a las compañías más pequeñas la oportunidad de aparecer en una revista de circulación nacional a un costo que pueden sufragar. Además, *Time* ofrece a los anunciantes la oportunidad de llegar a suscriptores como médicos, miembros de la alta gerencia, estudiantes, educadores o incluso a quienes viven en áreas de código postal con altos ingresos; las ediciones que se envían a estos suscriptores se conocen como *demo ediciones.*

Procedimientos de compra. Los anunciantes de revistas se rigen por tres fechas. La *fecha de cierre* es el último día en el cual una revista aceptará materiales de publicidad sobre un tema en particular para publicarlos. La *fecha de circulación* aparece en la cubierta y la *fecha de venta* es cuando la revista sale al mercado. Por consiguiente, una revista con una fecha de circulación de enero podría salir en diciembre 15. La fecha de venta es importante porque dice cuándo llegan al lector los temas más importantes.

La edición electrónica de revistas y la transmisión vía satélite han reducido el tiempo para la entrega de publicidad dirigida a las promociones en las revistas. La edición electrónica es ahora una de las líneas principales de la tecnología; incluso algunos de los editores más sofisticados producen sus páginas en computadores personales. Los satélites son el siguiente paso en la computarización pues permiten el envío directo de páginas procesadas por computador al sitio de impresión y reducen, de ese modo, el tiempo de producción de la revista. Las publicaciones semanales fueron pioneras en la transmisión de páginas electrónicas vía satélite para ajustarse a las fechas de cierre editorial. Ahora, este beneficio llega también a los anunciantes. *Vanity Fair* cierra sus páginas algunas horas antes de entrar a imprenta mediante la utilización de la composición de páginas en forma totalmente electrónica y la transmisión vía satélite a su imprenta. El plazo para la entrega de material de publicidad se ha reducido de manera sustancial.

Revistas: aspectos fuertes y limitaciones

Resulta claro que la ventaja esencial de las revistas es la capacidad para llegar a audiencias objetivo muy segmentadas. Como resultado, el costo absoluto y el costo por millar de las promociones en la revista son bastante bajos aunque no tanto como los costos de radiodifusión. La creciente especialización de la audiencia parece una certeza. Las ediciones personalizadas son el siguiente paso lógico. Gracias a la **edición selectiva** es un proceso computarizado que permite la creación de cientos de ejemplares de una revista en una secuencia continua y la personalización de la publicidad a través de la impresión de imágenes por el sistema de off-set digital, los editores de revistas para el consumidor podrán ofrecer objetivos ultrafocalizados que antes sólo estaban disponibles mediante las revistas comerciales. La **impresión de imágenes por este sistema** es un proceso especial de impresión controlado por computador que permite que el programa cambie partes del mensaje. Este tipo de impresión también permite que el anunciante se dirija a los lectores de manera personal. Puede decirle al lector "Si usted está interesado, señor Jones, puede comprar este producto en Leroy's Hardware en la 39 y Elm". La administración de bases de datos sofisticadas permite una segmentación aún mayor. Los editores pueden confrontar las listas de suscriptores con las públicas y privadas, el censo, el registro de vehículos, las listas de catálogos, etc., y transferir esa información a sus listas.

Otra ventaja de las revistas es la calidad visual. Tiende a ser más alta porque las revistas se imprimen en papel de mejor calidad y brindan una reproducción fotográfica superior bien sea en blanco y negro o en color.

El deseo de suministrar servicios de valor agregado refleja otro aspecto positivo. Las revistas distribuyen cupones, suministran ediciones especiales e imprimen anuncios de varios tamaños. Desean hacer todo lo posible por complacer a sus clientes, actitud que comienza con las concesiones en las tarifas. En la actualidad, las fuentes de la industria estiman que más del 50% de los editores ofrecen concesiones. Otros programas de valor agregado se ajustan a las necesidades específicas de cada cliente. Como ejemplo están los enlaces con otros medios como el correo directo y la transmisión por cable. *Sports Illustrated* y ESPN se han unido para atraer promotores como Gatorade y Budweiser.

Otra ventaja que ofrecen las revistas es la actitud positiva y el compromiso que expresan los lectores . Aunque la investigación muestra que el lector de revistas promedio sólo gasta 30 minutos en la mayor parte de la lectura, son 30 minutos de vinculación activa. Por otro lado, los lectores no consideran como intrusos los anuncios de las revistas, pero sí en otros medios.

El talón de Aquiles de las revistas es la dificultad para alcanzar audiencias masivas. Los intentos por lograrlo a través de revistas como *Time* y *Reader's Digest* sugieren otras tres limitaciones: alto costo, pérdida de circulación y posiciones importantes limitadas. Por ejemplo, una revista como *Newsweek* contrata la cubierta y las páginas centrales con anunciantes para un número mínimo de temas, por lo común 18 y, con frecuencia, por un año. El plazo para la entrega de publicidad es todavía un inconveniente para las revistas que no han alcanzado la tecnología avanzada que se describió.

Repaso de conceptos

1. Las revistas son las más especializadas entre los medios de comunicación masivos y reflejan el hecho de que la audiencia se está segmentando cada vez más.
2. Aunque las revistas de interés especial han crecido de manera sorprendente, las revistas de interés general han intentado competir mediante las ediciones selectivas y las demo ediciones.
3. Existen tres tipos de revistas: para el consumidor, de agricultura y de negocios. Estos tipos pueden clasificarse, además, por su contenido de geografía, demografía y editorial.
4. Una gran cantidad de información valiosa acerca de los lectores de revistas se puede obtener mediante la Audit Bureau of Circulation (ABC).
5. La adquisición de espacios en las revistas exige familiaridad con las notas de publicidad, las opciones promocionales y los procedimientos de compra.
6. Los beneficios primarios de las revistas son su capacidad para precisar la audiencia y la alta calidad de producción.
7. El lado negativo de las revistas es que no pueden llegar a una audiencia masiva y son más costosas.

Televisión

El crecimiento de la televisión ha sido fenomenal. En 1923, Vladimir Zworykin se convirtió en el jefe de un grupo de 40 ingenieros en el laboratorio de RCA en Camdem, New Jersey. El grupo había resultado de la fusión de los programas de investigación sobre televisión de Westinghouse, General Electric y RCA. En 1939, los ingenieros de Camdem convencieron a RCA de que estaban listos y la moderna televisión hizo su primera demostración en público en la Feria Mundial, en la ciudad de Nueva York. Dentro de los dos años siguientes, por sugerencia de un comité que representaba a todas las compañías electrónicas importantes la FCC (Federal Communications Commision) fijó normas para la transmisión por televisión. En 1948, la FCC estaba inundada con solicitudes de licencias por lo cual suspendió la concesión hasta estudiar la distribución de frecuencias, de manera que las emisiones de una estación no interfirieran con las de otras. Cuando se levantó la suspensión, en 1952, un tercio de todas las familias norteamericanas había adquirido un televisor y se divertían con Ed Sullivan, Milton Berle y Lucy y Desi. Para mediados de la década de 1960, más de 600 estaciones salían al aire y en 1988 había alrededor de 13,000. Junto con este crecimiento se dieron cambios importantes en la industria de la televisión y su audiencia.

Una industria cambiante

Durante la mayor parte de su breve historia, la estructura de la industria de la televisión en Estados Unidos fue hacia adelante. Había tres grandes redes comerciales y cientos de estaciones locales. Sin embargo, durante la última década, la industria se ha sacudido por el surgimiento de nuevas redes debido al crecimiento y los cambios en el sistema de televisión pública y, por encima de todo, debido a la popularidad de la televisión por cable y las videograbadoras.

Estaciones y redes locales. Las estaciones locales pueden ser independientes o estar afiliadas a una red. En la actualidad existen cuatro redes de televisión principales: Columbia Broadcasting System (CBS), National Broadcasting Company (NBC), American Broadcasting Company (ABC) y Fox. Además, funcionan varias redes más pequeñas como ESPN, CBN y Metromedia, que operan sobre una base regional o de programa selectivo. La base de programa selectivo se refiere a una pequeña red que ofrece programación sólo durante ciertos horarios del día. Contrario a la creencia popular, las redes producen muy pocos de sus programas, y en cambio se basan en el trabajo de compañías independientes como Tandem y Lorimar para producir los espectáculos que necesitan para el tiempo triple A. Las redes compran un producto (programa) suministran los medios para distribuirlo (afiliados locales) y ganan dinero al vender el tiempo comercial a los anunciantes nacionales. Si las redes pagan demasiado por un producto o si sus *ratings** son bajos, no pueden alcanzar utilidades. Las redes pagan una tarifa, llamada *compensación,* a las estaciones locales por presentar su programación; esta compensación cubre entre 20% y 30% de los ingresos por publicidad, en tanto que el 70% a 80% restante lo recibe la red para sufragar los gastos del programa y los costos por suministrarlo a los afiliados. A su turno, éstos venden su propio tiempo de publicidad, del cual cerca de 30% pasa a la red por el suministro de la programación. En general, los afiliados deben recaudar la mayor parte de sus ingresos mediante la venta de publicidad local. De hecho, la compensación de la red se ha vuelto menos importante para las estaciones locales desde los años setentas por la creciente popularidad de la televisión por cable. Con todo, la afiliación a la red es mucho más importante que el dinero que se recibe de ella, pues no sólo permite a las estaciones llenar su tiempo al aire con programación variada y de alta calidad sino que, además, genera grandes entradas (enlace) para las noticias locales y los programas de los cuales se han adquirido los derechos. Las estaciones también pueden obtener valiosa participación de la promoción y de las relaciones públicas de las redes y sus estrellas principales. Cada una de las redes grandes tiene cerca de 220 afiliados. Fox tiene alrededor de 110 estaciones que actúan como una red sobre una base regular, aunque limitada. Cuando una estación local transmite un programa de la red, se conoce como *espacio libre.* Resulta en extremo importante que una red cuente con tanto espacio libre como sea posible, es decir, de 95% a 100% para que pueda ofrecer a los anunciantes una cobertura

* *N. del RT.* De acuerdo con el uso internacional se conservará el término *rating* y no índice, porcentaje o nivel de audiencia, que serían sus posibles traducciones.

total del mercado. Los afiliados no tienen que presentar programas específicos de la red sin embargo, pueden perder su afiliación a ésta si no hacen suficientes transmisiones.

Televisión por cable. Los sistemas de televisión por cable se desarrollaron debido a la dificultad para superar obstáculos como edificios, bosques y montañas que impedían que las señales normales de televisión llegaran a algunos receptores. En principio, el servicio de cable constituía una antena comunal o una torre o estructura alta para captar las señales desde estaciones de televisión convencionales. La compañía de cable no pagaba por la recepción sino que simplemente enviaba las señales por medio de un alambre o cable a los suscriptores. En 1989 la transmisión por cable alcanzó 57.1% de los hogares de Estados Unidos y generó ingresos por anuncios cercanos a US$2,000 millones (*véase* figura 8.3). Las proyecciones hechas por expertos indicaron que hacia 1995, 70% de todos los hogares estarían suscritos a un servicio de televisión por cable. Si se autoriza que las compañías de teléfonos entren en el negocio en áreas donde sólo llega el servicio telefónico, el 90% de los hogares de Estados Unidos recibiría el servicio de televisión por cable[7].

Televisión pública. Hace unos pocos años no habría sido apropiado analizar el sistema de televisión pública en un libro como éste porque dicho sistema no mostraba publicidad. Sin embargo, ese ya no es el caso debido a dos cambios que se presentaron en la década de 1980. Primero, debido a la reducción de fondos federales, los funcionarios buscaron nuevas fuentes de recursos, incluida la publicidad. Segunda, la FCC cambió las directrices para los mensajes promocionales en la televisión pública.

De acuerdo con las normas actuales de la FCC, los mensajes en la televisión pública pueden incluir logos corporativos y de productos si no son promocionales; direcciones de las empresas y números telefónicos si no se utilizan para venta por respuesta directa; y nombres de marcas, marcas de servicio y logos. Los productos o servicios se pueden describir de manera que sean de "valor neutral" cuando aparezcan en uso. Las normas de la FCC y de la estación prohiben el mensaje corporativo que incluya promoción de producto, precios, llamadas a la acción induciendo a comprar o un presentador en el programa que venda mercancía relacionada con éste. Los mensajes sólo se pueden presentar durante interrupciones del programa de dos y medio minutos, precedidos por un anuncio de la estación que identifica el patrocinio de una compañía pero no especifica que el apoyo se aplica hacia algún programa determinado[8].

Sin embargo, lo que la FCC permitirá y lo que las estaciones públicas aceptarán no siempre es lo mismo. Cada estación mantiene sus propias condi-

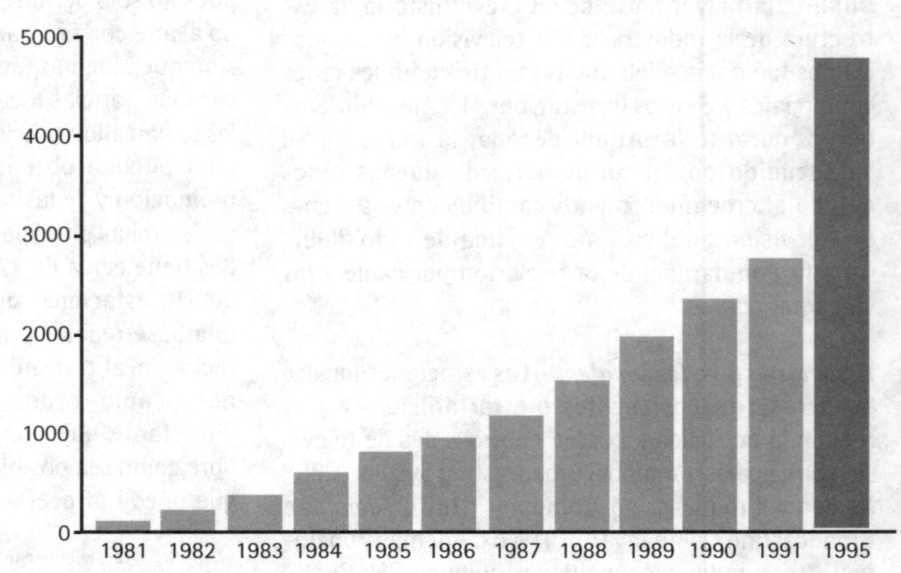

Figura 8.3
Ingresos que generó la televisión por cable durante un periodo de 10 años. Advertising Age (February 19, 1990): 16. Utilizado con autorización.

Nota: Las cifras son en millones de dólares.

ciones y algunas son más elásticas que otras. De hecho, algunas estaciones públicas corren los mismos anuncios que aparecen en las estaciones comerciales. La televisión pública se ajusta bien a campañas de imagen que no establecen comparaciones e incluso, en ocasiones, se aceptan campañas que no son tan sutiles. Para anunciar su vinculación con MacNeil/Lehrer Newshour, por ejemplo, AT&T señala que es "la opción correcta", un mensaje que implica con claridad la superioridad de AT&T sobre las otras compañías.

Comprender y conocer las audiencias de televisión

Las cifras que describen la dedicación de los norteamericanos a la televisión confunden los sentidos. De acuerdo con las cifras publicadas en 1984 por A.C. Nielsen Company, el tiempo dedicado a la televisión en Estados Unidos alcanzó su máximo en 1983, cuando el promedio diario para ver televisión, por hogar, sobrepasó, por primera vez, la marca de siete horas. Durante las 24 horas de transmisión diaria, en promedio, cerca de 30% de todos los hogares había encendido, por lo menos una vez, el televisor en un momento dado. Para la época en que los niños norteamericanos ingresan al jardín, ya han pasado más horas frente a la televisión de las que estarán en las aulas para cursar un grado escolar.

Sin embargo, para el planificador de medios, el tamaño total de la audiencia de televisión no es el tema principal. Tienen mayor importancia el tamaño y las características de las audiencias para espacios específicos en salidas específicas. Durante la década de los años ochenta, estas audiencias cambiaron de manera significativa. En 1980, la transmisión por cable llegaba sólo a algunos hogares; una videograbadora era un juguete de lujo y las tres grandes redes tenían el 90% de la audiencia de tiempo triple A. En la actualidad, la televisión por cable llega al 40% de esta audiencia, y más en algunos mercados.

Métodos para medir audiencias. Diferentes métodos para medir audiencias dan resultados diferentes. Existen cuatro técnicas para tal fin.

La primera técnica utiliza un registrador electrónico que se conoce como un *audímetro*, el cual mide los ratings nacionales (redes). Este dispositivo lo desarrolló la compañía A.C. Nielsen Company y se conecta al televisor para registrar cada minuto que esté encendido. Desde 1986 varias compañías de rating han hecho mediciones no sólo para demostrar qué programa se ve, sino para saber quién lo ve. Por ejemplo, el "medidor electrónico de gente" (People Meter) de Nielsen es una pequeña caja con ocho botones, seis para la familia y dos para visitantes, que se coloca encima del televisor. Cada miembro de la familia tiene su propio botón y un control remoto que hace posible dirigir las funciones del televisor desde cualquier lugar del cuarto. Un mecanismo tipo sonar envía una señal de alerta para que se encienda o se apague.

Una segunda técnica utiliza la *coincidencia telefónica*. Un entrevistador llama a hogares elegidos de manera aleatoria y pregunta cuál programa se está viendo. Los datos actualizados se recogen con rapidez, pero la cobertura, en términos de horas del día o de día en la semana, no siempre es completa.

El *método del diario* es la tercera técnica. Los hogares preseleccionados reciben, por correo, diarios en los cuales cada televidente escribe las estaciones y programas vistos. Se entrega un diario por separado para cada aparato en la casa y se concede un premio en efectivo por la cooperación. La empresa Arbitron Ratings Company, por ejemplo, utiliza este método para registrar los ratings por estación y programa tanto para radio como para televisión. El método brinda datos completos exactos y sin costo para los mercados locales, pero el nivel de respuesta es un problema frecuente.

A.C. Nielsen tiene cerca de 2,600 hogares que registran en diarios el tiempo que ven televisión, por periodos de tres semanas. De los cerca de 850 diarios que se manejan cada semana, sólo 600 son de utilidad debido al desorden en el registro de los datos. Los diarios se complementan mediante la investigación de 1,700 medidores de audiencia que Nielsen ha instalado en igual número de hogares. La empresa utiliza la información de estas dos fuentes para compilar los informes del Nielsen Television Index (NTI). Luego, los anunciantes nacionales utilizan estos informes para determinar su CPM, o costo por millar. Así, el CPM indica cuánto pagaron los anunciantes por el servicio recibido. La fórmula se determina como sigue:

$$\text{CPM} = \frac{\text{Costo del anuncio} \times 1{,}000}{\text{Circulación (tamaño de la audiencia)}}$$

Si el programa *Cheers* tiene una audiencia de 21 millones y un comercial de 30 segundos cuesta US$316,000, entonces el costo por millar sería:

$$\text{CPM} = \frac{\text{US\$ } 316{,}000 \times 1{,}000}{21{,}000{,}000} = \text{US\$ } 14.83$$

El cuarto método se conoce como *llamada del orden del día*, y utiliza entrevistas puerta a puerta. El entrevistador lleva un orden del día de los programas que se transmitieron el día anterior y le permite a la persona mirar ese orden mientras responde varias preguntas, algunas de las cuales son de carácter demográfico.

Medidas de las audiencias de televisión. Los cuatro métodos de medición de audiencias suministran información confiable acerca de la audiencia en televisión. Quizá su aplicación más significativa se dé en los índices semanales de Arbitron y Nielsen. Los ratings incluyen dos medidas de la audiencia de televisión: rating del programa y participación.

El índice de audiencia de un programa es el porcentaje de televisores que están encendidos durante un programa y un periodo específicos. Así, si 21 millones de personas ven *Cheers* y hay un total de 106,300,000 televisores, el índice de audiencia de *Cheers* sería:

$$\frac{21{,}000{,}000}{106{,}300{,}000} = 19.7$$

Un término final por entender es *participación.* El porcentaje de televisores que en verdad están encendidos durante un tiempo específico se conoce como "hogares que utilizan televisión" (HUT). Si 70% de los televisores estuviera encendido durante la emisión del programa, entonces 74,320,000 equipos estaban encendidos en realidad, de los cuales 21 millones estaban viendo *Cheers.* La participación del programa sería de 28.2 (21,000,000/74,320,000). En su forma típica, los servicios de ratings informan dos cifras: *Cheers:* 19.7 y 28.2.

La investigación sobre la audiencia local se utiliza para definir los mercados de televisión. Un **mercado de televisión** es un área geográfica definida con rigidez, en la cual las estaciones, por lo general, se localizan en el centro para atraer la mayoría de los televidentes. En Estados Unidos, cada condado se coloca en un solo mercado de televisión. Existen cerca de 200 los cuales incluyen a más de 3,000 condados. Tanto Arbitron Ratings Co. como A.C. Nielsen Company miden los mercados de televisión de esta manera: Arbitron bajo el nombre de *Área de influencia dominante* (en inglés, ADI) y Nielsen como *Área de mercado designado* (en inglés, DMA). Los índices de audiencia para televisión del ADI o del DMA son muy útiles porque estas áreas contienen el volumen de los televidentes en cualquier estación de la ciudad.

¿Quién ve televisión? Como resultado de los niveles de teleaudiencia y persuasión de este medio, se dispone de una enorme cantidad de información acerca de las audiencias. Los datos demográficos indican que la televisión alcanza un gran porcentaje de la población la mayor parte del tiempo. Un dato actual acerca del tiempo que una familia ve televisión, sugiere que las siete horas y dos minutos que se indicaron en 1983, se convirtieron en siete horas y un minuto en 1989[9]. Así, la televisión parece mantenerse como una fuente estable de entretenimiento en los hogares de Estados Unidos. Sin embargo, la segmentación de la televisión ha cambiado la composición de sus audiencias. Ahora, la programación por cable ofrece 30 o más opciones para atraer audiencias objetivo específicas. Por ejemplo, ESPN, básicamente, atrae hombres interesados en deportes y SIN atrae hablantes hispanos; de otro lado, han surgido televidentes específicos como es el caso de quienes ven televisión fuera de su hogar. Más de 14% de los hogares que cuentan con televisor, disponen ahora de aparatos de 6 pulg o menos; cerca de un cuarto los utiliza a diario, mientras que 40% lo hace en forma semanal. ¿Quién los contabiliza? Los fabricantes dicen que los usuarios más frecuentes son fanáticos ávidos de deportes quienes encienden el televisor en el estadio para hacer un cubrimiento jugada a jugada o para ver partidos reñidos[10]. El perfil del grueso de los televidentes aún se mantiene: mujer, casada, con hijos en el hogar, bajo nivel de educación, sin empleo fuera del hogar, habitante del sur o del oeste medio, con bajos ingresos, servicio de televisión por cable, que compra discos y cintas, y es sensible al precio. Por el contrario, las personas que pagan el servicio de cable tienden a trabajar fuera del hogar, tienen ingresos altos y tarjetas de crédito nacionales[11].

Adquisición de tiempo en televisión

La televisión no es sólo un medio omnipresente sino en extremo costoso. Con el costo promedio de un tiempo estelar de US$170,000 para un anuncio comercial de 30 segundos, el rango puede ir desde un mínimo de US$60,000 para un nuevo programa pautado frente a uno de gran audiencia, hasta US$262,000 para *Cheers,* por ejemplo. Estas tasas se relacionan de manera directa con los puntajes de los ratings y participación estudiados antes. Además, existe un factor de equilibrio. Algunos programas, como *El show de Bill Cosby,* tienen un equilibrio perfecto con las compañías que han enfocado la audiencia familiar. En consecuencia, Cosby (NBC) puede exigir una tasa más alta incluso sin que los puntajes necesariamente sustenten el precio. También existen alternativas para los comerciales de red con tiempo estelar.

Opciones claves de compra. Si los compradores de medios deciden emplear la televisión, encaran muchas decisiones acerca de cómo utilizarla mejor. Entre las opciones claves está si comprar tiempo a una red o a una estación local, qué nivel de compromiso deberá existir y cuáles tiempos y programas se deberán seleccionar.

Tiempo en red y por cable. Para un cubrimiento masivo, la compra en una red es la mejor opción. Colocar un anuncio en ABC, por ejemplo, significa que todos los afiliados a ABC podrán ver el anuncio y, por consiguiente, llegará de manera simultánea a millones de personas. Las redes también tienden a ofrecer los programas más populares; comprar tiempo en una red es bastante simple. Sin embargo, el costo absoluto de la publicidad en una red es muy alto, como lo es, también, la pérdida. Además, una gran parte del tiempo estelar se vende durante el **mercado compra anticipada,** un periodo de compra, por lo común en el mes de mayo, cuando las redes venden una gran parte de su tiempo de anuncios comerciales para el siguiente periodo.

Para los anunciantes con recursos limitados o con una cobertura de mercado baja, pueden ser atractivas dos alternativas de compra en una red. La primera es que la principal ofrece **redes regionales,** es decir, que los anunciantes pueden seleccionar una región del país para su promoción y pagar un porcentaje proporcional más una tarifa nominal por su inclusión. Segunda, los promotores pueden dirigirse a redes más pequeñas y a otras de televisión por cable. Estas opciones cuestan menos y pueden brindar una cobertura más focalizada que en las grandes redes.

En la actualidad, el tiempo de televisión por cable se puede comprar al negociar las tasas con operadores independientes del sistema en cada mercado o al comprar tiempo en las estaciones de transmisión que tienen sus señales a disposición de operadores de cable vía satélite. Las redes de interés especial como ESPN y MTV pueden comprarse por separado del sistema de cable sin tener que comprar los otros programas o las redes que se transmiten por este sistema. Un anunciante también puede adquirir tiempo mediante interconexiones. Esta tecnología permite que el sistema de cable transmita programación variada con anuncios diferentes en diversos espacios de su sistema. De ese modo, los anunciantes locales pueden presentar sus anuncios en la parte del sistema que alcanza su mercado objetivo.

Publicidad nacional y local. La publicidad por televisión se divide en tres categorías: red, nacional y local. Ya se ha hablado de la principal ventaja de la publicidad en red: cubrimiento simultáneo de un mercado masivo. Sin embargo, las otras dos opciones también ofrecen ciertas ventajas. Cuando el tiempo se compra de manera directa a estaciones locales de televisión, se conoce como **spot publicitario**; como es usual que las estaciones locales no vendan tiempo en el intermedio de sus programas de red, la mayor parte de comerciales se presenta junto con los programas de red aunque las estaciones locales también los presentan durante sus propios programas. Cuando una compañía nacional compra tiempo local, se conoce como *spot nacional.* Por el contrario, los comerciales de firmas locales se conocen como *spot local.* Como resultado, la publicidad local virtualmente es sinónimo de publicidad al por menor. Los principales inversionistas en publicidad local incluyen almacenes de descuento y por departamentos, instituciones financieras, distribuidores de automóviles, restaurantes y supermercados. De ese modo, un fabricante nacional de automóviles como General Motors Corp. compra publicidad en la red de televisión para llegar a todo el mercado de Estados Unidos; Chrysler Corp. compra un *spot nacional* para la campaña del jeep Cherokee porque sólo quiere llegar a los mercados en donde los vehículos todo-terreno son populares, y McDermontt Chevrolet compra un *spot local* debido a que el mercado de Gaiensville, Florida, es su audiencia objetivo primaria.

Para el anunciante, la compra de tiempo en estaciones locales, antes que en redes nacionales, le brinda flexibilidad. Un anunciante puede seleccionar mercados particulares en periodos particulares durante programas particulares. Los anunciantes nacionales podrían utilizar un *spot* para complementar una campaña en una red regional, para probar nuevos productos, una mezcla de medios de comunicación, una estrategia creativa o para obtener una alternativa de costo efectivo en mercados con ventas altas.

Con todo, la utilización de un *spot* promocional tiene tres limitaciones clave. La primera es la probabilidad de que aumente la confusión debido a que, a menos de que los anunciantes de la red hayan comprado todo el tiempo de anuncios comerciales de un programa, las estaciones locales pueden vender tiempo sobre los programas originados en la red que se presentan sólo durante los espacios de la estación entre programas. La segunda es que el *spot* promocional es engorroso para el anunciante nacional, quien debe comunicarse con estaciones en muchos mercados para seleccionar una de aquéllas, determinar el tiempo al aire, negociar el precio y revisar la presentación de la promoción. Por último, si se calcula el costo por millar, la televisión local se hace mucho más costosa que la televisión nacional. De ahí que las compañías nacionales prefieran comprar tiempo en las redes pues, cuando es necesario, complementan esas compras con promociones en la televisión local.

Patrocinios, participación, spot e intercambio. Cuando se compra tiempo en televisión, los promotores también deben determinar su nivel de compromiso. En los días iniciales de la televisión, era muy común que un solo anunciante patrocinara un programa completo al pagar producción, salarios y tiempo al aire. *Bell Telephone Hour, Kraft Music Hall y Hallmark Hall of Fame* son ejemplos de programas que presentaban únicamente los anuncios de su patrocinador y tenían un gran impacto en la audiencia televidente. En la actualidad, los *patrocinios* son demasiado costosos para la mayoría de los anunciantes, quienes no tienen intención de dedicar la mayor parte de su presupuesto a un espacio de 30 o 60 minutos. No obstante, para productos con alto nivel de estación, como en el caso de los juguetes y las tarjetas para la época de navidad, utilizar el patrocinio sigue siendo una estrategia viable.

Como la mayoría de los anunciantes no puede sufragar los patrocinios, optan por la *participación.* De hecho, casi el 90% de todo el tiempo de redes se vende bajo este formato. Esto significa que varios anunciantes compran espacios en un programa en particular. Un anunciante puede participar en un programa dado una o varias veces sobre una base regular o irregular. Con frecuencia, los anunciantes participan en actividades deportivas importantes que llevan al anuncio de que "esta parte del Abierto de Estados Unidos llega a usted gracias a ..."

Se indicó una tercera opción. El *spot* nacional se compra a estaciones locales de televisión y aparece durante el tiempo que sigue a los programas de la red.

La última y mínima cantidad de contacto que un promotor puede tener con la estación de televisión se llama *intercambio**. El intercambio es la entrega de bienes sin dinero y se puede realizar de dos maneras. En la primera, y más simple, un promotor intercambia bienes por tiempo. En su forma típica, este intercambio se presenta en el ámbito local; por ejemplo, un almacén de muebles de oficina que cambia éstos por 10 anuncios de 30 segundos. La segunda forma de intercambio, y la más convencional es el *intercambio por derechos de un programa.* En este caso, el promotor suministra a la estación de televisión, sin ningún costo, un programa cuyos derechos posee; originalmente, estos programas de redes tuvieron buena sintonía, cuando los ratings bajaron demasiado, pasaron a horarios vespertinos de poca audiencia. Desde que la FCC aprobó la ley Prime Time Access Rule, en 1970, el manejo de los derechos de programas se ha convertido en una industria grande y compleja. Aunque la ley es muy amplia, en resumen, obliga a los afiliados a buscar otras fuentes de programación fuera del tiempo estelar. Los programas cuyos derechos se negocian, también conocidos

* *N. del RT.* Llamado también CANJE.

como *tiras** (porque aparecen a diario, como las tiras cómicas), son programas antiguos de la red que aún se mantienen, como en el caso de *El show de Bill Cosby*; programas de la red que se producen sólo para vender sus derechos como *Jeopardy*; o programas originales que se produjeron para vender sus derechos, como *Oprah Winfrey*. Entre otros, Viacom, propietario de los derechos de *El show de Bill Cosby*, vendió el programa a 174 estaciones por cerca de US$600 millones durante cuatro años. Un programa de esta índole acostumbra incluir dos minutos para anuncios comerciales del programador y tres minutos para que cada estación pueda venderlos a anunciantes nacionales o locales. De esa manera, el anunciante que suministra el material tiene el control de los mensajes, entrega la programación a la estación y le brinda otra fuente de utilidades.

Tiempos y programas. Para los anunciantes que compran tiempo en televisión, la hora del día y la programación que se emite son aspectos obvios de su interés. El horario y los programas afectan la audiencia probable y, como resultado, la tarifa que se cobra por el tiempo en televisión. Los periodos estándar son como sigue**:

Mañana	6 A.M. - 9 A.M.
Diurna	9 A.M. - 5 P.M.
Familiar	5 P.M. - 7:30 P.M.
Estelar	7:30 P.M. - 8 P.M.
Doble A	8 P.M. - 11 P.M.
Franja de noticias	11 P.M. - 11:30 P.M.
Franja nocturna	11:30 P.M. - 1 A.M.

Estas denominaciones cambian hasta cierto punto, a medida que se avanza en los diferentes periodos. Por ejemplo, en el horario de la zona central corresponden a una hora antes; es decir, el tiempo estelar es de 7 P.M. a 10 P.M. Cada periodo refleja una audiencia diferente en su tamaño y características. Por ejemplo, en la mañana las audiencias son más pequeñas y representan hombres y mujeres listos para salir a trabajar, niños y audiencias especializadas, por ejemplo, quienes ven los programas de ejercicios. El tiempo estelar tiene la mayor audiencia y representa a la familia más que ninguno otro.

Para pautar las compras de tiempo en televisión, los compradores de medios buscan los *gross rating points* o *GRP*, los cuales son una medida de la teleaudiencia de programas específicos. Los ratings de Arbitron y Nielsen*** brindan la base para los GRP. En esencia, éstos reflejan el total de puntos del rating que logra un conjunto de programas. Por consiguiente, comprar la noche del lunes 4 de octubre de 1991, que incluye los programas *Monday Night Football* (18.4), *Major Dad* (20.1), *MacGyver* (11.9) y *Hunter* (13.7) registraría 64.1 GRP. En el capítulo 9 se estudiarán con más detalle los GRP.

Procedimientos de compra. La compra de tiempo en televisión se divide en varias categorías que dependen de la naturaleza de la compra: de tiempo estelar en red, de *spot* nacional y local. La compra de tiempo estelar en red incluye a los "pesos pesados" de la industria de la televisión, directores corporativos de publicidad, ejecutivos de medios de las agencias y vendedores de la red. El periodo más importante para la compra en red es a comienzos de la primavera y se realiza en tres etapas:

1. *Mercado anticipado.* Los anunciantes suscriben compromisos para toda la estación poco después del anuncio de los cronogramas del tiempo estelar a comienzos de la primavera. Esto suele implicar un compromiso de US$5 millones. La compra anticipada se realiza para los programas de tiempo estelar, parte de la programación deportiva y los programas populares en horario diurno. La compra cubre dos o más trimestres del año.
2. *Mercado disperso.* Después de que los anunciantes del mercado anticipado hacen compras trimestrales a corto plazo, el mercado disperso entra en consideración. Como el nombre lo indica, los promotores no compran anuncios en un programa sino que negocian *spots* dispersos en varios programas, con frecuencia

* *N. del RT.* Llamadas FRANJAS DE PROGRAMACIÓN.

** *N. del RT.* Como es lógico estas FRANJAS DE PROGRAMACIÓN difieren de las nuestras por razones como CAMBIO HORARIO, ESTACIONES CLIMÁTICAS, TIPO DE PROGRAMACIÓN, AUDIENCIA Y HÁBITOS DE SINTONÍA.

*** *N. del RT.* Son servicios de medición de audiencia establecidos y utilizados en Estados Unidos y Europa.

en diferentes horarios. De manera invariable, se dispone de menos espacios en un buen horario y el promotor se halla en una desventaja de precio debido al menor número de anuncios que se adquieren. Sin embargo, en ocasiones se pueden hacer negocios debido a los bajos ratings iniciales u otros factores desconocidos, en especial al final del año cuando los presupuestos de promoción son estrechos y las estaciones comienzan a desesperarse para vender el tiempo restante.

3. *Mercados de oportunidad.* En esencia, este es el segmento que queda y está compuesto por compras semanales de tiempo sin vender. El espacio restante puede ser espacio que nunca se vendió debido a que no tenía oferta o que se vendió y luego se canceló.

Para comprar publicidad local, cada estación debe hacer contactos para obtener propuestas. La solicitud formal de tarifas y las posiciones comerciales se conocen como solicitud *de beneficio.* Los beneficios suelen incluir tiempos y fechas disponibles, precios, ratings de los programas, total de hogares y GRP. La estación redacta varias propuestas con base en la solicitud de beneficio.

Tanto el tiempo de la red como el de la televisión local puede comprarse sobre una base fija, prioritaria o casi prioritaria. Un *spot* fijo es el más costoso porque no lo puede desplazar otro aviso comercial del anunciante. Los *spots* con derecho de prioridad se adquieren con la condición de que si otro anunciante paga más, el anunciante original mantendrá la prioridad. Cuando esto sucede, la estación le da al anunciante original aviso suficiente de manera que se pueda realizar otro arreglo. Los más baratos de todos los *spots* son los denominados prioritarios inmediatos, los cuales pueden mover la estación cuando lo consideren apropiado. Esta situación lleva la posibilidad de que los anunciantes no quieran pagar por anuncios comerciales que se posterguen.

Los planes de descuentos se pueden negociar entre el promotor y la estación. Las redes prefieren los anunciantes que contratan planes de paquetes de un año, ya que este acuerdo otorga ingresos garantizados a la red desde mucho antes de que la promoción salga al aire.

Televisión: aspectos fuertes y limitaciones

Ningún medio tiene un potencial más grande para crear una impresión en la mente del consumidor que la televisión. Al combinar imágenes en movimiento, voces y una actuación convincente, la televisión tiene la capacidad de dirigir toda la gama de las emociones humanas (*véase* figura 8.4). La televisión permite que la audiencia aprenda más acerca del producto, el anunciante y el mensaje porque el consumidor se involucra de manera más personal.

La televisión también ofrece amplia flexibilidad con respecto a la cobertura del mercado. La televisión por red permite al promotor alcanzar todo el país. La televisión pública, por cable y las interconexiones llevan mensajes a mercados altamente focalizados. Esta flexibilidad ha reducido varias de las críticas que se dirigían en contra de la televisión hace una década. La televisión necesita no ser malgastada, demasiado costosa o confusa.

Una tercera ventaja de la televisión es el importante rol que desempeña en la cultura. Para muchas personas, la televisión es su fuente primaria y más confiable de entretenimiento, noticias y deportes. La gente confía y mantiene una actitud favorable hacia ella. La sección **Un enfoque de promoción** describe un estudio que investiga los atributos de comerciales de televisión agradables.

Otra ventaja de la televisión surge de su capacidad para llegar a audiencias bien definidas. La investigación muestra que existen similitudes notorias en las características de los televidentes. Cosby presenta a la audiencia familiar anunciantes como Kraft Foods, Procter & Gamble Co. y Coca-Cola, semana tras semana. MTV llega a una audiencia de gente joven.

Aunque la televisión se suele considerar como un medio para transmitir mensajes publicitarios, también puede transmitir mensajes de promoción de ventas, relaciones públicas y de venta personal. Por ejemplo, la televisión tiene la capacidad de dar emoción a los sorteos, de ampliar la significación de un premio o, incluso, de hacer más urgente una reducción temporal de precios. Muchos métodos de relaciones públicas tienen connotaciones emotivas subyacentes que se benefician de la publicidad. La campaña antidrogas *Just say no* (Sólo di no), es mucho más poderosa en la televisión que en la prensa. Por último, debido al impacto emocional de la televi-

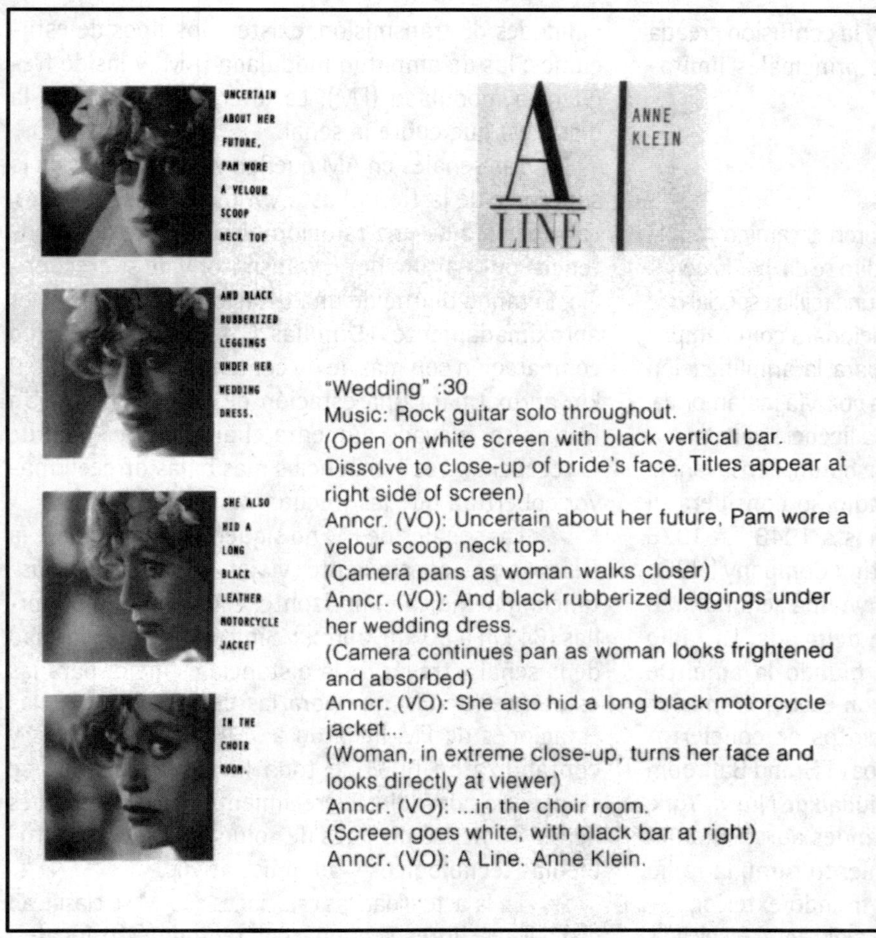

Figura 8.4
La televisión es un medio efectivo para el estilo individualista de la serie de anuncios de Anne Klein, para su nueva línea, línea A.
© 1991 A LINE ANNE KLEIN.

sión, en ella se realiza un excelente trabajo de preventa de un producto, de manera que se simplifica el trabajo del representante de ventas.

Las limitaciones de la televisión son importantes y eliminan a algunos anunciantes. El costo absoluto de la televisión es bastante alto. Los costos de *Roseanne* son de US$247,000 para un anuncio de 30 segundos. Con costos de producción entre US$150,000 y US$1,000,000, resulta evidente que pocos anunciantes puedan tener acceso a la televisión nacional. La confusión, en especial en la televisión por red, existe. Se pueden pasar alrededor de 25 anuncios separados durante 30 minutos de programación estelar. Por último, la televisión no funciona con productos que no sean atractivos, como por ejemplo fluidos industriales; que no se puedan demostrar como en el caso de Preparation H; o que no tengan características o asociaciones emocionales inherentes, como la sal de mesa.

Repaso de conceptos

1. La televisión se presenta en cuatro formas: red, local, cable y pública.
2. Cuando se hace publicidad por televisión, los anunciantes pueden comprar publicidad en la red, *spots*, local o pueden optar por patrocinios, participación o anuncios de *spots.*
3. El tamaño del mercado de la televisión se evalúa a través de cuatro técnicas: audímetro, coincidencia telefónica, método del diario y llamada del orden del día.
4. El tamaño de la audiencia para un programa se evalúa a través de los puntos del rating y la participación. El peso de la pauta se determina por el número total de *gross rating points* (GRP) que se registran.
5. La cobertura del mercado y la implicación emocional son los aspectos básicos fuertes de la televisión.

6. Los altos costos absolutos y la confusión creada por la saturación son las principales limitaciones de la televisión.

Radio

Varios inventores del siglo XIX allanaron el camino para la invención de la radio, aunque el crédito se da, por lo general, a Lee de Forest. En 1906 inventó una rejilla especial que permitía que un tubo de vacío funcionara como amplificador. Esto constituyó la base para la amplificación necesaria para la transmisión de la voz, vía inalámbrica. En 1920 Westinghouse obtuvo una licencia para transmitir y su KDKA salió al aire en Pittsburgh, Pensilvania.

La época de oro de la radio se considera el periodo que cubre desde 1920 hasta 1948. En 1926 RCA formó la National Broadcasting Company (NBC). Un año después, la NBC constituyó una segunda red para acomodarse a la creciente demanda. La radio fue el medio mágico y todo el mundo la amó. De costa a costa los oyentes pudieron escuchar música sinfónica desde los grandes recintos de conciertos en Boston o sentirse transportados al Grand Ballroom del Waldorf-Astoria Hotel en la ciudad de Nueva York, en donde se presentaban las grandes agrupaciones. Para quienes vivían en el aislamiento rural, la radio se convirtió en su enlace con el mundo exterior.

Cuando llegó la televisión, la radio entró en picada. Para mediados de la década de 1950, la televisión estaba utilizando muchos programas de radio y a muchas de sus estrellas. Durante el mismo periodo, la invención del transistor redujo el tamaño y el precio del radio portátil convirtiéndolo en verdad en un medio que "va a donde usted vaya". Lo que es más, los norteamericanos estaban en el camino y la mayor parte de los autos nuevos estaban equipados con radios. El "tiempo de conducción" entre las 6 A.M. y las 9 A.M. y desde las 3 P.M. hasta las 6 P.M. se convirtió en el tiempo estelar de la radio y le dio al medio un muy necesario empujón financiero.

En la actualidad existen más de 500 millones de radios en Estados Unidos. En 1990 los ingresos por publicidad en este medio superaron los US$9,000 millones y los expertos predicen que llegarán a US$22,000 millones para el año 2000[12].

Estaciones y redes o cadenas radiales

En la actualidad funcionan más de 10,000 estaciones de radio en Estados Unidos. En términos de modalidades de transmisión, existen dos tipos de estaciones: las de amplitud modulada (AM) y las de frecuencia modulada (FM). La diferencia básica es la distancia que cubre la señal.

Las señales en AM pueden viajar a través de la superficie de la Tierra hasta varios cientos de millas. La cobertura de una estación AM depende de su potencia, de la altura de su transmisor y de su frecuencia. El rango diurno de una estación de 250 vatios es aproximadamente 15 millas (24.13 km aprox.) en comparación con más de un centenar de millas (160.9 km aprox.) para una estación de 50,000 vatios. Un transmisor elevado aumenta el área y la calidad de la recepción. Las frecuencias más bajas ofrecen mayor cobertura que las frecuencias más altas.

Las señales de FM no siguen la curvatura de la Tierra y, por consiguiente, viajan sólo hasta la distancia que indica el horizonte, cerca de 40 a 50 millas (64 km a 80 km, aprox.). Sin embargo, la claridad de la señal a través de la distancia es mejor para las estaciones de FM que para las de AM. En 1989 las estaciones de FM llegaron a 75% de los oyentes y contabilizaron 60% de toda la publicidad que se transmitió por radio. El crecimiento de las estaciones de FM comenzó después de solucionar muchos problemas tecnológicos y administrativos.

En la actualidad las estaciones en AM se clasifican como libres, libres secundarias, regionales o locales. Normalmente, los canales audibles y claros operan con la máxima potencia asignada para estas estaciones, o sea, 50,000 vatios y muchas de ellas, como WLS-Chicago, WJR-Detroit se pueden escuchar a varios cientos de millas de distancia en la noche. Los canales libres secundarios de 250 vatios a 50,000 vatios, se diseñan para servir a un centro poblacional y el área rural circundante. Una estación regional opera a un máximo de 5,000 vatios y comparte un canal con varias estaciones localizadas a suficiente distancia para eliminar la interferencia de la señal. Las estaciones locales operan a un máximo de 1,000 vatios y, con frecuencia, sólo salen al aire durante las horas del día. Las estaciones de FM tienen tres categorías diferentes: la clase A con menos potencia, máximo de 3 kilovatios; la clase B con un máximo de 50 kilovatios y la clase C hasta con 100 kilovatios.

El término *cadena radial* se aplica sólo a las redes en línea tradicionales interconectadas (cableadas) con circuitos AT&T; por ejemplo, ABC y CBS. Una tendencia mayor en las cadenas radiales es la conso-

Un enfoque de promoción:

¿Qué hace que un anuncio comercial sea efectivo?

¿Qué hace que las personas puedan recordar el producto particular de un anuncio comercial de televisión y quizá se decidan a comprarlo? Varios estudios de investigación han abordado esta pregunta dividiéndola en partes más pequeñas y analizando las reacciones de cientos de televidentes. Los resultados envían mensajes muy claros a los anunciantes.

Para los principiantes, si se desea que la gente tenga una buena impresión de un producto, en el anuncio se deben utilizar algunos animales pequeños, agradables y amistosos. En un estudio de cerca de 80 anuncios comerciales, los cuatro que más agradaron a los espectadores fueron sobre publicidad de alimentos para mascotas. Aunque los investigadores advierten que es difícil acomodar animales en forma legítima en anuncios de temas diferentes al de alimentos para mascotas, la contundencia de los resultados parece indicar que sería valioso para el tiempo de los anunciantes tratar de incluir una mascota de alguna manera.

La investigación también suministra una respuesta muy razonable a la pregunta de si a los televidentes les debe gustar un anuncio. Una escuela de pensamiento ha sostenido por bastante tiempo que la respuesta emocional del televidente es irrelevante, un anuncio comercial sólo necesita que la gente capte la información a través de él. Sin embargo, estudios demuestran que las personas tienen dos veces más posibilidad de persuasión por un comercial que les gusta bastante que por uno que no les produce mayor emoción. Los expertos piensan que las personas escogen marcas con base en dos factores generales: la utilidad de la marca que se basa en el conocimiento racional u objetivo acerca de la misma y las impresiones más emocionales y subjetivas de la marca. Son estas impresiones subjetivas las que son más influenciadas por los comerciales agradables.

¿Qué hace que un anuncio comercial sea agradable? En todos los tipos de anuncios, su significación es lo más importante. Los televidentes quieren anuncios relevantes y con valor para recordarlos, que representen la realidad de la vida y sean informativos. El segundo atributo más importante para los anuncios de alimentos y bebidas es que sean rápidos y transmitan energía. Para otros tipos de comerciales, el segundo factor más importante, es presentar contrastes para evitar situaciones de cansancio, agotamiento o ideas que irriten a las personas.

Una conclusión que los comercializadores deben sacar de estos estudios es que los televidentes son menos pasivos y ven anuncios comerciales con más percepción e inteligencia de las que se les otorga en ocasiones. Los espectadores quieren anuncios significativos y no aquéllos llenos de autos veloces, ostentación y cuerpos sensuales. Sin embargo, si en realidad se busca que la gente tenga una buena impresión acerca de un producto, debe encontrarse la manera de relacionarlo con una mascota.

Fuente: Alexander L. Bill and Carol A. Bridgewater, "Attributes of Likable Commercials," *Journal of Advertising Research* (June/July 1990): 38-44.

lidación. Expertos sugieren que sólo existen cuatro cadenas importantes en radio: Westwood One (la compañía matriz de NBC Radio y Mutual Broadcasting System), CBS Spectrum, ABC y Unistar. ABC tiene el mayor número de afiliados (1,565).

Las cadenas radiales operan de manera diferente a las redes de televisión; la mayor parte en la pequeña cantidad de programación que se suministra a las estaciones locales. Como la programación en red se limita por el tiempo, las estaciones pueden pertenecer a más de una red, cada una de las cuales les suministra programación especializada para completar el cronograma de una estación. De ese modo, la estación local puede estar afiliada a NBC y Mutual, tomar programación deportiva y de noticias de NBC y programación clásica de Mutual. Además, existen redes especiales como la National Black Network (NBN), cuyos 90 afiliados se dirigen a la población afroamericana. Por último, la programación por radio ha cambiado en forma significativa durante la última década. Mientras que la radio se vio originalmente como un verdadero teatro de la mente, con el surgimiento de la televisión comenzó a verse como un medio pasivo o de respaldo. En la actualidad, la radio ha vuelto a escucharse como resultado de los programas en vivo, al estilo del que presenta Larry King, los programas con llamadas de los oyentes, los programas de consejos y la creación de celebridades locales de la radio. A su turno, estos *disc-jockeys* y esas celebridades juegan un rol importante en las actividades de promoción de ventas como grandes inauguraciones y eventos especiales.

Adquisición de tiempo en la radio

Hace varios años, casi toda la programación de radio era en vivo. Como la radio se ha convertido en un medio más local, se ha vuelto mayor la utilización de programas grabados con poca programación en vivo, excepto las noticias y las transmisiones en directo. Este cambio ha reducido los costos de los anuncios comerciales a la vez que mejora la calidad.

Tarifas de publicidad. Los espacios* en radio se suelen dividir en:

Tiempo en la mañana	6 A.M. - 10 A.M.
Mediodía	10. A.M. - 3 P.M.
Tiempo en la tarde	3 P.M. - 7 P.M.
Noche	7. P.M. - medianoche
Madrugada	medianoche - 6 A.M.

El costo del tiempo en radio depende, en primera instancia, de tres clasificaciones:

1. Tiempo de conducción. Se refiere a los periodos en los cuales la población está en movimiento, en transición entre el sueño y las actividades del día o en transición de las actividades del día a las de la noche. Estos son periodos en los cuales la radio registra sus máximos niveles de audición y durante los cuales la población adulta tiene menos posibilidad de dedicarse a la televisión.
2. Tiempo fuera del aire (en inglés, ROS). Esto significa que la estación de radio puede pasar a anuncios comerciales según su voluntad, dentro del periodo, cuando ello sea más conveniente. El tiempo fuera del aire con prioridad tiene las tarifas más bajas.
3. Características especiales. Este tiempo sigue a las indicaciones del clima, las noticias, la información de la hora, los reportes de tránsito o los informes sobre la bolsa de valores.

Al igual que en otros medios, los anunciantes pagan menos por anuncio comercial cuando compran en gran volumen. Las estaciones de radio se refieren a las compras por volumen en diferentes formas: oleadas de seis y trece semanas, planes de paquete (la estación establece una serie de opciones de tiempo) y planes dispersos (una colección de anuncios en tiempo de conducción en el día y en fines de semana).

Opciones promocionales. Los avisos comerciales en radio pueden ser de 10, 30 o 60 segundos de duración. El tiempo en la radio puede comprarse a una red, un grupo de estaciones o a una estación individual.

La cadena radial está disponible casi que para cualquier mercado. Es eficiente y poco costosa. Una compra puede distribuir un mensaje de publicidad a varios cientos de afiliados; por ejemplo, Dr Pepper

**N. del RT.* Como es lógico estas FRANJAS DE PROGRAMACIÓN difieren de las nuestras por razones como CAMBIO HORARIO, ESTACIONES CLIMÁTICAS, TIPO DE PROGRAMACIÓN, AUDIENCIA Y HÁBITOS DE SINTONÍA.

puede comprar 5 anuncios de 60 segundos en *Dick Clark's National Music Survey* (Mutual Broadcasting System) y llegar a 950 afiliados. Los precios varían según la hora del día y dependen del número de afiliados, la situación competitiva, el tamaño del inventario de la cadena sobre tiempo disponible y el tamaño de la audiencia y sus características demográficas.

Existen varios grupos de estaciones locales desconectadas que ofrecen un descuento en grupo sobre la tarifa de publicidad para comprar tiempo en cada estación por separado. Estos grupos incluyen a McGavern Internet, Forbett Supernet, Katz Radio Group, Blair Radio Network y Keystone Network.

Las cuñas radiales están disponibles a través de las 10,000 estaciones *plus*. Esto significa comprar cuñas individuales (por lo general de 30 a 60 segundos) sobre la base de estación por estación. La cuña radial es un medio excelente para complementar una campaña a nivel nacional, que se realiza a nivel local en otros medios. Sin embargo, tanto la compra de cuñas en radio, como de comerciales en televisión, representa negociar con tarifas estandarizadas y problemas contables.

¿Quién escucha la radio? Arbitron, el servicio líder de medición de las audiencias de radio, informa que casi todo el mundo (96% de la población entre 12 y más años de edad) encienden la radio, por lo menos una vez a la semana. La gente escucha la radio mientras cocina, lee, trota, come, conduce y trabaja[13]. Esta inusual participación hace de la radio un mecanismo poderoso para alcanzar segmentos de estilo de vida y grupos demográficos. La edad y el sexo siguen siendo las medidas demográficas básicas y las estaciones de radio dividen a la población por estas características. Los hombres jóvenes menores de 25 años tienen mayor posibilidad de escuchar el rock clásico de las estaciones de este tipo de música. Los adolescentes y las mujeres menores de 30 acostumbran sintonizar las estaciones que pasan los éxitos del momento, y al igual que las estaciones de rock, siempre son en FM. La música es constante y fluida; los *disc-jockeys* rara vez intervienen con más de un comentario divertido, la hora del día y el nombre de la canción. Este tipo de programación de radio se conoce como *Top 40* cuando se transmite por estaciones en AM.

Los jóvenes y los ancianos rara vez escuchan la misma clase de estaciones de radio. Mientras la mayoría de los jóvenes gustan del rock, el estereotipo del formato de radio de las personas de edad es la "música bella" o versiones instrumentales de canciones favoritas. Sin embargo, no todos los adultos maduros prefieren este tipo de música llamada de "elevador" (música ambiental repetitiva). Los hombres y las mujeres con 55 años de edad y más son los oyentes principales de noticias y estaciones con programación en vivo. En los mercados donde existen estaciones de noticias y con programación en vivo por separado, los hombres de 55 años de edad o más prefieren estas últimas, aunque hombres y mujeres escuchan las primeras.

En general, la radio permanece como un medio local. Las características de los oyentes en mercados individuales tienden a mantenerse estables; por consiguiente, el gerente de promoción debe evaluar la capacidad de la radio para alcanzar la audiencia objetivo sobre una base de mercado por mercado.

La investigación en la radio

Para la radio, un "libro" de Arbitron es el equivalente de los índices de audiencia de Nielsen para los programas de televisión. Aunque varias compañías más pequeñas como Media Statistics Inc., Mediastat, Burch y Ram Research compiten con Arbitron, los ratings de esta última determinan cómo le va a una estación. Un libro de Arbitron puede tener 300 páginas o más, llenas con miles de números que estiman cuántos y qué clase de oyentes sintonizan una estación dada en un momento especifico del día. Los principales mercados reciben hasta cuatro libros Arbitron al año y los más pequeños sólo uno. Arbitron Radio utiliza el método del diario para reunir datos, los cuales le permiten informar no sólo los niveles de audiencia sino también las características demográficas de esa audiencia.

El libro Arbitron envía datos en dos categorías amplias: estimados de cuarto de hora y estimados acumulados. Las cifras de cuarto de hora indican cuántas personas escuchan en un momento dado (por ejemplo, entre las 10 A.M. y las 11 A.M. del sábado en la mañana); los estimados acumulados indican el número total de personas que escuchan durante un periodo específico (por ejemplo, sábados y domingos desde las 6 A.M. hasta medianoche).

Radio: aspectos fuertes y limitaciones

Una de las principales ventajas de la radio es que puede llegar a una audiencia muy selecta a muy bajo costo. Por tanto, es uno de los pocos medios que pueden lograr la penetración en el mercado y una alta repetición. KQEO-KMGA Albuquerque, por ejemplo, puede llegar a 15% del mercado de Albuquerque con 10 repeticiones de un mensaje por menos de US$400 por día. La radio es un medio muy agradable. Una estación de radio tolera cambios de último minuto, formatos inusuales, sistemas de conexión móviles, etc. Esta adaptabilidad hace atractiva a la radio para una amplia variedad de compañías y negocios. Un fabricante pequeño, un agente de seguros local y un supermercado pueden utilizar la radio por su inmediatez para enviar de manera constante noticias de último momento, la hora y el estado del tiempo. En realidad, los oyentes escuchan la radio lo cual significa que un anuncio intercalado entre informes de noticias también se escucha. Por último, si la promoción anima la imaginación y la fantasía, la radio puede hacer un excelente trabajo para despertar gran interés y compromiso. Cuando se utiliza la radio, una táctica humorística tiende a funcionar mejor.

La radio se considera un medio pasivo debido a que transmite únicamente sonidos y la gente acostumbra a encenderla mientras realiza otras actividades como por ejemplo conducir, comer, estudiar; en comparación con los mensajes por televisión, la gente recuerda poco de los mensajes de la radio. Sin embargo, la recordación aumenta cuando los mensajes de gran interés están en la radio como en el caso de noticias, estado del tiempo, una canción favorita o un *disc-jockey* popular. Por último, la radio no es apropiada para ciertos productos que son difíciles de imaginar o que se usan con poca frecuencia como productos médicos o ropa, o para alcanzar una audiencia nacional de manera simultánea.

Repaso de conceptos

1. En Estados Unidos existen estaciones de radio AM y FM y cuatro cadenas principales.
2. Las estaciones de radio venden su tiempo como tiempo de conducción, fuera de estación y características especiales.
3. Los mercados de la radio se miden mediante el "libro" de Arbitron.
4. La radio ofrece una cobertura local excelente a un bajo costo.
5. La radio es un medio pasivo que no funciona bien para algunos productos.

Promociones exteriores

La expresión *medios de comunicación exteriores* es relativamente nueva e incluye los medios para publicidad exterior (vallas y pasacalles) y de tránsito. Se refiere a todos los medios de comunicación que llevan anuncios a donde el mensaje o el consumidor se hallan en movimiento. Es un medio relativamente menor que sirve, en primera instancia, para complementar la publicidad impresa y la radiotransmisión. La división de todas las categorías se presenta en la figura 8.5.

Publicidad exterior

En cierto sentido, la publicidad exterior o al aire libre representa el medio más antiguo ya que es un primo distante del signo. Casi es imposible ir a algún lugar de un país sin estar expuesto a la publicidad exterior; quizá, debido a esta constante exposición, la publicidad exterior se mantiene como el medio más criticado por el público por atentar contra la naturaleza. En 1990, la inversión en publicidad exterior descendió 15% en comparación con un 8% de incremento anual durante los cinco años anteriores a ese. Esta disminución fue el resultado de controvertidas campañas de aseo en las ciudades que protestaban contra vallas y pasacalles a favor del cigarrillo y el consumo de alcohol, amenazas legislativas y anunciantes conscientes de sus presupuestos.

Tipos de vehículos para publicidad exterior. Existen cuatro tipos básicos de publicidad al aire libre: vallas, carteles, murales y avisos luminosos.

En las vallas en las autopistas, el mensaje publicitario suele estar impreso en hojas de papel (afiches) que luego se fijan sobre alguna estructura. En Estados Unidos, el tamaño estándar de estas vallas es de 24 hojas (8 pies, 8 pulg de altura por 19 pies, 6 pulg de ancho), 30 hojas (9 pies, 7 pulg de altura por 21 pies, 7 pulg de largo) y el cartel sangrado (10 pies, 5 pulg de altura por 22 pies, 8 pulg de largo). El cartel sangrado extiende el arte final hasta el marco del panel y es cerca de 40% mayor que el

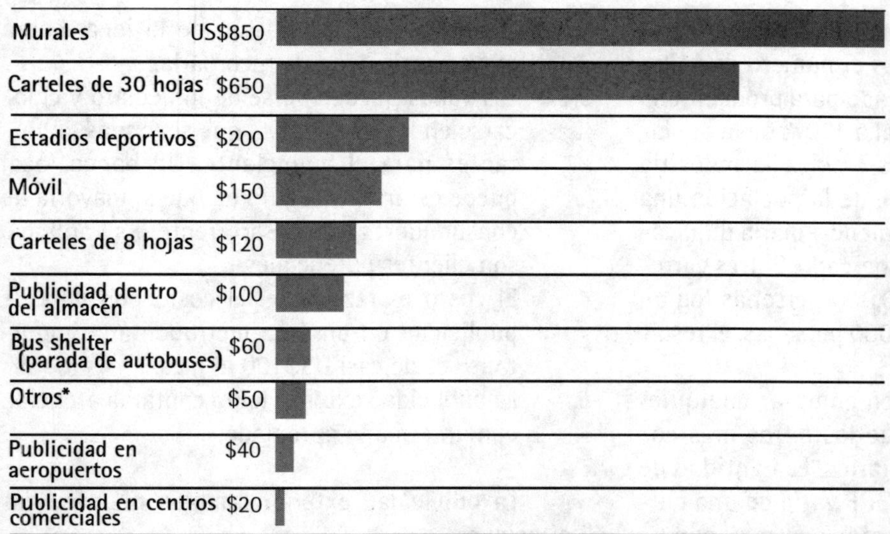

* Incluye paredes pintadas, camiones, pancartas, salas de cine, señales en un campo de golf, etc.

Figura 8.5
Cifras brutas de la promoción exterior. Advertising Age (October 9, 1989): 2. Utilizado con autorización.

cartel de 24 hojas. Cada cartel se monta en una estructura estándar de 12 pies por 25 pies. La mayor parte de los carteles se imprime en 10 a 15 hojas separadas y no en 24 o 30. No existe diferencia en los costos de promoción de los tres tamaños, aunque los costos de producción aumentan para los tipos más grandes. En algunos mercados se dispone de dos carteles más pequeños: el *panel junior* o cartel de ocho hojas con un área de texto de 5 pies x 11 pies y el cartel de tres hojas que mide 46 pulg de alto por 30 pulg de ancho. Por lo general, estos carteles se utilizan para el tránsito de peatones y, con frecuencia, se ubican en las áreas de estacionamiento de centros comerciales o a los lados de un edificio.

Para los murales se acostumbra la medida de 14 pies x 48 pies. El mensaje se cambia dos o tres veces al año. Los murales también se pueden pintar en las paredes en oposición a las estructuras de vallas. Los boletines de pared no pueden estandarizarse en cuanto a su tamaño porque la forma y el área en el lado de un edificio son impredecibles. Algunos boletines tienen cortes que dan un efecto tridimensional y la mayoría cuentan con iluminación.

Los avisos luminosos son grandes y, en muchas ocasiones, son animados y colocados en sitios especiales de alto tráfico. Los ejemplos incluyen los avisos situados en Broadway, en la ciudad de Nueva York, o en Michigan Avenue de Chicago e inclusive los tableros de puntajes de los estadios atléticos. Los avisos luminosos se diseñan bajo especificaciones y se venden por periodos de un año o más.

Como la promoción exterior es un medio visual, debe ser muy sencilla. La gente debe poder captar el mensaje con claridad y en forma completa en un máximo de cinco segundos. Debe contar con un diseño dominante y 5 palabras, más o menos, de texto, colores cálidos y brillantes, y tipo de letra definido. Los factores físicos también son importantes. Por ejemplo, cuanto mayor tamaño tenga el cartel o mayor visibilidad tenga el mural para los transeúntes, mejor será el resultado. Un tráfico más lento también es beneficioso; como es obvio, resulta preferible que la publicidad exterior posea un espacio exclusivo.

Compra de publicidad exterior. Durante la última década, un intento de hacer una industria de publicidad exterior más profesional y, por tanto, más competitiva con otros medios de comunicación condujo a la adopción del sistema de *gross rating points* (GRP), la recolección de más datos en segmentos de la audiencia y el surgimiento de organizaciones como Out-of-Home Media Services (OHMS), la cual dirige una investigación sobre la industria y brinda un servicio nacional de compra para publicidad exterior y móvil.

Si un anunciante compra 100 GRP diarios, la unidad básica estandarizada es el número de vallas que se requieren en cada mercado para producir una circulación diaria efectiva igual a 100% de la población del mercado. Cuando los emplea la industria exterior, un *rating point* es 1% de la población una vez. Los GRP se basan en la audiencia diaria duplicada como un porcentaje de un mercado. Si tres carteles en una comunidad de 100,000 personas logran una exposición diaria ante 75,000 personas, el resultado es 75 GRP.

Los anunciantes pueden comprar cualquier cantidad de unidades, aunque las cifras más comunes son 75, 50 o 25 GRP diarios. La cantidad de paneles necesarios para 100 GRP varía de una ciudad a otra. Las ofertas conjuntas son muy comunes. Costaría más de US$600,000 al mes colocar un paquete de 100 GRP en los 10 principales mercados y US$1,800,000 al mes para los 100 primeros. La publicidad exterior es uno de los pocos medios para los cuales no se dispone de tarifas estandarizadas ni de volumen de datos. Las tarifas de publicidad aparecen en *Buyers Guide to Outdoor Advertising* que publica dos veces al año la Leading National Advertisers.

Las vallas se alquilan por periodos de 30 días. Los murales y los avisos luminosos se compran sobre una base individual, por lo general por periodos de uno, dos o tres años. En un mural iluminado, el diseño original se pinta y luego, puede repintarse dos veces por año con un texto completamente nuevo. En sitios sin iluminación, se acostumbra una capa extra de pintura sin costo adicional. En muchas ciudades, las figuras recortadas pueden rotarse cada 30, 60 o 90 días entre ciertos sitios escogidos.

Promoción exterior: ventajas y limitaciones. Para ciertos comercializadores como restaurantes, moteles y estaciones de gasolina, la publicidad exterior puede darles algunos beneficios reales:

1. Al combinar color, arte y texto corto, las vallas pueden crear con rapidez una asociación con una marca en particular.
2. Este medio permite la repetición. Si a un producto o servicio se le hace publicidad en una vía muy congestionada, las audiencias ven el anuncio una y otra vez. Cuanto mayor frecuencia haya en la repetición de la idea, habrá mayor posibilidad de recordarla.
3. Las vallas pueden verse de inmediato y colocarse en los vecindarios que sean más importantes para el anunciante. Un banco local puede estar muy seguro de que la mayoría de consumidores que pasan frente a su anuncio son clientes potenciales.
4. El costo es razonable. El costo por valla de publicidad en un área metropolitana importante es de casi US$100 al mes.
5. La publicidad exterior logra captar la atención con un tamaño apropiado.

La publicidad exterior también tiene ciertas limitaciones:

1. El texto debe ser breve ya que se percibe cuando la audiencia está en movimiento. Para ciertos tipos de productos es imposible transmitir de manera efectiva el mensaje o demostrar el producto.
2. Una gran cantidad de factores fuera de control pueden disminuir la eficacia de los anuncios exteriores. Signos, árboles, estructuras, señales de tráfico o una parte peligrosa de una autopista pueden distraer al consumidor; del mismo modo, colocar un anuncio cerca a otros que causan controversia o que no está bien diseñado, podría deteriorar la imagen de la compañía.
3. Los buenos sitios pueden ser limitados. En algunas comunidades, puede haber sólo un anuncio con un alto volumen de tráfico.
4. Muchas personas ven los anuncios de publicidad exterior como una amenaza ecológica.

Promoción móvil

La promoción móvil se puede considerar un medio menor en comparación con los que se han estudiado hasta el momento. Con todo, la inversión total anual se aproxima a US$25 millones. La publicidad móvil se realiza en más de 70,000 vehículos que incluyen buses, el metro, vías de tránsito rápido y vehículos de servicio público con tiquete. El consumidor tiene un tiempo relativamente largo para mirar la promoción móvil, a diferencia de la publicidad exterior, y el anunciante puede completar una historia con ella.

Existen tres tipos primarios de publicidad móvil:

1. Anuncios para automóviles. En general, un anuncio para un automóvil mide 11 pulg por 28 pulg, aunque también se encuentran de 42 pulg x 56 pulg. Estos anuncios se colocan dentro del vehículo por el lado de las ventanas y en la parte superior de éstas. En vehículos grandes, los anuncios con otros tamaños se colocan a la mitad o al extremo del vehículo. Los espacios en el interior se compran sobre la base de espacio completo, medio o un cuarto. Un espacio completo en los diez primeros mercados cuesta cerca de US$163,000 mensuales. Estas imágenes se venden sobre una estructura tarifaria mensual con descuentos por contratos a tres, seis o 12 meses. Como el promedio de los pasajeros es de 24 viajes al mes durante 61 minutos diarios, los anuncios para automóviles pueden lograr un alto nivel de repetición y de profunda recordación.
2. Avisos en la parte exterior. Los avisos móviles exteriores se instalan en buses y taxis. También en este caso, los anuncios se compran sobre la base de espacios 100, 75, 50 o 25. En su forma típica, una exposición de 100 suministra bastantes señales para alcanzar a 85% de la población un promedio de 15 veces en un periodo de 30 días. Dentro de los 10 primeros mercados, el anunciante necesita suministrar 3,175 vehículos con anuncios a un costo mensual superior a US$250,000.
3. Vallas o carteles en estaciones. Se instalan en las terminales de buses, vías férreas, tren subterráneo y aeropuertos. Las unidades más comunes son el aviso de dos hojas (46 pulg por 60 pulg) y el aviso de una hoja (46 pulg por 30 pulg).

La promoción móvil ofrece varias ventajas:

1. La más importante es que es un medio poco costoso para alcanzar diversas audiencias, repetidas veces, en diferentes lugares (por ejemplo andenes y centros comerciales) cercanos al punto de venta.
2. Varias té.cnicas hacen el medio flexible y atractivo, incluyendo pantallas iluminadas, marcos curvos, efectos ópticos y volantes del tipo tome-uno (*take one*).
3. Junto con otros medios, la promoción móvil puede servir como una forma de anuncio para recordar.

Las limitaciones de la promoción móvil son las mismas que las de la promoción exterior:

1. Las vallas móviles deben llevar mensajes cortos y concisos.
2. La atención de los espectadores puede ser difícil de captar y mantener, debido a las muchas distracciones del entorno: multitud de carros, tráfico, ruido, signos marcados y desgastados.
3. El espacio de la publicidad móvil no está disponible para todos los mercados.

Repaso de conceptos

1. Existen cuatro tipos de publicidad exterior: vallas, carteles, murales y avisos luminosos.
2. La promoción móvil puede consistir en vallas en automóviles, avisos exteriores o carteles en las estaciones.
3. Las promociones exterior y móvil pueden llegar al mercado con un mensaje recordatorio de bajo costo.
4. La promoción exterior, como la promoción móvil, tiene poco tiempo para llevar su mensaje y debe enfrentar muchos factores incontrolables.

Otros medios de comunicación

Una mezcla de diferentes medios ha surgido durante las dos últimas décadas. En algunos casos, estos medios han sido efímeros mientras que en otros han creado para los comercializadores mecanismos útiles y efectivos para la transmisión de mensajes dirigidos a audiencias específicas. Debido a que la lista es amplia, en esta sección se incluyen las opciones más viables.

La publicidad especializada incluye artículos útiles impresos con el nombre, el mensaje o el logo del anunciante. Estos productos se utilizan con diversos fines de marketing: agradecer a los clientes por su elección, reforzar productos o servicios establecidos, o generar ventas por primera vez. Una investigación demuestra que 39% de las personas que reciben artículos con publicidad especializada pueden recordar el nombre alrededor de seis meses después de recibirlos y 31% aún los utiliza hasta 20 meses después[14]. La publicidad especializada genera más de US$3,000 millones anuales en facturación.

En la actualidad, se estima que la publicidad dentro del almacén representa una industria de US$20,000 millones y se espera un crecimiento de 16% anual. Dos ejemplos ilustran la creatividad de la industria: Information Resources Inc. desarrolló el VideOcart, un monitor montado en un carro de compras; un anuncio comercial se transmite vía satélite al computador personal de un almacén y luego por ondas de radio al carro; cuando éste pasa por un disparador electrónico en el estante del almacén, el monitor muestra el anuncio del producto con un límite de dos anuncios por sección. ActMedia pertenece a Checkout Channel, una red nacional de televisión que transmite programación en vivo (anuncios comerciales, noticias, informes sobre el clima y deportes) mientras el consumidor permanece en el punto de pago del supermercado.

Casi todo el mundo está familiarizado con la publicidad en las salas de cine y en las cintas de video. Screenvision Cinema Network, una compañía que distribuye anuncios comerciales a más de 5,000 cines, tiene entre sus clientes a varios de los principales anunciantes, como Michelob, Mattel, Inc. y Chevrolet. Aunque la audiencia puede molestarse, una sala de cine puede sumar más de US$50,000 al año a su renglón de ingresos por presentar anuncios comerciales.

La publicidad interactiva representa el medio más novedoso. Gracias al computador personal, la interactividad ofrece lo último en nichos de marketing: el anuncio personalizado. El computador acepta las respuestas de la pantalla del operador y del teclado, y relaciona la rapidez de lectura del individuo, qué colores estimularán la compra y cuáles configuraciones del producto satisfarán las fantasías del consumidor. El espectador habla, el PC responde. En un ejemplo, la revista *Forbes* distribuyó disquetes para computador con publicidad de Nexus News Plus incluidos a 210,000 de sus ejemplares.

Por último, en Estados Unidos se publican más de 5,500 directorios, los cuales pueden ser industriales, de productos específicos y contar con una gran variedad de anuncios, como en el caso de las páginas amarillas del directorio telefónico. Con frecuencia, los mensajes se relacionan con publicidad en televisión o en periódicos.

Las páginas amarillas son el directorio más grande que se publica. En 1989 la inversión de publicidad en ellas ascendió a US$7,700 millones. Muchas agencias de publicidad tienen especialistas que trabajan en los anuncios de sus clientes en las páginas amarillas, con el propósito de establecer la marca registrada como el punto de referencia y luego listar todos los distribuidores locales bajo esa marca; a su vez, éstos pueden publicar sus propios anuncios por separado. Con frecuencia, el fabricante paga por los anuncios de los minoristas a través de un programa de cooperación con el fabricante. Por ejemplo, Ford paga un anuncio en las páginas amarillas que incluye a todos sus distribuidores en el área metropolitana de San Diego, y también paga los anuncios individuales de cada distribuidor.

Repaso de conceptos

Varios medios de publicidad adicionales tienen condiciones especiales:

1. Publicidad especializada: la impresión del logo o el nombre de un anunciante en artículos útiles puede emplearse para agradecer a los clientes su elección, reforzar el producto o servicio y generar ventas por primera vez.
2. Publicidad dentro del almacén: los clientes pueden ver anuncios comerciales mientras compran o esperan en los puntos de pago.
3. Publicidad interactiva: en este medio el individuo puede recibir y responder anuncios publicitarios mediante un computador personal (PC).
4. Directorios: con frecuencia, los anuncios en los directorios se relacionan con publicidad en la televisión o en el periódico.

Caso 8
Publicidad en los medios de comunicación del futuro

Durante la década pasada, cada innovación en información y entretenimiento para el hogar, ha representado otra máquina para complicar la casa de la actualizada familia norteamericana: un computador personal (PC), un tocadiscos de CD, una videograbadora, un teléfono inalámbrico. Sin embargo, como estas máquinas se han vuelto más sofisticadas, prometen un nuevo mundo más sencillo que el pasado. En un futuro no muy distante, las familias norteamericanas podrán tener un disco lector de pantalla/teclado/impresora, razonablemente pequeño, que integrará todas las funciones de los artificios electrónicos actuales. Cambios tan radicales exigirán que los anunciantes tomen un nuevo enfoque para llegar a los clientes.

El matrimonio entre el computador personal y el teléfono ya ha cambiado la forma de vida y el trabajo de millones de personas. Mientras las conversaciones telefónicas han crecido cerca de 6% cada año, el flujo de información aumenta a una tasa tres veces mayor. De los 25 millones de hogares norteamericanos con computadores personales, cerca de seis millones tienen módems que conectan los computadores a las líneas telefónicas, y ese número sigue creciendo.

Videotexto

Para atender a las personas cuyos computadores están unidos con las redes telefónicas mundiales, varias compañías han comenzado el suministro de servicios que se conocen, en forma genérica, como servicios de videotexto. Estas compañías ofrecen servicios como bases de datos en línea, fuentes de información, actualización de noticias e información sobre viajes y tiquetes. Con servicios como Prodigy, un proyecto conjunto de IBM y Sears, los usuarios tienen acceso a un "centro comercial electrónico" de 180 anunciantes. La parte interior de la pantalla del usuario se llena en forma automática con anuncios y el usuario curioso puede consultar más en cualquier momento.

Algunos anunciantes se lamentan del poder que este nuevo medio otorga a los consumidores. Los comercializadores pueden encontrar más difícil captar la atención de alguien que "corretea" electrónicamente por delante de ellos sin detenerse. No obstante, otros anunciantes ven esta clase de cambio como un beneficio para ambas partes. De un consumidor que busca información acerca de un producto a través del videotexto, casi puede asegurarse que tiene verdadero interés en el producto y, por tanto, es mucho más probable que haga una compra que un comprador casual que se encuentre en la pantalla. El suministrar información a esta clase de personas, será un nuevo reto para los gerentes de promoción aunque, en verdad, no hará que sus cargos se vuelvan obsoletos.

Medios interactivos

De alguna manera, el trabajo de los comercializadores puede hacerse más fácil con el videotexto y la televisión interactiva (otro de los nuevos medios), al enviar información en ambas direcciones. Los suscriptores de servicios como Prodigy y redes de televisión interactiva suministran a éstas información demográfica. Al saber quiénes son los consumidores, los anunciantes pueden ajustar mejor la información que envían a un cliente particular, con base en factores como edad, sexo, ingresos e intereses.

La televisión interactiva aún está en su infancia y el proceso requerirá de otros pasos en el futuro. Mientras se presenta un anuncio comercial, la pantalla pide a los espectadores que indiquen si les gusta el comercial, con cuánta frecuencia utiliza el producto anunciado y si les gustaría tener un cupón para adquirirlo. Los espectadores responderían con un servicio a mano, entregando información a los anunciantes de manera instantánea sobre cómo serán recibidas las nuevas campañas. Expertos predicen que en el futuro, los anunciantes sabrán tanto acerca de quien se halla al otro extremo de la línea o de la pantalla que podrán ajustar sus anuncios no sólo para un grupo demográfico particular sino para los individuos. Puede ser una idea atemorizante para la gente que teme que el Gran Hermano, el personaje de la obra de George Orwell, ingrese en la sala de su casa, pero para los anunciantes es la apertura a un mundo totalmente nuevo.

Fuente para el estudio de caso: Blayne Cutler, "The Fifth Medium," *American Demographics* (June 1990): 25-29, 60-61. Maureen O'Donnell, "New Media," *Adweek* (September 11, 1989): 202-203.

Preguntas sobre el estudio de caso

1. ¿Cuáles son las implicaciones de la estrategia promocional de los medios interactivos estudiados?

2. ¿Cuáles son los problemas potenciales con estos medios?

Síntesis

En este capítulo se estudiaron los diferentes medios utilizados en promoción. Cada uno de ellos se describió en términos de características generales, sus ventajas y sus desventajas. Los periódicos siguen siendo el medio número uno en términos de dinero y se mantienen como la mejor manera de alcanzar el mercado local. Las revistas se han especializado mucho y son excelentes para llegar a una audiencia objetivo. La televisión representa la mejor forma de comunicar un mensaje cargado de emoción a una audiencia masiva. Gracias a la transmisión por cable, la televisión tiene la capacidad de estar más enfocada. La radio es un buen vehículo de soporte dirigido a una audiencia local. Lo mismo resulta válido para la publicidad exterior.

Preguntas de análisis

1. ¿En qué circunstancias sería más atractivo el *spot* por televisión, con respecto a la publicidad por televisión nacional?
2. ¿Por qué podría un fabricante de zapatillas de alta calidad para correr, seleccionar revistas como el medio de publicidad primario?
3. ¿Cuáles son las implicaciones de los sistemas de interconexión por cable?
4. Prepare un argumento a favor del uso de la radio en lugar de la televisión como el medio primario para una promoción.
5. ¿Serían apropiados los medios especializados para introducir un nuevo automóvil? ¿Por qué sí o por qué no? ¿Qué opina con respecto a las páginas amarillas del directorio telefónico?
6. ¿Qué técnicas utilizan los servicios de ratings para reunir y suministrar datos relacionados con los televidentes?
7. ¿Cuáles son las ventajas primarias y cuáles las desventajas de la televisión por cable?

Referencias

1. Gary Hoening, "Newspapers", *Adweek* Supplement (September 1, 1989): 175.
2. "Newspapers 1990," *Adweek* (April 23, 1990): 5.
3. Jon Berry, "These are the Good Old Days," *Adweek* (April 23, 1990): 8.
4. Hoening, 176
5. *Advertising Age Yearbook 1982:* 173.
6. "Study of Media Involvement," *Audits & Surveys* (March 1988): 14.
7. Stephen Battaglio, "Television Business," *Adweek* (September 10, 1990): 54.
8. Joe Mandese, "Going Public: A Proposal to Ease Advertiser Access to Public TV Stations Could Open the Medium to More Messages," *Marketing and Media Decisions* (September 1990): 34-35.
9. "Time Spent Viewing TV," *Adweek* (November 12, 1990): 19.
10. Hanna Rubin, "Out-of-Home Viewers Worth Pitching," *Adweek* (January 19, 1989): B.T. 32.
11. "Television Viewing Habits," *Direct Marketing* (December 1987): 30.
12. Wayne Walley, "Radio Rebuilds Its Ad Base," *Advertising Age* (August 13, 1990): 26.
13. Michael Hedges, "Radio's Lifestyles," *American Demographics* (February 1986): 32-34.
14. Kevin T. Higgins, "Specialty Advertising Thrives - Even in Tough Times," *Marketing News* (October 11, 1989): 18-20.

Capítulo 9

Desarrollar el plan de los medios de comunicación

Marketing y medios de comunicación

Un enfoque de promoción: los medios de comunicación elaboran el mensaje

Crear una estrategia

Evaluar la situación

Establecer los objetivos de los medios de comunicación

Diseñar la estrategia de los medios de comunicación

Escoger las tácticas

Evaluar los medios de comunicación

Seleccionar los medios de comunicación

Determinar el presupuesto de los medios de comunicación

La ciencia de la administración y la planeación de los medios de comunicación

Modelos de recuperación y estimación

Modelos de optimización

Modelos de simulación

Modelos de compra de medios de comunicación

Caso nueve: Crayola en la senda del regreso

Consideración:

¿Atacar o atraer?

Dos de las compañías de tarjetas de crédito más grandes del mundo, Visa y American Express, rivalizan por la lealtad de clientes y comerciantes. Visa destina una gran parte de su presupuesto de publicidad a atacar a American Express, indicando que los comerciantes pueden ganar más dinero con las compras realizadas con la tarjeta Visa porque ésta les cobra menos, cerca de 2%, en comparación con el 3.5% de American Express. American Express no ha echado en saco roto estos ataques y ha respondido con anuncios en los cuales informa a los comerciantes que los usuarios de su tarjeta compran, en promedio, 140% más por año que los tarjetahabientes de Visa.

Sin embargo, el centro de atención de American Express se dirige a atraer clientes y comerciantes mediante promociones cooperativas. Una de esas campañas fue su promoción "Privilegios de fin de semana", que se inició en 1990 con publicidad impresa, por televisión y correo directo. Mediante grupos de enfoque, la compañía había descubierto que sus tarjetahabientes querían hacer más durante los fines de semana pero no tenían mucha imaginación al respecto. Los poseedores de la tarjeta hacían alrededor de un tercio de sus compras durante el fin de semana, y 72% de ellos realizaba viajes cortos durante ese tiempo; American Express también sabía que la tendencia en hoteles, empresas aéreas y compañías de alquiler de automóviles era la de permanecer menos ocupados durante los fines de semana. Con estos datos diseñó su campaña, de manera que fuera atractiva para comerciantes y usuarios de la tarjeta.

Con Disney World, Hertz, American Airlines y Hilton Hotels a la cabeza de la lista, un número creciente de comerciantes ofreció a los clientes descuentos por compras de fin de semana con la tarjeta American Express. La compañía planeó realizar anuncios conjuntos con comerciantes individuales.

American Express invirtió cerca de US$25 millones durante los primeros tres meses de la campaña. Parte de ese dinero se destinó a anuncios que fueron una separación abierta de su campaña *Portraits* (Semejanzas) en la que aparecía gente famosa con sus tarjetas de American Express. En lugar de enfocar a las personas, los nuevos anuncios se concentraron en mostrar qué podían hacer esas personas con las tarjetas al sugerir, por ejemplo, actividades para los padres con sus niños durante el fin de semana. Los anuncios radiales de la compañía no se refirieron a la gente: uno comenzaba con el sonido de un teléfono y la respuesta grabada de un contestador automático que indicaba que los dueños estaban en el centro comercial haciendo compras.

La campaña Privilegios de fin de semana pareció segura de ganar parte de la buena voluntad de comerciantes y usuarios de la tarjeta. Además, si conquistó a algunos de los poseedores de Visa, esa podría ser la señal de un cambio en la forma de competir de las compañías de tarjetas de crédito.

Fuente: Kim Foltz, "Weekends: A Time for Credit Cards," *The New York Times* (September 10, 1990): 12.

Para que un mensaje promocional sea efectivo debe llegar a una audiencia en particular; a su nivel de *apertura*; es decir, el punto óptimo de tiempo y lugar en que hay mayor probabilidad de que la audiencia utilice el mensaje. American Express pudo llegar a la apertura para dos audiencias diferentes porque realizó la investigación necesaria; comprendió que la audiencia de los tarjetahabientes necesitaba tiempo para planear un viaje y que la pauta en los medios debería transmitir anuncios siete días a la semana. Incluso, los anuncios durante el fin de semana recordaban al usuario los servicios disponibles a través de American Express. Este mismo tipo de cubrimiento no era necesario para los comerciantes ya que se podía llegar a ellos con más facilidad y con un mensaje mucho más focalizado.

Al gerente de promoción cada vez le resulta más difícil hallar el nivel de apertura. Para tomar una decisión, el consumidor promedio cuenta con 22 canales de televisión y cerca de 11,500 revistas. Sólo en la ciudad de Boston hay 14 emisoras en AM y 16 en FM. Catálogos, correo directo y publicidad exterior bombardean a los consumidores en sus hogares, sus oficinas y en todos los puntos intermedios entre estos dos lugares. Mientras el número de medios de comunicación se expande, no sucede lo mismo con el tiempo que los consumidores tienen para dedicarles a esos medios.

Hace poco, Keith Reinhard, presidente y director ejecutivo de DDB Needham Worldwide, describió la tarea que enfrenta el encargado de la estrategia de medios: "En el futuro, la parte más importante de la estrategia de promoción será identificar cuáles son los medios de comunicación que atraen a los consumidores y qué patrones siguen esos consumidores en los medios durante un día, una semana o un mes y luego, programar mensajes inteligentes en las propias 'redes personales de medios' del consumidor"[1]. Los estrategas de los medios tienen una enorme cantidad de información con base en hechos, acerca de los medios de comunicación y en la cual se incluyen datos sobre circulación, características de la audiencia, patrones de compra, tarifas y competencia. Sin embargo, debido a la gran dificultad para comparar los medios y al número casi ilimitado de posibles combinaciones de éstos en cada situación, elegir el plan adecuado sigue siendo bastante arbitrario y, en cierto modo, subjetivo. En este capítulo se estudian los componentes primarios del complicado proceso para desarrollar un plan de medios de comunicación.

Marketing y medios de comunicación

Un plan de medios efectivo debe tener en cuenta todos los componentes de marketing. Varios factores interactúan de manera constante con las decisiones de los medios de comunicación y viceversa. En primera instancia se estudiarán las partes de marketing que inciden sobre las decisiones de los medios.

Para comenzar, el plan de medios deberá depender de los objetivos generales de marketing de la firma. Hasta cuando esos objetivos se determinen con claridad, las consideraciones de los medios deben esperar. Los objetivos de marketing deberán ser lo bastante amplios como para sugerir con claridad la dirección de los medios. Para el planificador del área, los objetivos afectarán los tipos de medios que se seleccionen y la manera de emplearlos. En cierto sentido, los objetivos de marketing sirven como controles para la planeación de los medios.

La mayor parte de los objetivos de marketing se relacionan de manera directa con la participación en el mercado; otros, con los objetivos de comunicación. Por ejemplo, un objetivo de participación en el mercado para Keebler Cookies podría ser el aumento de la participación en el mercado de galletas de figuritas a 12%, atrayendo al consumidor mexicano y al estadounidense de la región suroeste. Un objetivo de marketing-comunicación podría ser aumentar la conciencia general del nombre de marca Keebler en regiones que registran dos tercios de las ventas. Ambos objetivos señalan puntos de vista dentro del tipo de plan de medios que se ha de emplear. El objetivo de participación en el mercado indica el uso de medios que atraigan a la población norteamericana de origen mexicano; por ejemplo, la radio y la televisión de habla hispana y los periódicos que se publican en español y circulan sólo en la región suroccidental de Estados Unidos. El objetivo de marketing-comunicación sugiere una estrategia más amplia en los medios que permite llegar a áreas objetivo en donde las ventas son altas. Sería una estrategia mucho más costosa que la primera.

El producto también influye en el esfuerzo de los medios. El precio del producto, su novedad, la etapa en el ciclo de vida y los mecanismos de distribución sugieren el tipo de consumidor que adquiere el producto. Esta información también indica cuál mezcla de medios presentará el producto a la audiencia apropiada. Un producto como un costoso bote de pesca implica, con claridad, un grupo de medios específicos al igual que una pauta en particular. Un producto con un precio alto, que atrae a un segmento del mercado con conciencia de prestigio, no se promovería en *Reader's Digest* o *Enquirer*.

En estrecha relación con la influencia que el producto ejerce sobre los medios, se halla la rentabilidad del producto. Resulta difícil justificar una costosa red de televisión para un producto con un margen de rentabilidad pequeño. Del mismo modo, un margen de esta clase afecta la cantidad de apoyo que se puede esperar del distribuidor. Si se contara con poco apoyo por parte del minorista, este hecho deberá tenerse en cuenta cuando se desarrolle la estrategia de medios. Una compañía como Jimmy Dean Sausage, por ejemplo, se ha concentrado en la televisión regional ya que los distribuidores minoristas no presentan este producto y porque un margen pequeño de utilidades prevé poca inversión en la estrategia de medios.

Los canales de distribución influyen en el plan de medios en diversas formas. Primera, es una pérdida comprar medios en mercados donde el producto no está disponible. Segunda, ciertas clases de revendedores o intermediarios pueden utilizar medios específicos. Por ejemplo, los mayoristas tienden a ser buenos al utilizar correo directo y catálogos. Tercera, los fabricantes que utilizan ciertos medios pueden impresionar a revendedores o intermediarios en particular; la televisión nacional, por ejemplo, impacta más a los minoristas. Cuarta, es posible que los consumidores que compran el producto en sitios específicos esperen encontrar información del mismo en ciertos medios. Los consumidores que compran abarrotes en supermercados esperan encontrar información del producto y cupones en medios impresos y por correo directo.

El plan de medios deberá tener en cuenta los demás elementos de la estrategia promocional. En particular, la cantidad de esfuerzo dedicado a publicidad, venta personal y promoción de ventas puede anticipar mucho acerca de la estrategia de medios. Por ejemplo, si se hace énfasis en la venta personal, entonces sólo podrían emplearse publicaciones comerciales. Sin embargo, si la estrategia promocional se basa en la publicidad masiva, entonces se necesita una mezcla de medios amplia. Si la estrategia indica el uso de cupones, entonces el plan debe incluir el empleo de un medio como los periódicos para distribuir los cupones. La sección **Un enfoque de promoción** presenta en detalle cómo ha enfocado DDB Needham Worldwide el problema de coordinar la estrategia de promoción y la planeación de medios.

Muchos otros factores de marketing también pueden afectar las mediciones de los medios. Las restricciones financieras han alterado mucho un plan de medios. Es muy importante considerar todos los aspectos de marketing antes de diseñar el plan de medios.

Para desarrollar un plan de medios existen dos etapas: la **estrategia de medios** que suministra una serie de decisiones básicas que deben tomarse en relación con el mercado objetivo y los medios para llegar a esas decisiones, y la parte táctica del plan, la cual incluye planes detallados para implementar la estrategia de medios. En la figura 9.1 aparecen los componentes primarios del proceso de planeación de medios.

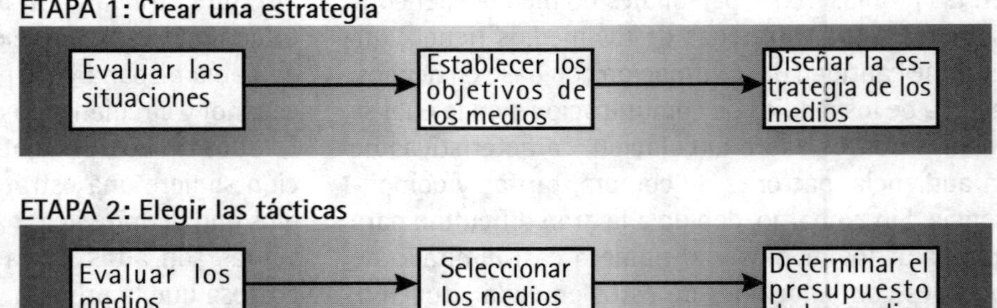

Figura 9.1
Los componentes primarios del proceso de planeación de medios.*

* *N. del RT.* En el medio publicitario también se consideran diez (10) los *factores* de la planificación de medios: 1) definición del objetivo, 2) grupo objetivo, 3) aprovechamiento (duplicación o dispersión), 4) dominio (busca superar la acción de la competencia), 5) presencia (niveles de alcance y frecuencia), 6) cubrimiento (potencial de ventas), 7) eficiencia (apoyo a la estrategia creativa), 8) investigación (resultados de los medios), 9) negociación, 10) control.

Un enfoque de promoción:

Los medios de comunicación elaboran el mensaje

Suponga que una persona vive en la parte suburbana de Filadelfia y tiene que conducir dos veces a la semana hasta Nueva York para realizar algunos negocios. Resulta posible que esa persona vea un anuncio de Amtrak acerca de lo económico y fácil que sería esperar un tren en Filadelfia y estar en Nueva York antes de terminar la lectura del *Times* dominical; pero si los comerciales se transmiten en las noticias de la mañana y de la noche cuando, por lo general, la gente se retrasa por el tráfico, Amtrak nunca llegará hasta ese consumidor y perderá un cliente potencial.

En otras palabras, para ser efectivo, un comercial o una promoción de cualquier clase deben utilizar los medios de comunicación correctos para llegar hasta su audiencia objetivo al igual que para transmitir el mensaje apropiado para esa audiencia, aunque con demasiada frecuencia en el mundo de la publicidad, los creativos, es decir, los responsables de producir ideas, imágenes y textos, se hallan separados de los planificadores, quienes son las personas que determinan cuál es la combinación de prensa, radio, televisión y demás que se ha de utilizar.

DDB Needham Worldwide ha decidido invertir este proceso mediante lo que ellos llaman "elaboración del mapa personal de los medios". Al comienzo del proceso de estructuración de una campaña para un producto en particular, la agencia determina con sumo cuidado cuáles son los medios en donde los posibles usuarios del producto tienen mayor posibilidad de prestar atención, y cuándo. Por ejemplo, podrían dirigirse al cansado viajero habitual de la ruta Filadelfia-Nueva York instalando una valla cerca de la autopista en donde haya mayor posibilidad de retraso por el tráfico. De hecho, en el proceso de crear una campaña para Amtrak, la compañía envió personal conduciendo sus autos por la ruta interestatal 95 en dirección a Florida, para determinar dónde estarían más cansados los conductores y más abiertos para recibir el mensaje de Amtrak.

Evaluaciones similares llevaron al posicionamiento de los comerciales de la lotería estatal New York State Lottery Long alrededor de espectáculos de juegos como la *Rueda de la fortuna* y en la radio, en momentos en que la agencia imaginó que los pasajeros estarían pensando en formas de ganar dinero con facilidad. Estas evaluaciones también llevaron a un fabricante de yogur a concentrar sus anuncios en revistas de interés especial que los lectores tenían mayor posibilidad de leer de principio a fin, en lugar de revistas generales para mujeres que los lectores sólo podrían hojear.

Otros ejecutivos de publicidad afirman que DDB Needham no ofrece nada nuevo y que la gente "creativa" y de los "medios" trabaja hombro a hombro en muchas agencias buenas. En cualquier caso, el enfoque de la compañía tiene mucho que aportar en el campo de la promoción. Crear un gran mensaje sólo es la mitad de la batalla. La otra mitad es llegar a la gente correcta en el momento correcto.

Fuente: David Kalish, "Media First," *Marketing and Media Decisions* (September 1990): 24-25.

Repaso de conceptos

Un plan de medios de comunicación debe tener en cuenta todos los componentes de marketing:

- Objetivos de marketing
- Producto
- Rentabilidad
- Canales de distribución
- Estrategia promocional

Crear una estrategia

El proceso de la planeación de los medios de comunicación se inicia con un análisis de la situación y continúa con el establecimiento de los objetivos de los medios. Una vez que se determinan estos objetivos, los planificadores pueden señalar la estrategia que sugiere actividades específicas para alcanzarlos. En esta sección se estudiarán estos primeros pasos para desarrollar el plan de medios de comunicación.

Evaluar la situación

Resulta esencial que se realice un completo análisis de la situación antes de comenzar con la verdadera planeación de medios. El análisis de la situación exige reunir toda la información relevante; luego, sigue una evaluación de cuáles factores de la situación son los más importantes. Por ejemplo, para los distribuidores minoristas de comidas rápidas como Burger King y Wendy's, el envejecimiento de la población y la tendencia hacia dietas más saludables son dos de los factores de situación más importantes que influyen en el plan de medios. Una gran parte de esta información puede estar disponible en el departamento de marketing; en otros casos, debe realizarse una investigación. Los tipos de información que podrían resultar de utilidad para el planificador de medios incluyen los siguientes:

- Historia de la compañía y de la marca
- Objetivos de la compañía y de marketing
- Mercados objetivo propuestos
- Características del producto (aspectos fuertes y limitaciones)
- Red de distribución
- Situación competitiva
- Historia promocional
- Situación económica
- Situación legal
- Factores sociales y culturales
- Situación de los recursos

Una vez que el planificador de los medios considere que cuenta con toda la información pertinente, el siguiente paso es identificar cuáles factores darán el mayor respaldo al plan. Algunas compañías, por ejemplo, se inclinan a seguir la ruta de sus competidores; en este caso, se tendrá que dedicar una gran cantidad de esfuerzo a reunir información adicional acerca de los planes de medios de la competencia, incluyendo un análisis de inversión a través de las categorías de los medios. Planear los medios en países extranjeros presenta otros problemas. Un estratega de medios que entra al mercado de Hong Kong comprende con rapidez que las formas culturales y las leyes prohíben varios medios alternos; por ejemplo no se pueden utilizar vallas y la radio no puede transmitir mensajes de concursos o sorteos.

Las historias de horror rodean a los estrategas de medios que no hacen su trabajo. Por ejemplo, cuando Honda introdujo al mercado el Acura Legend, la compañía supuso que el automóvil agradaría a los ejecutivos hombres de raza blanca con ingresos superiores a US$75,000. El plan inicial de medios hizo énfasis en revistas de negocios, correo directo y anuncios en la franja de televisión matutina. De hecho, el producto agradó a una audiencia mucho más amplia y Honda tuvo que ampliar su plan de medios de acuerdo con ello. Esto le costó a la empresa millones de dólares en pauta perdida al igual que una buena cantidad de tiempo.

Establecer los objetivos de los medios de comunicación

Como en cualquier aspecto de negocios, un plan de medios debe comenzar con objetivos específicos; sin ellos, la estrategia carece de dirección y control. Por lo común, los objetivos se expresan en términos de cuatro dimensiones: alcance, frecuencia, continuidad y costos. Con frecuencia, los dos primeros se combinan en uno de alcance efectivo deseable, mensual o trimestral.

Alcance y frecuencia. El **alcance** es el número de personas u hogares expuestos a un medio de comunicación en particular o a una pauta, por lo menos, una vez durante un tiempo específico que suele ser semanal o mensual. Si en seis de cada diez hogares ven el programa X, por lo menos una vez cada cuatro semanas, el alcance es de 60%. Aunque determinar el alcance es complicado cuando se trabaja con diferentes medios, se cuenta con manuales guía y técnicas matemáticas para hacer los cálculos necesarios.

Los objetivos de largo alcance son apropiados cuando las metas de comunicación son muy amplias o conocidas; por ejemplo, si la meta es atraer la atención del consumidor, crear conciencia o transmitir conocimiento. Cuando el alcance de las metas es alto, resulta necesario contar con una amplia gama de medios de comunicación con baja duplicación entre vehículos y categorías de los medios.

La **frecuencia** es el número de veces que un consumidor está expuesto a un mensaje dentro de un periodo dado (por lo general se calcula sobre una base mensual y/o semanal). Si un mensaje promocional tiene un total de 21 exposiciones durante un periodo de una semana, la frecuencia total es 21 y la frecuencia promedio es 3 (21/7 días = 3 exposiciones por día). Estas mediciones indican la intensidad de compra de un medio en particular.

Las metas de alta frecuencia tienen sentido cuando el anunciante busca cambiar actitudes y comportamientos. Cuando las metas de frecuencia son altas, el plan de medios deberá proveer una gran cantidad de exposiciones dentro y entre los vehículos y las categorías de los medios. De ese modo, la estrategia de medios deberá enfocarse hacia el uso continuo de un grupo fijo de categorías, subcategorías y vehículos de medios. Por ejemplo, las comidas congeladas Healthy Choice se anuncian en todas las revistas femeninas tradicionales, en la franja diurna de televisión y mediante anuncios conjuntos con supermercados locales.

Calcular los GRP. Las dos mediciones, alcance y frecuencia, pueden combinarse para reflejar el peso total de un esfuerzo de medios. Esta medida combinada se conoce como *gross rating point* (GRP) y se obtiene al multiplicar alcance por frecuencia. En el capítulo 8 se indicó que un *rating point* es igual a un cierto número de espectadores y, por tanto, equivale al alcance. Todos los espectadores juntos se llaman *impresiones en bruto.* De ese modo, si el programa A tiene una audiencia de 250,000 espectadores, entonces cada vez que el anunciante utiliza ese programa, el valor en impresiones es 250,000. Si durante el programa el anunciante presentó un comercial cuatro veces, el número de impresiones en bruto sería de un millón. El término *bruto* se utiliza porque el planificador no ha hecho ningún intento para calcular cuántas personas *diferentes* ven el programa. Como los *rating points* son iguales a las impresiones en bruto, es más fácil utilizar los GRP. Por ejemplo, si se presentaron tres anuncios de 30 segundos durante el programa *La Rueda de la fortuna*, cada día durante siete días y el *rating* del programa fue de 29.3, entonces el GRP sería como sigue:

$$GRP = 29.3 \times (3 \times 7) = 615.3$$

Este número no necesariamente es bueno ni malo. La experiencia y el juicio del planificador de los medios son parte importante para valorar si 615 GRP es una cifra adecuada. De hecho, los GRP se calcularían para la pauta total de los medios. Aunque los *gross rating points* se originaron con la medición de la audiencia de radio, en la actualidad también se utilizan para representar las audiencias en prensa y publicidad exterior. En la tabla 9.1 se presentan otros ejemplos. De nuevo, determinar si el GRP de 859 corresponde a objetivos particulares de los medios depende del criterio del planificador.

Frecuencia y alcance efectivos. Suponga que la compra de un medio tiene un GRP de 1,100. ¿Tiene más peso total la compra de este medio que el ejemplo dado en la tabla 9.1 de un GRP de 859? La respuesta posible es afirmativa, pero los niveles específicos de alcance y frecuencia se deben valorar. Los *gross rating points* no cuentan para la variación del impacto de las exposiciones que resultan en una promoción, lo cual se constituye en una seria limitación. Para superarla se utilizan dos mediciones: frecuencia efectiva y alcance efectivo.

La **frecuencia efectiva** es el número de mensajes promocionales necesarios para que un mensaje tenga el efecto deseado sobre las personas; es decir, la frecuencia efectiva refleja un supuesto acerca del efecto de la primera, segunda, tercera y todas las exposiciones a un anuncio. ¿Cuál es el número mínimo de veces que el cliente potencial deberá tener contacto con el mensaje? ¿Cuál es el máximo número de veces necesario para la efectividad del mensaje? Las respuestas son, como dicen los planificadores,

Tabla 9.1
Cálculo de GRP

	Ratings (alcance)	x	Número de anuncios o inserciones (frecuencia)	=	GRP
Televisión					
"Roseanne"	21		4		84
"L.A. Law"	12		2		24
"General Hospital"	2		1		2
"Bill Cosby Show"	18		5		80
"Matlock"	19		4		76
"Today Show"	10		8		80
"Evening News"	14		12		164
Revistas					
Field and Stream	11		4		44
Time	19		10		190
Playboy	23		3		69
Fortune	28		2		56
Total GRP					859

cuestión de criterio. Aunque nadie conoce con exactitud cuál es el número óptimo de exposiciones, existen tres enfoques para abordar el problema: lineal, retorno decreciente y curva de aprendizaje. El *enfoque lineal* sugiere que cada exposición aumenta más la probabilidad de compra con respecto a la precedente. Si cada exposición produce un 2% de probabilidad de compra, entonces 4 producirán 8%, y 10 exposiciones, 20%. El enfoque lineal sostiene que una mayor frecuencia es mejor. El *enfoque de retorno decreciente* considera que la primera exposición es la más poderosa y que cada exposición siguiente es menos efectiva. Los defensores de este enfoque optan por la frecuencia baja. La *curva de aprendizaje* sugiere que la efectividad de cada exposición aumenta en una cantidad igual hasta un cierto punto y que las exposiciones siguientes agregan poco. La exposición 1 produce un 2% de probabilidad, la exposición 2 aumenta la probabilidad a 5%, la exposición 3 produce 9% y así sucesivamente hasta la exposición 7. Este método busca el número óptimo de exposiciones y no defiende la frecuencia por su propia naturaleza.

Cuando se mida la frecuencia efectiva, también se deberá tomar en cuenta el **impacto** o capacidad de asimilación y recordación del mensaje. Es decir, ¿en realidad la audiencia percibió el mensaje? Estar en la habitación con el televisor no significa que el espectador en realidad ve todos los anuncios que pasan frente a sus ojos. El área de investigación utiliza diversas técnicas para indicarle al gerente de promoción si en realidad se ha dado el impacto.

El alcance efectivo se construye sobre el concepto de frecuencia efectiva. Sin embargo, mientras que la frecuencia efectiva busca determinar el número promedio de veces que una persona debe estar expuesta a un mensaje antes de que se presente la comunicación, el **alcance efectivo** mide el número de clientes potenciales que están conscientes del mensaje. El alcance sólo cuenta el porcentaje de personas que están expuestas al mensaje por lo menos una y quizá sólo una vez. Sin embargo, no es suficiente exponer un mercado a un mensaje una vez; la gente también debe estar consciente de ello. Cada mensaje promocional cuenta con dos componentes del alcance: alcance vacío (es decir, la audiencia expuesta a un mensaje y que todavía no tiene conciencia de ello) y alcance efectivo (es decir, quienes han estado expuestos suficientes veces como para estar conscientes del mensaje).

Continuidad. El objetivo en relación con el hecho de que las inserciones en los medios de comunicación sean oportunas se llama **continuidad**. ¿Cómo se deberán distribuir el dinero y los mensajes durante la campaña de promoción? ¿Se deberá enviar el mensaje en forma continua y uniforme o habrá ocasiones en que no se compre ningún medio y otras en que una gran parte del presupuesto de medios esté asignado? Características del producto, tamaño del mercado, presupuesto y varias consideraciones adicionales determinan las respuestas a estas preguntas. Por ejemplo, Mattel, Inc. podría asignar 10% de su presupuesto en septiembre, 20% en octubre, 20% en noviembre, 40% en diciembre y 10% durante el resto del año. Estas asignaciones corresponden a que sus productos son de estación.

En su forma típica, se consideran tres opciones de continuidad: ininterrumpida o de continuidad, pulsante y volante o de oleada. En otras palabras, la opción ininterrumpida consiste en establecer la pauta de medios al mismo nivel durante todo el año; pulsante significa establecer la pauta de medios en forma irregular para que coincida con algún factor (por ejemplo, un producto de estación) y volante consiste en establecer la pauta en los medios dentro de un vuelo, es decir, un periodo de 13 semanas. Estos términos se estudiarán más adelante en este capítulo cuando se considere el tema de pautas publicitarias.

Costo. Los aspectos concernientes al costo representan un objetivo final de los medios. Los planificadores del área suelen recibir un presupuesto específico y deben elaborar el plan de acuerdo con ello. Deben estar conscientes de factores como costos unitarios (por ejemplo, el costo de un anuncio de televisión de 30 segundos en una red en tiempo estelar), costos de producción, descuentos disponibles y las diferentes interrelaciones entre costo, calidad de producción, tamaño y ubicación. Como una cifra global de costo, los planificadores acostumbran a utilizar el costo por millar (CPM). El análisis del CPM permite al planificador comparar vehículos dentro de un medio (por ejemplo, una revista con otra o un programa con otro) o comparar vehículos a través de los medios (por ejemplo, el CPM de radio en comparación con el de los periódicos). Aunque el análisis se puede hacer para la audiencia total, es más valioso basarlo sólo en la parte que tiene las características objetivo. Para calcular el CPM se necesitan dos cifras: el costo de la unidad (por ejemplo, la página o 30 segundos) dividido por el alcance estimado. Algunos planificadores prefieren hacer la comparación sobre la base de los *rating points* en lugar del alcance; este procedimiento se conoce como costo por *rating point* (CPRP) y el cálculo es paralelo, excepto que los *rating points* se convierten en el divisor. Su cálculo se realiza al dividir el costo de colocar un mensaje promocional en el medio entre la circulación del medio o *rating* (es decir, costo por *rating point*). Estas consideraciones de costo se estudiarán más adelante en la sección de la mezcla de medios.

En conclusión, el planificador de los medios puede utilizar alcance, frecuencia, GRP, continuidad y costo como base para expresar metas. Por ejemplo, un distribuidor local de Ford quiere desarrollar un plan de medios para apoyar una campaña a corto plazo para el modelo de fin de año y sacarlo del inventario. Los objetivos de los medios son alcanzar un número relativamente pequeño de clientes potenciales básicos tantas veces como sea posible, sobre una base diaria, con un CPM local bajo; la televisión y la radio locales probablemente lograrían estos objetivos. De otro lado, si un fabricante fuera a introducir un producto perecedero para el consumidor, y el objetivo de publicidad fuera crear un 75% del nivel de conciencia de marca en el mercado objetivo, la meta de medios correspondiente habría sido lograr un alto nivel de alcance, con niveles de frecuencia moderados.

Diseñar la estrategia de los medios de comunicación

Una vez que se han determinado los objetivos de los medios, el planificador de la promoción debe desarrollar una estrategia muy completa que incluya los detalles de cómo se alcanzarán estos objetivos. Éste es un documento muy detallado y abre varias preguntas: ¿a quién deberá dirigirse el mensaje? ¿Hay objetivos múltiples? ¿Cuándo deberán recibir esos objetivos el mensaje? ¿Existen características o requerimientos excepcionales necesarios en el medio seleccionado? Varios elementos son parte de una estrategia de medios completa.

Describir la audiencia objetivo. Aunque el plan general de marketing describe el mercado objetivo, esta información debe trasladarse a un formato que pueda ser la base del plan de los medios. Los estrategas del área necesitan información que les permitirá incluir los mecanismos más efectivos para enviar el mensaje al consumidor más apropiado. Mientras que los creativos tratan de entender a aquéllos para quienes crearán mensajes promocionales, los estrategas de medios tienen que asegurarse de que una audiencia media en particular se equilibre con la audiencia objetivo que se pretende alcanzar. Los estrategas quieren seleccionar aquellos medios que son más eficientes para transmitir mensajes a las personas que se hallan en el mercado objetivo y evitar los medios que envíen una elevada proporción de los mensajes a clientes que no son potenciales.

En síntesis, los estrategas de medios se interesan, en primer lugar, por la información que les ayudará a relacionar ciertas características del consumidor con un medio en particular. Están más interesados acerca de las características de la audiencia del medio. La información acerca de las diferentes características debe estar disponible para todos los medios de manera que se puedan hacer comparaciones válidas. En la mayor parte de los casos, los datos demográficos están a disposición de todos los medios. Mediamark Research Incorporated (MRI) es un estudio continuado de una sola fuente que brinda a la industria de la publicidad información demográfica detallada y sobre segmentación del mercado, con respecto a la audiencia de los medios. Los informes se emiten en primavera y otoño. En la figura 9.2 se presentan los patrones del ciclo de vida para todos los adultos a través de varias revistas; note que existen cuatro patrones y cuatro números dentro de cada patrón. Por ejemplo, si se observa la revista *Discover* para lectores entre 18 y 34 años de edad, casados con hijos menores de 6 años, se encuentra en la columna A que había 458,000 adultos en esta audiencia. La columna B dice que los 458,000 adultos representan 2.6% de adultos del total de la población de ese ciclo de vida, mostrando así que en el mismo, la revista *Discover* alcanza a 2.6% de adultos. La columna C indica que los 458,000 adultos representan 8.9% del total de audiencia adulta de *Discover* y la columna D es un índice que se utiliza para comparar la composición entre diferentes revistas dentro de la clasificación dada del ciclo de vida. La composición representa las características demográficas promedio de Estados Unidos en esas dimensiones, con un índice de 100 que indica un equilibrio exacto; más de 100 representa un porcentaje mayor que el promedio, y menos de 100 representa un porcentaje menor que el promedio. El índice 93 significa que *Discover* está 7% por debajo del promedio nacional (100) para la composición de quienes están en ese ciclo de vida.

En raras ocasiones se pueden reunir datos psicográficos o datos relacionados con el comportamiento de compra. Así, a partir de los datos psicográficos recopilados, *Better Homes and Gardens* informa que 65% de sus suscriptores son amas de casa de tiempo completo, tienen a los hijos en el hogar y cocinan la mayor parte de su comida desde el comienzo. Lo importante es que los estrategas de medios cuenten con datos útiles y comparables.

Como ejemplo, suponga que un planificador de medios promueve un cereal en dos mercados objetivos primarios: los niños y las personas de edad. El fabricante decide enviar el mensaje de publicidad a los mayores; el planificador de medios quiere saber las características de este grupo. La gente incluida en esta categoría de edad suele contar con ingresos más bajos, no tienen niños en casa, tienen un estilo de vida más sedentario y salud más delicada. De ese modo, el planificador de medios podría identificar características relacionadas con estilo de vida, salud y edad al igual que el producto que se va a anunciar.

Cuando esta tarea queda completa, el planificador de medios debe considerar cuál de las muchas formas de descripción de los consumidores es la más apropiada para el producto en particular. Una indicación general servirá de ayuda: la cantidad de dimensiones a considerar deberá limitarse a no más de tres o cuatro. Por ejemplo, los planificadores de medios de los productos para el cabello Clairol deberían interesarse más en aspectos demográficos como sexo, ocupación, ingresos y edad. Si se consideran más dimensiones, comparar los medios a través de estas características se vuelve casi imposible. A mayor número de criterios se incluyan en una definición de un grupo de consumo, menor será el número de personas que cumplirán con todos los criterios.

Note que el estratega de medios puede establecer objetivos para la audiencia sólo en términos de las características que se han medido en esa audiencia. Aunque sería deseable reunir datos demográficos, psicográficos y de utilización del producto a partir de las fuentes de los medios, por lo común sólo se dispone de los primeros.

BASE: ADULTOS	TOTAL EN US$ ´000	LECTOR 18-34, 1 PERSONA EN EL HOGAR				LECTOR 18-34, CASADO, SIN HIJOS				LECTOR 18-34, CASADO, HIJO MENOR CON MENOS DE 6 AÑOS				LECTOR 18-34, CASADO, HIJO MENOR CON MÁS DE 6 AÑOS			
		A ´000	B % ABAJO	C % CRUZADO	D ÍNDICE	A ´000	B % ABAJO	C % CRUZADO	D ÍNDICE	A ´000	B % ABAJO	C % CRUZADO	D ÍNDICE	A ´000	B % ABAJO	C % CRUZADO	D ÍNDICE
TODOS ADULTOS	180974	5733	100.0	3.2	100	7320	100.0	4.0	100	17331	100.0	9.6	100	5310	100.0	2.9	100
AIR GROUP ONE (GR)	1883	*70	1.2	3.7	117	*144	2.0	7.6	189	*37	.2	2.0	21	*29	.5	1.5	52
AMERICAN BABY	3557	*58	1.0	1.6	51	*133	1.8	3.7	92	1631	9.4	45.9	479	*137	2.6	3.9	131
AMERICAN HEALTH	3851	*119	2.1	3.1	98	*107	1.5	2.8	69	*335	1.9	8.7	91	*108	2.0	2.8	96
AMERICAN LEGION	3312	*38	.7	1.1	36	*18	.2	.5	13	*75	.4	2.3	24	*54	1.0	1.6	56
AMERICAN WAY	1061	*12	.2	1.1	36	*49	.7	4.6	114	*50	.3	4.7	49	*8	.2	.8	26
ARCHITECTURAL DIGEST	3148	*114	2.0	3.6	114	*147	2.0	4.7	115	*256	1.5	8.1	85	*61	1.1	1.9	66
AUDUBON	1581	*87	1.5	5.5	174	*77	1.1	4.9	120	*95	.5	6.0	63	*18	.3	1.1	39
BABY TALK	2258	*25	.4	1.1	35	*141	1.9	6.2	154	889	5.1	39.4	411	*17	.3	.8	26
BASSMASTER	3202	*75	1.3	2.3	74	*181	2.5	5.7	140	492	2.8	15.4	160	*203	3.8	6.3	216
BETTER HOMES & GARDENS	31366	528	9.2	1.7	53	1399	19.1	4.5	110	3577	20.6	11.4	119	1287	24.2	4.1	140
BHG/LHJ COMBO (GR)	49749	818	14.3	1.6	52	2181	29.8	4.4	108	5584	32.2	11.2	117	1989	37.5	4.0	136
BLACK ENTERPRISE	1904	*33	.6	1.7	55	*23	.3	1.2	30	*239	1.4	12.6	131	*30	.6	1.6	54
BON APPETIT	4631	*139	2.4	3.0	95	*306	4.2	6.6	163	*311	1.8	6.7	70	*158	3.0	3.4	116
BRIDE'S MAGAZINE	3957	*198	3.5	5.0	158	*313	4.3	7.9	196	*220	1.3	5.6	58	*84	1.6	2.1	72
BUSINESS WEEK	6136	*249	4.3	4.1	128	344	4.7	5.6	139	505	2.9	8.2	86	*148	2.8	2.4	82
THE CABLE GUIDE	14853	391	6.8	2.6	83	704	9.6	4.7	117	1488	8.6	10.0	105	*398	7.5	2.7	91
CAR & DRIVER	5327	*250	4.4	4.7	148	*135	1.8	2.5	63	562	3.2	10.6	110	*165	3.1	3.1	106
CAR CRAFT	2505	*66	1.2	2.6	83	*110	1.5	4.4	109	*388	2.2	15.5	162	*140	2.6	5.6	190
CHANGING TIMES	3426	*67	1.2	2.0	62	*103	1.4	3.0	74	*139	.8	4.1	42	*123	2.3	3.6	122
CHICAGO TRIBUNE MAGAZINE	2336	*97	1.7	4.2	131	*89	1.2	3.8	94	*173	1.0	7.4	77	*54	1.0	2.3	79
COLONIAL HOMES	2293	*57	1.0	2.5	78	*101	1.4	4.4	109	*224	1.3	9.8	102	*116	2.2	5.1	172
CONDE NAST LIMITED (GR)	21230	1047	18.3	4.9	156	1248	17.0	5.9	145	1840	10.6	8.7	91	550	10.4	2.6	88
CONDE NAST WOMEN (GR)	28258	1724	30.1	6.1	193	2378	32.5	8.4	208	2693	15.5	9.5	100	798	15.0	2.8	96
CONSUMERS DIGEST	4676	*138	2.4	3.0	93	*252	3.4	5.4	133	*375	2.2	8.0	84	*111	2.1	2.4	81
COSMOPOLITAN	12118	640	11.2	5.3	167	790	10.8	6.5	161	1596	9.2	13.2	138	*362	6.8	3.0	102
COUNTRY HOME	5761	*146	2.5	2.5	80	*207	2.8	3.6	89	717	4.1	12.4	130	*388	7.3	6.7	230
COUNTRY LIVING	10372	*183	3.2	1.8	56	735	10.0	7.1	175	1343	7.7	12.9	135	*600	11.3	5.8	197
CREATIVE IDEAS FOR LIVING	2310	*51	.9	2.2	70	*50	.7	2.2	54	*319	1.8	13.8	144	*44	.8	1.9	65
DELTA SKY	1255	*44	.8	3.5	111	*87	1.2	6.9	171	*22	.1	1.8	18	*4	.1	.3	11
DIAMANDIS MAGAZINE NTWK (GR)	22747	1195	20.8	5.3	166	1067	14.6	4.7	116	2208	12.7	9.7	101	656	12.4	2.9	98
DISCOVER	5132	*269	4.7	5.2	165	*228	3.1	4.4	110	458	2.6	8.9	93	*125	2.4	2.4	83
DISNEY CHANNEL MAGAZINE	5709	*64	1.5	1.5	46	*218	3.0	3.8	94	929	5.4	16.3	170	*341	6.4	6.0	204
EAST/WEST NETWORK (GR)	3848	*169	2.9	4.4	139	*301	4.1	7.8	193	*231	1.3	6.0	63	*39	.7	1.0	35
EBONY	9519	396	6.9	4.2	132	*227	3.1	2.4	59	704	4.1	7.4	77	*253	4.8	2.7	91
ELLE	2298	*154	2.7	6.7	212	*327	4.5	14.2	352	*82	.5	3.6	37	*75	1.4	3.3	111
ESQUIRE	3673	*184	3.2	5.0	158	*134	1.8	3.6	90	*239	1.4	6.5	68	*73	1.4	2.0	68
ESSENCE	3485	*183	3.2	5.3	166	*77	1.1	2.2	55	*296	1.7	3.5	89	*108	2.0	3.1	106
FAMILY CIRCLE	24570	300	5.2	1.2	39	944	12.9	3.8	95	2845	16.4	11.6	121	1107	20.8	4.5	154
FAMILY CIRCLE/MCCALLS (GR)	41859	640	11.2	1.5	48	1600	21.9	3.8	95	4801	27.7	11.5	120	1893	35.6	4.5	154
FAMILY HANDYMAN	4022	*17	.3	.4	13	*122	1.7	3.0	75	*399	2.3	9.9	104	*166	3.1	4.1	141
FIELD & STREAM	13794	291	5.1	2.1	67	630	8.6	4.6	113	1790	10.3	13.0	136	*538	10.1	3.9	133
FLOWER & GARDEN	3620	*53	.9	1.5	46	*164	2.2	4.5	112	*285	1.6	7.9	82	*132	2.5	3.6	124

Figura 9.2

Los cuatro patrones de ciclo de vida para los adultos a través de revistas.
"Mediamark Research Magazine Total Audiences Report: Spring 1990," M-1, (Mediamark Research, Inc. 1990): 44. Utilizada con autorización.

Determinar los requerimientos de dispersión. Muchas personas creen que el objetivo primario de un plan de medios es transmitir un mensaje a tantos consumidores como sea posible. La *dispersión* se refiere a la política de medios que coloca el mensaje en tantos programas y anuncios comerciales diferentes como sea posible para evitar la duplicación de la audiencia. La solicitud de *máxima dispersión* significa que el alcance tiene prioridad sobre la frecuencia. En este caso, el comprador de medios deberá evitar la duplicación de programas tanto como le sea posible. Al utilizar diferentes programas aumenta la oportunidad para audiencias diferentes o duplicadas.

Así, el planificador de medios podría describir estrategias comparables como las siguientes:

- Plan I: 10 presentaciones en la franja de televisión nocturna durante tres meses. Este plan garantiza que 60% de la audiencia de televisión nacional verá el mensaje al menos una vez durante ese periodo.
- Plan II: anuncios durante 8 días en la franja de televisión diurna durante un periodo de tres meses. Este plan garantiza que 50% del mercado de televisión verá el mensaje, por lo menos una vez.

Como ambos planes cuestan lo mismo, parece obvio que el Plan I es superior al Plan II; sin embargo, se deberán considerar otros aspectos antes de tomar esta decisión.

Primero, la cobertura deberá compararse no sólo en términos de impresiones en bruto sino también en términos de la audiencia objetivo específica. Por ejemplo, aunque el Plan II parece inferior, si la audiencia objetivo es mujeres entre 25 y 40 años de edad, ellas serán las receptoras primarias del mensaje en el Plan II. Dispersión de mensajes significa dispersión de mensajes entre clientes potenciales, según los defina el anunciante.

Un segundo aspecto es especificar con mayor claridad qué significa en realidad la frase *al menos una vez*, en una situación dada. Aunque un cierto porcentaje de la audiencia verá el mensaje al menos una vez, un porcentaje de ese grupo lo verá más de una. Por ejemplo, un anunciante sigue el Plan I y compra una pauta irregular en la franja nocturna, lo cual significa que 24 mensajes aparecerán en varios programas para lograr máxima dispersión.

El mensaje promocional aparece en seis programas de televisión durante el periodo de tres meses y la audiencia total para los seis programas es de 51.5 millones (Programa o PGM = 6.3 millones, PGM 2 = 9 millones, PGM 3 = 4.7 millones, PGM 4 = 11.2 millones, PGM 5 = 9.4 millones y PGM 6 = 10.9 millones). Con frecuencia, esta cifra total de 51.5 millones se conoce como impresiones en bruto. Sin embargo, dado que algunos de los miembros de estas audiencias reciben el mensaje más de una vez, se debe hacer un ajuste para determinar cuántos espectadores se agregan en realidad por cada programa adicional. Es decir, aunque el primer programa llegue a 6.3 millones y el segundo a 9 millones, 3.1 son las mismas personas. Después de retirar el exceso de los seis programas, el número real de personas expuestas al mensaje es de 12.8 millones. Este número se conoce como **cobertura neta**. Al dividir el número total de hogares alcanzados por un plan de medios entre la cobertura neta de ese plan, se obtiene la **frecuencia promedio de contacto**, la cual les permite a los planificadores de medios contar con otra base para comparar los planes:

Plan I: Frecuencia promedio de contacto = 51,500,00/12,800,000 = 4.2
Plan II: Frecuencia promedio de contacto = 43,600,000/16,500,000 = 2.6

Cuanto menor sea el número del resultado, mayor será la cobertura del plan. Por consiguiente, el Plan II es el mejor.

Un tercer aspecto es la distribución de la frecuencia de exposiciones. Los resultados de una investigación indican que el plan de medios más efectivo tiende a concentrar el mensaje en la mitad del rango de frecuencia antes que en los extremos (*véase* la figura 9.3). En lugar de lograr una exposición para muchas personas y muchas exposiciones para pocas personas, para la mayor parte de hogares sería mejor recibir dos o tres exposiciones de publicidad con el fin de captar una o dos. Los planificadores de medios pueden desear que esa distribución de frecuencia se explique en los enunciados de su estrategia de medios, de manera que estas metas se incluyan en los criterios establecidos para evaluar los planes alternos.

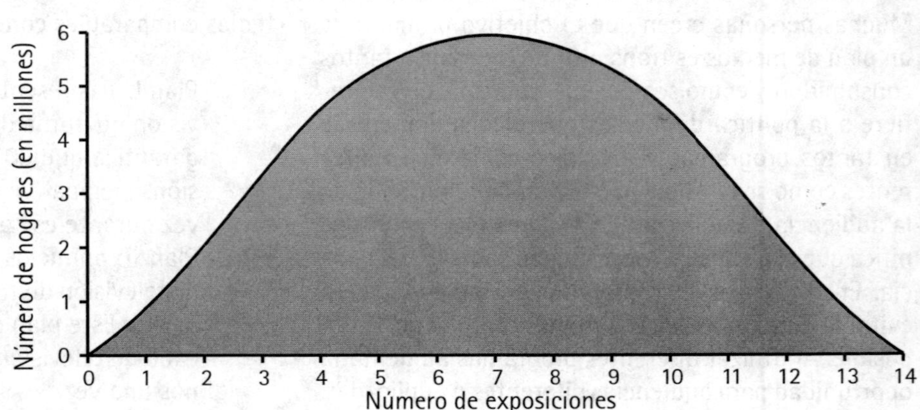

Figura 9.3
En su forma ideal, la mayor parte de hogares deberá recibir tres o más exposiciones.

Determinar los requerimientos de concentración. Los anunciantes de productos como juguetes, pavos, esquís para nieve y medicinas antigripales encaran algunos problemas especiales relacionados con el objetivo de continuidad. Los anunciantes deben concentrar sus mensajes en una época particular del año o en una zona particular del país. Bajo estas condiciones, el planificador de medios debe manejar una serie de decisiones.

¿Cuándo deberá comenzar la campaña? ¿Cuándo deberá llegar a su máximo nivel ? ¿Cómo deberá distribuirse el presupuesto? ¿La misma campaña se puede presentar en diferentes áreas geográficas? Las respuestas no sólo reflejan los patrones de inversión tradicionales sino también las presiones de los minoristas y de la organización de ventas directas.

Identificar cualidades inherentes necesarias para los medios. Muchos medios ejercen efectos de calidad sobre los mensajes que transmiten. El *efecto cualitativo de los medios* es lo que éstos hacen para realzar o depreciar un mensaje después de transmitirlo. Los vehículos que existen olvidan su entorno y envían el mensaje hacia un ambiente carente de valor, creando un efecto negativo. Fue así como algunas compañías evitaron transmitir publicidad durante la franja de noticias nocturnas en la época de la Guerra del Golfo por temor a que se hiciera una asociación negativa con "malas noticias". En contraste, el *Washington Post* podría realzar la calidad de un mensaje debido a la excelente reputación de sus editoriales.

Un anunciante puede existir en cualquier lugar de este *continuum* de calidad. Por ejemplo, puede no estar interesado en minimizar los costos y tener poco interés en la calidad del medio. Por ejemplo, considérense los productos que se anuncian en los tabloides de los supermercados; con frecuencia son cuestionables y con productos de baja calidad. En consecuencia, el anunciante podría colocar un mensaje en los lados de edificios abandonados, en taxis y en cajas de fósforos. Al otro extremo, los anunciantes de los grandes trajes de la moda femenina consideran vital que sus mensajes aparezcan en revistas de moda prestigiosas como *Glamour* y *Vogue*. La calidad que percibe la gran audiencia objetivo en estas publicaciones deberá realzar el mensaje.

El factor principal es que la interacción entre el medio y el mensaje deberá ser complementaria. Por ejemplo, aunque la empresa Franco-American Corporation desee patrocinar programas de ballet y ópera, el consumidor podría tener problemas para asociar la Compañía de Ballet de San Francisco con la marca Spaghettios. Si los promotores no pueden sacar un valor de calidad significativo del hecho de colocar un mensaje en un medio en particular, probablemente no deberán hacerlo. Quizá la meta de calidad puede alcanzarse a través de mecanismos diferentes a la estrategia de medios.

Analizar las implicaciones del contenido del mensaje. Una consideración final para el planificador de medios es equilibrar los medios con el mensaje. Los directores creativos producen mensajes específicos con una variedad de factores en mente. En secciones anteriores se estudió la influencia del producto en el contenido del mensaje. A su vez, el contenido resultante del mensaje tiene un soporte en el medio seleccionado para transmitirlo. Mensajes que llevan una gran cantidad de información detallada sugieren publicidad impresa en lugar de transmisión. Mensajes con un gran contenido emocional sugieren transmisión por encima de impresión.

Además, existe la posibilidad de que el medio se seleccione primero y el mensaje se cree con revistas o televisión en mente. Por ley, los fabricantes de cigarrillos sólo pueden utilizar medios escritos. Los estrategas de medios planean saber la esencia del mensaje que su plan enviará y ajustarlo en consecuencia.

Repaso de conceptos

1. El proceso de planeación de los medios comienza con un análisis de la situación. Reunir información primaria y secundaria, y determinar cuál es pertinente al plan de medios son los primeros pasos.
2. Los objetivos de los medios determinan la dirección y el control del plan y se establecen en las siguientes dimensiones:
   a. Alcance: cantidad de personas u hogares expuestos a un medio, por lo menos una vez durante un periodo específico.

   b. Frecuencia: número de veces que un consumidor está expuesto a un mensaje dentro de un periodo dado.
   c. *Gross rating points*: se calculan al multiplicar alcance por frecuencia o al sumar los *rating points* enviados por una pauta de medios.
   d. Frecuencia efectiva: número de exposiciones necesarias para producir resultados óptimos.
   e. Alcance efectivo: número de clientes potenciales conscientes del mensaje.
   f. Continuidad: distribución del tiempo para las inserciones en los medios.
   g. Consideraciones de costo: factores de costos que se deben considerar; por lo común, los presupuestos para los medios de comunicación se establecen de acuerdo con su costo por millar.
3. El diseño de la estrategia de medios real incluye los siguientes factores:
   a. Describir la audiencia objetivo
   b. Determinar los requerimientos de dispersión
   c. Determinar los requerimientos de concentración
   d. Identificar las cualidades inherentes que requieren los medios
   e. Analizar las implicaciones del contenido del mensaje.

Escoger las tácticas

Una vez que existe una estrategia para los medios, ¿qué hace un planificador para implementarla? La mayor parte de las tácticas se aplican de acuerdo con el tiempo y el espacio de los compradores, en el departamento de medios de las agencias de publicidad. El proceso para seleccionar las tácticas consta de tres etapas:

1. Evaluar los medios
2. Seleccionar los medios
3. Determinar el presupuesto de los medios[2].

Evaluar los medios de comunicación

Una evaluación completa de todos los medios relevantes para una estrategia particular es un aspecto importante de cualquier plan de medios. En el capítulo 8 se describen los aspectos fuertes y las limitaciones de los diferentes medios. Existen varios factores objetivos y subjetivos por considerar. Algunas de las consideraciones objetivas importantes son las siguientes:

- Nivelar el tipo de medios con las características del mercado objetivo
- Nivelar el tipo de medios con sus objetivos
- Determinar el costo relativo de alcanzar a un cliente potencial en particular con un mensaje y a través de un medio en particular
- Determinar el efecto de la competencia sobre la opción de medios elegida.

Los factores subjetivos incluyen los siguientes:

- Juzgar las percepciones que tienen los consumidores de varios medios
- Nivelar el enfoque creativo con las capacidades de diferentes medios para implementar ese enfoque
- Evaluar el ambiente de los medios con respecto a la política editorial, el valor del entretenimiento, etc.

Reunir la información necesaria para valorar estos factores puede requerir de una extensa búsqueda primaria por parte de la firma patrocinadora o su agencia. Esta investigación cuesta bastante y consume tiempo. Como resultado, muchos anunciantes se confían en gran medida en los resultados de la investigación que suministra el medio, en la experiencia y en la valoración subjetiva.

Todos los planificadores deberán seguir dos principios guía cuando evalúen los medios. El primero es comprender que el medio simplemente lleva el mensaje y no el instrumento que logra el efecto final. El medio no deberá evaluarse en términos de si venderá el producto, sino en términos de cuánto facilitará la transmisión del mensaje.

El segundo principio es apreciar el hecho de que la audiencia total que atrae un medio en particular puede ser mucho mayor que la audiencia objetivo incluida dentro de este total. Es decir, menos personas ven los mensajes promocionales en el periódico que quienes ven alguna parte del mismo, y aun menor es el número de quienes ven una promoción en particular. Los planificadores de medios deben entender la diferencia entre la oportunidad de exposición y la exposición real. Nadie que pase frente a una valla exterior, una valla en un automóvil o un cartel ve en realidad el anuncio en ese sitio. Los planificadores de medios deben conseguir información o estimados de la relación entre oportunidad de exposición y exposición real. El alcance efectivo es una medida de este proceso[3].

Seleccionar los medios de comunicación

Una vez que los planificadores han considerado los objetivos de los medios y las características cualitativas y cuantitativas de diferentes medios, deben tomar varias decisiones importantes. Estas decisiones pueden dividirse en dos categorías generales: mixtas y de oportunidad.

Antes de comenzar este estudio, es importante anotar que estas decisiones siempre se restringen por el tamaño del presupuesto. Los presupuestos nunca son bastante grandes para llevar a cabo todo lo que el planificador del área tiene en mente. El planificador debe trabajar dentro del presupuesto establecido, aunque el plan de medios se convierta en un compromiso que no puede satisfacer en su totalidad los objetivos establecidos. Toda decisión de medios debe tomarse en relación con el presupuesto.

La mezcla de medios. El planificador de medios encara una serie de decisiones cuando va a seleccionar un medio o una combinación de éstos: la *mezcla de medios.* Estas decisiones no necesariamente ocurren antes de las de tiempo, sino que se dan junto con ellas. Es decir, las posibilidades de la pauta de un medio como en el caso de una red de televisión pueden dictar la necesidad de un medio adicional para alcanzar los objetivos de meta y frecuencia.

En esta sección se estudian algunas de las preguntas básicas que un estratega de medios deberá considerar cuando diseña la mezcla de medios.

Número de inserciones. Una pregunta clave para el estratega es qué tan efectivos son los medios. Los planificadores de medios necesitan determinar el número ideal de inserciones que deberán utilizar en un medio particular dentro de un periodo dado. Provistos con esta información, los planificadores deberán establecer unos criterios mínimos de utilización para diferentes medios, relacionados con el costo de esa utilización y construir un estimado del costo de implementar varios planes.

Existe poco acuerdo y ningún conocimiento general bien desarrollado acerca de cuántas inserciones son ideales en un medio en particular. Se podría concluir que la concentración necesaria de unidades en un medio depende del objetivo del programa. Por ejemplo, si el objetivo es alcanzar a un gran número de personas y tener que recordarles el mensaje a corto plazo, entonces probablemente sería mejor concentrar los mensajes durante periodos de 13 a 15 semanas, ampliar estas exposiciones a través de un grupo grande de consumidores y reducir la frecuencia de exposición a medida que pasa el tiempo.

Los planificadores pueden encontrar que disponen de evidencia práctica o con base en investigación para una situación en particular, aunque no exista ningún consenso general sobre normas que cubran todas las situaciones para cada medio por separado. Muchos practicantes sofisticados han desarrollado sus propias normas para situaciones particulares a través de la realización de pruebas continuas en el mercado y análisis continuos de patrones de ventas o ambos.

Eficiencia relativa. Incluso si los planificadores de medios tienen algún conocimiento de investigación o de reglas arbitrarias para determinar los patrones de uso de los medios, es probable que también quieran saber acerca de la eficiencia relativa entre los medios y dentro de ellos. En otras palabras: ¿puede un vehículo alcanzar el mismo objetivo a un costo más bajo que otros vehículos?

La medida estándar de la eficiencia relativa dentro de los medios es el cálculo del *costo por millar* (CPM) cuya fórmula se explicó antes, en este capítulo. Suponga que un planificador de medios desea llegar a ejecutivos bancarios de entre 24 y 34 años de edad y para ello considera tres revistas: *Bankers Magazine, Bank News* y *Bank Systems & Technology.* El planificador de medios deberá comenzar por conocer el costo de una página (en blanco y negro o a cuatro tintas) y colocarlo como el numerador de la ecuación. Para el ejemplo que se presenta, suponga que la inserción de un anuncio de página completa en blanco y negro en las tres publicaciones tiene el siguiente precio:

Bankers Magazine	US$1,420
Bank News	930
Bank Systems & Technology	3,670

Calcular el denominador de la ecuación es más difícil. Un método es utilizar la circulación de cada revista, información que está disponible y es confiable. Sin embargo, esta cifra no refleja el número real de personas ya que incluye empresas, librerías y otros suscriptores institucionales. De ese modo, el planificador de medios puede utilizar como denominador alguna medida de la cantidad de personas que alcanza un vehículo en particular. La medida de audiencia que se emplea corresponde con las características de la audiencia objetivo especificada en los objetivos de los medios. Este tipo de información puede estar disponible a través del medio mismo o de compañías privadas de investigación como Simmons Media Studies. En el ejemplo, la audiencia relevante es masculina, con edades entre 24 y 34 años. Suponga que la audiencia total que se ajusta a esta descripción para cada revista es como sigue:

Bankers Magazine	49,511
Bank News	9,279
Bank Systems & Technology	25,692

Los cálculos del costo por millar para un anuncio de página completa en blanco y negro, en cada revista, son como siguen:

$$\textit{Bankers Magazine} = \frac{\text{US\$1,420}}{49{,}511} = \text{US\$28.68}$$

$$\textit{Bank News} = \frac{\text{US\$ 930}}{9{,}279} = \text{US\$100.22}$$

$$\textit{Bank Systems \& Technology} = \frac{\text{US\$3,670}}{25{,}692} = \text{US\$142.85}$$

Estos valores se definen como el *costo por millar-mercado objetivo* (CPM-TM) ya que incluyen un ajuste de la audiencia. En la figura 9.5 se presenta una comparación de tres telenovelas en términos de CPM-TM. Note que la información de esa figura es suficiente para calcular el *costo por rating point* (CPRP), otro indicador empleado para evaluar alternativas de los medios. Con esta técnica, se pueden comparar muchos vehículos. El único factor limitante es si se dispone de la información necesaria para la audiencia.

La manera de comparar la eficiencia en los diversos medios es muy diferente. La pregunta clave es si los datos de la audiencia en verdad son comparables de un medio a otro. Por lo común, la respuesta es negativa por tres razones: la primera es que las audiencias de medios diferentes se miden en formas diferentes; por ejemplo, A. C. Nielsen mide audiencias con base en los informes de los televidentes de los programas observados; los estimados de la exposición de la audiencia exterior se basan en el conteo de la cantidad de vehículos automotores que pasan por el sitio de un cartel en particular. Segunda, cada una de estas mediciones abarca diferentes aspectos del compromiso del consumidor. Al medir la audiencia de un cartel exterior, se supone que cada automóvil que pasa transporta un pasajero atento. En las mediciones electrónicas de las audiencias de televisión nacional, existe la seguridad de que el televisor está encendido y que la persona probablemente está en el cuarto, pero no hay certeza de que esté viendo el programa. Tercera, las comparaciones con base en la exposición de la audiencia no reflejan el valor po-

Programa No. 1 en franja diurna: "The Young and the Restless" (CBS)	Programa No. 2 en franja diurna: "General Hospital" (ABC)	Programa No. 3 en franja diurna: "All My Children" (ABC)
Rating - 8.0	*Rating* - 7.4	*Rating* - 6.5
Costo por anuncio de 30 segundos - US$17,200	Costo por anuncio de 30 segundos - US$19,200	Costo por anuncio de 30 segundos - US$17,800
CPM mujeres de 18 a 49 años de edad - US$6.51	CPM mujeres de 18 a 49 años de edad - US$6.22	CPM mujeres de 18 a 49 años de edad - US$5.70

Figura 9.4
Comparación de tres telenovelas de la franja diurna. Advertising Age (May 28, 1990): 36. Utilizado con autorización.

tencial del medio, el cual depende de qué tan bien explote el anunciante la capacidad de éste para atraer consumidores. La capacidad de atracción no se puede reflejar en los cálculos de costo por millar.

A pesar de estas limitaciones, muchos planificadores de medios aún se basan en el cálculo del costo por millar. En la tabla 9.2 se presentan otros criterios que se pueden emplear al comparar categorías de medios.

Efectos de medios múltiples. Por último, para seleccionar la mezcla de medios apropiada, los planificadores deberán evaluar las implicaciones de utilizar varios medios de comunicación. Por encima de todo, deberán considerar los posibles beneficios de colocar un mensaje una vez en dos medios frente a colocarlo dos veces en el mismo medio. Algunas personas no ven ningún medio y otras se concentran en uno excluyendo los otros; ambos factores llevan a un ma-

Tabla 9.2
Algunos criterios para comparación de medios de comunicación

	Televisión			Radio		Periódicos			Revistas				
	Red	Comercial	Cable	Red	Cuña	Nacional	Local	Complementos	Consumidor	Negocios	Agricultura	Exterior	Correo directo
Factores de audiencia/ Datos													
Rating (%) de adultos típicos	16	16	2	2	2	14	40	25	20	20	20	60	2+
Alcance (A, M, B)	A	M	B	B	B	B	A	A	A	B	B	A	M
Frecuencia (A, M, B)	M	A	A	A	A	M	M	B	B	B	B	A	B
Selectividad		X	X	X	X		X		X	X	X		X
Uso por estaciones				X	X						X		
Circulación controlada										X	X		X
Flexibilidad geográfica		X	X		X		X		X	X	X	X	X
Cobertura local		X	X		X		X		X			X	X
Aspecto étnico			X		X		X		X			X	X

	Televisión			Radio		Periódicos			Revistas				
	Red	Comercial	Cable	Red	Cuña	Nacional	Local	Complementos	Consumidor	Negocios	Agricultura	Exterior	Correo directo
Factores de mensaje/ Datos													
Peso de la audiencia del vehículo	80.0	72.5	62.5	40.0	37.5	35.0	35.0	35.0	52.5	52.5	52.5	47.5	65.0
Duración de un mensaje largo							X	X	X	X	X	X	
Mensaje simple	X	X		X	X							X	
Aspecto emocional	X	X	X	X	X			X	X				X
Inmediatez				X	X	X	X						
Control de la ubicación del anuncio	X	X	X	X	X							X	X
Asociación editorial	X		X	X		X	X	X	X	X	X		
Medio de apoyo		X	X	X	X	X	X	X		X	X	X	X
Buenas mediciones de respuesta						X	X	X	X	X	X		X
Buena reproducción del anuncio								X	X	X	X	X	X

Tabla 9.2
Algunos criterios para comparación de medios de comunicación (*cont.*)

	Televisión			Radio		Periódicos			Revistas				
	Red	Comercial	Cable	Red	Cuña	Nacional	Local	Complementos	Consumidor	Negocios	Agricultura	Exterior	Correo directo
Factores de eficiencia/ Datos													
Costo típico por unidad (US$000)	90	50	2	3	8	48		200	75	10+	5+	500	
CPM (Adultos, más cercano a US$1)	6	9	3	3	4	17	11	11	10	20+	20+	2	500+
Costo de producción (A, M, B)	A	M	B	M	B	A	B	M	M	M	M	A	A
Producción flexible			X		X		X					X	X
Descuentos	X	X	X	X	X	X	X		X	X	X	X	

A = Alto B = Bajo
M = Medio X =posee esa característica
Fuente: Kent. M. Lancaster and Helen E. Katz, *Strategic Media Planning* (Lincolnwood, IL: NTC Business Books, 1989): 98-99. Utilizado con autorización.

yor cubrimiento acumulativo con un programa de mezcla de medios que con el uso de uno solo.

Una segunda implicación es que un programa de mezcla de medios tiende a desequilibrar la frecuencia de exposición dentro de la audiencia total. Cuando 12 mensajes se colocan en dos medios diferentes (por ejemplo, radio y televisión), el grueso de los usuarios de cada medio reciben una dosis más baja, incluso más nivelada, del mensaje que cuando reciben los 12 anuncios a través de la radio. Por último, el uso de una mezcla de medios permite que los mensajes se envíen en formas diferentes hacia aquellos segmentos de la audiencia que están expuestos a varios medios. Un escucha de la versión radial de un mensaje, por ejemplo, tomará claves diferentes a las que se observan en la versión televisada del mismo mensaje. La persona percibe dos mensajes únicos aunque un gran porcentaje de ambos anuncios sea idéntico.

El sentido de oportunidad en los medios. Este aspecto se refiere a la colocación oportuna de las promociones. Los objetivos de los medios imponen las decisiones oportunas; si aquéllos indican que la audiencia objetivo recibe el mensaje en un momento en particular o con un cierto nivel de impacto, las decisiones oportunas están en discusión. La oportunidad no sólo incluye la pauta de las promociones sino también su tamaño y posición.

Establecimiento de pautas. La efectividad de una pauta en los medios depende en gran parte de cuatro consideraciones[4]:

1. *Exposición.* ¿Cuántas exposiciones se crean en la pauta de medios? Como se estudió antes, evaluar este aspecto de una pauta de medios incluye contar la cantidad de exposiciones que se pueden obtener. En el caso de las revistas, el número de exposiciones es la cifra de circulación convertida en un número CPM; para televisión, la unidad básica de conteo es el GRP. Además, esta cifra deberá ajustarse para la exposición a la publicidad actual antes que a la exposición del vehículo. Si existe alguna razón para creer que la lectura de algunos vehículos es más alta que la de otros, las cifras básicas de CPM se deberán ajustar de acuerdo con ello.
2. *Segmentación.* ¿Quién está expuesto y qué porcentaje de los miembros de la audiencia objetivo representa? Enviar mensajes a personas que no están en un segmento objetivo tiene poco valor. Los datos por considerar para eva-

luar este aspecto de una pauta podrían incluir informes demográficos, perfiles del estilo de vida y aplicación del producto. El describir segmentos en términos de factores como éstos permite realizar posteriores ajustes en las cifras de CPM y GRP.

3. *Efecto de la fuente medios-opción.* ¿Tiene más impacto la exposición en un vehículo que en otro? El efecto de la fuente medios-opción brinda tres medidas cualitativas de las alternativas de los medios. La primera es el *efecto de fuente según la clase de medio*, la cual compara diferentes tipos de medios (por ejemplo, comerciales en televisión frente a avisos en revistas). La segunda medida cualitativa es las *características de la opción de los medios* la cual examina el efecto de las variaciones de tamaño (página completa o media página), longitud (30 segundos o 60 segundos), color (blanco y negro o color) y ubicación. Por último, el *efecto de la fuente del vehículo* compara el impacto de una sola exposición en un solo vehículo con una sola exposición en otro. Un anuncio de Pioneer Stereo en *Esquire* podría tener un mayor impacto que el mismo anuncio en *Time*, inclusive si la audiencia fuera la misma.
4. *Efecto de repetición.* ¿Cuál es el impacto relativo de exposiciones sucesivas para la misma persona? Aunque un número mínimo de exposiciones sea suficiente para penetrar en la mente del consumidor, eventualmente, más allá de ese punto, disminuirá el valor de las exposiciones sucesivas. La clave está en hacer las suposiciones correctas acerca del valor de las exposiciones sucesivas; esas suposiciones deben considerar la oportunidad de las exposiciones (es decir, el olvido entre una y otra), las diferencias en presentaciones, el nivel de interés, el mes, las características del producto, etc. Algunas campañas logran un gran impacto con rapidez; otras necesitan bastante tiempo para crear conciencia.

Algunas personas concluyen que tres exposiciones dentro de un ciclo de compra son todo lo que se necesita para inducir un cambio de actitud o comportamiento[5]. Herbert Krugman, teórico de la publicidad, sugiere que cada una de las tres primeras exposiciones tiene un propósito diferente. La primera exposición responde a la pregunta "¿qué es eso?". La segunda exposición continúa el proceso de evaluación y recopilación de información. La tercera exposición es un recordatorio de que el integrante de la audiencia no ha actuado movido por el mensaje. Más allá de la tercera exposición, simplemente se repite el proceso y no presenta beneficios reales[6] . De hecho, ésta es una explicación muy simple y no cuenta para muchas otras consideraciones. El detalle de la pauta tiene lugar después de evaluar estos cuatro factores. La pauta muestra vehículos específicos que llevan mensajes sobre datos particulares o en momentos específicos y se deberá basar en los objetivos de continuidad que se estudiaron antes.

Recuerde que se debe seguir uno de tres patrones de continuidad, como se ilustra en la figura 9.5. El primero es **el patrón ininterrumpido** o de continuidad, el cual se considera si las necesidades de la audiencia deben estar expuestas de manera constante al mensaje por la naturaleza del producto (es decir, se compra con frecuencia y regularidad) y por la competencia excesiva. Un patrón continuo también supone que el presupuesto para medios de comunicación es muy grande.

Un segundo patrón, **volante** u oleadas, se considera para una pauta pesada durante periodos más cortos a fin de aumentar el alcance y la frecuencia con la esperanza de que estos efectos perdurarán por periodos largos. Por consiguiente, un planificador de medios puede concentrar la compra por periodos de 13 semanas y no de 52. Esta estrategia le permite comprar medios con mejores tarifas. En comparación con una pauta más difusa, el patrón volante o de oleada también puede crear un impacto mucho mayor en el consumidor. Esta ventaja aún se debate ya que un impacto a corto plazo puede no continuar durante el resto del año. Si no se logra el impacto, todo el esfuerzo se habrá perdido. De otro lado, si la compañía tiene recursos limitados, esta estrategia podría ser la más efectiva. El patrón volante o de oleada también resulta apropiado para productos de estación cuando ésta se ajusta a periodos de 13 semanas.

Una variación del patrón anterior es la pauta **pulsante,** la cual es una combinación de publicidad ininterrumpida y volante o de oleada, en donde la

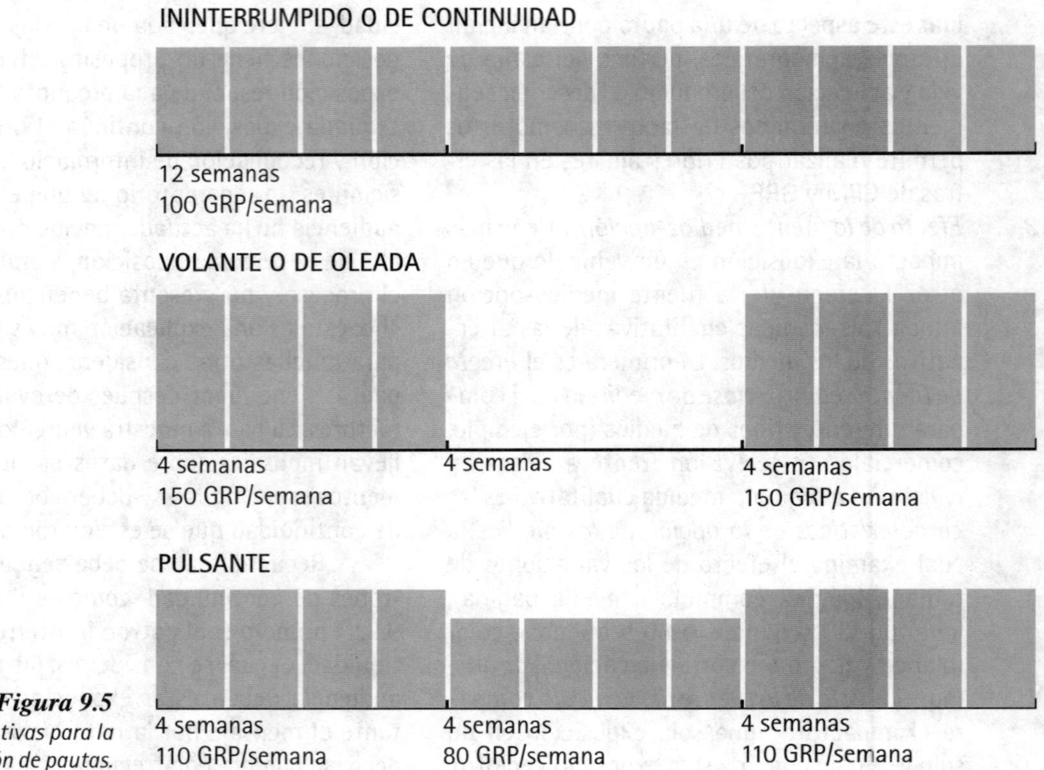

Figura 9.5
Las tres alternativas para la programación de pautas.

primera hace "énfasis" durante los mejores meses de ventas. Debido a que este método tiende a minimizar el desperdicio (es decir, enviar mensajes cuando el consumidor no está en el mercado), representa la mejor de estas técnicas. Sin embargo, no todos los anunciantes deberán emplear la pauta pulsante, pues se ajusta mejor a los productos que se venden durante todo el año pero que tienen ventas pesadas en periodos intermitentes como en el caso de productos de estación, perros calientes, cerveza, y lencería y toallas (que con frecuencia se conocen como ventas blancas).

Tamaño y posición. La oportunidad del esfuerzo de los medios también incluye determinar el tamaño y la posición de una promoción en particular dentro de un medio. Aunque se ha realizado bastante investigación en esta área, los resultados no son concluyentes.

Se sabe que simplemente duplicar el tamaño de un anuncio no significa duplicar su efectividad. Aunque una promoción mayor crea un mayor nivel de atracción y una mayor oportunidad para un impacto creativo, el alcance aún no está determinado. Se han reportado resultados errados en medios impresos de diversos tamaños y para mensajes comerciales de radio y televisión con diferente longitud. Dependiendo de lo que tengan que decir los anunciantes y qué tan bien lo digan, un anuncio de 30 segundos puede hacer un mejor trabajo que otro de 60 segundos. Lo más grande o más extenso no siempre es lo mejor. Con todo, el planificador de medios debe considerar los posibles efectos positivos. El tamaño o la longitud elegida también se deberán relacionar con los objetivos.

Las normas que se refieren a la posición sólo son ligeramente más claras. En general, existe algo de evidencia para sugerir que dentro de un medio impreso 1) la tapa 2 y las primeras páginas tienen un nivel de lectores ligeramente mejor, 2) la ubicación de un anuncio adyacente a historias compatibles o contenido editorial puede ampliar el efecto de éste y 3) tener muchos anuncios competitivos en la misma página va en contra de su efectividad. Casi no existen resultados que se relacionen con los medios de radiodifusión.

Determinar el presupuesto de los medios de comunicación

Cuánto invertir en promoción y medios es una decisión estratégica que depende del potencial de ventas, los objetivos y la disponibilidad de recursos. El presupuesto de promoción debe verse como una función del marketing de la marca o la compañía. Por el contrario, no tiene sentido financiero contar con un presupuesto ambicioso si las metas de marketing son modestas. En el capítulo 11 se presenta un estudio completo del presupuesto de promoción. En la mayor parte de los casos, como los medios representan 80% de ese presupuesto, se debe ser cuidadoso al considerarlos.

El rol del planificador de medios en esta toma de decisión puede variar en gran medida. Con respecto a la cantidad total de dinero que le asigna la gerencia general, el planificador tiende a estar limitado; con frecuencia, se le asigna una cantidad que puede ser o no suficiente para implementar la estrategia. En su forma ideal, el planificador de medios puede reunir y presentar ante la gerencia la información de costo, la cual se considera como parte del proceso de asignación de presupuesto. Esta información incluye los costos de promoción de la competencia, el costo de los medios y la disponibilidad económica para transmitir a la audiencia en niveles de presupuesto dados. La figura 9.6 presenta un ejemplo de un presupuesto para medios de comunicación.

Los planificadores de medios deben enfrentar varios problemas de tiempo en relación con el presupuesto. No siempre se pueden guiar por el cronograma de inversión del presupuesto del resto de la empresa. El calendario presupuestal no coincide con el calendario anual típico, el cual puede comenzar el primero de enero o el primero de julio. Debido al carácter de estación del producto, la disponibilidad de los medios y varios otros factores, el presupuesto puede comenzar o terminar en cualquier fecha.

Otro aspecto en relación con el tiempo tiene que ver con el plazo para la publicación de anuncios. Con frecuencia, los planificadores tienen que actuar con rapidez para comprar en los medios; los ejecutivos corporativos pueden tardar semanas o meses para evaluar o aprobar presupuestos.

Un aspecto final relacionado con el tiempo se origina en la dinámica de la planeación de medios. Con frecuencia, la compra de medios se ha comparado con la compra y venta de acciones. Todos los días, los compradores negocian tarifas y descuentos especiales con cientos de medios. Los comercializadores de los medios presentan de manera constante paquetes y con insistencia tratan de vender el espacio que les queda o hacer contacto minuto a minuto con los encargados del plan de medios. Los compradores que no cuentan con presupuestos adecuados o tienen problemas de recursos, no se pueden vincular con este proceso de negociación y pueden terminar invirtiendo millones adicionales en medios.

Repaso de conceptos

Existen varias áreas de decisión táctica asociados con el plan de medios:

1. Los medios se deben evaluar con respecto a dos principios guía: cómo facilitar la transmisión del mensaje y cuál es la exposición real que permite un medio en particular.
2. Los medios específicos se seleccionan y se toman dos decisiones importantes:
   a. La mezcla de medios: determinar cuáles medios funcionan mejor juntos o combinados
   b. El sentido de oportunidad de los medios: ajustar la pauta y seleccionar el tamaño y la posición
3. Se determina el presupuesto de medios.

La ciencia de la administración y la planeación de los medios de comunicación

Con el advenimiento del computador, la aplicación de la ciencia de la administración a la planeación de medios se ha extendido. De hecho, los problemas de la planeación de medios parecen ideales para las técnicas administrativas debido a la gran cantidad de datos disponibles y a la posibilidad de emplear varias alternativas[7]. No obstante, quienes tratan de aplicar la tecnología de los computadores a la planeación de medios enfrentan numerosos problemas.

Primero, a pesar de la gran cantidad de datos disponibles, éstos tienden a estar en un medio específico. No existe una forma ideal de comparar de manera simultánea varios medios.

Informe de marcas Nº 170
Inversión en automóviles de lujo
Enero a diciembre de 1989

	Total en medios	Televisión en red BAR	Comerciales de televisión BAR	Televisión por cable BAR	Televisión por concesión BAR	Cuña radial RER	Revistas LNA	Periódicos MR	Revistas dominicales LNA	Publicidad exterior LNA	Cadena radial BAR
Cadillac DeVille/Fleetwood	US$14,780.9	US$10,371.5	US$259.6	US$330.6	–	US$54.2	US$3,384.3	US$334.5	US$48.2	–	–
Lincoln Town Car	13,592.8	6,303.6	2,484.7	246.3	US$9.4	154.5	4,322.5	–	–	US$69.5	–
Buick Electra	6,666.2	1,935.9	144.8	86.5	–	42.2	–	188.0	–	–	US$714.4
Acura Legend	47,916.7	23,647.5	7,409.5	1,306.8	–	1,921.9	12,978.7	652.3	–	–	–
Lincoln Continental	6,131.4	1,128.1	754.5	–	576.4	–	2,907.5	706.5	–	–	–
Volvo 740	5,853.6	–	186.4	202.5	–	–	5,096.6	366.1	–	–	–
Cadillac Brougham	2,697.8	912.5	73.5	4.7	–	–	1,472.7	234.4	–	–	–
BMW 3 Series	14,944.5	2,909.9	4,345.3	458.9	–	–	5,552.5	2,725.6	62.7	–	–
Cadillac Eldorado	1,562.8	1,100.2	141.5	46.2	–	–	292.0	52.2	–	–	–

Nota: Cifras en millones de dólares.

BAR Informe Arbitron sobre anunciantes
LNA Principales anunciantes nacionales
RER Informes de gastos en radio
MR Registros de los medios

Figura 9.6
Un presupuesto de medios para automóviles de lujo.
Marketing & Media Decisions (May 1990): 87. Utilizado con autorización.

Un segundo problema es el cambio constante de los valores de elementos comparables de los medios. Por ejemplo, el espacio y el tiempo en los medios se descuentan en términos de cantidad, aunque estos descuentos no son necesariamente equivalentes. En forma similar, el valor que un medio en particular puede enviar, varía con el tiempo y el espacio. Por ejemplo, el valor de la televisión en red es mucho mayor cuando los programas se presentan por primera vez (en comparación con el periodo de repetición durante el verano, cuando disminuyen los espectadores). Por último, el valor enviado por un medio en particular también varía dependiendo de los objetivos de los medios. Un fabricante de software que se especializa en la banca, podría tener un objetivo de largo alcance y valorar una revista como *Bank & Technology* por encima de *Bankers Magazine.*

Un tercer problema se refiere a que para crear la mejor pauta de medios se requiere de algunas ideas sobre cómo combinar todos los elementos, incluidos forma del mensaje, colocación de acuerdo con el tiempo y vehículos de transmisión, para producir el mejor efecto.

Debido a estos y otros problemas, los publicistas no han prestado mucha atención a los científicos de la administración. Steve Farella, vicepresidente ejecutivo y director de servicios de medios corporativos en Wells Rich Greene Advertising, explica: "Existen algunos departamentos que lo ven [el computador] como una parte integral del proceso de planeación de medios. Nosotros no... Aún creemos que el pensamiento en los medios se puede dar independientemente de la máquina"[8]. De hecho, muchos publicistas han logrado gran cantidad de conocimiento específico acerca de cómo funcionan los medios para sus productos, servicios o instituciones sobre la base del mercado de prueba. Otros han llegado a conclusiones acerca de qué tan bien utilizar los medios con base en su propia y amplia experiencia; muchos publicistas aceptan fácilmente sus resultados por encima de los que producen los estudiosos de la administración.

La figura 9.7 indica el nivel de adopción de la tecnología de sistemas para algunas aplicaciones específicas. Existen cuatro líneas principales de desarrollo: modelos de recuperación y estimación, de optimización, de simulación y de compra de medios.

Modelos de recuperación y estimación

El computador permite almacenar y recuperar ingentes cantidades de datos en un formato significativo. Existen compañías que reúnen una gran cantidad de información referente a sus clientes y también compran datos acerca de las características, comportamientos y estilos de vida de los consumidores. Algunos programas de computador pueden combinar estos datos con los de utilización de los medios para crear

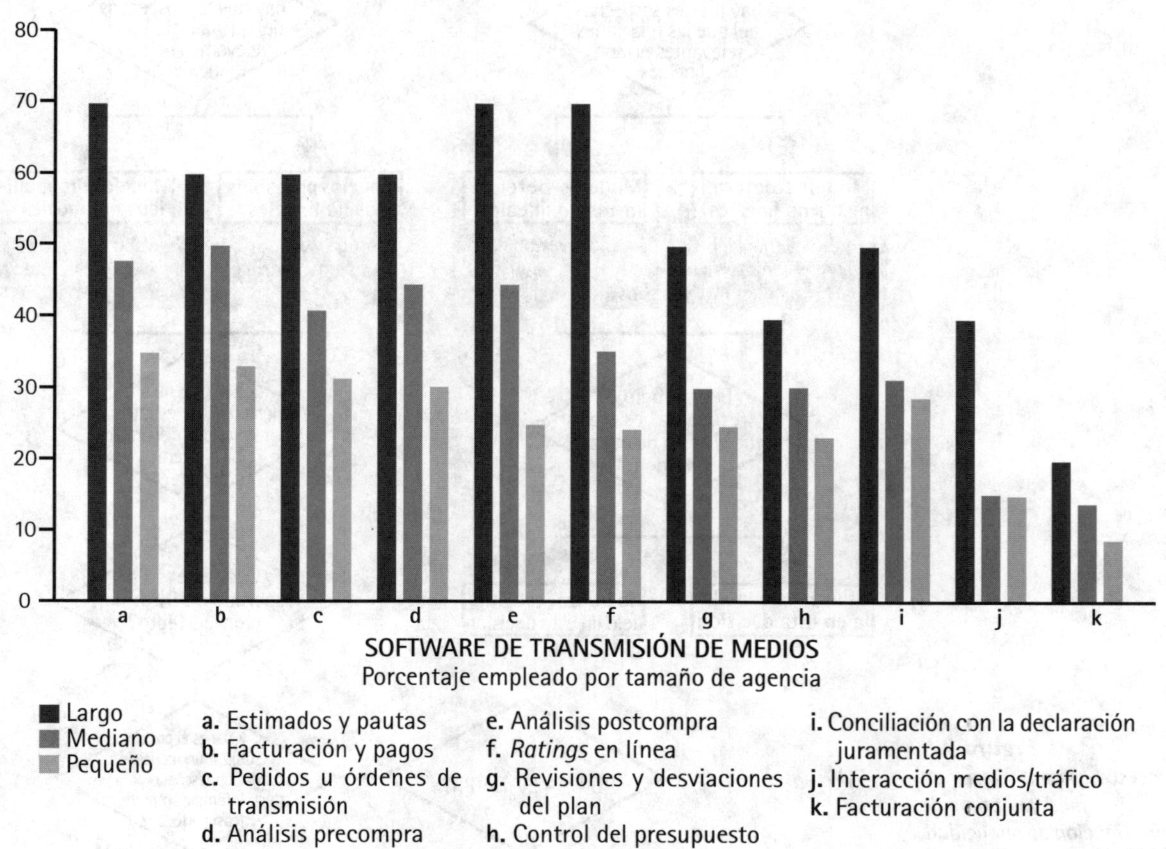

Figura 9.7

Utilización de la tecnología de los medios en la Agencia
Marketing & Media Decisions (October 1989): 54. Utilizado con autorización.

pautas o campañas alternas y calcular el costo relevante por millar. Estos modelos de computador también pueden estimar el potencial de cada medio por separado, al igual que de diferentes combinaciones.

Modelos de optimización

Los modelos de optimización buscan modificar datos según las características de la audiencia, medidas de alcance y frecuencia para eliminar problemas de relaciones irrelevantes, y otros. Los datos modificados se pueden comparar, y posteriormente seleccionar el plan óptimo. En la figura 9.8 se presenta un modelo de esta clase. Nótese que para la investigación es imposible elaborar información "perfecta"; su propósito es producir mejor información que de la que se disponía previamente.

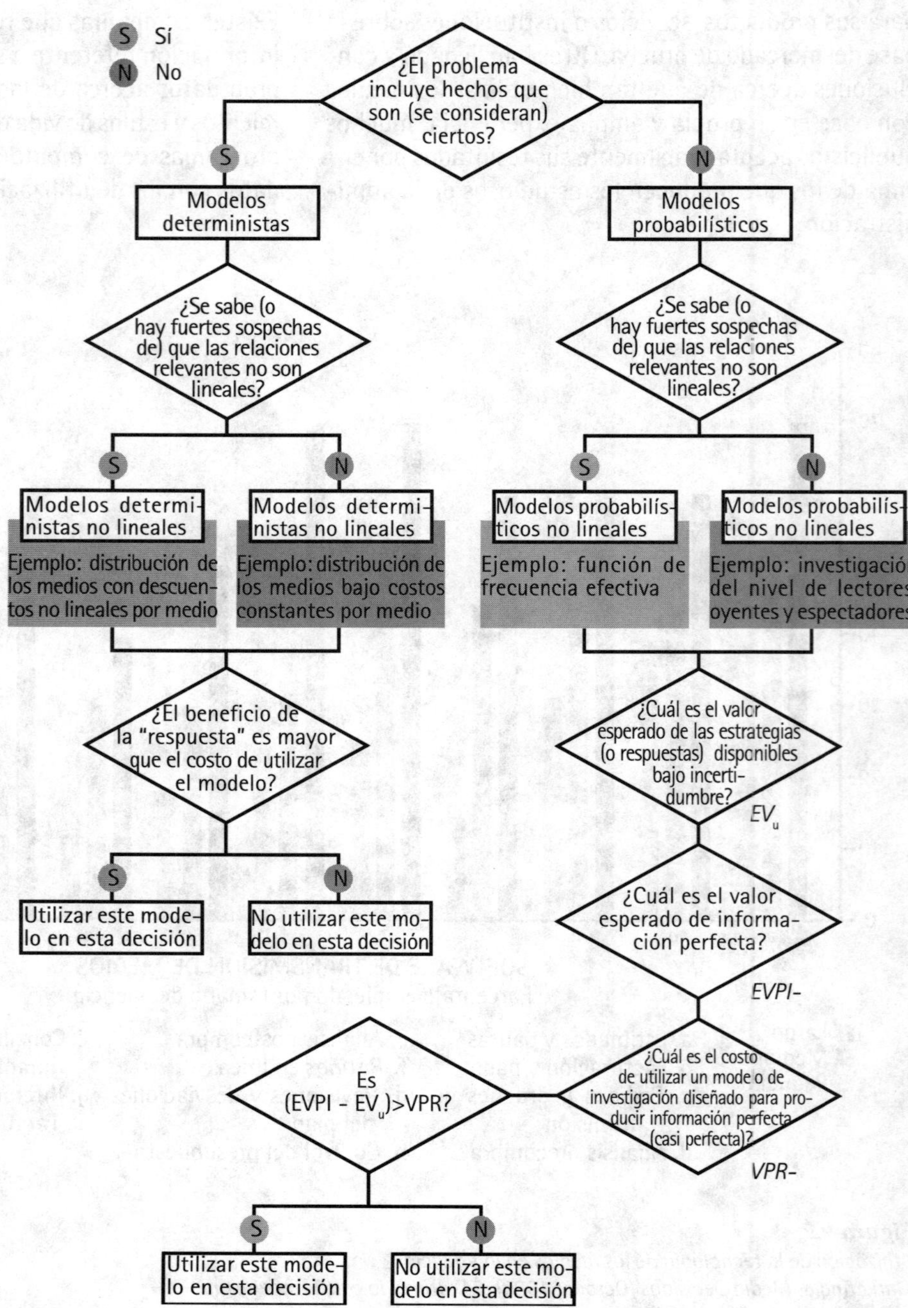

Figura 9.8
El proceso para seleccionar un modelo óptimo de investigación de publicidad. Anthony F. McGann and J. Thomas Rusell, Advertising Media, 2 ed., (Homewood, IL: Richard D. Irwin, 1988): 44. Utilizado con autorización.

Modelos de simulación

Estos modelos comparan los planes de medios al simular sus efectos sobre el comportamiento del consumidor típico como compra, visitas a almacenes, redención de cupones y solicitudes de información. Los modelos permiten a los planificadores de medios comparar muchos planes sin comprometerse con uno real. Incluso, los modelos pueden especificar segmentos particulares del mercado y hacer comparaciones entre ellos.

Los modelos de simulación no pueden eliminar la dificultad de comparar los medios. Seleccionar las características del consumidor apropiado no es fácil. Estas técnicas tampoco tienen en cuenta el impacto de múltiples combinaciones de medios o el deterioro del efecto de éstos.

Modelos de compra de medios de comunicación

El procesamiento real de las compras de medios, junto con la facturación, sigue siendo una de las dimensiones más arcaicas de la planeación de medios. Sin embargo, las barreras para la compra eficiente de medios no son tecnológicas sino humanas. Los representantes de ventas quieren conservar sus trabajos, los usuarios se rehúsan a suspender un documento de transacción y las compañías no quieren asumir los costos de desarrollar los estándares necesarios para intercambiar datos de manera electrónica. Sin embargo, se han logrado algunos avances.

Con Media Management Plus, por ejemplo, las agencias pueden explorar cuáles son los mercados con segmentos de audiencia selecta, obteniendo tanta o más información que la que tienen. Las agencias también pueden comprar análisis postcompra y comparaciones línea a línea, o pedidos y declaraciones juramentadas. Con este sistema, Pizza Hut controla las compras de sus 26 agencias regionales en 160 mercados de televisión.

Otro producto que une a comprador y vendedor es Hot-Net, un sistema que vende Info-Edge. Hot-Net suministra una lista de inventarios perfectamente actualizados y de productos disponibles; además, permite el correo electrónico mediante CompuServe, un servicio público de carteleras con información e intercambio de datos[9].

Repaso de conceptos

Con el advenimiento del computador, la planeación de medios ha adoptado varios tipos administrativos.

1. Modelos de recuperación y estimación que reúnen grandes cantidades de datos de la audiencia y de los medios, combinándolos con pautas alternas de medios y estimando la efectividad y el costo de cada uno.
2. Los modelos de optimización constituyen una forma sistemática para seleccionar y modificar información relacionada con los medios.
3. Los modelos de simulación permiten la comprobación de diferentes estrategias de medios sin comprometer los recursos reales.
4. Los modelos de compra de medios en realidad constituyen las compras de medios específicos, teniendo en cuenta todas las contingencias posibles en este proceso.

Caso 9

Crayola en la senda del regreso

Antecedentes

¿Qué se puede hacer cuando el producto líder parece haber llegado al final de su ciclo de vida, cuando los clientes han cambiado hacia sustitutos más modernos y novedosos y cuando el nombre de marca parece destinado a despertar sentimientos de nostalgia antes que de emoción? Algunas compañías permiten que el producto muera y tratan de alcanzar el éxito con artículos nuevos y diferentes. Otros recapacitan en el enfoque dado y tratan de ampliar su presentación.

Eso es lo que Binney & Smith, fabricantes de los crayones Crayola, decidieron hacer en 1990. La compañía había funcionado bien durante años con la venta de sus productos a los padres; los padres compraban los crayones porque los consideraban (y así los promovía la compañía) como una herramienta educativa y porque recordaban lo divertido que era trabajar con ellos cuando eran niños. Sin embargo, la cultura cambia con tal rapidez que, con frecuencia, los niños de hoy no utilizan los juguetes que divirtieron a sus padres y aunque éstos aún toman la mayor parte de las decisiones de compra con respecto a los juguetes de sus hijos, los chicos influyen más en esas decisiones y sobre los gastos de sus padres que las generaciones anteriores.

Enfocar diferentes mercados

Por tanto, ahora Crayola está comercializando su producto tanto con los niños como con los padres. Su primer anuncio orientado de manera directa hacia los niños se llamó "Crayola Rock'n Rolls". Recurriendo a este enfoque de MTV, el comercial utiliza música rock, colores que atraen las miradas, niños saltando, y se transmite en los momentos en que hay mayor posibilidad de que los niños más pequeños estén viendo televisión.

Al mismo tiempo, la compañía comenzó una nueva campaña dirigida a los padres; el lema hace énfasis en la nostalgia, tratando de evocar recuerdos agradables de sus primeros años; "Crayola. La niñez no es niñez sin ella". Sin embargo, el *copy* (texto) que se presenta en revistas para padres y mujeres se enfoca en el rol de los padres, haciendo énfasis en el poco esfuerzo que se requiere para trabajar con los crayones.

Con los dos extremos de la edad cubiertos, Crayola también está llegando al punto medio. Ahora fabrica ColorWorks, plumas de colores, lápices y crayones borrables, todos ellos dirigidos a la audiencia juvenil. Por tradición, los niños dejan los crayones alrededor de los 7 años pero Crayola espera que los jóvenes decidan que colorear es refrescante y hagan sus afiches con las plumas ColorWorks.

Controversia en el cambio de color

El movimiento que causó más polémica en la compañía fue cambiar los colores por primera vez en 32 años. Un estudio demostró que los niños, bajo la influencia de los colores fuertes y artificiales en la mayor parte de la cultura, querían colores más brillantes. Por eso, Crayola remplazó ocho de los tonos más antiguos y suaves con tonalidades más brillantes y atrayentes. La respuesta fue similar a la bienvenida que recibió la introducción de la nueva Coca-Cola. Muchos padres se extrañaron ante la pérdida de sus colores favoritos aunque sus hijos prefirieran los nuevos. Así, Crayola, partiendo de la lección de Coca-Cola, reintrodujo los colores clásicos, complaciendo a todos y disfrutando de la publicidad gratuita.

Es demasiado pronto para decir cuánto sobrevivirán los crayones en un mundo de videojuegos y Tortugas Ninja. Sin embargo, al replantear su producto y desarrollar una campaña variada en los medios, Binney & Smith han dado a su más importante producto una oportunidad para luchar.

Preguntas sobre el estudio de caso

1. Con la información suministrada en el caso 9, señale las consideraciones tácticas y estratégicas que se han de evaluar para desarrollar un plan de medios.

2. ¿Qué otras alternativas podrían haber funcionado para Crayola?

Fuente para el estudio de caso: "Bright Ideas for Crayola Ads," *Adweek* (September 10, 1990): 64.

Síntesis

La importancia de un plan de medios bien desarrollado no puede subestimarse. El plan comienza con el análisis de la situación que evalúa los factores ambientales que tienen importancia para apoyar el plan de medios. El paso siguiente es determinar los objetivos; por lo general, se establecen en términos de alcance, frecuencia, continuidad y costos. Los objetivos de los medios conducen a la estrategia correspondiente la cual, a su turno, señala la dirección de las tácticas. La estrategia de medios incluye varias actividades: describir la audiencia objetivo, determinar los requerimientos para la dispersión del mensaje y su concentración, identificar las cualidades inherentes necesarias para los medios, y analizar las implicaciones del contenido del mensaje. Las tácticas de los medios tienen que ver con tres decisiones: la primera es evaluar las alternativas de los medios con base en factores de cantidad y calidad; la segunda es seleccionar los medios específicos y la tercera es determinar el presupuesto.

El capítulo concluye con un estudio sobre cómo el computador se ha convertido en parte integral de la planeación de medios; se analizaron cuatro técnicas asistidas por computador: modelos de recuperación y estimación, modelos de optimización, modelos de simulación y modelos de compra de medios.

Preguntas de análisis

1. Explique por qué se da tanta importancia a desarrollar un plan de medios excepcional. Describa las dos etapas en la planeación de medios.
2. Suponga que usted forma parte de un comité que va a elegir el mejor plan de medios entre varias alternativas propuestas. Los otros miembros están a favor del plan A porque llega a más personas, al menos una vez y casi al mismo costo que los otros planes. ¿Qué les diría usted para convencerlos de que un juicio con base en ese criterio está errado?
3. ¿Cómo podría evaluar usted la distribución de la frecuencia de exposición que un plan de medios dado transmite?
4. ¿Qué significan los términos *alcance, frecuencia* y *continuidad?* ¿Por qué estos elementos tienen tanta importancia para el planificador de medios? Explique el concepto de *gross rating point* (GRP) y demuestre cómo se deduce.
5. Defina qué es *alcance efectivo* y *frecuencia efectiva.* ¿Cómo se diferencian estos términos de *alcance* y *frecuencia*?
6. ¿Cuáles son los problemas que aparecen cuando se ejecuta la estrategia de medios?
7. Explique la diferencia en determinar la eficiencia relativa entre los medios en oposición a la eficiencia relativa dentro de los medios.
8. ¿Por qué la determinación del presupuesto es la última etapa y no la primera para ejecutar la estrategia de los medios?
9. Muchos publicistas se basan en la información que suministran los medios, en la experiencia y en su propia valoración para evaluar los medios. ¿Puede usted explicar por qué no se utilizan consideraciones objetivas?
10. ¿Cuántas repeticiones son suficientes? Explique.

Proyectos sugeridos

1. Establezca contacto con una empresa local y diseñe una pauta de medios para ésta por un año.
2. Investigue el departamento de medios de cinco agencias de publicidad. Pregúnteles acerca del uso que hacen de los computadores en la planeación de medios y escriba un informe con sus resultados.

Referencias

1. Bickley Townsend, "The Media Jungle," *American Demographics* (December 1988): 8.
2. Anthony F. McGann and J. Thomas Russell, *Advertising Media,* 2 ed., (Homewood, IL: Irwin, 1988).
3. J. M. Agostine, "How to Estimate Unduplicated Audiences," *Journal of Advertising Research* (March 1961): 11-14
4. David A. Aaker and John G. Myers. *Advertising Management,* 4 ed., (Englewood Cliffs, NJ: Prentice-Hall, Inc. 1990).
5. Michael J. Naples, *Effective Frequency: The Relationship Between Frequency and Advertising Effectiveness* (New York: Association of National Advertisers, 1979): 79.
6. Herbert E. Krugman, "What Makes Advertising Effective?" *Harvard Business Review* (March/April 1975): 96-103.
7. Dennis H. Gensch, "Computer Models in Advertising Media Selection," *Journal of Marketing Research,* 5 (November 1968): 423-4.
8. Joe Mandese, "The Merge/Purge Program," *Marketing and Media Decisions* (October 1989): 48-50.
9. Cathy Madison, "Media Buyers Plug Into Electronic Deal-Making," *Adweek* (April 30, 1990): 27.

Lecturas adicionales

1. Arnold Barban, Donald W. Jugenheimer, and Peter B. Turk, *Media Research Sourcebook and Workbook* (Lincolnwood, IL: NTC Business Books, 1989).
2. Robert W. Wall, *Media Math: Basic Techniques of Media Evaluation* (Lincolnwood, IL: NTC Business Books, 1987).
3. Rachel Kaplan, "What Can Media Planners Expect in the 1990s?" *Inside Print* (January 1989): 51.
4. Jack Sissors and Lincoln Bumba, *Advertising Media Planning* (Lincolnwood, IL: NTC Business Books, 1988).
5. Bradley Johnson, "Nestlé U.S. Units Join for Media Clout," *Advertising Age* (January 14, 1991): 3, 46.
6. John Masterton, "The New Negotiators," *Media Week* (July 22, 1991): 16-19.
7. Greg Clarkin, "Buying by Bytes," *Marketing and Media Decisions* (May 1990): 44-45.
8. Joe Mandese, "The Biggest Game in Town," *Marketing and Media Decisions* (May 1990): 35-43.
9. Stanley E. Cohen, "The Dangers of Today's Media Revolution," *Advertising Age* (September 30, 1991): 18.
10. Gary Levin, "Meddling in Creative More Welcome," *Advertising Age* (April 9, 1990): S1.

Capítulo 10

La venta personal

Consideración:

Kimberly-Clark cuenta con su fuerza de ventas

Kimberly-Clark, en otro tiempo un gran productor de papel, ha tenido éxitos desiguales en la rama de productos para el consumidor. En la década de 1970, la empresa casi se dio por vencida en el negocio de los pañales desechables porque su marca Kimbies no se vendía bien, pero fue entonces cuando lanzó los pañales Huggies, ahora líderes en el mercado. En 1984, decidió retirarse casi por completo del mercado de papel higiénico cuando dejó de producir la marca Kleenex Boutique. Al mismo tiempo, la compañía dijo que quería dedicar su capacidad de fabricación a las toallas de papel y los pañuelos faciales, dominados por su marca Kleenex.

De modo que cuando Kimberly-Clark decidió, en 1990, reingresar al mercado del papel higiénico pareció una opción a la vez sorprendente y riesgosa. El mercado general sólo está creciendo tanto como la población, de manera que las ventas de un nuevo producto únicamente podrían crecer si hicieran cambiar a los compradores de otras marcas premio o si los convencidos de la economía de marca comenzaran a pagar más. La competencia en el mercado del papel higiénico de alta calidad es feroz. Procter & Gamble comanda 30% del mercado con sus marcas White Cloud y Charmin, y gigantes de la industria como Scott Paper y James River también ofrecen productos fuertes en el mercado.

Kimberly-Clark realizó sus movimientos enfocando dos aspectos fuertes principales. Uno es su nuevo proceso de fabricación, del cual la compañía afirma que seca el papel por compresión, haciéndolo más suave que con los rollos de secado que se utilizan en la industria estándar.

Más importantes aún es que la empresa cuenta con su fuerza de ventas, conocida por su excelente entrenamiento, agresividad y creatividad. Como señala un analista del mercado: "Ellos llevarán su producto a los estantes".

La utilización que hace Kimberly-Clark de su fuerza de ventas es inusual. A diferencia de algunos de sus competidores, vincula a sus vendedores en muchas facetas de marketing, en especial la promoción. Su fuerza de ventas fue un instrumento en la selección del nombre, la forma y las características del tejido de los pañales Huggies; influye en las decisiones de la empresa acerca de los negocios que se dan a los distribuidores, los cupones y los descuentos que se ofrecen con el nuevo producto. En ocasiones, los vendedores incluso tienen algo que decir con respecto al *copy* de publicidad.

Con todo esto, la confianza de la compañía parece bien fundamentada. En un mercado difícil y competitivo, el nuevo producto ganó una participación de 9% del mercado en el primer año.

Fuente: Marj Chaslier, "Kimberly-Clark Enlivens Market for Toilet Paper," *The Wall Street Journal* (July 23, 1990): B1.

Los esfuerzos de ventas de Kimberly-Clark ilustran un punto clave de esta obra: el esfuerzo promocional deberá desarrollarse dentro de una estrategia total. La venta personal y otras actividades promocionales se unen en una estrategia efectiva; la publicidad y las promociones de ventas facilitan el trabajo de los vendedores, y la comunicación entre éstos y los demás integrantes del proceso promocional garantiza que los esfuerzos se complementen entre sí.

Pocas compañías logran la coordinación que se ilustra en la sección inicial de este capítulo. Los individuos que trabajan en la venta personal están separados del personal de promoción, no sólo en los organigramas sino por diferencias intrínsecas. La mayoría de vendedores ven los otros aspectos de la promoción como actividades que pueden ayudar a la preventa de un producto, pero que no logran mucho más. Las agencias de publicidad rara vez consideran las necesidades y sugerencias de los vendedores y éstos, a su turno, prestan muy poca atención a las campañas de publicidad.

La única manera de que la venta personal se integre con otros aspectos de la promoción es a través de los esfuerzos concertados de la gerencia general. Buena parte del problema de integración puede surgir al no entender qué hacen los vendedores. Antes de considerar cómo deberán dirigir los esfuerzos de ventas y cómo combinarlos con otras herramientas promocionales, se debe comenzar con una descripción del trabajo de la venta personal.

Comprender la venta personal

La venta personal es el método promocional básico que se utiliza para aumentar las ventas. Aunque otros elementos de la mezcla promocional contribuyen, con frecuencia su impacto es indirecto. Este no es el caso de la venta personal, en donde la subsistencia del individuo depende del cierre de ventas. Este hecho se enfatiza por el tamaño masivo de la venta personal. Son millares las personas que se emplean en publicidad, mientras que en la venta personal esa cifra llega a millones.

Existen varias definiciones de venta personal. Una bastante directa afirma que la **venta personal** es la presentación cara a cara de un producto o una idea ante un cliente potencial por parte de un representante de la compañía u organización.

Esta definición aclara una diferencia esencial entre la venta personal y otras herramientas promocionales: la venta personal incluye un tipo de comunicación que es muy diferente de la masiva que caracteriza la publicidad, la promoción de ventas y las relaciones públicas. En la venta personal, la información se presenta directamente, existe una retroalimentación inmediata y también se pueden hacer ajustes en el acto.

La venta personal difiere de los demás elementos de la promoción en otros dos aspectos de gran importancia. Primero, la labor y los problemas de la venta incluyen, en primer lugar, las relaciones interpersonales. En publicidad, por ejemplo, el creativo desarrolla el concepto y el tratamiento de la campaña. En la venta, esto se realiza por medio de las relaciones entre los vendedores y sus clientes, sus supervisores y otros miembros de la organización. Segundo, históricamente, la función de ventas se ha separado, desde el punto de vista organizacional, de las otras áreas de un negocio, incluida la publicidad.

Detrás de estas generalizaciones acerca de la venta personal existen muchas variaciones en tareas, estilo y medidas del éxito. En el resto de esta sección, se estudiarán varios tipos de ventas, las diferentes tareas de los vendedores y los muchos factores que pueden influir en su éxito.

Tipos de ventas

Dos trabajos de ventas no son exactamente iguales; auncuando tengan el mismo nombre y descripción, la manera de realizar cada uno de ellos puede ser diferente. Con todo, se puede utilizar una variedad de bases para establecer categorías de tipos de trabajos de ventas. La siguiente tipología ofrece algunas diferencias importantes[1]:

1. *Ventas por respuesta o sensibilidad.* El vendedor reacciona ante las exigencias del comprador. En este caso, los dos principales tipos son los conductores-repartidores y una gran parte de la venta al por menor. Los conductores que distribuyen bebidas gaseosas o combustibles y los dependientes en almacenes de electrodomésticos o vestuario, son ejemplos.
2. *Venta comercial.* Como en la venta por respuesta, el vendedor es, en primera instancia, quien toma los pedidos pero con más énfasis

en el servicio. La venta comercial incluye llamar a los distribuidores, tomar pedidos, enviar el producto, realizar presentaciones y rotar inventarios. Este tipo de venta predomina en las industrias de productos alimenticios, textiles, vestuario y artículos para el hogar. En el capítulo 6 se explica qué tareas especiales, como el montaje del punto de compra del producto en los almacenes, corresponden a este tipo de vendedor. Con frecuencia, éstos son parte integral de las negociaciones conjuntas de apoyo o soporte.

3. *Venta de misión empresarial.* Aunque los vendedores de misión por lo general no toman pedidos, hay ocasiones en que deben hacerlo. Sin embargo, su responsabilidad primaria es explicar un nuevo producto ("religión") al mercado antes de que el producto total esté disponible (la "iglesia institucional"). El ejemplo clásico de un vendedor de misión empresarial que toma el pedido, además de explicar el producto, es el visitador médico que llama a los galenos con el fin de ofrecerles nuevos medicamentos. El vendedor de misión entrega a los médicos muestras gratuitas de la droga y los anima a darlas a los pacientes y anotar los resultados. El vendedor espera que los médicos prescriban esa droga en particular cuando atiendan a futuros pacientes.
4. *Venta técnica.* El vendedor resuelve los problemas de los clientes a través de su pericia y experiencia. La venta técnica es común en productos industriales como productos químicos, maquinaria y equipo pesado. La habilidad del vendedor para identificar, analizar y resolver los problemas de los clientes es esencial. En general, los vendedores técnicos llaman a los clientes potenciales que han identificado un problema y esperan que la compañía del vendedor les ofrezca posibles soluciones.
5. *Venta creativa.* El vendedor "toma pedidos" y enfatiza y estimula la demanda de los productos. Este tipo de venta suele relacionarse con nuevos productos o con uno existente que se va a introducir en un mercado nuevo. El vendedor debe convencer a los clientes potenciales de que tienen un problema, de que ese problema es serio y de que el producto o el servicio del vendedor es la mejor solución. Todos los vendedores que trabajan para Procter & Gamble Co., Compaq Computers y Arthur Anderson Consulting realizan ventas creativas. Por ejemplo, un representante de ventas que trabaja en la división de productos para salud y belleza de P&G hace varias presentaciones de ventas ante los gerentes de compra de supermercados con el fin de vender el champú Head and Shoulders 2 en 1.

El proceso de la venta personal

Las actividades particulares que se asocian con la venta personal varían en cierta forma de una compañía a otra, pero, en general, incluyen los siguientes pasos:

1. Alcanzar conocimiento
2. Ubicar clientes potenciales
3. Preparar la venta: pre-enfoque
4. Enfocar la presentación de ventas
5. Hacer la presentación de ventas
6. Hacer el seguimiento con las actividades postventa.

Alcanzar el conocimiento. Los vendedores modernos deben estar equipados con hechos y cifras. Necesitan un amplio conocimiento de los motivos, las características y el comportamiento del comprador, al igual que de información específica sobre su propia compañía, sus productos y la competencia[2]. La cantidad y clase de información necesaria depende del tipo y la línea del producto, las características del cliente, la estructura organizacional y la categoría de venta. Si una compañía tiene una línea de producto muy sencilla y pocos competidores, el grado de conocimiento del trabajo se podría mantener en un nivel básico. Por el contrario, los vendedores de compañías como Dow Chemical, que cuenta con líneas de producto extensas y muchos competidores, necesitan un entrenamiento técnico amplio con el fin de comprender sus productos, cómo los utilizan los clientes, y los aspectos fuertes y las limitaciones de los productos de sus competidores.

Ubicar clientes potenciales. Localizar nuevos clientes potenciales y luego obtener autorización para hacer una presentación de ventas son actividades claves para un vendedor. La ubicación de compradores es una tarea continua porque los clientes reales siempre se pierden por transferencias y retiros de los vendedores, y por la agresividad de los competidores; entre tanto, nuevos compradores entran de manera constante al mercado. Los estudios estiman que el vendedor típico gasta cerca de 30 minutos diarios en conseguir nuevos clientes y que entre 20% y 25% de sus llamadas son para ellos[3].

Los métodos y recursos para conseguir nuevos clientes varían según los diferentes tipos de ventas. Sin embargo, los métodos más comunes para conseguir clientes son los siguientes:

1. *Preguntas.* La mayor parte de las compañías recibe una sólida información de posibles clientes a partir de su publicidad, llamadas telefónicas y catálogos.
2. *El método de la cadena sinfín.* El vendedor obtiene, por lo menos, un cliente potencial de cada persona que entrevista.
3. *Método del centro de influencia.* Esta es una modificación del método de la cadena sinfín, en el cual el vendedor cultiva personas en el territorio, quienes pueden suministrarle información sobre posibles clientes.
4. *Muestras públicas, demostraciones y exhibiciones comerciales.* Con frecuencia, las personas que asisten a estos eventos ya están interesadas en el producto.
5. *Listas.* Los representantes de ventas pueden elaborar listas de clientes potenciales por su propia cuenta, mediante referencias de fuentes como registros públicos, directorios telefónicos clasificados y listas de miembros de clubes.
6. *Amigos y relacionados.* Con frecuencia, estas personas son una fuente de clientes potenciales para nuevos representantes de ventas.
7. *Métodos de investigación en frío.* El vendedor hace llamadas a cada persona o compañía que pertenece a un grupo en particular.

Una parte clave del trabajo de conseguir clientes potenciales es calificar a la persona para determinar si lo es o no. Las respuestas a las siguientes preguntas ayudarán a determinar quiénes son buenos clientes potenciales:

1. ¿Tiene una necesidad que se puede satisfacer con la compra de mi producto o servicio?
2. ¿Tiene capacidad de pago?
3. ¿Tiene autoridad para decidir la compra?
4. ¿Es posible acercarse a él con facilidad?
5. ¿Es elegible para comprar?

Preparar la venta: el pre-enfoque. A continuación de la etapa de ubicación de clientes potenciales, es necesario descubrir más acerca de los mismos y complementar una idea. Esta tarea se conoce como el pre-enfoque.

Durante esta etapa, los vendedores reúnen información empresarial y personal adicional acerca de los clientes potenciales para calificarlos más adelante; es decir, determinar si un cliente potencial tiene condiciones excepcionales, información personal, historial con la firma, etc. Parte de esta información puede obtenerse con él mismo y el resto mediante charlas con personas conocedoras de la industria. La información reunida durante el pre-enfoque ayuda a los vendedores a determinar el mejor método para los clientes potenciales, identificar áreas problema y evitar errores.

Enfocar la presentación de ventas. A continuación del pre-enfoque, el vendedor comienza el enfoque, el camino a la presentación de ventas. Un enfoque puede tener muchos objetivos pero, en esencia, es la estrategia que se emplea para captar la atención del cliente potencial y hacerlo receptivo. Además, deberá facilitar al vendedor la transición hacia el núcleo de la presentación de ventas. Algunos vendedores utilizan llamadas telefónicas o cartas personales porque reducen el tiempo de espera. Las cartas permiten incluir, por ejemplo, información adicional acerca de los productos, esquemas y especificaciones, que no se pueden comunicar con facilidad por teléfono. Estos métodos para enfocar a los clientes potenciales tienen la desventaja de que los compradores encuentran muy fácil no pasar al teléfono o enviar las cartas al cesto de la basura.

Sin importar cuál sea el método de enfoque empleado, el vendedor debe establecer de manera inmediata una relación de simpatía al entrar a la oficina del comprador. Lograr esa empatía puede suponer varias direcciones. En algunos casos, los comentarios acerca de negocios pendientes, a partir de llamadas de ventas previas, serán de interés para el comprador. Otro método consiste en que el vendedor informe al comprador del beneficio que puede derivar del producto.

Hacer la presentación de ventas. Un enfoque de ventas exitoso es muy importante para hacer la transición hacia la **presentación de ventas,** la parte principal del proceso. El propósito de la presentación de ventas es explicar de manera persuasiva con todo detalle cómo satisface el producto las necesidades del cliente, e informar sobre las características y beneficios del producto.

Hablar acerca del clima, la próxima final deportiva o sobre condiciones del negocio son mecanismos fáciles para comenzar una reunión de ventas con un cliente. Para algunos vendedores, una forma más efectiva de apertura, y que lleva al entendimiento, es iniciar la conversación hablando acerca de la organización o de la persona a quien se llama.

Al final, cada presentación se constituye en la razón de ser del vendedor: el producto. La efectividad de la presentación de ventas depende de que la información que dé el representante de ventas acerca del producto sea creíble. El conocimiento que el vendedor tiene de la cuenta le ayudará a llevar a cabo una presentación más efectiva. Si la llamada es a un nuevo cliente potencial, el conocimiento de organizaciones similares brindará claves sobre cómo desarrollar el relato del beneficio del producto con más oportunidad de ser efectivo.

Estructura de las presentaciones de ventas. Las presentaciones de ventas pueden agruparse en cinco categorías diferentes[4]. La más estructurada es la presentación de ventas "totalmente automatizada". Los vendedores tienen poco que hacer cuando utilizan este método, pues películas, diapositivas o filminas dominan la presentación. El rol del vendedor es colocar la cinta, responder preguntas y escribir el pedido. Los encargados del telemarketing también utilizan esta técnica. Una vez que se califica a una persona, se pasa una presentación de ventas pregrabada. En el método "semiautomatizado" el vendedor lee anuncios preparados como carteleras o folletos; si es necesario, puede añadir comentarios. Una tercera técnica es la presentación de ventas "memorizada" o "enlatada". En este método, el vendedor hace una presentación de la compañía e incluye muy pocos cambios. Las presentaciones de ventas "organizadas" se caracterizan por la completa flexibilidad que tiene el vendedor en relación con el "parlamento". A continuación se presenta un informe preparado de la compañía, aunque el vendedor puede presentar los elementos de ese informe en cualquier secuencia. Las presentaciones de ventas organizadas permiten una mayor participación del consumidor y mejoran la capacidad del vendedor para entender las necesidades y requerimientos del cliente. Por último, las presentaciones de ventas "sin estructura" se diseñan para que el vendedor y el cliente puedan explorar juntos y a fondo el producto y determinar cómo se ajusta éste a las necesidades de la firma compradora. Este tipo de presentación es más efectiva cuando el vendedor y el cliente se mantienen en el problema de interés.

Manejo de objeciones. Una parte integral de la presentación de ventas es determinar las objeciones establecidas por el cliente potencial. Algunos clientes pueden plantear sólo objeciones sin sentido o confusas que no tienen nada que ver con el producto, la compañía o el vendedor. Existe también la objeción que no se menciona, la cual se considera pero no se expresa. En el manejo de objeciones, existen dos preguntas básicas a considerar. ¿Por qué las personas plantean objeciones? ¿Qué técnicas están disponibles para satisfacer estas objeciones? En la tabla 10.1 se plantean algunas de las objeciones más comunes y cómo deberán ser manejadas. Estas técnicas no son específicas y, con frecuencia, los vendedores aprenden a manejarlas mediante el método de ensayo y error.

El cierre. El buen vendedor siempre llega al cierre. Cerrar la venta alude a que el vendedor toma el pedido del comprador. El vendedor debe indagar por el pedido pues, de otro modo, el tiempo se habrá perdido. El cierre es la prueba definitiva de la habilidad en ventas y los ingresos de un vendedor se relacionan, en gran medida, con un cierre exitoso.

Existen varias dificultades asociadas con el cierre de una venta. Muchos vendedores potencialmente exitosos fracasan porque sienten miedo de cerrar. Si nunca tienen que preguntar por el pedido, nunca se les rechazará. Más frecuente es que el cierre no tenga éxito porque la presentación tampoco lo tiene. No se puede esperar que los clientes poten-

Tabla 10.1
Métodos para el manejo de objeciones

Técnicas	Descripción	Ejemplo
Negación directa	Defender la compañía en contra de las críticas	"Señor Jones, sencillamente usted está equivocado en ese punto".
Negación indirecta	Referirse a un tercero que hizo una objeción similar y explicar cómo se resolvió	"El señor Smith expresó una preocupación similar. Llamamos a la casa principal y obtuvimos nuestra respuesta en 10 minutos".
Efecto de bumerang	La objeción se revierte sobre el usuario	"Estoy satisfecho de que usted lo plantee. Ese es exactamente el porqué estoy aquí".
Compensación	Admitir la validez de la objeción y ofrecer una compensación	"Aunque es verdad que no podemos comprometernos en un despacho antes de 72 horas, la calidad de nuestro producto es dos veces mayor que la marca X".
Pasar por alto	Considerar que la objeción no es válida	"Retrocedamos y hablemos acerca de algunas características esenciales".
Pregunta	Preguntar y escuchar	"¿Cuánto planeó invertir?"

ciales compren si no entienden la presentación o si no pueden ver los beneficios que obtendrán como resultado de la compra. Por último, puede ser que un vendedor no tenga cualidades para hacer un buen cierre. Algunos vendedores se sienten tan fascinados por el sonido de su propia voz que terminan disuadiendo ventas que ya tenían hechas.

Una pequeña inclinación de cabeza, un guiño y una sonrisa pueden interpretarse como señales de que un cliente está listo para comprar. Cuando se presenta una de estas señales, el vendedor no deberá dudar en intentar el cierre de la venta. La idea básica es incorporar unos pocos cierres de prueba en la presentación de ventas. Un *cierre de prueba* deberá hacerse en forma de pregunta y el comprador deberá responderla con una opinión:"¿Tiene alguna otra pregunta?" o "¿A dónde debemos ir?"

Hacer el seguimiento con actividades postventa. Un trabajo de venta efectivo no termina cuando se escribe el pedido. Los servicios postventa pueden formar una imagen de buena reputación en el cliente y servir como base para muchos años de relaciones comerciales rentables. Estos servicios pueden garantizar nuevos negocios y generar posibles ventas con otros clientes potenciales. Si la instalación mecánica del producto es necesaria, los representantes de ventas se deberán asegurar de que el trabajo se haga de manera apropiada. Es necesario confirmar que el comprador entienda todos los puntos en el contrato de venta y la garantía. Además, los vendedores deberán reasegurar a los clientes de que han tomado la decisión correcta mediante la síntesis de los beneficios del producto, repitiendo por qué es mejor que las demás opciones que se descartaron y señalando cuánta satisfacción obtendrán con el desempeño del producto. En general, todas estas actividades de los vendedores sirven para reducir la ansiedad postcompra de los clientes.

Estilo de comunicación en la venta personal

Para el vendedor no es suficiente presentar sólo la información correcta a los compradores. Hay una forma correcta y una forma errada de vender en persona. A ese conjunto de principios, los autores lo califican como un estilo de venta personal, el cual incluye cinco consideraciones[5]:

1. **Ritmo** es la velocidad a la cual se mueve el vendedor para cerrar la venta. Para el vende-

dor es importante comprender a los clientes de manera que el ritmo no se pierda o los aleje.

2. **Alcance** se refiere a la variedad de beneficios, cualidades y términos de venta analizados. Algunas presentaciones de ventas se diseñan para atraer a todos los clientes y emplean un gran alcance. En los productos con precio elevado y fabricados con ciertas especificaciones, la presentación tiende a contar con un alcance más estrecho, enfocándose en el beneficio más importante para el comprador.
3. **Profundidad de investigación** es la amplitud del esfuerzo del vendedor para aprender los detalles del proceso de decisión del cliente. La profundidad apropiada se afecta por 1) la experiencia previa del vendedor con el cliente potencial, 2) el nivel al cual se involucran varias personas en la decisión de compra y 3) la disposición del cliente potencial hacia el producto antes de la presentación[6].
4. La oportunidad de una comunicación biunívoca entre el cliente y el vendedor refleja un principio simple en la venta personal: la comunicación bidireccional debe iniciarse y mantenerse, los vendedores en realidad deben escuchar para equiparar el producto con las necesidades del cliente.
5. La variedad de presentaciones que afectan los sentidos. Debido a que es muy difícil que los compradores visualicen productos complejos o intangibles, carteleras, diapositivas, demostraciones del producto, propuestas por escrito y demás, ayudarán a los clientes a ver los beneficios del producto.

En la sección **Un enfoque de promoción** se describe un tipo muy elaborado de presentación sensorial, de modelos a escala. Estos modelos son efectivos para demostrar el producto y para ofrecerlo como un premio para recompensar al cliente potencial por escuchar la presentación.

Un modelo de venta personal

Comprender cómo realiza el vendedor su trabajo, ayuda al gerente de marketing a emplear la venta personal como parte de la estrategia de marketing. Sin embargo, la relación entre el comprador y el vendedor es sólo una parte del ambiente que forma la efectividad de la venta personal. Al unir su conocimiento de marketing con los resultados de su investigación, Enis y Chonko desarrollaron un modelo de venta personal que trata de identificar los factores que influyen en el proceso[7].

En la figura 10.1 se presenta el modelo Enis-Chonko, el cual incluye cinco elementos, tres tipos de relaciones de ventas y cuatro tipos de relaciones de proceso. Los *elementos* en la venta personal, de acuerdo con este modelo, son los siguientes:

- El *vendedor* es el elemento más importante
- El *mercado* consta de los compradores a quienes busca agradar el vendedor
- La *organización* que suministra el producto que se ha de vender
- El *ambiente de ventas* incluye características físicas (como edificios, calles y clima) y características institucionales (negocios, escuelas y hospitales, por ejemplo)
- La *tarea de ventas*, en otras palabras, es responsabilidad del vendedor.

Entre estos elementos se presentan tres tipos de *relaciones personales*, como se ilustra en la figura 10.1:

- Las *relaciones intrapersonales* son las características individuales del vendedor (cualidades, actitudes y capacidades) que influyen en su éxito o su fracaso. La investigación sugiere que simpatía, ego y eficiencia son rasgos significativos entre los vendedores de éxito. A mayor similitud que haya entre las características de vendedor y comprador, mayor posibilidad hay de que se realice una venta[8].
- Las *relaciones interpersonales* se presentan entre el vendedor y los compradores en el mercado y entre el vendedor y otros miembros de la organización. La investigación sugiere dos características en una relación establecida por vendedores de éxito: 1) los vendedores ven a los compradores como participantes activos y no como objetivos pasivos sobre los cuales se debe actuar, y 2) los vendedores hacen que los compradores potenciales se vean a sí mismos de manera favorable y al vendedor como una persona sincera y en quien se puede confiar[9].

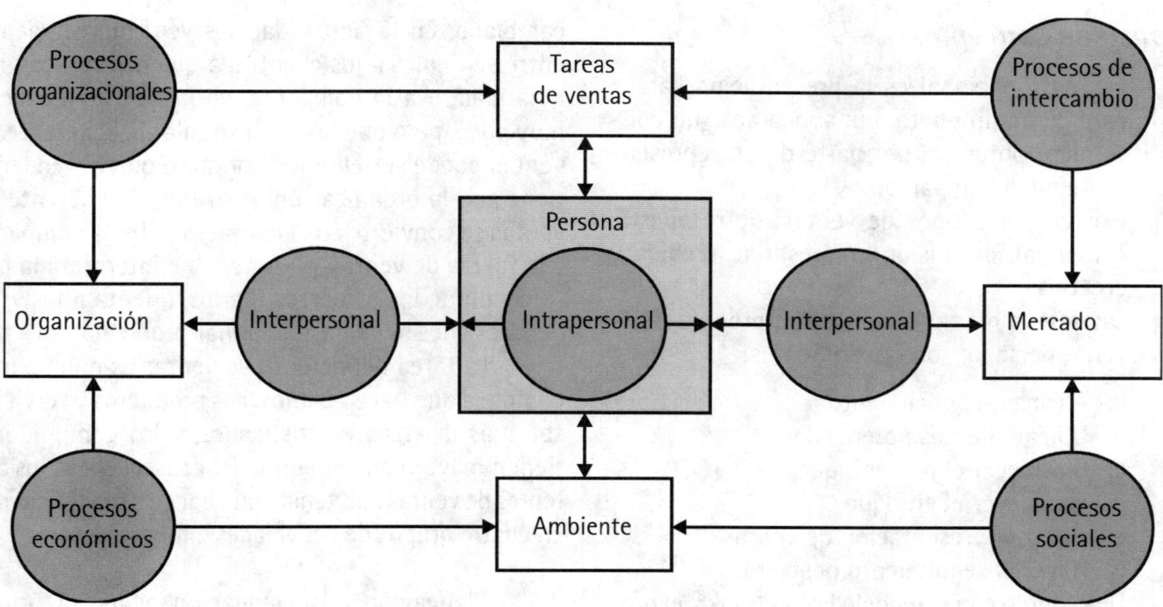

Figura 10.1
Un modelo de venta personal.
Ben M. Enis and Lawrence Chonko, "A Review of Personal Selling: Implications for Managers and Researchers," tomado de G. Zaltman, ed., Annual Review of Marketing (Chicago: American Marketing Association, 1978), p. 277. Reproducido con autorización de American Marketing Association.

- Las *relaciones extrapersonales* son las relaciones entre los vendedores y los grupos (iglesias, clubes, equipos) de los cuales forma parte. Todos los vendedores tienen ciertos roles dentro de la organización y dentro de un entorno social más grande.

Además, se presentan cuatro tipos de *relaciones de proceso* entre los elementos del proceso de ventas:

- Los *procesos organizacionales* incluyen el proceso de producción, el proceso financiero y el proceso de marketing.
- Los *procesos de intercambio* incluyen el intercambio del producto, la propiedad legal para el pago y el intercambio de información acerca de la operación del producto, disposiciones de garantía y sugerencias para mejorar el producto. En la mayor parte de transacciones, el vendedor actúa como catalizador de los procesos de intercambio.
- Los *procesos económicos* se refieren a la competencia y las disposiciones legales. Debido a que los clientes pueden satisfacer sus deseos de diferentes maneras de la de consumir el producto de la organización del vendedor, para éste es importante ver la competencia desde la perspectiva del cliente.
- Los *procesos sociales.* En cualquier sociedad operan tres procesos básicos: 1) procesos demográficos por los cuales la población de una sociedad crece y cambia, 2) procesos estructurales por los cuales las sociedades se organizan para crecer y cambiar, y 3) procesos normativos que incluyen la formación y el cambio de valores.

La importancia del modelo Enis-Chonko no sólo está en que trata de categorizar todos los factores que se presentan en el proceso de la venta personal sino que también brinda un parámetro frente al cual se pueden medir todos los tipos de venta personal[10].

Repaso de conceptos

1. La venta personal es la presentación cara a cara de un producto o una idea ante un consumidor potencial por parte de un representante de la compañía.
2. Existen cinco tipos de ventas: de respuesta, comercial, de misión empresarial, técnica y creativa.
3. Las tareas más comunes en el proceso de la venta personal son las siguientes:
   a. Alcanzar conocimiento
   b. Ubicar clientes potenciales
   c. Establecer el pre-enfoque
   d. Establecer el enfoque
   e. Hacer la presentación de ventas
   f. Hacer el seguimiento postventa
4. De acuerdo con el modelo Enis-Chonko, el proceso de la venta personal incluye lo siguiente:
   a. Cinco elementos primarios: vendedor, mercado, organización, ambiente de ventas y tarea de ventas
   b. Tres tipos de relaciones personales: intrapersonal, interpersonal y extrapersonal
   c. Cuatro tipos de relaciones de proceso: organizacional, de intercambio, económico y social.

Dirigir una fuerza de ventas

La mayoría de ejecutivos de ventas están de acuerdo en considerar que una fuerte supervisión es un ingrediente vital para construir una fuerza de ventas excelente. Una fuerza de ventas típica está compuesta de hombres y mujeres con diferentes niveles de formación y experiencia, con frecuencia, separados de la casa matriz por miles de kilómetros. Por necesidad, muchos vendedores se convierten en la conexión primaria entre el cliente y la compañía. En consecuencia, existe una fuerte tendencia entre los vendedores a ser independientes y mantener una actitud de dirigir su propio negocio. En el pasado reciente, los gerentes de ventas hicieron evidentes esfuerzos por reducir esta independencia solicitando a los vendedores informes a través de reuniones semanales. Debido al alto costo de viajar, junto con las capacidades de comunicación de los *laptop*, este patrón ha cambiado. En la actualidad los vendedores vacilan entre ser leales a los clientes, a quienes ven con regularidad, o a la compañía, en la que permanecen muy poco, pero que les paga su salario. El gerente de ventas puede ser el único contacto que el vendedor tiene con la organización. A su turno, el gerente de ventas se convierte en el contacto entre la compañía y la fuerza de ventas, pues define e interpreta la política, dirige los esfuerzos diarios, orienta a los vendedores y les ayuda a solucionar problemas.

La tarea del gerente de ventas es mucho más compleja que hace 20 años. Los productos y servicios son más diversos y sofisticados, y los compradores tienen mayor conocimiento. En consecuencia, los gerentes de ventas han tenido que hacerse más eficientes en cuatro grupos de actividades empresariales:

1. Planeación. La planeación incluye la formulación de objetivos y estrategias para la venta personal. Al tomar en cuenta factores internos y externos, los gerentes de ventas deberán organizar y planear el esfuerzo de ventas de una firma de manera que sea consistente con otros aspectos del programa de marketing de la compañía.
2. Estructuración del *staff.* La función de selección del *staff* se relaciona con las actividades que los gerentes deben emprender para construir una fuerza de ventas de calidad. Estas actividades incluyen reclutamiento, selección y entrenamiento.
3. Implementación. Este grupo de actividades implica llevar a cabo los planes de ventas de la firma. La implementación incluye el diseño de programas para dirigir el trabajo de la fuerza de ventas hacia el logro de los objetivos de la firma.
4. Control. Este grupo de actividades se relaciona con el desempeño de los vendedores; el cual se debe controlar y evaluar de manera que se puedan hacer los ajustes necesarios en el programa de ventas.

Aunque todas estas actividades son importantes para el éxito del esfuerzo de la gerencia de ventas, algunas lo son más para el esfuerzo general de promoción, por lo cual se estudiarán a continuación.

Un enfoque de promoción:

Mamuts en miniatura

Cuando se es vendedor de Caterpillar, ¿cómo se puede visitar a un cliente potencial y demostrarle el producto, cuando ese producto es tan grande como una casa y pesa 40 toneladas? Imágenes y fotocopias no son muy convincentes: la gente quiere saber cómo se mueve la máquina. Al terminar la presentación, ¿qué puede dejar el vendedor al cliente que sea de más recordación que una pluma o una gorra de béisbol?

Sales Guides de Mequon, Winconsin, tiene las respuestas. La compañía fabrica artículos promocionales como plumas y sombreros, pero su especialidad son los modelos articulados (con piezas que se mueven) a escala en hierro fundido, de equipo pesado como retroexcavadoras, niveladoras, furgones, elevadores o montacargas. El fundador de la compañía, Norman Stern, y su hijo Scott se apresuran a señalar que ellos no venden juguetes. Los modelos se fabrican a partir de bocetos reales en una escala de 1:25 a 1:50, y las cuchillas, cadenas y los sistemas de inclinación, extensión y descarga son exactamente iguales a los de las máquinas reales.

Los modelos no son baratos. Hacer el molde de un modelo puede costar entre US$15,000 y US$40,000, y las miniaturas se venden por separado hasta por US$40. Sin embargo, si el modelo puede ayudar a garantizar la venta de una gran pieza de equipo, es un precio que se paga con facilidad.

Algunos representantes de ventas utilizan los modelos para demostrar las condiciones de una nueva máquina. El gerente de convenciones y muestras de Caterpillar dice: "Las figuras son más que regalos. Son productos de calidad con puntos significativos en cada uno de ellos, de manera que se pueden demostrar ciertas características". Otros los utilizan como una muestra gratis, un accesorio que no se diferencia de los *frisbys* que se ofrecen en los supermercados. Hister, fabricante de montacargas, encuentra que su campaña de correo directo que ofrece modelos, aumenta mucho más el número de compradores potenciales que las campañas sin modelos.

Los representantes de ventas dicen que podrían vivir sin modelos y en realidad, pocas ventas dependen de ellos. Sin embargo, la creatividad de los Stern, al encontrar un método nuevo de promoción, les representa vender entre 75,000 y 100,000 modelos al año. Definitivamente no es un juego de niños.

Fuente: Bill Kelly, "Toys Aren't US," *Sales and Marketing Management Magazine* (August 1986): 56.

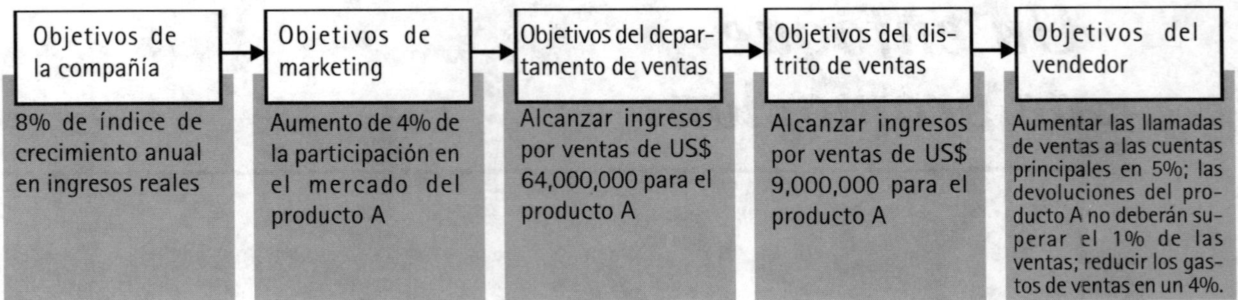

Figura 10.2
Objetivos de la compañía para el crecimiento de ventas, expresados como objetivos específicos para la fuerza de ventas.

Establecer los objetivos de ventas

Los objetivos de marketing y de la compañía en cuanto a crecimiento de ventas, utilidades, participación en el mercado y flujo de efectivo se deben expresar en objetivos más específicos para el departamento de ventas y la fuerza de ventas (*véase* figura 10.2). Objetivos y cuotas brindan enunciados concretos de estas metas. Un **objetivo de ventas** simplemente es el nivel deseado para un producto o una línea de producto dados durante un periodo específico. Una **cuota de ventas** es una parte equitativa del objetivo general y la cual se asigna a un vendedor, un territorio o a algún otro segmento de la operación.

Los objetivos y las cuotas difieren de acuerdo con las circunstancias y los propósitos que se consideren. Las variaciones entre las compañías son considerables, pero la mayor parte de los objetivos y las cuotas se basan en los siguientes aspectos:

- Volumen de ventas. Se establece un nivel específico de ventas como un objetivo básico.
- Actividades. Un objetivo o una cuota se relaciona con actividades que se consideran benéficas para alcanzar el desempeño deseado; por ejemplo, la cantidad de llamadas hechas, nuevas cuentas y presentaciones aseguradas.
- Presupuestos. Un objetivo o una cuota se basan en los ahorros en costos o en los márgenes de rentabilidad.
- Combinaciones. Los objetivos o las cuotas se basan en dos o más de los aspectos anteriores.

Desarrollar objetivos y cuotas de ventas puede verse como una decisión de tres pasos: 1) seleccionar los tipos de objetivos o cuotas a utilizar, 2) determinar la importancia relativa de cada tipo y 3) establecer el nivel de cada uno. La tabla 10.2 ilustra el resultado de este proceso para dos vendedores. Note que para cada persona se calcula un índice de desempeño, quien tenga el índice más alto está haciendo mejor su trabajo.

Motivar a la fuerza de ventas

Se podría suponer que como un vendedor es un adulto con algún nivel de éxito personal y económico, la motivación y la disciplina podrían ser innecesarias. De hecho, estas dos tareas son los aspectos que más tiempo requieren en el trabajo del gerente de ventas. La motivación brinda incentivos positivos; la disciplina incluye el uso de incentivos negativos.

Los gerentes de ventas utilizan varios tipos de motivadores. Entre los más comunes se encuentran los incentivos económicos y adicionales, de seguridad, oportunidad para ascender, un trabajo significativo, *status*, poder personal, autodeterminación y condiciones laborales agradables[11].

Incentivos económicos y adicionales. Existe suficiente evidencia de que las compensaciones monetarias siguen siendo el motivador principal del trabajador promedio. Son pocas las razones para no creer que esta conclusión también es válida para los vendedores. Los incentivos económicos se pueden dividir en dos categorías: *compensación base* y *compensación extra*, la cual incluye incentivos como bonificaciones, programas opcionales (por ejemplo, compra de acciones y reparto de utilidades), trofeos y premios. Durante las épocas de estrechez econó-

Tabla 10.2
Operación de un plan de cuota de ventas

Vendedor	Tipos	Nivel de la cuota	Real	Porcentaje alcanzado	Peso	Peso del porcentaje
Jim Wills	Volumen de ventas	US$300,000	US$270,000	90	2	180
	Nuevas cuentas	10	11	110	1	110
	Llamadas	80	60	75	1	75
				Total:	4	365

Índice de desempeño = 365/4 = 91.25

Vendedor	Tipos	Nivel de la cuota	Real	Porcentaje alcanzado	Peso	Peso del porcentaje
Jill Howell	Volumen de ventas	US$250,000	US$250,000	100	2	200
	Nuevas cuentas	8	6	75	1	75
	Llamadas	75	75	100	1	100
				Total:	4	375

Índice de desempeño = 375/4 = 93.75

mica, el dinero parece ser el incentivo económico más efectivo.

Para atraer y conservar buenos vendedores, el plan de compensaciones se debe ajustar a los requerimientos de los empleados, y para garantizar que los esfuerzos de éstos sean rentables y consistentes con el programa general de marketing de la compañía, el plan de compensación también debe satisfacer los requerimientos de la empresa. Equilibrar estos dos grupos de necesidades no siempre es fácil.

Existen tres tipos básicos de compensación para los vendedores. Una forma antigua y familiar incluye pagar una cantidad fija en cada periodo de pago. El *salario fijo* compensa a las personas por el tiempo que emplean en su trabajo. Este sistema atrae al vendedor que se interesa por la seguridad y cuenta con capacidad para planear sus finanzas personales. No es efectivo para motivar el desempeño excepcional ya que no se dispone de ningún premio. Desde el punto de vista de la compañía, el salario fijo representa un costo de ventas fijo. Dado que un costo se controla y que las ventas son satisfactorias, la carga no es pesada. Sin embargo, si las ventas decaen, un costo de ventas fijo puede convertirse en un problema. Una ventaja adicional del salario fijo es que permite al gerente de ventas exigir a los vendedores que realicen actividades diferentes a las de ventas como diligenciar papelería de la oficina o revisar inventarios, las cuales tienden a evitar cuando se les paga por comisión. Los programas de salarios son más apropiados cuando resulta difícil relacionar los esfuerzos de vendedores individuales con el tamaño o la oportunidad de una venta. De ese modo, estos programas son más comunes en la venta de productos industriales que de productos para el consumidor, como es el caso de varios especialistas de un equipo que venden productos aeroespaciales complejos a líneas aéreas y al gobierno. El salario también es apropiado en situaciones en las cuales los productos se venden previamente a través de publicidad o promoción de ventas y el vendedor, en esencia, toma los pedidos.

El segundo método de compensación es la *comisión fija.* Bajo un plan por comisiones, los vendedores reciben un porcentaje de ingresos fijo o proporcional con base en su volumen de ventas o en su contribución a las utilidades. La comisión premia a los empleados por tomar pedidos; además, los motiva para superar los estándares de productividad establecidos. Como el salario se relaciona de manera directa con esa rentabilidad, este plan de compensación virtualmente se paga por sí mismo. Por otro lado, para los vendedores es difícil vivir con un programa de comisión fija si están en un periodo lento o les toma un poco más de tiempo comenzar su trabajo. Sin embargo, para vendedores de éxito y con experiencia que no desean tener ningún límite sobre sus ingresos, la comisión fija es un incentivo poderoso.

La comisión fija funciona mejor cuando se necesita un máximo incentivo y se requiere un mínimo de servicios postventa y de trabajo de misión. Esta situación existe en la mayor parte de las organizaciones que venden artículos para el hogar y cosméticos puerta a puerta. Mary Kay Cosmetics, Tupperware, Avon y Amway utilizan programas de comisión fija. Las comisiones también son populares en la venta al por menor de automóviles y camiones. Otros tipos de negocios que utilizan planes de comisión fija incluyen seguros de vida, finca raíz, corretaje de acciones, venta de ropa al por mayor y la industria tipográfica.

El *plan combinado* trata de eliminar las limitaciones de los programas de salario fijo y de comisión fija, y de conservar sus ventajas. El salario base del vendedor suele ser bastante alto como para brindar la estabilidad económica que desea el empleado; además, es bastante bajo como para que su carácter de costo fijo no afecte demasiado a la firma durante periodos de disminución de las ventas. Además del salario base, por lo general, se paga un incentivo en forma de comisión sobre las ventas que superen una cuota establecida.

El beneficio básico de los planes combinados es que permiten que el programa de compensación se ajuste a las necesidades de una firma en particular. Por ejemplo, si una empresa quiere una modesta cantidad de incentivo, 80% de la compensación podría ser en forma de salario y 20% en comisiones. Las firmas que necesitan más impulso para mover sus productos podrían aumentar la parte del paquete de comisión a 30% o 40% del total del salario. Los planes combinados se usan ampliamente en las firmas industriales que venden materiales para construcción, maquinaria, materiales eléctricos y productos de papel. Este plan es menos popular en las compañías de productos para el consumidor.

Casi todas las organizaciones ofrecen incentivos adicionales a sus vendedores. En el capítulo 6 se estudió que los *incentivos adicionales* (promociones de ventas) incluyen una variedad de premios para los vendedores por lograr metas específicas. Los premios se clasifican en tres categorías: dinero en efectivo, mercancía y viajes. Un reciente estudio de la revista *Incentive* señala que viajar sigue siendo el premio de elección (36%); la mercancía, el segundo (33%) y el dinero se prefiere en 31% de los casos. En 1990 las empresas invirtieron US$5,700 millones en incentivos adicionales[12].

Otros motivadores. La seguridad es importante para muchas personas. Para brindar un ambiente de mayor seguridad, las compañías pueden ofrecer mejores salarios, mayores beneficios adicionales y una atmósfera que garantice a los vendedores que la empresa los respeta y considera valiosos.

La oportunidad para avanzar es otro motivador. En la mayor parte de compañías, los vendedores tienden a seguir una de dos rutas en su carrera. No están interesados en ascender en el área administrativa o utilizan su trabajo actual como trampolín hacia un trabajo administrativo de ventas. En ambos casos, el gerente de ventas debe establecer un conjunto claro y definido de los criterios que una persona debe cumplir para ser ascendido.

Los gerentes también motivan a los vendedores haciéndoles sentir que su trabajo es importante. Los gerentes de ventas deben aprender a elevar el *status* de ventas dentro de la firma sobre la base de su contribución absoluta a la empresa y a la economía. En las empresas en donde se ha procedido de esa manera, en escasas oportunidades el ánimo del departamento de ventas es problema. En ocasiones, como se verá en la sección **Un enfoque de promoción** sobre Chuck Piola, el individuo eleva la imagen de la profesión de ventas.

En estrecha relación con el *status* del trabajo de ventas está el del individuo. En muchas compañías, *status* puede significar poco más que conceder títulos y distintivos que generan prestigio personal. Llamarse representante de ventas o representante del cliente, por ejemplo, puede impresionar más que llamarse vendedor. Recibir el distintivo CLU (sigla de *Chartered Life Underwriter*) o ser nombrado "Miembro del club del millón de dólares" representa una gran motivación para un vendedor de seguros. El *status* también se puede alcanzar a través de la calidad del automóvil que otorga la compañía, un elegante maletín ejecutivo o el cupo de la cuenta de gastos.

Las oportunidades para aumentar su autoridad también pueden motivar a los vendedores, incluso si la autoridad es restringida o superficial. En otros casos, el poder puede ser real y otorgar al vendedor el derecho de tomar decisiones que no podía tomar antes.

De manera similar, los gerentes de ventas pueden motivar a los vendedores dándoles autoridad sobre sus propias acciones. Quienes ingresan al área de ventas suelen hacerlo por la independencia que brinda pues se resienten cuando se les indica qué deberán hacer y cómo deberán hacerlo. Aunque la autonomía total es imposible, se puede establecer un alto nivel de autodeterminación al delegar parte de la autoridad y responsabilidad a niveles más bajos dentro de la organización.

Por último, las buenas condiciones de trabajo también mejoran la productividad. Muchos aspectos del trabajo de ventas (por ejemplo, horarios extendidos y viajes largos) no son atrayentes. Los gerentes de ventas inteligentes tratan de permitir que sus vendedores vivan bien al contar con un buen vehículo, permitiéndoles comer en buenos restaurantes y hospedarse en hoteles agradables. Es mejor economizar en otras áreas que limitar el ambiente de trabajo del vendedor.

Repaso de conceptos

1. Los gerentes de ventas deben volverse expertos en cuatro grupos de actividades empresariales:
   a. Planeación
   b. Estructuración del *staff*
   c. Implementación
   d. Control
2. El gerente de ventas también debe responder por la fijación de los objetivos y las cuotas de ventas.
   a. Los objetivos son el nivel de ventas deseado para un producto dado en un tiempo específico
   b. Las cuotas son una participación justa del objetivo general de ventas para un vendedor, territorio u otro segmento de la operación
3. Los gerentes de ventas motivan a los vendedores mediante:
   a. Incentivos económicos y adicionales
   b. Seguridad
   c. Oportunidad para ascender
   d. Un trabajo significativo
   e. *Status*
   f. Poder personal
   g. Autodeterminación
   h. Condiciones de trabajo agradables

Venta personal y mezcla promocional

Hasta ahora se ha descrito qué hacen los vendedores y cómo pueden garantizar los gerentes de ventas que aquéllos realicen su trabajo de manera efectiva. Además, se observaron las dificultades asociadas con la tarea de integrar la venta personal con los otros tres elementos de la mezcla de promoción. Con esta información como base, ahora se estudiará la parte más complicada que se describió al comienzo del capítulo: cómo crear una estrategia para la venta personal que complemente los otros tres elementos promocionales y produzca una sinergia que ayude a alcanzar los objetivos promocionales.

Aspectos a favor y en contra de la venta personal

La venta personal tiene varias ventajas importantes sobre los otros elementos de la mezcla de marketing. Lo más notable es que es más flexible que otras herramientas promocionales. Los vendedores pueden adaptar sus presentaciones para ajustarlas a las necesidades, motivaciones y el comportamiento de cada cliente. Como los vendedores ven la reacción del cliente ante un enfoque, también pueden hacer de inmediato los ajustes necesarios.

La venta personal minimiza, además, la pérdida de esfuerzo. En publicidad, buena parte del costo se dedica a enviar el mensaje a personas que no son clientes potenciales reales. En la venta personal, una compañía puede fijar su mercado objetivo con mucha mayor precisión que con cualquier otro dispositivo promocional.

Una ventaja administrativa importante de la venta personal es que el resultado suele ser una venta real. En consecuencia, medir la eficiencia y determinar el retorno de la inversión es más inmediato y directo en la venta personal que en cualquiera otra herramienta promocional en donde, con frecuencia, la recordación o el cambio de actitud son el único efecto medible. De hecho, esta situación es cambiante

Un enfoque de promoción:

No desistir de las llamadas en frío

Por estos días la mayor parte de empresas que tratan de emprender con dificultad un nuevo negocio no utilizan muchos recursos humanos. Las máquinas hacen el trabajo. Los computadores despachan miles de cartas al día, mientras las máquinas de marcación automática llegan a miles de hogares con una mínima atención por parte de la persona que las atiende. Hablar con alguien cara a cara, en especial sin una presentación previa o una buena razón para pensar que la persona es un buen cliente potencial, parece una tonta pérdida de recursos.

Pero, ¿es así? Basta pensar en cómo se le respondería a alguien que quiere su dinero. Es probable que la mayor parte del correo directo vaya a parar a la basura. Como las solicitudes telefónicas se hacen más comunes, muchas personas inclusive tienen más respuestas negativas, por ejemplo, colgando el teléfono cuando comprenden cuál es la misión de su interlocutor. Sin embargo, para la mayoría de las personas, la llegada del vendedor a su puerta es un asunto diferente. Si el vendedor tiene una actitud relajada, una sonrisa triunfadora y, quizá, una pizca de buen humor en la introducción de venta, es posible que no reciba un portazo.

Esa es la diferencia entre las llamadas en frío cara a cara y otros métodos para buscar nuevos negocios: el elemento humano. Así afirma Chuck Piola, quien ha hecho algo más de 15,000 llamadas en frío a lo largo de su carrera. Su más reciente y exitosa empresa es NCO Financial Systems, una agencia de captación que tenía 64 clientes en 1986, cuando Piola comenzó a trabajar en ella, y ahora cuenta con 1,700.

Piola trata de asegurarse de ser un "soplo de aire fresco" para cualquiera con quien hable. Trata a todas las personas de una compañía como si cada una tuviera algo que ofrecer y, por lo general, se acerca a ellas con una frase como: "Me pregunto si usted podría ayudarme". Su amistosa pero decidida actitud le ayuda a pasar con las secretarias para lograr un contacto inicial y luego, utiliza el nombre de esa persona para avanzar a través de la burocracia de la compañía hasta dar con la persona correcta, aquélla que en realidad podría ofrecerle algún negocio. Piola tiene que manejar el rechazo y ser tan amigable al final de una mala semana como al comienzo. Sin embargo, su éxito indica que en una era en donde la máquinas impersonales manejan tantos aspectos en el mundo de los negocios, el rostro de un ser humano puede ser el lado que una compañía necesita.

Fuente: Jay Ginegan, "King of the Cold Calls," *Inc.* (June 1991): 101-107.

y la acción directa ahora es un resultado que se espera de la publicidad, la promoción de ventas y las relaciones públicas.

Otra ventaja es que un vendedor está en una excelente posición para animar al cliente a actuar. La interacción uno a uno de la venta personal significa que el vendedor puede responder en forma efectiva a las objeciones y solicitar la compra cuantas veces sea necesario. Intentar un cierre repetidas veces es un elemento único de la venta personal. Un anuncio puede decirle al espectador que actúe de inmediato, pero no puede ofrecerle razones para que compre.

Una ventaja final de la venta personal es el desempeño de las tareas de administración y comunicación de la fuerza de ventas. Un vendedor puede recibir pagos, hacer ajustes financieros, prestar servicios o entregar repuestos, devolver productos y reunir información que podría ser de utilidad para los departmentos de ingeniería, producción o marketing.

La desventaja primaria de la venta personal es el alto costo. Con la creciente competencia, mayores costos de viaje y hotel, y salarios más elevados, el costo por contacto continuará en aumento. Muchas compañías han tratado de controlar costos trasladándolos a la comisión con lo cual garantizan que los vendedores paguen sus propios gastos. Este cambio ha creado otro problema: con vendedores sólo por comisión, se corre el riesgo de que vayan únicamente donde clientes que tengan un alto potencial de retorno. Este problema se reduce en parte mediante el empleo de técnicas como telemarketing y números para llamadas gratuitas para calificar clientes potenciales. El telemarketing puede reducir otros costos al servir como un verdadero vehículo de ventas. Los clientes potenciales difíciles de alcanzar y aquéllos con poca posibilidad de éxito pueden abordarse por una fracción del costo de enviar personalmente a un vendedor.

Otra desventaja asociada con la venta personal es el problema de encontrar y conservar profesionales calificados. En ocasiones, los vendedores con experiencia comprenden que la única forma de que puedan mantener sus ingresos por encima del costo de vida es cambiando de empleo. Por el contrario, debido al empuje de la rentabilidad, las empresas buscan contratar vendedores con experiencia procedentes de la competencia y no profesionales recién graduados a quienes les tomaría de tres a cinco años alcanzar el nivel de productividad de los vendedores con más experiencia. Esta dificultad para atraer estudiantes universitarios ha llevado la profesión de la venta personal a una situación de desequilibrio.

Determinar el rol de la venta personal

En vista de los aspectos fuertes y las limitaciones de la venta personal, ¿cómo deberá emplear el gerente de promoción esta herramienta promocional? Cada una de ellas tiene una responsabilidad única y toma parte en la consecución de los objetivos promocionales. En esencia, la publicidad crea conciencia en el cliente y lo persuade de que la marca publicitada es la mejor opción. La promoción de ventas señala una acción más inmediata al agregar valor al producto. Por último, la venta personal ayuda a responder las preguntas del cliente y brinda la oportunidad de persuadir a los compradores de firmar los pedidos para cerrar la venta.

Para muchas compañías, la venta personal es el elemento más importante en la mezcla promocional. Sin embargo, como se estudió en el capítulo 2, la combinación apropiada de las herramientas promocionales depende de varios factores que incluyen el mercado. En general, la venta personal hace énfasis en los mercados industriales o en vender a intermediarios o revendedores, pero desempeña un pequeño rol en la promoción en los mercados del consumidor.

Como ejemplo, considere el efecto del producto en la mezcla apropiada. La noción total del autoservicio se basa en el supuesto de que productos como cereales y vegetales enlatados requieren poco trabajo de venta personal. La publicidad masiva proporciona conciencia de marca, información básica del producto y aquélla relacionada con la venta al por menor. La promoción de ventas aporta un incentivo extra para comprar. La venta personal no es realmente necesaria si el producto está en el almacén. Por el contrario, un producto técnico como un automóvil o un electrodoméstico que requiere de explicación o demostración, o ambos, por lo general, requiere un vendedor.

El canal de distribución también tiene una influencia importante en el rol de la venta personal. Aunque K Mart no necesita un vendedor para atender su dispensador de dulces, la venta personal es importante cuando Hershey Foods Corp. trata de competir contra Nestlé Enterprises, Inc. por el negocio de K Mart. La venta personal puede ser importante en un nivel del canal de distribución y no en otro. Para el agente comprador en K Mart, el vendedor de Hershey *es* Hershey. La relación es entre las dos personas, no entre las dos compañías; se hacen promesas entre los dos y se establece un lazo de confianza.Con frecuencia, las compañías pierden clientes después de transferir o ascender al representante de ventas. De hecho, el éxito de un negocio puede depender de qué tan bien se reclute, entrene, pague y preste atención a los vendedores.

¿Existen casos en que la venta personal deberá ser el elemento promocional dominante o único? Sí. La compañía de Chuck Piola, NCO Financial Systems, es un ejemplo de una compañía que utiliza sólo la venta personal. ¿Se puede reducir ésta en un gran porcentaje o, incluso, eliminarse? De nuevo, la respuesta es sí. Compañías de ventas por catálogo como L. L. Bean y Land's End prácticamente no tienen fuerza de ventas. No obstante, estos extremos son raros y una mezcla promocional que incluye venta masiva y venta personal es lo común.

Ya se ha hecho alusión a las ventajas de la venta personal y a las condiciones que señala su aplicación. En general, cuando es importante una confrontación entre comprador y vendedor, la venta personal domina. No es probable, por ejemplo, que se compre un artículo grande, como un automóvil de lujo, sin la presencia de un vendedor. La venta personal incluye la necesidad de compartir información, ajustar los diferentes tipos de relaciones y la motivación para inducir al cliente a decidirse. Del mismo modo, la venta personal es necesaria cuando la naturaleza del producto necesita del compromiso personal, cuando la compañía sigue una estrategia *push* o cuando el producto está en la etapa de madurez de su ciclo de vida.

En definitiva, el vicepresidente de marketing o el gerente de promoción emplean cuatro criterios para determinar el rol de la venta personal en la estrategia de promoción:

1. La naturaleza de la información que tendría que intercambiarse para promover el producto o servicio.
2. Los objetivos promocionales.
3. Las alternativas de la mezcla promocional disponibles para la organización, con especial interés en las capacidades de la firma para implementar cada una.
4. El costo relativo de la venta personal en comparación con los otros elementos de la mezcla promocional.

Un ejemplo de una compañía que hace énfasis evidente en la venta personal sobre los otros tres elementos de la mezcla es Artesia Waters, embotellador del agua Artesia. Rick Scoville inició la compañía en 1979, cuando vendía pegante de H. B. Fuller. El agua embotellada Artesia se extrae desde el gran acuífero Edwards, 520 pies bajo tierra en la municipalidad de San Antonio, Texas. Difiere de sus competidores, como en el caso de Perrier, en que no sale a la superficie como el agua de primavera ni toca ningún contaminante en el suelo. En principio, Scoville fue presidente, director de fabricación y fuerza de ventas. En la actualidad, la forma uno-a-uno todavía es el estilo de promoción de Artesia. La difícil competencia de compañías como Perrier, la necesidad de convencer a los gerentes de los almacenes de que Artesia es un producto superior y un limitado presupuesto han llevado la venta personal a la vanguardia en el plan promocional de Scoville[13].

Integrar la venta personal

Unir la venta personal y tres componentes de venta masiva se ha convertido en una gran frustración para la mayor parte de empresas. Debido a los factores organizacionales, culturales y logísticos ya estudiados, es muy difícil integrar y coordinar la venta personal con los otros tres componentes. No obstante, es válido señalar esas ocasiones cuando la venta personal (y los elementos de la mezcla promocional) se beneficiaría al combinarse de manera directa.

Venta personal y publicidad. ¿Bajo qué condiciones es óptima la combinación venta personal-publicidad? La publicidad puede llegar a grandes audiencias en forma simultánea con un mensaje vívido. El mensaje debe ser muy general y el texto relativamente corto; la oportunidad de retroalimentación y ajuste es casi nula. Debido a que la venta personal ofrece el conjunto opuesto exacto de aspectos fuertes y limitaciones, la publicidad y la venta personal tienden a complementarse. Cuando la cobertura de la audiencia, la presentación vívida, la explicación, la retroalimentación y los ajustes son importantes para el éxito del programa de marketing, resulta apropiado combinar la publicidad y la venta personal. Éste tiende a ser el caso de la introducción de nuevos productos, en especial cuando la cooperación de los intermediarios es vital. Cuando Pillsbury introdujo sus nuevas mezclas de galletas bajas en grasa, la compañía dirigió una gran cantidad de publicidad al consumidor para crear conciencia de su nuevo producto. Sin embargo, tuvo igual importancia que la fuerza de ventas llamara al gerente de cada supermercado y explicara los beneficios del producto, demostrara los resultados de la investigación de mercado y ofreciera incentivos al distribuidor. Como se indicó antes, la publicidad también puede conducir a posibles ventas cuando se saca al mercado un nuevo producto o se promueve uno existente. Incluir un número para llamadas gratuitas o adjuntar a un anuncio un cupón para devolver por correo, puede dar al vendedor una lista de cientos de clientes potenciales. Los comercializadores de productos de empresa a empresa tienen particular efectividad con esta táctica.

En síntesis, cuando se necesita de la publicidad para crear conciencia y suministrar información básica, pero se necesita la venta personal para completar el proceso de intercambio, la unión publicidad-venta personal es lo mejor.

Venta personal y promoción de ventas. Así como la venta personal y la publicidad se ven como técnicas complementarias equivalentes, la promoción de ventas es una herramienta importante y un complemento para los representantes de ventas. Como se recordará, una gran parte de la promoción de ventas dirigida al comercio la transmiten sus representantes como parte de la presentación de ventas. Descuentos en el precio, premios, concursos y otros incentivos representan parte del repertorio que puede hacer el proceso de ventas mucho más exitoso. Con frecuencia, estas promociones de ventas se coordinan con una equivalente para el consumidor con el fin de impactar más. Por ejemplo, la piña Dole puede anunciar sorteos para un "Viaje a Polinesia" con consumidores y con intermediarios.

Además, la promoción de ventas puede complementar la venta personal. Un vendedor de IBM sabe que el cliente ya ha hecho la preventa porque recibió el cupón de descuento del correo directo y la oportunidad para probar el producto. Por el contrario, los vendedores pueden explicar las promociones de ventas más profundamente o incluso enviar premios o trofeos a compradores afortunados. Las promociones de ventas agregan valor al producto o servicio. A su turno, ese valor extra hace que aquéllos se vendan con más facilidad. Por consiguiente, la combinación venta personal-promoción de ventas resulta muy efectiva en situaciones de gran competitividad en donde los productos son similares y el vendedor necesita un elemento extra para crear una ventaja competitiva.

Venta personal y relaciones públicas. Algunas personas argumentarían que el vendedor es la estrategia de relaciones públicas más importante en muchas organizaciones. Si las relaciones públicas se ven como la configuración y conservación de una buena reputación, este es el caso sin duda. En algunas ocasiones, la actuación del vendedor como relacionista público es informal y se mezcla con sus actividades diarias. Es probable que considere situaciones como llevar al cliente a almorzar, recordar los nombres de sus hijos, responder preguntas o atender reclamos con prontitud y tratar a la gente con simpatía, como parte de la venta y no como relaciones públicas. Sin embargo, el vendedor también puede vincularse en actividades con más carácter de relaciones públicas que le ayudan a él mismo y al gerente de relaciones públicas. Por ejemplo, los vendedores se animan a participar en actividades de la comunidad, liderar la campaña de United Way, afiliarse al Club de Leones o participar en las Ligas Menores. Los vendedores también son excelentes para explicar los productos de la compañía a personas u organizaciones que solicitan esa información. Guiar visitas a la fábrica o servir de anfitrión en inauguraciones son otras dos actividades de relaciones públicas que los vendedores hacen bien. Por último, los vendedores acostumbran ser parte integral de las exhibiciones comerciales, reuniones con clientes y muchos otros eventos en donde se reúnen de manera informal. Resulta frecuente que los vendedores de mayor rango atiendan en el sitio de exhibición de una feria comercial, por ejemplo.

Repaso de conceptos

1. En comparación con otras técnicas promocionales, la venta personal tiene la ventaja de ser

más flexible, registrar menor pérdida de esfuerzo, producir ventas, inducir a los clientes a la acción y llevar al vendedor a desempeñarse en tareas administrativas.

2. La venta personal también tiene varias desventajas: es muy costosa, y es difícil hallar y conservar personal calificado.
3. La venta personal complementa y ayuda a las demás técnicas promocionales.

La fuerza de ventas del futuro

¿Cómo serán los vendedores del año 2000? ¿Los remplazarán los computadores y el servicio electrónico de pedidos? ¿Actuarán como operadores independientes a quienes se asigna un territorio y una cuota? ¿Los altos costos de las transacciones comerciales y la competencia en un mercado global cambiarán al vendedor tradicional? Aunque se puede especular con respecto a cambios sorprendentes en la naturaleza de la venta personal, el vendedor tradicional se mantendrá intacto por varias décadas. ¿Por qué? Simplemente porque será necesario vender muchos productos en forma personal, a través de alguien conocedor y que inspire confianza, con deseos de resolver problemas las 24 horas del día.

Con todo, habrá cambios importantes en la venta personal. La tecnología del computador tendrá un papel que desempeñar. El aumento de la eficiencia para vender se ha convertido en un asunto esencial para muchas compañías de Estados Unidos. El costo de una llamada de ventas ha aumentado en grandes proporciones, la creciente complejidad de los negocios ha llevado a la necesidad de más llamadas por pedido y la descentralización de la empresa ha llevado a atender más cuentas de pequeño y mediano tamaño. En la actualidad, compañías como Hewlett-Packard y Fina Oil and Chemical proveen a sus vendedores con *laptops*. Los sistemas de seguimiento por computador de una venta permiten a los vendedores seguir de cerca a sus clientes[14]. Esto significa que el vendedor puede evaluar a los clientes con respecto a sus patrones de compra, rentabilidad y cambio de necesidades. Contar con esta información en la pantalla del computador le ahorra tiempo al vendedor y permite adaptar la presentación de ventas.

Los equipos de ventas comenzaron en la década de 1980 y continuarán ganando popularidad porque los clientes buscan comprar más que un producto. Un equipo de ventas incluye varios individuos con una experiencia única y quienes comparten sus esfuerzos con respecto a un cliente potencial en particular. Ellos buscan diseño sofisticado, ventas, educación y servicio de apoyo. El vendedor debe actuar como un defensor, asegurarse de que la relación de la cuenta se maneje con propiedad y que el cliente cuente con personal de apoyo apropiado. Procter & Gamble es una compañía que ha adoptado el enfoque de equipo. P&G tiene 22 ejecutivos de ventas que coordinan los esfuerzos de ventas de varias divisiones de la firma en sus áreas de mercado asignadas. Cada gerente coordina equipos de cuenta claves compuestos por ejecutivos de ventas de la división de abarrotes de P&G. En cada mercado pueden estar alrededor de tres cuentas clave. El gerente de mercado supervisa un equipo logístico compuesto básicamente de ejecutivos de distribución y sistemas de computador. El equipo trabaja en estrecha relación con los intermediarios para desarrollar en conjunto datos electrónicos compatibles y sistemas de distribución. P&G espera que el método de equipo reduzca la presión de las promociones para el comercio al brindar un mayor servicio[15].

El vendedor del futuro tendrá que ajustarse a nuevas formas y fuentes de competencia. Con las crecientes capacidades y aceptación del marketing directo, por ejemplo, los vendedores tendrán que comprender que algunos clientes comprarán un producto sin hacer contacto con un vendedor. Completos catálogos de productos, especificaciones de computadores, aparatos electrónicos y automóviles clásicos se enviarán directamente por correo, con toda la información que el cliente necesita saber al respecto. A través de números para llamadas gratuitas se pueden obtener respuestas a diferentes preguntas. Los vendedores del siglo XXI tendrán que integrar el marketing directo como parte de su propia presentación o tendrán que ofrecer al cliente beneficios que no están disponibles a través de ese medio. Sobre éste último se hablará más en detalle en el capítulo 13.

La Tierra se ha convertido en un planeta pequeño. Los vendedores actuales ya se enfrentan con la competencia foránea. Compañías de Japón, Taiwán y Corea del Sur llevan a Estados Unidos miles de nuevos productos cada año. El vendedor del futuro debe saber cómo responder a los competidores extranjeros al igual que la forma de entrar a esos mercados. En el capítulo 14 se estudiará la promoción internacional.

Caso 10

Cambios lentos en Fuller Brush

Fuller Brush Company es una institución norteamericana. El nombre y el típico "hombre de los cepillos Fuller" son tan conocidos que con frecuencia se mencionan en las rutinas de comedias y en cintas de dibujos animados, e inclusive fueron el tema de una película de 1948, *The Fuller Brush Man.* No obstante, la imagen de un hombre de edad, entusiasta y optimista, que va de puerta en puerta con un maletín lleno de cepillos, parece atrasada con respecto a esta época de perros guardianes y llamadas telefónicas. La capacidad de Fuller para sobrevivir en la presente década es un tributo tanto a la fortaleza de su concepto original como a su capacidad de cambio a través del tiempo.

Alfred C. Fuller nació en Nueva Escocia en 1885 y se trasladó a Boston a la edad de 18 años. Después de pasar cortas temporadas en diversos trabajos, Fuller se fue a trabajar en Somerville Brush and Mop Company y descubrió que tenía talento para vender y que las personas necesitaban buenos cepillos para diferentes usos. En el Año Nuevo de 1906, instaló un banco de trabajo en la casa de su hermana y con una máquina para torcer alambre y una provisión de crines de caballo, cerdas de puerco y fibra, comenzó a fabricar los cepillos Fuller.

Después de un comienzo poco favorable, los aspectos esenciales del método Fuller han permanecido sin mayores cambios. Los cepillos son de alta calidad y aún se fabrican con cerdas y madera naturales. Un viejo lema de Fuller, "45 cepillos —69 aplicaciones— de la cabeza a los pies —desde el sótano hasta el ático—", aún se ajusta muy bien a los ofrecimientos de la compañía. Sin embargo, a Fuller siempre la ha mantenido en pie su enfoque de ventas directas.

Enfoque de ventas tradicional

El vendedor golpea a la puerta, avanza cuando la abren, sonríe y dice: "Soy el hombre de los cepillos Fuller y tengo un obsequio para usted". Antes que el propietario esté consciente de haberlo hecho pasar, el hombre de los cepillos Fuller está sentado en la sala con su maletín abierto, ha extendido algunas de las docenas de cepillos que tiene para mostrar, llenando el cuarto con su charla amigable y divertida. Dos tercios de las veces tiene un pedido asegurado antes de salir dejando gratis el cepillo de mano Fuller. Pocos días después reaparece con la mercancía y se lleva el pago, del cual casi la mitad le pertenece.

Esta escena se ha repetido millones de veces desde 1906 y se sigue presentando en la actualidad, con algunas modernas variaciones. El núcleo del método es la actitud y el lanzamiento de ventas. Los exitosos representantes de Fuller Brush son expertos en poner un pie en la puerta, ganando unos cuantos minutos del tiempo del dueño para lograr una demostración completa. Los vendedores experimentados conocen a sus clientes habituales y los tratan como amigos, llevándoles regalos en sus cumpleaños y en ocasiones especiales, dándoles consejos y haciéndoles recomendaciones de acuerdo con los gustos de sus clientes.

Fuller alcanzó una cifra máxima en 1965 con US$110 millones, pero descendió a US$50 millones en 1982. ¿El problema? Los tiempos habían cambiado con más rapidez que la compañía. Con más y más mujeres ingresando a la fuerza laboral, los representantes de Fuller encuentran pocas personas en el hogar, además de que el aumento de los índices de criminalidad y la natural desconfianza hacia los extraños se traducen en que menos vendedores pueden hacer sus demostraciones. Aunque Fuller vio como rival el crecimiento de Avon con una gran fuerza de ventas femenina, la empresa comenzó lentamente a contratar mujeres y a prescindir de los vendedores de medio tiempo.

Cambios exitosos

Sin embargo, todo eso ha cambiado. Ahora, cuatro de cada cinco representantes de Fuller son mujeres y casi 90% trabaja medio tiempo. A la vez, la empresa ha reconocido que no puede sobrevivir con las ventas directas, aunque de ella todavía deriva cerca de la mitad de sus ingresos. En 1987 comenzó la distribución nacional de un catálogo que incluía de manera tan atractiva la historia de la compañía, su actitud y los productos que el catálogo ganó el Gold Award de la revista *Catalog Age.* En su más grande ruptura con la tradición, en 1987 Fuller abrió dos almacenes de ventas al por menor y comenzó a hacer planes para instalar kioscos en centros comerciales de todo el país. También ha ampliado su línea de producto para incluir cuchillería, cerraduras para puertas y ambientadores, y casi la mitad de sus utilidades proceden de México en donde venden una exitosa línea de cosméticos.

El trabajo de los vendedores también ha cambiado en cierto modo. La mayoría de los representantes hace "llamadas en frío" personales. Dejan un catálogo por debajo de la puerta o hacen una llamada telefónica para concretar la primera cita aunque son muy cuidadosos de hacer ventas por teléfono. Con el aumento de incentivos por ventas y entrenamiento de la compañía, parece probable que los cepillos Fuller se venderán bien puerta a puerta durante el próximo siglo.

Preguntas sobre el estudio de caso

1. ¿De qué otra manera podría utilizar Fuller la publicidad, la promoción de ventas y las relaciones públicas para resolver los problemas existentes?
2. Con base en el estudio de las tendencias de la venta personal, ¿considera usted que compañías como Fuller existirán dentro de 20 años? ¿Tendrán que cambiar la función de la venta personal? ¿Cómo hacerlo?

Fuentes para el estudio de caso: "Brushing Up at Fuller," *Newsweek* (September 7, 1987): 44. Gerald Carson, "The Fuller Brush Man," *American Heritage* (August-September 1986): 26-31. "Fuller Brush Man Uses Soft Sell, Humor to Boost Sales," *Marketing News* (January 18, 1988): 3. "Gold Award: Fuller Brush Has an Old-Fashioned Flair for Salesmanship," *Catalog Age* (September 1989): 87-89. Kerry Hannon, "A Foot in the Door," *Forbes* (October 20, 1986): 134-36. Harvey Shore, "Brush Strokes: The Life and Thought of Alfred C. Fuller (1885-1973)," *Business Quarterly* (Spring 1986): 16-17.

Síntesis

Este capítulo presenta el componente final de la mezcla de promoción: la venta personal, la cual se define como la presentación cara a cara de un producto ante un cliente potencial por parte del representante de una compañía. El vendedor suele seguir siete pasos principales: alcanzar conocimiento, ubicar clientes potenciales, hacer un pre-enfoque, hacer el enfoque, hacer la presentación, el cierre y el seguimiento. Sin embargo, el modelo que desarrollaron Enis y Chonko indica que muchos factores más allá de las acciones de los vendedores, influyen en la efectividad de la venta personal. Su modelo suministra un marco general de referencia para entender los elementos, relaciones y procesos que afectan la venta personal.

Además, el capítulo alude al trabajo del gerente de ventas. El proceso comienza con el establecimiento de objetivos, bien sean objetivos de ventas o cuotas de ventas. Se pueden aplicar diversos mecanismos para motivar a la fuerza de ventas: los incentivos económicos y adicionales, la seguridad y las oportunidades de ascenso siguen dando los mejores resultados.

El capítulo concluye con un análisis de la manera como se relacionan la venta personal y otros elementos promocionales. El punto de partida para evaluar el rol que desempeña es reconocer los aspectos específicos a favor y en contra de la venta personal. Ciertas condiciones sugieren que la venta personal deberá dominar. Además, existen ocasiones en que no es necesaria. Por último, combinarla con los demás elementos de la mezcla presenta beneficios específicos.

Preguntas de análisis

1. ¿De qué manera ayuda la venta personal a una firma que no cuenta con publicidad ni promoción de ventas?
2. Analice los aspectos a favor y en contra de la venta personal.
3. ¿Cómo puede motivar usted a los vendedores? Analice los problemas más importantes.
4. "La venta personal deberá ser una parte separada de la organización. Nosotros creamos las ventas, no los tontos de publicidad". Evalúe esta afirmación para explicar los problemas que surgen en una organización que sigue esta opinión.
5. La importancia relativa de la venta personal es una función de varios factores. ¿Cuáles son esos factores?
6. ¿Cómo pueden emplear los gerentes de promoción los resultados del modelo de venta personal Enis-Chonko?
7. ¿Qué significa un estilo de comunicación en la venta personal? Explique las ideas principales detrás de cada componente.
8. ¿Cuáles son las implicaciones de los rápidos avances tecnológicos y el alto costo de vender, en el futuro de la venta personal?
9. Sugiera cinco normas para el éxito de la venta personal.
10. ¿Qué problemas se enfrentan para motivar al personal de ventas? Identifique tres tipos de trabajos de ventas. ¿Qué tipo de motivación funcionaría mejor en cada caso?

Proyectos sugeridos

1. Contacte a dos vendedores (uno que venda productos industriales y otro que venda productos para el consumidor). Entrevístelos acerca de los pasos que ellos siguen para vender sus productos. ¿En qué se diferencian? ¿En qué se parecen?
2. Escriba un ensayo de dos páginas sobre cómo podrían complementarse la venta personal y las otras técnicas de promoción.

Referencias

1. Ben M. Enis, *Personal Selling: Foundations, Process and Management* (Santa Monica, CA: Goodyear, 1979): 1.
2. G. D. Bruce and B. M. Bonjean, "Self-Actualization Among Retail Sales Personnel," *Journal of Retailing 44* (Summer 1969): 73-83.
3. J. W. Thompson and W.W. Evans, "Behavioral Approach to Industrial Selling," *Harvard Business Review* 47 (March-April 1969): 69-83.
4. Marvin A. Jolson, "Should Sales Presentation be 'Fresh or Canned'"? *Business Horizons 16* (October 1973): 83-85.
5. John I. Coppett and William A. Staples, "A Sales Mix Model for Industrial Selling", *Industrial Marketing Management* (1980): 32.
6. *Ibid.*
7. Ben M. Enis and Lawrence B. Chonko, "A Review of Personal Selling: Implications for Managers and Researchers," en G. Zaltman, ed., *Annual Review of Marketing* (Chicago: American Marketing Association Publications, 1978): 276-304.
8. *Ibid.*, 279.
9. J. O'Shaughnessy, "Selling as an Interpersonal Process," *Journal of Retailing 47* (Winter 1971-72): 32-51.
10. Enis and Chonko, 297.
11. Stan Kossen, *Creative Selling Today.* 2 ed., (New York: Harper and Row, 1982): 423-24.
12. "Sales Incentives," *Incentives* (September 1990): 55-58.
13. "Rick Scoville Tests the Waters," *Sales and Marketing Management* (July 1990): 30-31.
14. Shawn Clark, "Sales Force Automation Pays Off," *Marketing News* (August 6, 1990): 9.
15. Laurie Freeman, "P&G Rolls Out Retailer Sales Team," *Advertising Age* (May 21, 1990): 18.

Parte IV

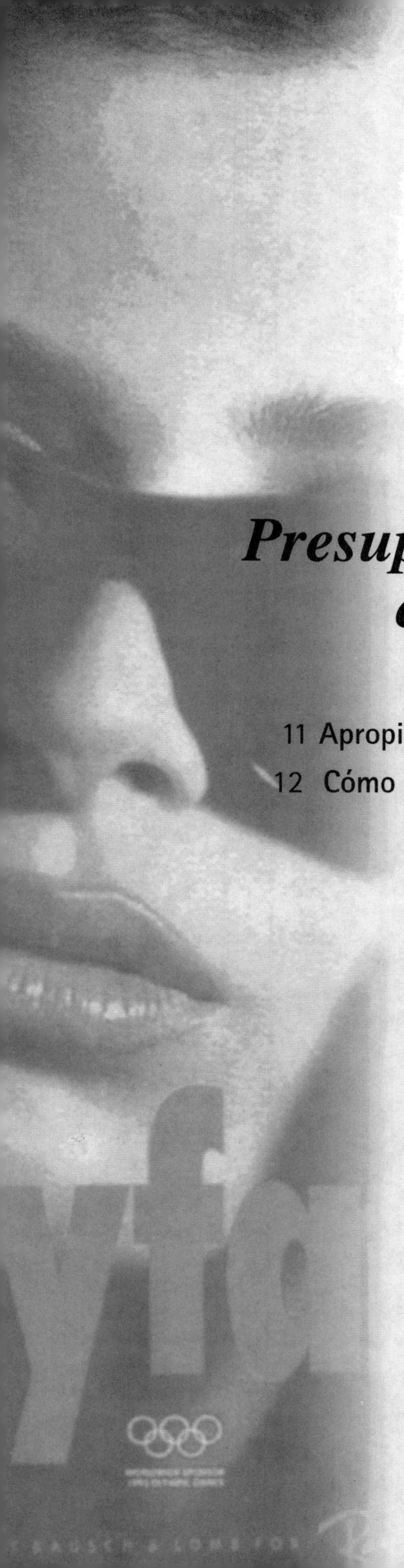

Presupuesto y evaluación en promoción

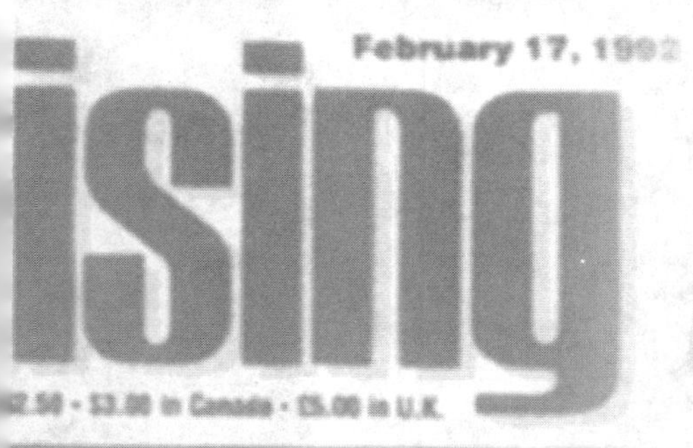

Capítulo 11

Apropiación de recursos para la promoción

Consideración:

Los mejores planes fracasan

Bill Kleine, vicepresidente de marketing de Mountain West Airlines, una pequeña compañía aérea por abonados que vuela a Wyoming, Montana, Colorado y Utah, estaba furioso. Acababa de recibir la evaluación de su proyecto de presupuesto para el año fiscal de 1991. Por primera vez sentía que había hecho todo su trabajo. La investigación que entregó contaba con información detallada de su mercado objetivo primario: el viajero de negocios frecuente. Con base en esta información, Kleine y el gerente de promoción, Ralph Crum, diseñaron una estrategia innovadora, con énfasis en la calidad en el servicio y un horario de vuelos apropiado. Los anuncios impresos circularían en cinco revistas regionales y en las ediciones zonales de *Business Week* y *Time.* En combinación con un programa de telemarketing de tres semanas, se enviaría una campaña de correo directo dirigida a 50,000 viajeros de negocios. Por último, las promociones especiales incluirían un cupón de descuento para vuelos futuros de clientes cuyo retraso en un vuelo fuera superior a 15 minutos, y un vuelo gratis si se perdía una conexión.

Kleine dedicó dos semanas a la recopilación de todos los datos de costos necesarios asociados con la campaña propuesta. Incluso, desarrolló tres versiones del presupuesto: la versión A por US$745,000, la versión B por US$680,000 y la versión C por US$610,000. Ahora sabía qué pensaba la gerencia sobre sus esfuerzos; el presupuesto de promoción era de US$500,000, lo mismo que el año anterior. A Bill se le dijo que su investigación era interesante y que su estrategia aparecía en el objetivo pero que el negocio estaba en descenso y que US$500,000 era todo lo que Mountain West podía disponer. Al menos ese año, Bill y Ralph tuvieron un conjunto de normas para distribuir el dinero aunque éste no fuera suficiente.

La situación de Bill Kleine no es rara. Muchos gerentes de promoción comprenden que la única forma para conseguir los recursos deseados es pedir un 50% más de lo necesario. Los ejecutivos de muchas compañías realizan investigaciones para garantizar que los gastos de promoción son necesarios para el bienestar de la firma. Hasta los gerentes con más experiencia nunca están seguros de haber asignado la cantidad correcta para promoción.

Para iniciar este estudio es necesario aclarar términos: con frecuencia, las palabras *apropiación* y *presupuesto* se utilizan como si tuvieran el mismo significado. Sin embargo, **apropiación** en realidad significa la máxima cantidad de dinero destinada para un propósito específico; **presupuesto** es la distribución minuciosa y detallada de la *forma como* se empleará esa suma de dinero. En realidad, la estrategia general de promoción determina la apropiación para la promoción. El tema de este capítulo es la apropiación y sólo se estudiará una técnica: el método objetivo tarea, que está orientado por la estrategia. En la mayor parte de los casos, primero se determina la apropiación y luego se considera la distribución de ese dinero. Ese es el porqué la decisión de presupuesto se incluyó por separado de los elementos promocionales.

Este estudio se inicia con la presentación de un marco de referencia para la planeación de la apropiación promocional y el presupuesto.

El marco de referencia de la planeación

Por ahora es evidente que el marco de referencia básico para la planeación en la gerencia estratégica es el mismo, sin considerar el área de aplicación. El marco de referencia que se utiliza para la apropiación promocional y la asignación de presupuesto aparece en la figura 11.1. Note que "pronóstico ventas/costo" es un elemento nuevo. Su inclusión se basa en la necesidad de una decisión de apropiación para ventas precisas y estimados de costos. Del mismo modo,

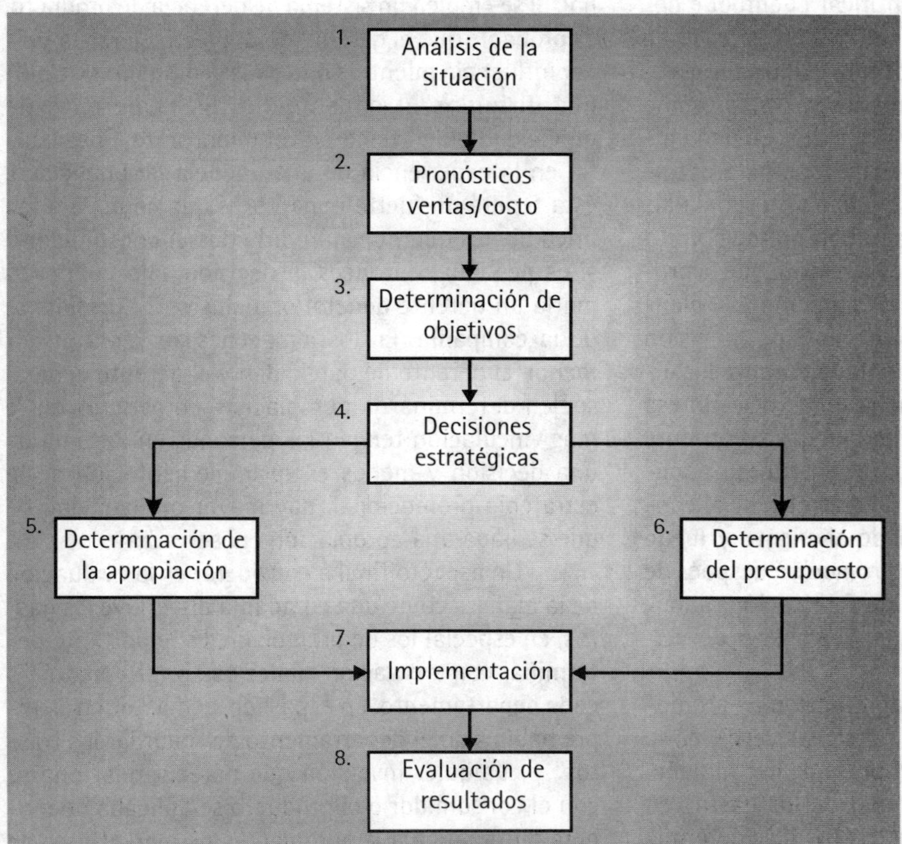

Figura 11.1
Marco de referencia para la planeación de la apropiación promocional y su respectiva distribución presupuestal.

obsérvese que las decisiones de apropiación y presupuesto se toman por separado, como se indicó desde el comienzo, aunque es posible que el orden pueda invertirse.

Consideraciones preliminares

Debido a que, durante muchos años, los gerentes han sido responsables del proceso de apropiación y presupuesto, se supone que éste está definido.

Nada podría estar más lejos de la verdad. Aunque se han hecho intentos por lograr que el proceso sea objetivo y científico, con mucha frecuencia es un arte que se basa, en esencia, en suposiciones estructuradas, en la tradición o en la condición financiera de la compañía. Un experto de la industria observó: "Entre todas las decisiones que deben tomar los gerentes de marketing, las preguntas que se refieren a los aspectos de distribución de recursos para promoción se consideran las más difíciles"[1]. Por consiguiente, es necesario mencionar varios aspectos preliminares antes de poder entender en verdad cómo se toman las decisiones de apropiación y presupuestos. Un primer aspecto es identificar el enfoque general que la organización tiene hacia el proceso de apropiación, determinar su actitud, establecer quiénes toman las decisiones primarias y evaluar cómo se distribuyen los costos promocionales. En una empresa norteamericana típica, el método para determinar la apropiación de la promoción no refleja las ideas acerca de la importancia de la promoción. La mayoría de la gente de negocios reconoce que la promoción es importante para el crecimiento y el bienestar corporativos. De hecho, el nivel de inversión asignado a promoción ha aumentado durante los últimos 15 años. Con todo, mucha gente de empresa actúa como si la promoción fuera un gasto corriente de ventas y no una inversión para construir una sólida relación con el consumidor; con frecuencia, estiman las ventas para un periodo siguiente y luego determinan el presupuesto de promoción después de haber establecido los costos de fabricación, administración, venta directa, al igual que niveles de rentabilidad aceptables.

El presupuesto para la apropiación de promoción de una compañía se basa, muchas veces, en lo que es tradicional para una empresa de ese tamaño, en esa industria. El nivel general de los gastos en promoción dentro de una industria tiende a determinarse dentro de un equilibrio competitivo que permanece más o menos sin modificaciones hasta que una firma encuentra una forma más exitosa o eficiente de gastar el dinero de promoción o determina una mezcla de marketing bien diferente del patrón de la industria. Muchos gerentes sienten que no se pueden salir con seguridad de la escala de promoción existente para productos similares; temen que si reducen el porcentaje perderán parte del mercado, y si lo aumentan invitarán a una respuesta peligrosa por parte de sus competidores. En lugar de pensar en la forma como funciona la promoción para producir ventas, los ejecutivos suelen dedicarse a hacer apropiaciones promocionales, aplicando de manera rutinaria un conjunto de reglas año tras año. Como cualquier decisión de negocios, la apropiación de promoción se configura mediante el proceso que se utiliza para determinarla. Que la apropiación sea efectiva e inteligente depende, en parte, de quién actúe en la decisión, cómo se defina ésta y cómo se aplique.

Un amplio rango de individuos puede participar en la determinación de la apropiación promocional. Si se emplea un sistema de gerencia de producto, es probable que el gerente de proyecto ejerza la mayor influencia mientras que en las compañías de bienes dirigidos al consumidor, es el gerente de publicidad quien tiene un rol importante. Si se confía en la experiencia de una agencia de publicidad, ésta tendrá un fuerte impacto. Si una compañía fabrica bienes que no están dirigidos al consumidor o si es pequeña, entonces la decisión sólo podrá tomarla un gerente general o, inclusive, el presidente de la compañía. En los almacenes de venta al por menor, el gerente de publicidad y el gerente general suelen determinar la apropiación. En general, entre más vinculación tengan las personas en la toma de una decisión y menos en la implementación de la estrategia promocional, hay mayor probabilidad de que se haga una apropiación conservadora.

Un aspecto final a considerar es la evaluación de la manera como una compañía distribuye los gastos, en especial los de promoción. Es importante determinar con antelación cuáles gastos se cargarán a cada departamento. En el pasado, el marketing siempre había sido el departamento de "guardar los trastos" y cualquier inversión que parecía relacionarse con el consumidor o el producto se aplicaba de manera automática a la apropiación de marketing o de

Tabla 11.1

Costos apropiados, inapropiados y dudosos para la cuenta de publicidad

Costos que pertenecen a la cuenta de publicidad	Conceptos cuya asignación a la cuenta de publicidad es dudosa	Costos que no pertenecen a la cuenta de publicidad
Costos de tiempo y espacio en medios de comunicación Asesores de publicidad Servicios de pruebas previas de publicidad Publicidad institucional Listados de directorios de la industria Investigación de audiencia o lectores Costos en medios de comunicación para concursos entre consumidores, premios y promociones de muestras Viajes de departamento de publicidad e inversiones de atenciones a clientes Salarios del departamento de publicidad Obligaciones por asociación de publicidad Publicidad cooperativa local	Catálogos para los consumidores Directorios telefónicos clasificados Espacios en publicaciones irregulares Ayudas de publicidad para los vendedores Publicidad financiera Literatura de ayuda para el distribuidor Contribuciones a fondos de publicidad de la industria Correo directo a distribuidores y trabajadores Suministros de oficina Materiales punto de venta Costos de instalación de puntos de exhibición Inversión por servicios prestados por otros departamentos Catálogos para distribuidores Programas de mercado de prueba Solicitudes de muestras generadas por publicidad Costos de muestras, excepto por personal Participación en inversiones generales del departamento de publicidad Comunicaciones internas para clientes y distribuidores Costos del valor efectivo o cupones de muestras Costo de formularios para concursos Documentos cruzados interpublicidad Calificación de concursos y manejo de honorarios Depreciación de equipo del departamento de publicidad	Costos por manejo de premios Distribución de muestras puerta a puerta Costos de empaque para promociones de premios Costos de mercancía para promociones de enlace o relacionadas Etiquetas del producto Salas de exhibición Prueba de nuevas marcas y empaques Diseño y artes finales del empaque Costo de premios que no son autoliquidados Programas de educación al consumidor Actividades de propaganda para el producto Señales en la fábrica Comunicaciones internas para los vendedores Distintivos en vehículos de la compañía Documentos anexos con instrucciones Servicios de recortes de prensa Investigación de mercado (externa) Muestras para intermediarios Publicidad para reclutamiento Listas de precios Asesores de relaciones públicas Costos por redención de cupones Actividades corporativas de propaganda Investigación de mercado (interna) Personal en exhibiciones Regalos de productos de la compañía Costos de mercancía en transacción Participación en salarios corporativos Costos de reembolso de garantías Participación en gastos legales Costos de vendedores minoristas o de misión Patrocinio de actividades recreativas

Tabla 11.1
Costos apropiados, inapropiados y dudosos para la cuenta de publicidad (cont.)

Costos que pertenecen a la cuenta de publicidad	Costos cuya asignación a la cuenta de publicidad es dudosa	Costos que no pertenecen a la cuenta de publicidad
Correo directo a consumidores Suscripciones a publicaciones periódicas y servicios para el departamento de publicidad Almacenamiento de materiales para publicidad	Muestras móviles Beneficios adicionales para los empleados Catálogos para vendedores Asesores de empaque Premios de concursos para consumidores	Investigación de producto Comunicaciones internas para empleados Atenciones a clientes reales y clientes potenciales Becas Visitas a la planta Informes anuales Donaciones a entidades de caridad

Printer's Ink (December 16, 1960): 27.

publicidad. Esta situación se volvió tan mala que, en 1960, la revista *Printer's Ink* publicó normas presupuestales para ayudar a los gerentes a determinar qué inversiones pertenecen a publicidad. En la tabla 11.1 aparecen cuáles costos pertenecen a publicidad, cuáles no y cuáles podrían estar en el límite. No es difícil decidir cerca de 80% de los costos pero aquéllos que se encuentran en el límite presentan serios interrogantes. Por ejemplo, si el departamento de publicidad escribe el texto del formulario para un concurso y reserva su impresión, ¿los costos del texto y del formulario corresponderán a publicidad o a promoción de ventas? Además, como estas normas tienen más de 30 años, no reflejan los nuevos elementos promocionales que han surgido ni la creciente complejidad del proceso de asignación de recursos. El área de relaciones públicas tiene especial dificultad. Debido a que muchos ejecutivos de negocios consideran que las atenciones a un cliente o el trato con una empresa no corresponden a relaciones públicas, esos costos se cargan al presupuesto de promoción.

Evaluar la situación

Al decidir qué cantidad de dinero se asigna a promoción, un ejecutivo sagaz deberá evaluar los factores relevantes para esa situación. Cuáles sean esos factores depende de si el anunciante es un fabricante o un distribuidor minorista.

Factores de situación que influyen en el fabricante. Para los fabricantes, los factores claves a considerar cuando determinan la apropiación para promoción incluyen los siguientes:

- El producto, incluyendo tipo, etapa en el ciclo de vida y componentes estratégicos
- El mercado
- La competencia
- La situación financiera de la compañía
- Pautas de investigación
- El sistema de distribución[2]

El producto. Ciertos elementos del producto tienen un tremendo impacto en la apropiación promocional, y se estudiaron en el capítulo 2 cuando se analizó cómo el tipo de producto, la etapa en su ciclo de vida y sus componentes estratégicos afectan la necesidad de la promoción y la eficacia de tipos particulares de promociones. Por ejemplo, se requiere más dinero para la promoción en el lanzamiento de un nuevo producto que para mantener uno ya existente. Lo mismo resulta válido para productos perecederos que para productos duraderos. Productos como leche, cigarrillos y bebidas gaseosas requieren técnicas de venta masiva que hagan la preventa del producto. Los productos duraderos para el consumidor, como muebles y artículos para el hogar, requieren énfasis en la venta personal. Si un cliente potencial no puede diferenciar con claridad un producto, entonces es mejor venderlo mediante un representante de ventas. Los comercializadores se muestran renuentes a invertir dinero en promoción si el precio se utiliza para crear preferencia de marca. Los productos que se basan en los sentimientos del consumidor, como cosméticos, perfumes y automóviles, producen más utilidades con la publicidad que aquellos productos que se adquieren por consideraciones racionales básicas, como en el caso de la maquinaría industrial.

El mercado. Tanto la naturaleza como el tamaño del mercado influyen en la apropiación promocional; es obvio que los fabricantes que esperan cubrir un mercado nacional antes que uno regional, invertirán más dinero. Maxwell House Coffee dirige todos sus esfuerzos promocionales a los consumidores de café, mientras que Gallo Winery trata de convertir a quienes no beben vino en consumidores de esta bebida. Estas estrategias opuestas requieren tácticas promocionales diferentes y exigen cantidades de dinero distintas para apoyarlas. Se deberán considerar las características del mercado, incluyendo aspectos demográficos y psicográficos, las actitudes y las percepciones del consumidor hacia el fabricante, el nivel de lealtad de marca hacia la firma y sus competidores, y el nivel de utilización del producto.

La competencia. Muchas compañías vigilan las inversiones de la competencia y comparan estas cantidades bien sea de manera directa o proporcional. La información sobre inversiones se puede conocer mediante la observación o las estadísticas de la industria. Como se indicará más adelante, en este capítulo, en muchas ocasiones la nivelación no es una estrategia efectiva. Sin embargo, existen ocasiones, como en el caso del crecimiento ostensible del presupuesto para una marca en particular, en que el único recurso es equilibrar este aumento.

La situación financiera de la compañía. Cuando una compañía enfrenta pérdidas o cuando existe un periodo de recesión económica, uno de los primeros presupuestos que se reduce es el de promoción, en especial en las áreas de publicidad y relaciones públicas. La promoción se ve como un costo que no contribuye de manera directa a la rentabilidad. Por lo común, cuando el negocio prospera se restablece la promoción. Entonces, en realidad, la asignación de recursos para promoción se limita según la disponibilidad económica de la compañía. Como un asunto práctico, siempre existe un límite superior para esa asignación. El gerente de promoción deberá ser consciente de este límite antes de comenzar el proceso de planeación.

Pautas de investigación. Las pequeñas compañías utilizan poca investigación para guiarse en sus decisiones y, en cambio, se basan en experiencia y tradición. Para organizaciones más sofisticadas se dispone de estudios de marketing, datos de medios de comunicación, material de censo, pronósticos y muchos otros tipos de investigación.

El sistema de distribución. Un canal de distribución puede ser muy largo e incluir muchos intermediarios (es decir, mayoristas y minoristas), o ser corto y directo como en el caso de un fabricante que utiliza un catálogo y el correo para distribuir sus productos. Un canal largo y complejo puede requerir de una gran apropiación para promoción con el fin de apoyar el producto debido a los esfuerzos divididos de los intermediarios. Por ejemplo, Coca-Cola Enterprises Inc. sigue una política de distribución intensiva debido a que sus productos deben estar disponibles en todos los puntos posibles. Como estos puntos también suelen incluir marcas competitivas de bebidas gaseosas, Coca-Cola no espera que los intermediarios realicen mucho del esfuerzo promocional. Un minorista puede vincularse en poca medida a un programa de publicidad cooperativa. En consecuencia, Coca-Cola debe hacer una promoción masiva extensiva, en especial con publicidad y distribución de cupones, que enviará el producto a través del canal.

De otro lado, el fabricante de ropa Hart, Schaffner and Marx distribuye sus trajes mediante un acuerdo de distribución exclusiva. Como los minoristas tienen la garantía del derecho exclusivo para vender la marca, a cambio aportan ciertos esfuerzos promocionales para el fabricante. El minorista se vinculará con la venta personal extensiva al igual que con la publicidad local. Buena parte del esfuerzo promocional y del costo se quitarán de los hombros del fabricante.

Factores de situación que influyen en el minorista. Muchos de los factores que se han estudiado tienen una incidencia directa en el presupuesto promocional, tanto para los distribuidores minoristas como para el fabricante. Sin embargo, los minoristas que se vinculan al presupuesto promocional también deben considerar una variedad de factores que son únicos para la venta al por menor. Estos factores específicos incluyen los siguientes:

1. Tiempo de funcionamiento del almacén. Los almacenes nuevos requieren más publicidad.

2. Ubicación del almacén. Los sitios poco favorables requieren más promoción.
3. Políticas de *merchandising*. Los almacenes de descuentos suelen necesitar de una mayor cantidad de venta masiva para crear un gran movimiento del producto.
4. Competencia. Entre mayor sea el nivel de competencia, mayor promoción será necesaria.
5. Disponibilidad de los medios de comunicación. Con frecuencia, el tamaño de la comunidad dicta el tipo y la extensión de los medios que se pueden emplear.
6. Tamaño del área de comercialización. La promoción tiende a aumentar con el tamaño del mercado.
7. Apoyo del fabricante. Los fabricantes pueden brindar a los minoristas apoyo en publicidad, presentaciones en el punto de compra, entrenamiento en ventas y otro tipo de apoyo promocional que reducirá la inversión del minorista.

Pronósticos de ventas y costos

Sin considerar los objetivos de la compañía, se necesita un pronóstico de ventas y de costos. Las ventas del año siguiente nunca se sabrán con exactitud y, por tanto, se requiere de un estimado o un pronóstico gerencial. Ésta puede ser una apreciación (para un producto completamente nuevo) o una apreciación sustentada en la experiencia previa con situaciones similares. Existen diversas técnicas para formular este pronóstico. La *apreciación ejecutiva* basa el estimado de ventas en la intuición de uno o más ejecutivos; también es posible hacer estudios de los clientes, la fuerza de ventas o de expertos en el área. Dos técnicas bastante más complicadas son el análisis de series de tiempo y los mercados de prueba. El *análisis de series de tiempo* utiliza los datos históricos de la compañía y trata de descubrir un patrón o patrones de las ventas de la empresa a través del tiempo; el método supone que los patrones del pasado se repetirán. Los *mercados de prueba* incluyen dejar el producto a disposición de los compradores en una o más áreas de prueba y luego, medir las compras y respuestas del consumidor ante las tácticas de marketing. Después, estos resultados se proyectan para todo el mercado.

Los pronósticos de ventas se utilizan para determinar la apropiación, al menos en dos formas. En la primera, la tendencia general en ventas (es decir, en alza, estable o en baja) brinda una pauta general para la dirección que deberá dársele a la apropiación. En la segunda, muchas compañías determinan su apropiación como un porcentaje de las ventas proyectadas (este método se estudiará después con todos sus detalles).

Los pronósticos de costos también tienen un soporte más directo en las decisiones de apropiación y de presupuesto. Los costos *deben* pronosticarse para que sirvan como justificación para una solicitud en particular. Los costos relacionados con la agencia, los medios, la producción, los eventos especiales, las atenciones y la distribución de cupones se deberán estimar y totalizar. La mayor parte de esta información acerca de costos está disponible bien sea a través de fuentes secundarias o mediante el proveedor del servicio o producto. Referencias como *Standard Rate and Data Service* indican los costos de los medios para un periodo específico. Los productores suministran estimados de costos con rapidez. Puede ser necesario hacer varias llamadas antes de contar con toda la información, pero se puede hacer. También existen bases de datos por computador que facilitan gran cantidad de información de costos, la cual suele garantizarse por un tiempo dado y además, se cuenta con índices de aumento o disminución. La compra de medios de transmisión durante el mercado anticipado, por ejemplo, es una forma de control de los siempre cambiantes costos de los medios.

Establecer objetivos. Existe una fuerte relación entre los objetivos promocionales, los objetivos de apropiación/presupuesto y la inversión de recursos para alcanzar los primeros. Suponiendo que una organización tiene objetivos promocionales específicos, deberá ir directo al tema de estimar las inversiones promocionales necesarias para alcanzar esos objetivos. Sin embargo, el proceso de apropiación y presupuesto también se ve afectado por sus propios objetivos. Así, estos objetivos permiten un nexo importante entre los objetivos promocionales y la apropiación resultante.

En esencia, los objetivos de apropiación/presupuesto tienden a ser cualitativos o cuantitativos.

Los *objetivos cuantitativos* se relacionan con la habilidad de la apropiación para maximizar utilidades, ventas o participación en el mercado. El fundamento teórico para estos objetivos es el análisis marginal que se estudiará más adelante en este capítulo; en esta parte se presentan dentro de un contexto más simple. La maximización de las utilidades sugiere que el énfasis sería en la promoción que contribuye a la rentabilidad. El nivel de la utilidad depende de los costos asociados con cada elemento promocional. Para cumplir con un objetivo de éstos se haría énfasis en mantener los costos bajos o en asegurarse que los productos de alto costo tengan ingresos muy altos. Por ejemplo, se escogerían medios con un bajo CPM o se enfocarían mercados que produjeran altos márgenes de rentabilidad.

Los objetivos con base en las ventas tratan de maximizar las ventas esperadas. Un especial interés está en evitar las *inversiones excesivas,* las cuales significan que la inversión continuada produciría ventas a una tasa decreciente. El punto de saturación se ha alcanzado y las inversiones adicionales son un desperdicio. Las *inversiones por debajo del mínimo* también causan preocupación. Si las ventas que se esperan están por debajo de su máximo esperado, la inversión promocional es demasiado baja. Resulta obligatorio contar con pronósticos y hacer un seguimiento de las ventas si se han de lograr los objetivos con base en éstas[3]. Como la vigilancia constante del mercado y sus partes es un elemento de este proceso, la flexibilidad del presupuesto es importante. Es decir, el dinero deberá estar disponible en un momento de observación para sacar ventaja de las tendencias de ventas.

Alcanzar los objetivos de participación en el mercado se asemeja a maximizar las ventas en cuales la compañía tiene que estimar una curva de ventas. Sin embargo, la compañía también tiene que estimar las curvas de ventas de sus competidores las cuales, junto con las propias, abarcan el mercado. Estimar la curva de ventas de un competidor es difícil porque también requiere estimar cómo responderán sus ventas a un nivel particular de inversión. Es posible que esta dificultad para hacer estimados sea el porqué se publican muchos presupuestos falsos en las publicaciones comerciales promocionales; una apropiación alta intimida a los competidores o una apropiación baja los induce a invertir menos. Mantener la participación en el mercado significa nivelar la inversión de los competidores y ganar participación en el mercado significa superar la inversión de los competidores líderes[4].

Los *objetivos cualitativos* dirigen los aspectos subjetivos logrados a través de la apropiación antes que de los aspectos cuantitativos de utilidad, ventas y participación en el mercado. En este contexto, la meta es evaluar el alcance del dinero para llegar a los objetivos cualitativos en asocio con el plan de promoción que se estudió en capítulos anteriores. En el caso de la selección de los medios, por ejemplo, los objetivos cualitativos se refieren a si el medio seleccionado equilibró la imagen de la compañía, si el tono del medio era apropiado o si la gente correcta entendió el mensaje en la forma propuesta. Los objetivos cualitativos de apropiación/presupuesto indican el alcance del dinero asignado para lograr los objetivos promocionales en un nivel óptimo. ¿Es la apropiación un compromiso?, ¿la apropiación buscará maximizar el presupuesto? En otras palabras, ¿qué tanto apoyo quiere dar la compañía a su estrategia?

Decisiones estratégicas

Pocas áreas de la promoción presentan un nivel estratégico tan sofisticado como la decisión de apropiación y presupuesto. A pesar del hecho de que se invierten miles de millones de dólares anuales en promoción, la mayor parte de las compañías que lo hacen utilizan procesos de decisión que se basan en poco o ningún pensamiento estratégico[5]. Aunque no se ha demostrado que este patrón vaya en detrimento de muchas de estas compañías, existe evidencia creciente de que los gerentes de marketing utilizan técnicas más sofisticadas para determinar apropiaciones promocionales y de presupuesto. Poco a poco se remplazan los métodos subjetivos tradicionales por enfoques orientados por datos[6], los cuales pueden brindar una ventaja competitiva adicional para quienes quieren comprometerse. Sin embargo, primero se estudiarán los métodos subjetivos de apropiación.

Repaso de conceptos

1. Se debe diferenciar entre apropiación y presupuesto
2. El marco de referencia para determinar la apropiación promocional y el presupuesto incluye lo siguiente:
   a. Consideraciones prel minares
   b. Evaluar la situación
   c. Pronósticos de ventas y costos

d. Establecer objetivos
e. Decisiones estratégicas

Determinar las apropiaciones para publicidad

El enfoque presupuestal que emplea un anunciante en particular varía según el producto, el monto de la apropiación y la tradición. En la tabla 11.2 se incluyen algunas de las técnicas claves para determinar dicho monto y se indica su aceptación entre los anunciantes industriales y los consumidores. En las secciones siguientes, se describen las ventajas y desventajas de algunos de estos métodos.

Métodos presupuestales predeterminados

Al comienzo se aludió al hecho de que, con frecuencia, los presupuestos de promoción se transmiten al gerente del área por mandato de la gerencia. Es decir, con poca o ninguna participación de aquel, el gerente general predetermina que una cifra específica de dinero deberá asignarse a promoción. El siguiente análisis describe las técnicas presupuestales que se utilizan bajo estas condiciones.

Porcentaje de ventas. De todos los métodos desarrollados con el paso de los años, es probable que la técnica del porcentaje de ventas sea la más popular. En su forma más sencilla, este método se basa en un porcentaje fijo de ventas del año anterior, de un año anticipado o de un promedio de varios años. Una ventaja de este método es que los gastos se relacionan de manera directa con los recursos disponibles: a mayor volumen de ventas de la empresa el año anterior, se presume que mayor será el dinero disponible para promoción en el año actual. Otra ventaja es su sencillez. Si la gente de negocios conoce las ventas del año anterior y ha decidido qué porcentaje quiere invertir en promoción, el cálculo es fácil. Como se indica en la tabla 11.3, el porcentaje de cifras de ventas disponible para las industrias sirven como una pauta general para determinar el presupuesto.

Tabla 11.2
Métodos empleados para determinar presupuestos de publicidad

Método de apropiación	Porcentaje de encuestados que utiliza cada método[a] Consumidor (1981)[b]	Industrial (1984)[c]
Modelos cuantitativos	51	3
Porcentaje de ventas anticipadas	53	16
Paridad competitiva	24	21
Por unidad de ventas	21	2
Porcentaje de ventas del año anterior	20	23
Arbitrario	4	13
Tarea objetivo	63	74
Todo lo que se pueda lograr	20	33

[a] Cifras que exceden el 100% debido a respuestas múltiples
[b] Patti/Blasko, $n = 54$
[c] Blasko/Patti, $n = 64$
Vincent J. Blasko and Charles H. Patti, "The Advertising Budgeting Practices of Industrial Marketers," *Journal of Marketing* 48 (Fall, 1984): 104-110. Permiso concedido por *American Marketing Association.*

Tabla 11.3

Gastos de publicidad como un porcentaje de ventas netas

Industria	Relación publicidad/ventas 1989	Industria	Relación publicidad/ventas 1989
Productos alimenticios		**Instrumentos y productos relacionados**	
Alimentos y productos afines	7.8%	Instrumentos ópticos y lentes	0.6%
Productos cárnicos	1.2	Equipo fotográfico	3.6
Productos lácteos	4.7	Relojes de pulso, de pared y sus partes	3.0
Alimentos enlatados	6.9	**Industrias de fabricación diversa**	
Productos de harina y otros granos	9.4	Joyería y metales preciosos	1.8
Productos horneados	1.7	Instrumentos musicales	3.4
Bebidas de malta	8.4	Juguetes y juegos	14.2
Vestuario		Elementos deportivos y atléticos	5.5
Vestuario y otros productos terminados	2.9	Plumas y otros instrumentos para escritura	5.4
Muebles y accesorios		**Comunicaciones**	
Muebles para el hogar	4.8	Transmisión por radio	8.6
Muebles para oficina	1.2	Transmisión por televisión	2.5
Impresión y publicación		Televisión por cable y privada	2.2
Periódicos	3.6	**Ventas mayoristas**	
Publicaciones periódicas	3.7	Automóviles y otros vehículos	2.8
Libros	3.3	Computadores y software	0.2
Productos químicos y afines	2.7	Drogas	0.1
Químicos industriales inorgánicos	16.5	Alimentos	1.5
Materiales plásticos y resinas sintéticas	1.2	**Ventas minoristas**	
Jabones y otros detergentes	7.7	Madera y otros materiales de construcción	1.8
Pinturas, barnices y lacas	3.7	Almacenes por departamentos	2.9
Maquinaria y equipo		Almacenes de variedades	1.9
Maquinaria y equipo para agricultura y jardinería	1.4	Almacenes de abarrotes	1.3
Equipo metalmecánico	5.5	Distribuidores de automóviles y estaciones de gasolina	0.7
Equipo de computación y oficina	1.2	Vestuario y accesorios	2.4
Equipo de refrigeración	2.3	Ropa femenina lista para llevar	2.7
Equipo eléctrico y electrónico		Mobiliario y elementos conexos para el hogar	5.0
Artefactos para el hogar	4.2	Sitios para alimentos y bebidas	9.3
Equipos de video y sonido para el hogar	2.8	Sitios para comer	3.3
Equipo de transporte		Casas de distribución	5.7
Vehículos a motor y carrocerías	1.7		
Casas rodantes	1.7		

(*continúa*)

Tabla 11.3

Inversiones de publicidad como un porcentaje de ventas netas (cont.)

Industria	Relación publicidad/ventas 1989	Industria	Relación publicidad/ventas 1989
Industrias de servicios misceláneos		Producción de películas animadas	9.8
Hoteles y moteles	3.4	Servicios educativos	5.0
Servicios personales	5.7		

Notas: La relación publicidad/ventas muestra el presupuesto de publicidad y promoción para cada industria seleccionada, como un porcentaje de las ventas netas.

Esta tabla se basa en *Advertising Ratios & Budgets*, un estudio anual de gastos en promoción y publicidad para las principales corporaciones de Estados Unidos, publicado por Schonfeld & Associates, Inc. El estudio contiene los pronósticos históricos y de 1988 de los presupuestos de publicidad en más de 5,700 compañías de propiedad pública en más de 390 industrias diferentes. Las cifras se compilan de 10,000 reportes archivados por la Securities and Exchange Commission. Sin embargo, se aconseja hacer un análisis cauteloso ya que las empresas pueden variar su interpretación de lo que constituyen inversiones de publicidad y/o promoción. Además, grandes compañías que operan en varios campos diferentes pueden aparecer en la lista sólo en el sector primario de su industria, y no figuran las cifras de compañías de propiedad privada. En Schonfeld & Associates, Inc. se pueden obtener copias de *Advertising Ratios & Budgets* a un costo de US$295, en 1 Sherwood Drive, Lincolnshire, IL, 60069.

El método de porcentaje de ventas también puede presentar varias limitaciones severas. La más notable es que supone que la promoción es un resultado de las ventas y no una causa; no tiene en cuenta la posibilidad de que las ventas puedan disminuir debido a una baja promoción o que no tomen ventaja de un potencial de crecimiento. Otro factor relacionado es la posibilidad de que se puede llegar a un nivel cuando el dinero adicional que se invierte genera un resultado cada vez más bajo. Utilizar el porcentaje de ventas pasadas puede representar inversiones por debajo del mínimo cuando el potencial es grande e inversiones excesivas cuando el potencial es bajo.

Una forma de manejar esta tendencia a invertir por exceso o por defecto es relacionar la apropiación promocional con los pronósticos de ventas y no con las ventas pasadas. Esto es posible para las empresas que pueden emplear una técnica de pronósticos confiable. Sin embargo, muchas firmas carecen de esa capacidad. No obstante, utilizar ventas futuras reconoce el hecho de que la promoción precede a las ventas y de que es un factor importante para producirlas.

Quizá la forma más efectiva de utilizar la técnica del porcentaje de ventas es examinar las anteriores y los pronósticos de las mismas. Este examen no sólo da estabilidad sino que asegura que se tenga en cuenta el potencial del mercado. A pesar de sus limitaciones, el método del porcentaje de ventas seguirá siendo el más popular y eceptado.

Unidad de ventas. El método de unidad de ventas se parece bastante a la técnica del porcentaje. En lugar de las ventas en dinero, la base es el volumen físico de ventas pasadas o futuras. Este valor unitario se multiplica por una cantidad de dinero fija con el fin de deducir la apropiación total. Por ejemplo, General Motors Corp. puede asignar US$340 por unidad para publicidad.

Este método presenta las mismas ventajas y desventajas del método del porcentaje de ventas y se aplican las mismas soluciones. Por lo general, se utiliza para artículos de alta facturación como automóviles y electrodomésticos, y su aplicación la dicta más la tradición que la razón.

Paridad competitiva. Muchos promotores basan su propia asignación en las inversiones de sus competidores. La información sobre el particular se obtiene de fuentes como la revista *Advertising Age*, A. C. Nielsen e informes del gobierno. Rara vez esta técnica es la única determinante de la apropiación, pero suele utilizarse junto con otros criterios.

La técnica de paridad competitiva tiene la ventaja de reconocer la importancia de la competencia en la promoción y, con frecuencia, minimiza la guerra del mercado. Además es fácil de utilizar ya que la única información que se requiere es la cantidad de dinero que invierten los competidores.

El hecho de que esta técnica se base en una simple cantidad de dinero también sugiere una limitación. Los competidores importantes pueden reflejar una amplia variedad de presupuestos y direcciones, y para una compañía es imposible ajustarse a competidores que varíen mucho. Otro inconveniente es que la paridad competitiva supone que los objetivos de una compañía son los mismos de sus competidores y éste puede ser un supuesto engañoso. También considera que las asignaciones de los competidores son correctas. Por último, la información sobre los gastos en publicidad de la competencia sólo está disponible después de haber invertido el dinero.

Todo-lo-que-usted-puede-invertir. Con este método, la cantidad que queda después de todos las demás inversiones importantes de la compañía se destina a publicidad. Empresas de todo tipo y tamaño utilizan este método, el cual resulta muy popular cuando se introduce un nuevo producto. A pesar de la poca sofisticación que aparenta, con frecuencia produce resultados efectivos. Si una compañía hace un buen trabajo de distribución entre los otros elementos de su negocio, no resulta sorprendente que la cantidad que se deje para publicidad se ajuste a las necesidades de la compañía.

Métodos presupuestales determinados por la estrategia

En contraste con las técnicas anteriores, cuya aplicación depende de normas simples y tradiciones industriales, existen varias técnicas presupuestales que se basan en la estrategia promocional misma. Estos enfoques del fondo hacia arriba comienzan con la participación de quienes implementan la estrategia de promoción, continúan con el gerente de promoción y, al final, llegan a la gerencia general acompañadas con información de soporte para la cantidad que se pide en el presupuesto. Es necesario admitir que estas técnicas son más difíciles de emplear y que algunas organizaciones pueden carecer de la experiencia o de los recursos necesarios. Con todo, coinciden con el proceso formal de planeación que se recomienda en este texto.

Objetivo-tarea. La técnica más popular es el método de objetivo-tarea. El gerente de promoción comienza con un estudio a fondo del mercado y del producto para determinar objetivos promocionales lógicos. El siguiente paso es definir objetivos en término de conciencia, cambio de actitud y redención de cupones, los cuales se han de lograr durante un periodo en particular. Después de establecer los objetivos, el gerente debe determinar cuánto dinero será necesario para llegar a ellos. Si los costos asociados son mayores que el dinero disponible, se ajustan los objetivos o se consiguen más recursos.

La ventaja primaria de este método es que desarrolla el presupuesto desde la base. Este es un procedimiento administrativo válido y funciona; no se basa en ventas pasadas o futuras, ni en lo que hace la competencia o cualquier otro factor que se halle por fuera del control de quien toma las decisiones.

El método de tarea se adapta muy bien a la introducción de nuevos productos cuando la publicidad debe desarrollarse más o menos desde el principio. Además, se adapta bien a situaciones en las cuales se realizan cambios importantes en el programa de publicidad o marketing para productos ya establecidos.

Una desventaja del método de objetivo-tarea es que aún se duda de su superioridad con respecto a otros métodos. Sus resultados sólo son tan buenos como los objetivos enunciados y la precisión en la cantidad de dinero que se asigne para alcanzarlos. Determinar objetivos y asignar una cantidad precisa son tareas difíciles de hacer; en algunos casos, los objetivos son confusos e incluso contradictorios.

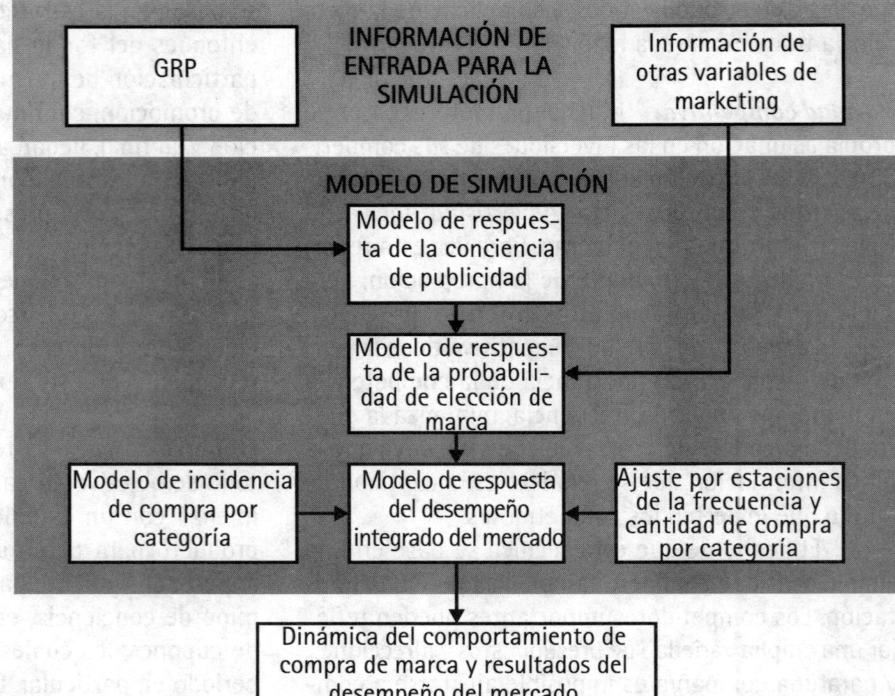

Figura 11.2
Marco de referencia de simulación por computador: Prod II.
Fred S. Zufryden, "How Much Should Be Spent for Advertising a Brand?" Journal of Advertising Research (April/May 1989): 26. Utilizado con autorización.

Modelos matemáticos. Durante las tres últimas décadas se ha presentado un crecimiento significativo en el uso de técnicas cuantitativas para la elaboración del presupuesto de promoción. En ocasiones, estas formulaciones cuantitativas incluyen la aplicación de modelos matemáticos que se han desarrollado en otros campos, como la física y la psicología. Otras veces reflejan pensamientos originales con respecto a la forma como debe interactuar la publicidad con otras fuerzas de marketing y con el consumidor. Uno de estos modelos, que ha ganado popularidad, aparece en la figura 11.2. Este modelo de simulación de ventas-respuesta por computador se conoce como Prod II y requiere estimados de diferentes medios e información de marketing (por lo general derivada de experiencias pasadas) y luego, simula un número de posibles resultados. El presupuesto que resulta de esta información se basa en la óptima calidad de los datos que se suministran. La secuencia del modelo es como sigue:

1. La información consta de diferentes cantidades simuladas matemáticamente; son *gross rating points* (GRP) transmitidos y variables de marketing como precio y distribución.
2. La capacidad de cada nivel de GRP para transmitir un nivel específico de conciencia es simulada.
3. Los diferentes niveles de conciencia y las variables de marketing se simulan como una entrada para la probabilidad de elección de marca.
4. La variable de probabilidad de elección de marca, junto con el modelo de incidencia de la compra por categoría (es decir, cuando la gente compra productos en esta categoría) y el ajuste por estación de la compra por categoría (es decir, frecuencia y cantidad de compra), se introducen para el modelo integrado de repuesta de desempeño (es decir, la posibilidad de que se hará la compra).
5. Por último, los diferentes modelos de respuesta del desempeño se evalúan en términos de los beneficios financieros de cada uno; esta evaluación indica un programa óptimo que producirá un presupuesto óptimo.

Los modelos matemáticos no han encontrado una amplia aceptación en la industria por diversas razones. En primer lugar, requieren de experimentación y análisis formal que pueden exceder las capacidades de muchas compañías; segundo, el proceso es costoso y requiere bastante tiempo; tercero, los modelos no se han modificado con éxito de manera que el de psicología no es válido para marketing. Aunque es probable que en los próximos años se proponga una cantidad mayor de modelos presupuestales cuantitativos, propuestos por los teóricos de este campo, su aplicación en el terreno práctico será mucho más lenta.

El método experimental. El método experimental es una alternativa para elaboración de modelos. En lugar de utilizar datos anteriores para dar validez a un presupuesto, el gerente de promoción utiliza pruebas y experimentos en una o más áreas del mercado para determinar los resultados de variaciones que se pueden realizar. El método experimental se basa en la retroalimentación de pruebas para contar con información. Un ejemplo típico es un presupuesto con base en datos del mercado de prueba; un producto se puede ensayar de manera simultánea en varios mercados con población, nivel de uso y participación de marca similares. En cada mercado se determinaría la variación de los niveles de publicidad y presupuesto. Antes, durante y después de la inversión, se medirían las ventas y la conciencia de marca en cada mercado; al comparar los resultados se estimaría cómo se podrían aplicar niveles de presupuesto variados en todo el país. El presupuesto con los mejores resultados sería el escogido.

A un nivel más amplio, esta técnica elimina los problemas asociados con los otros métodos presupuestales. Las principales desventajas son el tiempo y los costos (como mínimo, cifras de seis dígitos al año) relacionados con la recopilación de datos y la dificultad para controlar el entorno. Anheuser-Busch es una compañía que ha utilizado el método de experimentación durante varios años; la empresa ha aumentado las ventas totales y las utilidades en tanto que ha disminuido el costo de la publicidad por barril.

Planeación de la inversión. El plan de inversión se utiliza junto con los métodos de determinación de presupuesto para evaluar el monto de la inversión en las promociones. Proyecta ingresos futuros generados y los costos en que se incurre, por lo general para un periodo de dos a tres años. Su propósito es demostrar cuánto se necesita invertir, qué nivel de retorno podría esperarse y cuánto tiempo es necesario antes de que se presente. La planeación de la inversión es una técnica de presupuestos útil cuando se introduce un nuevo producto con el compromiso de hacer grandes inversiones en promoción para estimular la conciencia y la aceptación del producto. Se reconoce la probabilidad de que esta situación disminuirá las utilidades de la compañía durante el primero y segundo año. Por naturaleza, la gerencia quiere estimados del tiempo que deberá invertir dinero en promoción antes de que se logren ventas y se obtenga la utilidad esperada, una vez que se ha establecido la marca.

La clave para el plan de gastos es la precisión en los pronósticos, los cuales se deben hacer para las ventas en el tiempo, los factores que afectan el mercado y los costos. Por lo general, una marca de éxito crece durante sus primeros años y luego disminuye hasta lograr una participación estable en el mercado. La inversión en promoción es alta al comienzo y baja después.

El plan de inversión es una herramienta de planeación útil pero tiene sus limitaciones. La más notoria es que no puede tomar en cuenta todos los factores incontrolables que pueden afectar el plan. Nuevos competidores, legislación, desastres naturales y nuevas tecnologías son algunas de las contingencias que influyen en el plan. Además, los supuestos subyacentes al plan tienden a ser optimistas. ¿Qué pasa si el producto no tiene ventaja competitiva o la promoción no es efectiva? Resulta claro que la gerencia general reaccionaría muy mal ante un plan de inversión que se halla dos o tres años atrás del punto proyectado.

Repaso de conceptos

Los siguientes métodos se utilizan para determinar las apropiaciones para publicidad:

A. Métodos presupuestales predeterminados
   1. Porcentaje de ventas: porcentaje fijo de los pronósticos de ventas o de las ventas del último año
   2. Unidad de ventas: cantidad de dinero fija de cada unidad vendida

3. Paridad competitiva: inversión proporcional a la cantidad empleada por los competidores
4. Todo-lo-que-pueda-invertir: cantidad que queda después de hacer todos las demás inversiones de importancia

B. Métodos presupuestales determinados por la estrategia
1. Objetivo-tarea: costos totalizados para alcanzar objetivos
2. Modelos matemáticos: aplicación de modelos matemáticos a las decisiones presupuestales
3. Método experimental: pruebas de varios modelos de asignaciones presupuestales en diferentes mercados
4. Planeación de la inversión: proyecto sobre la generación de ingresos futuros y los costos en que se incurre.

Determinar las apropiaciones para otras formas de promoción

Los métodos descritos para determinar las apropiaciones de publicidad también se utilizan para otros elementos de la mezcla de promoción. La mayor parte de las compañías utilizan más de uno de estos métodos. De hecho, el método empleado varía de una división a otra e incluso entre áreas funcionales; por ejemplo, una compañía podría aplicar la paridad competitiva para determinar su presupuesto de venta personal, el porcentaje de ventas para el de publicidad y todo-lo-que-pueda-invertir para las demás actividades promocionales. Otra compañía podría emplear los modelos matemáticos para productos nuevos y el porcentaje de ventas para productos ya establecidos. En las siguientes secciones se estudiarán técnicas de apropiación que se emplean con los otros elementos promocionales. Muchas de estas técnicas se sobreponen con las que se emplean en publicidad.

Elaboración del presupuesto para promoción de ventas

Una de las principales dificultades que se relaciona con la promoción de ventas es el gran número de actividades que caben dentro de esta denominación. Como resultado, existe una continua incertidumbre acerca de cuáles actividades deberán ser responsabilidad financiera de la promoción de ventas. La más reciente publicación del *Sales Promotion Handbook* ofrece la siguiente lista de actividades que se deberán incluir en el presupuesto de promoción de ventas:

1. Investigación
2. Viajes
3. Capacitación en ventas
   a. Literatura de entrenamiento
   b. Películas y audiovisuales
   c. Administración y manejo interno
4. Literatura promocional
5. Servicios a distribuidores
6. Herramientas y equipos de ventas
7. Ferias y exhibiciones
8. Materiales educativos para colegios
9. Concursos y campañas de ventas
10. Reuniones con distribuidores y otros
11. Relaciones con la comunidad
12. Oficina de voceros
13. Actividades de propaganda
14. Asociaciones comerciales[7].

Cuando estas actividades se sobreponen con los otros elementos promocionales, los costos se deberán distribuir. En la mayor parte de los casos, el alcance de esta distribución de la carga financiera depende de quién está a cargo de la promoción de ventas. La mayor parte de las grandes compañías utiliza un sistema de gerencia de marca y el respectivo gerente es el encargado de determinar la cantidad total que se ha de invertir en promoción de ventas. Como este individuo suele tener la responsabilidad por el presupuesto total de marketing, es probable que la promoción se considere en su justa perspectiva y reciba un trato apropiado.

Cuando no se utiliza el sistema de gerencia de marca, el gerente de promoción acostumbra desarrollar un presupuesto total de promoción de ventas para el departamento, el cual incluye todas las inversiones esperadas. Salarios, actividades de promoción de ventas, inversiones del departamento, inversiones continuas y valores similares se presupuestan por separado. Cada enfoque se beneficia de un sistema de contabilidad interna que puede suministrar el control presupuestal.

La mayor parte de los métodos presupuestales estudiados para determinar las apropiaciones para publicidad, también se utiliza en promoción de ventas. Se emplean cinco técnicas básicas para distribuir los recursos:

1. Tasas predeterminadas: incluyen normas esenciales con base en la política de la compañía o sus antecedentes históricos, posiblemente modificados por la posición estratégica de la marca.
2. Método de objetivo-tarea. Se establecen los objetivos para la promoción de ventas y se desarrollan los planes para lograrlos a un costo mínimo.
3. El método de adición. El presupuesto comienza con los gastos de promoción necesarios y se hacen adiciones sucesivas a los programas menos importantes.
4. Paridad competitiva. El presupuesto se refleja en el de un competidor muy cercano, de manera que aumenta o disminuye de acuerdo con él.
5. Inversiones óptimas teóricas. Se utiliza un modelo de respuesta de ventas para determinar el presupuesto que arrojará los máximos beneficios. El modelo se puede solucionar de manera analítica o mediante un enfoque de simulación. El presupuesto "óptimo" no se puede tomar de manera literal sino estableciendo una indicación general o un punto de partida para otros presupuestos[8].

Aunque los gerentes de mayor jerarquía acostumbran especificar normas básicas de relación predeterminadas, los antecedentes históricos (es decir, la asignación del último año) son el método de asignación presupuestal más empleado[9]. Esta aplicación de los antecedentes históricos es desalentadora ya que el de objetivo-tarea y el de inversiones óptimas tienen una presentación mucho más intuitiva. Parte del problema puede ser lo novedoso de la promoción de ventas como parte de la estrategia promocional y la dificultad de implementar las técnicas presupuestales más complicadas. El personal de promoción de ventas simplemente puede que no logre afrontar el reto. La sección **Un enfoque de promoción** sugiere varias normas básicas que pueden facilitar el uso de estas técnicas presupuestales más sofisticadas.

Elaboración del presupuesto para relaciones públicas

En comparación con las otras tres áreas de promoción, las relaciones públicas utilizan las técnicas de presupuesto menos complicadas. En esencia, los gerentes de relaciones públicas siguen una de cuatro estrategias para establecer presupuestos. La primera equivale a la técnica todo-lo-que-pueda-invertir; como las relaciones públicas, con frecuencia, están al final de la línea, a la hora de asignar los fondos, la cantidad suele ser mucho menor que la de publicidad y promoción de ventas.

La paridad competitiva es la segunda técnica. Sin embargo, ya que la cantidad que los competidores invierten en relaciones públicas es muy difícil de medir, la cifra elegida suele ser una aproximación con base en las actividades de relaciones públicas de los competidores. Como éstas no se pueden observar, esta técnica adolece de serios problemas de errores de cálculo.

Una versión del método objetivo-tarea es una tercera técnica de presupuestos que se utiliza en relaciones públicas, y la cual casi siempre depende de los objetivos establecidos para los demás elementos promocionales. Por ejemplo, un programa de promoción de ventas como en el caso de una actividad especial, también es responsabilidad de relaciones públicas. El objetivo que la promoción de ventas estableció para esa ocasión especial dicta el objetivo de relaciones públicas el cual, a su vez, debe relacionarse con una cifra de costos.

La última técnica de presupuesto sigue un enfoque de contabilidad de costos. En términos sencillos, el gerente de relaciones públicas desarrolla una lista de actividades y celebraciones que deberá implementar al año siguiente. Esta lista discriminada de costos se desarrolla y compara con un presupuesto base o se presenta para la aprobación de la gerencia general. Después se hacen los ajustes pertinentes.

Aunque no existe ninguna evidencia que apoye el beneficio de una de estas técnicas sobre las demás, se considera que se aplicaría la misma lógica que se indicó previamente.

Un enfoque de promoción:

Integrar los esfuerzos de promoción de ventas

En muchas compañías, las promociones de ventas van después de la publicidad. Mientras una empresa puede contratar a una agencia de publicidad para crear un mensaje poderoso y transmitirlo de la manera más eficiente, es probable que sea mucho menos organizada en cuanto a sus promociones de ventas. Las empresas que consideran las promociones de ventas como algo extra que ha de manejar alguien cuando tenga tiempo, reducen el valor de la promoción de marketing estratégico y gastan su presupuesto de promoción de ventas de manera muy tonta.

Incluso, muchas compañías no saben qué es un presupuesto ya que el dinero para las promociones de ventas tiende a entregarse en forma fragmentada a los autores del *copy,* los estudios de arte, los impresores y otras agencias. Estas diferentes funciones se deben integrar y dirigir a través de un control central. Una compañía que utiliza con regularidad una agencia de publicidad, deberá considerar con seriedad la contratación de una agencia de promoción de ventas para manejar dichos aspectos y trabajar en conjunto con la agencia de publicidad.

Antes de planear cualquier actividad de promoción de ventas, la compañía necesita saber cuáles son las metas de la promoción. Con frecuencia, las empresas realizan las mismas promociones año tras año sin analizar su eficacia o su valor. Una agencia de promoción de ventas puede hacer un análisis a fondo de lo que se ha hecho en el pasado y recomendar cambios. ¿Cómo se ajusta la promoción de ventas con el resto de la mezcla de marketing de la compañía? Hasta una promoción de ventas bien concebida será ineficaz si sus metas no son consistentes con una estrategia global de marketing.

Una agencia de promoción de ventas puede ser de utilidad para crear nuevas promociones, una vez que se han establecido metas claras y se conocen las limitaciones del presupuesto. Nuevos enfoques no necesariamente son mayores costos y en el proceso de integrar todas las actividades relacionadas con la promoción de ventas, la agencia puede encontrar algunas repetidas o ineficaces. Una compañía que invierte dinero en incentivos para el distribuidor, reducciones de precio, empaques especiales y educación al consumidor puede encontrar que un enfoque nuevo y creativo para algunas de estas áreas será más efectivo y ahorrará una buena cantidad de dinero. Si de todas maneras se quieren emplear las promociones de ventas, dicen los expertos, hay que tomarlas en serio y asegurarse de que todos trabajen en ellas.

Fuente: Peter Adler: "Get Top Mileage from Sales Promotion Budget," *Marketing News* (February 29, 1988): 9.

Elaboración del presupuesto para venta personal

En la mayor parte de las instituciones, las cifras de dinero que se asignan a la venta personal se calculan de manera independiente con respecto a las otras funciones promocionales. Es decir, el director de marketing y el gerente de ventas determinan el presupuesto para la venta personal, sin tener muy en cuenta las inversiones de los otros tres elementos de la mezcla. Esta tendencia hacia un presupuesto separado es una razón importante del porqué ha sido tan difícil coordinar venta personal con publicidad, promoción de ventas y relaciones públicas.

Existen dos categorías de costos asociadas con la venta personal. La primera se conoce como inversiones de ventas directas o *inversiones de ventas de campo.* La segunda categoría se llama inversiones de ventas indirectas e incluye inversiones de movilización, inversiones por atenciones especiales e inversiones promocionales especiales. Muchas compañías han reducido en forma drástica esta área de costos en los últimos años. El costo del traslado físico de un vendedor y la compra y el financiamiento de una nueva vivienda se ha vuelto algo sencillamente prohibido. La popularidad de la cuenta de gastos del almuerzo "con cuatro martinis" también se ha reducido en tiempos difíciles, debido a la presión gubernamental al igual que por los excesivos costos. Por consiguiente, este análisis se concentrará en las inversiones de venta directas.

Para desarrollar un presupuesto de venta personal, se sugiere emplear el proceso que aparece en la figura 11.3. Los 15 pasos del proceso comienzan con una lista del sitio de cada territorio seguido por el pronóstico de ventas por cada área metropolitana. Los pasos 3 al 9 indican todos los renglones de costos directos asociados con cada área. Estos ítems se totalizan bajo el paso 10. El paso 11 es el total del costo específico para todas las áreas metropolitanas. El paso 12 proyecta las ventas del territorio. El paso 13 calcula el porcentaje de las ventas del territorio que se tendrán en cuenta para el total de las ventas

Preparación de un presupuesto de ventas–costos

1. Áreas metropolitanas	2. Ventas proyectadas	3. Costos de alojamiento	4. Costos de alimentación	5. Alquiler de automóviles	6. Inversiones varias	7. Atenciones a terceros	8. Transporte	9. Promoción	10. Total inversiones metropolitanas
11. Totales metropolitanos									
12. Total proyectado del territorio									
13. Porcentaje del total	%	%	%	%	%	%	%	%	%
14. Presupuestos de salarios									
15. Total de todas las áreas metropolitanas									
16. Inversiones reales									

Figura 11.3

Componentes que se consideran para preparar un presupuesto de venta personal.

Sales & Marketing Management (February 26, 1990): Reimpreso con autorización de Bills Communications.

del área metropolitana incluida. El paso 14 incluye el presupuesto de salarios. El paso 15 incluye el total de pronósticos de inversiones desde la columna 10. El paso 16 suma los renglones 14 y 15 para una cifra total del presupuesto. La deducción de la cantidad de dinero que se asigna a cada una de las categorías de costos puede ser un porcentaje de las ventas, objetivo-tarea, todo-lo-que-pueda-invertir o alguna combinación de estos métodos. De nuevo, en este punto prevalecen los métodos más simples.

Repaso de conceptos

1. La promoción de ventas y las relaciones públicas pueden emplear muchas de las mismas técnicas de presupuesto de la publicidad.
2. El presupuesto para la venta personal considera las siguientes categorías:
   a. Inversiones de ventas directas
   b. Inversiones de ventas indirectas

Análisis marginal: el presupuesto ideal

Cientos de enfoques se utilizan para determinar cuánto invertir en promoción. Sin embargo, la base teórica para determinar el tamaño del presupuesto de promoción es el **análisis marginal**. En teoría, significa que una empresa aumenta el presupuesto en la misma medida que los gastos incrementales se exceden por el rendimiento marginal que generan, y que este proceso continúa hasta que el rendimiento y los costos marginales son iguales.

Este modelo se ilustra en la figura 11.4. Suponga que la única determinante de las ventas en dólares (*S)* fue la cantidad invertida en promoción (*P)*:

$$S = f(P)$$

Además, suponga que *f(P)* tiene la forma general que aparece en la figura 11.5. De ese modo, si *M* es el margen bruto sobre ventas, entonces *Mf(P)*, la curva del margen bruto, simplemente sería una versión a escala de *f(P).* La diferencia entre *Mf(P)* y *P* representa, entonces, una función de utilidad:

$$\text{Utilidad} = Mf(P) - P$$

El nivel óptimo de inversión en promoción es el que produzca el máximo de utilidad. En el ejemplo, el nivel óptimo es *P**, en el cual el ingreso marginal que se obtiene del último dólar invertido es US$1 (el declive de la curva de utilidad en *P** = 0) Un dólar invertido en promoción, por encima del nivel *P**, será menos que US$1 de utilidad.

Aunque la curva *f(P)* tiene forma de S (*véase* figura 11.4), ésta y los parámetros que determinan la curva pueden variar en grandes proporciones. Sin embargo, al menos en el caso de la publicidad, existen varias razones que parecen justificar una curva

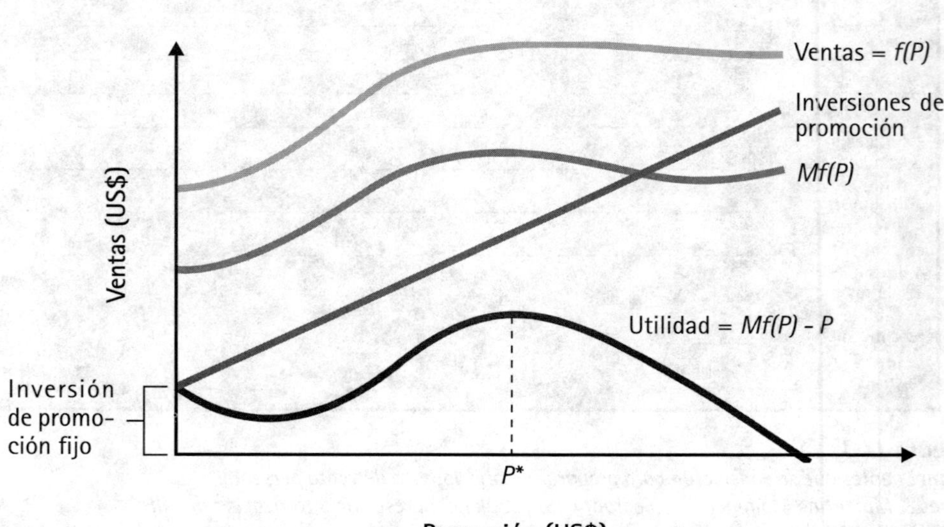

Figura 11.4
Ilustración del análisis marginal.

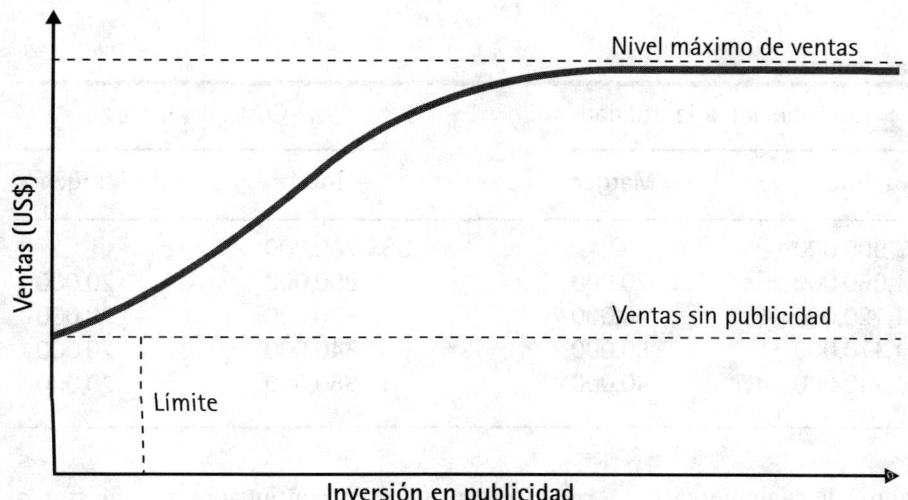

Figura 11.5
Una ilustración de las cuatro propuestas que justifican la curva f(P).
Figura tomada de Advertising *by Kenneth A, Longman, derechos reservados © 1971 por Harcourt Brace Jovanovich, Inc., reproducida con autorización del editor.*

en forma de *S*: 1) siempre existe algún retorno de ventas para la inversión adicional en publicidad, pero la tasa de retorno desciende cuando se invierte más dinero, 2) ninguna cantidad invertida en publicidad puede impulsar las ventas por encima del límite impuesto por la cultura y el ambiente competitivo, 3) existen niveles límites de publicidad tales que las inversiones por debajo de esos límites no tienen efectos sobre las ventas y 4) algunas ventas se harán aunque no haya inversiones en publicidad. Estas proposiciones se muestran en la figura 11.5.

El análisis marginal también se ha aplicado en presupuestos de venta personal. Aunque el beneficio primario de éste análisis, en este contexto, es determinar el nivel óptimo de la organización total de ventas, tiene una ventaja secundaria al proveer una base para hacer ajustes en la fuerza de ventas a lo largo del año. Ambas decisiones tienen un impacto directo sobre el presupuesto de la venta personal. La aplicación del análisis marginal es directa. Si se contrata un vendedor adicional, las ventas totales deberán incrementarse tanto como se deberán totalizar los costos de ventas. En general, el gerente contratará otra persona si el margen bruto de las ventas adicionales es mayor que el aumento de los costos de ventas; es decir, si el vendedor extra contribuirá más al margen bruto que al costo. Cuando se remplazan vendedores, se aplica el razonamiento contrario: los vendedores se remplazarán si no contribuyen al margen.

Este proceso de toma de decisiones se ilustra en el ejemplo siguiente. Suponga que una compañía tiene 50 vendedores a un costo total de US$800,000 y una utilidad total de US$1,060,000 (*véase* Tabla 11.4). Uno de los vendedores ha anunciado la intención de renunciar y el gerente de personal ha informado que tres personas calificadas están disponibles como remplazos. La información de la tabla 11.4 se puede emplear para evaluar las siguientes alternativas:

1. No remplazar al vendedor
2. Remplazar al vendedor
3. Ampliar la fuerza de ventas en un elemento o más

Si el vendedor no es remplazado, el margen bruto descenderá en US$70,000 y se ahorrarán US$20,000. Contratar a otra persona para remplazar a quien se marcha generará una diferencia de US$40,000; contratar a dos personas aumentará la utilidad neta en US$30,000 y contratar a tres personas generará otros US$20,000 y una mayor participación en el mercado. De ese modo, 52 vendedores representan el tamaño óptimo de la fuerza de ventas ya que la utilidad marginal es mayor que el costo marginal.

Aunque no hay ejemplos del análisis marginal aplicado a la promoción de ventas o a las relaciones públicas, no existe ninguna razón para que esta doctrina no funcione. En promoción de ventas, las unidades aplicables se relacionan con los niveles de cupones, muestras gratuitas o descuentos en el precio. Para las relaciones públicas, los datos de entrada son comunicados con información, acontecimientos especiales o participación en visitas a las instalacio-

Tabla 11.4
Análisis marginal de la fuerza de ventas

Número de vendedores	Contribución a la utilidad		Costo de ventas	
	Total	Margen	Total	Margen
49	US$ 900,000		US$ 780,000	
50	1,060,000	70,000	800,000	20,000
51	1,120,000	60,000	820,000	20,000
52	1,170,000	50,000	840,000	20,000
53	1,210,000	40,000	860,000	20,000

nes. Las ventas de unidad marginal de cualquier aumento de estas entradas se puede calcular y producir una curva similar a la de la figura 11.6. Excepto en el nivel límite, la industria publicitaria ha aceptado la mayor parte de las propuestas[10].

Aunque el análisis marginal refleja un ideal importante, aplicarlo en la práctica es bien difícil aunque no imposible. El primer problema se relaciona con el supuesto de que las ventas son resultado directo de las inversiones en promoción. Este supuesto puede ser válido en el caso de la promoción por correo directo pero resulta cuestionable en casi todos los demás tipos de promoción y falla prácticamente casi en todas las situaciones. Incluso si un investigador puede aislar y controlar todas las variables relevantes una vez, no existe garantía de que la curva de respuesta que se deriva sea válida en el futuro.

Segundo, el análisis marginal desconoce cómo cambian las relaciones ventas-respuesta la estrategia del *copy*, de los medios o de otros elementos de la mezcla de marketing. Algunos cambios pueden hacer que la relación de respuesta sea más o menos eficiente al lograr que el dinero funcione con mayor o menor dificultad.

Tercero, el análisis marginal no tiene en cuenta el efecto acumulativo del esfuerzo promocional pasado sobre las ventas futuras. Un consumidor que compra un horno microondas en febrero pudo ser afectado con la publicidad de diciembre además de un encuentro con una vendedora seis meses antes. También existe la posibilidad de que la publicidad pueda atraer a compradores que han sido clientes leales por muchos años. A la fecha, el análisis marginal no puede acomodarse al *efecto de duda* de la promoción.

Existen esfuerzos continuados para ajustar la técnica de análisis marginal y reducir estas limitaciones. Algunos investigadores han desarrollado experimentos sofisticados en donde se manipulan las diferentes variables del presupuesto que afectan las ventas y luego comparan los resultados. Los modelos elaborados de regresión estadística se añaden a estos experimentos para dar una mayor precisión a las predicciones. Sin embargo, el alto nivel de experiencia que se requiere para implementar estas técnicas ha desanimado su aplicación. En cambio, los gerentes de promoción han optado por métodos presupuestales más simples.

Repaso de conceptos

1. El análisis marginal es una base teórica para determinar un presupuesto para promoción.
   a. Una empresa complementa el presupuesto de promoción tanto como las inversiones incrementales se excedan por los ingresos marginales que ellas generan
   b. El nivel óptimo de inversión en promoción es el nivel en el cual producirá las máximas utilidades
2. El análisis marginal es difícil de implementar debido a lo siguiente:
   a. Es imposible juzgar si las ventas son el resultado directo de la promoción
   b. No se consideran los cambios en los diferentes elementos de la estrategia promocional
   c. No tiene en cuenta el efecto acumulativo de promociones anteriores.

Caso 11

United Way cambia sus rutas

Pocas organizaciones de negocios han tenido más cambios que United Way. La organización comenzó en Denver en 1887 cuando se organizó la primera United Community Campaign. Entre 1920 y 1940 empleó el nombre de Community Chest y luego se comenzó a conocer como United Fund o United Givers. Fue sólo hasta 1970 que se afianzó el nombre de United Way.

El propósito de United Way se mantiene firme: reunir dinero en forma simultánea para diferentes causas alrededor del mundo y así reducir la duplicación de entidades de recaudo de recursos, ahorrar tiempo y evitar frustraciones a los donantes. Las entidades de caridad independientes dentro de las organizaciones locales de United Way reciben cerca de un cuarto de sus recursos de las campañas anuales de ésta. Los recursos restantes proceden de donativos de agencias gubernamentales por concepto de honorarios por servicios prestados y de otros aportantes. Estos últimos reciben la aprobación o el rechazo de United Way.

Como es de esperar, hasta ese momento el programa de marketing para United Way había sido muy simple. La oficina nacional era responsable de la coordinación de actividades, la planeación a largo plazo y la prestación de algunos servicios a cerca de 2,100 oficinas locales distribuidas en Estados Unidos y Canadá. La casa principal dotaba a las organizaciones locales con apoyo técnico para campañas y trataba de construir y mantener buenas relaciones con grandes corporaciones. Las actividades más específicas se debían hacer conjuntamente con el desarrollo y la producción de películas y otros materiales puestos a disposición de solicitantes voluntarios y de los medios de comunicación; el desarrollo y producción de manuales de planeación y presupuesto; la revisión de los programas nacionales de la agencia; la publicación de diversas series de circulares; el entrenamiento a las filiales en técnicas de administración y recolección de fondos, el mantenimiento de una biblioteca con los informes necesarios y con la ejecución de investigaciones de opinión pública y mercado. Por ejemplo, un esfuerzo investigativo encontró una correlación directa entre el conocimiento que el contribuyente tenía de United Way y su nivel de apoyo.

Toda la publicidad de United Way se ha dado a través del *Advertising Council*, una organización de marketing local formada con el propósito de apoyar causas nobles y sin ánimo de lucro, con la creación y aporte de publicidad profesional gratuita. Una agencia de publicidad, Bozell & Jacobs, International, se ofreció para crear la publicidad y la National Football League acordó apoyar a United Way durante la transmisión de sus partidos por televisión; la National Hockey League y la NBA suscribieron acuerdos similares. El costo total de United Way para las series de la NFL fue de US$200,000 que correspondió al costo de producción.

Sin embargo, los esfuerzos de promoción en United Way han cambiado y esta entidad trabaja en el desarrollo de series de anuncios por prensa, radio y televisión dirigidos hacia el público en general. Estos anuncios se presentan durante todo el año y no sólo durante las campañas. United Way enfrenta otro problema inusual: como el dinero que invierte en promoción corresponde a donaciones y deberá ir hacia varios programas de caridad, el público adopta una posición muy crítica con respecto a las inversiones en otros programas.

Nunca antes se había tenido que desarrollar un programa de presupuesto desde la gerencia general de United Way, lo cual causa una gran confusión sobre cómo empezar y qué proceso se deberá seguir. Parece ser que existen dos grupos con opiniones bien distintas. Un grupo tan sólo quiere establecer una apropiación total con base en las experiencias de las empresas con ánimo de lucro, con cifras de ingresos y de costos comparables. Este grupo ha identificado seis de esas empresas y ha estimado que se necesitarían US$11 millones para apoyar un programa de publicidad con un año de duración. La asignación de este dinero a los diferentes componentes de la estrategia de publicidad se basaría en cifras de costos presentadas por la gente responsable de cada componente.

El segundo grupo, encabezado por el economista del *staff* John Blair, quiere emplear un enfoque de análisis marginal para determinar la apropiación. El grupo argumenta que contar con un soporte detallado para una decisión financiera de ese nivel tiene particular importancia cuando una organización invierte los recursos que le han donado. Se admite que habrá algunos problemas para hacer todos los pronósticos necesarios que forman parte del enfoque de análisis marginal. En el peor de los escenarios, los inteligentes supuestos se pueden sustituir por datos escuetos.

Preguntas sobre el estudio de caso

1. Considere la situación de United Way y evalúe lo adecuado de las dos técnicas de apropiación que se sugieren.
2. ¿Existen otras técnicas que United Way deberá considerar? ¿Cuáles son? ¿Qué ventajas ofrecen estas técnicas alternas?

Síntesis

Muchos factores influyen en el presupuesto de promoción; por ejemplo, el producto y en qué parte de su ciclo de vida se encuentra, la condición financiera de la compañía, las normas de investigación, el sistema de distribución, el alcance del mercado y la competencia. La efectividad del proceso de presupuesto depende, en parte, de quién toma las decisiones, qué se incluye en los presupuestos y el establecimiento de un fondo de reserva y un proceso regular de revisión.

Aunque la técnica ideal para hacer las apropiaciones con destino a la promoción es el análisis marginal, no es una opción realista para la mayor parte de compañías. Las técnicas más aceptadas van de lo simple (porcentaje de ventas) a lo complejo (modelos matemáticos).

Preguntas de análisis

1. ¿Cuáles son las dos primeras decisiones que un gerente de promoción debe tomar acerca del presupuesto? ¿Cómo influye en él la competencia para tomar estas decisiones?
2. Establezca la diferencia entre los términos *apropiación* y *presupuesto* ¿Cuál es el rol de cada uno?
3. Analice los factores que influyen en el tamaño absoluto de la apropiación.
4. Describa los métodos de análisis marginal y de objetivo-tarea para determinar la apropiación presupuestal. ¿Cómo se pueden comparar estos dos métodos?
5. ¿Cuál es el problema de emplear el enfoque de paridad competitiva cuando se desarrolla la apropiación de recursos para un nuevo producto? Sugiera un método alterno.
6. Además de seleccionar el método presupuestal y a continuación determinar el tamaño y la distribución del presupuesto, ¿qué otros factores deberá considerar el gerente?
7. ¿Qué factores influyen en la distribución de promoción para un minorista?
8. Describa el enfoque experimental para determinar un presupuesto. ¿Cuáles son las desventajas que se relacionan con este método?
9. Existen varias dificultades para determinar un presupuesto con destino a la promoción de ventas. Analícelas.
10. ¿Cuál es el procedimiento para desarrollar un plan de gastos para nuevos productos?

Proyectos sugeridos

1. Entreviste a dos hombres de negocios de su localidad (uno minorista y otro mayorista) y pídales que analicen el método que emplearon para establecer sus presupuestos de promoción. Compare los resultados de sus dos entrevistas.
2. Escriba un ensayo de dos páginas para defender los métodos presupuestales predeterminados.

Referencias

1. Donald C. Marschner, "Theory Versus Practice in Allocating Advertising Money," *Journal of Business*, 40 (July 1967): 286-302.
2. Gary L. Lilien et al., "Industrial Advertising Effects and Budgeting Practices," *Journal of Marketing* 40 (January 1976): 16-24.
3. Leonard M. Lodish, *The Advertising and Promotion Challenge* (New York: Oxford University Press, 1986): 92-94.
4. John Philip Jones, "Ad Spending: Maintaining Market Share," *Harvard Business Review* (January-February 1990) 38-42.
5. Nigel F. Piercy, "The Marketing Budgeting Process: Marketing Management Implications," *Journal of Marketing* 51 (October 1987): 45-59.
6. James E. Lynch and Graham J. Hooley, "Increasing Sophistication in Advertising Budget Setting," *Journal of Advertising Research* 30 (February/March 1990): 67-75.
7. Ovid Rio, *The Dartnell Sales Promotion Handbook*, 7 ed., (Chicago: The Dartnell Corp., 1987): 91-92.
8. Paul W. Farris and John A. Quelch, *Advertising and Promotion Management: A Manager's Guide to Theory and Practice* (Radner, PA: Chilton, 1983).
9. Roger A. Strang, *The Promotional Planning Process* (New York: Praeger, 1980).
10. Julian L. Simon, "Are There Economics of Scale in Advertising?" *Journal of Advertising Research* (June 1965): 15-20.

Capítulo 12

Cómo medir el desempeño de la promoción

Promoción en perspectiva
¿Qué se debe evaluar?
¿Se debe hacer la evaluación?
¿Cuándo se debe hacer la evaluación?
¿Cómo se debe hacer la evaluación?

Medir el desempeño de la publicidad
Pruebas previas: comunicación y comportamiento
Pruebas simultáneas: comunicación y comportamiento
Pruebas posteriores: comunicación
Pruebas posteriores: comportamiento

Medir el desempeño de la promoción de ventas
Pruebas previas en la promoción de ventas
Pruebas simultáneas en la promoción de ventas
Pruebas posteriores en la promoción de ventas

Un enfoque de promoción: patrocinar la actividad, no la transmisión

Medir el desempeño de las relaciones públicas
Exposiciones
Cambios de conciencia, comprensión o actitud
Contribuciones en ventas y utilidades

Medir el desempeño de la venta personal
Evaluar al vendedor
Evaluar la venta personal como parte de la promoción

Caso doce: buenos anuncios para su salud

Consideración:

Relacionar el pago a la agencia con su desempeño

Se ha dado un gran cambio en la relación entre las agencias de publicicad y algunos de sus clientes. Por primera vez, los clientes relacionan el pago que hacen a las agencias con la medición del desempeño de los anuncios que éstas crean. Por ejemplo, General Foods ya no paga el tradicional 15% de comisión sobre las cuentas de producción y medios de comunicación; en lugar de ello, su tasa de comisión básica es de 13% pero concede una bonificación de 3% a las agencias creadoras de anuncios que General Foods ubica en un nivel elevado.

RJR Nabisco, Inc., Campbell Soup Company, Hershey Foods Corp. y Nestlé Enterprises, Inc. han adoptado planes con base en incentivos los cuales, con frecuencia, incluyen tanto sanciones como bonificaciones. Una agencia de General Foods que recibe un *rating* promedio no obtiene un bono y es probable que aquella que obtenga un *rating* por debajo del promedio pierde la cuenta de la empresa. Antes de iniciar una campaña, la compañía trabaja con sus agencias para establecer criterios de desempeño; luego, clasifica el desempeño de la agencia para cada criterio mediante una escala de 10 puntos. En el primer lugar de la lista están volumen de ventas y participación en el mercado; la compañía quiere asegurarse de que los anuncios tengan los efectos deseados. Sin embargo, debido a que las ventas de un producto dependen de muchos factores sin ninguna relación con publicidad, General Foods se asegura de que se incluyan otros criterios en las evaluaciones de su agencia.

La manera de medir el desempeño de una agencia es la pregunta más espinosa en los sistemas de pago con base en el desempeño. RJR Nabisco se basa en la investigación de publicidad antes que en las cifras de ventas. La investigación le dice a la compañía si los consumidores recuerdan un anuncio y qué clase de respuesta emocional tienen ante él. Hacer que un cliente recuerde un producto y se sienta bien con respecto al mismo, es mucho más de lo que una compañía puede pedir que se logre con un aviso publicitario.

En parte, debido a la falta de una medida estándar de desempeño, algunas agencias se muestran cautelosas con el nuevo sistema pues consideran que pueden recibir sanciones por la debilidad inherente de un producto y no por la calidad de sus anuncios. Sin embargo, por lo menos algunas agencias de RJR Nabisco parecían felices con el cambio; bajo el plan de comisión más incentivos, varias agencias al servicio de esa empresa recibieron 20% como bonificación y para la compañía eso se traduce en un millón de dólares.

Fuente: Marcy Magiera, "Carnation Links Pay, Research," *Advertising Age* (March 6, 1989): 1. Walecia Konrad,"A Word from the Sponsor: Get Results or Else," *Business Week* (July 4, 1988): 66. David W. Stewart, "Measures, Methods, and Models in Advertising Research," *Journal of Advertising Research* (June/July 1989): 54-60.

Como se indicó en la sección anterior, uno de los problemas más difíciles que enfrenta el gerente de promoción es determinar si se han logrado los objetivos. En primer lugar, este problema es un resultado de la incertidumbre con respecto a las medidas correctas que se han de aplicar para hacer la evaluación. Inclusive, en grandes corporaciones como General Foods existe desacuerdo acerca de los elementos constitutivos del desempeño promocional. ¿Se mide mejor el desempeño mediante la conciencia, el recuerdo, el cambio de actitud, la redención de cupones, las ventas o algún otro indicador? Parte de esta confusión se puede atribuir a agencias de publicidad y a compañías de investigación que convencían a los gerentes de promoción de que las medidas de conciencia y actitud dependen de indicadores más definidos, como la participación en el mercado. En la sección anterior se señala que las agencias y las compañías de investigación han comenzado a pagar el precio de sus decisiones. Algunos profesionales de la investigación han reaccionado con una actitud defensiva; otros han respondido orientando los puntos de interés del gerente de promoción. En palabras sencillas, los gerentes de promoción quieren tener la garantía de que la medida del desempeño promocional sea precisa y responda de manera directa a los objetivos promocionales.

Cumplir con esta expectativa no ha sido fácil ni ha tenido carácter universal. Existen serios interrogantes por resolver en relación con qué medir, cómo hacerlo y qué significan las mediciones. Dos compañías similares pueden tomar caminos completamente diferentes para medir el desempeño y, con todo, llegar a resultados equivalentes. Además, existen aspectos pragmáticos; resulta muy costoso hacer que la investigación sea al más alto nivel pues se requiere de tecnología, entrenamiento y tiempo. Sin embargo, esta investigación deberá ser la meta de cualquier gerente de promoción que desea relacionar la planeación formal y la implementación estratégica. El propósito de este capítulo es orientar los aspectos filosóficos y pragmáticos que se relacionan con la evaluación del desempeño promocional.

Promoción en perspectiva

Antes de que se pueda dirigir con facilidad el problema de medir el desempeño, resultaría de utilidad reconsiderar qué es promoción y qué se supone que hace la promoción. En el capítulo 1, se definió la promoción como la comunicación persuasiva a audiencias objetivo de los diferentes componentes del programa de marketing con el fin de facilitar el intercambio entre el comercializador y el consumidor, y para satisfacer los objetivos de ambos. Dentro de esta definición se entiende que toda promoción está dirigida por uno o más objetivos establecidos. Sin embargo, los estándares que se determinan no tienen significación a menos que sean un mecanismo válido para medir el alcance que han logrado. Los objetivos de los comercializadores van desde los muy sutiles, como por ejemplo un ligero reposicionamiento de una marca, hasta los muy directos como en el caso de la participación en el mercado. Por encima de todo, la tarea de la promoción puede desarrollarse de manera razonable cuando el comercializador solicite disponer a las personas para cambiar de actitudes y/o comportamientos.

Este capítulo se refiere a la investigación evaluativa que mide la efectividad del proceso de planeación promocional. Difiere de la investigación que busca analizar mercados objetivo o seleccionar medios de comunicación, la cual se estudió en capítulos anteriores. Aunque la investigación evaluativa se puede realizar en diferentes etapas del proceso promocional, se hace con el propósito específico de evaluar los efectos de diversas estrategias. Así, la investigación permite al gerente de promoción evaluar el desempeño de los elementos de un programa específico y suministra datos de entrada hacia análisis subsecuentes de la situación. Es un ingrediente necesario para un proceso de planeación continuada.

Para dirigir una investigación evaluativa, el gerente de promoción deberá formular cuatro preguntas interrelacionadas: ¿qué se deberá evaluar?, ¿se deberá hacer una evaluación?; en caso afirmativo, ¿cuándo y cómo?

¿Qué se debe evaluar?

El problema básico al evaluar la promoción está en relacionar un esfuerzo específico con resultados específicos. ¿El nuevo anuncio del Tilenol hace que los espectadores entiendan mejor los beneficios de la droga? ¿El cupón de 25 centavos de Chef Boyardee Chicken y Spirals aumenta sus ventas? Resulta difícil separar el esfuerzo de los resultados. Además, la controversia rodea la pregunta de cuáles de los resultados se podrían calificar como promoción efectiva. El problema de evaluar los efectos a corto plazo frente a los efectos a largo plazo también sigue sin resolver. Con frecuencia, la gerencia general argumenta que a menos que el dinero que se invierta en promoción genere ventas, ese dinero se habrá perdido; la reciente preferencia de la promoción de ventas sobre la publicidad refleja esta línea de pensamiento. Otros sostienen que son demasiados los factores fuera de control que afectan las ventas y la participación en el mercado como para tenerlos en cuenta.

Los modelos de jerarquía de efectos brindan una manera de resolver este debate. Los consumidores recorren siete pasos para llegar a la adopción de su decisión de compra: falta de conciencia, conciencia, conocimiento, relación, preferencia, convicción y compra. La promoción deberá mover a los consumidores a través de estos pasos para llegar a la compra. Así, cada paso sugiere un objetivo legítimo para una campaña promocional. La figura 12.1 ilustra algunas formas de promoción y las maneras correspondientes para medir la efectividad en cada paso.

En este texto se categorizan todos los resultados y los esfuerzos se clasifican teniendo en cuenta dos criterios: comunicación y comportamiento. Es decir, se considera que la eficacia de la promoción es igual al alcance que logra la comunicación y, si es apropiado, el cambio de comportamiento[1].

Para completar los detalles de la ecuación, los gerentes deberán considerar los objetivos de la promoción. Si un gerente va a evaluar la efectividad de un descuento de 20% en una línea de vestuario infantil, por ejemplo, entonces medir el cambio de ac-

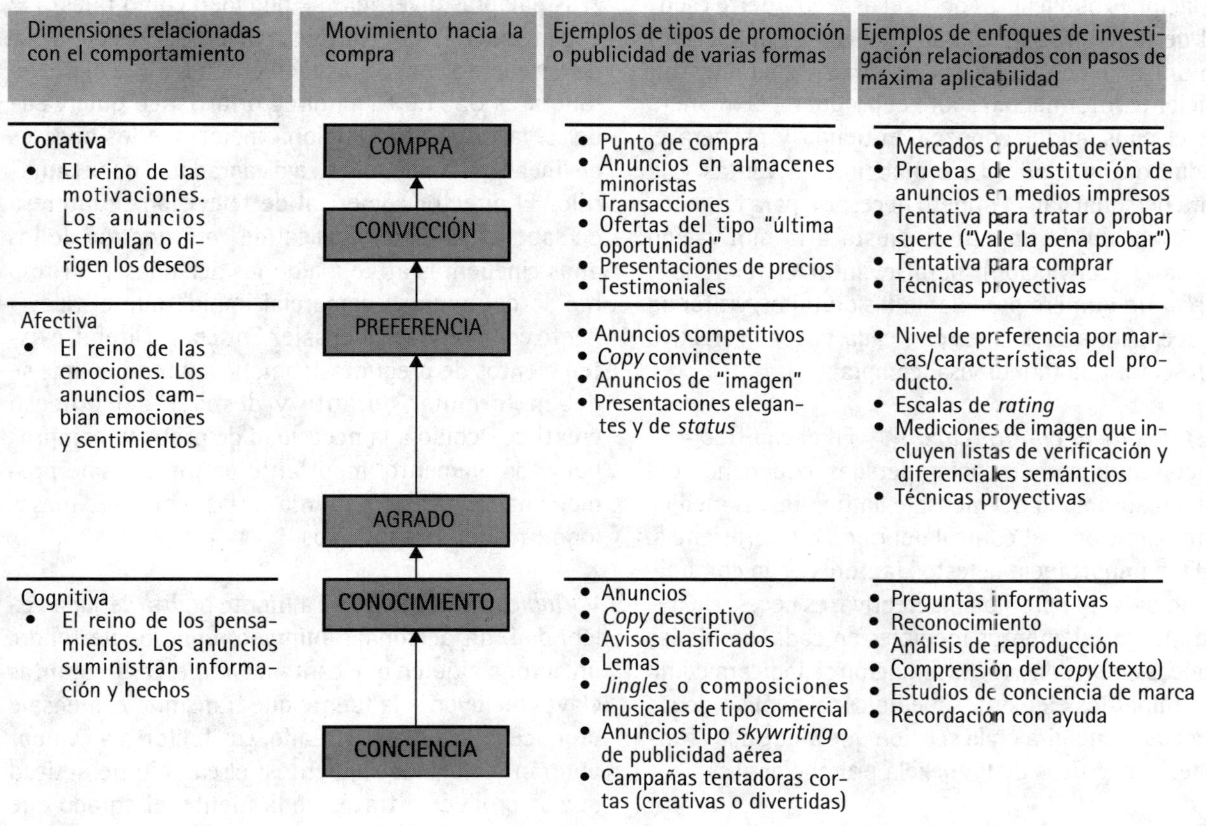

Figura 12.1

Formas de promoción en relación con el modelo de jerarquía de efectos.
Adaptado de Robert J. Lavidge and Gary A. Steiner, "A Model for Predictive Measurement of Advertising Effectiveness," Journal of Marketing 25 (October 25, 1961): 59-62. Autorización concedida por American Marketing Association.

titud podría no dar la información más útil. Existen formas menos costosas para evaluar la efectividad. Suponga que el descuento se ofreció para mover 70% de la mercancía fuera de estación que posee la compañía. Para medir los efectos del descuento es conveniente hacer un inventario antes y después con el fin de obtener resultados confiables sobre las ventas. Aunque los objetivos relacionados con las ventas son apropiados para la promoción de ventas y la venta personal, éste no es el caso de la publicidad ni de las relaciones públicas las cuales, de algún modo, se retiran de la creación de ventas. Al referirse al modelo de jerarquía de efectos[2], esta diferencia básica sobre lo apropiado de los objetivos relacionados con las ventas se refleja en el hecho de que los cuatro elementos intermedios: conciencia, conocimiento, agrado y preferencia, se relacionan con las tareas de comunicación frente a las actividades de publicidad y relaciones públicas. Es decir, el aspecto fuerte esencial de la publicidad y de las relaciones públicas es comunicarse con una audiencia masiva, suministrar suficiente información sobre el producto, de manera que el consumidor conozca, entienda y prefiera el producto anunciado. La promoción de ventas y la venta personal dan el ímpetu necesario para emprender la acción. El ímpetu se ajusta a la motivación necesaria (convicción), para levantar el teléfono y marcar un número para llamadas gratuitas, visitar un almacén, firmar en la línea punteada, pagar en efectivo o presentar una tarjeta Visa (compra).

Factores de la comunicación. En el capítulo 4 se indicó que la comunicación persuasiva depende del manejo apropiado del mensaje, la fuente, los medios de transmisión y el control del ruido o interferencia. Dada la importancia de estos factores de la comunicación para una promoción efectiva, es necesario determinar los elementos medibles en cada una de las técnicas empleadas. A continuación se indicará cómo determinar los elementos medibles; el análisis de las técnicas se incluirá en la sección que alude a las funciones específicas de la mezcla promocional.

Variables del mensaje. Existen numerosos elementos en un mensaje promocional típico. Palabras, música, color, elementos visuales, diagramas, encabezados y el logo pueden afectar el resultado de un mensaje promocional. Todos estos elementos del mensaje son más o menos importantes para los diferentes individuos que se involucran en su creación. Por ejemplo, los gerentes de marketing y/o de producto que inician la comunicación y suministran la dirección primaria para su diseño, se interesan más porque el concepto focal se transmita con claridad a través del mensaje. Un **concepto focal** es la idea o ideas clave que contiene el mensaje. En ocasiones, el concepto focal es muy específico, como en el caso de la seguridad del producto para Volvo. En otros casos, el concepto focal es un modo o actitud general que se supone transmite el mensaje. Los anuncios de Coca-Cola sugieren que beberla y divertirse van juntos. El autor del *copy* o el director comercial pueden tener un conjunto de variables del mensaje completamente diferentes para someter a prueba. El autor se interesa en saber si el encabezado atrae la atención. ¿Se entiende de la manera como se pretendía? ¿Las palabras divertidas se perciben como tales? ¿El *copy* técnico largo le interesa al lector? ¿Decir "25% de descuento" hace más fácil entender que el precio "ahora es US$1.99"? El director artístico quiere saber si la fotografía funciona mejor que los bocetos de líneas. ¿El fondo rojo es más agradable que el amarillo? El director comercial de televisión se interesa en saber si el fondo musical de *rock and roll* de los años cincuentas atrae a algunas personas. ¿El ritmo rápido del anuncio comercial impide que el televidente comprenda el mensaje? En sentido literal, existen cientos de preguntas como las anteriores que se deben formular durante y después del proceso creativo. Debido a la necesidad de probar y comprobar cada elemento importante de un mensaje promocional, en ocasiones tarda varias semanas o meses lograr resultados positivos.

Variables de la fuente. La fuente podría ser una celebridad, un personaje animado, una voz de fondo, un actor o alguien que canta un *jingle*. Las preguntas claves incluyen si la fuente que transmite el mensaje produce el resultado deseado. Los factores a evaluar podrían incluir los siguientes: el cambio de actitud que se produce a través de la fuente, el agrado que ésta genera, la confianza o credibilidad asociada con la fuente y la posibilidad de que ella dominará el mensaje (es decir, que el consumidor no recuerde el nombre del anunciante). Este último punto se hace evidente con celebridades con un alto perfil como

Bill Cosby, Bo Jackson y Jay Leno. ¿Se deberán emplear actores o personas reales? Aunque los actores hacen un mejor trabajo para transmitir el mensaje, pierden credibilidad cuando se les ve tratando de parecer personas comunes y corrientes para cuatro anunciantes diferentes durante una misma noche. Algunas fuentes tienen un verdadero problema de saturación. La utilización de directores ejecutivos como voceros ha crecido desde que Lee Iacocca tuvo éxito. Sin embargo, algunos ejecutivos de alto nivel hacen más daño que bien. Una vez que se han identificado las variables relacionadas con la fuente, se puede disponer de varias técnicas para medir actitud, agrado, credibilidad, desgaste, etc.

Variables de transmisión. Los mensajes de promoción pueden enviarse en diversas formas. Por lo general, los mensajes que transmite la publicidad se envían a través de medios de comunicación masivos, tema que se vio en el capítulo 9. Se dispone de una gran cantidad de investigaciones para apoyar las decisiones en la utilización de un medio masivo en particular. El gerente de promoción puede comparar la eficacia de un medio de una clase con la de otro, como en el caso de periódicos frente a televisión; de vehículos específicos dentro de una misma clase como, por ejemplo, la estación WBTS frente a la estación WGN; de tamaño o longitud del anuncio y de posición en el vehículo. El gerente de promoción puede especificar objetivos muy precisos para los medios y asegurarse muy bien de que se disponga de medidas para evaluar estas metas.

Los mensajes de promoción de ventas se pueden enviar a través de medios convencionales y no convencionales. Por ejemplo, Campbell Soup Company lo puede hacer mediante un cupón impreso de su nueva sopa, un inserto gratuito o por correo directo con un desprendible. La compañía también puede ofrecer muestras del producto en el punto de venta, colocando un dispensador al final del pasillo de un supermercado con una persona que ofrezca a los clientes saborear el producto. ¿Cómo se evalúa esta variable? El objetivo promocional de Campbell es introducir el nuevo producto en 50% de las cocinas de Estados Unidos dentro de los 20 días siguientes a su entrada en el mercado. La velocidad de envío de los cupones, la redención de los mismos y la prueba del producto son responsabilidad de promoción de ventas. Medir estos factores es bastante complicado y, con frecuencia, las cifras de ventas se consideran dependientes de estas otras variables ya que su creación es el punto fuerte de la promoción de ventas.

El proceso de promoción se torna aún más confuso cuando se tienen en cuenta las relaciones públicas. Resulta frecuente que, en el caso de las actividadesde propaganda, contar el número de líneas y/o artículos que aparecen en medios populares se considere un indicador de éxito o fracaso. Sin embargo, ¿cómo se compara la buena reputación relativa que se alcanza mediante la publicación de un artículo en *Time* sobre la visita a una fábrica o el patrocinio de una carrera de 10 km? La buena reputación es un fenómeno muy vago; las relaciones públicas todavía encuentran dificultad para desarrollar objetivos y medidas que faciliten la selección de mecanismos de transmisión. Más adelante, en este capítulo, se hará referencia a la medición de las relaciones públicas.

Incluso la venta personal tiene la capacidad de comparar mecanismos de transmisión. Algunos aspectos por considerar son: lo oportuno de la transmisión, quién la deberá hacer y el tamaño del mensaje. En su forma típica, la medición del desempeño son las ventas; sin embargo, también se deben tener en cuenta otras medidas intermedias. Los ejemplos incluyen la cantidad de llamadas hechas, el porcentaje de ventas, el tipo de productos, el costo y la utilidad por venta. Un buen gerente de ventas realiza mediciones como éstas de manera constante y aplica los ajustes necesarios. Paine Webber Investments, por ejemplo, descubrió que es muy importante que los asesores de inversión más antiguos y de éxito sean quienes atiendan las cuentas más grandes.

Factores de comportamiento. Los factores de comportamiento que se asocian con la promoción incluyen el intento de comprar, la compra y la lealtad de marca. En el modelo jerárquico, estos factores conducen a la convicción y a la compra. Ya se ha hecho alusión a las dificultades de asociar publicidad con ventas; no obstante, los anunciantes se enfrentan a una gran presión para producirlas. En algunos casos, quieren optar por medidas de acción que sugieran un intento de compra, pero fracasan en la compra real. Entre estas medidas de acción están: selección de marca, visitas a los almacenes y contactos, como en el caso de llamadas o respuestas escritas. Estas medidas de acción son apropiadas al comienzo del ciclo de vida del producto cuando crear conciencia o educar al consumidor es un prerrequisito para que éste se comprometa. Además, existe evidencia histórica que demuestra una fuerte correlación entre la intención de comprar y la compra real, como en el caso de productos con alto compromiso como automóviles y vestuario.

Cuando estas medidas de acción no son satisfactorias, los anunciantes han vuelto hacia las compañías de investigación de ventas como Nielsen Marketing Research, Information Resources, Inc., SAMI Market Segmentation Service y D. H. Macey & Associates. Compañías como estas utilizan tres métodos básicos para obtener datos de ventas: control de los despachos de los mayoristas a los minoristas, revisión del registro de efectivo en los almacenes y realización de paneles diarios en los hogares. La más reciente prueba de ventas es establecer controles específicos, de manera que el anunciante puede manejar el anuncio al igual que a quien lo recibe y luego, determinar los resultados de ventas. El anunciante puede realizar los experimentos: se transmite o no el anuncio en ciudades de prueba con características comparables y se miden las ventas. Los experimentos se pueden hacer mediante firmas de investigación como Behavior Scan que tiene la capacidad de combinar la sustitución de anuncios en la televisión por cable, es decir que diferentes personas reciben diferentes versiones del anuncio comercial o no reciben ninguna, con revisión del equipo de escáner que también se halla conectado a los suscriptores específicos de la red por cable.

La participación en el mercado también ha sido un objetivo de comportamiento que se ha asignado a publicidad. Sin embargo, la conexión suele ser confusa y la publicidad sólo se considera una de diversas variables que contribuyen al aumento o a la disminución de la participación en el mercado.

La promoción de ventas y la venta personal consideran todas las variables de comportamiento que se han estudiado, más aún, como la conexión es más obvia, han depurado estas medidas. Por ejemplo, con frecuencia, la promoción de ventas considera ventas incrementales en lugar de ventas totales. Las **ventas incrementales** son las adicionales que se producen con la promoción de ventas. Elimina a las personas que habrían comprado el producto de cualquier manera, a pesar de la disponibilidad de un cupón, una rebaja o una reducción en el precio. En ocasiones, la venta personal considera las cifras de ventas en relación con la rentabilidad. En otras palabras, los costos asociados con producir un dólar en ventas son más importantes que las ventas mismas. Del mismo modo, el costo de ganar un 1% de participación en el mercado puede ser mayor que los beneficios.

¿Se debe hacer la evaluación?

Las evaluaciones de los esfuerzos promocionales producen varios beneficios. Primero, incrementan la eficiencia de las promociones al ayudar a los gerentes a eliminar alternativas improductivas. La compañía Nissan Motor Corp. de Estados Unidos, encontró que éste era el caso cuando introdujo al mercado el Infiniti mediante una serie de anuncios que los críticos titularon "el enfoque de las rocas y los árboles". Las pruebas iniciales demostraron que un anuncio de un automóvil que no lo muestra despierta curiosidad pero no da razones para comprar. La campaña se cambió. Segundo, la información que se obtiene con las pruebas puede ayudar a los gerentes a evitar desastres que pueden destruir la campaña o, inclusive, la organización. Un polémico anuncio de Pepsi con Madonna se retiró después de que los resultados indicaron que los espectadores lo consideraban demasiado insinuante y desagradable. Las pruebas, además, dan una base para la planeación futura. Por último, las evaluaciones retroalimentan a quienes crean e implementan la campaña promocional.

También se presentan problemas que pueden imposibilitar las evaluaciones; el primero es que cuestan mucho dinero. Un programa de pruebas completo y de un año cuesta entre US$100,000 y US$500,000. Segundo, las oportunidades para las promociones pueden ser muy cortas y carecer de tiempo suficiente para probarlas. Tercero, la adecuación de los instrumentos de prueba y el significado de los resultados siempre son cuestionables. Los altos puntajes de recordación pueden ser más una reflexión de una presentación inusual que una comunicación efectiva. Cuarto, las evaluaciones pueden crear tensiones internas e incomodidades; la gente se puede mostrar renuente a apoyar pruebas que no se relacionan con las ventas. Los creativos, en especial los redactores de texto, se resienten de que la investigación les dicte las palabras que deben emplear. Por último, las investigaciones animan al personal a vincularse en actividades que aumentan los *ratings* pero poco tienen que ver con los objetivos.

Para decidir si se debe efectuar una evaluación, los gerentes deberán sopesar los costos y los beneficios de hacerlo. Infortunadamente, la mayoría de comercializadores tienden a desconocer este paso o a concentrarse sólo en uno o dos factores claves. La decisión de realizar una prueba suele basarse en las capacidades que ofrece la agencia del comercializador o por la lógica de "Si no se rompe, no lo asegure".

¿Cuándo se debe hacer la evaluación?

Si la evaluación es valiosa, la siguiente pregunta se dirige hacia la oportunidad en la realización del proceso de prueba. Las posibles respuestas se pueden clasificar como prueba previa, prueba simultánea y prueba posterior.

La **prueba previa** también se conoce como investigación evaluativa y se realiza antes de que la audiencia esté expuesta a la promoción. Estas pruebas son útiles cuando los gerentes necesitan examinar posibles problemas antes de que los recursos se inviertan en el mensaje real. Por ejemplo, un gerente quiere saber si un vocero potencial tiene credibilidad; un estudio puede responder a satisfacción esa pregunta antes de que en realidad se produzca y distribuya el anuncio comercial.

La **prueba simultánea** evalúa el esfuerzo promocional mientras se presenta en el mercado. Esta forma de evaluación puede ser la más difícil de implementar y mantener, aunque tiene varias ventajas. Permite al investigador determinar con rapidez el alcance que tiene el mensaje en el mercado objetivo deseado. Las pruebas simultáneas también pueden indicar que el mensaje se interpreta en forma apropiada y puede medir los efectos del mismo. Lo más importante es que esta técnica permite hacer ajustes inmediatos.

La **prueba posterior** es la investigación que se realiza después de que la audiencia ha recibido el mensaje, el medio o al vocero. Se diseña para determinar el alcance que han logrado los objetivos promocionales. Permite a los investigadores evaluar qué tan bien hicieron su trabajo y aplicar los cambios apropiados.

¿Cómo se debe hacer la evaluación?

Literalmente existen cientos de pruebas específicas para evaluar la promoción. Sin embargo, todos estos mecanismos de medición pueden ubicarse dentro de tres categorías: experimentos, estudios y técnicas mecánicas.

Los experimentos dan a los individuos una exposición controlada del mensaje y la oportunidad de que su opinión, actitud o alguna acción medible se evalúe después. Los experimentos se pueden realizar en el laboratorio o en el campo. Por ejemplo, una agencia de publicidad diseñó tres anuncios impresos en los cuales el *copy*, las ilustraciones, el tamaño y otros factores se conservaban igual. El único elemento que se cambió en los tres avisos fue el vocero: en uno era una persona afroamericana, en el otro una persona caucásica y en el tercero, una asiática. El objetivo del experimento era medir el efecto de estos cambios sobre la actitud hacia el producto. Se seleccionó un millar de nombres en forma aleatoria a partir de una lista principal (de esta manera todos tienen igual oportunidad de selección o asignación). Luego, se organizó a la gente para ver sólo uno de los tres anuncios. Todos diligenciaron el cuestionario de actitud; por último, se realizaron las pruebas estadísticas para determinar las diferencias entre los tres grupos.

Un diseño experimental es valioso porque da resultados que se pueden evaluar mediante las pruebas estadísticas más avanzadas para determinar su validez y confiabilidad. **Validez** significa confirmar que el concepto es lo que dice ser. **Confiabilidad** significa que los mismos resultados se repiten de tiempo en tiempo. Las compañías evitan utilizar diseños experimentales debido a sus altos costos.

En un estudio se utilizan entrevistas o cuestionarios para obtener información acerca de la exposición de las personas ante un mensaje, medio o persona en particular, y los cambios resultantes en sus actitudes o acciones. A la gente simplemente se le pregunta qué piensa, siente o hace. El análisis estadístico de las respuestas da como resultado una medida de correlaciones entre los informes de exposición y los cambios de actitud o acción.

Como el enfoque experimental, el método de estudio requiere que el investigador maneje aspectos conceptuales y técnicos. Si un estudio está dirigido hacia cualquier aplicación, el investigador debe tener cuidado de que el diseño de la muestra, la elaboración del cuestionario y los métodos de entrevistas no desvíen los resultados. Los estudios son mucho más fáciles y rápidos de realizar que los experimentos; sin embargo, el hecho de que los estudios no satisfagan los criterios, significa que factores alternos pueden estar produciendo los resultados medidos[3].

Las técnicas automáticas de medición reúnen información mediante un instrumento dado. Los fisiológicos son el tipo más común de estas técnicas y se estudiarán más adelante. Estos instrumentos suelen medir respuestas involuntarias del sistema nervioso autónomo; así, estas técnicas ofrecen objetividad y su aplicación tiende a variar según el tamaño de la agencia y el compromiso con este tipo de tecnología de investigación.

Repaso de conceptos

1. La investigación evaluativa ayuda a determinar si la promoción ha alcanzado sus objetivos y sugiere formas para mejorar los esfuerzos promocionales.
2. El proceso evaluativo requiere respuestas a cuatro preguntas:
   a. ¿Qué se deberá evaluar?
      1) Factores de comunicación que incluyen variables del mensaje, de la fuente y de transmisión
      2) Factores de comportamiento que incluyen intención de compra, compra y lealtad de marca
   b. ¿Se deberá hacer la evaluación?
   c. ¿Cuándo se deberá hacer la evaluación?
      1) Prueba previa
      2) Prueba simultánea
      3) Prueba posterior
   d. ¿Cómo se deberá hacer la evaluación?
      1) Enfoque experimental
      2) Diseño de estudio
      3) Medición automática

Medir el desempeño de la publicidad

Hasta la década de los años veinte prácticamente se desconocía la evaluación del *copy* y de los medios en publicidad. En la actualidad, es común en los esfuerzos de investigación de la mayor parte de agencias grandes y medianas. Además, los investigadores de los grupos dirigen estudios independientes. Como gran parte de las técnicas de investigación se desarrollaron en la industria publicitaria, no sorprende que casi todo el análisis se dé en un contexto de esa clase. En esencia, los gerentes de promoción de ventas y relaciones públicas tienen que adaptar estas técnicas a sus respectivos campos.

El anunciante puede comprar directamente la investigación de los medios por adquisición de derechos de transmisión o lo pueden hacer las agencias para venderlos a sus clientes. Por lo general, se hace sobre una base regular que se diseña para satisfacer las necesidades tanto de clientes actuales como de clientes potenciales. Como se indica en la tabla 12.1, la investigación es un gran negocio. Los servicios de *ratings* de televisión de A.C. Nielsen y los de televisión y radio de Arbitron Ratings Co. son ejemplos bien conocidos. Compañías como Simmons Market Research Bureau (SMRB) y Mediamark (MRI) realizan la investigación de publicaciones y audiencias. Asociaciones comerciales de medios como Newspaper Advertising Bureau (NAB), Audit Bureau of Circulations (ABC) y Advertising Research Foundation (ARF) también realizan investigaciones de este tipo.

Las tablas 12.2 y 12.3 sintetizan estudios de prácticas actuales en investigación publicitaria; en la primera de ellas se presentan los resultados de un estudio entre las primeras 94 agencias de publicidad. A los encuestados se les pidió indicar sus patrones de utilización en áreas de investigación de publicidad: 1) factores de medios, 2) fuentes de datos de audiencia, y 3) métodos para evaluar los efectos de la comunicación. El porcentaje que se informó refleja la cantidad de personas que utilizan cada técnica o medida. Los resultados indican que estas primeras agencias miden el desempeño de los medios en términos de alcance, *gross rating points* (GRP), CPM del objetivo, frecuencia promedio, alcance efectivo y distribución de frecuencia. Las tres primeras fuentes que se emplearon para evaluar los datos de la audiencia fueron Arbitron, A. C. Nielsen Company y Simmons Market Research. Por último, la efectividad de la comunicación se midió, en primera instancia, mediante recordación, exposición a la publicidad, conciencia y atención.

En contraste con los resultados relacionados con la investigación general que aparece en la tabla

Tabla 12.1

Las primeras 20 compañías de investigación

Posición			Ingresos brutos por investigación en Estados Unidos	
1990	1989	Compañía, casa principal	1990	1989
1	1	A. C. Nielsen Co., Northbrook, Ill.*	US$468.6	US$426.0
2	2	Arbitron Co., New York	230.6	253.5
3	3	IMS International, Zug, Switzerland*	199.1	181.0
4	4	Information Resources Inc., Chicago	136.3	113.8
5	5	Westat, Rockville, Md.	74.8	65.9
6	6	M/A/R C, Las Colinas, Texas	56.9	47.9
7	7	Maritz Marketing Research, Fenton, Mo.	53.2	46.1
8	8	MRB Group, Ealing, England	45.8	44.6
9	9	NFO Research, Greenwich, Conn.	45.5	42.0
10	11	Abt Associates, Cambridge, Mass.	43.4	37.9
11	12	Gallup Organization, Princeton, N.J.	40.5	37.0
12	10	Market Facts, Chicago	40.2	39.0
13	13	NPD Group, Port Washington, N.Y.	31.0	30.0
14	15	Walker Research, Indianapolis	28.8	26.5
15	14	Burke Marketing Research, Cincinnati	25.2	27.1
16	17	Intersearch, Horsham, Pa.	25.1	21.9
17	16	Starch INRA Hooper, Mamaroneck, N.Y.	22.7	22.4
18	18	Chilton Research, Radnor, Pa.	22.6	21.8
19	19	Research International, London	19.9	19.8
20	21	National Research Group, Los Angeles	18.0	14.0

Nota: Las cifras son en millones de dólares.

Reimpreso con autorización de Advertising Age, *vol 62, N° 23 (June 3, 1991): 32.*

12.2, la información de la tabla 12.3 indica el tipo específico de investigación de *copy* de televisión que se empleó para una muestra de estudio entre 112 agencias de publicidad. La primera columna muestra el número de agencias; la segunda convierte ese número en un porcentaje. Las tres primeras pruebas evaluaron anuncios terminados (93.8%), consideraron antecedentes, informes preliminares o investigación estratégica en preparación para publicar anuncios comerciales (92.9%) y evaluaron la ejecución comercial directa de otros formatos antes del comercial terminado (91.1%). Resulta interesante anotar que dos de las tres técnicas fueron pruebas previas y la que obtuvo el mejor resultado fue una prueba posterior; este hecho sugiere una orientación estratégica por lo menos en esta faceta de la publicidad. Para actuar correctamente, el *copy* de publicidad se deberá evaluar antes de implementarlo.

La sofisticación de las evaluaciones del desempeño publicitario ha crecido considerablemente con el paso de los años, en especial con la llegada del computador. La figura 12.2 muestra el marco de referencia que organizará el análisis que aquí se hace de estas pruebas. Es necesario tener en cuenta dos advertencias importantes; la primera es que muchas de las técnicas estudiadas se pueden emplear en más de una de las seis celdas de la figura. La segunda es que estas técnicas se utilizan para evaluar el desempeño de la promoción de ventas y de las relaciones públicas.

Pruebas previas: comunicación y comportamiento

La presentación de la evaluación de un anuncio antes de salir en los medios es obvia; ésta podría dar alguna seguridad de éxito antes de invertir el dinero.

Tabla 12.2

Informe sobre medidas de medios, audiencia y comunicación empleados en la investigación publicitaria

Factores que se evalúan en los medios	Porcentaje
Alcance	90.4
Gross rating points	*89.4*
CPM del objetivo	88.3
Frecuencia promedio	87.2
Alcance efectivo	86.2
Distribución de frecuencia	75.5
Distribución quintil	43.6
Otros	30.8

Fuentes de datos de la audiencia	Porcentaje
Arbitron	92.6
A. C. Nielsen Company	78.7
Simmons Market Research	76.6
Mediamark Research, Inc.	63.8
RADAR	52.1
Media Records	45.7
The Birch Report	22.3
Monroe Mendelson	10.6
Otros	40.5

Efectos que se evalúan en la comunicación	Porcentaje
Recordación	58.5
Exposición a la publicidad	52.1
Conciencia	47.9
Atención	43.6
Compra	31.9
Reconocimiento	24.5
Preferencia	18.1
Actitud hacia la marca	18.1
Comportamiento antes de la compra	17.0
Entendimiento	16.0
Interés	16.0
Conocimiento	14.9
Intenciones	12.8
Actitud hacia el anuncio	11.7
Convicción	8.5
Otros	9.6

Fuente: P. J. Kreshel, K. M. Lancaster, and M. A. Toomey, "How Leading Advertising Agencies Perceive Effective Reach and Frequency," *Journal of Advertising* 14, nº 3 (1985): 32-38. Utilizado con autorización.

Tabla 12.3
Hallazgos generales en relación con la investigación del copy

Tipo de investigación del *copy*	Número de agencias	Porcentaje
Considerar antecedentes, informes preliminares o investigación estratégica como preparación para campañas de publicidad	104	92.9
Evaluar ideas de *copy*, carteleras con informes y otros formatos antes del borrador del anuncio comercial	85	75.9
Evaluar la ejecución del anuncio comercial de otros formatos antes del aviso terminado	102	91.1
Evaluar anuncios comerciales ya terminados	105	93.8
Evaluar campañas de televisión	98	87.5
Probar avisos comerciales competitivos	73	65.2
Probar el desgaste de los comerciales	29	25.9

Número total de encuestados: 112
B. Lipsten *et al.* "Television Advertising Copy Research: A Critical View of the State of the Art," *Journal of Advertising Research* 24, nº 2 (April/May 1984): 21-25. Publicado con autorización.

Aunque no existe una forma segura para predecir el éxito, ciertos métodos de pruebas previas pueden suministrar información útil si se utiliza con inteligencia[4]. Estos métodos incluyen pruebas de opinión o de conciencia del consumidor, mediciones fisiológicas, pruebas de legibilidad y pruebas de marketing.

Pruebas de opinión o de conciencia. Los métodos de opinión son una clasificación variada de la manera más simple de evaluar anuncios. Las personas expresan sus opiniones con rapidez; cuando se les muestra el anuncio propuesto, indicarán si piensan que atraería su atención, qué tan interesante es, qué producto o servicio creen que anuncia y qué probabilidad tiene para inducirlas a comprar el producto o servicio. Además, compararán anuncios sobre la base de todas estas funciones y darán opiniones en cualquier etapa del desarrollo de un anuncio. La mayor parte de los métodos de opinión son simples, rápidos y económicos.

Figura 12.2
Matriz de medidas de evaluación que se emplean en promoción.

Las opiniones pueden solicitarse a cualquier miembro del público en general, desde el consumidor potencial hasta el experto en publicidad, pasando por la persona creativa. Sin embargo, los investigadores deben observar las fallas asociadas con cada una de estas fuentes. Por lo general, las personas que se hallan vinculadas al negocio de la publicidad tienen prejuicios, los cuales pueden ser inconscientes, basarse en la fidelidad a las marcas del cliente o a la convicción con respecto a la superioridad de técnicas en particular. Por el contrario, cuando los consumidores expresan sus reacciones ante los avisos, se supone que tratan de informar sobre la influencia de la publicidad en ellos mismos. De hecho, con frecuencia los consumidores tratan de dar opiniones "expertas" sobre los anuncios. Esto puede deberse al supuesto de que el investigador espera que ellos sean expertos o a la idea personal de que cualquiera lo es en publicidad porque ésta es persuasiva y simple. En cualquier caso, es común que los individuos quieran comunicar a otras personas sus pensamientos, sean agradables o no, en lugar de hablar directamente para sí mismos.

Las opiniones acerca del comportamiento conllevan un problema especial: es probable que sean especulaciones. Cuando los encuestados ven los anuncios y se les formulan preguntas sobre comportamiento —como si los anuncios captarían su atención o los motivarían a enviar un cupón— es posible que sólo puedan adivinar.

Los ratings de opinión suelen estar conformados por encuestados a quienes se entrevista de manera independiente. Cuando se ha obtenido una muestra suficiente, el total se conoce como *jurado consumidor*. En una variante, los encuestados participan en grupo para lograr los beneficios de los análisis y los juicios en grupo. Los procedimientos específicos para obtener los *ratings* incluyen grupos de enfoque, análisis de programa y pruebas al aire.

Grupos de enfoque. Un grupo de enfoque típico está integrado por ocho a diez personas que son usuarios potenciales del producto. Un moderador suele supervisar al grupo aportando dirección y control. El formato depende de qué se evalúa. Por ejemplo, cuando Kellogg Co. quiso evaluar el concepto de "Los Corn Flakes son una alternativa con un alto nivel de fibra", dirigió cerca de un centenar de grupos de enfoque integrados por personas entre 40 y 55 años de edad en todo Estados Unidos. Algunos grupos sólo fueron masculinos, otros femeninos y otros mixtos. Se hicieron filmaciones de los grupos y luego la gerencia evaluó las cintas.

Por lo general, los grupos de enfoque sirven como un mecanismo de prueba previa aunque también resultan útiles para pruebas simultáneas y posteriores. Se pueden emplear para evaluar el *copy*, un concepto, un nombre de producto o una campaña. Para comparar anuncios del mismo producto, se presentan dos avisos o más y se pregunta a los miembros del grupo "¿Cuál de estos anuncios les agrada menos?"

El *rating* que se obtiene en los grupos de enfoque parece tener una gran correlación positiva con el éxito del anuncio. Por consiguiente, existe un consenso general de que los grupos de enfoque reflejan el punto de vista del consumidor; además, son relativamente poco costosos y se pueden organizar y completar con rapidez.

Con todo, existen algunos problemas. El más sobresaliente es la incapacidad para presentar conclusiones concretas pues, con frecuencia, estos grupos de enfoque sólo ven partes de una promoción. A algunos se les piden juicios de valor que van más allá de sus capacidades. Por ejemplo, sería imposible para los miembros de un grupo de enfoque determinar si un anuncio en particular les induciría a comprar el producto sin una gran cantidad de información adicional. Por tanto, es importante no tener expectativas en un grupo de enfoque que vayan más allá de sus capacidades. Además, estos grupos son pequeños y no pueden ser representativos del mercado objetivo. Para evitar este problema es necesario contar con la selección y evaluación cuidadosas de los participantes. Por último, como a estos integrantes se les paga, tienden a decir lo que creen que el investigador quiere oír[5]. El moderador del grupo siempre debe estar atento a este problema.

Análisis de programa. Paul F. Lazarsfeld y Frank Stanton diseñaron una técnica específica para los medios de transmisión radial, conocida como *analizador de programa*, la cual permite a los miembros de una audiencia expresar qué les agrada y qué no a lo largo de éste, incluyendo los avisos comerciales. Cada sitio del salón o del auditorio está equipado con interruptores para las dos manos con el fin de

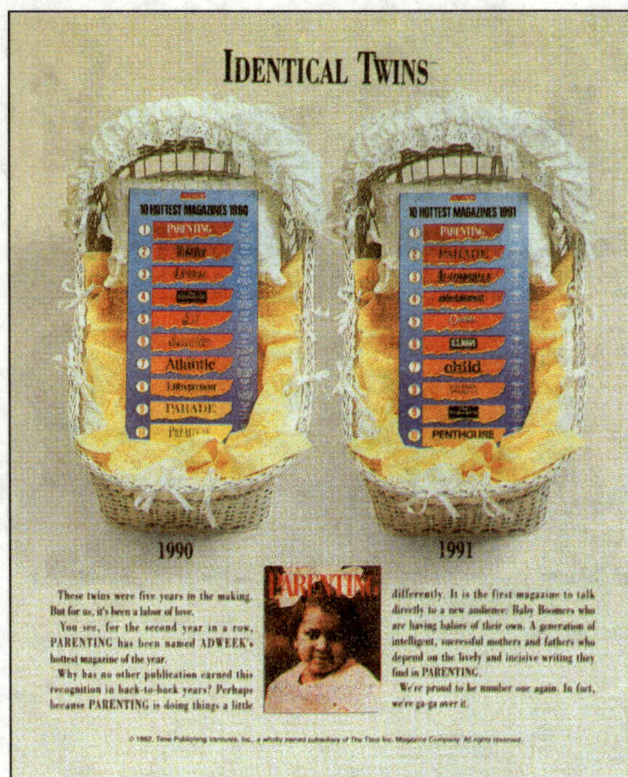

Este anuncio de la revista Parenting *se basa en una comparación de producto, una táctica básica en promoción.*

Comedy Central *hace una presentación humorística para anunciantes potenciales a partir de una popular serie de televisión y una película.*

Cortesía de COMEDY CENTRAL. Creativo: Schnurr & Jackson Marketing Communications, Inc.

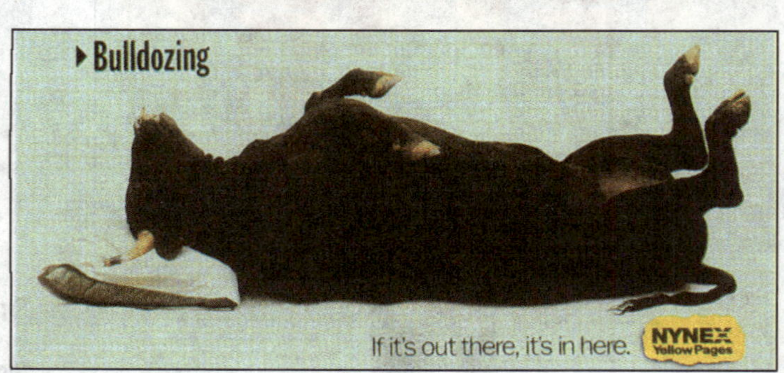

Estos carteles, el primero colocado como una complicación y el segundo como una revelación, caracterizan uno de los más inteligentes juegos de palabras hechos en las listas de las páginas amarillas por Nynex.

Copyright NYNEX Information Resources Company, 1991. Impreso con autorización de NYNEX Information Resources Company.

El anuncio Bud Bowl *se presentó durante una final del Super Bowl y es una espectacular y multimillonaria serie de avisos a la que se reconoce su carácter excepcional y creatividad.*

Cortesía de Anheuser-Busch International, Inc.

General Mills recibió un premio por la impresión de este diseño de su empaque de muestra para el producto Golden Grahams.

Cortesía de Bernis Company, Inc. Utilizado con autorización de General Mills, Inc.

Los medios móviles/populares como VideOcart están creciendo debido a su capacidad para llegar a los consumidores durante la apertura.

Cortesía de VideOcart, Inc.

SPAM desarrolló el anuncio de su campaña "Gang '90" y la oferta de una bicicleta todoterreno para presentarla ante los adolescentes británicos, un gran e importante mercado internacional.

Fotografía de alimentos embutidos SPAM ® por cortesía de Geo. A. Hormel & Company and New Forge Foods Ltd.

Un ejemplo de la estrategia de marketing internacional de la revista Time.

Cortesía de Time, Inc.

indicar preferencias y desagrados a medida que avanza la presentación. Cuando no se acciona ningún control, se supone que la persona es indiferente.

Se han desarrollado otros tipos de equipos automáticos para votar, aunque algunas investigaciones han encontrado satisfactorio el empleo de papeletas. Schwerin Research Corporation, por ejemplo, utiliza un procedimiento en el cual la gente marca sus reacciones en una papeleta cuando los números aparecen en una pantalla. A cada punto crítico en el escrito se le asigna un número y la papeleta cuenta con los lugares correspondientes para indicar reacciones favorables o desfavorables.

Como muchos otros procedimientos, el análisis de programa permite a los investigadores aplicar una variedad de enfoques. Hay investigadores que suelen ir más allá de la recopilación de papeletas. Para evaluar la memoria de un grupo acerca de anuncios comerciales, se puede pedir a sus integrantes que escriban todos los puntos de ventas que puedan recordar; luego, es probable que se invite al grupo a analizar lo que hicieron y por qué reaccionaron al programa y a los anuncios en una forma particular ante cualquier punto que se seleccione.

Pruebas al aire. Otro método de opiniones de pruebas previas se conoce como *prueba al aire* y analiza un nuevo anuncio comercial al compararlo con otro ya existente. El anuncio en prueba se pasa en dos o más ciudades bien sea en un tiempo regular o en un nuevo periodo; vía telefónica se entrevista a los espectadores que lo ven para determinar sus actitudes, su capacidad para repetir el mensaje del aviso y su conocimiento de marca. Esta información se compara con las respuestas de la gente que sólo vio el anuncio existente.

Otros métodos. Otra forma popular de opiniones de pruebas previas es el método *avance publicitario en espera*. Cerca de un centro comercial se estaciona una casamóvil o un vehículo de recreación y se invita a la gente a ingresar en él ofreciéndole algún incentivo por su participación. Las personas ingresan a un sitio confortable dotado con sillas, revistas y un televisor que presenta un programa pregrabado. Los anuncios en prueba se intercalan dentro del programa; después de pasarlos, se entrevista a los sujetos y se calcula la eficacia de cada anuncio.

Las pruebas de opinión con formato estandarizado se encuentran disponibles para cualquier anunciante que tenga los recursos necesarios. Sin embargo, agencias y anunciantes han diseñado muchas pruebas de opinión previas para satisfacer necesidades especiales. Por ejemplo, la agencia McCann-Erickson creó la *prueba de convicción de ventas* en la cual pregunta a usuarios habituales de un producto cuál entre dos anuncios tendría más probabilidad de inducirlos a comprarlo. Luego, el entrevistador les pregunta cómo llegarían a su decisión y si no les agradó alguna parte del anuncio. Cada prueba incluye un mínimo de 1,800 entrevistas en Nueva York, Chicago, Los Angeles y en un suburbio distante en cada ciudad. Sin embargo, el puntaje final surge de un análisis de los comentarios de los encuestados antes que de un conteo directo de los votos para cada anuncio.

Medidas fisiológicas. A través de los años, los anunciantes se han intrigado con la posibilidad de llevar a la gente hasta un intrincado aparato que mágicamente les demostrará cuál anuncio es mejor. De las técnicas que se han probado, cinco registran un valor especial:

1. *Seguir el movimiento del ojo.* Se pide a los participantes que observen un anuncio impreso o por televisión mientras un sensor dirige un rayo de luz infrarroja a sus ojos; el mismo sensor detecta una parte de la luz que refleja la córnea y mide de manera electrónica el ángulo entre el rayo que refleja la córnea y el centro de la pupila del ojo. Esta información puede procesarse para mostrar el punto exacto en el anuncio o en la pantalla del televisor hacia donde se dirigió el ojo.
2. *Pupilómetro.* Este dispositivo mide el tamaño de la pupila cuando una persona está expuesta a estímulos visuales como un anuncio o un empaque. Se supone que la pupila se dilata ante estímulos de interés.
3. *El psicogalvanómetro.* Este aparato es una parte del detector de mentiras. Dos electrodos de zinc se conectan al sujeto, uno en la palma de la mano y otro en el antebrazo. Cuando la persona está expuesta a un anuncio, la sudoración que emite la palma de la mano da como resultado una resistencia eléctrica más baja la cual se graba en un tambor giratorio.

4. *El taquitoscopio.* Este aparato sirve para controlar la exposición ante un anuncio impreso para mostrar diferentes partes del aviso sin que se vean las demás, de manera que quien dirige la prueba puede decir qué punto de cada parte se percibe. De ese modo, los anunciantes pueden encontrar cuánto toma a los encuestados lograr el punto que se pretende en una ilustración o encabezado.
5. *Ondas cerebrales.* Mediante el uso de un electroencefalógrafo, (EEG) pueden reunirse datos de varios lugares del cerebro para determinar las frecuencias eléctricas de cada uno y aumentar hasta mil veces por segundo para cada una de ellas. Al medir la actividad eléctrica en diferentes partes del cerebro, esta técnica le dice al investigador cuándo se resiste el sujeto o cuándo presta atención a un estímulo[6].

Estas pruebas automáticas presentan limitaciones importantes. En primer lugar, la validez de los resultados es cuestionable debido a que los encuestados pueden sentirse amenazados por estos aparatos. En segundo lugar, existe mucha incertidumbre acerca de qué miden en realidad estos artefactos; el aumento de la transpiración puede dar una medida emocional, pero ¿es un reflejo significativo de la efectividad publicitaria?

Pruebas de legibilidad. Un anuncio puede ser legible antes de que llegue a su forma final. La longitud de las palabras y oraciones, y la impersonalidad del texto son algunos de los elementos que influyen en la legibilidad. Palabras y frases cortas hacen más fácil la lectura.

La fórmula *Flesch*, que desarrolló el doctor Rudolph Flesch, es una técnica de amplia aceptación para medir la legibilidad. La fórmula utiliza cuatro elementos que aparecen en ejemplos de escritura de 100 palabras:

Extensión promedio de la oración
Número promedio de sílabas
Porcentaje de palabras personales
Porcentaje de oraciones personales

Por ejemplo, Flesch sostiene que las oraciones "ampliamente fáciles" tienen una longitud promedio de 14 palabras y 139 sílabas por cada 100 palabras. La fórmula Flesch no puede emplearse para radio ni televisión porque un buen anunciante puede tener dificultad en el sonido de un *copy* muy simple[7].

Prueba de mercado. La prueba de mercado se puede utilizar para evaluar algunos elementos de un anuncio o una mezcla de medios en dos o más mercados potenciales; deberán ser representativas del mercado objetivo. Algunas ciudades, como Buffalo, Indianápolis y San Antonio se consideran excelentes pruebas de mercado debido a que sus perfiles demográficos y socioeconómicos son muy amplios. Es decir, virtualmente tienen casi todas las categorías de ingresos, raza, etnias y educación dentro de la ciudad. En un mercado típico, una o más de las ciudades de prueba sirven como controles mientras en las otras se realiza la prueba. En los mercados de control, el investigador puede a) no pasar ninguna publicidad o b) continuar la presentación del anuncio anterior. El nuevo anuncio se utiliza para las ciudades de prueba. Antes, durante y después de la emisión del anuncio, se comparan los resultados de ventas en las ciudades de prueba mediante la revisión de inventarios en los almacenes seleccionados. Además, las pruebas de mercado pueden medir variables de comunicación como recordación, conciencia y correcta interpretación del mensaje. Kraft Foods realizó hace unos años una prueba de mercado bastante sofisticada en la que se evaluaron dos versiones de un anuncio impreso en una promoción entrecruzada. Una versión contenía el encabezado, "Sorteo de Super Opciones 1990" la otra "Entre más cupones de Super Opciones pueda usted redimir, mayores oportunidades tendrá de ganar". La redención de cupones se utilizó como la medida del desempeño[8]. La segunda línea ganó.

Materiales para las pruebas previas. Aunque un anuncio esté listo, puede someterse a prueba antes de distribuirlo, en caso de que exista la posibilidad de que algunos elementos causen problemas. Para ver con anticipación los anuncios impresos, los anunciantes utilizan varios tipos de materiales especiales. En la prueba (por *portafolio*) un grupo mixto de consumidores examina una serie de anuncios, por lo general en casa. Una maqueta de la publicación es un material preparado especialmente por una revista o periódico con propósitos de prueba; incluye material editorial y de 15 a 20 avisos. Entre los consumidores se reparten muestras de la maqueta y se les pide que la lean en una forma normal. Una página encañonada o inserto *tip-in* es una página adherida con pegante al lomo de una revista real de manera que un lector no pueda diferenciarla de las páginas regulares; algunas copias tendrán el aviso de esta clase y algunas el anuncio habitual. Más tarde se interrogará a las personas que hayan leído la publicación con el inserto.

Para la transmisión de anuncios comerciales, con frecuencia resulta demasiado costoso producir varios avisos completos para someterlos a prueba. En tales casos, se completan borradores animados o de acción en vivo. Un artista dibuja los trazos básicos de la secuencia del anuncio, luego toma fotografías a estos esquemas y se graba una pista apropiada. Por último, se hace una película con los dibujos. Debe admitirse que el borrador de acción en vivo no contiene todos los elementos del comercial terminado pero sí su esencia. Esta técnica se ajusta mejor para investigar conciencia de marca y recordación.

Pruebas simultáneas: comunicación y comportamiento

Como se mencionó antes, las pruebas simultáneas se realizan mientras la publicidad se transmite de verdad. Existen tres técnicas básicas: estudios de coincidencia y pruebas de actitudes que evalúan los efectos de la comunicación, y estudios de seguimiento que miden los resultados del comportamiento.

Estudios de coincidencia. Esta técnica se utiliza con mayor frecuencia en radio y televisión. Se hacen llamadas aleatorias a individuos en el mercado objetivo para que el anunciante sepa qué estaciones o programas escuchan, pueda determinar si la audiencia objetivo está escuchando el mensaje y, en caso afirmativo, qué información o significado se recibe. Aunque los estudios que se emplean tienden a solicitar información básica, esta técnica puede ser de utilidad para identificar problemas obvios.

Pruebas de actitud. En el capítulo 3 se estudió la relación entre una actitud, una disposición duradera favorable o desfavorable hacia una persona, cosa, idea o situación, y el comportamiento del consumidor. Los investigadores miden las actitudes de los consumidores hacia elementos de un anuncio o hacia una marca cuya publicidad se va a presentar de manera simultánea o como una prueba posterior. Las técnicas de medición para medios impresos y de radio casi son idénticas. Los investigadores estudian a individuos expuestos al anuncio, preguntan acerca del presentador, el tono del anuncio, sus palabras, etc. Los resultados que muestran fuertes puntajes de actitud negativa pueden indicar al anunciante que retire un anuncio de inmediato.

En este contexto existen cinco técnicas para medir actitudes:

1. Preguntas directas. Los entrevistados expresan cómo se sienten hacia una marca en particular, un anuncio o un elemento de éste mediante un formato de pregunta terminal abierta.
2. Escalas de *rating*. Los entrevistados indican sus sentimientos sobre una escala progresiva (por ejemplo, desde completamente de acuerdo hasta completamente en desacuerdo o desde fácil de emplear hasta muy difícil de emplear).
3. Listas de verificación. Los entrevistados revisan las características o sentimientos que consideran apopiados. Por ejemplo, "¿Cuál es el beneficio básico de Gold Medal Flour?": precio, calidad, conveniencia.
4. Diferencial semántico. Características de interés que se presentan como opuestos bipolares en una escala de siete puntos. Por ejemplo, "¿Diría usted que el Ford Escort es económico para adquirirlo? ¿costoso para adquirirlo? ¿Cómo lo compara con los competidores siguientes?"
5. Entrevistas parcialmente estructuradas. Se formulan preguntas generales para permitir que los entrevistados analicen el tema general y revelen actitudes[9]. Los elementos del anuncio no se presentan en forma directa.

Las pruebas de actitud se consideran para probar un elemento importante en la evaluación promocional y están un paso adelante en la jerarquía. En forma similar a las pruebas de opiniones, las pruebas de actitudes tienden a reflejar una reacción emocional más dirigida. Es decir, la gente tiene opiniones sobre gran cantidad de cosas pero mantiene actitudes fuertes hacia pocas. Además, existe la suposición, correcta o errada, de que una actitud favorable es un indicio de que hay más probabilidad para que la persona compre una marca que si muestra una actitud desfavorable. Existe poca evidencia sólida de que esta correlación siempre sea exacta. Además, muchos expertos en este campo desafían la capacidad para medir con precisión las actitudes acerca de cualquier sujeto.

Estudios de seguimiento. Los *estudios de seguimiento* siguen la actividad de compra de un consumidor o un grupo de consumidores específico durante un periodo determinado. Estos estudios combinan datos de investigación convencional de marketing con información sobre inversión promocional. En comparación con otras pruebas, los estudios de seguimiento brindan una mayor integración de los datos y una visión más completa del mercado.

Los investigadores utilizan el seguimiento del mercado para las pruebas simultáneas y las pruebas posteriores. Puede servir para dos objetivos básicos: 1) demostrar en dónde se encuentra el comercializador en términos de ventas o participación en el mercado con respecto a la competencia, en un momento dado después de implementar alguna promoción, y 2) para hacer una revaluación; es decir, ayudar al comercializador a entender cómo responde el mercado ante los cambios que hizo en la estrategia de promoción.

Los estudios de seguimiento evalúan el *copy* y los medios e influyen en un amplio rango de decisiones. Sin embargo, el criterio esencial mantiene la compra. Ventas más altas para una estrategia creativa o de medios, en comparación con las que produce una estrategia alterna, implican que la primera estrategia es mejor. Los estudios de seguimiento han influido en decisiones para abandonar la publicidad al igual que en decisiones para continuar con ella. Han guiado a los anunciantes para cambiar el *copy* y para modificar la estrategia de una campaña. Debido a que la información de inversión se integra dentro del análisis, parte de la incidencia de los estudios de seguimiento se relaciona con decisiones acerca de los medios. Los estudios de seguimiento han influido en decisiones del mercado objetivo, la selección de vehículos, la pauta y la mezcla entre publicidad y promoción de ventas, al igual que en la mezcla de medios.

Se utilizan varios métodos para reunir los datos del seguimiento: análisis de onda, diarios del consumidor, revisiones adicionales y fuente única[10].

Análisis de onda. Esta técnica considera que los efectos de la publicidad se logran a través del tiempo y que múltiples medidas brindan una imagen más clara de este fenómeno. El análisis de onda incluye una serie de entrevistas durante una campaña. El proceso comienza con un grupo de preguntas que se formulan a una muestra aleatoria de consumidores en una fecha preestablecida. La primera pregunta suele calificar a la persona como alguien que recuerda haber oído o visto el anuncio. Una vez que se califica al individuo, se formula una serie de preguntas de seguimiento. Las respuestas sirven como marcas de orientación y permiten hacer ajustes en el contenido del mensaje, la selección de los medios y el tiempo. Quizás dos meses después se realice otra serie de llamadas aleatorias y se formulen las mismas preguntas. La segunda onda se compara con la primera. El proceso puede continuar hasta que la gerencia se sienta satisfecha con la penetración en el mercado.

Diarios del consumidor. En ocasiones, los anunciantes piden a los consumidores de un grupo representativo que lleven un diario mientras se desarrolla una campaña. A los consumidores se les puede pedir que registren actividades como marca comprada, marcas empleadas para diferentes actividades y uso de cupones. Luego, el anunciante puede revisar estos diarios y determinar factores como si el mensaje llegó como se pretendía. Aunque esta técnica está limitada en términos de la cantidad y precisión de la información que se obtiene, ha funcionado bien cuando un sistema presenta dificultades tempranas. Un hallazgo común en los diarios del consumidor es la indicación de que la exposición a la campaña no ha producido ningún cambio de actitud o comportamiento. Frito-Lay es un gran usuario de esta técnica.

Revisiones adicionales. La revisión adicional suministra bastante de la misma información que se obtiene con el método del diario pero exige poco de parte del consumidor. Un investigador va a los hogares en el mercado objetivo y pregunta cuáles marcas o productos se han comprado o utilizado recientemente. En una variante de este procedimiento, el investigador cuenta los productos o marcas que almacena el consumidor, a quien también se le pueden pedir empaques vacíos que el investigador reúne y marca. El propósito es correlacionar el uso del producto con la introducción y la terminación de la campaña.

Seguimiento de fuente única. Gracias a los sistemas de escáner, en combinación con la tecnología del computador y los datos en el uso de medios electrónicos, los investigadores se hallan muy cerca de demostrar una relación causal entre publicidad y ventas. Para determinar un *sistema de seguimiento de fuente única*, los investigadores primero tienen que reclutar gente que viva en un mercado en particular para conformar un panel de consumidores. El sistema tiene cuatro elementos:

1. Los participantes reciben una tarjeta con un número de identificación que deben suministrar al encargado de revisión cada vez que hacen una compra en un supermercado. Los escáneres identifican a la persona y registran sus compras de manera que los investigadores saben quién y qué compró.
2. Los integrantes del panel, conocidos como suscriptores por cable, se dividen en grupos iguales y cada grupo recibe una versión diferente de un anuncio por televisión. Los servicios electrónicos de la prueba de mercado transmiten el aviso apropiado al hogar apropiado, de manera que el anunciante sabe cuáles hogares ven el anuncio.
3. La televisión que ven los miembros del panel queda registrada en los medidores. Así, los investigadores saben si vieron el comercial, cuándo y cuántas veces lo vieron.
4. La publicidad impresa, la distribución de cupones y otras actividades promocionales están bajo control. Por consiguiente, los investigadores saben qué influye más en la decisión doméstica de comprar o no.

Las posibilidades de aislar variables sencillas en pruebas de mercado electrónicas casi no tienen límites. Los investigadores pueden aumentar la frecuencia de la publicidad o intentar una pauta de medios diferentes. Pueden ver si un anuncio que hace énfasis en la conveniencia del producto estimulará las ventas en familias donde ambos padres siguen una carrera profesional. Pueden ensayar un anuncio que resalta un mayor contenido vitamínico o de fibra o que compara la eficacia de una promoción de dos-por-el-precio-de-uno y un cupón de descuento.

Sólo existen tres servicios elctrónicos con base en una fuente única: Arbitron's Scan America, Nielsen's Scan Track e Information Resource's Info-Scan. En pruebas iniciales, Arbitron reportó que Scan America mejoró la eficiencia de la publicidad en términos de alcanzar la audiencia objetivo del cliente, en un promedio de 43%[11].

Los críticos afirman que los sistemas de datos de fuente única son versiones simpáticas del viejo método de papel y lápiz y aportan poco desde el punto de vista de cuáles elementos de la promoción establecen una diferencia y por qué el consumidor reacciona de una manera en particular ante claves particulares.

Nuevas técnicas, como el panel de hogares Nielsen Scantrack orienta estas limitaciones. En la figura 12.3 se presenta el sistema Scantrack. Al utilizar técnicas de regresión múltiple en combinación con datos actuales escaneados, los investigadores pueden controlar elementos específicos y calcular estimados de errores.

Pruebas posteriores: comunicación

La mayor parte de las evaluaciones se realizan después de que se ha pasado la publicidad, cuando los recursos ya se hayan invertido en el anuncio. La popularidad de las pruebas posteriores se explica, en parte, por las limitaciones de las pruebas previas. Además, las pruebas posteriores indican quién escuchó el mensaje y por tanto pueden suministrar una base para planear los futuros. Los métodos con más amplia difusión se clasifican en tres categorías: número de lectores, recordación y cambio de actitud.

Número de lectores (reconocimiento). Daniel Starch tiene el crédito de ser la primera persona que desarrolló las pruebas de número de lectores (reconocimiento), las cuales brindan un mecanismo para dividir un anuncio impreso en sus componentes más importantes (es decir, encabezado, imágenes, cuerpo del texto, logo) y luego cómo recuerda estos elemen-

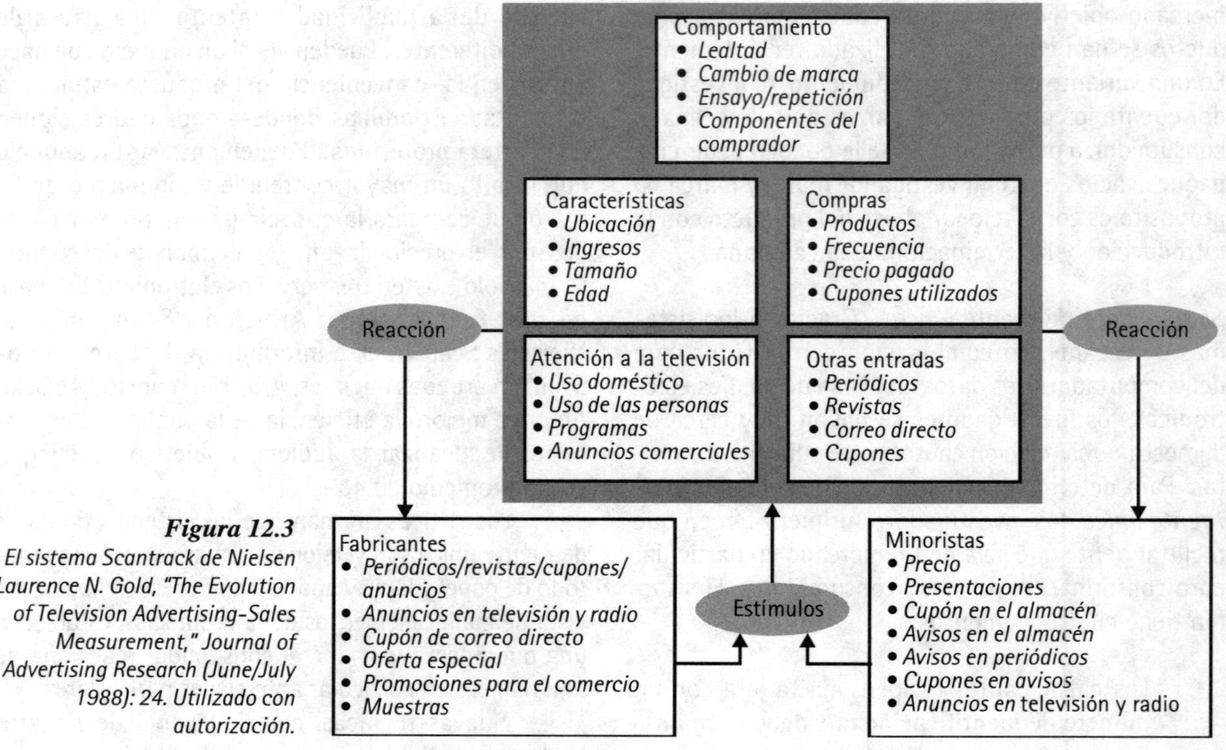

Figura 12.3
El sistema Scantrack de Nielsen Laurence N. Gold, "The Evolution of Television Advertising-Sales Measurement," Journal of Advertising Research (June/July 1988): 24. Utilizado con autorización.

tos una muestra de lectores. Estas pruebas pretenden demostrar a los anunciantes que la sola presencia de un anuncio no significa que los lectores se den cuenta de él. La prueba va como sigue:

1. La organización Starch envía copias de un tema reciente de una revista o periódico a un cierto número de entrevistadores.
2. Los entrevistadores ubican una cierta cantidad de personas que ven la publicación (dentro de los 10 días siguientes a la publicación).
3. El entrevistador lleva una copia de la publicación sin marcar a los entrevistados y les pide que señalen los anuncios que leyeron. Cuando éstos ocupan media página o más, el entrevistador pregunta a los encuestados qué componentes vieron.

Para garantizar resultados de alta calidad, a ninguna de las personas encuestadas se le pide ver más de un centenar de anuncios y cada individuo comienza en un punto diferente de la publicación.

Starch cubre con regularidad la mayor parte de las revistas principales. Los gastos de las pruebas de número de lectores los sufragan, en parte, los editores quienes utilizan los resultados para impulsar las ventas y, en parte, las agencias de publicidad que emplean esos resultados para señalar el impacto de un anuncio. Las agencias reciben copias de la revista con una serie de autoadhesivos en cada anuncio que muestran qué porcentajes de hombres y de mujeres observaron cada parte. En la figura 12.4 se presenta un ejemplo. Cada anuncio se evalúa en términos de varios criterios: 1) *con notas* que incluye el porcentaje de personas que recordaron haber visto el anuncio, 2) *asociado* que incluye a quienes no sólo observaron el anuncio sino que vieron o leyeron alguna parte del mismo, en donde se indicaba con claridad la marca o el anunciante, y 3) *máxima lectura* que incluye el porcentaje de lectores que leyeron la mitad o más del material escrito.

Las pruebas de número de lectores permiten al anunciante comparar anuncios a través de varias dimensiones como color, tamaño y *copy*. Esta técnica también sugiere cuáles elementos tienen más éxito para captar la atención. Contra estos aspectos fuertes surgen tres limitaciones, la más importante de las cuales es el hecho de que la

Figura 12.4
Un ejemplo de los resultados de la prueba Starch de número de lectores. Cortesía de Shell Oil Compnay. Reimpreso con autorización de Starch/INRA/Hooper.

prueba Starch mide el número de lectores, pero éste no se traduce necesariamente en ventas o penetración de una idea. Otra limitación es el peligro de que los puntajes de número de lectores lleven a los anunciantes a utilizar trucos para lograr una cifra mayor. Por último, los resultados pueden estar equivocados porque, con frecuencia, los lectores se confunden y no están seguros de haber visto un anuncio en particular en una revista o en otra, o si en realidad lo vieron.

Pruebas de recordación. Como la prueba de número de lectores, la de recordación depende de la memoria del entrevistado. En las pruebas de lectores, los investigadores muestran avisos específicos a los encuestados. Por el contrario, *pruebas de recordación* dan poca o ninguna ayuda a los encuestados porque el objetivo es medir la penetración del anuncio.

Quizá la prueba de recordación más famosa es el servicio Impact que ofrece Gallup and Robinson, una importante firma de investigación. Antes de entrevistar a los encuestados, éstos deben responder preguntas para demostrar que han leído la revista. Después de haber sido aceptados, reciben tarjetas con los nombres de todos los productos anunciados en páginas completas o dobles. Después de que han elaborado una lista con todos los anuncios que piensan haber visto, se les pide que digan cómo les parecen; luego, que cuenten todo lo que puedan acerca de qué dijo el anunciante: cuáles fueron los puntos de ventas, qué mensaje trata de transmitir y demás; también, que digan qué dedujeron del anuncio, si el aviso los hizo comprar el producto o saber más de él. Por último, el entrevistador hace preguntas para determinar si el entrevistado es un cliente potencial para el producto anunciado.

El método Impact se diseñó para medir la profundidad de impresión que un anuncio deja en la mente de un lector. Sobre este punto se consideran tres dimensiones: registro probado del nombre (el porcentaje de lectores calificados que pueden recordar el anuncio y describirlo con la revista cerrada), penetración de la idea (el entrevistado puede describir el contenido del anuncio) y convicción (el entrevistado quiere ver, ensayar o comprar el producto).

Para evaluar los comerciales de televisión, Burke Research Corporation ha desarrollado una prueba llamada *recordación un día después*. El día siguiente a la salida al aire del comercial, los entrevistadores realizan llamadas telefónicas con una muestra de televidentes para determinar el nivel de reconocimiento del nombre de marca y para recordar varios puntos de ventas que comunica el anuncio. Los puntajes típicos fluctúan entre 15% y 30% de recordación.

Las pruebas de recordación son un buen trabajo que suministra información sobre la penetración del *copy*; también ayudan a medir el alcance de la impresión correcta del mensaje. Por el lado negativo, no necesariamente existe una relación con ventas. Las pruebas de recordación también son demasiado costosas y no todas las compañías pueden sufragarlas. Además, existe el problema de que algunas personas tienen mejor memoria que otras y esta clase de pruebas no pueden tener en cuenta estas diferencias; de otro lado, varios elementos que forman parte de la comunicación general (por ejemplo, historietas junto con el anuncio, baja calidad de reproducción) se pueden confundir con el mensaje publicitario.

Medidas del cambio de actitud. Cuando se aplican pruebas posteriores, por lo general, la medición de la actitud trata de evaluar la efectividad de la publicidad u otra promoción cambiando la actitud hacia la compañía y/o sus marcas. Como se indicó antes, se supone que un cambio favorable de actitud predispone a la gente para comprar un producto. Con frecuencia, las pruebas de recordación y de actitud se combinan en un intento por determinar si existen mayores diferencias entre los consumidores que recuerdan los mensajes publicitarios y quienes no los recuerdan. Las pruebas de actitud en esta etapa del proceso también se emplean para medir cambios en las percepciones del consumidor sobre una marca o el grado de aceptación de varios anuncios publicitarios.

Debido a que el cambio de actitud se percibe para tener más apoyo para comprar que para recordar, muchos gerentes de promoción utilizan bastante las mediciones de la actitud. No obstante, existen serios problemas asociados con éstas. Aunque un gerente de promoción considere que está midiendo la actitud hacia la marca, con frecuencia termina evaluando las actitudes hacia la presentación del anuncio y un cúmulo de otros factores.

Pruebas posteriores: comportamiento

Aunque la mayor parte de los comercializadores considera que el último resultado de la publicidad deberá ser un cambio en el comportamiento —respuesta telefónica, visita al almacén o ventas directas— la contribución que hace a ventas la medición de la publicidad ha demostrado ser en extremo difícil y costosa. No obstante, se dispone de técnicas para alcanzar la efectividad de las ventas de publicidad, y los investigadores continúan experimentando nuevos y mejores métodos de prueba. Las pruebas de preguntas y las pruebas de ventas se estudian en esta sección del capítulo.

Pruebas de preguntas. La idea de verificar la eficacia de los anuncios mediante preguntas es obvia y antigua. El concepto que sostiene la prueba es bastante simple. El anunciante pasa cierta cantidad de anuncios y ofrece algo por opinar sobre ellos. La oferta puede ser un manual, una muestra del producto, un número para llamadas gratuitas o algo de más valor. Este enfoque divide el costo del anuncio por el número de preguntas para hallar el costo por pregunta.

Las pruebas de preguntas se pueden emplear para revisar medios, anuncios indiviuales o campañas. Para verificar la eficacia de los anuncios A y B, un anunciante puede pasar el A un día y el B al día siguiente en el diario local. El anuncio que produce el mayor número de preguntas por dinero invertido es mejor[12].

Otra versión de este tipo de pruebas es la de sustitución de anuncios, la cual se refiere a la práctica de evaluarlos mediante la presentación de dos o más versiones diferentes del mismo aviso, en la misma fecha pero en ediciones diferentes de un periódico o una revista. Los anuncios diferentes aparecen el mismo día en posiciones idénticas; se puede revisar cualquier elemento del anuncio: *copy*, ilustración, encabezado, redención de cupones o número de lectores. En algunos casos, el anunciante somete a prueba cuatro avisos completamente distintos.

La sustitución de avisos también se puede hacer en la televisión por cable debido a que con este sistema se pueden presentar distintos comerciales del mismo producto en diferentes hogares, de manera simultánea. Más tarde, se estudian las opiniones de los espectadores por vía telefónica, correo o entrevista personal.

Las pruebas de sustitución de anuncios se pueden emplear como pruebas previas o posteriores. En ocasiones, se realizan sobre versiones alternas de uno terminado. Si una compañía ha producido diferentes versiones de un anuncio para distintos segmentos del mercado y quiere determinar si uno estandarizado sería suficiente, la prueba posterior con una sustitución podría dar la respuesta.

Existen varias ventajas asociadas con las pruebas de preguntas. Los resultados indican que la persona no sólo leyó o vio el aviso sino que, además, actuó de alguna forma. La acción es un indicador mucho más fuerte que recordar o tener conciencia. Más aún, se logra un mejor control de las variables que influyen en la acción, en especial si se utiliza la prueba de sustitución. Sin embargo, se podría preguntar sobre la sinceridad de una persona que expresa interés en un producto o servicio que se ofrece; además, a menos de que se modifique un elemento, nunca habrá seguridad de por qué un anuncio es mejor que otro. Por último, las pruebas de preguntas requieren de tiempo y pueden pasar de tres a cuatro meses antes de que se midan las respuestas.

Pruebas de ventas. En secciones anteriores, se estudiaron las tentativas para evaluar la relación entre publicidad y ventas. Existen varias pruebas posteriores que, presumiblemente, reflejan una relación entre un anuncio y una venta en particular.

Comparar las ventas anteriores con las actuales es un método común, en particular con las grandes casas de catálogos como Sears, Roebuck and Co. y Montgomery Wrad. Estas empresas suponen que un anuncio en particular que aparece en un catálogo es responsable de las ventas que se generan. Si las ventas aumentan año a año, se le otorga el crédito al anuncio. Este es un tipo de marketing directo, el tema del siguiente capítulo.

Las pruebas de campo también se emplean para examinar el impacto de los anuncios publicitarios en las ventas. Por ejemplo, se pueden pasar varios anuncios en varios mercados comparativos; luego, se analiza la diferencia en ventas. También es posible exponer grupos equilibrados de consumidores a diferentes anuncios.

Repaso de conceptos

1. Las pruebas de opinión o de conciencia del consumidor, el tipo más común de pruebas previas, interrogan a los consumidores acerca de las diferentes facetas de un anuncio. Esta información se puede reunir mediante jurados de consumidores, grupos de enfoque, análisis de programa y pruebas al aire.
2. Con aparatos automáticos se miden las respuestas fisiológicas a la publicidad.
3. Las pruebas de legibilidad examinan los diferentes componentes del anuncio que lo hacen más o menos legible.
4. La prueba de marketing permite al investigador evaluar varios elementos de un anuncio al presentar distintas versiones en diferentes pruebas de mercado.
5. Los borradores de acción en vivo permiten al investigador verificar una versión sin terminar de un comercial para televisión.
6. Los estudios coincidentales hacen contacto en forma aleatoria con clientes a quienes se les pregunta por los anuncios que hayan visto.
7. Las pruebas de actitud evalúan actitudes fuertes, negativas o positivas del consumidor después de haber sido expuesto a un anuncio.
8. Los estudios de seguimiento tratan de equilibrar el anuncio con comportamientos relacionados. Los métodos incluyen lo siguiente:
   a. Análisis de onda, el cual compara los resultados de entrevistas en diversos momentos
   b. Diarios del consumidor, en donde se registran las compras del consumidor y los anuncios que ha visto u oído
   c. Revisiones adicionales, los inventarios de un investigador sobre los productos adquiridos por el consum dor
   d. Seguimiento de fuente única, en el cual las compras de los consumidores se registran

mediante escáneres y se correlacionan con la televisión que ven.

9. Las pruebas posteriores para evaluar la comunicación pueden emplear los siguientes tipos de medición:
   a. Pruebas de número de lectores (reconocimiento) las cuales tratan de medir quién ve un anuncio y a qué alcance
   b. Pruebas de recordación sin ayuda, las cuales evalúan cuánto de un anuncio puede recordar el encuestado
   c. Medidas del cambio de actitud que comparan los puntajes antes y después de la exposición ante un anuncio.
10. Las pruebas posteriores que evalúan los efectos de comportamiento de la publicidad pueden emplear lo siguiente:
   a. Pruebas de preguntas en donde se registran las repuestas de varios consumidores con respecto a algún elemento del anuncio
   b. Pruebas de ventas que comparan las diferencias en ventas antes y después de la exposición a un anuncio.

Medir el desempeño de la promoción de ventas

Medir la efectividad de la promoción de ventas puede ser tan complicado como medir la efectividad de la publicidad. Parte de esta complejidad es el resultado de la naturaleza y diversidad de los objetivos de la promoción de ventas. En el capítulo 5 se incluyeron cuatro objetivos proactivos: 1) crear ingresos adicionales o participación en el mercado, 2) ampliar el mercado objetivo, 3) crear una experiencia positiva con el producto y 4) ampliar el valor del producto y la igualdad de marca. También se indicaron los objetivos reactivos: 1) equilibrar la competencia, 2) mover inventarios, 3) generar efectivo y 4) salir del negocio. Varios de estos objetivos se relacionan de manera directa con las ventas, y muchas de las mismas técnicas de medición con base en las ventas que se estudiaron antes también se utilizan en promoción de ventas. Los objetivos intermedios, como compra de prueba, compra efectiva y múltiples compras son más difíciles de medir y requieren medidas adaptadas para alcanzar los objetivos de comunicación como conciencia y cambio de actitud, mediante un aumento en el valor percibido. Aunque la conciencia y la actitud son objetivos legítimos, trabajar con formas válidas para medir estas respuestas y separar el efecto de los medios ha demostrado ser muy difícil.

Una segunda razón de la complejidad para medir el desempeño en la promoción de ventas se refiere a la estructura organizacional que la apoya. Dos dimensiones de la estructura resultan muy relevantes: la primera es que en la promoción de ventas se suele llegar al usuario final mediante uno o más revendedores o intermediarios. La efectividad de una promoción de ventas, por consiguiente, depende tanto de las habilidades de éstos como de la estrategia promocional. Los distribuidores mayoristas y los minoristas que apoyan de manera activa la promoción de ventas de un comercializador pueden ampliar en gran medida su desempeño. El caso opuesto también es verdadero. Un segundo problema organizacional surge del hecho de que los servicios de promoción de ventas son tan diversos como las muchas actividades que abarca la promoción de ventas. Algunas compañías de servicio construyen vitrinas para exhibiciones comerciales o suministran equipo audiovisual para actividades de promoción de ventas. Otros planean o implementan estrategias de promoción. No importa la amplitud o estrechez del alcance de sus operaciones, todos estos proveedores han asumido el título categórico de agencia de promoción de ventas, el cual complica el diseño de medidas significativas de recopilación de datos ya que muchas agencias sólo manejan una muy pequeña parte de la promoción de ventas y el costo de hacer investigación resulta prohibitivo.

A pesar de estas limitaciones, se ha dedicado una gran cantidad de esfuerzo para mejorar la calidad de las medidas de desempeño de la promoción de ventas. Aún se utilizan medidas simples, como el conteo del número de cupones redimidos, las cuales aportan información valiosa. Desde hace poco tiempo, los modelos matemáticos avanzados han encontrado la manera de medir la promoción de ventas; por ejemplo, elaborados modelos de regresión pueden determinar la contribución de varias tácticas de promoción de ventas a las ventas mismas. La promoción de ventas también ha tomado prestado mucho de la publicidad. Existen similitudes definidas y parece un marco de referencia apropiado el empleo de las medidas del desempeño de la publicidad en la promoción de ventas junto con las pruebas previas, las simultáneas y las posteriores. Sin embargo, existe una diferencia importante entre la evaluación de publicidad y la de promoción de ventas; las primeras tienden a hacer énfasis en medidas de comunicación, mientras que las segundas se enfocan en mediciones del comportamiento. Como el campo de la promoción de ventas crece en sofisticación, la evaluación de las variables de comunicación se incrementará[13].

Pruebas previas en la promoción de ventas

En general, los gerentes de promoción de ventas se muestran renuentes a las pruebas previas. El poco tiempo para entregar los anuncios y la preocupación por alertar a los competidores son dos razones para esta duda. En cambio, los gerentes tienden a basarse en la experiencia ("¿Qué funcionó antes que funcionará otra vez?") y determinar que la promoción de ventas se evalúa mejor a través de las ventas, su meta final. Aunque la experiencia y las ventas son importantes, surgen beneficios de aplicar pruebas previas antes de invertir el dinero o comprometerse con errores estratégicos sin solución. Las pruebas previas consideran como variables la comunicación y el comportamiento; como muchas de estas técnicas se estudiaron antes, ahora sólo se hará una breve mención.

Pruebas previas de comunicación. Existe una amplia variedad de medidas que se emplean para hacer pruebas previas de los elementos de comunicación de las promociones de ventas. Además de los elementos típicos que se hallan en publicidad (es decir, encabezado, *copy* y elementos visuales), un supraelemento de la comunicación que está en la mayor parte de las promociones de ventas es el valor percibido. El **valor percibido** es el cálculo que hace el consumidor acerca del valor extra que contiene la promoción de ventas en comparación con los riesgos de aceptar la oferta. Por ejemplo, un consumidor determina si 40% de descuento en una marca desconocida de zapatos vale el riesgo de comprar este producto. Algunas promociones, descuentos, bonificaciones, rebajas y devoluciones, y cupones comerciales brindan un valor inmediato. Otros, como premios y programas de continuidad dan regalos para ampliar el valor. Un tercer grupo, muestras, demostraciones, garantías, concursos y sorteos, brinda un valor prometido o implícito. Medir el valor percibido es complicado. A los consumidores se les puede pedir que evalúen el intercambio mediante un cuestionario de estudio, o los investigadores pueden variar el nivel del valor mediante descuentos y rebajas, y evaluar cómo responden los consumidores a cada nivel.

Esta evaluación se puede hacer por medio de diferentes mecanismos. Los grupos de enfoque y los paneles de consumidores son comunes. Otras técnica incluyen el método de papeleta, pruebas de portafolio, el método del jurado y el cruce en centro comercial. El *método de papeleta* consiste en enviar una impresa a un listado de consumidores. Las promociones de ventas a evaluar se ilustran y se da algo de información adicional sobre cada una. A los consumidores se les pide votar por la que consideren mejor y regresar la papeleta a la firma investigadora. Las *pruebas de portafolio* son similares al método de papeleta excepto en que se desarrolla un portafolio de promociones de ventas y se muestran en persona a los consumidores. Aunque las pruebas de portafolio son más costosas que el método de papeleta, la información que se obtiene se considera más precisa. El *método del jurado* es una combinación de las dos técnicas anteriores excepto en que los jurados reciben una paga por la evaluación y pueden ser conocedores de las promociones de ventas. La técnica de *cruce en centro comercial* incluye a personas que se detienen al azar en uno de estos lugares a quienes se les muestran varias promociones para evaluarlas. Aunque se pueden evaluar medios impresos y televisión, éste es el mecanismo más costoso.

Pruebas previas de comportamiento. El mecanismo más común que se emplea para evaluar la respuesta de comportamiento para promoción de ventas es la prueba de mercado. Dependiendo de la técnica específica de promoción de ventas, la respuesta del comportamiento que se considera podría ser compra de prueba, compra, compra repetida, compra incremental, etc. Ya se ha estudiado el proceso de la prueba de mercado. En las pruebas previas de promoción de ventas, las pruebas de mercado suelen consistir en evaluar dos mercados separados entre sí o equiparar varios almacenes en el mismo mercado. En cualquier caso, el mecanismo o el programa de promoción de ventas que se ha de probar es la única variable que se manipula. Todo lo demás se mantiene constante.

Pruebas previas de promoción de ventas con revendedores o intermediarios. Si los revendedores no están contentos con el esfuerzo de promoción de ventas, lo rechazarán de plano o sólo le darán apoyo parcial. Por consiguiente, es importante evaluar a los intermediarios antes de la implementación. Es posible hacer estas pruebas previas sobre algunos aspectos de los programas de promoción de ventas, en particular los materiales que se utilizan dentro del almacén o que se basan en la cooperación del intermediario para ponerlos a funcionar. La forma más fácil de hacer las pruebas previas de un programa de promoción simplemente es ir a varios distribuidores minoristas o mayoristas claves y estudiar el plan con ellos. En ocasiones, es más efectivo establecer contacto con un tercero, como es el caso de una organización de marketing, que tiene nexos fuertes con los revendedores o intermediarios.

Pruebas simultáneas en la promoción de ventas

Las pruebas simultáneas evalúan el desempeño de la promoción de ventas mientras ésta se realiza. Como se indicó en la sección sobre publicidad, esto permite a los estrategas promocionales modificar la promoción de ventas para aumentar el desempeño o eliminarlas para reducir consecuencias negativas. Para la promoción de ventas, en esencia, todas las pruebas simultáneas se hacen en términos de ventas o de alguna variación de éstas. Desde el punto de vista histórico, los datos de ventas se recolectaban a diario o semanalmente y se realizaban varias comparaciones. Por ejemplo, se comparaban mercados nivelados, los resultados se confrontaban con los pronósticos y se comparaban las ventas entre los almacenes en competencia. Gracias a los avances en la investigación con escáner, la información de ventas puede combinarse con una gran cantidad de información del consumidor para brindar un análisis muy detallado de un mecanismo o de un programa de promoción de ventas específico. Los comercializadores que no tienen acceso a esta tecnología, aún emplean las comparaciones de ventas tradicionales.

Pruebas posteriores en la promoción de ventas

Dado que el objetivo que se estableció en promoción de ventas es crearlas, no sorprende que la mayor parte de los esfuerzos para desarrollar medidas de desempeño válidas y confiables se encuentren en la etapa de pruebas posteriores. Aunque las ventas y la participación en el mercado siguen siendo las áreas de interés predominantes, también se tienen en cuenta los factores de comunicación y comportamiento.

Medidas de comunicación con pruebas posteriores. Resulta usual que la información que busca medir la efectividad de los elementos de comunicación se relaciona con la conciencia y las actitudes del consumidor. Sin embargo, los mecanismos de recolección de datos son mucho más simples que las técnicas que se utilizan en investigación de publicidad. Por ejemplo, los métodos más comunes para medir la conciencia y las actitudes del consumidor son las llamadas telefónicas, los cuestionarios por correo y las entrevistas personales. El correo directo es el método menos costoso y las entrevistas el más caro. La información que se busca suele relacionarse con los cambios de conciencia, actitud o acciones del consumidor con referencia a una actividad específica de promoción de ventas. Como se indica en la sección **Un enfoque de promoción**, medir la efectividad de una actividad de promoción de ventas no es fácil.

Las pruebas posteriores también se hacen a través de observaciones y entrevistas dentro del almacén, y el seguimiento de entrevistas de estudio con quienes responden y quienes no responden a una promoción. Las observaciones dentro del almacén y las entrevistas cruzadas con consumidores en el punto de compra tienen especial importancia para las promociones que se distribuyen en los almacenes, como en el caso de muestras y premios.

Medidas de pruebas posteriores de comportamiento. Las técnicas disponibles para evaluar el grado en que la promoción de ventas afecta el comportamiento de intermediarios y consumidores. Controlar las ventas es la técnica más común. Las técnicas de recolección de datos incluyen pruebas de mercado y estudios de seguimiento. La interpretación de estas cifras varía. Por ejemplo, puede emplearse el tradicional análisis

Un enfoque de promoción:

Patrocinar la actividad, no la transmisión

Los encuentros deportivos son oro para los anunciantes. Si los espectadores asocian un producto con algo por lo que sienten pasión, su equipo favorito de la NFL, por ejemplo, también lo pueden hacer por ese producto para gran satisfacción de su fabricante.

Las redes de televisión entienden lo valiosa que puede ser esta asociación para los comercializadores. Cada año han pagado más por los derechos de transmisiones deportivas y exigen más de los anunciantes por cada anuncio de 30 segundos. En 1991, por ejemplo, las tres grandes redes de televisión pagaron más de US$1,000 millones por derechos de transmisión para patrocinar actividades deportivas, 85% más de lo que habían pagado en 1989, lo cual significó que necesitaban reunir más de US$3,300 millones en ingresos por anuncios para mantener sus márgenes de utilidad. Los altos costos de los anuncios comerciales resultantes durante las transmisiones deportivas son uno de los factores que llevan a muchas compañías a considerar el patrocinio de los encuentros por su propia cuenta, utilizando marketing en el sitio, en lugar de anuncios comerciales.

Una preocupación de muchas empresas que consideran patrocinios, es la dificultad de saber qué efecto tendrán éstos en el público. Los anunciantes acostumbran medir las respuestas de los televidentes ante los comerciales pero, ¿cómo se puede medir el efecto de una valla en el centro de un campo de juego o del logo por el lado de un vehículo en una competencia automovilística? Algunos consultores afrontan este reto con estudios de los participantes y mediante la auditoría de las ventas de los productos de un patrocinador en el área de la actividad deportiva. Otros tratan de equilibrar la exposición del nombre de un patrocinador con minutos de anuncios comerciales por televisión. Joyce Julius & Associates observan las transmisiones de actividades deportivas y suman los segundos que los televidentes pueden ver con claridad la marca o el logo de un patrocinador.

Para determinar qué tan efectivo es el patrocinio, Joyce Julius calcula cuánto costaría el tiempo de la exposición si se comprara en tiempo de comerciales. Luego, los consultores comparan esta cifra con la inversión del patrocinador. Debido a que el patrocinio de encuentros deportivos requiere mucha preparación por parte del patrocinador, Joyce Julius considera que aquél deberá alcanzar con su exposición un valor igual a cuatro veces su inversión.

Poder medir un retorno sobre la inversión ha atraído a muchas compañías para patrocinar este tipo de actividades. Estas empresas también han encontrado que la gente que ve las transmisiones deportivas tienden a saber quién hace el patrocinio y una gran mayoría termina con impresiones favorables de los patrocinadores. Así, como el precio del tiempo al aire continúa en alza, los anunciantes pueden encontrar alternativas crecientes ante los avisos comerciales estándar.

Fuente: Scott Hume, "Sports Sponsorship Value Measured," *Advertising Age* (August 6, 1990): 22.

segmentado; primero, se determinan los costos fijos y los costos variables de la promoción, después el margen de contribución variable de la marca y, finalmente, se calcula el volumen de ventas segmentado para la promoción. El análisis de regresión múltiple también resulta aplicable. Esta técnica estadística estima la contribución de multiples variables que actúan en conjunto sobre una sola variable independiente: ventas. Por su naturaleza básica, el análisis de las promociones de ventas tiende a ajustar bien esta técnica. Por último, existen modelos estadísticos incorporados en los sistemas de escáner que pueden brindar un análisis muy detallado.

Medir el desempeño de las relaciones públicas

Calcular los resultados de un esfuerzo de relaciones públicas es, por varias razones, el área que ha recibido menos atención. Esta evaluación alude al aspecto más difícil de medir: los cambios en la opinión humana. La contribución de relaciones públicas es difícil de medir porque se utiliza junto con otras herramientas promocionales; si se utilizan antes de que estas últimas entren en acción, su contribución es más fácil de evaluar[14]. Debido a que investigar los resultados de relaciones públicas es complicado, también es costoso. Sin embargo, una vez que una organización considera que un esfuerzo de relaciones públicas puede tener un éxito razonable, resulta apropiado decidirse por invertir una cierta cantidad de dinero para estimar el grado de éxito.

Este proceso de evaluación puede ser informal o científico. Puede incluir pocas personas alrededor de una mesa o ser un estudio masivo. Puede tardar un par de horas o varias semanas. En su expresión básica, el proceso busca responder a la pregunta "¿Cómo se hizo?" Igual que en el caso de todos los elementos promocionales, las relaciones públicas necesitan entender qué nivel de los objetivos logran sus programas.

En el capítulo 7 se describieron algunos de los métodos primarios que se emplean para evaluar un esfuerzo de relaciones públicas: grupos de enfoque, análisis de contenido, control y observaciones informales. Estos métodos pueden emplearse para medir exposición, cambio psicológico o cambio de comportamiento.

Exposiciones

La medida más fácil de la efectividad de las relaciones públicas es el número de exposiciones que se crean en los medios. Los publicistas entregan al cliente un muestrario con todos los medios que transmiten información acerca del producto y una síntesis como la siguiente:

> La cobertura de los medios incluyó 7,500 cm de columnas de noticias y fotografías en 30 publicaciones con una circulación combinada de 79.4 millones; 2,500 minutos de tiempo al aire en 290 estaciones de radio y una audiencia estimada de 65 millones; 660 minutos de tiempo al aire en 160 estaciones de televisión con una audiencia estimada de 91 millones. Si este tiempo y espacio se ha comprado según las tarifas de publicidad, el costo sería de US$1,047,000.

Esta medida de la exposición no es muy satisfactoria. No hay indicios de cuánta gente en realidad lee, escucha o recuerda el mensaje ni cuántos de ellos piensan en él después. No existe información de la audiencia neta que se alcanza, ya que las publicaciones sobrepasan el número de lectores. Debido a que la meta de las actividades de propaganda es el alcance y no la frecuencia, sería útil saber el número de exposiciones sin duplicar. La medida de la exposición no indica si estas cifras reflejan cobertura positiva o negativa; sin embargo, parece que se encontrarán mejores formas para medir la exposición.

Cambios de conciencia, comprensión o actitud

Una mejor medida es el cambio en la conciencia, comprensión o actitud ante el producto, como resultado de la campaña de relaciones públicas (después permitir el impacto de otras herramientas promocionales). Por ejemplo, ¿cuántas personas recuerdan escuchar la información en medios noticiosos? ¿Cuánto saben otros al respecto (una medida de la comunicación informal oral)? ¿Cómo pueden cambiar sus ideas después de escuchar la información? The Potato Board aprendió, por ejemplo, que la cantidad de personas que estaban de acuerdo con la frase "Las papas son ricas en vitaminas y minerales" subió de 36%

antes de la campaña a 67% después de ella, un aumento significativo en el entendimiento del producto.

Contribuciones en ventas y utilidades

Con frecuencia, si se obtiene un impacto en ventas y utilidades, éste se convierte en la medida más satisfactoria de los resultados de las relaciones públicas. Por ejemplo, las ventas de 9-Lives aumentaron 43% al final de la campaña de relaciones públicas "Morris the Cat" (Morris el gato). Sin embargo, publicidad y promoción de ventas también habían ascendido y su contribución debe tenerse en cuenta. Suponga que el total de ventas aumentó US$1,500,000; con base en la experiencia, la gerencia estima que relaciones públicas contribuyó con 15% de este renglón. Entonces, el retorno de la inversión se calcula como sigue:

Aumento en el total de ventas	US$ 1,500,000
Aumento estimado de ventas debido a relaciones públicas (15%)	225,000
Margen de contribución sobre las ventas del producto (10%)	22,500
Costo total directo del programa de relaciones públicas	−10,000
Margen de contribución agregado por la inversión de relaciones públicas	US$ 12,500
Retorno sobre la inversión de relaciones públicas (US$12,500/US$10,000)	125%

Medir el desempeño de la venta personal

Debido a la separación organizacional típica, las medidas del desempeño para la venta personal son muy diferentes de las que se hallan en otras áreas de promoción. Para comenzar, los gerentes de ventas y de marketing evalúan la función venta personal en dos partes: 1) evaluar la producción de ventas de varios territorios y 2) evaluar el desempeño del vendedor responsable de ese territorio. Los estándares de desempeño se comparan con el real y se hacen los ajustes pertinentes. No es probable que el desempeño de la venta personal como parte de la estrategia promocional sea del interés o responsabilidad del gerente de ventas. En consecuencia, los gerentes de promoción necesitan evaluar el desempeño relativo de la venta personal; es decir, el gerente de promoción se interesaría, en primer lugar, por saber si la venta personal cooperó en implementar la parte venta personal de la estrategia de promoción, antes que en el desempeño de ventas. Se estudiará cada nivel de evaluación.

Evaluar al vendedor

La meta de esta evaluación es buscar la acción correctiva apropiada, clasificando los factores que deteminan el desempeño en dos categorías: las que puede controlar el vendedor y las que no. En términos de importancia e implicaciones a largo plazo, las tres determinantes más controlables son volumen, actividades y calidad[15].

Análisis de volumen. El volumen de ventas es la medida más simple del desempeño y es probable que sea la que se utiliza con mayor frecuencia. El análisis de volumen puede valorarse en términos de efectividad y eficiencia. En el primer caso, el desempeño real de ventas de un vendedor en particular puede compararse con las ventas del año anterior, el presupuesto del año actual, el desempeño de otros vendedores, la cantidad de ventas cerradas y su concentración en ventas de mercancía especial.

Por su parte, la eficiencia de ventas se puede medir de muchas maneras. La experiencia sugiere cuatro medidas: margen bruto sobre ventas, contribución a las utilidades, relación gastos/ventas y participación en el mercado. El empleo de procedimientos contables básicos permite disponer de los datos apropiados con rapidez para aplicar estas pruebas a un vendedor, a los vendedores o a los territorios.

Análisis de actividad. Con frecuencia, el entendimiento que el gerente logra con respecto al desempeño de los vendedores aumenta al examinar las actividades de éstos, lo mismo que el volumen de ventas. De nuevo, las posibilidades son numerosas.

La efectividad de la fuerza de ventas puede evaluarse con respecto al número de llamadas de ventas, apertura de nuevas cuentas y quejas recibidas. La precisión de estos análisis podría mejorarse al observar la eficiencia lo mismo que la efectividad.

Por ejemplo, las llamadas por día y los costos por llamada podrían brindar información más útil que sólo el número de llamadas. Además, podría resultar interesante mirar no sólo el número de nuevas cuentas abiertas sino el tamaño de cada una; quizá la cantidad de quejas deberá compararse con el número de llamadas y, por último, el trabajo de los representantes de ventas puede ponerse en horas formales (oficina) aunque puedan estar en horas de ventas (trabajo de campo); una mirada a la relación entre tiempo de ventas con respecto al tiempo total también puede aportar puntos de vista útiles.

Evaluar la venta personal como parte de la promoción

La cooperación deficiente entre la gerencia de ventas y la de promoción de ventas ha significado que este tipo de evaluación muy pocas veces se desarrolle. Con frecuencia, quienes manejan la venta personal se muestran renuentes a entregar la información que solicita el gerente de promoción por desconfianza y el sentimiento de separación que se indicó antes. En consecuencia, la calidad de la información tiende a ser baja. Sin embargo, un problema más preocupante es que existe poca evidencia de que las compañías en realidad tienen objetivos que especifiquen cómo deberá contribuir la venta personal al esfuerzo general de promoción; por consiguiente, la naturaleza de la evaluación se basa, principalmente, en criterios subjetivos del gerente de promoción; por ejemplo, éste puede estar muy interesado en saber si el vendedor utiliza los materiales de promoción que se le entregan, incluidos presentaciones en el punto de compra, catálogos, folletos, panfletos y programas de publicidad cooperativa; además, sería importante saber si utiliza esos materiales en la forma apropiada. ¿Cómo se reúne esta información? Estudios de los representantes de ventas son una posibilidad, aunque suelen mostrarse reacios a responder a dichos estudios. Otra posibilidad es controlarlos directamente pero los problemas que surgirían saltan a la vista. En consecuencia, la validez y confiabilidad de esta información son dudosas. La otra área en la cual los vendedores podrían evaluarse es la de comunicación. ¿Los vendedores suministran retroalimentación de los clientes con respecto a programas, competencia, información del mercado o efectividad del programa? Esta información resulta difícil de cuantificar y los resultados pueden producir simples categorías de Sí o No. Esta faceta de la evaluación sigue siendo el punto débil en promoción. No es probable que la situación mejore hasta que se retiren los límites organizacionales y de percepción que separan la venta personal de los otros tres elementos promocionales.

Repaso de conceptos

1. El desempeño en promoción de ventas se evalúa con muchas de las mismas pruebas que se emplean en publicidad. Adicional a ellas, existen las siguientes:
   a. Pruebas previas de promoción (por ejemplo, comunicación, comportamiento, revendedores o intermediarios)
   b. Pruebas simultáneas
   c. Pruebas posteriores (por ejemplo, comunicación comportamiento)
2. El desempeño en relaciones públicas es difícil de evaluar; por lo general se utiliza mediante el análisis de:
   a. Exposición de los clientes a las actividades pertinentes
   b. Cambio de conciencia, entendimiento o actitud
   c. Ventas y margen de utilidad
3. Por lo general, el gerente de ventas evalúa el desempeño en la venta personal. Los métodos incluyen los siguientes:
   a. Análisis de volumen
   b. Análisis de actividad
   c. Análisis de calidad de ventas.

Caso 12

Buenos anuncios para su salud

Las personas que trabajan en agencias de publicidad han tenido que manejar las percepciones negativas del público con respecto al trabajo que desarrollan. Los defensores del consumidor acusan a las agencias de ejercer coacciones subliminales para comprar productos que no pueden sufragar o que no quieren ni necesitan. Los anuncios de servicio público tienen la reputación de ser irreales y "llenos de sermones" e inclusive, las campañas antidrogas han sido objeto de críticas por utilizar información inexacta y desconocer drogas mortíferas pero legales.

Una saludable victoria para los anuncios

No obstante, agencias de publicidad en Estados Unidos se han sentido un poco mejor con respecto a la aceptación de su trabajo por parte del público, como resultado de la campaña en contra el hábito de fumar que se realizó en el estado de California. Los anuncios de la campaña ganaron el respeto de los espectadores y los críticos de los medios, y es evidente que han hecho su trabajo: tratar de que la gente deje de fumar.

La campaña contra el cigarrillo es el resultado del referéndum de 1988, en donde los votantes aprobaron un impuesto de US$0.25 por paquete de cigarrillos, para advertir a los ciudadanos, en particular a aquellos grupos de alto riesgo, sobre los peligros de fumar. El estado quiso que, por lo menos, la mitad de sus 30.5 millones de habitantes estuviera consciente de los anuncios, una meta que se alcanzó con rapidez.

Grupos minoritarios objetivos

Parte del éxito de los anuncios se atribuye a haberlo dirigido específicamente hacia los jóvenes, las mujeres embarazadas y los hablantes hispanos, asiáticos y afroamericanos. Una agencia de publicidad de Los Angeles, Keye/Donna/Pearlstein fue la agencia líder, aunque Muse Cordero/L.A. y The Hispanic Group/Santa Monica, dos pequeñas boutiques de publicidad, recibieron el crédito por la efectividad de sus anuncios dirigidos hacia los mercados étnicos. Estudios iniciales mostraron que 78% de los afroamericanos de California, 85% de su población de habla hispana y 62% de la población de origen asiático habían visto u oído al menos uno de los anuncios de la campaña que se transmitieron por racio o televisión.

Los resultados

Dentro de los seis meses siguientes, tres de cada cuatro residentes californianos indicaron que estaban conscientes de los anuncios. Casi la mitad de los adultos fumadores que los habían visto dijeron que intentaron dejar el hábito, en comparación con el 39% de quienes no los vieron. Los anuncios han generado más actitudes positivas hacia una buena salud entre adultos y estudiantes, y estudios iniciales demuestran un ligero descenso en el consumo de cigarrillos entre estos últimos.

Los anuncios rompieron el estereotipo de los mensajes blandos e irreales de servicio al público. Rosemary Romano, directora de información pública para la oficina federal Office on Smoking and Health, dice que "están golpeando duro, la calidad es excelente y cubren un amplio rango de temas".

Aunque la industria del tabaco luchó fuerte en contra del referéndum original, no hizo planes para organizar un contraataque. El grupo comercial de la industria, el Tobacco Institute, rechazó los anuncios de éxito de la campaña señalando que las ventas de cigarrillo habían descendido 14% en todo el estado en 1989, antes de que la campaña comenzara. De hecho, algunas personas sostienen que quizá más por el costo extra de fumar que debido a que los anuncios hayan tenido el efecto deseado. Sin embargo, a juzgar por las solicitudes de préstamo o compra de los anuncios, provenientes de toda la nación y del resto del mundo, las agencias involucradas y toda la industria deberán ver la campaña antidrogas de

California como un signo importante de que las agencias de publicidad pueden realizar un trabajo efectivo para el bienestar del público.

Preguntas sobre el estudio de caso

1. ¿Cuáles son los problemas asociados con la efectividad de las medidas mencionadas en este caso?

2. Sugiera un procedimiento de medición que pudiera satisfacer mejor los objetivos de evaluación citados.

Fuente para el estudio de caso: Pat Hinsberg, "Anti-Smoking Ads Capture an Audience," *Adweek* (November 5, 1990): 18.

Síntesis

Medir el desempeño promocional es una de las áreas más importantes aunque indeterminadas de la promoción. En este capítulo, se consideran cuatro preguntas importantes: 1) ¿qué se debe evaluar?, 2) ¿se debe hacer o no la evaluación?, 3) ¿cuándo se debe hacer la evaluación? y 4) ¿cuál prueba es mejor?

Con respecto a la primera pregunta, resulta vital determinar con exactitud qué efectos se esperan de un esfuerzo promocional. Qué deberá evaluarse depende de las circunstancias. Las mediciones de ventas, participación en el mercado, recordación y cambio de actitud pueden ser apropiadas en ciertas situaciones. Si debe hacerse o no la evaluación es una función de si el costo de obtenerla excede los beneficios que de ella se deriven. Se dispone de muchos tipos de pruebas y existen algunas específicas para cada área promocional.

Preguntas de análisis

1. El gerente de marketing de una gran compañía fabricante de cereales quiere aumentar las ventas en un 10% mediante un esfuerzo promocional masivo que incluye televisión, prensa, cupones, un sorteo y patrocinio de eventos deportivos. Analice si el objetivo de ventas es una forma apropiada para evaluar el desempeño de esta estrategia promocional.
2. ¿Cuáles son las decisiones importantes que deberá tomar el gerente de promoción para considerar cuándo medir el desempeño promocional? Indíquelas en detalle.
3. ¿Cuáles son las principales limitaciones para medir la efectividad del programa promocional?
4. ¿Cuáles son las medidas más comunes de la efectividad de la publicidad?
5. Seleccione un objetivo de publicidad y esboce varias ideas para anuncios que se relacionen con ese objetivo. Por último, estructure un experimento que pueda medir la efectividad relativa de esos anuncios.
6. Explique la utilidad del modelo para medir la efectividad de la publicidad. ¿Cuáles son las etapas que se incluyen en él?
7. Suponga que un presupuesto demasiado restringido ha motivado a los gerentes de promoción a reconsiderar los métodos que se emplean para evaluar la publicidad. En el pasado, se utilizaron pruebas previas, simultáneas y posteriores. A la luz de las restricciones presupuestales, sus socios quieren que sólo se consideren las pruebas posteriores. ¿Está usted de acuerdo?
8. ¿Por qué se desarrollaron pruebas de preguntas? ¿En qué formas se puede utilizar?
9. ¿Qué información necesitaría usted para revisar en forma empírica el desempeño de las relaciones públicas?
10. ¿Qué errores cometen los gerentes de ventas que sólo utilizan el volumen de ventas para medir el desempeño de éstas?

Proyectos sugeridos

1. Determine un programa de evaluación de desempeño para un distribuidor de comidas rápidas como McDonald's, Burger King o Kentucky Fried Chicken.
2. Visite una agencia de publicidad y analice sus técnicas para medir la efectividad con un ejecutivo de cuenta o un gerente de máximo nivel. ¿Cómo se compara el enfoque de la agencia con las técnicas que se estudiaron en este capítulo?

3. Visite una librería universitaria y busque cinco o seis fuentes secundarias de investigación que brinden ayuda a las compañías para medir el desempeño. Describa el tipo de información que encontró.

Referencias

1. Charles Ramond, *Advertising Research: The State of the Art* (New York: Association of National Advertisers, 1976).
2. Robert J. Lavidge and Gary A. Steiner, "A Model for Predictive Measurements of Advertising Effectiveness," *Journal of Marketing* 25, (October 1961): 59-62.
3. Johan Arndt, "What's Wrong with Advertising Research?" *Journal of Marketing Research* 16 (June 1976): 9.
4. H. D. Wolfe, J. K. Brown, S. H. Greensberg and G. C. Thompson, *Pretesting Advertising Studies in Business Policy*, nº 109 (New York: National Industrial Conference Board, 1963).
5. David W. Stewart, "Measures, Methods, and Models in Advertising Research," *Journal of Advertising Research* (June/July 1989): 54-60.
6. Michael L. Rothschild, Ester Thorson, Judith E. Hirsch, Robert Goldstein and Byron B. Reeves, "EEG Activity and the Processing of Television Commercials," *Communication Research* (April 1986).
7. Rudolph Flesch, *The Art of Readable Writing* (New York: Harper & Row, 1974).
8. Julie Liesee, "KGF Taps Data to Target Consumers," *Advertising Age* (October 8, 1990): 3, 88.
9. Don E. Schultz, *Strategic Advertising Campaigns*, 3 ed. (Lincoln, IL: NTC Business Books, 1990): 550.
10. James F. Donius, "Market Tracking: A Strategic Reassessment and Planing Tool," *Journal of Advertising Research* (February/March 1985): 15-19.
11. Wally Wood, "Update: Single Source," *Marketing and Media Decisions* (September 1989): 116-117; Laurence N. Gold, "TV Ad Testing Enters New Generation," *Marketing News* (October 23, 1989): 2.
12. Simon Broadbent, *Spending Advertising Money* (London: Business Books, 1975).
13. Robert C. Blattberg and Scott A. Neslin, *Sales Promotion: Concepts, Methods and Strategies* (Englewood Cliffs, NJ: Prentice-Hall, Inc. 1990): capítulo 39.
14. Robert L. Dilenschneider and Dan J. Forrestal, *The Dartnell Public Relations Handbook* (Chicago: The Dartnell Corporation. 1987): capítulo 6.
15. Richard R. Still, Edward W. Cundiff, and Norman A. P. Govoni, *Sales Management*, 3 ed., (Englewood Cliffs, NJ: Prentice-Hall, Inc., 1976): 377.

Lecturas adicionales

1. Robert J. Schreiber and Valentine Appel, "Advertising Evaluation Using Surrogate Measures for Sales," *Journal of Advertising Research* (December 1990/January 1991): 27-31.
2. Howard Schlossberg, "Jane and The Gang Track Trends with 'Public Domain Research'," *Marketing News* (June 10, 1991): 1-21.
3. Kim Foltz, "New Research Tool: The Video Conference," *The New York Times* (April 18, 1991): C15.
4. Scott Hume, "Power of Persuasion: Nielsen, Research System Join for New Service," *Advertising Age* (March 11, 1991): 24.
5. Chris Wittle, "Measuring the Landings," *Adweek* (May 27, 1991): 12.
6. Cyndee Miller, "Research Aids Retailers Before They Pop Up Their P-O-P Displays," *Marketing News* (January 7, 1991): 19.
7. Gerald Lukeman, "Analysis Shows New Way to Think About TV Recall Scores," *Marketing News* (April 15, 1990): 11.
8. Mary L. Nicastro, "Break-Even Analysis Determines Success of Sales Promotions," *Marketing News* (March 5, 1990): 11.
9. Betsy Spethmann, "PSA Effectiveness Study Unveiled," *Advertising Age* (April 8, 1991): 46.

Parte V

Aplicaciones especiales

Capítulo 13

La promoción a través del marketing directo

Una visión general del marketing directo
Una definición confusa
El estado de la industria
Tipos de marketing directo

Dirigir el marketing directo
Manejar la base de datos
Diseñar una estrategia de marketing directo
Evaluar el marketing directo

Uso de medios de comunicación en marketing directo
Correo directo
Catálogos
Marketing directo en medios masivos de comunicación
Telemarketing

El problema con el marketing directo
Tácticas a corto plazo frente a estrategias a largo plazo
Enfoques no integrados frente a enfoques integrados

Un enfoque de promoción: infocomerciales —el último híbrido

Integrar el marketing directo con la promoción

Caso trece: American Express trabaja en directo

Consideración:

Organizarse en equipo para establecer objetivos comunes

¿Qué tienen en común la CBS y Quaker Oats Company? A primera vista, no mucho. CBS produce programas de televisión y Quaker Oats, harina de avena y juguetes. Sin embargo, en 1990, las dos compañías se unieron en una inusual campaña de correo directo que puede continuar como una onda, en el futuro.

CBS siempre se había mantenido lejos del correo directo. Después de todo, en realidad, la compañía no vende un producto. Su meta es hacer que los televidentes cambien el canal a CBS, un pedido grande para una campaña de correo directo. Además, la audiencia potencial objetivo para una red de televisión en Estados Unidos es de 90 millones de hogares y llegar por correo siquiera a una fracción de esa cifra sería verdaderamente costoso.

Sin embargo, la idea de Quaker fue tan buena para CBS que la empresa aceptó. Quaker no trató de llegar a cada hogar norteamericano sino sólo a 18 millones, más o menos, concentrándose en familias con ingresos superiores a US$25,000. La primera serie de correo se envió a comienzos de octubre, cuando en televisión se presentan los estrenos de otoño y la guerra del *rating* está que arde. La empresa había hecho su trabajo con su audiencia objetivo, de manera que conocía la información demográfica acerca de los hogares a los que se dirigía y podía, por lo menos, lograr que un receptor educado considerara si tendría más posibilidad de comprar Cap'n Crunch o Quaker Natural.

Todo lo que CBS tenía que hacer era crear volantes para sus programas de otoño y enviarlos con los cupones de Quaker. Podría suponerse que la gente se interesaría bastante en los cupones como para darle siquiera una mirada a las notas de CBS. Si el grupo demográfico objetivo funcionaba bien, un cupón para un cereal para niños y un anuncio para una película de dibujos animados el sábado en la mañana llegaría a los padres cansados justo cuando estuvieran tratando de ganar un momento de paz durante el fin de semana. Debido a la naturaleza muy focalizada del correo, los afiliados locales de la CBS podrían incluir sus propias promociones en el paquete. Por su parte, Quaker esperaba que los volantes de la CBS despertarían algún interés en su paquete cupón y que los anuncios de ésta para sus propios programas orientados a la familia complementarían la imagen de hogar de Quaker.

Los anunciantes de industrias relacionadas, como hoteles y líneas aéreas, saben desde hace mucho que las promociones conjuntas pueden beneficiar a ambas partes. Sin embargo, si esta campaña de "Quaker Direct" demuestra ser rentable, podría conducir a más relaciones de *joint venture* entre compañías sin relación aparente.

Fuente: "Quaker and CBS Combine in Direct Mail Campaign," *Marketing News* (September 17, 1990): 5.

Pocas áreas de marketing han tenido un cambio más dramático y arrollador que el directo. Hasta hace poco, la mayoría de consumidores lo vio como correo y productos basura. En la actualidad, los planificadores de marketing han aceptado ansiosos el correo directo como una forma de llegar con más efectividad a las audiencias objetivo, y los consumidores lo ven como un vehículo para seleccionar y recibir productos con un mínimo de esfuerzo. Incluso, compañías de áreas tan diferentes como CBS y Quaker han considerado ventajoso unir fuerzas a través del marketing directo. Un puñado de visionarios ha impulsado esta reciente aceptación, al ver que los beneficios de los pedidos por correo eran aplicables a muchos tipos de sistemas de entrega de producto/servicio. Casi todos los medios tienen la capacidad de incorporar los elementos estratégicos del marketing directo.

El marketing directo es otro vehículo para distribuir el esfuerzo promocional. De manera simultánea, debido a sus beneficios de valor agregado, también es un tipo especial de promoción de ventas. En este capítulo se explican los componentes básicos del marketing directo, se describen las decisiones que deben tomar los gerentes, se estudian los medios de comunicación respectivos y se explica la manera como interactúan el marketing directo y el resto de la promoción.

Una visión general del marketing directo

De acuerdo con la Direct Marketing Association, el marketing directo "es un sistema interactivo de marketing que utiliza uno o más medios de publicidad para producir una respuesta medible y/o una transacción en cualquier sitio"[1]. Pete Hoke, Jr., editor de la revista *Direct Marketing*, agrega un elemento a esta definición: "en el marketing directo debe existir una base de datos, un archivo de clientes"[2]. Dentro de esta definición aparecen cinco componentes:

Primero, el marketing directo es un *sistema interactivo*, es decir, el cliente potencial y el comercializador se involucran en una comunicación bidireccional. Como resultado, el marketing directo permite una retroalimentación precisa en lugar de mediciones dependientes de la efectividad que se utilizan en el resto del marketing.

Un segundo rasgo es que el sistema siempre brinda un *mecanismo para que el cliente potencial responda*. Debido a que la respuesta es posible, el tamaño cuando no hay respuesta al igual que las características de quienes no responden tienen un impacto considerable en la planeación.

Tercero, el marketing directo puede presentarse en *cualquier sitio*, no se requiere de un almacén minorista o un vendedor. En su lugar, el pedido se puede hacer en cualquier momento del día o de la noche y puede enviarse sin que el consumidor salga de casa.

El cuarto elemento, el cual resulta clave en la definición, es la *respuesta medible*. Es decir, el comercializador puede calcular con precisión los costos de producir la estrategia de marketing y el ingreso que produce. Esa respuesta medible representa el beneficio primario del marketing directo y, sin dudas, es una razón de su reciente popularidad.

El elemento final es la necesidad de una *base de datos con información del consumidor*. Mediante la información de éstas, el comercializador directo puede dirigir comunicaciones hacia un consumidor individual o hacia un cliente comercial específico a quien se ha identificado como un prospecto viable. Para los comercializadores, el marketing directo permite alcanzar audiencias objetivo apropiadas con los beneficios correctos. Existen tres beneficios para los consumidores: conveniencia, eficiencia y disminución del tiempo necesario para la toma de decisiones. Por ejemplo, cuando un consumidor compra por correo camisas de Land's End, cada paso del proceso se ejecuta de manera continua, desde la conversación al número de llamada gratuita con la persona que toma el pedido hasta la entrega de las camisas con garantía total, bien hechas, que se cancelan con una tarjeta Visa a un costo bastante menor que en muchos almacenes minoristas. Inclusive, el cliente recibe un pequeño paquete de botones de repuesto y una nota de agradecimiento. En buena parte de los almacenes se presta menos atención a la satisfacción del cliente.

Una definición confusa

A pesar de la aparente simplicidad de la definición y los elementos del marketing directo, subsiste confusión en cuanto a su significado. Dick Damrow, experto en el área, sugiere la necesidad de definir mejor el concepto. "El hecho de que se dediquen dos páginas en cada entrega de la revista *Direct Marketing* a tres de los mejores en el negocio para definirlo es un reflejo dramático de nuestra habilidad como comunicadores"[3]. Una mirada a tres preguntas deberá ayudar a aclarar la definición.

Primera, ¿qué hace del marketing directo un tipo de marketing diferente? La mayor parte del material de este curso se refiere al marketing indirecto. Compañías como Kraft General Foods, Ford Motor Co., y Best Foods representan comercializadores indirectos, quienes distribuyen sus productos a través de una red de revendedores o intermediarios (mayoristas y minoristas) que ponen el producto al alcance de los clientes. Los comercializadores directos tienden a evitar a los intermediarios y a hacer contacto directo con el cliente; algunos, como L. L. Bean, cuentan con almacenes minoristas pero un representante de ventas al por menor es una parte muy pequeña de su negocio. En la tabla 13.1 se presenta una lista con diferencias entre el marketing directo y el indirecto.

Segunda, ¿se distingue la promoción que se asocia con el marketing directo? Los anuncios de Coca-Cola, los jeans Levi's 501 y el champú Pert no buscan producir un cambio inmediato de comportamiento, su propósito primario se conoce como **publicidad de conciencia** que busca crear y mantener conciencia de marca. Mediante la creación de una imagen propia, la repetición y una correcta pauta en los medios, los anuncios de conciencia refuerzan los elementos positivos de la marca en la mente de los consumidores. Además, pueden transmitir datos mediante cupones, descuentos y sorteos.

Tabla 13.1
Diferencias básicas entre marketing directo y marketing indirecto

Marketing indirecto	Marketing directo
Llega a una audiencia masiva mediante un medio de comunicación masivo	Se comunica directamente con el cliente o prospecto mediante medios de comunicación más focalizados
Comunicaciones impersonales	Puede personalizar las comunicaciones Mediante nombre/título Mensajes variables
Programas promocionales muy visibles para la competencia ya que se utilizan medios masivos de comunicación	Programas promocionales (en especial pruebas previas) casi invisibles para la competencia
El tamaño de la promoción se controla con la asignación presupuestal	El tamaño del presupuesto se puede determinar por el resultado de la promoción
La acción deseada no es clara o se retrasa	Siempre se requiere una acción específica Pregunta Compra
Los datos están incompletos o son indicios para la toma de decisiones Informes de llamadas de ventas Investigación de marketing	Amplia base de datos para dirigir los programas de marketing
Análisis dirigidos a nivel de segmento	Análisis a nivel individual o de firma mediante la personalización
Utiliza variables que se pueden cambiar para medir la efectividad Conciencia de publicidad Intención de comprar	Medible y, por consiguiente, altamente controlable

Fuente: Mary Lou Roberts and Paul D. Berger, *Direct Marketing Management* (Englewood Cliffs, N.J.: Prentice-Hall, 1989): 4. Reimpreso con autorización de Prentice-Hall, Inc.

Figura 13.1
Este anuncio es un ejemplo de publicidad de conciencia, cuyo propósito primario es crear y mantener conciencia de marca Utilizado con autorización de Campbell Soup Company.

Por el contrario, la promoción asociada con el marketing directo suele tomar la forma de **publicidad de respuesta directa**, que se diseña para motivar a los clientes a dar alguna clase de respuesta, bien sea un pedido o una pregunta. La publicidad de respuesta directa se dirige a clientes potenciales mediante vehículos como correo directo, telemarketing, prensa, radio y televisión, y presentaciones en el punto de compra. Las figuras 13.1 y 13.2 presentan dos anuncios que demuestran las diferencias entre publicidad de conciencia de marca y publicidad de respuesta directa.

Tercera, ¿el esfuerzo de ventas que se emplea es diferente del marketing directo? Con éste, el rol del vendedor es muy importante. Los comercializadores utilizan una fuerza de ventas para atender a los revendedores o intermediarios y/o a los usuarios finales. El marketing directo se basa menos en la venta personal y, en cambio, se relaciona con el marketing de pedido directo o con la venta de respuesta directa.

El marketing de pedido directo utiliza medios de comunicación impersonales para vender un producto o servicio sin ayuda del vendedor. Prensa, radio, televisión y correo directo tienen la responsabilidad primaria de iniciar y cerrar la transacción, bien sea mediante un pedido en blanco, como parte de un anuncio, o un número telefónico para llamadas gratuitas; por consiguiente, resulta esencial que la parte del pedido directo contenga toda la información necesaria para que el consumidor haga la compra.

Aunque para completar la venta se necesita a los vendedores, la **venta por respuesta directa** utiliza medios impersonales de manera que hace una contribución medible a la venta. Por ejemplo, la publicidad del servicio Pro Watts de AT&T incluye un número para llamadas gratuitas en busca de infor-

Figura 13.2

Éste es un ejemplo de publicidad de respuesta directa, la cual se diseñó para motivar a los consumidores a dar algún tipo de respuesta, bien sea un pedido o una pregunta. Cortesía de Lilliput Motor Co., Ltd.

mación o para establecer una cita de ventas. Este tipo de marketing indirecto se ha convertido en el mecanismo generador guía para muchas fuerzas de ventas.

El estado de la industria

El origen del marketing directo se remonta muchos años atrás. Orvis publicó su primer catálogo en el que ofrecía equipo de pesca en 1844, y el catálogo de Tiffany hizo su debut un año más tarde. Montgomery Ward lanzó su negocio de pedidos por correo en 1872 y Sears ingresó al terreno en 1886. A comienzos de este siglo, L. L. Bean y el club Book-of-the-Month entraron en escena. Sin embargo, fue hasta después de la II Guerra Mundial que las revistas nacionales vieron el correo como el campo de batalla para sus guerras de circulación masiva, y el correo directo entró en un periodo de crecimiento y desarrollo rápidos.

En la actualidad, los sucesores de estos pioneros emplean alta tecnología que incluye computadores y manejo de bases de datos. Con estas herramientas, los comercializadores conforman elaboradas listas de clientes y prospectos, y las amplían con datos importantes para ayudar a predecir los comportamientos de compra. El objetivo es muy simple: identificar a los más probables compradores antes de incurrir en los grandes costos asociados con el marketing directo.

De hecho, el marketing directo es un gran negocio. En la tabla 13.2 se incluyen las primeras 20 agencias de marketing directo en 1990 y 1989. Ogilvy & Mather Direct fue la primera, seguida por Wunderman Worldwide. Un estudio de las primeras 200 agencias de marketing directo mostró facturaciones de US$4,100 millones en 1990, en comparación con US$3,400 millones en 1988. El correo directo contabilizó US$1,400 millones de los US$2,100 millones en la facturación de medios de respuesta directa para las 200 agencias.

Tipos de marketing directo

El marketing directo puede tomar tres formas: el proceso de un paso, el de dos pasos y la opción negativa.

1. *Proceso de un paso.* El consumidor responde a un anuncio en un vehículo de los medios y recibe el producto por correo. Con el producto puede incluirse un folleto *con un bono de retrocompra* con promoción de mercancía similar.
2. *Proceso de dos pasos.* Se debe calificar primero al cliente potencial antes de hacer el pedido del producto. Las compañías de seguros utilizan el proceso de dos pasos cuando exigen un examen físico antes de cumplir la póliza. De modo similar, una compañía que vende artículos de gran valor, como terrenos o muebles, puede exigir un estudio preliminar de crédito, o una empresa puede cobrar una suma por un catálogo de mercancía por correo directo y utilizar ese valor como abono a compras.

Tabla 13.2
Las primeras 20 agencias de respuesta directa

Posición			Volumen de respuesta directa		Facturación de medios como % del volumen de 1990			
'90	'89	Agencia, casa principal	1990	1989	TV	Radio	Prensa	Correo directo
1	1	**Ogilvy & Mather Direct**, Nueva York	US$354,180	$304,980	25.5%	0.2%	3.2%	68.3%
2	2	**Wunderman Worldwide**, Nueva York	254,374	232,776	28.7%	0.5%	22.1%	48.7%
3	3	**Rapp Collins Marcoa**, Chicago	243,160	226,000	8.8%	0.7%	13.4%	31.1%
4	4	**Direct Marketing Group**, Nueva York	146,200	149,600	NA	NA	NA	NA
5	6	**Kobs & Draft Advertising**, Chicago	134,300	116,900	15.2%	2.5%	13.1%	10.5%
6	11	**Bronner Slosberg Humphrey**, Boston	127,226	79,789	NA	NA	NA	NA
7	5	**Grey Direct**, Nueva York	120,000	119,000	12.5%	NA	25.8%	51.7%
8	14	**DMCA Direct**, Bridgeton, Mo.	107,768	61,345	NA	NA	NA	100.0%
9	8	**Saugatuck Group**, Westport, Conn.	102,399	100,690	NA	NA	0.5%	NA
10	7	**Barry Blau & Partners**, Fairfield, Conn.	100,916	101,175	NA	NA	NA	NA
11	16	**Chapman Direct**, Nueva York	100,097	48,198	14.0%	1.0%	16.0%	60.0%
12	9	**Bowest Dentsu & Partners**, Los Angeles	97,119	92,401	NA	NA	NA	NA
13	13	**Cohn & Wells/ Eurocom**, San Francisco	96,027	64,393	NA	NA	4.9%	95.1%
14	10	**Devon Direct Marketing & Advertising**, Berwyn, Pa.	94,200	82,000	NA	NA	3.4%	57.0%
15	12	**Customer Development Corp.**, Peoria, Ill.	68,527	68,873	NA	NA	NA	100.0%
16	18	**Saatchi & Saatchi Direct**, Nueva York	61,936	43,542	NA	NA	NA	NA
17	19	**GSP Marketing Services**, Chicago	55,236	43,315	NA	NA	NA	NA
18	15	**Lowe Direct**, Nueva York	52,500	55,000	NA	NA	NA	NA
19	17	**Ayer Direct**, Nueva York	50,000	48,000	NA	NA	NA	NA
20	23	**Perkins/Butler Direct Marketing**, Nueva York	49,000	35,000	NA	NA	NA	NA

Nota: Cifras en miles de dólares
Advertising Age (May 20, 1991): 32.

3. *Opción negativa.* El cliente se une a un plan como los que se ofrecen en clubes de discos o libros para recibir de manera automática y sin solicitud previa, mercancía a intervalos regulares. Con frecuencia, la mercancía inicial se ofrece con un obsequio o un descuento en el precio.

Repaso de conceptos

1. El marketing directo es un sistema interactivo de marketing que utiliza medios publicitarios para efectuar una transacción o respuesta medible en cualquier lugar. Cada sistema de correo directo debe contar con una base de datos.
2. Tres perspectivas dan claridad al marketing directo:
   a. Marketing indirecto frente a marketing directo
   b. Publicidad de conciencia frente a publicidad de respuesta directa
   c. Venta por pedido directo frente a venta por respuesta directa
3. El marketing directo es una industria de US$4,100 millones.
4. Existen tres tipos de marketing directo:
   a. Un paso
   b. Dos pasos
   c. Opción negativa.

Dirigir el marketing directo

El marketing directo emplea el mismo marco de referencia de planeación que se sugiere en esta obra. Sin embargo, es único con respecto a los elementos que se consideran importantes para su éxito. Por ejemplo, el marketing directo depende de la calidad de su base de datos; además, utiliza medios de comunicación especiales para transmitir sus mensajes. Los componentes primarios del marketing directo aparecen en la figura 13.3 y muchos de ellos se han hecho familiares a lo largo de los análisis que se presentaron en capítulos anteriores. El material que se sugiere aquí sólo es aplicable al marketing directo.

Manejar la base de datos

La base de datos es la esencia misma del marketing directo. En términos simples, una **base de datos** contiene información acerca de clientes y prospectos que se ha reunido a través de mucho tiempo[4]. De acuerdo con la Direct Marketing Association, una base de datos para marketing tiene cuatro objetivos básicos[5]:

1. Registrar los nombres de clientes actuales, retirados (nombres que ya no son válidos) y prospectos;
2. Suministrar un vehículo para almacenar y luego medir resultados de la publicidad (suele ser publicidad de respuesta directa)
3. Suministrar un vehículo para almacenar y luego medir el desempeño de compra.
4. Suministrar un vehículo para continuar la comunicación directa por correo o por teléfono.

La mayor parte de las bases de datos no se diseñan exclusivamente para marketing directo sino que tienen diferentes aplicaciones dentro de una organización. Aunque no se necesita de un computador, hablando en términos prácticos, es imposible mantener en forma efectiva una base de datos de un tamaño apropiado sin un aparato de éstos.

Obtener una lista de correo es el primer paso para establecer una base de datos. En general, utilizar un sistema así cubre cinco pasos:

1. Reunir, organizar y mantener los datos existentes de marketing
2. Convertir los datos en información útil que tenga posibles aplicaciones para las estrategias de la compañía
3. Aplicar la base de datos a estrategias específicas
4. Verificar resultados
5. Reunir nuevos datos e integrarlos dentro de la base de datos existente.

Las compañías pueden desarrollar sus bases de datos a nivel interno o externo, o emplear una combinación de ambos. A nivel interno o dentro de la compañía, las bases de datos se obtienen de los recibos de los clientes, la información de las tarjetas de crédito o de tarjetas de información personal diligenciadas por los clientes. El enfoque interno es del tipo costo-efectivo en la medida en que la compañía tiene la experiencia y los recursos.

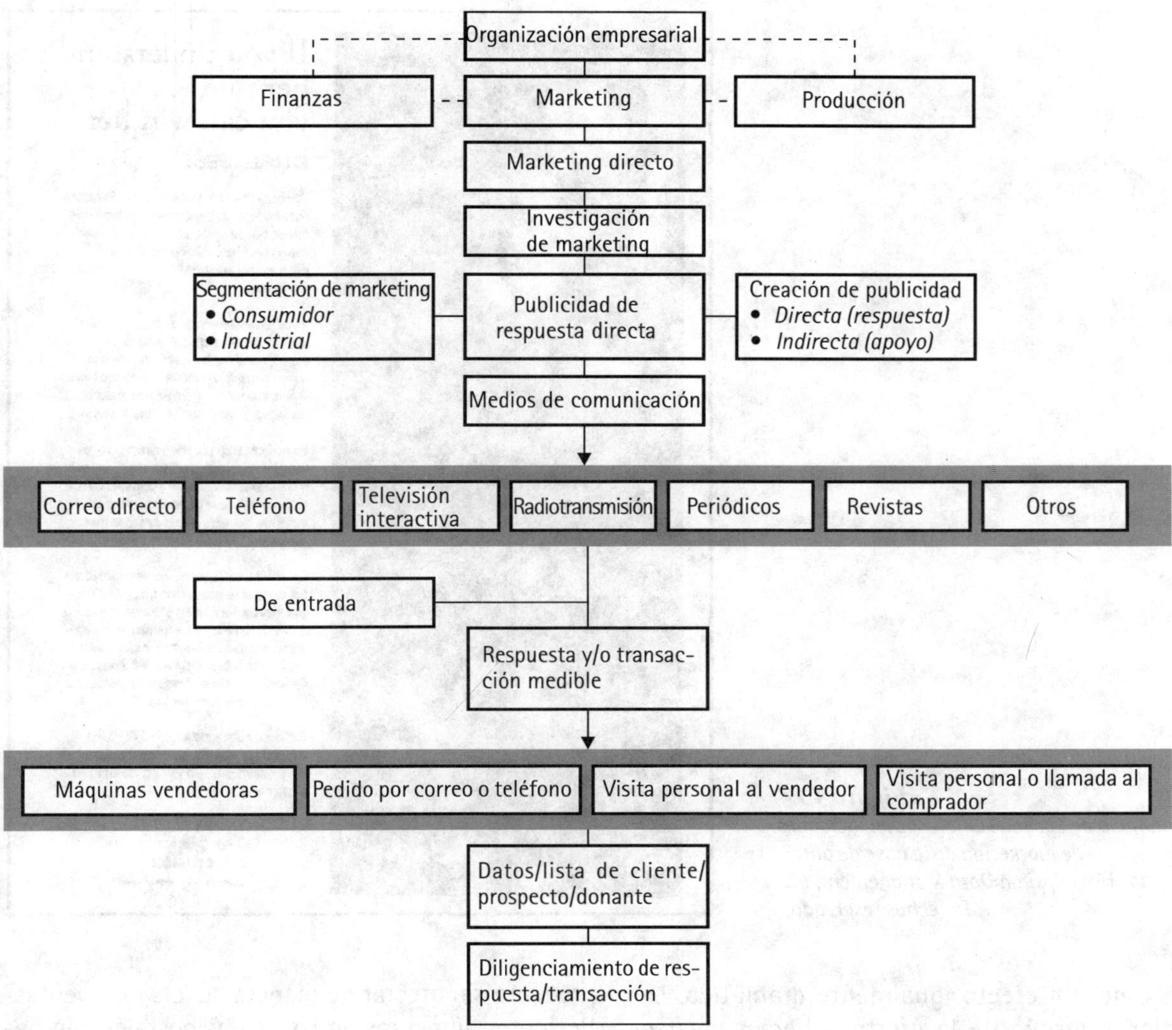

Figura 13.3
Los componentes básicos del marketing directo.
Direct Marketing (September 1990): 2. Utilizado con autorización.

Muchas compañías no cuentan con los recursos ni la experiencia para desarrollar sistemas de bases de datos interna, pero pueden obtener información de firmas cuyo único propósito es reunir, analizar, categorizar y comercializar una enorme variedad de detalles acerca del consumidor norteamericano[6]. Compañías como National Decision Systems, Persoft y Donnelly Marketing Information Systems son sólo unas cuantas de ellas. A partir de información sobre ingresos, educación, ocupación y datos tomados del censo, sus bases de datos pueden describir la vida de determinados vecindarios a través de la nación con una precisión sorprendente. El anuncio de Epsilon sugiere las capacidades de una de esas compañías. (*Véase* figura 13.4)

Diseñar una estrategia de marketing directo

La estrategia de marketing directo detalla los pasos y métodos necesarios para completar un objetivo. Incluye decisiones en cinco áreas: 1) la oferta, 2) el medio, 3) el mensaje, 4) el tiempo y la secuencia, y 5) el servicio al cliente

La oferta. Con frecuencia, la propuesta que se hace a los clientes se conoce como la oferta y es la clave del éxito o del fracaso, y la manera como se presenta

Figura 13.4
Este anuncio de Epsilon sugiere las capacidades de marketing de la base de datos.
© 1992 Epsilon Data Management, Inc. Derechos reservados.

puede tener un efecto igualmente dramático. La selección y diseño de la oferta deberá apoyarse con una completa investigación; cuando se crea una oferta, los gerentes deben considerar numerosos factores.

Para comenzar, está el *precio.* El precio correcto no sólo debe incluir un margen de ganancia suficiente sino también debe reflejar qué cobran los competidores y qué esperan pagar los consumidores. Un precio con centavos (por ejemplo US$7.95), un precio de unidad múltiple (como dos por US$29.95) y con un producto adicional (por ejemplo US$49.95 más tres cuchillos para carnes) son estrategias de precios comunes en el marketing directo. Los componentes del precio deberán determinarse con claridad y de manera concisa.

El costo de *manejo y envío* puede ser una parte importante de la oferta. ¿Quién deberá pagar estos costos? ¿Pueden sumarse al precio base del producto sin afectar de manera adversa las ventas? Recientes aumentos en las tarifas postales han pasado esta carga de costos a los consumidores en diferentes instancias.

Las *características opcionales* son parte de la oferta básica. Colores y tamaños especiales, personalización o ediciones de tipo grande son unos pocos ejemplos. Ciertas opciones pueden aumentar de modo excepcional las ventas mientras que otras no demuestran ser atrayentes. Esta es un área en donde investigar es importante.

Muchas ofertas contienen una *obligación futura.* Los clubes de libros y discos son dos industrias que, por lo común, exigen un compromiso de uno a dos años. El sistema de enviar productos a intervalos regulares y facturar de inmediato permite al comercializador cobrar un precio muy bajo por el primer pedido, al saber que habrá un retorno a largo plazo.

Tabla 13.3

Ofertas que se utilizan con frecuencia en marketing directo

Oferta	Descripción
Prueba gratuita	Dar al cliente la oportunidad de experimentar el producto por un tiempo breve antes de adquirir un compromiso definitivo
Conseguir otro cliente	Premiar al comprador actual por conseguir nuevos clientes
Muestra	Brindar al cliente potencial una cantidad limitada de producto sin ningún costo
Venta condicionada	Pre-establecer la posibilidad de aceptación a largo plazo con base en experiencia a corto plazo
Información gratuita	Facilitar el suministro de información contra solicitud previa a la compra
Concurso	Ofrecer posibles premios con cada compra que se requiera o no
Descuento	Reducción del precio base en dinero, con una oferta de introducción o una compra por volumen
Hasta que el cliente suspenda el pedido	Los productos se despacharán de manera continua hasta que el cliente envíe una notificación de suspensión de futuros despachos
Durante el tiempo de afiliación	El precio inicial garantiza precios reducidos durante el tiempo de la afiliación
Opción de compras parciales	Ofrecer al cliente una oportunidad para comprar una parte del producto total (por ejemplo, un grupo de libros) con la posibilidad de comprar el resto.
Obsequio (gratuito, secreto, en efectivo)	Suministrar al cliente un obsequio por una adquisición específica
Multiproducto	Hojas de pedido separadas para productos individuales
Cupón de retrocompra	Incluir ofertas de productos con el artículo despachado, para compras futuras.

La disponibilidad de *crédito* puede ser el elemento más importante de una oferta. La investigación indica que si se dispone de crédito comercial (como Visa o MasterCard) o personal (por ejemplo, un plan establecido o Discover), el tamaño promedio de los pedidos aumenta 15%.

Los *incentivos* extras, como regalos, descuentos, sorteos y privilegios por pedidos a números telefónicos de llamada gratuita, pueden aumentar el atractivo de una oferta. Sin embargo, también existe el riesgo de que el cliente se interese poco en el incentivo o, lo que es más importante, que el costo del incentivo aumente el precio.

Los *límites de tiempo y cantidad* crean urgencia en la mente del cliente. Sugerir que una oferta terminará en una determinada fecha o que un producto es una edición limitada, impulsa al cliente a la acción. Es importante que los límites de tiempo o cantidad sean legítimos. Los límites que se extienden repetidas veces pierden con rapidez su impacto.

La *garantía* es una parte automática de cualquier oferta de marketing directo. Siempre que las personas ordenan un producto por teléfono o por correo, perciben riesgos. Deben estar seguros de que pueden retroceder ante un error; en ocasiones, existe una oferta de "garantía de devolución". Inclusive, algunas garantías pagan "el doble de su dinero". La frase de garantía más común simplemente dice: Puedo cancelar mi reservación después de ver el resultado.

La tabla 13.3 es una lista de las ofertas que se utilizan con mayor frecuencia en el marketing directo. Según los objetivos del comercializador, las ofertas se pueden utilizar en forma separada o en una combinación. Muchas de las mismas técnicas de comunicación que se aplican en las pruebas previas descritas en el capítulo 12 pueden emplearse en las pruebas previas de la oferta.

El medio y el mensaje. Seleccionar el medio para transmitir el mensaje de marketing directo y seleccionar el mensaje mismo son decisiones relacionadas entre sí.

Las estrategias del mensaje que se estudiaron en capítulos anteriores también se aplican al marketing directo. Los medios que se emplean se han dise-

Tabla 13.4

Compañías líderes en Estados Unidos por sus ventas a nivel mundial mediante pedidos por correo

Posición 1989	Nombre de la compañía	Segmento de ventas	Ventas por pedido por correo (US$ MM)
1	J.C. Penney	Mercancías en general, seguros	3,170.8
2	United States Services Automobile Association	Seguros	2,738.5
3	Time Warner	Libros, suscripciones a revistas, televisión por cable	2,636.5
4	Reader's Digest	Libros, objetos coleccionables, mercancía en general, suscripciones a revistas	1,584.0
5	Associated Communications	Televisión por cable	1,545.7
6	Sears, Roebuck & Company	Mercancía en general, seguros, clubes de automóviles	1,519.8
7	GEINCO	Seguros	1,516.6
8	Newhouse	Suscripciones a revistas, televisión por cable	1,195.0
9	Otto Versand (Spiegel)	Mercancía en general, artículos deportivos, vestuario	1,149.9
10	Primerica (Fingerhut)	Audio-video, alimentos, mercancía en general, seguros	1,124.4
11	AT&T	Servicios comerciales, artículos electrónicos para el consumidor	1,123.2
12	MCI	Servicios comerciales	1,050.0
13	American Automobile Association	Clubes de automóviles, seguros	1,030.8
14	QVC Network	Mercancía en general, industrial	936.5
15	Comcast Cable	Televisión por cable	842.7
16	FPL Group	Seguros	824.8
17	Home Shopping Network	Vestuario, salud, mercancía en general	774.0
18	Campeau	Vestuario, mercancía en general	749.9
19	United Telecom	Servicios comerciales	720.0
20	UA Cablesystems	Televisión por cable	696.0
21	Continental Cablevision	Televisión por cable	691.5
22	U.S. Government	Servicios comerciales, artículos de colección, salud, servicios educativos	666.9
23	American Express	Mercancía en general, seguros, revistas	640.1
24	20th Century Industries	Seguros	596.0
25	May Department Stores	Mercancía en general	562.3

Fuente: *Direct Marketing* (July 1990): 28. Utilizado con autorización.

ñado de manera especial para acomodarse a las ventajas especiales del marketing directo. Más adelante se hará una mayor referencia a los medios de comunicación en este tipo de marketing.

Tiempo y secuencia. Existe una gran similitud entre el tiempo y la secuencia del marketing directo y la publicidad. El comercializador directo debe considerar interrogantes acerca de repetición, estación, oleada frente a intermitente, y programas de una línea frente a campañas. Sin embargo, una diferencia es el mayor énfasis que se hace sobre este elemento estratégico en el marketing directo. En publicidad, la ejecución creativa recibe casi toda la atención; no obstante, la clave del éxito del marketing directo está en llegar a la persona correcta en el momento correcto. Los expertos en marketing directo estiman que 70% del éxito en su área depende de coordinar las decisiones de tiempo y secuencia[7]. Buena parte de este éxito depende de la calidad de la base de datos; con todo, existen reglas generales básicas muy conocidas en la industria. Por ejemplo, la industria de correo directo comprende que se necesitan dos comunicaciones de seguimiento para producir una respuesta mínima. Otro concepto básico es que los catálogos de Navidad se deben recibir no menos de seis semanas antes del día de Navidad.

Servicio al cliente. El marketing directo debe su ascenso del nivel de correo basura al de credibilidad, por la introducción del servicio al cliente, cuya importancia no se puede exagerar. Los tipos de servicio al cliente que se ofrecen, números telefónicos para llamadas gratuitas, pruebas sin límite de tiempo y aceptación de diferentes tarjetas de crédito, por ejemplo, son técnicas importantes para superar la resistencia del cliente para comprar mediante los medios de respuesta directa. El nivel de servicio tiene igual importancia; la diligencia y precisión para tomar los pedidos, el manejo cuidadoso de los reclamos del cliente y las políticas de devoluciones garantizadas han sido vitales para el éxito de comercializadores directos como L. L. Bean, J. Crew y Spiegel.

Evaluar el marketing directo

A lo largo de este capítulo se hacen frecuentes referencias al hecho de que el marketing directo es el elemento más medible en la mezcla promocional. Su filosofía básica es muy simple: no existe razón para invertir una gran cantidad de recursos en un programa de marketing directo a menos que tenga una gran posibilidad de éxito. Debido a que los comercializadores directos controlan la comunicación hacia sus clientes y prospectos, y desde ellos (respuestas), pueden estimar la probabilidad de éxito con un alto grado de precisión. En general, los comercializadores directos evalúan la rentabilidad y las características y respuestas del cliente.

Análisis de rentabilidad. La línea de fondo del marketing directo es la rentabilidad. Por consiguiente, no sorprende que toda decisión en marketing directo (por ejemplo, alquilar o comprar una lista de una base de datos) se ve como un centro de ganancias separado con el equivalente de un estado de ganancias/pérdidas que se ha de generar (enriquecimiento de la lista, actualización, ampliación, etc.). A su turno, esta rentabilidad determina si ampliar o reducir una actividad o, en sentido más general, cuál deberá ser la opción óptima de nivel o decisión.

Una gran parte del énfasis en la rentabilidad del marketing directo es el resultado de un marco matemático de referencia que, en 1967, desarrollaron Robert Kestanbaum y su organización, Kestanbaum & Company, el cual incluye cuatro estrategias básicas de crecimiento para generar mayores ingresos/utilidades a largo plazo[8]:

1. Invertir en la adquisición de un nuevo cliente
2. Invertir en nuevos medios de comunicación para presentar ofertas
3. Agregar productos o servicios a la línea existente
4. Aumentar el número de veces que se hace contacto con clientes y prospectos.

Cada una de estas estrategias puede emplearse para lograr metas financieras específicas:

1. Maximizar ventas
2. Maximizar utilidades
3. Maximizar las utilidades como un porcentaje de ventas
4. Maximizar el retorno sobre la inversión (ROI).

Kestanbaum llega a decir que maximizar el retorno sobre la inversión es la meta más significativa a largo plazo. Una clave para lograr esta meta es asegurarse de que el proceso de evaluación de este retorno no se pase por alto ningún componente de ingresos, contribución o rentabilidad.

Desde esta perspectiva, el análisis de rentabilidad es un asunto de considerar los ingresos y los costos apropiados, y determinar la contribución o la utilidad resultantes. Este análisis se puede desarrollar sobre una base de promoción-por-promoción o por la agrupación de elementos. Por ejemplo, se podrían evaluar tres listas de correo alquiladas como un grupo. Con frecuencia, los catálogos se consideran más útiles desde el punto de vista estratégico para agrupar ítems por categoría de mercancía y elaborar un estado agregado de ganancias y pérdidas.

Características y respuesta del cliente. Los comercializadores directos también se interesan en sus clientes, quieren saber si sus mensajes llegan a la gente correcta y si las personas reaccionan de la manera que se sugiere. En marketing directo se utilizan tres técnicas para hacer este tipo de evaluación: estudio de respuesta/sin respuesta, estudios de seguimiento y geodemografía[9].

Estudios de respuesta/sin respuesta. Como el término sugiere, los **estudios de respuesta/sin respuesta** tratan de identificar diferencias entre quienes responden y quienes no lo hacen a un programa de marketing directo. La meta es mejorar el siguiente esfuerzo. Como el comercializador tiene una lista de unos y otros, esta técnica se ajusta a un estudio de seguimiento por teléfono o por correo para identificar las características demográficas y psicográficas de ambos grupos y las razones de por qué respondieron o por qué no. Esta información sirve como una guía para ofrecer productos en el futuro, modificar el lenguaje en un elemento de correo directo o para seleccionar una lista de correo diferente.

Estudios de seguimiento. Con esta evaluación se suele reunir una cantidad limitada de información de un gran número de personas mediante el simple conteo de respuestas a través del tiempo. Los estudios nacionales agrupados son ideales para hacer seguimientos debido a que el comercializador comparte los costos con otros clientes participantes de la firma investigadora y puede comprar hasta una pregunta en la entrevista. Algunos sistemas agrupados realizan entrevistas en el hogar o por teléfono una vez al mes o cada trimestre. Otros sistemas mantienen paneles de correo continuos que pueden enviar cuestionarios autoadministrados cuando sea necesario. La regla esencial en la realización de estudios de seguimiento es cambiar el cuestionario lo menos posible con el paso del tiempo, para permitir la comparación de resultados.

Geodemografía. Esta técnica ha evolucionado durante la última década y parece hecha para el marketing directo. La **geodemografía** analiza una base de datos existente sobre el principio de que las personas con rasgos comunes buscan unirse. Es decir que la gente que vive junta en áreas geográficas pequeñas como barrios y unidades de código postal, tienden a tener más características demográficas similares que quienes viven en otros lugares. Un sistema, el PRIZM, ha asignado a sus grupos nombres coloridos como "Estados de sangre azul", "Vecindarios del búnker" y, en el extremo inferior, "Gran rompecabezas". Los sistemas geodemográficos pueden emplearse para seguir la calidad demográfica de los encuestados o para hacer estudios automáticos de respuesta/sin respuesta, empleando como recursos sólo las direcciones domiciliarias.

Repaso de conceptos

1. Una estrategia de marketing directo contiene cinco componentes:
   a. La oferta que contiene precio, costo de despacho y manejo, características opcionales, obligación futura, crédito, incentivos, límites de tiempo y cantidad, y una garantía
   b. El medio. El marketing directo utiliza correo directo, catálogos, medios de comunicación masivos y telemarketing
   c. El mensaje
   d. Tiempo y secuencia
   e. Servicio al cliente
2. Existen varias técnicas que se utilizan para evaluar el marketing directo:
   a. Análisis de rentabilidad
   b. Características y respuesta del cliente

Uso de medios de comunicación en marketing directo

El marketing directo sólo es posible porque se ha desarrollado un conjunto especial de medios de comunicación. Los cuatro más comunes son 1) correo directo, 2) catálogos, 3) medios de comunicación de marketing directo y 4) telemarketing.

Correo directo

El correo directo envía el mensaje y el producto mediante el servicio postal o una organización de mensajería privada. El correo directo se ha empleado para generar pedidos, realizar actividades de preven-

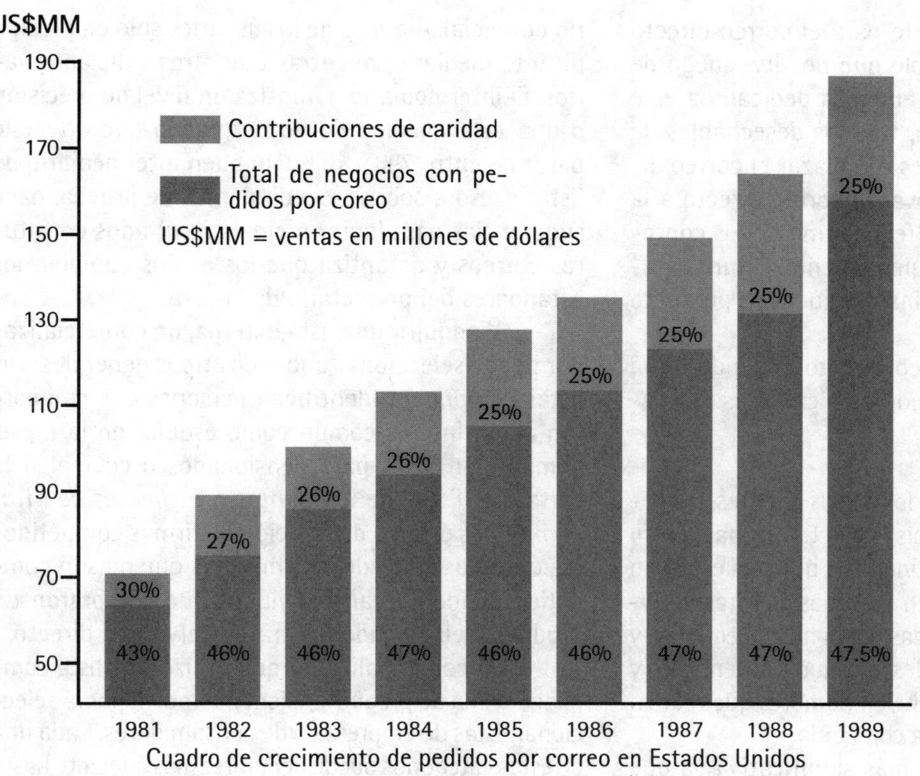

Figura 13.5
Crecimiento reciente de las ventas por correo directo. Direct Marketing (July 1990). Utilizado con autorización.

ta antes de la visita del vendedor, calificar prospectos para un producto, seguir una venta, anunciar ventas especiales en áreas locales y conseguir recursos para grupos sin ánimo de lucro.

En la figura 13.5 se presenta el reciente crecimiento de las ventas por correo directo. En 1989 esta industria alcanzó la cifra de US$183,000 millones. En la tabla 13.4 aparece una lista de los máximos usuarios, encabezada por J. C. Penney Company, Inc. con ventas por correo directo de US$3,100 millones.

Existen varias ventajas asociadas con el correo directo en comparación con los medios masivos tradicionales. Primera, el medio ofrece diversos formatos y brinda suficiente espacio para presentar una historia de ventas completa. Segunda, como el correo directo tiene poca competencia cuando se recibe, puede captar activamente la atención del lector. Tercera, ahora es posible personalizar el correo directo mediante varias características como nombre, aplicación del producto e ingresos. Cuarta, el correo directo es muy favorable para la investigación de marketing y se puede modificar hasta que el paquete llegue a la audiencia objetivo deseada. Quinta, aunque para algunas personas es difícil de imaginar, hay individuos a quienes les gusta recibir correo directo. Por último, el correo directo permite que el comercializador alcance audiencias inaccesibles para otros medios.

La desventaja esencial de utilizar correo directo es la idea extendida de que es basura; muchas personas lo tiran antes de abrirlo, a pesar de la energía que se requiere para diseñar el *copy* del sobre que seducirá al receptor al abrir el paquete.

Una segunda desventaja del correo directo es el alto costo por prospecto alcanzado. Sin embargo, una campaña de correo directo puede ser menos costosa que tratar de alcanzar un grupo objetivo particular a través de otros medios. La Direct Marketing Association (DMA), por ejemplo, realiza pruebas con insertos anexos (o *piggybacking*) en las cuales los papeles de respuesta directa se insertan en bolsas para enviarlos con revistas[10]. La DMA también trabaja con el servicio de correo de Estados Unidos sobre un programa de código de barras diseñado para ayudar al procesamiento automático del correo.

Una desventaja final es la nueva competencia que enfrenta el correo directo: las máquinas de fax, que ejecutan muchas de las actividades de aquél. Un posible remplazo interesante para el correo directo es el videocasete desechable que no sirve luego de 10 pasadas. Philmax es la empresa dedicada a este nuevo mecanismo. La idea, tras los desechables de poco costo, "básicamente es remplazar el correo directo. Pensamos que es llevar el correo directo a la era del video" dice Philip Brecher, uno de los copropietarios de Philmax[11], y quien ve en el futuro catálogos y revistas en video, e instrucciones de producto por ese medio.

La eficacia del correo directo depende de la calidad de la lista de correo, los elementos del paquete y el *copy.*

Listas. Para obtener pedidos de sus clientes, los gerentes necesitan listas precisas y actualizadas; en su forma ideal, éstas deberán incluir a quienes están en posición de comprar. Existen dos tipos de listas: *internas* (de la compañía) formadas por la misma empresa y que incluyen clientes actuales, antiguos, potenciales y solicitudes. Las *externas* incluyen nombres que reúnen y venden fuentes ajenas a la compañía.

La interna suele ser más significativa ya que la mayoría de quienes están en ella están familiarizados e interesados en el producto. La lista interna deberá ser parte de la base de datos de la compañía e incluir toda la información posible sobre los clientes. Para identificar datos importantes sobre comportamiento, Robert Kestanbaum, una autoridad en marketing directo, acuñó el acrónimo FRAT que corresponde a las iniciales en inglés de frecuencia, reciente, cantidad (en dinero) y tipo de compra. Otra información relevante es cómo pagaron los clientes y cuándo compraron por última vez. Cada compañía debe considerar sus propias necesidades cuando conforme su lista.

Las listas externas se compran a intermediarios cuyos nombres aparecen en directorios comerciales o en las ediciones locales del directorio telefónico de las páginas amarillas. La lista funciona tanto para quien la alquila como para el propietario de la misma y este último es quien paga los honorarios del intermediario. Los precios de las listas van desde US$30 hasta US$100 o más por cada mil nombres, más la comisión del intermediario quien, además, debe conocer la mayor parte de listas disponibles. Por lo general, los propietarios dejan sus listas a disposición de intermediarios reconocidos con un usuario potencial. Algunos de los usuarios solo emplean a un intermediario, mientras que otros utilizan a varios. El intermediario garantiza un nivel de precisión o una tasa máxima de no entregado que no suele pasar de entre 7% y 10%. Un buen intermediario de listas asesora sobre procedimientos de prueba, hace sugerencias para lograr mejores resultados en futuros correos y garantiza que los envíos cumplan los estándares del propietario de la lista.

Al adquirir una lista externa, un comercializador puede seleccionar uno o dos tipos generales. Las listas *compiladas* identifican personas que comparten algún interés común como esquiar en la nieve, administrar casas para pensionados o cocinar a la carta. Las listas de *preguntas o e clientes de otras compañías* están a disposición de firmas competidoras o no. Las listas de las empresas que no son competidoras identifican individuos que compraron un producto relacionado o a través del correo directo.

Un comercializador que utilizó una lista compilada o una de pregunta/cliente, también podrá seleccionar listas de empresas o de consumidores. Cada una de estas categorías puede depurarse más adelante hasta que el comercializador especifique una característica, por ejemplo, ingresos o central telefónica.

La sofisticación de la industria de listas para correo es fenomenal. Se pueden compilar millones de nombres, segmentarse en miles de formas o "superponerse" con otro conjunto de datos. Sin embargo, estas listas tienen un gran problema: son efímeras o muy variables. La gente en las listas se muda de domicilio, se casa, se divorcia, muere y cambia de actitudes; entre 15% y 25% de los nombres y direcciones de una lista típica se modifica cada año. En consecuencia, la precisión de éstas se debe verificar periódicamente, siendo cuatro veces al año la mejor frecuencia.

Una lista se puede verificar de tres maneras. El retiro "Nixie" es la primera; el correo que se devuelve al servicio postal se retira de futuros envíos. En todos los correos también se pueden incluir formatos para cambio de dirección. Por último, el *estado* se puede verificar por datos internos como *estado* de compra o cambio de dirección[12].

Paquetes de correo directo. Todo cuanto corresponda a un paquete de correo directo se debe diseñar para que funcione en armonía. El paquete debe quedar separado del resto de correo en el buzón y animar al receptor para abrirlo. Los componentes del paquete deberán reflejar un concepto total de diseño. El paquete clásico de correo directo consta de sobre, carta, circular, mecanismo de respuesta y mecanismo de devolución.

- Sobre. El proceso de venta por correo directo comienza con el sobre. Un *copy* atrayente o un *flash* (por ejemplo, "importante", "sin demora") se utiliza con frecuencia para despertar interés y llevar al lector a abrirlo.
- La carta. Deberá estar personalizada, dirigirse hacia el interés del lector y llamar la atención.
- La circular. Contiene los detalles del producto, especificaciones, color, precio, fotografías, garantías y aceptaciones. Presenta el mensaje primario de ventas y puede tener la forma de un plegable, una hoja de gran tamaño (un sobre de tamaño mayor o una carpeta tipo jumbo), un folleto, un volante o una simple hoja.
- Mecanismo de respuesta. Con frecuencia, es el formato del pedido que incluye un número telefónico para llamadas gratuitas; deberá sintetizar los puntos primarios de ventas, y ser fácil de leer y de diligenciar. Cualquier información disponible (por ejemplo, el número de cuenta existente del cliente o nombre y dirección) deberá estar impresa. Por último, ya que el formato de pedido se convierte en un documento legal, es importante aclarar todos sus términos con el correspondiente departamento de la firma.
- Mecanismo de devolución. Es cualquier mecanismo que le permita al cliente devolver la información necesaria. Puede ser un formato de solicitud de información, de pedido o de pago. En su forma más general corresponde a un sobre de respuesta, a menos que se utilice una tarjeta. El sobre sirve como un incentivo y es conveniente, en especial, si el importe de correo está prepagado[13].

Escribir el texto del correo directo. Para escribir un buen *copy*, su creador necesita contar con buena información acerca del productor, el cliente y los competidores; debe saber por qué la gente compra. Los clientes pueden dudar de características del producto, como si se ajustará, su color actual o su nivel de desempeño. Un buen *copy* traduce con claridad los aspectos de venta en beneficios y hace énfasis en la satisfacción de los deseos del cliente.

La renuencia del receptor para comprar influye mucho en el *copy* del correo directo. A la audiencia objetivo se le debe repetir una y otra vez un texto exitoso. Es útil seguir el historial de compra de cada cliente potencial; los correos de seguimiento deberán ser más directos y menos generales que el primer contacto. La oferta se debe enunciar de inmediato y en forma enfática. Más aún, el autor del *copy* debe convencer al cliente de que se le enviará lo prometido. Por último, un buen *texto* facilita que se tome la acción deseada. La invitación a actuar debe ser simple, específica e inmediata.

La gran cantidad de espacio de *texto* disponible en el correo directo, en comparación con los medios masivos impresos, es una tentación lo mismo que una oportunidad. Existe una tendencia a incluir demasiado material y a utilizar formatos ultracreativos. Sin embargo, el objetivo del correo directo es vender, no impresionar. Cada palabra e imagen deben apoyar ese objetivo[14].

Catálogos

Durante el último siglo los catálogos han cambiado de manera muy notoria. El catálogo surgió por la necesidad de proporcionar productos a las personas que residían en sitios aislados y se ha convertido en un vehículo de venta y compra que utilizan casi todos los consumidores, en particular las mujeres empleadas. Limitado por el tiempo, el consumidor moderno ahora acepta los catálogos como una alternativa confiable y valedera para comprar todo tipo de productos, desde alfombras hasta computadores y viajes alrededor del mundo. La época navideña se ha convertido en la temporada *boom* para los catálogos[15]. En una encuesta Gallup que preguntó a los consumidores cómo planeaban utilizar los catálogos en la temporada de Navidad de 1990, de la mayoría que planeó compras de un selecto grupos de catálogos, 53% indicó que gastaría más de US$200.

En la actualidad, quienes distribuyen catálogos utilizan sofisticadas herramientas de marketing. Los catálogos se han vuelto cada vez más especializados tanto en términos de los productos que ofrecen como de los consumidores a quienes van dirigidos.

Inclusive los viejos y confiables catálogos de Sears, Roebuck and Co. ofrecen varias versiones de productos específicos. Las compañías de catálogos también han contribuido al desarrollo de listas de correo mediante la compraventa de listas masivas. Por último, la calidad en la producción de los catálogos ha mejorado, de manera que la mayor parte del *copy* y las estrategias de diseño son tan buenas como las de los anuncios impresos.

Existen cuatro tipos generales de catálogos. Los *catálogos minoristas* contienen mercancía equivalente a la que se encuentra en los almacenes del anunciante; su propósito es crear tráfico en el almacén dentro del área comercial y ventas con pedidos por correo fuera de ella. El Service Merchandise es un ejemplo. Los *catálogos de mercancía de línea total* contienen todo lo que se encuentra en un almacén por departamentos completo, más otros productos como electrodomésticos y artículos para remodelar el hogar y materiales de construcción; Sears es un ejemplo. Los *catálogos de negocio a negocio* contienen productos que se venden de una empresa a otra para reducir los costos asociados con la venta personal; los catálogos de Amway son un ejemplo. Por último, los *catálogos especializados para el consumidor* como los que envía L. L. Bean contienen una línea de productos relacionados como equipos para acampar, que sólo se venden a consumidores que se consideran clientes potenciales.

Dick Hodgson, experto en catálogos, señala cuatro criterios que se deben cumplir para que un catálogo tenga éxito[16]. Primero, el consumidor debe estar convencido de que el producto es especial y que sólo está disponible mediante catálogo. Segundo, el patrocinador del catálogo se debe considerar como una autoridad o un experto en ese campo. L. L. Bean, por ejemplo, se considera una verdadera autoridad en ropa exterior. Tercera, los consumidores deben sentir que hacen un negocio legítimo; los productos disponibles a un precio equivalente en un disribuidor minorista local no son gangas. Por último, los consumidores deben estar satisfechos con sus compras pues debido al miedo natural a los productos ordenados por catálogo, cuando se seleccionen artículos para vender por este medio se deben considerar factores como talla o tamaño apropiado, colores correctos, desempeño prometido y garantías de devolución.

Factores ambientales también pueden influir en el éxito de los catálogos para pedidos por correo, como se ilustra en la tabla 13.5.

Tabla 13.5

Factores que contribuyen al éxito de los catálogos de pedido por correo

Factores socioeconómicos	Factores externos	Factores competitivos
Más mujeres se unen a la fuerza laboral	Aumento en el costo de la gasolina	Horarios inapropiados en los almacenes
Crece la población de ancianos	Disponibilidad de líneas para llamadas gratuitas, como el servicio WATS	Servicio insatisfactorio en los almacenes
Aumento de los ingresos discrecionales de libre inversión	Ampliación del uso de las tarjetas de crédito	Dificultades de estacionamiento, en especial cerca a los almacenes de zonas céntricas
Más hogares con un solo padre	Procesamiento de datos a bajo costo	Enfoque de "si no puede derrotarlos, únase a ellos" de los minoristas tradicionales
Crecimiento de la generación del "yo"	Amplio acceso a listas de correo	

Fuente: Cartelera de John A. Quelch e Hirotake Takeuchi, "Nonstore Marketing: Fast Track or Slow?" *Harvard Business Review* (July/August 1981): 77. Reimpreso con autorización de *Harvard Business Review*. Derechos reservados © 1987 por el presidente y los colegas de Harvard College. Todos los derechos reservados.

Los artículos que aparecen en un catálogo deben contribuir a la armonía del conjunto. La cubierta debe llamar de inmediato la atención del cliente potencial; la fotografía debe generar interés; el *copy* deberá ser de fácil lectura, muy descriptivo, conciso y comprensible. La mercancía seleccionada para la venta debe crear una mezcla óptima en términos de calidad y profundidad. El formato del pedido debe ser fácil de seguir y diligenciar. Por último, los costos de envío deberán ser congruentes con el valor del producto; por ejemplo, un valor de US$3.50 por despacho frente a un artículo de US$5 no tiene sentido.

Marketing directo en medios masivos de comunicación

Televisión, radio, revistas y periódicos ofrecen otra forma de marketing directo. El hecho de que los medios masivos ya se hayan clasificado mediante características demográficas y geográficas significa que los mensajes de marketing directo se pueden dirigir hacia ciertas áreas geográficas, segmentos del mercado o áreas de mercado con un historial de índices de respuesta más elevados. Los comercializadores directos deben sopesar el beneficio de establecer objetivos específicos frente a las diferentes desventajas de utilizar medios masivos. A diferencia del correo directo y los catálogos, los medios masivos imponen limitaciones de tiempo y espacio en el anunciante. Las presentaciones que se hacen en estos medios deben competir con el contenido del editorial o del programa y otros anuncios. Además, con los medios masivos se presentan costos en extremo elevados.

Como los primeros estudios consideraron estos medios y las pautas para crear anuncios efectivos en cada caso, sólo se estudiarán en esta sección aspectos particulares del marketing directo.

Uso de la prensa. Los anuncios impresos pueden llevar una presentación de marketing directo con sólo suministrar información acerca del producto y un formato de pedido o un número telefónico para hacerlo en forma gratuita, directamente al fabricante. El *copy* tiende a utilizar enunciados directos y concisos, poco emotivos. Debe existir un "llamado a la acción"; si al lector no se le pide solicitar el producto, entonces el *copy* deberá señalar otras acciones: diligenciar un cupón o marcar un número telefónico, por ejemplo. El *copy* deberá estar orientado hacia el beneficio y el diseño deberá llevar al lector a través del anuncio en un orden lógico. En el formato para el pedido deberá contarse con suficiente espacio para la información de dirección y la firma. Los términos de la oferta, incluido el precio, se deben enunciar con suficiente claridad. El formato deberá estar codificado o con una clave, de manera que los comercializadores puedan determinar el origen de los pedidos o interrogantes de nuevos clientes. La clave o el código es la parte más importante del pedido porque señala la fuente de ventas.

Además de los formatos de página estándar completa o página parcial, hay otros para anuncios impresos. Un *inserto en una revista*, por ejemplo, puede ser de múltiples páginas o una tarjeta de respuesta anexa a un anuncio de página completa. Las *tarjetas bingo* aparecen al respaldo de las revistas y son una forma fácil para que los consumidores soliciten información sobre productos o servicios. El editor imprime los números asignados para literatura específica y el consumidor encierra en un círculo el número de la información deseada. Los *insertos en periódicos* incluyen partes de hojas sencillas, folletos de varias páginas, cupones perforados o sobres de respuesta engomados. Los *suplementos dominicales* como *Parade* y *Family Weekly* se editan a nivel nacional en Estados Unidos, pero aparecen en las ediciones dominicales locales de muchos periódicos.

Uso de televisión y radio. La televisión se ajusta bien a la demostración del producto de un comercializador directo y se utiliza en tres formas principales: para vender un producto o servicio, para generar posibles ventas de un producto o servicio y para apoyar la publicidad de respuesta directa en otros medios (por ejemplo, Publisher's Clearing House y Time-Life Books). La respuesta inmediata se puede obtener dando a los televidentes un número telefónico para llamadas gratuitas. Los comerciales de marketing directo en televisión suelen tener dos minutos de duración. Por lo menos una cuarta parte del tiempo de televisión se dedica a la información para hacer el pedido.

Los costos de producción y salida al aire son más bajos para la respuesta directa en radio que para televisión. La radio directa puede pautarse con rapidez y, si es en vivo, puede revisarse en el último minuto; la radio también es más eficiente que la televisión para atraer tipos particulares de oyentes.

Pocos anunciantes de respuesta directa utilizan la televisión debido a su alto costo y a la corta duración de los comerciales. Sin embargo, la radio tiene sus propias limitaciones, las cuales incluyen la falta de visualización y el hecho de que muchos oyentes están interesados en otras cosas cuando escuchan el aviso. Debido a que, con frecuencia, los escuchas no tienen lápiz ni papel a mano, la respuesta debe ser fácil de recordar, como un número de teléfono que forme una palabra (las letras que corresponden a los números del teclado de un teléfono). Repetir la información también ayuda; sin embargo, la televisión y la radio pueden ser muy amplias para algunos comercializadores.

La televisión por cable se ha convertido en un medio de difusión básico para muchos comercializadores directos; es menos costoso, se puede fijar el objetivo con mayor precisión y permite mensajes más largos que en la televisión corriente. El cable ha producido dos formas especiales de sistemas de transmisión de mensajes directos. La primera corresponde a los diferentes tipos de *canales para compras desde el hogar.* La red Home Shopping Network (HSN) comenzó este sistema de transmisión de mensaje directo con un formato de programa para todo el día que presentaba artículo por artículo, indicaba el precio y un mecanismo para hacer el pedido. Compañías como J.C. Penney han desarrollado sistemas similares para ventas en el hogar. Su éxito ha sido limitado y, de alguna manera, su futuro está en duda. Los infocomerciales son el segundo tipo de sistema de transmisión por cable de marketing directo; un **infocomercial** es un anuncio de 30 a 60 minutos de duración que también se conoce como *advertorial*; este formato ha recibido críticas debido a que, con frecuencia, los anuncios se escriben de una manera que los hace parecer como programación regular. Como se indica en la sección **Un enfoque de promoción,** la popularidad de los infocomerciales va en descenso.

Utilización del teletexto y del videotexto. El teletexto y el videotexto (videodatos) representan las dos adiciones más recientes a los medios masivos de marketing directo; ambos ofrecen presentaciones gráficas y de texto, las cuales van en crecimiento, pero la semejanza se detiene en ese punto.

El *teletexto* es un sistema que transmite cuadros de información mediante una señal de televisión regular. Es una transmisión de una vía mediante el intervalo vertical de supresión en el cual la señal de televisión llega al final de la pantalla y salta de nuevo a la parte superior para comenzar otra vez. Dado el corto tiempo de transmisión entre los cuadros, sólo se puede transmitir una cantidad limitada de información por cada uno de ellos. Un televidente puede sacarlos del aire y hacerlos aparecer en la pantalla al presionar los botones correctos de un televisor modificado para teletexto. Los cuadros aparecen sobrepuestos en un programa existente o en un canal separado que se reserva para teletexto.

En la actualidad, la aplicación comercial del teletexto es limitada; en parte, esta lenta evolución se debe al costo que representa para un amplio rango de usuarios implementar esta tecnología. Además, el limitado volumen de datos (o número de cuadros) disponible y la indicación de que el pedido debe hacerse por correo o por teléfono deteriora la presentación del teletexto. No obstante, este mecanismo tiene un enorme potencial como estrategia de marketing directo.

Por el contrario, el *videotexto* no adolece de ninguna de estas limitaciones. El televisor se conecta a un computador distante, mediante la línea telefónica o un cable coaxial. El videotexto tiene una ilimitada capacidad para almacenar y transmitir información. Además, es totalmente interactivo mediante la misma línea telefónica o el cable a través del cual se reciben los datos. Al activar un teclado, el usuario puede hacer una solicitud, que aparece en la pantalla del televisor, puede obtener información del producto, hacer el pedido y pagar por la mercancía desde el televisor. Esta tecnología está ganando popularidad.

Telemarketing

El medio más novedoso del marketing es el *telemarketing*, que combina tecnología de telecomunicaciones, estrategias de marketing y sistemas de información. Puede emplearse solo o junto con publicidad, correo directo, promociones de ventas, venta personal y otras funciones de marketing.

Existen dos tipos de telemarketing: de entrada y de salida. Una llamada de telemarketing de entrada o entrante proviene del cliente. Las llamadas que se originan en la firma son salientes o de salida.

Las llamadas de entrada son respuestas del cliente a un estímulo del comercializador, bien sea por correo directo, una transmisión de marketing directo, un catálogo o la publicación de un número para llamadas gratuitas. Como es casi imposible establecer una pauta para las llamadas del cliente, se deben hacer todos los esfuerzos posibles para garantizar que no haya bloqueos en las líneas. Sin embargo, contar con muchas líneas es muy costoso.

En 1987, en un estudio nacional que comparó personas que utilizaban y que no utilizaban números para llamadas gratuitas encontró que los usuarios tenían la misma posibilidad de hacer sus pedidos en la mañana, la tarde o al iniciar la noche[17]. Tarde en la noche es el tiempo menos deseable para hacer pedidos. Los jubilados y quienes no están empleados fuera del hogar prefieren hacer los pedidos a esos números en días hábiles. Profesionales universitarios y quienes tienen varios ingresos, trabajan fuera de su casa y las personas con altos ingresos tienen mayor posibilidad de hacer pedidos el día sábado.

Aunque la mayor parte del telemarketing de entrada se presenta a través de los números gratuitos de la serie 800, la popularidad del número 1-90 también ha crecido y pasó de US$27 millones en negocios en 1985 a US$515 millones en 1990. Su creciente popularidad es un resultado directo de la introducción, en 1989, de los números interactivos 1-900 que permiten a los interesados obtener respuestas a preguntas e información al tocar los dígitos del teléfono según se indique. La interactividad ha permitido que los programas de marketing directo se vuelvan mucho más sofisticados. Las compañías de medios de comunicación y de entretenimiento han ido a la vanguardia de la promoción mediante la serie 1-900. Por ejemplo, Phone Programs creó un programa 900 para promover la serie de terror *Tales from the Crypt* (Cuentos de ultratumba) de la cadena HBO. Con una llamada de dos dólares, los televidentes escuchan elaborados efectos sonoros y responden a preguntas de horror triviales con la oportunidad de ganar premios[18].

Los comercializadores directos utilizan el telemarketing de salida cuando toman la iniciativa de hacer una llamada para abrir nuevas cuentas, calificar clientes potenciales, vender, establecer pautas, ofrecer servicios o determinar el perfil de los clientes. El Wide Area Telephone Service (WATS) suele emplearse como un vehículo económico para llamadas de larga distancia. Por lo general, el telemarketing se utiliza de manera más eficiente si la llamada se dirige hacia un cliente potencial precalificado de alguna forma, ya que el costo por llamada telefónica es bastante alto.

El telemarketing tiene cuatro aplicaciones básicas: tomar pedidos, servir al cliente, apoyar las ventas y manejar la cuenta. Tomar pedidos es el uso tradicional y también es un medio excelente para posibles ventas cruzadas. Olan Mills Studios utiliza más de 900 telemercaderistas locales para vender paquetes de fotografías, marcos y productos relacionados, con un índice de respuesta de 3%. El servicio al cliente suele indicar manejo de quejas o el inicio de oportunidades de ventas cruzadas cuando se informa a los clientes sobre nuevas características, modelos o accesorios. Para brindar apoyo a la fuerza de ventas, los telemercaderistas programan llamadas de ventas, confirman citas, mantienen suministros, hacen estudios de crédito y venden a cuentas marginales. El manejo de cuenta remplaza el contacto personal con los clientes. Si se ha planeado bien, con el telemarketing se puede mantener una relación continua entre ciertos clientes y especialistas en ventas por telemarketing.

Definitivamente, el telemarketing es una forma viable de alternativa promocional. En él hay cientos de preguntas técnicas y relacionadas con costos que van más allá del alcance de este texto. Debe planearse con sumo cuidado y tener la orientación de expertos. Aunque su beneficio inherente es la reducción de costos por su capacidad para segmentar el mercado, el telemarketing no es barato. El costo de las llamadas para mercado de consumidor va de tres a cinco dólares, y de seis a diez para llamadas a mercado de negocios. Sólo se alcanzarán resultados de costos eficientes si la lista de clientes potenciales está orientada y las llamadas no se hacen como intentos aleatorios[19].

Repaso de conceptos

Existen varios tipos de medios de comunicación que se utilizan en el marketing directo:

1. El correo directo transmite el mensaje y el producto a través del servicio postal o de organi-

zaciones privadas de mensajería. Su éxito se basa en la calidad de las listas, el empaque y el *copy*.
2. Los catálogos se clasifican en cuatro categorías: minoristas, línea completa de mercancías, negocio a negocio y consumidor especializado.
3. Los medios de comunicación masivos que se utilizan en marketing directo incluyen revistas, periódicos, radio, televisión, teletexto y videotexto.
4. El telemarketing incluye llamadas de entrada y de salida.

El problema con el marketing directo

Gran crecimiento y deficiente manejo inicial han creado algunos problemas serios en la industria del marketing directo. Muchos de los problemas son síntomas de falta de visión gerencial, al no considerar metas a largo plazo y a la organización como un todo.

Tácticas a corto plazo frente a estrategias a largo plazo

En 1981, se le preguntó a Ed Ney, entonces director ejecutivo de Young & Rubicam, si el marketing directo sería en el futuro "un oasis o un espejismo". "La diferencia entre los comercializadores generales [indirectos] y los comercializadores directos", respondió Ney, "es la diferencia entre el costo de bienes vendidos y el precio del éxito"[20]. Ney se refería a la personalidad de marca que se construye durante varios años frente a los "lanzamientos sueltos" que suelen caracterizar al marketing directo. Ejemplos del enfoque a largo plazo caen a diario en los buzones de correo de los consumidores: sobres que parecen telegramas, paquetes aéreos expresos, comunicaciones legales o documentos del gobierno. El marketing directo a corto plazo lleva a una respuesta, por un momento, hasta los consumidores se vuelven dudosos: ¿qué hay sobre el precio? Esta clase de marketing directo crea clientes desleales y de corto plazo quienes, en realidad, engañan con sus respuestas.

Por el contrario, American Express invierte cientos de miles de dólares al año para enviar "cartas de amor", comunicaciones que pueden servir para felicitar a clientes en su décimo aniversario como poseedores de la tarjeta. El objetivo de la comunicación es reforzar a largo plazo la relación de un cliente con American Express.

En relación con el énfasis a corto plazo de los comercializadores directos, está su tendencia a mostrar mayor interés en las tácticas que en la estrategia subyacente. Esto es cierto por dos razones: la primera es que el marketing directo incluye intensidad técnica; el complejo, exigente y notorio problema de la estructuración de bases de datos tiende a enfocar con mayor precisión a los usuarios del marketing directo en las tácticas. La personalización del marketing directo mediante sofisticadas bases de datos en un caso puntual. La gente presta atención cuando los comercializadores los llaman por su nombre y se sienten halagados si aquellos saben un poco de sus necesidades, gustos y preferencias. Sin embargo, la gente puede sentirse muy sorprendida si piensa que los comercializadores saben mucho de ella o si parece que hicieran un uso inadecuado de esta información personal. Los comercializadores directos parecen interesarse en la forma como esta táctica potencialmente peligrosa se ajusta a la estrategia general de la firma.

Una segunda fuente del énfasis táctico del marketing directo es organizacional. En muchas firmas, el marketing directo está bajo el control y dirección de personal de los niveles más bajos, quienes podrían no estar enterados de las metas estratégicas de sus compañías o no entender el pensamiento estratégico. El resultado de esta deficiencia es ejecuciones tácticas que flotan sin ningún contexto estratégico.

Enfoques no integrados frente a enfoques integrados

Con demasiada frecuencia, el marketing directo no se relaciona con las operaciones de una compañía, sus sistemas de distribución, investigación, estrategia general e inclusive, ni su cultura. Por ejemplo, comercializadores directos han tomado parte en programas que han fracasado porque son muy exitosos: compañías que venden por catálogo se han quedado sin inventarios, al costearlos pensando no sólo en ventas a corto plazo sino en reputación a largo plazo, o compañías financieras que generan demasiados clientes posibles para que sus vendedores hagan el seguimiento.

Un enfoque de promoción:

Infocomerciales - el último híbrido

¿Cuánto se puede decir de un producto en 30 segundos o un minuto? Al retroceder hacia aquellos días en que la mayoría de vendedores ofrecía sus productos en mercados o puerta a puerta, uno convincente probablemente podría crear un discurso para todo el día, demostrar el producto, responder a preguntas y objeciones, hablar sobre la historia de su empresa y los competidores; en verdad, le daría una oportunidad al producto. El comercial de 30 segundos es para un producto lo que un discurso eufórico y tajante es para una campaña política: el extremo atrayente del todo.

Debido a la frustración que algunos anunciantes sienten por las lim taciones del comercial promedio, muchos deben haber dado la bienvenida al nacimiento del "infocomercial", a mediados de los años ochentas. Puede que nunca se haya escuchado el término, pero es probable que se haya visto parte de alguno. Cuando un televidente cambia de canal, es probable que en primera instancia piense que ha sintonizado un nuevo programa de juegos, con mucha emoción, energía y buen aspecto. Al final, si se fija en él, puede observar que todos hablan periódicamente de un mismo producto o servicio. Si el televidente permanece hasta el final de la media hora, podrá verificar su corazonada: estuvo viendo un anuncio comercial pagado.

En sólo seis años, los infocomerciales se convirtieron en una industria de US$500 millones anuales. En su apogeo, un dólar invertido en los medios generaba dos dólares en ventas; los infocomerciales venden productos para el cuidado de la piel, programas motivacionales, esquemas de hágase-rico-con-rapidez, productos que prometen un millar de aplicaciones. Incluso, grandes compañías como AT&T comenzaron a interesarse en el tema; los infocomerciales parecían capaces de suministrar la mezcla perfecta de información, demostración y lanzamiento de ventas.

Sin embargo, desde el comienzo, muchos desconfiaron de ellos. Muchos televidentes se sintieron incómodos cuando comprendieron que estaban frente a un anuncio comercial gigante y alguien que recordó las rutinas de los del antiguo programa Saturday Night Live de Dan Ackroyd, probablemente quedó con una fuerte sensación de haber visto ar tes algo que en realidad era nuevo. Algunos infocomerciales presentaron productos demasiado buenos para ser verdaderos: parches para adelgazar, curas para la impotencia y la calvicie.

Sin embargo, es demasiado pronto para declarar la muerte del infocomercial. La recesión ha reducido el precio de salir al aire, lo cual favorece los infocomerciales y los productores de éstos han formado un grupo comercial para fijar las políticas de sus propios productos. Aún pueden ser un foro viable para anunciantes que se consideren engañados con el anuncio comercial estándar.

Fuente: Steven W. Colford, "Infocomercials Fade," *Advertising Age* (March 4, 1991): 3, 50.

Otra falla común en la integración incluye marketing directo y publicidad. Los mensajes de marketing directo y los de publicidad rara vez se refuerzan entre sí porque las personas que hacen la publicidad de respuesta directa no suelen integrarse con quienes hacen la publicidad general; ni siquiera se integra a la agencia.

Integrar el marketing directo con la promoción

El marketing directo es sólo una de las muchas herramientas disponibles para el gerente de promoción. Tiene ventajas distintivas sobre el marketing indirecto y muchas empresas lo utilizan como su técnica promocional esencial. Sin embargo, requiere que el gerente aprenda una nueva jerga y una nueva tecnología; desde el punto de vista estratégico, el gerente de promoción debe evaluar cuándo resulta ventajoso dirigirse hacia el marketing directo, el cual puede tener un efecto poderoso al combinarse con otras herramientas de promoción. Resulta claro que su aceptación está en crecimiento.

Repaso de conceptos

Entre las varias desventajas del marketing directo están las siguientes:

- No es efectivo como una estrategia a largo plazo.
- Los mensajes de marketing directo rara vez se integran con los mensajes publicitarios de la compañía.
- Para integrar el marketing directo con la promoción se requiere que el gerente de esta última aprenda jerga y tecnología nuevas.

Caso 13

American Express trabaja en directo

Antecedentes

A finales de la década de los años ochenta, American Express enfrentó un serio dilema. La división de tarjetas estaba muy descentralizada. Había cerca de ocho grupos de producto que incluían la tarjeta verde, la dorada, las complementarias, los servicios para miembros de la tarjeta y los seguros, cada uno de ellos con sus propios gerentes. Al mismo tiempo, la compañía invertía cerca de US$200 millones en publicidad de imagen/conciencia en televisión y medios impresos. Sin embargo, el correo directo no se incluía en el presupuesto porque no se consideraba publicidad. Cada grupo de producto utilizaba su propio presupuesto de promoción para hacerlo por separado.

En la compañía existía una gran presión por el correo directo. Los diferentes grupos luchaban entre sí para tener acceso a la lista interna de miembros de la tarjeta. Como los elementos de correo directo se diseñaban, escribían y dirigían desde muchas fuentes, la calidad variaba y la coherencia de la comunicación general era en extremo difícil de controlar. En particular, la oficina externa de la compañía del servicio de sistemas parecía estar en constantes problemas. El director de publicidad de American Express decidió que era hora de contratar unos cuantos profesionales de marketing directo para que hicieran las cosas bien en la división de tarjetas.

Evaluar el problema

Stephen Jones fue el director de investigación de campo a quien se asignó para evaluar el marketing directo en Am Ex. Había trabajado para Direct Marketing Research, Inc. durante siete años y tenía 13 de experiencia anterior con correo directo. Durante los primeros meses, Johns dirigió de manera informal el primer "censo" para el correo directo de Am Ex y comprendió que aunque el objetivo de la compañía era invertir en publicidad general cerca de US$200 millones, los costos ocultos de todos los grupos por separado totalizaban cerca de otros US$200 millones que se invertían en correo directo. En promedio, Am Ex estaba enviando más de un millón de documentos por día, todos dirigidos a cerca de 10% de los máximos consumidores en todo el país. Por lo general, la rentabilidad era excelente, pero un millón de papeles diarios era demasiado. La respuesta de la gerencia general fue inmediata y el reto fue directo: encontrar mecanismos efectivos para reducir el volumen de correo directo.

Después de considerar con sumo cuidado varias alternativas, Johns determinó dos problemas subyacentes: primero, era necesario enfocarse en la gente correcta. La investigación indicó que menos del 1% de los clientes potenciales que recibían correo de American Express respondían para solicitar información adicional o para vincularse al programa de la compañía. Como el índice de respuesta para la industria de tarjetas de crédito es de 2% a 3%, el programa de Am Ex estaba lejos del éxito que alcanzaban competidores como Visa y MasterCard. El análisis de las listas actualizadas de correo directo indicó que las características socioeconómicas empleadas por la empresa como base para sus listados eran muy generales y se aplicaban a un rango muy amplio de personas. Hombres y mujeres de 45 años de edad y con ingresos superiores a US$35,000 anuales eran los criterios típicos que se utilizaban. El segundo problema era resultado del primero. Am Ex recibía demasiadas quejas de personas que contaban con su tarjeta como de otros que no la tenían, con respecto a la enorme cantidad de correo basura que les enviaban. Estas quejas eran una fuente importante de mala imagen hacia la compañía y creaban conflictos con la reputación de gran nivel que Am Ex quería.

Johns sugirió que una posible solución era un procedimiento de exclusión de listas. La gerencia de Am Ex ofrecería a todos sus tarjetahabientes la oportunidad de retirarse de las listas promocionales de correo de la compañía. La gerencia desconfiaba de la idea ya que toda la comunicación con los poseedores de la tarjeta dependía del correo directo.

Preguntas sobre el estudio de caso

1. Sugiera cambios que American Express podría hacer para lograr un mejor control sobre su operación de correo directo.
2. ¿Qué otras técnicas de marketing directo podría considerar American Express?

Síntesis

Este capítulo presenta una categoría especial de marketing, el marketing directo, el cual difiere del marketing convencional de dos maneras importantes. Primera, la única forma de recibir el producto es a través del contacto directo con el proveedor. Segunda, este contacto directo entre el proveedor y el cliente requiere algunos ajustes específicos en la estrategia de marketing, en particular en la promoción. El esfuerzo promocional que se emplea junto con el marketing directo se conoce como publicidad de respuesta directa.

Existen tres tipos de marketing directo: el proceso de un paso (el consumidor puede responder de inmediato), el proceso de dos pasos (calificar al prospecto antes de la compra) y la opción negativa (el cliente se une a un plan de compromiso continuo).

La parte central del capítulo detalla los componentes de la estrategia de marketing directo: la oferta, el medio y el mensaje. La oferta incluye una serie de factores: precio, transporte y manejo, opciones, obligación futura, crédito, incentivos, límites de tiempo y cantidad, y garantías. El medio representa el corazón del marketing directo; es el vehículo que emplea el comercializador para enviar el mensaje, recibir el pedido y despachar el producto. Cuatro de esos vehículos son 1) correo directo, 2) catálogos, 3) medios masivos y 4) telemarketing. Aunque los principios creativos siguen siendo los mismos para esta categoría de marketing, los objetivos y los medios utilizados requieren ajuste creativos.

Preguntas de análisis

1. Analice las diferencias primarias entre publicidad de marketing directo y publicidad general.
2. Seleccione dos anuncios impresos que considere como marketing directo, uno dirigido a usuarios finales y el otro a una empresa. Analice cada uno con respecto a qué tan bien hace la oferta, si incluye suficiente información y si brinda un mecanismo de respuesta.
3. "El marketing directo aún envía correo y productos basura. Su popularidad sólo es un capricho". Comente esta apreciación.
4. Analice los diferentes tipos de bases de datos disponibles para comercializadores directos. ¿Cuáles son las características de una buena base de datos?
5. ¿Cuáles son las ventajas y cuáles las desventajas del correo directo? ¿Cómo ha afectado el correo directo la evolución de las listas de correo?
6. Como vicepresidente de marketing de una compañía productora de semillas, usted está en el proceso de diseñar un paquete de correo directo dirigido a jardineros expertos distribuidos por todo el país. Describa el contenido del paquete y dé un ejemplo del *copy* que usted utilizaría.
7. Analice los cuatro requerimientos de un catálogo exitoso.
8. Compare radio y televisión con los medios impresos en términos de su efectividad para el marketing directo.
9. Analice las diferencias entre el telemarketing de entrada y el de salida.
10. ¿Cuáles son los riesgos que, con frecuencia, el consumidor asocia con el marketing directo? ¿Cómo puede el comercializador enfrentar estos temores?

Proyectos sugeridos

1. Seleccione un producto para el consumidor que normalmente no se venda a través de correo directo (por ejemplo, drogas que no están inscritas en la Bolsa, automóviles, mascotas). Cree una campaña de marketing directo para este proyecto. Asegúrese de especificar sus objetivos e indicar las partes de la oferta al igual que el medio y el mensaje.
2. Haga contacto con tres casas de listas de correos. Reúna varios perfiles de consumidor y solicite un estimado de costos para 100,000 nombres con esas características. Además, haga que las compañías indiquen las garantías que van con la lista. Escriba un informe sobre su investigación.

Referencias

1. *Direct Marketing* (October 1990): 22.
2. William B. Beggs, Jr., "Direct Marketing: Heading in Many Different Directions," *Link* (May/June 1990): 29.
3. M. E. Ziegenhagen, "Let's Stop Diluting Direct Marketing," *Business Marketing* (February 1986): 88.
4. Fred. R. McFadden and Jeffrey A. Hoffer, *Data Base Management* (Menlo Park, CA: Benjamin/ Cummings, 1985): 3.
5. *Ibid.*
6. Rich Roscitt and I. Robert Parket, "Direct Marketing to Consumers," *Journal of Consumer Marketing*, vol 5. nº 1 (Winter 1988): 5-14.
7. "DM Marketplace," *Direct Marketing* (August 1986): 88.
8. Robert Kestanbaum, "Growth Strategies for Direct Marketers," *Direct Marketing Association, Release 110.2*, January 1984.
9. Robert Stone, *Successful Direct Marketing Methods*, 3 ed. (Lincolnwood, IL: National Textbook Company, 1986): 451-52.
10. "Harried Pace in Race: Cost Spiral Fuels Direct-Mail Alternatives to Postal Service", *Advertising Age* (September 25, 1989): S-1.
11. Joanne Lipman, "Direct Mailers Study Disposable Videos," *The Wall Street Journal* (May 30, 1990): B3.
12. "Sroge Lists Leading Mail Order Firms," *Marketing News* (12 June 1981): 3. Bodo Von Der Wense, "Planning, List Selection, Copy, Layout, Timing, Testing Can Make or Break Direct Mail Pieces," *Marketing News* (November 14, 1986): 7.
13. Robert Stone. p. 2.
14. *Ibid.*
15. Alison Fahey, "Catalogs High on Yule Lists," *Advertising Age* (September 24, 1990) S-1.

16. "Tailoring Catalogs to Fit Corporate Personality," *Advertising Age* (October 27, 1986): 5-21.
17. Anita Brown, "Pay to Play," *Marketing and Media Decisions* (September 1990): 16-17.
18. "Behavior and Attitudes of Telephone Shoppers," *Direct Marketing* (September 1987): 50-51.
19. Herbert D. Hennessey, "Matters to Consider Before Plunging into Telemarketing," *Marketing News* (July 8, 1983): 2.
20. Herbert Katzenstein and William S. Sachs, *Direct Marketing* (Columbus, Ohio: Charles E. Merrill Publishing Company, 1986): 4.

Capítulo 14

Marketing internacional y promoción

Consideración:

Procter & Gamble entra en Europa

Como una de las compañías líderes en el mundo de productos empacados, Procter & Gamble (P&G) los ha vendido durante bastante tiempo por todo el planeta. Sin embargo, sus recientes movimientos en Europa dan una sensación de lo importante que es este amplio mercado y qué deben aprender las compañías norteamericanas para adaptarse cuando se desplacen a mercados diferentes.

Cuando en 1989, P&G introdujo en Alemania el champú Wash & Go de Vidal Sassoon, ésta se convirtió en la exportación inequívoca de un producto norteamericano de éxito. En Estados Unidos, Wash & Go se vende como Pert Plus, el champú-acondicionador líder en el mercado de ese país. Leo Burnett International, que maneja el producto a nivel mundial, invirtió US$5 millones para introducir Wash & Go en Alemania, en comparación con la inversión de US$15 millones en la promoción de Pert Plus en Estados Unidos. En los diez meses siguientes, Wash & Go se convirtió en el champú número 3 en Alemania, con una participación en el mercado superior a 7%.

P&G ha tenido algunas dificultades para introducir en Europa sus productos de higiene íntima Always, en especial en Gran Bretaña. El mercado es fragmentado y muy competitivo con varios productos comparables que se venden a un precio mucho menor que Always. Sin embargo, las normas sanitarias británicas representan un problema potencialmente más grande. Las toallas higiénicas Always pueden obstruir las cañerías de los sanitarios cuando se arrojan en ellos, lo cual no constituye un problema en la mayor parte de Europa. Sin embargo, en Gran Bretaña donde 70% de las toallas higiénicas se arroja por el lavabo, la imagen de obstructor de cañerías podría crear una pesadilla de marketing mayor.

P&G enfrenta una serie de problemas diferentes cuando busca llevar sus marcas a mercados recién abiertos en Europa Oriental. Los mercados de países como Hungría, Polonia y las Repúblicas Checa y Eslovaca son nuevos y casi desconocidos, y la investigación inicial de mercado ha revelado algunas sorpresas. Por ejemplo, después de mostrar a los húngaros varias versiones de un anuncio de pasta dental, P&G encontró que los espectadores preferían una versión menos autoritaria del presentador. Incluso el lenguaje puede ser un problema. En las Repúblicas Checa y Eslovaca, los consumidores prefirieron un *copy* escrito en alemán y no en checo o inglés.

Para los comercializadores inteligentes, estos descubrimientos son oportunidades antes que problemas. Las compañías que entienden sus nuevos mercados y se dirigen bien a ellos triunfarán, incluso si requieren más que el trabajo necesario para introducir un nuevo producto en Estados Unidos.

Fuentes: Dagmar Mussey, "P&G Cleans Up in Europe with 2 in 1 Shampoo," *Advertising Age* (October 8, 1990): 54. Dagmar Mussey and Elena Bowes, "P&G Eyes Europe for Always," *Advertising Age* (June 24, 1991): 6. Jennifer Lawrence, "P&G Marches into Europe," *Advertising Age* (September 30, 1991): 10.

El marketing de Procter & Gamble para Wash & Go en Europa es un ejemplo de marketing y promoción internacionales. En palabras de Jeannett and Hennessey, **marketing internacional** es "el desempeño de actividades de marketing a través de dos o más naciones"[1]. El deseo de Procter & Gamble de vincularse a éste no es inusual. The Boeing Co. vende muchos de sus aviones fuera de Estados Unidos. Airbus, un conglomerado europeo, vende gran cantidad de sus aviones en Estados Unidos. Los bancos han sido comercializadores internacionales desde hace casi un siglo. En las dos últimas décadas, sin embargo, más y más compañías se han dirigido al marketing internacional.

Para 1990, el alcance del marketing internacional se amplió hasta incluir muchas actividades diferentes a las de fabricación. Vendedores minoristas como K Mart, Bloomingdale's y Wal-Mart importan entre 20% y 40% de la mercancía que se encuentra en sus estantes. Industrias de servicios como hoteles, restaurantes y cuidado de salud están en la búsqueda constante de oportunidades en otras naciones.

La decisión de convertirse en comercializador internacional tiene enormes ramificaciones. Por ejemplo, puede ser necesario construir nuevas plantas de fabricación, rediseñar productos, encontrar nuevas fuentes de materias primas y hallar nuevos distribuidores. En general, los gerentes de promoción también necesitan hacer ajustes ya que la comunicación en una cultura desconocida presenta un amplio rango de problemas.

Los objetivos de este capítulo son de dos clases: primero, brindar una visión general de aspectos estratégicos y factores ambientales en el marketing internacional y, segundo, estudiar los ajustes necesarios para promoverse a una posición internacional.

Estrategias para marketing internacional y promoción

Para muchos comercializadores de Estados Unidos, las oportunidades de ganar participación en el mercado o aumentar los ingresos dentro del país casi no existen; quizá, se ha llegado a la saturación del mercado y todas las personas que necesitaban de un producto ahora lo tienen. Quizá el producto enfrenta una desventaja competitiva y los consumidores ya no lo consideran una alternativa aceptable. Quizá existe una excesiva competencia y ninguno de los comercializadores puede generar las utilidades necesarias. Independientemente de cuáles sean las razones, los comercializadores del mundo se enfrentan con la difícil decisión de traspasar sus fronteras y competir en otras tierras. No obstante, antes de tomar esta decisión, el comercializador debe examinar con sumo cuidado los aspectos a favor y en contra que atañen al marketing internacional. Emplear el proceso de planeación formal que se ofrece en esta obra es el primer paso. Sin embargo, este proceso de planeación se complica por el hecho de que el marketing internacional requiere estrategias de dos niveles: para entrar a mercados internacionales y para alcanzar a los consumidores dentro de cada mercado. A continuación se estudiarán estos aspectos.

Ingreso a mercados internacionales

Existen tres razones primarias por las cuales las compañías deciden ingresar al mercado de naciones diferentes a la propia. La primera y más notable es la **saturación del mercado**, lo cual significa que el mercado interno ha alcanzado su etapa de madurez y ha detenido su crecimiento. Las utilidades se detienen e incluso descienden. Los mercados extranjeros representan una oportunidad para crecer de nuevo. En el caso de la industria de alimentos para mascotas, por ejemplo, los productos de Estados Unidos en Europa no sólo aumentaron las ventas sino también el margen de utilidad debido a que se alcanzaron ciertas economías de escala. También se pueden generar utilidades mayores en ciertos países debido al menor costo de la mano de obra, reglamentaciones más laxas, disponibilidad de terrenos para plantas de fabricación, etc.

En ocasiones, las compañías ingresan a otros mercados debido a que sus clientes dan a conocer sus necesidades y la oportunidad de satisfacerlas. Las agencias de publicidad norteamericanas han abierto oficinas en otras naciones para atender a sus clientes multinacionales. Los proveedores de partes que atienden a los fabricantes de carros japoneses se han trasladado a Estados Unidos por la misma razón.

Las compañías también ingresan a la arena internacional con fines puramente defensivos. Ciertas compañías de Estados Unidos han lanzado negocios en Japón para verificar el avance de sus competidores en esa nación. Del mismo modo,

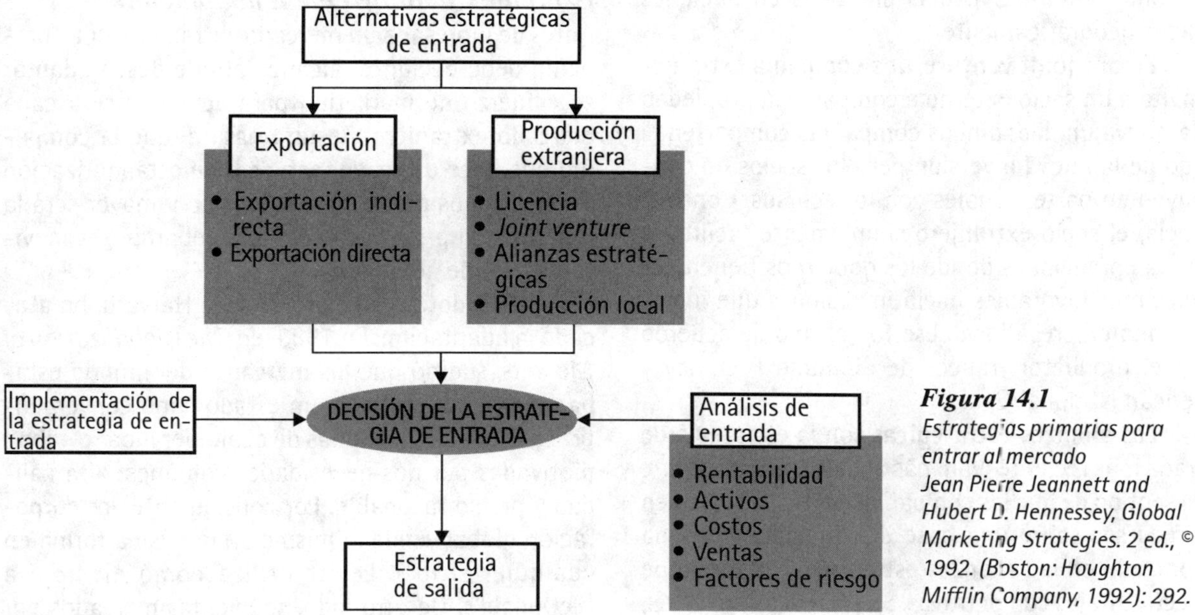

Figura 14.1
Estrategias primarias para entrar al mercado
Jean Pierre Jeannett and Hubert D. Hennessey, Global Marketing Strategies. 2 ed., © 1992. (Boston: Houghton Mifflin Company, 1992): 292.

Siemens ha ingresado al mercado de Estados Unidos en respuesta al ingreso de AT&T a Europa. Esta expansión defensiva puede ser una estrategia riesgosa ya que muchas de estas compañías carecen de ventajas competitivas en los nuevos mercados.

La planeación estratégica para el marketing internacional requiere, en esencia, el mismo proceso que se indicó en el capítulo 1. Sin embargo, se deben estudiar tres aspectos antes de diseñar una estrategia de marketing para una operación internacional: 1) estrategias para entrar al mercado, 2) estandarización frente a adecuación y 3) ajustes del ambiente.

Estrategias para entrar al mercado

Ingresar a otro país no es algo simple ni se da de manera automática. Desde la perspectiva tanto del comercializador como de la nación extranjera, existen formas correctas y erradas para lograr el ingreso. En la figura 14.1 se indican las estrategias primarias de entrada. Cada una de ellas se estudiará en forma breve.

Exportar es vender un producto en otro país sin hacer un compromiso de producción local. Debido al tamaño limitado del mercado extranjero, la compañía exportadora fabrica sus productos en una sede central logrando de esa manera ciertas economías de escala. Tanto la exportación directa como la indirecta son posibles. La **exportación indirecta** emplea un intermediario de marketing en el país de operación del exportador que es experto en vender productos en naciones extranjeras. Éste es el arreglo que Kao, un fabricante japonés de jabón y otros productos de uso doméstico, emplea en varios países europeos. La **exportación directa** utiliza intermediarios localizados en los mercados extranjeros. Así, el exportador debe establecer un contacto en cada país, pero ese contacto debe tener más experiencia y acceso que el intermediario de marketing indirecto. Procter & Gamble Co. utiliza esta estrategia para ingresar al mercado en la mayor parte de América Central y del Sur.

En lugar de exportar, un comercializador puede entrar a un mercado extranjero mediante su presencia física en esa nación. El otorgamiento de licencia es la opción que implica menor nivel de inversión. Bajo la **licencia**, una compañía otorga el derecho de una patente o marca registrada a otra compañía por honorarios o por regalías. Entonces, la compañía extranjera tiene el derecho de vender el producto o el proceso y el comercializador doméstico no tiene que hacer una inversión de capital. La concesión de licencias ha demostrado ser una forma muy exitosa para Federal Express, cuyas pequeñas locaciones satélite son más prácticas en naciones aisladas geográficamente.

En una **joint venture**, una compañía extranjera invita a un socio externo a compartir la propiedad de la nueva unidad; ambas compañías comparten el riesgo de la nueva inversión pero los socios no contribuyen en partes iguales con lo recursos. Con frecuencia, el socio extranjero simplemente facilita la entrada en naciones donde los gobiernos tienen actitudes más favorables hacia inversiones que incluyen a una empresa local. Ese fue el tipo de acuerdo entre el productor francés de aluminio Pechiney y American National Can.

Las **alianzas estratégicas** son la estrategia de entrada más reciente. Van más allá de la *joint venture* en el sentido de que las compañías participantes unen sus recursos sobre una base de igualdad. AT&T ha encontrado en las alianzas estratégicas la forma de ofrecer ventajas competitivas. Su sociedad con Italtel, el fabricante de equipo telefónico propiedad del gobierno de Italia, es un ejemplo.

Por último, una compañía puede hacer presencia en otra nación manufacturando sus productos en ella. Por ejemplo, fabricantes de autos japoneses como Honda y Toyota han encontrado ventajoso hacerlo en Estados Unidos debido a factores de costos, impuestos y leyes. En forma similar, Ford Motor Co. opera grandes plantas de fabricación en varios países y vende la mayor parte de sus productos en el país en donde se fabrican.

El método que se emplea para ingresar a un mercado extranjero tiene un apoyo directo en la promoción. Lo más notable es que el nivel de control que conserva el comercializador varía con la estrategia. En el caso de la exportación indirecta, por ejemplo, se necesita poco control por parte de la organización patrocinadora. Las oportunidades del intermediario de marketing que acepta la estrategia de promoción o la implementa en forma correcta, tienden a ser bajas. Por el contrario, establecer una presencia clara en un país extranjero con una fábrica y un equipo de marketing ayuda a garantizar que la estrategia de promoción se implemente por completo y de manera correcta. En muchos países, el uso de ciertas técnicas promocionales sólo se puede emplear si el comercializador extranjero tiene vínculos con un socio del país anfitrión. En el Medio Oriente, las *joint ventures* son casi una obligación.

Estandarización frente a adaptación

Antes de ingresar a un mercado extranjero, una compañía debe decidir el alcance al que desea adaptar su esfuerzo de marketing para acomodarse a cada mercado extranjero. Resulta natural que la compañía que hace un mayor esfuerzo de estandarización tendrá menos problemas de ingreso y mayor será la rentabilidad presupuestada. Sin embargo, ¿es inevitable algo de adaptación?

Theodore Levitt, profesor de Harvard, ha atacado la adaptación. En 1983, en *The Globalization of Markets*, sugirió que los mercados del mundo estaban dirigiéndose "hacia un estado llano convergente" en el cual las personas de cualquier lugar estaban motivadas por dos necesidades comunes: alta calidad y precio razonable. Por consiguiente, la "corporación global vende lo mismo en la misma forma en cualquier sitio"[2]. Levitt utiliza como ejemplo a McDonald's. De otro lado, segmentar mercados por fronteras políticas y adaptar estrategias de marketing sobre la base de preferencias nacionales o regionales no tiene costos efectivos. Levitt urge a las compañías a adoptar una "orientación global" para que vean el mundo como un mercado y vendan un producto global. Las compañías que no se conviertan en verdaderos comercializadores globales sucumbirán, sostiene Levitt[3].

Algunos críticos argumentan que las suposiciones de Levitt no son realistas. Productos y estrategias se deben adaptar a las necesidades culturales de cada país. Philip Kotler, profesor de marketing en Northwestern University, defiende el conocido y verdadero método de vender: ajustarse a la cultura local. Cada mercado nacional es diferente, de ahí que productos y estrategias promocionales se deben diseñar para ajustarse a la cultura local. Cita varios ejemplos para apoyar esta posición, los cuales incluyen el clásico comercial de Coca-Cola "Mean Joe" Greene que se adaptó para cada nación en donde se presentó[4]. M&M/Mars intentó ingresar al mercado europeo creando versiones de sus barras de dulce con un chocolate de mejor calidad para competir con la compañía suiza Nestlé y Cadbury-Schweppes.

¿Son globales los mercados? La respuesta es sí. Muchos países tienen segmentos de mercado con exigencias similares para el mismo producto. Eastman Kodak Co., Gillette Co. y Timex han vendido productos estandarizados en forma similar alrededor del mundo, durante décadas. ¿El mundo representa un mercado global? Difícilmente. Siempre habrá obstáculos para la estandarización, los cuales incluyen factores culturales, políticos, económicos y de ambiente. Los restaurantes de McDonald's en Hawaii y Japón ofrecen sushi; los de Alemania sirven cerveza. Las consideraciones de Levitt no son realidades y quizá nunca lo serán.

Un estudio indica que compañías de bienes para el consumidor están tomando la globalización en serio. 61% de compañías fabricantes de productos diferentes a alimentos manifestaron estar trabajando hacia una estrategia global con las marcas existentes. Cuando se les pidió su opinión acerca del desarrollo global de un nuevo producto para el futuro, cerca de dos tercios de los ejecutivos creían que más y más compañías adoptarían el enfoque indicado por Levitt[5].

Si una compañía adopta una postura de estandarización o de adaptación hacia mercados extranjeros tendrá incidencia directa sobre el esfuerzo promocional. Estandarización significa tomar la estrategia promocional existente, asegurarse de que todo se transfiera de manera apropiada y utilizarla sin cambios en la nación extranjera. La adaptación tiene implicaciones mayores y hace muy compleja la promoción. Se realizan extensas investigaciones país por país y, por separado, se contratan agencias para cada mercado y se desarrollan estrategias.

Evaluar el ambiente

La parte más difícil de operar en un mercado extranjero es identificar y luego ajustarse a factores de la cultura local. El idioma es una diferencia obvia entre naciones pero aspectos de índole económica, política, legal y cultural pueden dificultar el marketing y la promoción.

El ambiente económico. Dos factores económicos indican la atracción relativa para exportar hacia un mercado. El primero es el *tamaño del mercado.* Si la firma ya ha realizado ventas en el exterior, los comercializadores internacionales deben determinar el tamaño del mercado no sólo para los actuales sino también para los potenciales. El tamaño del mercado para un producto dado se describe mejor mediante dos indicadores generales: 1) población con tasas de crecimiento y distribución, y 2) ingresos con distribución, ingreso *per cápita* y producto interno bruto (PIB). Por ejemplo, las proyecciones de crecimiento de la población entre los años1990 y 2000 son de 0.7% para Norteamérica y 3.0% para África, mientras que se espera que países como Bélgica y Hungría disminuyan su población. Las proyecciones de aumento en los ingresos para el mismo periodo en Estados Unidos son de 7.3% y en África se espera que desciendan.

La *naturaleza de la economía* es el segundo factor de importancia. Éste se divide en cuatro categorías[6]:

1. Los recursos físicos de la nación que incluyen los naturales, como minerales y potencial hídrico, su topografía (por ejemplo, ríos, lagos, bosques, desiertos y montañas) y su clima, incluyendo niveles de temperatura, viento, lluvia, nieve y humedad.
2. La naturaleza de la actividad económica. Es decir, la etapa de crecimiento económico con respecto a la agricultura del país, nivel industrial y empresas de servicio.
3. Infraestructura. Incluye las instalaciones externas y los servicios disponibles en el país, como transporte, energía, comunicación, instituciones financieras, agencias de publicidad y firmas de investigación.
4. Urbanización. Alude al nivel en que el país está urbanizado.

Entre más favorables sean estos factores, más atractivo será el mercado. Las deficiencias en uno o más de estos indicadores exigen ajustes importantes en la estrategia de marketing.

Ambiente político y legal. Diferentes estudios han demostrado que los comercializadores internacionales consideran que el nacionalismo y tratar con los gobiernos son problemas importantes que deben enfrentar sus empresas. Por lo menos se deberán considerar tres factores político/legales para decidir si se negocia en un país determinado.

El primero es el rol del gobierno en la economía. En Estados Unidos, Canadá y la mayor parte de las naciones europeas, el rol del gobierno es principalmente como regulador. Sin embargo, en buena parte del mundo los gobiernos desempeñan un rol participativo al dirigir empresas por su cuenta, ser socios con empresas locales o ser el consumidor primario o exclusivo dentro de la nación. El comercializador internacional debe entender estas políticas y leyes para saber acomodarse a ellas.

Un segundo factor es la ideología del país hacia los negocios en general y el marketing en particular. Por lo general, una firma puede comerciar de manera efectiva en una sociedad socialista si se permite el funcionamiento de la empresa privada. Las sociedades democráticas son las más receptivas a los negocios.

Un tercer factor es la estabilidad del ambiente político del país. Frecuentes cambios de régimen, actos de violencia, manifestaciones y divisiones culturales sugieren un alto nivel de inestabilidad. Sin embargo, el cambio gradual y sin violencia no pone al comercializador internacional en una situación de riesgo.

En estrecha relación con el equilibrio económico de una nación se encuentra la estabilidad y naturaleza de las tasas de cambio de su moneda. Cuando el valor del dólar de Estados Unidos es alto en comparación con la mayor parte de monedas extranjeras, los productos norteamericanos son costosos para los compradores del exterior, lo cual se constituye en una ventaja de precio para los otros países. Cuando las condiciones económicas de Estados Unidos llevan a un menor valor del dólar en relación con otras monedas, los productos norteamericanos son gangas para los clientes foráneos.

Las condiciones legales pueden ser más complejas. El comercializador internacional debe conocer las leyes nacionales e internacionales que rigen cada uno de los mercados extranjeros de la firma. La tarea de mantener un conocimiento actualizado de controles de exportación, leyes antimonopolios, actividades de boicoteo, amenazas, patentes, etc., resulta desconcertante y requiere la dedicación de un experto de tiempo completo.

Ambiente cultural. Quizá la tarea más difícil que encaran los comercializadores internacionales es ajustarse a las diferencias culturales. Cultura es la suma total de rasgos de comportamiento aprendidos que se manifiestan y comparten entre los miembros de una sociedad. La tabla 14.1 presenta algunos ejemplos específicos. El hombre hace la cultura y la aprende, no la hereda genéticamente. A menos de que se hagan esfuerzos especiales para determinar significados de la cultura local para cada mercado, es probable que el comercializador siga con planes que lleven a respuestas indeseadas.

Varios elementos culturales afectan el marketing y la promoción. Los siguientes tienen particular relevancia:

- Cultura material. La disponibilidad de electricidad, sistema métrico de medidas, transporte automotor, electrodomésticos, medios masivos de comunicación, sistemas de autopistas, puntos de ventas, teléfonos, sistemas de correo eficientes, etc.
- Idioma. Nivel de alfabetismo, riqueza lexical, cantidad de dialectos, ciudadanos bilingües o trilingües, unidad lingüística y diferencias de significado.
- Estética. Diferencias en música, arte, drama, danza, color y forma.
- Educación. Diferencias en el proceso de transmisión de destrezas, ideas y actitudes al igual que el entrenamiento en disciplinas particulares.
- Religión. La existencia e importancia de varias religiones.
- Actitudes y valores. Las creencias básicas sobre salud, ganancias materiales, adquisición, cambio, toma de riesgos y marketing (en especial vender, publicidad, productos santuarios y utilidades).
- Organización social. La importancia de las diferentes instituciones que definen cómo se relacionan las personas entre si (por ejemplo, monarquías, clases sociales, castas y grupos de interés especial)[7].

La manera como se combinen estos factores puede crear un perfil cultural que se presenta en la tabla 14.2 para la cultura islámica.

Repaso de conceptos

1. Los comercializadores ingresan en mercados extranjeros por tres razones:
   a. La saturación del mercado interno
   b. Las necesidades de los clientes

Tabla 14.1
Ejemplos de variaciones culturales

País/región	Movimientos del cuerpo	Saludos	Colores	Números	Formas, tamaños, símbolos
Japón	Señalarse en el pecho con el dedo índice expresa el deseo de ir a un baño. Señalar la nariz con el dedo índice significa "yo".	Inclinarse es la forma tradicional de saludo.	Los colores positivos van en tonos opacos. Las combinaciones de negro, gris oscuro y blanco tienen connotaciones negativas.	Números positivos son 1, 3, 5, 8. Números negativos son 4,9.	Las formas de pino, bambú o ciruelo son positivas. Se deben evitar las formas culturales como jarras en forma de Buda.
India	Besar se considera una ofensa y no se ve en la televisión, ni en películas o sitios públicos.	Para saludar, se unen las palmas de las manos y la cabeza se inclina Se considera de mal gusto tocar a una mujer o estrechar sus manos.	Colores positivos son los tonos fuertes de verde, rojo, amarillo o naranja. Blanco y negro son colores negativos si se utilizan en las bodas.	Para crear conciencia de marca, con frecuencia se utilizan números como un nombre de marca.	Animales como loros, elefantes, tigres y guepardos se utilizan con frecuencia como nombres de marca o en los empaques. Se evitan los símbolos sexuales explícitos.
Europa	Levantar sólo el dedo índice significa que una persona quiere dos artículos. Cuando se cuenta con los dedos, "uno" se indica con el pulgar y "dos" con el pulgar y el índice.	Es aceptable enviar flores para agradecer una invitación a comer, pero que no sean rosas (se asocian con romance) o crisantemos (se relacionan con funerales).	Por lo general, azul y blanco se consideran positivos. Con frecuencia, el negro tiene connotaciones negativas.	Los números 3 o 7 se suelen considerar positivos. El 13 es un número negativo.	Los círculos son símbolos de perfección. Los corazones se consideran favorables en Navidad.
América Latina	En general, los gestos con el brazo se utilizan para dar énfasis.	La forma tradicional de saludo es un abrazo caluroso seguido por una palmada amigable en la espalda.	Por lo general, los colores populares son brillantes y definidos como amarillo, rojo, azul o verde.	Por lo general, el 7 es un número positivo. Números negativos son 13 y 14.	Se deben respetar los símbolos religiosos. Evitar símbolos nacionales como los colores de la bandera.
Medio Oriente	La expresión facial de levantar las cejas significa "sí".	La palabra "no" se debe mencionar tres veces antes de que se acepte.	Café, negro, azules oscuros y rojos son colores positivos Rosado, violetas y amarillos no son colores favorables.	3, 7, 5 y 9 son números positivos, en tanto que 13 y 15 son negativos.	Se aceptan las formas redondas o cuadradas. Se deben evitar símbolos como estrellas de seis puntas, levantar el dedo pulgar o mencionar frases del Corán.

James C. Simmons, "A Matter of Interpretation," *American Way* (April 1983): 106-111, y "Adapting Export Packaging to Cultural Differences," *Business America*, (December 3, 1979): 3-7.

Tabla 14.2

Marketing en el mundo islámico

Elementos		Implicaciones para el marketing
I. Conceptos islámicos fundamentales		
A.	*Unidad.* Concepto de centralidad, el carácter único de Dios, armonía en la vida.	Estandarización del producto, técnicas con medios masivos de comunicación, equilibrio central, unidad en el *copy* y el diseño de publicidad, fuertes lealtades de marca, dirigido a un grupo de tamaño más pequeño, lealtad a la compañía, oportunidades para estrategias de extensión de marca.
B.	*Legitimidad.* Negocios limpios, nivel razonable de utilidades.	Garantías de producto menos formales, necesidad de publicidad institucional y/o publicidad de promoción en especial para firmas extranjeras, y un cambio de estrategia de una rentabilidad máxima hacia una rentabilidad satisfactoria.
C.	*Zakaat.* 2.5% anual de impuesto obligatorio para todos los clasificados como "no pobre".	Uso de utilidades "excesivas", si las hay, en actos de caridad, donaciones corporativas, publicidad institucional.
D.	*Usura.* No se puede cobrar interés sobre préstamos. Una interpretación general de esta ley define que cobrar "interés excesivo" sobre préstamos no está permitido.	Evitar el uso directo del crédito como una herramienta de marketing; establecer una política para que el consumidor pague en efectivo productos de poco valor; en el caso de artículos de mayor valor, ofrecer descuentos por pago de contado y elevar el precio de los productos sobre una base de instalación; en ocasiones, es posible realizar transacciones de interés entre una firma local/extranjera en otras naciones que no sean islámicas; los bancos en algunos de estos países participan en inversiones financieras, compartiendo las utilidades o las pérdidas resultantes.
E.	*Supremacía de la vida humana.* En comparación con otras formas de vida, la humana es de suprema importancia.	Los alimentos y/o los productos para mascotas tienen menos importancia; evitar el uso de estatuas o bustos pues se interpretan como formas de idolatría; los símbolos de publicidad y/o promoción deberán reflejar valores humanos; utilizar diseños florales y artes finales en publicidad como representación de valores estéticos.
F.	*Comunidad.* Todos los musulmanes deberán tratar de alcanzar una hermandad universal, con la alianza de "un Dios". Una forma de expresar el sentido de comunidad es el peregrinaje que se exige a la Meca para todos los musulmanes al menos una vez en la vida, si es posible hacerlo.	Formación de una Comunidad Económica Islámica: desarrollo de un "consumidor islámico" atendido por productos y servicios orientados por el Islam; por ejemplo, paquetes de comida *"kosher"*, intercambio de regalos en festivales musulmanes, etc; desarrollo de servicios comunales, necesidad de destrezas y organizaciones de marketing o sin ánimo de lucro.
G.	*Igualdad entre las gentes*	Sistemas de comunicación participativa; roles y estructuras de autoridad se pueden definir con rigidez pero el acceso a cualquier nivel debe ser relativamente fácil.
H.	*Abstinencia.* Durante el mes del *Ramadán*, los musulmanes permanecen sin comer ni beber desde el alba hasta el anochecer, como recuerdo para que los más afortunados sean amables con los menos afortunados y como un ejercicio de autocontrol.	Para el *sehr* y el *iftar*, (comienzo y fin del ayuno) pueden prescribirse alimentos nutritivos, fríos y fácilmente digeribles.
	El consumo de alcohol y carne de cerdo está prohibido, al igual que los juegos de azar.	Oportunidades para desarrollar productos y bebidas sin alcohol (por ejemplo, bebidas gaseosas, helados, leches malteadas, jugos de frutas); no hay ninguna oportunidad para juegos sociales como el *scrabble*; los productos alimenticios deberán emplear grasa vegetal o de res).

Tabla 14.2

Marketing en el mundo islámico (cont.)

Elementos	Implicaciones para el marketing
I. *Medio ambiente.* El universo que Dios creó era puro. En consecuencia, la tierra, el aire y el agua se deberán conservar como elementos sagrados.	Anticipar actos en defensa del medio ambiente y en contra de la contaminación; oportunidades para las compañías interesadas en mantener un ambiente limpio; fácil aceptación de mecanismos de control de la polución por parte de la comunidad (por ejemplo, recientes esfuerzos de Turquía han sido bien recibidos por las comunidades locales).
J. *Culto.* Cinco veces al día; tiempo para diversas plegarias.	Necesidad de tomar en cuenta la variabilidad y el cambio en los momentos de oración para planear llamadas de ventas, cronogramas de trabajo, horarios de negocios, tráfico de los clientes, etc.
II. Cultura islámica	
A. Obligación con la familia y tradiciones tribales	Importancia de los miembros de mayor edad en la familia o tribu como líderes de opinión; las referencias del cliente a través de la comunicación oral informal pueden ser definitivas; alianzas sociales o de clanes, afiliaciones y asociaciones pueden ser posibles sustitutos para grupos de referencia; la publicidad de productos orientados para el hogar que hacen énfasis en el rol de la familia pueden ser muy efectivos, por ejemplo, juegos electrónicos.
B. Las obligaciones hacia los padres son sagradas	La imagen de productos funcionales puede ampliarse con anuncios que hagan énfasis en los consejos o la aprobación de los padres; incluso en productos para niños, deberá hacerse menos énfasis en los niños como las personas que toman la decisión.
C. Obligación de brindar hospitalidad a propios y extraños	Los diseños de producto que son símbolos de hospitalidad tienen una gran expresión; el índice de aceptación de un nuevo producto se puede acelerar y facilitar mediante presentaciones con base en la comunidad.
D. Obligación de conformar códigos de conducta sexual e interacción social, que pueden incluir lo siguiente:	
1. Indumentaria modesta para las mujeres cuando están en público	Las mujeres pueden vestir ropa más colorida y accesorios en su hogar; de modo que la promoción de productos para uso en privado podría ser más íntima, como en el caso de audiencias que se podrían alcanzar de forma más efectiva con revistas para mujeres; evitar el empleo de imágenes impúdicas e implicaciones sexuales en las presentaciones públicas.
2. Separación de las audiencias masculina y femenina, en algunos casos	Con frecuencia, se puede llegar a las mujeres consumidoras sólo con mujeres como agentes de ventas, catálogos, demostraciones en el hogar y almacenes especializados para mujeres.
E. Obligaciones con eventos religiosos; por ejemplo, se celebran dos festividades religiosas de mayor importancia: *Eid-ul-Fitr* y *Eid-ul-Adha*	Se relacionan con la compra de nuevo calzado, ropa, dulces y los artículos para la preparación de los alimentos para reuniones familiares y de carácter religioso. Es costumbre dar dinero en lugar de regalos. Sin embargo, ha aumentado un cambio para tratar de recibir más los regalos; debido al calendario lunar, las fechas no son fijas.

Mushtaq Luqmani, Zahir A. Quraeshi, and Linda Delene, "Marketing in Islamic Countries: A Viewpoint," *MSU Business Topics*, Summer 1980, pp. 20-21. Reimpreso con autorización.

   c. Las acciones de los competidores
2. Existen varias estrategias para ingresar en mercados extranjeros:
   a. Exportación (directa o indirecta)
   b. Concesión de licencias
   c. *Joint venture*
   d. Alianzas estratégicas
   e. Fabricación local
3. Los comercializadores deben decidir si estandarizan o adaptan su esfuerzo de marketing cuando ingresan a mercados extranjeros.
4. Se deben hacer ajustes en razón a la dinámica de los siguientes factores:
   a. El ambiente económico (el tamaño del mercado y la naturaleza de la economía).
   b. El ambiente político/legal (el rol del gobierno, la ideología del país hacia el marketing y la estabilidad del gobierno).
   c. El ambiente cultural (materiales, idioma, estética, educación, religión, actitudes/valores, organización social).

Principales exponentes del marketing internacional y la promoción

Existen muchos y grandes mercados extranjeros importantes para empresas de Estados Unidos. El mercado mundial es en extremo dinámico; a diario surgen nuevas oportunidades mientras que otras se cierran. Considere la apertura y el cierre del mercado en China en 1990. Sin embargo, varios se mantienen estables y ofrecen una fuente sustancial y confiable de ingresos para un buen número de empresas norteamericanas.

Europa 1992*

En la actualidad, el libre comercio es prácticamente total entre Alemania, Francia, Italia, el Reino Unido, España y los Países Bajos; aunque conservan su *status* como naciones independientes, se han de convertir en el mercado común más grande del mundo con más de 320 millones de consumidores y un poder de compra 25% mayor que el de Estados Unidos. Esta unificación permite a los comercializadores desarrollar un producto estandarizado para 12 países en lugar de adaptar productos para satisfacer las reglamentaciones y restricciones de cada uno. La unificación de la moneda también se extenderá al sistema bancario y a las operaciones comerciales.

Aunque muchas fronteras legales cayeron en 1992, suponer que las culturales también caerán es un error. En la tabla 14.3 se presenta un listado de las diferencias en las restricciones de marketing que aún persisten en Europa. Judie Lammon, directora de investigación de J. Walter Thompson Co, de Londres, predijo: "La Europa del año 2000 se caracterizará por tanta diversidad como la que ahora existe, tal vez más, pero la diferencia es que ésta y la fragmentación serán un estilo de vida, valores y opciones individuales que cruzaran las fronteras"[8].

El Cinturón del Pacífico

Las naciones del Cinturón del Pacífico incluyen a Japón, China, Corea del Sur, Taiwan, Singapur, Hong Kong, Filipinas, Malasia, Indonesia, Australia e Indochina. En conjunto, estos países representan un mercado de más de 1,500 millones de habitantes[9].

El Cinturón del Pacífico está pleno de oportunidades. Asia es el mercado más importante del mundo para vehículos, equipo de telecomunicaciones, sillas de aviones, pintura y cantidad de otros productos. Además, está llena de competidores que incluyen no sólo compañías japonesas sino conglomerados en crecimiento de otros países de la región (*véase* tabla 14.4). Hacia 1990, los productores asiáticos, fuera de Japón, habían alcanzado 25% del mercado global en computadores personales[10].

Sin embargo, Japón es el líder del Cinturón del Pacífico. Los japoneses han hecho tremendas incursiones en los mercados consumidores mundiales de automóviles, motocicletas, relojes, cámaras, equipos de audio y video, y finca raíz.

Muy criticado por Occidente debido a su renuencia para aceptar importaciones, Japón parece abrir su mercado doméstico a competidores extranjeros. Los jóvenes japoneses anhelan comprar productos occidentales. Debido a la formidable resistencia ocasionada por los costos y las trabas para entrar al mercado japonés, el resto de Asia puede ofrecer grandes compensaciones para los comercializadores internacionales. Por ejemplo, Singapur es muy receptivo a las inversiones foráneas y está an-

* *N. de T.* Término con que se conocen las medidas y disposiciones fruto del Acta Única Europea, aprobada en 1986 y dirigida a tener efectos en 1992, que trata de eliminar todas las barreras al libre flujo de bienes, servicios, capital e incluso trabajo entre los países de la U.E.

Tabla 14.3
Diferencias en las restricciones de marketing

País	Cigarrillos	Condones	Productos de higiene femenina
Inglaterra	No hay anuncios en televisión. No aparecen personas ni animales en los anuncios.	No se presentan anuncios por televisión antes de las 9 p.m. No se puede mostrar el producto fuera de su empaque. La venta se realiza con máquinas dispensadoras.	No se presentan anuncios por televisión durante horario familiar o en espacios de programación religiosa. No se puede mostrar el producto fuera de su empaque. No se pueden mencionar las características físicas del producto. No se pueden emplear las palabras *menstruación, periodo* o *flujo*.
Francia	No se presentan anuncios por televisión. El contenido del anuncio se restringe al *copy* (texto) y los elementos que aparecen en un empaque o en una gráfica. No hay presentaciones para puntos de compra.	Desnudez parcial en anuncios de televisión. Sólo se puede promover como psicoprofiláctico. Muestras gratis con anuncios impresos.	Anuncios por televisión en cualquier horario; se puede mostrar el producto. En los anuncios por televisión no se pueden utilizar modelos menores de 16 años, pero sí en los avisos impresos.
Italia	No hay publicidad en televisión, ni exterior ni presentaciones en puntos de compra. Se permite el patrocinio de actividades culturales y deportivas.	No se presentan anuncios en la televisión estatal; se pueden presentar en cualquier horario en las estaciones privadas. Sólo se puede promover como anticonceptivo.	No se presentan anuncios por televisión en horarios de comidas.
Grecia	No existen restricciones. No es necesario que los empaques contengan indicaciones sobre riesgos para la salud.	No hay anuncios ni en radio ni en televisión.	No hay información disponible.

Saatchi & Saatchi International, Ansel/London, London International, DDB Needham/Paris, Philip Morris. Reimpreso con autorización de *Adweek* (August 21, 1989): 41.

Tabla 14.4
Compañías que ascienden en Asia

	Ventas en millones de dólares	Utilidades en millones de dólares	Actividades comerciales
Samsung (Corea del Sur)	US$35,189	US$515	Electrónica, construcción de barcos, seguros, comercio
Daewoo (Corea del Sur)	$19,981	$115	Electrónica, construcción, automóviles, maquinaria pesada
Lucky-Goldstar (Corea del Sur)	$19,964	$285	Electrónica, químicos, comercio, construcción
Ssangyong Group (Corea del Sur)	$7,422	$172	Cemento, comercio, refinación de petróleo, construcción
Formosa Plastics (Taiwan)	$6,613	$425	Plásticos, químicos, textiles, tríplex
Li Ka-Shing Group (Hong Kong)	$3,481	$1,644	Finca raíz, telecomunicaciones, energía, comercio
Singapore Airlines (Singapur)	$2,653	$625	Aerolinea Internacional
Charoen Pokphand (Tailandia)	$2,600*	$N/A	Levante y procesamiento de aves, alimentos molidos
Sime Darby (Malasia)	$1,569	$101	Caucho y otras plantaciones, comercio, llantas
Siam Cement (Tailandia)	$1,235	$155	Cemento, maquinaria, construcción

*Estimado

Fortune (Pacific Rim 1990): 26,

Figura 14.2
Las naciones asiáticas se están convirtiendo en un mercado lleno de recursos para las empresas de Estados Unidos.
Cortesía de Singapore E D B.

sioso de establecer relaciones con los extranjeros (*véase* figura 14.2).

El Bloque Oriental

Gracias a la política de la *perestroika* que inició el ex primer ministro soviético Mikhail Gorbachev, la Unión Soviética, Polonia, Hungría, Yugoslavia, Checoslovaquia, Rumania y Bulgaria abrieron sus puertas al marketing internacional entre 1990 y 1991. Las empresas alrededor del mundo hicieron fila para entrar. General Motors Corp. ha establecido *joint ventures* en Hungría y Rumania; Siemens, Federal Express, Coca-Cola, Procter & Gamble Co. y Occidental Petroleum Corp. son unas cuantas de las empresas de Estados Unidos que buscan socios y clientes. Hace poco, de hecho, la Unión Soviética se desmanteló y en su remplazo surgió la Confederación de Estados Independientes. Como resultado, hacer negocios con los países de la confederación puede ser riesgoso por algunos años.

La situación económica y política en Europa Oriental seguirá siendo volátil durante varios años. Los comercializadores extranjeros deben controlar con sumo cuidado los hechos y proceder con cautela. Un caso para fijarse es el de las experiencias de compañías que trataron de ingresar a la antigua Unión Soviética. McDonald's negoció con la burocracia soviética durante 12 años antes de firmar un acuerdo en 1988 para abrir 20 resturantes y un centro de distribución de comidas en Moscú. La operación del McDonald's de Moscú es muy diferente de las de sus similares en Estados Unidos. Los empleados (alrededor de 650) animan, silban y aplauden a los primeros clientes que ingresan a las 10 a.m. Contrario a lo que sucede en los restaurantes rusos, a los clientes se les atiende en 60 segundos o menos. El almacén cuenta con 27 equipos de tres empleados: un cajero, un mesero y un colaborador, más asistentes y gerentes. A la hora de las comidas y en fines de semana, los clientes pueden esperar hasta dos horas; cerca de 40 de los empleados iniciales han ascendido a gerentes de grupo y sus salarios han pasado de US$2.00 a US$3.20 o US$4.00 por hora[11]. Pepsi-Cola International tardó 16 años en negociaciones, con 20 plantas embotelladoras en suelo soviético, antes de sacar al aire el primer aviso comercial pagado en la televisión de ese país.

El continente americano

El continente americano incluye las tres Américas: Norte, Centro y Sur. El atractivo de estos países para las empresas de Estados Unidos varía mucho. En 1989, Estados Unidos y Canadá firmaron el Tratado de Libre Comercio (TLC) que, en esencia, fusionó los mercados norteamericano y canadiense para crear la zona de libre comercio más grande del mundo. El acuerdo busca la eliminación en un periodo de 10 años de los aranceles y otras restricciones, de manera que bienes y servicios puedan fluir con más facilidad a través de la frontera canadiense-estadounidense. En 1990, las relaciones comerciales entre Estados Unidos y México llegaron a su mejor momento con la firma del NAFTA, es decir la ampliación del TLC al incluir a México. Por su parte, varios países de América Central y del Sur se han unido para formar una alianza latinoamericana. En América Latina existen cuatro acuerdos importantes: Mercado Común Andino, Mercado Común Centroamericano, Mercado Común y Comunidad del Caribe (CARICOM) y la Asociación para la Integración de América Latina. Esta parte del continente sigue enfrentando varios problemas que dificultan la integración económica y la cooperación entre naciones: el bajo nivel de actividad económica, la inestabilidad política y las extremas diferencias en el desarrollo económico de una nación a otra son obstáculos difíciles de vencer para el éxito de estos acuerdos de mercado.

África

Un estudio reciente del Banco Mundial predijo que es probable que a mediados de esta década la pobreza descienda casi en todo el mundo, excepto en las 47 naciones que corresponden a la región de subsahariana en África. Se espera que allí el número de personas en situación de pobreza llegue a 85 millones. A pesar del desorden en su situación política y económica, esta región aún ofrece un gran potencial[12]. Si cada nación pone sus asuntos políticos en orden, podrían ser grandes mercados. Angola, por ejemplo, tiene grandes recursos minerales y enormes extensiones de tierra, aunque las guerras y el desgreño administrativo han impedido que el país comprenda su potencial. Suráfrica tiene la economía más exitosa de la región y una vez que se superen las dificultades que dejaron los años de *apartheid*, las empresas norteamericanas de productos para consumo irán de prisa.

Repaso de conceptos

Varios mercados ofrecen fuentes sustanciales y confiables de ingresos para muchas empresas de Estados Unidos:

- Europa 1992
- El Cinturón del Pacífico
- El Bloque Oriental
- El continente americano
- África

Diseñar una estrategia de promoción internacional

La promoción en el marketing internacional desempeña el mismo rol que en las operaciones nacionales: comunicación con las audiencias de la firma para lograr ciertas metas. Sin embargo, para muchos mercados extranjeros, el énfasis promocional tiende a darse en la venta personal por encima de los otros elementos de la mezcla. Se sugieren tres funciones principales para la promoción internacional: 1) apoyar a los agentes en el exterior, 2) abrir nuevos mercados y 3) vender en el mercado extranjero[13]. La lista sugiere el rol de apoyo que tienen publicidad, promoción de ventas y relaciones públicas en muchos mercados foráneos. Para gran parte de ellos, una mezcla promocional como la que se utiliza en Estados Unidos es apropiada; no obstante, se deberán hacer evaluaciones país por país debido a que la disponibilidad y el uso apropiado de los elementos promocionales varía de un mercado a otro. En esta sección se estudiará cada elemento de la mezcla y la forma como pueden afectar su uso problemas especiales de marketing internacional.

Publicidad

El mejoramiento en la tecnología de transmisión, incluyendo la vía satélite, ha estimulado el crecimiento de la comunicación masiva y, a la vez, de la publicidad masiva casi en cada rincón del mundo. Como se indicó en la tabla 14.5, Unilever NV encabezó la inversión mundial en publicidad con US$1,900 millones en 1990. En algunos casos, la publicidad precede al producto y crea un mercado para él, como en el caso de la cámara Polaroid SX-70. El mismo anuncio de prensa y televisión se utilizó en Estados Unidos y Gran Bretaña porque muchos de los anuncios eran familiares para una gran cantidad de ingleses debido a sus frecuentes viajes a Estados Unidos. Para crear una estrategia efectiva de marketing internacional, los gerentes de promoción deben considerar con especial cuidado las oportunidades que ofrecen el ambiente, el mensaje y la mezcla de medios.

Analizar la oportunidad promocional. Un factor que influye en la efectividad es el rol que la publicidad desempeña en un país. Algunas naciones, como los Países Bajos, son muy receptivas ante una campaña multimedia sofisticada. Otras, como Etiopía e Italia, no se interesan en la publicidad debido a las condiciones económicas o la cultura.

La disponibilidad de los medios de comunicación es una segunda consideración. El gobierno puede restringir los medios o la infraestructura de comunicación. En África y el Medio Oriente, por ejemplo, el índice de aparatos de televisión es muy bajo.

Las disposiciones del gobierno representan un tercer factor que influye en la efectividad. Procedimientos dilatorios, y leyes y políticas restrictivas suelen apabullar a los comercializadores. La publicidad para cigarrillos, por ejemplo, está prohibida en algunos o en todos los medios de comunicación de Canadá, Inglaterra, Irlanda, Francia, Italia, Dinamarca, Noruega, Suecia y varias naciones más.

La situación competitiva es otra variable que afecta la publicidad internacional; la intensidad de la competencia varía enormemente. Dependiendo del mercado, las empresas internacionales podrían competir en forma aislada en contra de otras compañías internacionales o en contra de empresas nacionales.

Una consideración práctica final es la disponibilidad efectivo de las agencias de publicidad. Por lo común, existe una gran correlación entre la cantidad y la calidad de las agencias de publicidad y el ambiente económico de una nación. Sin embargo, una escasez de agencias no siempre es un problema serio. Con base en sus necesidades, una compañía norteamericana podría emplear una agencia internacional o una global, una local extranjera, una exportadora, su agencia nacional habitual o la suya propia. En la tabla 14.6 se presenta una lista de las primeras agencias de publicidad del mundo. WPP London encabeza el grupo con ingresos brutos en 1990 del orden de US$3,000 millones.

Seleccionar el mensaje. Cualquier texto o artículo sobre marketing internacional ofrece numerosos ejemplos de cómo algún comercializador (por lo común norteamericano) cometió un terrible error al utilizar una palabra que se tradujo en forma negativa, un color con una connotación demoníaca o una canción que se consideró demasiado sensual. Cada faceta del mensaje: palabras, tono, imágenes, contexto, presentador y aspecto debe analizarse con extremo cuidado. Resulta obvio que la publicidad debe emplear el lenguaje del país en donde se publica, pero las palabras deben ser más que técnicamente precisas y perfectamente traducidas. Deben reflejar el tono, la emoción y el sentimiento inherente al lenguaje. Una comunicación exitosa en un mercado extranjero entiende en el fondo los matices de la cultura, en especial del lenguaje, los valores, y las actitudes de sus consumidores. Por tanto, el proceso de diseño del mensaje debe comenzar con el contexto cultural y no con el consumidor individual.

El mercado mismo ofrece varias áreas a considerar, como lo demuestran las siguientes preguntas:

> ¿El producto se utiliza para los mismos fines en todos los países? Campbell Soup Company aprendió que sus sopas se utilizan de una manera muy diferente en Estados Unidos y en Europa Oriental y Occidental. Los consumidores franceses, por ejemplo, nunca considerarían utilizar una sopa enlatada como base para una salsa.
>
> ¿Cuál es la motivación para comprar el producto? El mismo se puede comprar por una serie de razones de funcionalidad, convenien-

Tabla 14.5
Anunciantes líderes a nivel mundial en 1990

Posición	Anunciante	Actividad comercial primaria	Países en donde se reportaron inversiones en 1990	Inversiones en Estados Unidos en 1990	Inversiones a nivel mundial en 1990	Inversiones diferentes a Estados Unidos como % de la inversión mundial
1	Univalever NV Rotterdam/londres	Alimentos	Argentina, Australia, Austria, Brasil, Gran Bretaña, Canadá, Chile, Dinamarca, Finlandia, Francia, Alemania, Grecia, India, Italia, Japón, Malasia, México, Países Bajos, Pan Arabia, Puerto Rico, Suráfrica, España, Suiza, Taiwan, Turquía	US$568.9	US$1,933.9	70.6
2	Procter & Gamble Co. Cincinnati	Cuidado personal	Austria, Gran Bretaña, Canadá, Chile, Dinamarca, Francia, Alemania, Grecia, India, Italia, Japón, Líbano, México, Países Bajos, Pan Arabia, Filipinas, Puerto Rico, España, Taiwan, Tailandia	2,284.5	3,420.1	33.2
3	Nestlé SA Vevey, Suiza	Alimentos	Argentina, Austria, Brasil, Gran Bretaña, Canadá, Chile, Francia, Alemania, Grecia, India, Italia, Japón, Malasia, Países Bajos, Pan Arabia, Filipinas, Puerto Rico, España, Suiza, Taiwan, Tailandia	635.9	1,239.4	48.7
4	PSA Peugeot-Citroen SA París	Automóviles	Argentina, Gran Bretaña, Francia, Alemania, Italia, Países Bajos, Noruega, Pan Arabia, España, Suiza	9.1*	606.3	98.5
5	Philip Morris Cos. Nueva York	Alimentos	Argentina, Austria, Gran Bretaña, Canadá, Dinamarca, Francia, Alemania, Hong Kong, Indonesia, Italia, Japón, Líbano, Malasia, Países Bajos, Pan Arabia, España, Taiwan	2,210.2	2,721.4	18.8
6	Toyota Motor Corp. Toyota Cyty, Japón	Automóviles	Australia, Gran Bretaña, Canadá, Alemania, Indonesia, Japón, Noruega, Pan Arabia, Suiza, Tailandia	580.7	1,039.2	44.1
7	Renault SA París	Automóviles	Austria, Gran Bretaña, Francia, Alemania, Italia, Países Bajos, Pan Arabia España, Turquía	0.0	442.0	100.0
8	Fiat SpA Turín, Italia	Automóviles	Gran Bretaña, Francia, Alemania, Italia, Países Bajos, España, Suiza	0.7*	441.6	99.8
9	Canon Inc. Tokio	Electrónica	Canadá, Francia, Alemania, Japón, Países Bajos	119.5	530.5	77.5
10	General Motors Corp. Detroit	Automóviles	Austria, Gran Bretaña, Canadá, Finlandia, Francia, Alemania, Italia, Países Bajos, Noruega, Pan Arabia, España, Suiza	1,502.8	1,911.8	21.4

*Indica sólo que las cifras de inversión en Estados Unidos incluyen los medios de comunicación que se midieron según el informe de LNA/ Arbitron Multi-Media Reports. Reimpreso con autorización de *Advertising Age* (October 28, 1991): 5-6-7. Derechos reservados, Crain Communications Inc., 1991.

Tabla 14.6
Agencias de publicidad líderes a nivel mundial

Posición '90	Posición '89	Sede principal de la organización de publicidad	Ingresos brutos a nivel mundial 1990	Ingresos brutos a nivel mundial 1989	Cuentas capitalizadas a nivel mundial 1990	Cuentas capitalizadas a nivel mundial 1989
1	1	WPP Group, Londres	US$2,715.0	US$2,404.0	US$18,095.0	US$16,052.0
2	2	Saatchi & Saatchi Co., Londres	1,729.3	1,575.8	11,861.7	10,802.4
3	3	Interpublic Group of Cos., Nueva York	1,649.8	1,493.7	11,025.3	9,984.6
4	5	Omnicom Group, NuevaYork	1,335.5	1,177.9	9,699.6	8,405.3
5	4	Dentsu Inc., Tokio	1,254.8	1,262.7	9,671.6	9,695.5
6	6	Young & Rubicam, Nueva York	1,073.6	925.6	8,000.7	6,652.0
7	11	Eurocom Group, París	748.5	472.3	5,065.7	3,195.5
8	7	Hakuhodo Inc., Tokio	586.3	585.5	4,529.4	4,449.2
9	9	Grey Advertising, NuevaYork	583.3	489.9	3,910.4	3,267.4
10	8	Foote, Cone & Belding Communications, Chicago	536.2	506.5	3,554.8	3,371.8
11	12	D'Arcy Masius Benton & Bowles, Nueva York	532.5	471.5	4,406.7	3,803.1
12	10	Leo Burnett Co., Chicago	531.8	483.8	3,585.4	3,245.5
13	13	Publicis-FCB Communications, París	430.0	358.8	2,910.7	2,405.4
14	14	Roux, Seguela Cayzac & Goudard, Issy les Moulineaux, Francia	346.2	224.4	2,354.5	1,713.1
15	19	BDDP Worldwide, Boulogne, Francia	236.0	151.3	1,487.4	1,061.2
16	16	Bozell, Jacobs, Kenyon & Eckhardt, Nueva York	214.0	201.0	1,570.0	1,475.0
17	15	N W Ayer, Nueva York	185.9	210.5	1,469.2	1,398.2
18	17	Tokyu Agency, Tokio	170.3	165.7	1,387.0	1,322.7
19	18	Daiko Advertising, Osaka, Japón	159.5	152.1	1,246.9	1,214.1
20	22	Alliance International Advertising Group, Londres	141.8	124.9	945.0	837.9

Nota: Las cifras son en millones de dólares
Reimpreso con autorización de *Advertising Age* (March 25, 1991): S-8-9. Derechos reservados, Crain Communications Inc., 1991.

cia y *status*, con una combinación diferente de motivaciones en cada país. En las naciones subdesarrolladas, por ejemplo, McDonald's da más *status* que conveniencia.

¿Quién toma la decisión? En las culturas patriarcales, el padre toma la mayor parte de las decisiones de compra. En el caso de ciertos productos (por ejemplo, cereales, juguetes, comidas rápidas) los niños desempeñan un rol muy activo. Sin embargo, la influencia de los niños en la compra de los productos varía en gran medida de una nación a otra, y los comercializadores deben examinar muy de cerca este patrón de compra antes de hacer generalizaciones.

Las costumbres culturales representan un factor clave que choca con el diseño de un mensaje. Por ejemplo, en Alemania y Francia muchas mujeres no se afeitan las piernas o las axilas; por consiguiente, las cuchillas de afeitar se posicionan como una compra para una ocasión especial. Los japoneses ven los desodorantes en forma diferente, de manera que el Feel Free se describe como un producto juvenil, elegante y conveniente antes que como una solución a problemas de olor. Como se indicó en el capítulo 3, estas costumbres culturales expresan valores humanos. En la sección **Un enfoque de promoción** se indica que los valores llegan incluso a determinar cómo quieren recibir las personas la información de un producto. Los europeos orientales, por ejemplo, no confían en la publicidad y quieren saber sólo los aspectos reales del producto.

La presencia o ausencia de segmentos de mercado también dicta una presentación al mensaje en otras naciones y representa una de las muchas formas exitosas para estrategias promocionales estandarizadas. Por ejemplo, un segmento de mercado como el de los estudiantes universitarios es muy similar de un país a otro. Levi's utiliza la misma presentación básica a nivel mundial para el mercado juvenil de sus jeans 501. Los usuarios del *jet set* internacional responden de manera similar a las presentaciones de joyería fina, automóviles de lujo y cosméticos caros. De manera similar, cuando las naciones se unen para compartir recursos económicos, redes de transporte o tecnologías, crean intereses comunes que también pueden servir como base para presentaciones promocionales. También se debe tomar una decisión en cuanto a lanzar una promoción en uno o varios idiomas; por ejemplo, algunos ciudadanos de Suiza hablan alemán, otros francés y la mayoría, inglés.

La figura 14.3 ilustra cómo una compañía norteamericana adapta sus anuncios a un país en particular.

Figura 14.3
Diseño de una compañía norteamericana de su campaña de anuncios para adaptarse a otro país.
Cortesía de AT&T.

Un enfoque de promoción:

Sólo los hechos

Miles de compañías occidentales hacen todo lo que pueden para vender sus productos en los mercados recién abiertos de Europa Oriental y la antigua Unión Soviética. Sin embargo, muchas de ellas se han dado cuenta de que no pueden vender a los alemanes orientales en la misma forma como lo han hecho durante mucho tiempo con los alemanes occidentales. Pasarán muchos años antes de que las actitudes de estos últimos hacia la publicidad remplacen por completo las que se construyeron durante años de gobierno comunista.

En 1990, una conferencia sobre marketing que organizó la revista *Advertising Age* en Moscú, ilustró algunas de las percepciones que los comercializadores de Occidente tendrán que superar y el tipo de información que necesitarán reunir las agencias rusas que empiezan a funcionar. Las audiencias rusa y de Europa Oriental se han acostumbrado a anuncios con base en hechos, pocas sonrisas y poco atractivo. Con frecuencia, los medios bajo control del gobierno pasaban los anuncios de productos que en realidad nadie quería. Este hecho y la prevalencia de la propaganda del gobierno en la televisión ha despertado la suspicacia de muchos espectadores con respecto a todos los anuncios.

Los ejecutivos rusos de publicidad expresaron particular interés en aprender acerca de los aspectos sutiles de la publicidad. Conocían poco acerca de la relación de las estrategias teóricas con campañas reales o sobre cómo aplicar la psicología para su beneficio. Creían que la publicidad era una actividad creativa, pero sabían poco acerca de la publicidad como una ciencia gobernada por leyes generalmente aceptadas.

Estas actitudes explican el rechazo en Europa Oriental a muchos anuncios occidentales. Los espectadores de ese lado del mundo tendrán que superar con lentitud su dieta de anuncios con base en hechos. Algunos necesitan información para decidir cómo emplear productos occidentales poco familiares, a otros no les gustará el enfoque de un anuncio orientado hacia el estilo de vida de Occidente, y los avisos comerciales agresivos, tontos o incomprensibles. Muchos espectadores rechazaron un comercial de Adidas en el cual la tenista Steffi Graff lanza contra la red mientras un león ruge, prefieren "Información directa", un bloque de cuatro minutos de información en el cual se puede presentar cualquier producto de un comercializador.

Si esa es la forma que quieren, esa les darán los brillantes anunciantes occidentales, al menos por ahora. No hay duda de que los espectadores de Europa Oriental aceptarán gradualmente los anuncios que sus contrapartes de Occidente dan por aceptados. Sin embargo, vale la pena preguntar si también aprenderán algo de ellos. ¿Es una mala idea considerar "sólo los hechos"?

Fuentes: Elena Bowes, "Lifestyle Ads Irk East Europeans," *Advertising Age* (October 8, 1990): 56; Joel Ostrow, "Ad Perestroika: Soviets Soak Up U.S. Know-how," *Advertising Age* (October 29, 1990): 50.

Seleccionar medios de comunicación efectivos. Sólo los medios impresos alcanzan un mercado mundial en forma consistente. De hecho, las limitaciones de los medios representan el área de mayor frustración para el gerente de promoción internacional. Aunque la estandarización de los medios está creciendo, aún falta uniformidad. Las estaciones de televisión de Brasil, por ejemplo, utilizan una frecuencia diferente a la de Estados Unidos, de manera que los anuncios que se producen en este último país se deben convertir electrónicamente antes de enviarlos al aire. Los medios convencionales como prensa, radio y televisión están limitados bien sea por restricciones legales o técnicas. La radio comercial aún no está disponible en Noruega, Dinamarca, Suecia, Finlandia, Suiza y Arabia Saudita. En Noruega, Dinamarca, Suecia, y Arabia Saudita, la televisión comercial no está disponible para anunciantes. Incluso, aunque se disponga de los medios, el acceso se puede restringir en parte; en Alemania, por ejemplo, los anunciantes tienen acceso a la televisión comercial sólo durante unos cuantos bloques de varios minutos cada cierto tiempo.

Las limitaciones de acceso pueden ser más severas. En naciones subdesarrolladas, pocas personas cuentan con aparatos de radio y televisión y pocas tienen educación. Por consiguiente, la publicidad en medios de radiotransmisión e impresos tiende a llegar a un mercado muy limitado, básicamente a los adinerados y mejor educados. Pepsi-Cola y Coca-Cola han tenido mucho éxito en alcanzar las masas mediante anuncios en la radio que la gente de la calle escucha en bares y hoteles.

La calidad de la transmisión y del equipo de reproducción que apoya a los medios extranjeros también es un impedimento serio. La deficiente calidad de impresión y la falta de un papel de mejor gramaje son ejemplos. Las estaciones de televisión en muchos países carecen de experiencia profesional y no pueden presentar o pautar anuncios comerciales de manera correcta.

La tecnología de los medios de comunicación internacionales está surgiendo. En 1985, Sky Channel, un canal de televisión por satélite, en ese entonces propiedad de Rupert Murdoch, contaba con 12.5 millones de televidentes. En Noruega y Suecia, donde el gobierno prohibe la publicidad en las redes de televisión nacionales, 98% de los espectadores con acceso a Sky Channel lo vieron al menos una vez durante un periodo de tres meses[14]. También se ha registrado un aumento en la transmisión de programas de redes de televisión en Estados Unidos, mediante la adquisición de derechos de transmisión, con lo que se abren nuevos mercados para los anunciantes y comercializadores.

Los avances en el correo directo ofrecen entradas importantes para los medios en mercados extranjeros. En los del sudeste asiático, en donde los medios impresos son escasos, el correo directo se considera una de las formas más efectivas para llegar a quienes son responsables de la compra de bienes industriales[15].

Repaso de conceptos

Es necesario hacer varias consideraciones cuando se diseña publicidad para otras naciones.

1. Factores generales a considerar:
   a. Rol de la publicidad
   b. Disponibilidad de medios de comunicación
   c. Disposiciones del gobierno
   d. Situación competitiva
   e. Calidad/disponibilidad de agencias de publicidad
2. Al seleccionar el mensaje, el gerente de promoción debe:
   a. Reflejar con precisión idioma, valores y actitudes
   b. Entender cómo se utiliza el producto y qué motiva las compras
   c. Identificar a quienes toman las decisiones
   d. Comprender las costumbres culturales
   e. Tratar de identificar segmentos de mercado
3. Consideraciones al seleccionar el medio:
   a. Evaluar la disponibilidad y la estandarización
   b. Evaluar las limitaciones técnicas.

Venta personal

La venta personal es la herramienta de promoción más común que se utiliza en mercados extranjeros. Puede ser el elemento dominante de la mezcla al menos bajo dos condiciones: 1) cuando el uso de la publicidad o de los medios está restringido y 2) cuando la escala salarial es tan baja que permite emplear una gran fuerza laboral local.

El comercializador internacional debe determinar primero el rol que la venta personal deberá desempeñar en cada mercado, en comparación con los otros elementos de la mezcla. Una vez que se ha tomado esta decisión, comienza la administración diaria del trabajo de la fuerza de ventas, que incluye muchas de las mismas tareas básicas que se asocian con el manejo de la fuerza de ventas nacional: reclutamiento, selección, entrenamiento, motivación, remuneración y evaluación.

Reclutamiento y selección. Se acostumbra reclutar y seleccionar a los vendedores dentro del mercado local mediante personas que lo conocen mejor. También se dispone de otras dos fuentes: *extranjeros con experiencia*, personas que no son nativos del país pero que tuvieron un cargo de dos o tres años en un mercado extranjero en particular, y el *personal cosmopolita* que son las personas familiarizadas con numerosos mercados extranjeros y que a la vez trabajan en varias naciones. Cada vez se hace más difícil encontrar extranjeros de gran nivel que deseen vivir en el exterior por periodos largos y es muy costoso contratar personal cosmopolita[16].

Existen algunas restricciones para reclutar y seleccionar vendedores en otros países. Lo más notable es el punto de vista negativo en muchas naciones con respecto a las ventas como una carrera. Además, el número de personas con las características deseadas y la formación educativa puede ser limitado. Por otro lado, muchas naciones imponen sanciones a la contratación de expatriados y cosmopolitas. En Argentina, por ejemplo, las compañías extranjeras deben hacer todos los esfuerzos para contratar un vendedor local antes de que se les permita traer uno del exterior. Incluso entonces, existe un límite.

El manejo de estas restricciones ha obligado a muchos comercializadores internacionales a diseñar posiciones de ventas para ajustarse a los aspectos fuertes y a las limitaciones de naciones específicas. De ese modo, las responsabilidades del trabajo varían de un mercado a otro. En España, por ejemplo, IBM tiene un vendedor de esa nacionalidad quien se encarga de los aspectos de la venta técnica.

Entrenamiento. El sitio y el contenido del entrenamiento depende de la naturaleza del trabajo y de la preparación previa de la fuerza de ventas. Para los vendedores locales, el entrenamiento se suele presentar en su propio país y se concentra en información acerca de la compañía y del producto. Para los expatriados, al comienzo el entrenamiento se hace en el país de origen de la firma con un enfoque en las costumbres y problemas especiales del país anfitrión. Para ambos tipos de personal, el entrenamiento en ventas debe afrontar problemas que se pueden originar en comportamientos y actitudes largamente establecidos. Los norteamericanos, en particular, acostumbran pensar en que hay poco que aprender de una cultura extranjera o de una forma diferente de hacer las cosas. Esta actitud es un error.

Como suele existir una separación física entre el comercializador internacional y la fuerza de ventas local, el entrenamiento continuo es muy importante. El personal de la oficina principal deberá revisar muy a menudo la efectividad del esfuerzo de entrenamiento y evaluar el nivel de retención.

Motivación y remuneración. Las técnicas de motivación y remuneración o compensación se deben diseñar para satisfacer las necesidades locales. En muchos países, vender es un trabajo de nivel inferior y el comportamiento cultural propio es no hablar con extranjeros. En naciones donde las ventas tienen poco *status*, entrenamiento superior, títulos y premios económicos son de gran utilidad. Al final, cada método que se emplee para motivar al vendedor extranjero se deberá examinar en busca de su compatibilidad cultural[17].

Controlar y evaluar a la fuerza de ventas. Las técnicas de control y evaluación que se utilizan en Estados Unidos también son aplicables en el extranjero. Sin embargo, el gerente debe aprender acerca del mercado local para valorar su potencial y asignar territorios y cuotas de ventas. La comparación de los mercados es una tarea adicional que da al gerente una mejor idea del posible nivel de desempeño.

Tratar con múltiples mercados con potenciales de ventas muy diferentes convierte la evaluación en una tarea exasperante. ¿Se deberá evaluar a los vendedores por su desempeño individual o se deberá comparar con vendedores de otros mercados? La evidencia apoya la comparación[18].

Promoción de ventas

La decisión de utilizar la promoción de ventas a nivel internacional normalmente es la tercera opción después de considerar venta personal y publicidad. No obstante, con frecuencia las promociones de ventas son más atractivas que otros elementos promocionales. Los consumidores de países menos ricos tienden a interesarse de modo especial en ahorrar dinero a través de descuentos, muestras de producto, premios o concursos. Por otro lado, la promoción de ventas puede promover una estrategia para obviar restricciones publicitarias. Además, es una forma de llegar a personas de zonas rurales o menos accesibles al mercado[19]. Coca-Cola y PepsiCo han dedicado parte de su presupuesto publicitario para América Latina con camiones carnaval que realizan viajes frecuentes a regiones aisladas para promover sus productos. Estos camiones llevan entretenimiento gratuito que incluye películas y distribuyen productos gratis junto con cupones para productos adicionales. Las muestras de producto también se dejan en almacenes locales lo mismo que premios como relojes, ropa y termómetros.

Con frecuencia, las restricciones en contra de la promoción de ventas son más severas en naciones distintas a Estados Unidos (*véase* figura 14.4). Por ejemplo, leyes que no permiten que los promotores entreguen premios o regalos; inclusive, cuando se permiten, el valor del premio se puede limitar a un porcentaje del valor del producto adquirido o debe estar relacionado directamente con el producto de compra (por ejemplo, una salsera que se entrega con un aderezo para ensalada). En Francia, los anunciantes y comercializadores deben mantener registro de sus gastos en promoción de ventas y las cantidades en dinero está limitada. En muchas naciones de ha-

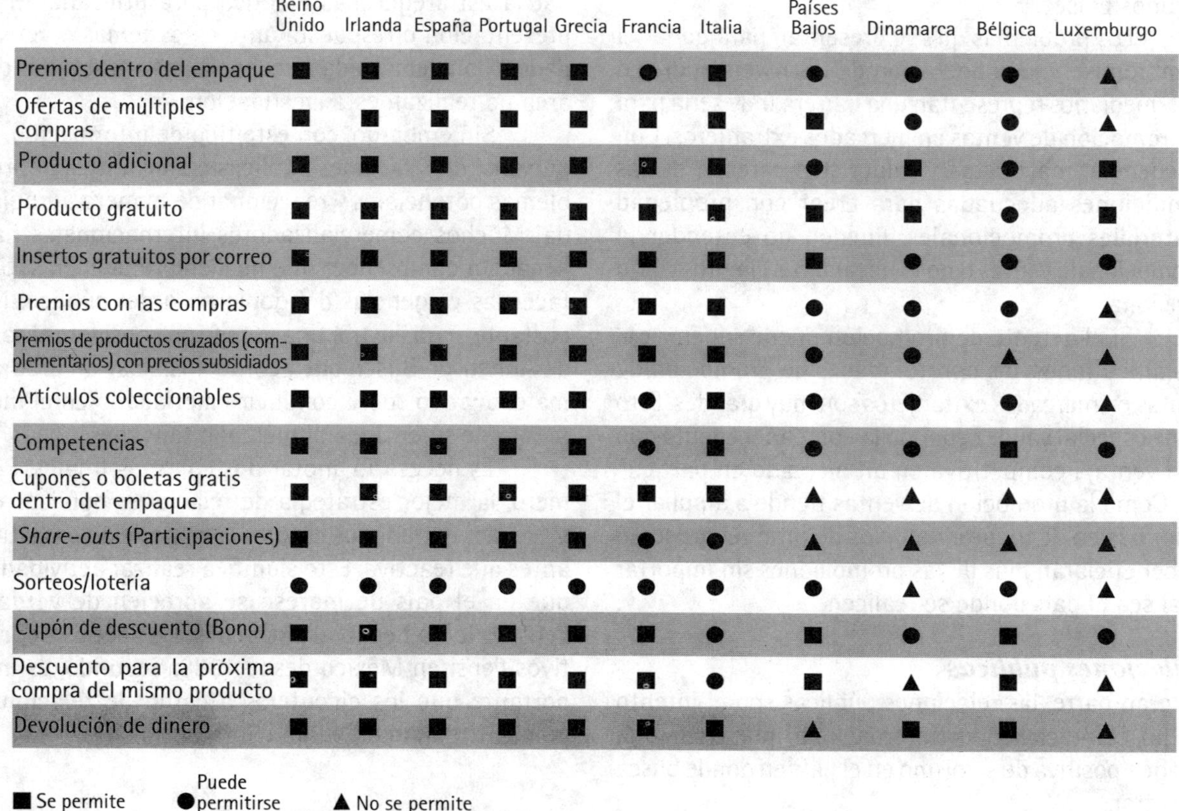

	Reino Unido	Irlanda	España	Portugal	Grecia	Francia	Italia	Países Bajos	Dinamarca	Bélgica	Luxemburgo
Premios dentro del empaque	■	■	■	■	■	●	■	●	●	●	▲
Ofertas de múltiples compras	■	■	■	■	■	■	■	■	●	●	▲
Producto adicional	■	■	■	■	■	■	■	●	■	●	■
Producto gratuito	■	■	■	■	■	■	■	■	■	●	■
Insertos gratuitos por correo	■	■	■	■	■	■	■	■	●	●	●
Premios con las compras	■	■	■	■	■	■	■	●	●	●	▲
Premios de productos cruzados (complementarios) con precios subsidiados	■	■	■	■	■	■	■	●	●	▲	▲
Artículos coleccionables	■	■	■	■	■	●	■	●	●	●	▲
Competencias	■	■	■	■	■	●	■	●	●	■	●
Cupones o boletas gratis dentro del empaque	■	■	■	■	■	■	■	▲	▲	▲	▲
Share-outs (Participaciones)	■	■	■	■	■	●	●	▲	▲	▲	▲
Sorteos/lotería	●	●	●	●	●	●	●	●	▲	●	▲
Cupón de descuento (Bono)	■	■	■	■	■	■	●	■	●	■	●
Descuento para la próxima compra del mismo producto	■	■	■	■	■	■	●	■	▲	■	▲
Devolución de dinero	■	■	■	■	■	■	■	▲	■	■	▲

■ Se permite ● Puede permitirse ▲ No se permite

Figura 14.4
Restricciones en contra de la promoción de ventas en algunos países europeos.
Reimpreso con autorización de Advertising Age (April 30, 1990): S-11. Derechos reservados, Crain Communications Inc., 1991.

bla hispana, los juguetes típicos que se encuentran en los cereales para niños se han prohibido debido a su falta de valor. Sin embargo, Procter & Gamble incluyó con éxito una imagen navideña gratuita en cada caja de uno de sus detergentes. De nuevo, la influencia de la cultura es evidente.

Los cupones, la herramienta de uso más frecuente en Estados Unidos, está prohibida en muchos países y tiende a desempeñar un rol menor en naciones como Suecia o el Reino Unido, en donde también se emplean. En la mayor parte de mercados extranjeros, las reducciones de precio en el almacén son la herramienta de promoción de ventas más importante, seguida por los descuentos para distribuidores mayoristas y minoristas. Además, en algunas naciones tienen importancia las muestras de producto, los paquetes dobles y las presentaciones dentro del almacén. La desconfianza ante comercializadores extranjeros hace obligatoria la entrega de garantías en algunos países.

Los problemas que se presentan para ganar el compromiso y la cooperación de los revendedores o intermediarios representan una barrera muy seria para la promoción de ventas en mercados extranjeros. Con frecuencia, mayoristas y minoristas carecen de las condiciones adecuadas para crear con propiedad materiales promocionales. Pueden no entender la promoción de ventas o no explicar a sus clientes cómo funciona.

Si el gerente de promoción puede superar estas dificultades, las oportunidades de promoción de ventas en mercados extranjeros son muy grandes. Esto tiene especial validez cuando la compañía cuenta con una ventaja competitiva en un mercado en particular. Como la promoción de ventas tiende a ampliar el valor básico de un producto, los de gran recordación se beneficiarán más de las promociones sin importar cuál sea el país donde se realicen.

Relaciones públicas

En gran parte, las relaciones públicas son el intento de un comercializador internacional por crear una imagen positiva de sí mismo en el país en donde busca penetrar.

Las relaciones públicas juegan un rol tanto proactivo como reactivo para la mayoría de los comercializadores internacionales; es proactivo en el sentido de que una compañía internacional desarrolla una estrategia de relaciones públicas que especifica una mezcla promocional e incluye pautas y distribución de presupuesto. La estrategia podría incluir comunicados de prensa, conferencias de noticias, visitas a la fábrica y patrocinio de actividades. Las relaciones públicas reactivas se refieren a la manera como los planes del comercializador internacional responden ante eventos no planificados como fracasos del producto, catástrofes y errores de comportamiento del personal. Como los países en donde se busca entrar son muy sensibles a las indiscreciones de visitantes extranjeros, las relaciones públicas reactivas deben tener una especial actitud de respuesta.

Para que las relaciones públicas internacionales sean efectivas deben comenzar con una investigación primaria, la cual deberá 1) identificar los públicos relevantes en cada mercado, 2) evaluar cómo afectarán a los diferentes públicos las distintas actividades o temas de relaciones públicas, y 3) determinar la estrategia más efectiva para utilizarla en la presentación o respuesta ante estos temas o actividades. Con demasiada frecuencia, los encargados del área no realizan esta ivestigación.

Sin embargo, con este tipo de información, el personal de relaciones públicas puede anticipar problemas potenciales y reaccionar de manera apropiada. Muchos comercializadores internacionales han llegado a comprender que no siempre pueden satisfacer las exigencias del gobierno o del público. No obstante, para ilustrar una excepción considere el caso de Anheuser-Busch que acordó auspiciar un programa educativo sobre conducir embriagado en el momento de su entrada al mercado taiwanés.

Es necesario anotar dos consejos finales. Primero, la mejor estrategia de relaciones públicas en mercados extranjeros es tomar una posición proactiva antes que reactiva. Esto significa realizar actividades que en el país de ingreso se aprecien de verdad. PepsiCo lo ha hecho al patrocinar los Juegos Deportivos Pepsi en México desde 1988. Segundo, es importante que los ejecutivos a cargo de relaciones públicas tengan prestigio e influencia.

Repaso de conceptos

Los elementos de la mezcla promocional tienen aplicaciones además de la publicidad en mercados extranjeros.

1. La venta personal tiene especial atractivo en mercados foráneos cuando hay restricciones publicitarias o los salarios son bajos. La fuerza de ventas puede incluir vendedores locales, expatriados y cosmopolitas.
2. La promoción de ventas es un sustituto atractivo para la publicidad o la venta personal en naciones subdesarrolladas. Sin embargo, tiene grandes restricciones en mercados extranjeros.
3. Las relaciones públicas se utilizan para crear una imagen corporativo en mercados extranjeros. Las estrategias de relaciones públicas se deberán basar en una investigación extensiva.

Caso 14

La publicidad en Japón

Muchos norteamericanos crean estereotipos de los métodos japoneses de negocios calificándolos de deliberados y laboriosos, dominados por la tradición. Sin embargo, recientes progresos en el mundo japonés de la publicidad han demostrado el error de esta imagen y han disminuido la importancia que tiene para las empresas de Occidente mantenerse al corriente de los avances de los mercados y los comercializadores japoneses.

Un adelanto importante en la publicidad japonesa es el uso creativo de medios alternos. Search Vision, por ejemplo, proyecta imágenes en aviones o globos aéreos. Del-Vision crea imágenes tridimensionales que no requieren de lentes especiales debido a la aplicación de espejos curvos. Magic Vision mezcla imágenes de objetos reales y reflejos mediante una técnica cinematográfica conocida como transparencias.

Los enfoques de dos importantes fabricantes norteamericanos de máquinas de afeitar demuestran cómo se pueden aplicar diferentes actitudes occidentales en la publicidad en Japón. Gillette es el líder mundial en máquinas para afeitada húmeda, pero ha estado luchando para ganar cerca de 10% del mercado japonés. Por mucho tiempo se ha basado en productos e imágenes de Occidente. Cuando el mercado japonés se abrió a los fabricantes de máquinas de afeitar en 1962, Gillette decidió utilizar su propia fuerza de ventas en lugar de contratar a un distribuidor local, y aunque en ocasiones ha empleado actores japoneses para sus comerciales, por lo general, la empresa promueve sus productos con los mismos comerciales que utiliza en Occidente. Para vender su popular máquina Sensor, por ejemplo, Gillette presentó casi exactamente el mismo comercial y empaque que utilizaba en Estados Unidos. Su campaña de Sensor ayudó a elevar su participación en el mercado japonés de máquinas de afeitar hasta 25%.

Sin embargo, esto no parece preocupar a Warner-Lambert cuya marca Shick cubre más de 60% del mercado de máquinas para afeitada húmeda. Desde el comienzo, Shick ha tratado de seguir el estilo japonés. En 1962, mientras Gillette buscaba atrapar el mercado por su propia cuenta, Shick contrató a Seiko Corporation para manejar su distribución, una estrategia que superó con rapidez a su principal rival. Shick proclama con orgullo que durante años no ha utilizado actores que no sean japoneses para sus comerciales. Inclusive, cambió el nombre del producto que sacó como repuesta a Sensor de "Tracer" a "FX" porque, sostiene la compañía, los japoneses encuentran el nombre más fácil de pronunciar.

Ambas compañías reconocen que la principal barrera para que sus ventas en Japón aumenten puede ser la popularidad de las afeitadoras eléctricas; para atraer a los jóvenes antes de que se inicien en este hábito, Shick regala máquinas a los adolescentes y utiliza estrellas japonesas del pop, anuncios sensuales y promociones en revistas de *comics* populares. Gillette tiene un gran trabajo por hacer.

Preguntas sobre el estudio de caso

1. ¿Cómo evaluaría usted el buen resultado reciente de Gillette con respecto a Shick?
2. ¿Qué factores deberá considerar Gillette para tener éxito en Japón?

Fuentes para el estudio de caso: Yukimo Ono, "Gillette Tries to Nick Shick in Japan," *The Wall Street Journal* (February 4, 1991): B1. David Kelburn and Julie Skur Hill, "Creatively Cracking Through Ad Clutter," *Advertising Age* (December 10, 1990): 41. Julie Skur Hill, "Patiently Racing Around the World," *Advertising Age* (December 10, 1990): 35.

Síntesis

Las empresas comerciales ingresan a mercados extranjeros debido a la saturación del mercado en su propio país, la ubicación de los clientes y las acciones de sus competidores. Este capítulo trata algunos de los factores primarios a considerar antes de ingresar a un mercado foráneo. Además, se estudia cómo se debe cambiar la promoción para tener éxito en esos mercados.

El capítulo comienza con un análisis de las diferentes estrategias para entrar a mercados extranjeros: exportación, concesión de licencias, *joint ventures* y alianzas estratégicas. También se estudia el concepto de globalización de Levitt. Aún sigue el debate de si las compañías deberán estandarizar sus esfuerzos de marketing a través de mercados y países.

A continuación, en el capítulo se consideran los diversos factores ambientales que influyen en la decisión de ingresar a mercados internacionales. Estos factores incluyen 1) el ambiente económico, 2) el ambiente político y legal, y 3) el ambiente cultural.

Los mercados extranjeros que cuentan con una fuente estable y confiable de ingresos y/o productos para empresas norteamericanas incluyen a Europa, el Cinturón del Pacífico, el Bloque Oriental, el continente americano y África.

El capítulo concluye con una apreciación de los factores que se han de considerar antes de implementar una estrategia promocional en otra nación. La publicidad, por ejemplo, se ve afectada por la actitud hacia ella, las diferencias del lenguaje, su rol, la disponibilidad de los medios, las disposiciones del gobierno y la situación competitiva. Muchas de estas mismas consideraciones limitan la venta personal junto con la dificultad para hallar, entrenar y conservar vendedores competentes. Las promociones de ventas encaran las restricciones más severas. Para mantener el buen nombre del país de ingreso, los responsables de relaciones públicas deberán adoptar una posición activa y asertiva hacia la tarea a realizar, y los ejecutivos del área deberán tener el suficiente prestigio como para tratar con funcionarios extranjeros.

Preguntas de análisis

1. Analice las razones por las cuales una compañía trataría de ingresar a mercados extranjeros.
2. ¿Qué deben tener en cuenta los comercializadores antes de decidirse a ingresar o no en actividades de marketing internacional?
3. Cummins Engine ha determinado que el mercado de Estados Unidos para sus productos primarios está saturado. Le agradaría ingresar a México. Describa las estrategias de entrada disponibles.
4. Muchos países tienen un índice bajo de alfabetismo. ¿De que manera podría ajustar una compañía su programa de marketing para superar este problema?
5. Un compañía norteamericana fabricante de maletas, con ventas anuales por más de US$100 millones, ha decidido comercializar sus productos en América del Sur. Evalúe los factores que deberá considerar la compañía.
6. ¿Por qué la radio y la televisión no están disponibles como medios de comunicación publicitarios en ciertas naciones? Cite algunas formas para que un anunciante pueda sortear esta limitación.
7. ¿Hasta que punto afecta a un sistema de publicidad el sistema político de un país?
8. Analice los factores primarios a considerar antes de vincularse con actividades de promoción de ventas en una nación extranjera.

9. ¿Qué alternativas tienen los anunciantes para seleccionar una agencia y realizar la publicidad en otro país?
10. Describa las dificultades asociadas con la selección y entrenamiento de una fuerza de ventas en un país extranjero.

Proyectos sugeridos

1. Entreviste a dos estudiantes extranjeros de su universidad para determinar si sus hábitos de compra difieren de los suyos. Considere factores como disponibilidad del producto, quién toma la decisión de compra, y cuándo y con qué frecuencia se compra.
2. Vaya a la biblioteca y revise los anuncios extranjeros que publica la revista *Advertising Age*. ¿En qué difieren de los que circulan en Estados Unidos y en su país para vender productos comparables? ¿Cuáles son las similitudes?

Referencias

1. Jean-Pierre Jeannett and Hubert D. Hennessey, *International Marketing Management* (Boston: Houghton Mifflin Co., 1988): 5.
2. Theodore Levitt, "The Globalization of Markets," *Harvard Business Review* (May-June 1983): 92.
3. Levitt, p. 94.
4. Philip Kotler and Gary Armstrong, *Marketing: An Introduction* (Englewood Cliffs, NJ: Prentice-Hall, Inc. 1990): 477.
5. Dean van Nest, "Global Marketing Strategy: A Study of U. S. Consumer Goods Companies," conferencia sin publicar, Pace University, 1985.
6. Vern Terpstra, *International Marketing* (Chicago: Dryden Press, 1987): 63-74.
7. Erik Wiklund, *International Marketing* (New York: McGraw-Hill, 1986): 18.
8. Janette Martin, "Beyond 1992: Lifestyle Is Key," *Advertising Age* (July 11, 1988): 59.
9. Betsy Sharkey, "Getting to Know You," *Adweek Special Report* (June 6, 1988): 34.
10. "The Rising Power of the Pacific," *Fortune* (Fall 1990): 9.
11. Rosemarie Boyle, "McDonald's Gives Soviets Something Worth Waiting For," *Advertising Age* (March 19, 1990): 51.
12. Wiklund, p. 194.
13. *Ibid.*
14. "Profile of Sky Watchers," *International Advertiser* (June 1986): 22.
15. Terpstra, p. 381.
16. Burton W. Teague, *Compensating Foreign Service Personnel*, Report nº 818 (New York: The Conference Board, 1982): 2.
17. Teague, p. 4.
18. "American Abroad: IVECO's Man in Yugoslavia," *Sales and Marketing Management* (June 1987): 77.
19. "International Direct Mail - The Most Misunderstood International Medium," *International Marketing* (January 1982): 88-92.

Glosario

A

actitud: una disposición o motivación firme, favorable o desfavorable, hacia algo.

***advertorial*:** un anuncio de 30 o 60 minutos; también se conoce como infocomercial o televenta.

alcance efectivo: cantidad de clientes potenciales que están conscientes del mensaje.

alcance: número de personas u hogares expuestos a una pauta programada o a un medio particular, al menos una vez durante un periodo específico.

alianza estratégica: estrategia para entrar a un mercado extranjero en el cual participan compañías que reúnen sus recursos sobre una base igual.

análisis de contenido: técnica de relaciones públicas que cubre radio, televisión, periódicos y revistas, como si los medios fueran personas que responden a un estudio de opinión pública.

análisis de la situación: intento por identificar y valorar todos los factores del ambiente que afectan el plan de marketing.

análisis marginal: base teórica para determinar el tamaño del presupuesto de promoción.

anuncios en pantalla: anuncios que incluyen ilustraciones, titulares, espacios en blanco y otros mecanismos visuales además del texto.

aplicación: en combinación con la recuperación, la etapa final en el procesamiento de información; el uso de información importante para resolver un problema o satisfacer una necesidad.

aprendizaje cognoscitivo: forma de aprendizaje que incluye pensamiento y conciencia.

aprendizaje de comportamiento: forma de aprendizaje que no requiere de un esfuerzo consciente sino que depende de una asociación entre hechos.

apropiación: cantidad máxima de dinero destinada a un propósito específico.

aprovechamiento para el distribuidor: premio o incentivo que da un fabricante a un distribuidor por comprar una determinada cantidad de producto.

atención: segundo paso en la secuencia de procesamiento de información, en la cual el consumidor debe aplicar recursos mentales a los estímulos con el fin de procesarlos.

avisos clasificados: todos los tipos de mensajes distribuidos y clasificados según su interés.

B

base de datos: sistema que contiene información acerca de clientes habituales y clientes potenciales, y que se ha reunido a través de un tiempo considerable.

C

campaña: herramienta de planeación que coordina el envío o emisión de los mensajes a diversas audiencias.

campo de acción: variedad de beneficios, características y términos de ventas estudiados.

canal de distribución: mecanismo de marketing que se utiliza para presentar, enviar y ofrecer el producto a los clientes.

centralidad: característica de una actitud que depende del grado en el cual ésta se halla unida a valores.

ciclo de vida del producto: patrón predecible de desarrollo de un producto.

cobertura neta: número real de personas expuestas a un mensaje.

comercio: vendedores mayoristas y minoristas que manejan o distribuyen el producto del fabricante; también se conocen como revendedores o distribuidores.

compra adelantada: comprar más mercancía de la necesaria durante un periodo de transacciones.

comunicación oral informal: mensajes que se intercambian entre las personas y que no están bajo control del patrocinador.

comunicadores: componentes de cada sistema de comunicación que consta de fuente y receptor.

concepto focal: idea clave que contiene un mensaje promocional.

concesión de compra: pago que hace un fabricante a un distribuidor para la venta de una deteminada cantidad de producto durante un lapso determinado.

concesión de presentación: pago que el fabricante hace al distribuidor minorista de manera que este último seleccionará la presentación y ubicación del producto del fabricante.

concesión especial de precios: promoción de ventas dirigida hacia los revendedores o intermediarios que distribuyen productos a consumidores finales.

condicionamiento clásico: un tipo de aprendizaje de comportamiento en el cual se aprende una respuesta como resultado de la aplicación pareada de dos estímulos.

condicionamiento por instrumentos: tipo de aprendizaje de comportamiento en el cual una respuesta se aprende o refuerza al ser asociada con ciertas consecuencias.

confiabilidad: el hecho de que los mismos resultados se repiten cada cierto tiempo.

continuidad: momento oportuno y frecuencia de las inserciones en los diferentes medios.

control de imagen en offset digital: proceso de control de impresión por computador que permite que el programa cambie partes del mensaje.

control: sistema continuo para seguir la pista a todas las actividades importantes de relaciones públicas.

***copy* (texto) de precio:** contenido de un mensaje que se dirige principalmente al tema del precio.

credibilidad: grado de credibilidad y confiabilidad de la fuente percibido por el receptor.

cubierta: combinación de herramientas de promoción de ventas enviadas a través del mismo vehículo para imprimirle mayor alcance o cubrimiento a dichos medios.

cuota de ventas: parte representativa del total del objetivo de ventas asignada a un vendedor, al territorio o a algún otro segmento de la operación.

cupones: certificados legales que otorgan descuentos específicos sobre productos seleccionados, cuando se presentan para ser redimidos en el punto de compra. Son entregados por el fabricante o el distribuidor minorista.

cupones comerciales: cupones que se ofrecen al minorista local como un enlace que ha de aparecer en sus anuncios; el fabricante paga por la publicidad y le entrega al minorista una autorización por anticipado.

D

decisión con alto compromiso: decisión importante para el consumidor porque indica un gran compromiso de su parte.

decisión con bajo compromiso: decisión que no es importante para el consumidor.

descuento en el precio: reducción en el precio; también se conoce como transacción sin centavos.

dinero de impulso: pago extra dado a los vendedores por una reunión específica.

disonancia cognoscitiva: teoría que afirma que existe desacuerdo cuando hay inconsistencias en el conocimiento.

E

edición selectiva: proceso computarizado que permite la creación de cientos de ediciones de una revista en una secuencia continua y la personalización de la publicidad.

ELM: *véase* modelo de posibilidad de elaboración.

empaque: recipiente que contiene el producto.

enlace: herramienta de promoción de ventas que se combina con un producto de otro comercializador que no es competencia.

estrategia de marketing: la parte más importante del plan de marketing, la cual une el plan estratégico con programas específicos.

estrategia promocional: plan que detalla cómo espera lograr la organización sus objetivos promocionales.

estrategia *pull* (de atracción): estrategia que dirige los esfuerzos de marketing al consumidor final y enfatiza en grandes inversiones en publicidad.

estrategia *push* (de impulso): estrategia que dirige los esfuerzos de marketing a los revendedores y, así, depende en gran medida de sus habilidades para la venta personal.

estudio entre "respuesta" y "sin respuesta": estudio que trata de identificar las diferencias entre las personas que respondieron y las que no respondieron a un programa de marketing directo.

exhibiciones comerciales: presentaciones programadas con regularidad y en las cuales los fabricantes presentan sus productos y toman pedidos.

exportación directa: exportación que utiliza intermediarios localizados en mercados extranjeros.

exportación indirecta: exportación que emplea un intermediario de marketing en el país de operación del exportador, quien se especializa en vender productos en países extranjeros.

exportar: vender un producto en otro país sin hacer un compromiso de producción local.

exposición: comienzo de la secuencia de procesamiento de información cuando se expone al consumidor a alguna fuente de estimulación.

F

frecuencia: número de veces que un consumidor (individuo u hogar) está expuesto a un mensaje durante un periodo dado.

frecuencia efectiva: número de mensajes promocionales necesarios para que tenga el efecto deseado sobre las personas.

frecuencia promedio de contacto: resultado que se obtiene al dividir el número total de hogares alcanzado por un plan de medios, por la cobertura neta.

fuente: uno de los dos elementos en la comunicación tradicional.

funcionario de asuntos públicos: persona responsable de las relaciones públicas dirigidas hacia el gobierno.

G

geodemografía: técnica que analiza una base de datos en términos de la distribución geográfica.

***gross rating points* (GRP):** el peso total de la media de esfuerzo, derivado de multiplicar alcance por frecuencia.

H

hábito: mecanismo de toma de decisiones sin el uso de información adicional o sin la evaluación de opciones alternas.

I

impacto: capacidad de penetración del mensaje por su creatividad, recordación o repercusión.

incentivo de ventas: también se conoce como bonos *spiffs* o dinero de impulso.

incorporación: proceso de inclusión de un mensaje, una palabra o una imagen dentro de un anuncio, dejándolo visible a simple vista.

indicador de pérdida: precio sensiblemente bajo que se ofrece para atraer consumidores.

inercia: tipo de lealtad de marca que se desarrolla cuando un consumidor no está muy involucrado en la decisión inicial para comprar un producto y no establece ningún compromiso con él, sino que simplemente responde al reforzamiento positivo que éste suministra.

infocomercial: anuncio de 30 o 60 minutos; también se llama *advertorial* o televenta.

iniciador: en el modelo de comunicación tradicional, uno de los dos comunicadores; también se conoce como fuente o codificador.

inteligencia de marketing: cualquier información que se derive de fuentes internas o externas que resulte útil para desarrollar una estrategia de mercado.

intensidad: característica de una actitud que depende del componente afectivo de la misma; la fuerza del sentimiento hacia el objeto de una actitud constituye la intensidad de ésta.

interferencia: distorsión o ruido en el proceso de la comunicación.

J

***joint venture*:** estrategia para ingresar en un mercado extranjero en el cual la compañía foránea invita a un socio del exterior a compartir la propiedad del producto en la nueva unidad. Contrato de asociación y colaboración empresarial para el desarrollo de proyectos específicos, donde se asumen riesgos involucrados y las ganancias derivadas se distribuyen equitativamente.

L

licencia: estrategia para entrar a un mercado extranjero, en la cual la compañía asigna el derecho de una patente, marca registrada o *know-how* a otra compañía, para su explotación por una cantidad, estipendio o regalía.

***lobbying*:** actividad dirigida a influir en la política de decisiones de funcionarios del gobierno.

logo: término para designar un símbolo registrado.

M

marca: nombre, término, diseño, símbolo o cualquier otra característica que identifica el bien, el servicio, la institución o la idea que vende un comerciante. Recibe protección legal.

marca distintiva: parte de la marca que no se puede utilizar o reproducir como en el caso de un símbolo, dibujo, diseño, tipo de letra distintivo o combinación de colores.

marca, estrategia de: proceso de desarrollar y seleccionar marcas y símbolos registrados.

marca, lealtad de: lealtad que surge como resultado de la vinculación del consumidor con la decisión de compra de un producto determinado.

marca registrada: marca o símbolo registrados que se encuentran bajo protección legal mediante su registro en la oficina de marcas y patentes del Departamento de Comercio.

marketing directo: marketing que no utiliza personal de ventas para vender un producto o servicio.

mercado anticipado: tiempo en el cual las redes de televisión venden gran parte de su tiempo de comerciales para el periodo o estación siguientes.

mercado de televisión: área geográfica definida en donde, por lo general, las estaciones localizadas en el centro atraen a la mayoría de la audiencia.

mercado objetivo: segmento seleccionado del mercado que puede servirse mejor desde un punto de vista competitivo.

mezcla de marketing: conjunto de herramientas de marketing: precio, canal de distribución, producto y promoción, que utiliza una firma para lograr sus objetivos de marketing en el mercado objetivo.

mezcla promocional: utilización de las cuatro herramientas de promoción: publicidad, venta personal, relaciones públicas y promoción de ventas, en una forma que ayuda a lograr los objetivos promocionales.

modelo: también se conoce como iniciador o codificador.

modelo de actitud de multiatributo: método empleado para medir la actitud general de una persona hacia una marca y determinar la evaluación del consumidor de los atributos individuales de ésta, la idea que tiene sobre estos atributos y la importancia que les asigna.

modelo de posibilidad de elaboración (en inglés, ELM): modelo que explica por qué ocurren variaciones en la elaboración de la información y cómo influyen en la comunicación.

motivo: presión o impulso inicial para emprender una acción y eliminar la tensión, satisfacer una necesidad, solucionar un problema o restablecer el sentido del equilibrio.

motivo emocional: motivo que se caracteriza por sentimientos que pueden surgir sin pensar o considerar las consecuencias sociales.

motivo racional: motivo que se sostiene mediante un proceso de razonamiento sistemático que las personas perciben como aceptable para sus compañeros.

muestras al consumidor: producto que se entrega a un consumidor de manera gratuita o por una pequeña cantidad de dinero.

N

negociación del precio: precio especial más bajo que ahorra dinero al consumidor en la compra de un producto.

nombre de marca: parte de la marca que se puede pronunciar, como palabras, letras o números.

O

objetivo de ventas: nivel de ventas deseado para un producto o línea de producto dados, en un periodo específico.

objetivos de marketing: estándares específicos de marketing que se fijan para ser alcanzados bajo ciertos procedimientos de operación para una fecha determinada.

oportunidad de marketig: necesidad o deseo que no ha sido satisfecho en forma adecuada.

P

paquete de bonificación: precio que incluye una cantidad adicional y gratuita del producto, cuando una medida estándar del mismo se compra al precio regular.

paquete en oferta: oferta en la cual se venden dos o más unidades de un producto a un precio menor, en comparación con el precio regular de una sola unidad.

patrón continuo: presentación constante de un mensaje.

patrón de pulsación: combinación de patrones continuos y de oleadas con el patrón continuo que hace énfasis durante los mejores meses de ventas.

patrón de vuelo (oleada): peso o densidad en la pauta de los mensajes durante periodos más cortos.

percepción: paso tres en la secuencia de procesamiento de la información, en el cual se asigna el significado a los estímulos recibidos a través de los sentidos.

plan de marketing: instrumento central para dirigir y coordinar el esfuerzo de marketing; parte del plan estratégico.

plan estratégico: la más amplia herramienta de planeación, que brinda dirección a todo la organización.

poder: elemento de atracción percibido por el receptor y que la fuente tiene que manejar con habilidad para premiar o castigar

precio: cantidad que el cliente paga por un bien o servicio.

precio con base en el costo: estrategia en la cual la compañía busca tener precios más bajos que los competidores.

precio con base en la demanda: estrategia en la cual una compañía compite para identificar las necesidades y gustos de los consumidores.

precio conjunto: precio especial (por lo común, más bajo) que se cobra cuando ciertos productos están unidos.

precio de gancho: precio con el que se pretende atrapar compradores de modo que se les pueda remitir a otro ítem más costoso o con un margen mayor de utilidad.

premio: recompensa tangible que se recibe por realizar una tarea en particular, usualmente al comprar un producto.

premio directo: incentivo gratuito que se entrega con la compra al momento de hacerla.

premio por correo: incentivo que requiere que el consumidor emprenda alguna acción para recibir el premio a través del correo.

presentación de ventas: parte principal (demostración) del proceso de ventas que explica con todo detalle cómo satisface el producto requerimientos del cliente.

presentación del punto de compra (en inglés, POP): exhibidor especial que el fabricante suministra sin ningún costo al minorista, para promover una marca en particular o un grupo de productos.

presentación emocional: una de las dos categorías en las cuales se pueden dividir los mensajes.

presentación racional: una de las dos categorías en las cuales se pueden dividir los mensajes.

presupuesto: detalles de cómo se aplicará la apropiación presupuestal.

procesamiento central: también se conoce como procesamiento elaborado; procesamiento de información que incluye el manejo activo de ésta.

procesamiento elaborado: también se conoce como procesamiento central; procesamiento de información que incluye el manejo activo de ésta.

procesamiento no elaborado: también se conoce como procesamiento periférico; procesamiento de información que no incluye el manejo activo de ésta.

procesamiento periférico: también se conoce como procesamiento no elaborado; procesamiento de información que no implica el manejo activo de ésta.

producto: grupo de atributos, tangibles o intangibles, que ofrece una firma.

producto para el consumidor: productos adquiridos para consumo personal o familiar, sin ninguna intención de reventa.

productos industriales: productos adquiridos por una organización o individuo que se modificarán o distribuirán a un consumidor final con el fin de lograr una utilidad o satisfacer algún otro objetivo del negocio.

profundidad de investigación: alcance del esfuerzo del vendedor para aprender los detalles del proceso de decisión del comprador.

programa de continuidad: técnica de promoción de ventas diseñada para presentar una marca al usuario por bastante tiempo, mediante la oferta de incentivos sucesivos.

promoción: función de marketing relacionada con la comunicación persuasiva de los componentes del programa de marketing hacia audiencias objetivo, para facilitar el intercambio entre el comercializador y el consumidor, y ayudar a satisfacer los deseos de ambos.

promoción de ventas: actividades de marketing que se suman al valor básico del producto o servicio por un tiempo limitado para estimular directamente al consumidor a comprar, a los miembros del canal para llevar el producto y/o promover el producto o servicio, o estimular el trabajo de la fuerza de ventas.

promociones de ventas al consumidor: promociones dirigidas a los usuarios finales del producto.

propaganda: información colocada en un medio de noticias a un costo no facturado para el patrocinador.

prueba posterior: investigación dirigida a la audiencia que ha estado expuesta a un mensaje, un medio o una fuente de comunicación.

prueba previa: investigación que se realiza antes de que la audiencia reciba la promoción.

prueba simultánea: investigación que evalúa el esfuerzo promocional mientras se realiza en el lugar de compra.

publicidad: cualquier forma pagada de comunicación no personal y promoción de ideas, bienes o servicios mediante un anunciante o patrocinador identificado.

publicidad corporativa: también se conoce como publicidad de relaciones públicas o publicidad institucional.

publicidad de conciencia: publicidad cuyo propósito fundamental es crear y mantener la conciencia de marca.

publicidad de relaciones públicas: también se conoce como la publicidad corporativa o institucional.

publicidad de respuesta directa: publicidad diseñada para motivar a los clientes y lograr alguna clase de respuesta.

publicidad por puntos: tiempo que se compra de manera directa a las estaciones locales de televisión.

publicidad, regalías de: dinero pagado por el fabricante al distribuidor por hacer publicidad a su producto.

público: diferentes grupos objetivos enfocados para recibir mensajes de relaciones públicas.

público interno: personas con quienes una organización normalmente se comunica en la rutina diaria del trabajo.

público externo: personas con quienes una organización se comunica, aunque no tengan relaciones regulares o estrechas.

R

receptor: uno de los dos agentes en la comunicación tradicional.

recuperación: combinada con la aplicación es la etapa final en el procesamiento de información; proceso mediante el cual se recupera información desde la memoria.

redes regionales: región de un país que se selecciona para una promoción y para la cual los promotores pagan a la red una tasa proporcional más una tarifa nominal por participar del servicio.

reembolso: cierta cantidad de dinero que da el vendedor cuando un comprador adquiere un producto sólo o en combinación con otros; también se llama rebaja o descuento.

relaciones financieras: rama de las relaciones públicas que se especializa en comunicarse con la comunidad financiera.

relaciones públicas: uso de la información y comunicación de ésta a través de diferentes medios para influir en la opinión pública.

retención: paso cuatro en la secuencia de procesamiento de información, en el cual ésta se almacena para posterior consulta.

retroalimentación: respuesta implícita o explícita a un mensaje.

revendedores: vendedores mayoristas y minoristas en conjunto, también se conoce como intermediarios o comercializadores.

revistas de interés especial: una forma de clasificar las revistas.

revistas de interés general: una forma de clasificar revistas no especializadas.

ritmo: velocidad a la cual el vendedor se mueve para cerrar una venta.

rol: forma prescrita de comportamiento con base en la situación y en la posición de una persona con respecto a la situación.

S

saturación del mercado: situación en la cual el mercado doméstico ha alcanzado madurez y ha dejado de crecer.

segmento del mercado: grupo de consumidores con una o más características similares.

sorteos: actividad en la cual se puede conceder un premio por azar sin ningún tipo de compromiso u obligación.

T

tarifa milineal: costo por línea en un diario que alcanza una circulación de un millón.

teoría de la acción razonada: teoría en la cual el mejor indicador del comportamiento es la intención de actuar.

toma de decisiones compleja: proceso de toma de decisiones que requiere una investigación de información y una evaluación de alternativas.

toma de decisiones simple: proceso de toma de decisiones que no requiere una búsqueda de información o una evaluación alternativa.

transacción sin centavos: reducción de precio; también se conoce como descuento de precio.

V

validez: el hecho de que el concepto es lo que anuncia o afirma ser.

valor percibido: cálculo que hace el consumidor en su mente para comparar el valor extra que contiene la promoción de ventas con los riesgos de aceptar la oferta.

variables del mensaje: elementos específicos empleados para comunicar una idea y la manera como se organizan estos elementos.

venta de respuesta directa: venta en la cual se utilizan medios no personales y vendedores para completarla.

venta personal: comunicación interpersonal con uno o más compradores potenciales para tratar de conseguir ventas.

ventas incrementales: ventas adicionales que se obtienen con la promoción de ventas.

Índice de nombres

Índice de materias

Made in the USA
Middletown, DE
25 October 2018